U0620975

江苏地方文化史·徐州卷

赵明奇　主编

江苏文库

研究编

江苏地方文化史

江苏文脉整理与研究工程

江苏人民出版社

图书在版编目(CIP)数据

江苏地方文化史. 徐州卷/赵明奇主编. --南京:江苏人民出版社,2023.9
(江苏文库. 研究编)
ISBN 978-7-214-28231-6

Ⅰ.①江… Ⅱ.①赵… Ⅲ.①文化史-徐州 Ⅳ.①K295.3

中国国家版本馆 CIP 数据核字(2023)第 120650 号

书　　名　江苏地方文化史·徐州卷
主　　编　赵明奇
出版统筹　张　凉
责任编辑　张　凉
装帧设计　姜　嵩
责任监制　王　娟
出版发行　江苏人民出版社
地　　址　南京市湖南路 1 号 A 楼,邮编:210009
照　　排　江苏凤凰制版有限公司
印　　刷　苏州市越洋印刷有限公司
开　　本　718 毫米×1 000 毫米　1/16
印　　张　34.25　插页 8
字　　数　493 千字
版　　次　2023 年 9 月第 1 版
印　　次　2023 年 9 月第 1 次印刷
标准书号　ISBN 978-7-214-28231-6
定　　价　115.00 元

江苏文脉整理与研究工程

编纂出版委员会

出版说明

江苏文化源远流长、历久弥新，文化经典与历史文献层出不穷，典藏丰富；文化巨匠代有人出、彪炳史册，在中华民族乃至整个人类文明的发展史上有着相当重要的地位。为科学把握江苏文化的内涵与特征，在新时代彰显江苏文化对中华文化的贡献，江苏省委、省政府决定组织实施“江苏文脉整理与研究工程”，以梳理江苏文脉资源，总结江苏文化发展的历史规律，再现江苏历史上的文化高地，为当代江苏构筑新的文化高地把准脉动、探明趋势、勾画蓝图。

组织编纂大型江苏历史文献总集《江苏文库》，是“江苏文脉整理与研究工程”的重要工作。《文库》以“编纂整理古今文献，梳理再现名人名作，探究追溯文化脉络，打造江苏文化名片”为宗旨，分六编集中呈现：

（一）书目编。完整著录历史上江苏籍学人的著述及其历史记录，全面反映江苏图书馆的图书典藏情况。

（二）文献编。收录历代江苏籍学人的代表性著作，集中呈现自历史开端至一九一一年的江苏文化文本，呈现江苏文化的整体景观。

（三）精华编。选取历代江苏籍学人著述中对中外文化产生重要影响、在文化学术史上具有经典性代表性的作品进行整理，并从中选取十余种，组织海外汉学家翻译成各国文字，作为江苏对外文化交流的标志性文化成果。

（四）方志编。从江苏现存各级各类旧志中选择价值较高、保存较好的志书，以充分发挥地方志资治、存史、教化等作用，保存江苏的地方文献与历史文化记忆。

（五）史料编。收录有关江苏地方史料类文献，反映江苏各地历史地理、政治经济、文化教育、宗教艺术、社会生活、风土民情等。

（六）研究编。组织、编纂当代学者研究、撰写的江苏文化研究著作。

文献、史料、方志三编属于基础文献，以影印方式出版，旨在提供原始文献，以满足学术研究需要；书目、精华、研究三编，以排印方式出版，既能满足学术研究的基本需求，又能满足全民阅读的基本需求。

“江苏文脉整理与研究工程”工作委员会

江苏文库·研究编编纂人员

主　编

王月清　张新科

副主编

徐之顺　姜　建　王卫星　胡发贵　胡传胜　刘西忠

一脉千古成江河

——江苏文库·研究编序言

樊和平

“江苏文脉整理与研究工程”是江苏文化史上继往开来的一个浩大工程。与当下方兴未艾的全国性“文库热”相比，江苏文脉工程有三个基本特点：一是全面系统的整理；二是“整理”与“研究”同步；三是以“文脉”为主题。在“书目编—文献编—精华编—史料编—方志编—研究编”的体系结构中，“研究编”是十分独特的板块，因为它是试图超越“修典”而推进文化传承创新的一种学术努力。

“盛世修典”之说不知起源于何时，不过语词结构已经表明“盛世”与“修典”之间的某种互释甚至共谋，以及由此而衍生的复杂文化心态。历史已经表明，“修典”在建构巨大历史功勋的同时，也包含内在的巨大文化风险，最基本的是“入典”的选择风险。《四库全书》的文化贡献不言自明，但最终其收书的数量竟与禁书、毁书、改书的数量大致相当，还有高出近一倍的书目被宣判为无价值。“入典”可能将一个时代的局限甚至选择者个人的局限放大为历史的文化局限，也可能由此扼杀文化多样性而产生文化专断。另一个更为潜在和深刻的风险，是对待传统的文化态度。文献整理，尤其是地域典籍的整理，在理念和战略上面临的最大考验，是以何种心态对待文化传统。当今之世，无论对个体还是社会，传统已经不仅是文化根源，而且是文化和经济发展的资源甚至资本。然而一旦传统成为资源和资本，邂逅市场逻辑的推波助澜，就面临沦为消费和运作对象的风险，从而以一种消费主义和工具主义的文化态度对待文化传统和文献整理。当传统成为消费和运作的对象，其文化价值不仅可能被误读误用，而且也可能在对传统的消费中使文化坐吃山空，造就出文化上的纨绔子弟，更可能在市场运作中使文化不断被糟蹋。“江苏文脉整理与研究工程”的“整理工程”以全面系统的整理的战略应对可能存在的第一种风险，即入典选择的风险；以“研究工程”应对第二种可能的风险，即消费主义与工具主义的风险。我们不仅是既往传统的继承者，更应当是未来传统的创造者；现代人的使命，不仅是继承优秀传统，更应当创造新的优秀传统，这便是传统的创造性转化与创新性发展的真义。诚然，创造传统任重道远，需要经过坚忍不拔的卓越努力和大浪淘沙般的历史积淀，但对“江苏文脉整理与研究工程”而言，无论如何必须在“整理”的同时开启“研究”的千里之行，在研究中继承和发展传统。这便是“研究编”的价值和使命所在，也是“江苏文脉整理与研究工程”在“文库热”中于顶层设计层面的拔群之处。

一　倾听来自历史深处的文化脉动

20 世纪是文化大发现的世纪，20 世纪以来西方世界最重要的战略，就是文化战略。20 世纪 20 年代，德国社会学家马克斯·韦伯的《新教伦理与资本主义精神》，揭示了西方资本主义文明的文化密码，这就是“新教伦理”及其所造就的“资本主义精神”，由此建构“新教伦理＋资本主义”的所谓“理想类型”，为西方资本主义进行了文化论证尤其是伦理论证，奠定了 20 世纪以后西方中心论的文化基础。20 世纪 70 年代，哈佛大学教授丹尼尔·贝尔的《资本主义文化矛盾》，揭示了当代资本主义最深刻的矛盾不是经济矛盾，也不是政治矛盾，而是“文化矛盾”，其集中表现是宗教释放的伦理冲动与市场释放的经济冲动分离与背离，进而对现代西方文明发出文化预警。20 世纪 70 年代之后，亨廷顿的《文明的冲突与世界秩序的重建》将当今世界的一切冲突归结为文明冲突、文化冲突，将文化上升为西方世界尤其是美国国家战略的高度。以上三部曲构成西方世界尤其是美国文化帝国主义的国家文化战略，正如一些西方学者所发现的那样，时至今日，文化帝国主义被另一个概念代替——“全球化”，显而易见，全球化不仅是一种浪潮，更是一种思潮，是西方世界的国家文化战略。文化虽然受经济发展制约甚至被经济发展水平所决定，但回顾从传统到现代的中国文明史，文化问题不仅逻辑地而且历史地成为文明发展的最高最难的问题，正因为如此，文化自信才成为比理论自信、道路自信、制度自信更具基础意义的最重要的自信。

在全球化背景下，文脉整理与研究具有重大的国家文化战略意义，不仅必要，而且急迫。文化遵循与经济社会不同的规律，全球化在造就广泛的全球市场并使全球成为一个“地球村”的同时，内在的最大文明风险和文化风险便是同质性。全球化催生的是一个文化上的独生子女，其可能的镜像是：一种文化风险将是整个世界的风险，一次文化失败将是整个人类的文化失败。文化的本质是什么？梁漱溟先生说，文化就是人的生活的根本样法，文化就是“人化”。丹尼尔·贝尔指出，文化是为人的生命过程提供解释系统，以对付生存困境的一种努力。据此，文化的同质化，最终导致的将是人的同质化，将是民族文化或西方学者所说地方性知识的消解和消失；同时，由于文化是人类应对生存困境的大智慧，或治疗生活世界痼疾的抗体，它所建构的是与自然世界相对应的精神世界和意义世界，文化的同质性将导致人类在面临重大生存困境时智慧资源的贫乏和生命力的苍白，从而将整个人类文明推向空前的高风险。应对全球化的挑战和西方文化帝国主义的国家战略，“江苏文脉整理与研究工程”是整个中华民族浩大文化工程的一部分和具体落实，其战略意义决不止于保存文化记忆的自持和自赏，在这个全球化的高风险正日益逼近的时代，完整地保存地方文化物种，认同文化血脉，畅通文化命脉，不仅可以让我们在遭遇全球化的滔滔洪水之时可以于故乡文化的山脉之巅“一览众山小”地建设自己的精神家园和文化根据地，而且可以在患上全球化的文化感冒甚至某种文化瘟疫之后，不致乞求“西方药”来治“中国病”，而是根据自己的文化基因和文化命理，寻找强化自身的文化抗体和文化免疫力之道，其深远意义，犹如在今天经过独生子女时代穿越时光隧道，回首当年我们的“兄弟姐妹那么多”

和父辈们儿孙满堂的那种天伦风光，不只是因为寂寞，而且是为了中华民族大家庭的文化安全和对未来文化风险的抗击能力。

“江苏文脉整理与研究工程”是以江苏这一特殊地域文化为对象的一次集体文化自觉和文化自信，与其他同类文化工程相比，其最具标识意义的是“文脉”理念。“文脉”是什么？它与“文献”和文化传统的关系到底如何？这是“文脉工程”必须解决的基本问题。

庞朴先生曾对“文化传统”与“传统文化”两个概念进行了审慎而严格的区分，认为“传统文化”可能是历史上曾经存在过的一切文化现象，而“文化传统”则是一以贯之的文化道统。在逻辑和历史两个维度，文化成为传统都必须同时具备三个条件：历史上发生的，一以贯之的，在现实生活中依然发挥作用的。传统当然发生于历史，但历史上发生的一切，从《道德经》《论语》到女人裹小脚，并不都成为传统，即便当今被考古或历史研究所不断发现的现象，也只能说是“文化遗存”，文化成为传统必须在历史长河中一以贯之而成为道统或法统，孔子提供的儒家学说，老子提供的道家智慧，之所以成为传统，就是因为它们始终与中国人的生活世界和精神世界相伴随，并成为人的生命和生活的文化指引。然而，文化并不只存在于文献典籍之中，否则它只是精英们的特权，作为“人的生活的根本样法”和“对付生存困境”的解释系统，它必定存在于芸芸众生的生命和生活之中，由此才可能，也才真正成为传统。《论语》与《道德经》之所以成为传统，不只是因为它们作为经典至今还为人们所学习和研究，而且因为在中国人精神的深层结构中，即便在未读过它们的田夫村妇身上，也存在同样的文化基因。中国人在得意时是儒家，“明知不可为而偏为之”；在失意时是道家，“后退一步天地宽”；在绝望时是佛家，“四大皆空”，从而建立了与自给自足的自然经济结构相匹合的自给自足的文化精神结构，在任何境遇下都不会丧失安身立命的精神基地，这就是传统。文化传统必须也必定是“活”的，是在现实中依然发挥作用的，是构成现代人的文化基因的生命因子。这种与人的生活和生命同在的文化传统就是“脉”，就是“文脉”。

文脉以文献、典籍为载体，但又不止于文献和典籍，而是与负载它的生命及其现实生活息息相关。“文脉”是什么？“文脉”对历史而言是

“血脉”，对未来而言是“命脉”，对当下而言是“山脉”。“江苏文脉”就是江苏人的文化血脉、文化命脉、文化山脉，是历史、现在、未来江苏人特殊的文化生命、文化标识、文化家园，以及生生不息的文化记忆和文化动力。虽然它们可能以诸种文化典籍和文化传统的方式呈现和延续，但“文脉工程”致力探寻和发现的则是跃动于这些典籍和传统，也跃动于江苏人生命之中的那种文化脉动。“江苏文脉整理与研究工程”的最大特点就在于它是“文脉工程”而不是一般的“文化工程”，更不是“文库工程”。“文化工程”“文库工程”可能只是一般的文化挖掘与整理，而“文脉工程”则是与地域的文化生命深切相通，贯穿地域的历史、现在与未来的生命工程。

“江苏文脉整理与研究工程”是“整理”与“研究”的璧合，在“研究工程”中能否、如何倾听到来自历史深处的文化脉动，关键是处理好“文献”与“文脉”的关系。“整理工程”是对文脉的客观呈现，而“研究工程”则是对文脉的自觉揭示，若想取得成功，必须学会在“文献”中倾听和发现“文脉”。“文献”如何呈现“文脉”？文献是人类文明尤其是人类文化记忆的特殊形态，也是人类信息交换和信息传播的特殊方式。回首人类文明史，到目前为止，大致经历了三种信息方式。最基本也是最原初的是口口交流的信息方式，在这种信息方式中，信息发布者和信息传播者都同时在场，它是人的生命直接和整体在场并对话的信息传播方式，是从语言到身体、情感的全息参与，是生命与生命之间的直接沟通，但具有很大的时空局限。印刷术的产生大大扩展了人类信息交换的广度和深度，不仅可以以文字的方式与不在场的对象交换信息，而且可以以文献的方式与不同时代、不同时空的人们交换信息，这便是第二种信息方式，即以印刷为媒介的信息方式或印刷信息方式。第三种信息方式便是现代社会以电子网络技术为媒介的信息方式，即电子信息方式。文献与典籍是印刷信息方式的特殊形态，它将人类文化史和文明史上具有特殊价值的信息以印刷媒介的方式保存下来，供后人学习和研究，从而积淀为传统。文字本质上是人的生命的表达符号，所谓“诗言志”便是指向生命本身。然而由于它以文字为中介，一旦成为文献，便离开原有的时空背景，并与创作它的生命个体相分离，于是便需要解读，在解读中便可能发生误读，但无论如何，解读的对象并不只是文字本身，而是文字背后的生命现象。

文献尤其是典籍是不同时代人们对于文化精华的集体记忆，它们不仅经受过不同时代人们的共同选择，而且经受过大浪淘沙的历史洗礼，因而其中不仅有创造它的那个个体或文化英雄如老子、孔子的生命表达，而且有传播和接受它的那个民族的文化脉动，是负载它的那个民族的文化生命，这种文化生命一言以蔽之便是文化传统。正因为如此，作为集体记忆的精华，文献和典籍是个体和集体的文化脉动的客观形态，关键在于，必须学会倾听和揭示来自远方的生命旋律。由于它们巨大的时空跨度，往往不能直接把脉，而需要具有一种"悬丝诊脉"的卓越倾听能力。同时，为了把握真实的文化脉动，不仅需要对文献和典籍即"文本"进行研究，而且需要对创造它们的主体包括创作的个体和传播接受的集体的生命即"人物"进行研究。正如席勒所说，每个人都是时代的产儿，那些卓越的哲学家和有抱负的文学家却可能成为一切时代的同代人。文字一旦成为文献或典籍，便意味着创作它的个体成为一切时代的同代人，但无论如何，文献和它们的创造者首先是某个时代的产儿，因而要在浩如烟海的文献和典籍中倾听到来自传统深处的文化脉动，还需要将它们还原到民族的文化生命之中，形成文化发展的"精神的历史"。由此，文本研究、人物研究、学派流派研究、历史研究，便成为"文脉研究工程"的学术构造和逻辑结构。

二　中国文化传统中的江苏文脉

江苏文脉是中国文化传统的一部分，二者之间的关系并不只是部分与整体的关系，借助宋明理学的话语，是"理一"与"分殊"的关系。文脉与文化传统是民族生命的文化表达和自觉体现，如果只将它们理解为部分与整体的关系，那么江苏文脉只是中国文化传统或整个中华文化脉统中的一个构造，只是中华文化生命体中的一个器官。朱熹曾以佛家的"月映万川"诠释"理一分殊"。朗月高照，江河湖泊中水月熠熠，此番景象的哲学本真便是“一月普现一切水，一切水月一月摄”。天空中的“一月”与江河中的“一切水月”之间的关系是“分享”关系，不是分享了“一月”的某一部分，而是全部。江苏文脉与中国文化传统之间的关系便是“理一分殊”，中国文化传统是“理一”，江苏文脉是“分殊”，正因为如此，关于江苏文脉的研究必须在与整个中国文化传统的关系中整体性地把握和展开。其中，文化与地域的关系、江苏文化在中华文化发展中的贡献和地位，是两个基本课题。

到目前为止的一切人类文明的大格局基本上都是由以山河为标志的地理环境造就的，从轴心文明时代的四大文明古国，到“五大洲四大洋”的地理区隔，再到中国山东—山西、广东—广西、河南—河北，江苏的苏南—苏北的文化与经济差异，山河在其中具有基础性意义。在这个意义上，可以将在此以前的一切文明称为“山河文明”。如今，科技经济发展迎来一个“高”时代：高铁、高速公路、电子高速公路……正在并将继续推倒由山河造就的一切文明界碑，即将造就甚至正在造就一个“后山河时代”。“后山河时代”的最后一道屏障，“山河时代”遗赠给“后山河时代”的最宝贵的文明资源，便是地域文化。在这个意义上，江苏文脉的整理与研究，不仅可以为经过全球化席卷之后的同质化世界留下弥足珍贵的“文化大熊猫”，而且可以在未来的芸芸众生饱尝“独上高楼，望尽天涯路”的孤独之后，缔造一个“蓦然回首”的文化故乡，从中可以鸟瞰文化与世界关系的真谛。江苏独特的地域环境与江苏文化、江苏文脉之间的关系，已经不是所谓“一方水土一方人”所能表达，可以说，地脉、水脉、山脉与江苏文脉之间的关系，已经是一脉相承。

我们通过考察和反思发现，水系，地势，山势，大海，是对江苏文脉尤其是文化性格产生重大影响的地理因素。露水不显山，大江大河入大海，低平而辽阔，黄河改道，这一切的一切与其说是自然画卷和自然事件，不如说是江苏文脉的大地摇篮和文化宿命的历史必然，它们孕生和哺育了江苏文明，延绵了江苏文脉。历史学家发现，江苏是中国唯一同时拥有大海、大江、大湖、大平原的省份，有全国第一大河长江，第二大河黄河（故道），第三大河淮河，世界第一大人工河大运河，全国第三大淡水湖太湖，全国第四大淡水湖洪泽湖。江苏也是全国地势最低平的一个省区，绝大部分地区在海拔 50 米以下，少量低山丘陵大多分布于省际边缘，最高峰即连云港云台山的玉女峰也只有 625 米。丰沛而开放的水系和低平而辽阔的地势馈赠给江苏的不只是得天独厚的宜居，更沉潜、更深刻的是独特的文化性格和文脉传统，它们是对江苏地域文化产生重大影响的两个基本自然元素。

不少学者指证江苏文化具有水文化特性，而在众多水系中又具长江文化的特性。“水”的文化特性是什么？“老聃贵柔”，老子尚水，以水演绎世界真谛和人生大智慧。“天下莫柔弱于水，而攻坚强者莫之能胜。”柔弱胜刚强，是水的品质和力量。西方文明史上第一个哲学家和科学家泰勒斯向全世界宣告的第一个大智慧便是：水是万物的始基。辽阔的平原在中国也许还有很多，却没有像江苏这样“处下”。老子也曾以大海揭示“处下”的智慧：“江海所以能为百谷王者，以其善下之，故能为百谷王。”历史上江苏的文化作品、江苏人的文化性格，相当程度上演绎了这种“水性”与“处下”的气质与智慧。历史上相当时期黄河曾经从江苏入海，然而黄河改道、黄河夺淮，几番自然力量或人力所为，最终黄河在江苏留下的只是一个“故道”的背影。黄河在江苏的改道当然是一个自然事件或历史事件，但我们也可能甚至毋宁将它当作一个文化事件，数次改道，偶然之中有必然，从中可以发现和佐证江苏文脉的“长江”守望和江南气质。不仅江苏的地脉“露水不显山”，而且江苏的文化作品，江苏人的文化性格，一句话，江苏文脉，也是“露水不显山”，虽不是“壁立千仞”，却是“有容乃大”。一般说来，充沛的水系，广阔的平原，往往造就自给自足的自我封闭，然而，江苏东临大海，无论长江、淮河，还是历史上的黄河，都从这里入大海，归大海，不只昭示江苏的开放，而且演绎江苏文化、江苏文脉、江苏人海纳百川的博大和静水深流的仁厚。

黄河与长江好似中华文脉的动脉与静脉，也好似人的身体中的任督二脉，以长江文化为基色的江苏文化在中华文脉的缔造和绵延中作出了杰出贡献。有学者指出，在中国文明史上，长江文化每每在黄河文化衰弱之后承担起“救亡图存”的重任。人们常说南京古都不少为小朝廷，其实这正是“救亡图存”的反证，“天下兴亡，匹夫有责”的口号首先由江苏人顾炎武喊出，偶然之中有必然。学界关于江苏文化有三次高峰或三次大贡献，与两次大贡献之说。第一次高峰是开启于秦汉之际的汉文化，第二次高峰是六朝文化，第三次高峰是明清文化。人们已对六朝文化与明清文化两大高峰对中国文化的贡献基本达成共识，但江苏的汉文化高峰及其贡献也应当得到承认，而且三次文化高峰都发生于中国社会的大转折时期，对中国文化的承续作出了重大贡献。在秦汉之际的大变革和大一统国家的建构中，不仅在江苏大地上曾经演绎了波澜壮阔的对后来中国文明产生深远影响的历史史诗，而且演绎这些历史史诗的主角刘邦、项羽、韩信等都是江苏人，他们虽然自身不是文化人，但无疑对中国文化产生了深远影响。董仲舒提出“罢黜百家，独尊儒术”的主张，奠定了大一统的思想和文化基础，他本人虽不是江苏人，却在江苏留下印迹十多年。江苏的汉文化高峰对中国文化的最大贡献，一言概之即“大一统”，包括政治上的大一统和思想文化上的大一统。六朝被公认为中国文化发展的高峰，不少学者将它与古罗马文明相提并论，而六朝文化的中心在江苏、在南京。以南京为核心的六朝文化发生于三国之后的大动乱，它接纳大量流入南方的北方士族，使南北方文化合流，为保存和发展中国文化作出了杰出贡献。明朝是中国历史上第一次在南京，也是第一次在江苏建立统一的帝国都城，江苏的经济文化在全国处于举足轻重的地位，扬州学派、泰州学派、常州学派，形成明清时代中国文化的江苏气象，形成江苏文化对中国文化的第三次重大贡献。三大高峰是江苏的文化贡献，在重大历史转折关头或者民族国家危难之际挺身而出，海纳百川，则是江苏文化的精神和品质，这就是江苏文脉。也正因为如此，江苏文化和江苏文脉在“匹夫有责”的担当精神中总是透逸出某种深沉的忧患意识。

江苏文脉对中国文化的独特贡献及其特殊精神气质在文化经典中得到充分体现。中国四大文学名著，其中三大名著的作者都来自江苏，这就是《西游记》《红楼梦》《水浒》，其实《三国演义》也与江苏深切相关，虽然罗贯中不是江苏人，但却以江苏为重要的时空背景之一。四大名著中不仅有明显的江苏文化的元素，甚至有深刻的江苏地域文化的基因。《西游记》到底是悲剧还是喜剧？仔细反思便会发现，《西游记》就是文学版的《清明上河图》。《清明上河图》表面呈现一幅盛世生活画卷，实际却是一幅“盛世危情图”，空虚的城防，懈怠的守城士兵……被繁华遗忘的是正在悄悄到来的深刻危机。《西游记》以唐僧西天取经渲染大唐的繁盛和开放，然而在经济的极盛之巅，中国人的精神世界却空前贫乏，贫乏得需要派一个和尚不远万里，请来印度的佛教，坐上中国意识形态的宝座，入主中国人的精神世界。口袋富了，脑袋空了，这是不折不扣的悲剧。然而，《西游记》的智慧，江苏文化的智慧，是将悲剧当作喜剧写，在喜剧的形式中潜隐悲剧的主题，就像《清明上河图》将空虚的城防和懈怠的士兵淹没于繁华的海洋一样。《西游记》喜剧与悲剧的二重性，隐喻了江苏文脉的忧患意识，而在对大唐盛世，对唐僧取经的一片颂歌中，深藏悲剧的潜主题，正是江苏文脉“匹夫有责”的担当精神和文化智慧的体现。鲁迅说，悲剧将人生的有价值的东西毁灭给人看。《西游记》是在喜剧形式的背后撕碎了大唐时代人的精神世界的深刻悲剧。把悲剧当作喜剧写，喜剧当作悲剧读，正是江苏文化、江苏文脉的大智慧和特殊气质所在，也是当今江苏文脉转化发展的重要创新点所在。正因为如此，“江苏文脉研究”必须以深刻的哲学洞察力和深厚的文化功力，倾听来自历史深处的江苏文化的脉动，读懂江苏，触摸江苏文脉。

三　通血脉，知命脉，仰望山脉

江苏文化的巨大魅力和强大生命力，是在数千年发展中已经形成一种传统、一种脉动，不仅是一种客观呈现的文化，而且是一种深植个体生命和集体记忆的生生不息的文脉。这种文化和文脉不仅成为共同的价值认同，而且已经成为一种地域文化胎记。在精神领域，在文化领域，江苏不仅有灿若星河的文学家，而且有彪炳史册的思想家、学问家，更有数不尽的才子骚客。长江在这片土地上流连，黄河在这片土地上改道，淮河在这片土地上滋润，太湖在这片土地上一展胸怀。一代代中国人，一代代江苏人，在这里缔造了文化长江、文化黄河、文化淮河、文化太湖，演绎了波澜壮阔的历史诗篇，这便是江苏文脉。

为了在全球化时代完整地保存江苏文脉这一独特地域文化的集体记忆，以在“后山河时代”为人类缔造精神家园提供根源与资源，为了继承弘扬并创造性转化、创新性发展中国优秀传统文化，2016 年江苏启动了“江苏文脉整理与研究工程”。根据“文脉”的理念，我们将研究工程或“研究编”的顶层设计以一句话表达：“通血脉，知命脉，仰望山脉。”由此将整个工程分为五个结构：江苏文化通史，江苏历代文化名人传，江苏文化专门史，江苏地方文化史，江苏文化史专题。

“江苏文化通史”的要义是“通血脉”，关键词是“通”。“通”的要义，首先是江苏文化与中国文明的息息相通，与人类文明的息息相通，由此才能有民族感或“中国感”，也才有世界眼光，因而必须进行关于“中国文化传统中的江苏文脉”的整体性研究；其次是江苏文脉中诸文化结构之间的“通”，由此才是“江苏”，才有“江苏味”；再次是历史上各个重要历史时期文化发展之间的“通”，由此才能构成“史”，才有历史感；最后是与江苏人的生命与生活的“通”，由此“江苏文脉”才能真正成为江苏人的文化血脉、文化命脉和文化山脉。达到以上“四通”，“江苏文化通史”才是真正的“通”史。

“江苏文化专门史”和“江苏文化史专题”的要义是“知命脉”，关键词是“专”，即“专门”与“专题”。“江苏文化专门史”在框架上分为物质文化史、精神文化史、制度文化史、特色文化史等，深入研究各类专门史，总体思路是系统研究和特色研究相结合，系统研究整体性地呈现江苏历史上的重要文化史，如哲学史、文学史、艺术史等，为了保证基本的完整性，我们根据国务院学科分类目录进行选择；特色研究着力研究历史上具有江苏特色的历史，如民间工艺史、昆曲史等。“江苏文化史专题”着力研究江苏历史上具有全国性影响的各种学派、流派，如扬州学派、泰州学派、常州学派等。

“江苏地方文化史”的要义是“血脉延伸和勾连”，关键词是“地方”。“江苏地方文化史”以现省辖市区域划分为界，13 市各市一卷。每卷上编为地方文化通史，讲述地方整体历史脉络中的文化历史分期演化和内在结构流变，注重把握文化运动规律和发展脉络，定位于地方文化总体性研究;下编为地方文化专题史,按照科学技术、教育科举、文学语言、宗教文化等专题划分,以一定逻辑结构聚焦对地方文化板块加以具体呈现,定位于凸显文化专题特色。每卷都是对一个地方文化的总结和梳理,这是江苏文化血脉的伸展和渗入,是江苏文化多样性、丰富性的生动呈现和重要载体。

"江苏历代文化名人传"的要义是"仰望山脉",关键词是"文化"。它不是一般性地为江苏历朝历代的"名人"作传,而只是为文化意义上的名人作传。为此,传主或者自身就是文化人并为中国文化的发展、为江苏文脉的积累积淀作出了重要贡献;或者虽然自身主要不是文化人而是政治家、社会活动家等,但对中国文化发展具有重大影响。如何对历史人物进行文化倾听、文化诠释、文化理解,是"文化名人传"的最大难点,也是其最有意义的方面。江苏历史上的文化名人汗牛充栋,"文化名人传"计划为100位江苏文化名人作传,为呈现江苏文化名人的整体画卷,同时编辑出版一部"江苏文化名人辞典",集中介绍历史上的江苏文化名人1000位左右。

一脉千古成江河,"茫茫九派流中国"。江苏文脉研究的千里之行已经迈出第一步,历史馈赠我们一次千载难逢的宝贵机遇,让我们巡天遥看,一览江苏数千年文化银河的无限风光,对创造江苏文化、缔造江苏文脉的先行者们献上心灵的鞠躬。面对奔涌如黄河、悠远如长江的江苏文脉,我们惟有以跋涉探索之心,怵惕敬畏之情,且行且进,循着爱因斯坦的"引力波",不断走近并播放来自江苏文脉深处的或澎湃,或激越,或温婉静穆的天籁之音。

我们一直在努力;

我们将一直努力!

江苏地域文化的特色与精彩

贺云翱

江苏因滨海拥江跨淮的优越自然条件、悠久持续的历史开发进程、多次南北移民与文化融合以及崇文重教的地域优良传统等，培育出瑰丽多样的地方文化，自古有“鱼米之乡”“锦绣江南”之美誉，为中华文明的发展作出了巨大贡献。

这套“江苏地方文化史”丛书共13部，分别以江苏省的南京、无锡、徐州、常州、苏州、南通、连云港、淮安、盐城、扬州、镇江、泰州、宿迁13个设区市行政区划为范围，系统反映了全省各市地方文化发展历程和特色文化成就，从不同侧面展现了以不同城市为中心的地域文化的丰厚内涵和各自特质。当然，仅从各个区域角度进行文化的展现，对于理解江苏文化的总体面貌似乎有管中窥豹之憾，为此，有必要从江苏历史文化整体发展的历时性、空间性和结构性层面，分析揭示江苏地方文化的运动过程、主要创造和多样共生的特色及其在中华文化体系中的地位和作用。

一　持续发展　高峰迭起

“江苏省”这一称谓的正式出现是在清康熙六年(1667)，至今不过352年，但是以今天的省域为空间基础，回溯其开发历史，则可以说，江苏省和中国所有省区一样，其地方文化有万年以上的发展过程和文化创造，取得了辉煌文化成就。

距今10000—5500年间，江苏淮河流域产生了顺山集文化、龙虬庄文化、青莲岗文化，宁镇区域有北阴阳营文化、薛城文化，环太湖地区有马家浜文化和崧泽文化。在太湖流域，崧泽文化时期已经开始了文明化的进程，稍后，南起太湖一带、北至淮河一线分布着良渚文化，而良渚文化恰恰是太湖流域史前文明的典型代表。淮河以北则先后有大汶口文化和山东龙山文化。从考古资料看，此时江苏地域文化北接鲁、南连浙的特征较为明显。

夏、商时(前21世纪—前11世纪)，江苏境内长江以北地区分布有岳石文化，太湖平原有马桥文化，宁镇地域有点将台—湖熟文化，西周时代(前11世纪—前771)的吴文化正是在点将台—湖熟文化基础上逐渐形成。这三大文化圈中，岳石文化源自今山东，属“东夷”文化，进入商代后受中原商文化强烈影响。西周有东夷中的徐夷建立的徐国崛起于淮北，为此，西周江苏黄淮地区的文化可视之为“徐—淮夷文化圈”。

春秋(前770—前476)时期，今苏南和苏中是吴文化中心。春秋晚期吴国强盛，把统治地域从苏中推及淮北。公元前473年，吴国被越国所灭，越国迁都到吴国都城，进一步推动了先秦吴、越文化的融合，故历史上有吴、越同声共气一说。公元前334年，越国又被楚国所灭，楚文化全面进入今江苏，使江苏成为长江流域楚文化的最后重地。

公元前221年，秦始皇灭六国，建立中国第一个专制集权统一王朝，推行郡县制，今江苏江北之地为泗水、东海和琅邪郡地，江南为会稽郡和鄣郡地。但只有会稽郡郡治(今苏州)设于今江苏境内，说明苏州继承了原越国都城名称和行政区遗产。秦末陈胜、吴广起义，反秦力量纷起。陈胜、吴广失败后，江苏地区起义军成为灭秦的主力，下相(今宿迁)人项羽消灭秦军主力，攻入关中，灭亡秦朝，之后大封诸侯，自立为西楚霸王，又拥立楚怀王，定都彭城(今徐州)。丰(今属徐州)人刘邦最早攻入秦都咸阳，“约法三章”，受封汉王。之后楚汉相争，刘邦打败项羽，于公元前202年建立汉朝，定都长安。西汉郡、国并行，江苏设有吴、楚等封国及会稽郡等。楚国都彭城，吴国都广陵(今扬州)。西汉一度封泗水国，立都于今宿迁境内。汉景帝平定七国之乱中灭吴国，在今扬州另封江都国。汉武帝时，削弱诸侯王势力，一度改江都国为广陵郡，后再改封为广陵国。秦汉时江苏地区的民族融合基本完成，江苏各地域文化已是汉民族文化的有机组成部分，以今徐州为中心的楚汉文化是江苏境内最显赫的文化。东汉末年，发生黄巾军起义，军阀混战，天下大乱，出现诸侯割据局面。今江苏境内出现秦以后第一个国家政治中心——吴国都城建业（今南京），使原本默默无闻的"秣陵"（今南京）一跃而成为江南中心城市。"金陵文化"从原生的吴文化系统中分离出来，成为独立的都城文化体系，开始拥有全国性地位。西晋末年，中原战乱，"衣冠南渡"，北方精英和大量人口大规模南迁，人口迁徙还带来北方先进技术，促进了江南地区经济文化发展。大量北方移民到达江苏沿江地带，影响了江苏境内中古时代语言板块的重构，初步形成了江淮语和吴语两大语言体系。

东吴、东晋、宋、齐、梁、陈"六朝"均以今南京作为都城，时间长达近323年。对整个中国来说，这是一个南北分裂时期，但从汉、唐之际的文化变迁而言，这又是一个具有深远影响的特殊时代。中国当代几乎所有的著名学者都承认，六朝文化成就非凡，在哲学、文学、史学、书法、绘画、建筑、技艺、雕塑、科学、宗教等各领域都取得了突出的创新成果，影响所及，遍于东亚地区。

隋代统一后推行郡县制，今苏北境内设东海郡（治朐山，今连云港）、下邳郡（治宿豫，今宿迁）、彭城郡（治彭城，今徐州）、毗陵郡（治晋陵，今常州）、吴郡（治吴县，今苏州）。此时中国整体格局的最大变化是南中国经过以南京为中心、以今苏南乃至整个长江中下游区域为基础的300多年引领和发展，经济水平已大幅提高。隋朝为加强都城（大兴城，在今西安，另有东都洛阳）与东南区域的联系，开挖了沟通海河、黄河、淮河、长江、钱塘江的大运河。大运河的部分重要河段是在公元前486年前后由吴国开挖，如邗沟、江南吴古故水道等。直到今天，中国的大运河文化遗产仍以江苏最为丰富。大运河促进了今江苏境内南北文化的沟通，形成从苏州、常州、润州（今镇江）经扬州、楚州（今淮安），再由淮河到泗州（城址位于今盱眙境内）的运河城市带，改变了过去以单个城市为核心的散点状城市文化格局,深度推动了运河沿线的经济发展和文化交流。

唐代时苏北属河南道,苏中属淮南道,苏南属江南东道。以扬州为中心的“淮扬文化”崛起是此时江苏文化发展的重要成就。隋唐时扬州不仅是东南商业重镇,也是对外开放重要口岸。扬州高僧鉴真于天宝十二年(753)成功东渡日本,被尊为“日本律宗太祖”。唐末到五代十国,先后有杨吴(都今扬州)和南唐(都今南京)立国在今江苏,无锡以南由建都杭州的吴越国占据。扬州作为杨吴国都时,是历史上扬州政治地位最高和政治统治范围最广时期,南京也因先后成为杨吴西都和南唐国都而复兴。

北宋时江苏分属两浙路、江南东路、淮南路、京东西路和京东东路。南宋时江苏中南部属两浙西路、江南东路和淮南东路,淮河以北属金朝山东西路和山东东路。北宋在今南京设江宁府,也是江南东路治所,这与当时杭州的地位一样,杭州是两浙路治所在。南宋定都临安(今杭州),北方人口大量南下,传统吴文化重地苏州成为南方经济、文化中心之一,出现“苏湖熟,天下足”“上有天堂,下有苏杭”之说。两宋时期是江南文化在全国占据中心地位的关键时期,圩田及精细农业发达,土地开发达到新水平,各种农业器具进入不同生产环节。纺织业、陶瓷业、造船业、建筑业、漆器业、玉石业、雕版印刷业、金属工艺业、食品加工业、外贸业等也有新的发展,沿大运河城市、沿江城市、沿海城市的工商业比较发达,城市人口增多,集镇大量出现。

元朝定都北京(元大都),为方便漕运,将徐州以北的大运河改道,形成今天“京杭大运河”格局。大运河的重修,既加强了江南在全国的经济中心地位,也奠定了江北运河沿线在全国的枢纽地位,造就了当时江苏运河城市的共同繁荣。同时,元朝施行海运,海港城市以平江府(今苏州)刘家港最为重要。至正二年(1342)在太仓设立庆元市舶分司,刘家港成为商贸云集的港口城市,号称“六国码头”。

公元1368年,朱元璋以南京为中心,建立明朝。这是江苏土地上首次出现统一国家的都城,也是以江苏为中心首次建立起覆盖全国的政治辖域的重要历史时期。明朝设立以南京为中心的中央直隶行政区，成祖迁都北京后，改称为南直隶，大约包括今江苏、上海、安徽。以南京、苏州、杭州、扬州、徽州等城市为中心，形成以教育、航海、出版、宗教、戏曲、工艺、科举、书画、园林、陶瓷、茶饮、漆木、玉石、织绣、园林等为要素的"江南文化圈"，代表中国当时文化高峰，影响到清代及当代。最高学府南京国子监规模宏大，永乐时（1403—1424）有监生近万，还招收高丽、日本等国留学生，并主持编纂中国古代最大类书《永乐大典》。乡试场所"贡院"，是中国古代最大科举考场。永乐时建成的大报恩寺，是当时南京三大佛寺之首，在此雕成佛学集成《永乐南藏》，直到清中期还承担着全国大多数佛寺印经任务。大报恩寺琉璃塔被西方人誉为"中古世界七大奇迹"。明代以南京为基地，以刘家港为起锚港，开创"郑和七下西洋"壮举，把古代"海上丝绸之路"推向巅峰。今天，南京明孝陵被列入《世界遗产名录》，明城墙以及郑和下西洋遗迹进入申报世界文化遗产的行列，都表明明代江苏的文化创造具有世界性地位。

清朝定鼎北京，认识到"南京为江南根本之地，绾毂十省，应设镇守文武大臣"，顺治二年（1645）废南直隶改设江南省，应天府改称江宁府。顺治四年（1647），设统辖江南、江西、河南三省的总督，建督署于江宁（旧址在今南京总统府内）。后划出河南省，改为统江南、江西二省的两江总督。康熙六年（1667）又分江南省为江苏和安徽两省，此为江苏独立成省之始。

明清江苏文化发达，出现文学上的吴江派、虞山诗派、云间词派、娄东派、苏州派、阳羡词派、常州词派（阳湖派）等；思想学术上的东林党人、泰州学派、扬州学派、吴学、常州学派等；艺术上的吴门画派、常州画派、虞山画派等。江宁、苏州以及常州、常熟、宜兴、无锡、吴江、松江、江阴等地，在教育、印刷、藏书、科举、文学、书画、学术、织绣、园林等方面都有突出成就和广泛影响。扬州和淮安也进入古代文化最后辉煌期。扬州是全国最重要的食盐集散地，加之突出的漕运地位，促进了商业、交通、消费服务业乃至文化兴旺。淮安因黄河、淮河和运河交汇而地位极重要，漕运总督长期驻此，清朝时南河总督也驻此地。淮安与扬州、苏州、杭州合称为运河四大都市，得"南船北马、九省通衢"之誉，产生了吴承恩与《西游记》以及河下医派等诸多文化成就，刘鹗、罗振玉等学问大家也在淮安生活过。

以1842年《中英南京条约》签订为标志，中国逐步沦为半封建、半殖民地社会。随着西方列强入侵，中国传统农业和手工业经济结构松动，新型经济结构开始形成，江苏一批城市开启从传统向现代的变革历程。如无锡本是大运河畔重要米市，晚清民国时，无锡一批人士在上海获得近代实业经验，回无锡创办民族工商企业，推动无锡在近代的崛起。南通从1896年开始，由状元张謇主导，开启产业、城市与区域社会及文化等各方面的近代化历程，使南通赢得“中国近代第一城”的美誉。曾国藩、李鸿章等洋务派在苏南建立近代军事工业，开近代工业化先河。1865年，李鸿章将苏州洋炮局迁往南京，改称金陵制造局，是南京最早的近代工业企业。江苏境内尤其是沪宁铁路修筑及其基础设施强化，形成以江南大运河及沪宁铁路沿线为主的产业集聚轴。近代工商业，尤其是纺织业逐步沿要道扩散，苏南原有经济文化优势与新型交通和产业成功结合，推动江南区域新文化的产生和发展。

民国时期，江苏作为国家中心所在，文化方面获得了相当发展。一是旧式的儒释道思想被突破，西方文化思潮兴起，但也有人坚持传统儒学，或致力于复兴佛学，呈现思想多元特征；二是现代科学获得突出成就，涌现出一批科学家名人，如地质学家丁文江、语言学家赵元任、医学家丁甘仁、史学家顾颉刚和钱穆、植物学家秦仁昌、物理学家周培源、数学家华罗庚、化学家黄鸣龙、桥梁学家茅以升、地理学家张相文等；三是教育基本完成现代转型，小学、中学、大学教育体系大体建立，尤其是大学教育名列前茅；四是美术事业在全国继续占有重要地位，书法家李瑞清1902年在两江师范学堂首开图画手工科，开始中国新艺术教育，培养了胡小石、吕凤子等大师。出版业、图书馆业、医药卫生事业、电影业、音乐事业、翻译事业、宗教事业、文物博物馆事业、园林景观业等文化领域也取得许多进展。

此时也是江苏革命文化诞生和成长的重要时期，涌现了周恩来、瞿秋白、张闻天、恽代英、张太雷、秦邦宪等一批优秀儿女，还有数以万计的革命烈士为反抗侵略、人民解放和国家新生而在江苏土地上奋斗和牺牲，以鲜血铸造伟大民族精神。“周恩来精神”“铁军精神”“雨花英烈精神”“淮海战役精神”等，已经成为中华文明历史进程中的宝贵文化财富，成为当代建设中国特色社会主义的伟大力量源泉。

二　鱼米之乡　锦绣江南

江苏地处东部，水网密布，湖泊众多，平原辽阔，物产丰饶。海岸线长954千米，长江横穿东西，大运河纵贯南北。有淮、沂、沭、泗、秦淮河等大小河流2900多条，有湖泊290多个。全国五大淡水湖，江苏得其二：太湖2250平方千米，居第三；洪泽湖2069平方千米，居第四。平原、水域面积分别占69%和17%，居全国首位。在中国，同时拥有大海、大江、大河、大湖、大运河、大平原的省份唯有江苏。淮河是我国南北分界线，长江犹如一道天然界线，将江苏划分为南北两大地域。长江在省内的支流多半在苏南，主要有秦淮河、黄浦江和娄江等，流经地区多为肥沃平原，加上温暖湿润气候，为鱼米之乡的出现奠定自然基础。可见，江苏地方文化有着强烈的“水文化”特质。

流经江苏的淮河和长江，把全省划分成苏北（淮北平原）、苏中（江淮平原）和苏南（宁镇丘陵和太湖平原）三大区域。苏北平原属侵蚀平原，地势舒展，盛产小麦、杂粮、棉花，北方风情浓厚；苏中平原地势低洼，呈浅碟形，多沼泽，宜稻麦；宁镇丘陵沿江分布，农业水旱作均合适；太湖平原以太湖为中心，又称江南平原，是传统的农副业丰产之地。江苏先民善于利用自然条件，以勤劳智慧创造出优越的物质文化。

江苏在新石器时代就成为重要的水稻产区。泗洪韩井遗址发现距今8000多年的水稻田遗迹，是已知世界最早稻作遗迹；苏州草鞋山遗址和昆山绰墩遗址也发现距今6000多年的水稻田遗址，证明江苏种植水稻历史久远。西晋时中原士民南下，使南方耕作技术与北方技术结合，培育出优良农作物品种，提高了土地产出效率。隋唐时大江南北耕作农具和耕作技术有显著改进和提高，唐末吴郡甫里（今苏州甪直）人陆龟蒙的《耒耜经》作了总结。宋代江南已用龙骨车引水灌溉稻田，江南江北都掌握稻、麦两熟技术。明代，江苏产生两部理论和实践价值都很高的农业专著：嘉靖时溧阳人马一龙《农说》，详尽总结水稻耕作技术；明末上海人徐光启《农政全书》，分析田制、开垦、水利、农具、树艺等问题，尤其对植棉技术作了全面介绍。康熙时，苏州织造李煦试种并推广双季稻，使土地单位面积产量成倍提高。明清时重要海外作物品种被引入江苏，如番薯、花生等，太湖地区成为中国第一产粮大区。

江苏饮食文化注重“色香味意形养”。按照烹饪技艺，江苏风味菜肴一般分为淮扬、苏锡、金陵和徐海四宗。淮扬风味主脉在扬州及镇江、淮安地区，属全国四大风味之一，炖烧炒均见功夫，咸甜适度，是江苏菜代表。从都市通衢店堂到水乡市镇摊点，各种精致小吃丰富多彩。江苏调味品以镇江香醋最负时誉，酒文化历史则可上溯到四五千年前，徐州、扬州、淮安有汉代酒器考古实物。宿迁是最重要的白酒产地之一，“三沟一河”指汤沟酒、双沟酒、高沟酒、洋河酒，产品味醇、绵甜、净爽，成为江淮浓香型白酒代表。江苏茶叶种类多、品质优，早在唐代就有阳羡（今宜兴）贡茶。明清时吴县（今苏州吴中区）洞庭碧螺春茶，汤色碧澄，芳香沁人，列为绿茶极品，南京雨花茶也是名茶中的佼佼者。

江苏纺织文化可追溯到新石器时代，苏州草鞋山遗址出土 3 块葛布残片，被认为是中国目前发现年代最久的纺织品实物之一。丝织业是江苏在秦汉时发达的手工业品种，六朝江南以出产麻葛织品著称。刘裕灭后秦，将长安“百工”迁至建康（今南京），设“锦署”，江南丝织业发展壮大。唐代江浙丝织品远销海外，深受欢迎。宋代以来，苏州苏绣和缂丝驰名天下，苏绣是四大名绣之一，缂丝是中国丝绸艺术品中的精华。明代江南成为丝织业中心，苏州宋锦、南京云锦和四川蜀锦并称三大名锦。清康熙至嘉庆时，南京织造业在全国首屈一指，被称为云锦之乡。清代在江南设立三个织造局，江宁和苏州织造在江苏。元代江苏棉纺织业发展迅速，清代常熟、嘉定与松江并称三大棉纺业中心。明清时松江、南通土布出口海外，因松江、南通明代属南京（南直隶），故其布在海外被称为“南京布”。

江苏是中国境内较早出现陶器的手工业地区之一，在溧水神仙洞曾发现万年前陶片。夏商时期苏南地区流行几何印纹陶。西周到春秋，吴国受越国影响烧造原始瓷。六朝时宜兴烧制青瓷；宋代开始专攻陶器；到明清时期，造型丰富的紫砂陶闻名于世，其上镌刻诗、文、书、画，艺术品位和文化价值攀升，赢得“名器名陶，天下无类”的美称，宜兴成为中国陶都。

江苏金属冶炼和铸造成就也很突出。青铜时代就以出产铜、锡、铅闻名，先秦时徐国和吴国拥有先进青铜铸造技术。苏南青铜器形状及纹饰有浓厚吴文化特色，被称为“吴冶”。江苏是中国冶铁技术发源地之一，六合程桥春秋晚期吴墓出土生铁。近年镇江也发现吴国冶铸遗址。南朝人谢平、黄文庆用“杂炼生鍒”法炼出铁剑，被称为“中国绝手”。唐代扬州金银器和铜器声名显著，尤其是扬州铜镜，因工艺精湛而受到青睐，赢得许多诗人的称赞。在印尼海域发现的“黑石”号唐代沉船上有扬州江心镜，表明当时扬州铜镜行销海外。明嘉靖时，江苏人发明的炼钢新技术被广泛运用，声名鹊起，被称为“苏钢”。

扬州是漆器重要产地，汉代以做工精巧、纹样优美、色彩绚丽而闻名。明清时扬州成为全国漆器制作中心，作品曾于 1910 年获国际博览会金奖，技艺超群，名闻海内外。

江苏建筑以砖木结构为主，南京、太湖流域、苏北等地各有特色。六朝、五代十国、明代、民国时期，因其政治和文化中心乃至经济中心地位，出现建筑创新高峰，成为不少建筑要素和样式的传播之源。江苏以古典园林建筑艺术而名传中外，苏州、无锡、扬州、南京、常州等地园林建筑类型齐全，保存完整。它们巧妙运用对比、衬托、尺度、层次、对景、借景和小中见大、以少胜多等技巧，将亭台楼阁、泉石花木组合在一起，模拟自然风光，创造了包容建筑美、自然美、人文美在内的“城市山林”“居闹市而近自然”的理想空间，反映了江南高度居住文明，系统全面地展示了中国古典园林在建筑布局、结构、造型、风格、色彩以及装修、家具、陈设等方面的特征。其中以苏州园林为代表，充分体现中国造园艺术的民族特色和水平，在世界园林艺术史上拥有不可替代的地位。苏州城内园林曾多达 270 余处，留存至今的有 40 多处，拙政园、留园、网师园、环秀山庄、艺圃、耦园、沧浪亭、狮子林和退思园等作为经典被列入联合国教科文组织《世界遗产名录》。苏州香山帮匠人技艺高超，如明代蒯祥在北京参加皇宫设计建造，官至工部侍郎。苏州能工巧匠用紫檀、酸枝、杞梓、花梨等外来木材制作明式家具，至今仍深受人们喜爱。

发达的水系推动江苏水运水利及海上航行事业，包括大运河的开凿和发达的造船业，使江苏成为我国海上丝绸之路重地。孙吴船队首航辽东、夷洲（今中国台湾）；南朝通使百济（今韩国）；唐代扬州成为首屈一指国际港城；高僧鉴真由张家港黄泗浦东渡日本；如东掘港成为日本遣唐使停驻地；宋代江阴设市舶司；元代刘家港成为重要海港；明代郑和从南京和太仓出发，七次远航西亚乃至非洲……相关文化遗存近年大多获考古发现而闻名海内外。总之，江苏作为中国的著名“水乡”，先民们以水为田、以水为道、以水为景、以水为美，许多江南城市、集镇、村舍都依河而建，形成了“江南利于舟”“人家尽枕河”的别样风貌。水是江苏人的生活和生产依托，也造就了“水乡江苏”“锦绣江南”的典型文化特征。

三　和而不同　美美与共

因大江大河阻隔，古代江苏南北属不同文化圈。《尚书·禹贡》曰：“海岱及淮惟徐州。淮沂其乂……厥田惟上中，厥赋中中……浮于淮泗，达于菏”；“淮海惟扬州……三江既入，震泽底定……厥田惟下下，厥赋下上上错……沿于江海，达于淮泗”。《吕氏春秋·有始览·有始》云：“泗上为徐州，鲁也。东南为扬州，越也。”表明江苏大江南北在先秦时具有文化二元特征，呈现南秀北雄、徐扬分明的文化品格。

在江苏地方文化的发展过程中，受荆楚文化、于越文化、齐鲁文化、中原文化以及徽文化等地域文化影响，促进了多元与融合文化特征形成。苏南在先秦时属独具特色的吴文化圈，后不断演变和丰富，形成江南文化核心之一。宁镇原属吴文化中心区域，后成为楚文化与吴文化交锋地区，故称“吴头楚尾”，六朝时在大量北方移民作用下，兼具南北优胜，加之南唐、明代、民国作为都城，养成古代都城文化风范，周边城市亦受其影响。徐海西近中原、北邻齐鲁，北方气质浓厚。江淮居中，具有文化过渡性与兼容南北特点。沿海地域则向海而生，陆海联动，有海洋文化秉性。以文化的特性并按地域划分，江苏地方文化主要由吴文化、徐汉文化、淮扬文化、金陵文化、海洋文化等几个亚文化板块组成。

1. 吴文化。吴文化源自长江下游的史前文化，夏商时代诞生于宁镇地区，又逐步向太湖流域扩展。春秋时期吴国先后定都于今无锡及常州境内的阖闾城和今苏州，汲取中原列国先进文化，北上争霸。经千年演变，形成以“吴侬软语”为主要语言特征，以环太湖流域苏州、无锡、常州为主要区域，辐射松江（今上海）、嘉兴、湖州等地的吴文化圈。吴地沿江环湖滨海，水道纵横，河港交错，食则稻鱼菱藕，居则枕河人家，行则舟桥两便，业则渔殖蚕桑，习则书画文章，宋元时成为中国农业和工商业发达地区。士农工商百业融合，市民文化和士大夫文化互相影响，带来雅俗并举的人文风貌，“生生燕语明如翦，呖呖莺歌溜的圆”的昆曲流传全国，余音绕梁的评弹长盛不衰，兼城市之便利与山林之幽趣于一身的园林艺术移步换景。苏州明代出现吴门画派，太仓清初出现娄东画派，常州清代出现常州学派、常州词派、常州画派、阳湖文派和孟河医派五大派别，文化世家大量涌现。

2. 徐汉文化。徐汉文化以徐州（古称彭城）为中心，覆盖徐、淮、盐、宿地区，既是江苏先秦以徐国为代表的地域文化中心所在，也是项羽、刘邦等开创大汉文化的一批重要人物的故乡。徐汉文化融合黄河、淮河、长江三大文化体系，源远流长，博大丰厚，奠立淮北平原早期文明基础，曾在中华文明史上拥有辉煌篇章。徐州是汉文化集萃地，在西汉时是帝乡和楚都，考古发现楚王陵、汉墓群、兵马俑、画像石等，是除都城长安（今西安）之外汉文化遗存最多、规模最大的名城。其非物质文化遗产也很丰富，淮海戏、梆子戏、柳琴戏、琴书等具有地方特色。宿迁以项羽遗迹、泗水国遗址为特色。苏北自南宋黄河“夺泗入淮”，数百年间水患不断，谱写了波澜壮阔的治水篇章，留下诸多相关历史遗产。

3. 淮扬文化。淮扬文化地处江苏中部，以江淮话为方言，涵盖淮安、扬州、泰州等地。春秋时吴国开挖邗沟，再到隋朝大运河建成，连接长江与淮河两大流域的淮扬一带地位日益重要，扬州、楚州（今淮安）等交通枢纽城市兴起，淮扬文化也逐步形成。唐代扬州是中国东南第一大都会，史称“扬一益二”。扬州的区位、气候、美食、居所、人文气息，吸引大量文人名士，淮扬文化成为当时城市文化翘楚。元朝重修大运河，奠定江淮运河沿线在全国的运输中心地位。淮扬地区小说创作、园林文化成就突出。清代扬州盐商富甲天下，推动精英文化和世俗文化同步发展，出现扬州学派王念孙、王引之、焦循、汪中、刘师培等学者，出现“扬州八怪”为代表的扬州画派，戏曲、玉雕、漆器、盆景、雕版印刷、淮扬菜系等也独具特色，影响远大。

4. 金陵文化。金陵文化位于滨江的中华文化南北、东西交汇之地，历史上扮演了数次文化大交流大融汇的主角，具有代表中华文明主流的地位及特点。特别是“六朝文化”，在中华文明史上有承前启后、开创新学的地位。北方士民包括许多政治家、艺术家、学问家、佛教高僧等渡江南下，带来中原千年积淀的文化，实现中华文化南北大融合和大提升，为隋唐文化兴起奠定坚实基础；南唐文化“灿然可观”；明初郑和“七下西洋”，南京成为中外文化交流重镇；民国时，中西文化在南京都呈强势，以教育、科学最显著。四方交汇、多元并蓄、开放包容，可谓金陵文化的一大特色。

5. 海洋文化。江苏东濒黄海，沿海地区包括连云港、盐城、南通等地。具有拥江达海自然优势的南京、扬州、镇江、泰州等地也存在丰富的涉海文化。沿海区域地势低平，湿地广布，水产丰饶。季风为航海和制盐提供条件，洋流催生丰富渔业。先秦时长江沙嘴由扬州东延，经泰州到如皋东北、海安以东。宋至清代黄河南迁，海岸线扩展上百里，又形成颇具特色和地位的新型海洋文化区。江苏海洋文化是由海洋及陆海联动生成的地缘文化，是人们在认识海洋、利用海洋的社会实践过程中创造出的精神和物质文化总和，表现为海洋渔业文化、海盐文化、港城文化、航海及海丝文化、滨海湿地文化等若干海洋文化特色。

由不同亚文化板块组成的江苏区域文化，既有丰富内涵，又有鲜明特征，使江苏文化保持着统一性和多样性的协同持续发展，创造出江苏文化的多姿多彩，和而不同，美美共生。

四　崇文重教　英才荟萃

教育是人类文化传承与创新的主要动力。江苏教育源远流长，从言偃在吴地传播孔子儒学，经历代贤达兴学，直到近现代教育发达，江苏教育以自己的坚实步伐培育出一代代文化英才。江苏教育起始之早、内容之丰、形式之多、风气之醇、成效之著，都让神州瞩目，也令江苏人自豪。

春秋时代，贵族教育有饱学之士吴国季札的出现；西汉楚、江都国皆有儒学教育。东汉建武六年(30)，丹阳太守李忠兴办官学。六朝时今南京作为都城，成为教育中心。孙权于黄龙二年(230)立都讲祭酒，景帝孙休永安二年(259)立国学，置学官，立五经博士。东晋建武元年(317)建太学。刘宋元嘉十五年(438)，设儒学馆、史学馆、文学馆和玄学馆，分科教学成为中国教育史上创举。萧梁天监四年(505)，设五经博士并广开学馆，武帝萧衍委派文学侍从周兴嗣撰《千字文》，为古代蒙学必读教材。六朝时期的私学教育也成就显著。

唐代海州、常州州学及句容、溧水县学相继兴办，扬州曹宪、苏州陆德明、润州马怀素、昆山张后胤为一代名师。南唐官学较同时各国繁盛，以国子监为全国教育管理机构，秦淮河畔逐渐成为古都金陵的文教中心和科举中心。

北宋三次官学运动，两次与今江苏有关。庆历三年(1043)，范仲淹主持"庆历新政"，首开宋代兴学之风；王安石又主持熙宁、元丰兴学，促进学校教育发展，泰州胡瑗成为教育泰斗。文献记载江南新建书院143所，重要的有江宁(今南京)南轩书院、江东书院、昭文书院，苏州鹤山书院、浦里书院、文正书院，常熟文学书院，昆山玉峰书院，江阴澄江书院等。

明洪武十五年(1382)改建南京国子学为国子监。永乐时迁都北京，保留南京国子监，称"南监"，规模超过北监。洪武二十六年(1393)，监生达8124名，永乐二十年(1422)增至9972名。明代，江苏私学亦发达，这与王守仁、湛若水等著名学者的倡导有关。王守仁提出"知行合一”的教育思想，泰州人王艮赴南昌投其门下，推崇阳明学说，注重实用之学，建复初等书院，创泰州学派，在中国思想史上有重要影响。湛若水，曾任南京吏部尚书，他是著名学者陈献章的学生，曾在南京建新泉、新江书院，在扬州建甘泉书院，从学者众，世称“甘泉先生”。无锡东林书院有顾宪成、高攀龙等长期讲学，成为左右全国政治舆论的中心。明代，江苏在科举考试上也代有才俊，明代的状元一共 89 人，江苏占 16 人。

清代江苏书院勃兴，扬州有书院 20 多所。江苏进士人数居全国之首，顺治三年(1646)至光绪三十年(1904)出状元 112 名，江苏有 49 名。苏州是中国状元最多之地。长洲(今苏州)人钱棨“连中三元”，清代仅有 2 位考生有这样的佳绩。清代 112 科中，同一家族取中一甲三名(状元、榜眼、探花)者仅 23 名，江苏有 21 名。

清末江苏新学如潮，初、中、高等学校，师范、实业、民众教育等均获发展，兴办女学，开风气之先。重视教育的传统影响到当代，据 1988 年中国教授名录统计，江苏籍教授有 2365 名，居各省第一，以占全国 1%的土地面积贡献了 14%的教授。现在江苏籍两院院士有 450 人，以全国 5%的人口贡献了 19%的院士。今天江苏高等教育综合实力仍居全国第三，发达的教育为江苏文化乃至经济社会的高质量创新发展提供了最重要的条件。

五　人文昌盛　造福中华

江苏自古为人文昌盛之地。江苏人民发扬灵性，在这方热土上创造出如史诗般的精神文化奇迹，在经学、文学、科学、书法、绘画、戏曲、音乐、园林、建筑、雕版印刷、工艺美术、宗教文化等各方面，对历史和当代均具有重要影响。

江苏文学可追溯到孔子门生——吴人言偃，而子游(言偃)在历史上“以文学见长”。西汉时，江苏文学进入新的发展时期，考古学者在连云港发现了目前所知最早的四言俗赋——西汉《神乌傅(赋)》，作品用拟人手法抨击现实，换韵自由，语言通俗，比曹植《鹞雀赋》早约200年；淮阴人枚乘的《七发》，是汉代骚客体赋向大赋发展中的杰出篇章。

六朝是中国文学发展史的高峰。陆机有文学评论作品《文赋》；郭璞为游仙诗体奠基；刘宋有“元嘉三大家”鲍照、颜延之、谢灵运，影响唐代诸多著名诗人；刘义庆《世说新语》是志人小说代表作，形成“世说体”。南齐出现中国最早文学评论著作刘勰《文心雕龙》，促成当代“龙学”；产生讲求诗歌声律和对偶的“永明体”，开律诗先河；梁武帝萧衍博通文史，“江南弄”是中国最早词牌和词作，其子萧统主编《文选》是中国现存最早诗文总集，形成后来的“文选学”；萧梁宫体诗用词华丽，描写细腻，影响深远；锺嵘《诗品》是中国首部诗论专著，对两汉至南朝五言诗做了系统总结；南朝骈文兴盛，江淹等是骈文大家，陈朝庾信、徐陵是辞赋名家，合称“徐庾体”，徐陵所编《玉台新咏》是首部女性与爱情诗文合集，《孔雀东南飞》因被其收录而传世。

唐宋以来，金陵怀古诗大量出现。文人墨客通过对前朝的遗迹观照，生发兴亡盛衰、人世变幻慨叹，以唤起历史记忆和美好情感。南唐后主李煜词艺娴熟，情境别致，被誉为“词中之帝”，有杰作《虞美人》《浪淘沙》《乌夜啼》等传世。淮安人吴承恩的《西游记》是世界文学史上的伟大作品，吴敬梓在南京写出《儒林外史》，李汝珍在海州写出《镜花缘》。晚清四大谴责小说中的《老残游记》《官场现形记》《孽海花》，作者刘鹗、李伯元、曾朴都是江苏人。苏州人冯梦龙编撰的短篇小说集《三言》亦有重要影响。近代一批著名文学家、戏剧家在江苏成长，如叶圣陶（吴县人）、朱自清（扬州人）、钱钟书（无锡人）、洪深（武进人）、丁西林（泰兴人）、吴梅（吴县人）等，他们贡献了中国近现代文化史上的重要篇章。

江苏是绘画艺术重镇。徐州等地出土的画像石是汉画杰出代表；六朝是中国画创新发展的关键期。孙吴有“佛画之祖”曹不兴；东晋有“三绝”画家顾恺之，传世《女史箴图》《洛神赋图》《列女仁智图》等虽属唐宋摹本，仍是公认瑰宝。南朝刘宋画家陆探微与晋顾恺之、梁张僧繇、唐吴道子合称画界“四祖”，他是书法入画第一人，创造“一笔画”法，世称“秀骨清像”。梁代张僧繇用天竺（现印度）画法，开创“面短而艳”

画风，是上承晋宋顾、陆，下开隋唐画风的大家。梁朝谢赫《古画品录》是中国首部系统绘画评论著作，提出绘画“六法”，奠定中国画论基础，成为后世准则。陈朝姚最《续画品录》，提出“心师造化”理论，成为重要创作原则。南朝画家王微、宗炳，开创独立的山水画科。

南唐金陵的“南唐画院”，集中一批有才华的画家进行专业创作，如曹仲玄、周文矩、顾闳中、顾德谦、王齐翰、董源、徐熙、董羽、卫贤、赵干等。常熟人黄公望、无锡人倪瓒在“元四家”之列。明代全国知名画家4000余人，江苏占1700多人。明中叶产生吴门画派，创始人沈周与文徵明、仇英、唐寅称为“吴门四家”或“明四家”，流变为晚明松江派，再变为清初以四王为代表的娄东派和虞山派。清代5800多位知名画家，江苏有2700多位。江宁有“金陵八家”，扬州有“扬州八怪”，把江苏乃至中国古代绘画推向高峰。苏州桃花坞木刻年画，与天津杨柳青年画并称“南桃北柳”，作品销往全国及海外，对日本浮世绘艺术产生很大影响。

江苏传统音乐因地缘关系而丰富多彩，体现江苏人灵动内敛、包容和顺、清雅细腻的文化品性。其古琴艺术在全国有突出地位，形成常熟虞山琴派、扬州广陵琴派、南京金陵琴派、南通梅庵琴派等重要流派。流传至今的民歌有12800余首，六合民歌《茉莉花》、二胡演奏曲《二泉映月》等，均是广为流传的佳作。江苏是戏曲重镇，昆曲即源自江苏，剧种主要有昆剧、扬剧、淮剧、苏剧、锡剧、海门山歌剧、丹剧、高淳阳腔目连戏、淮海戏、通剧、海州童子戏、丁丁腔、淮红戏等23个，诞生过梅兰芳、周信芳等戏曲大师。苏南流行苏州弹词等，唱腔柔美秀丽，风格和顺婉转；徐州琴书、苏北大鼓等则音调质朴、刚劲粗犷。江淮有扬州清曲、扬州弹词、扬州道情、南京白局等，形式多样，或说或唱，是民间口头文学活化石，有不可替代的文化和艺术价值。江苏是多个佛教及道教流派诞生地，形成各具特色的宗教音乐。道教音乐内容丰富，以苏州玄妙观斋醮音乐、金坛茅山道教音乐最具代表性。

江苏在科学方面有突出成就。东吴赵爽为《周髀算经》作注，著《勾股圆方图》。祖冲之用开密法算出的圆周率数值是当时世界最精确数值。明代西方数学著作《几何原本》《同文算指》《天学会通》，由徐光启和利玛窦合作翻译，几何、平行线、三角形等译名沿用至今。东晋句容人葛洪炼丹时发现游离分解水银法，总结化学反应可逆性。萧梁陶弘景炼丹时发现水银和其他金属组成合金可镀金镀银，发现区别硝石和芒硝的方法，为发明火药打下基础，他的《古今刀剑录》是中国最早的炼钢技术著作。无锡人徐寿是近代化学知识传入者，有"中国近代化学之父"称号。孙吴太史令陈卓画出283个星官1565颗星的星图，是中国星象观测史的里程碑。祖冲之编制"大明历"，首次运用岁差测定回归年天数，与现代科学所测只差50秒。宋代黄裳所绘的苏州天文图是重要古星图。清初吴江王锡阐吸收西学，著成《晓庵新法》，很多算法超过当时西方。康熙时吴江人孙云球以水晶磨制出察微镜、千里镜等72种光学仪器，所著《镜史》是中国首部光学著作。

中医文化方面，江苏成就众多。东晋葛洪认识了天花和结核病等多种传染病，留下中国最早天花记载，其《肘后备急方·治寒热诸疟方》中"青蒿一握，以水二升渍，绞取汁，尽服之"的记载，曾对我国当代著名科学家屠呦呦发明"青蒿素"这一诺贝尔奖获奖项目作出过重要贡献。南朝陶弘景《本草经集注》垂名后世，他的《陶氏效验方》《补阙肘后百一方》《药总诀》都是著名医典。明代陈实功成功完成断喉吻合术，总结诸多外科技术，写成《外科正宗》。明末清初吴有性写成《瘟疫论》，为温病学说形成奠定基础。清中期叶桂著成《温热论》，为温病学发展深化理论基础，吴瑭继而著成《温病条辨》。清代江苏南有常州孟河医派，北有淮安河下医派，对中国近现代中医学发展都有重大影响。

雕版印刷技术是中华民族的发明创造，也是文化传播的重要途径和推动图书收藏及阅读的重要保障。唐长庆四年（825），元稹为白居易《长庆集》作序，提及扬州有人刊刻他和白居易的诗。苏州瑞光寺发现宋初雕印《妙法莲花经》，字体端正，刻工精细，反映当时印刷业高超水平。明代南京是雕版印刷中心，三山街内桥一带书坊林立，《元史》《元秘史》《大明律》《明大诰》等官方著作及李时珍《本草纲目》、大藏经等多种书籍均在南京刻印。明中叶后，南京成为彩色套印中心，以十竹斋画谱和笺谱最为有名。明清扬州印刷业发达，康熙四十四年（1705），江宁织造曹寅奉旨在扬州刊刻《全唐诗》，一年完成四万八千多首诗的印刷，成为中国雕版史上的杰作。印刷业发达推动着图书收藏和流行，对江苏及全国教育、藏书和社会文化水平的提高都有促进作用，明代江苏藏书家200多人，居全国第一。迄今扬州和南京的传统雕版印刷技艺还是世界非物质文化遗产。

江苏历史悠久，人文荟萃，留下丰富多彩、独具特色的文化遗产。截至2018年底，江苏有世界文化遗产3项（大运河1项28处点、段；苏州园林1项9处；明孝陵1项7处），有13个国家级历史文化名城，27个国家级历史文化名镇。有不可移动文物20007处，其中全国重点文物保护单位226处；有可移动文物280余万件，它们成就了江苏现代博物馆和文化旅游事业。代表不同时代文化风貌的文物遗产，是各地的文化经典，如南京和丹阳的南朝陵墓石刻，南京明城墙、明孝陵、明代宝船厂遗址、民国建筑，苏州历史城区、古典园林、虎丘等。习近平总书记说："历史是一面镜子，从历史中我们能够更好看清世界，参透生活，认识自己；历史也是一位智者，同历史对话，我们能够更好认识过去，把握当下，面向未来。"江苏拥有雄厚优质的传统文化遗产资源，有众多领先于全国的当代文化成就，有缜密科学的提升文化核心竞争力和建设文化强省的行动纲领，江苏人民一定能够在党中央的正确领导下，在传承文脉的基础上创新发展，建成一个"强富美高"的新江苏。

目 录

下编　徐州文化的地域特色

邳州市大墩子遗址出土的新石器时代大汶口文化白陶鬶、彩陶鼓(徐州博物馆供稿)

邳州市九女墩墓出土的春秋徐国铜兽首鼎(邳州市博物馆供稿)

彭祖雕像(李本华设计，陈钊摄)

戏马台（陈钊摄）

《高祖还乡》锻铜浮雕（张承志设计，沛县博物馆供稿）

狮子山西汉兵马俑坑（陈钊摄）

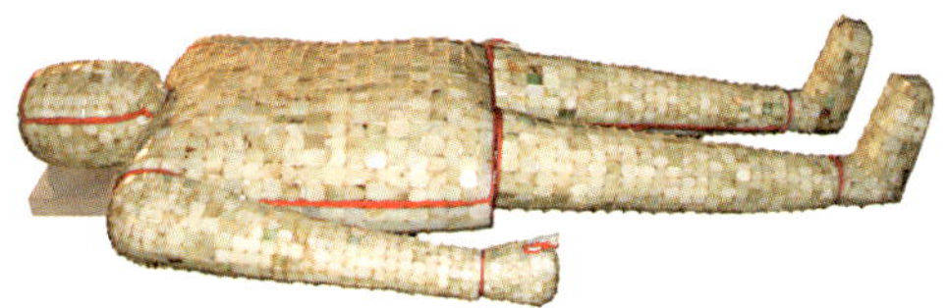

狮子山西汉楚王墓出土的金缕玉衣、“二兽食马”金带板
（徐州博物馆藏）

北洞山西汉楚王墓出土彩绘仪卫俑（徐州博物馆供稿）

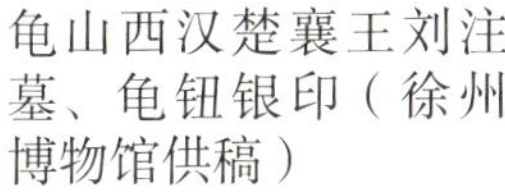

龟山西汉楚襄王刘注墓、龟钮银印（徐州博物馆供稿）

徐州博物馆（岳凯摄）

土山东汉彭城王墓（陈钊摄）

汉服表演（ 陈钊摄）

兴化寺北魏大石佛（陈钊摄）

兴化寺北魏—宋摩崖石刻（陈钊摄）

燕子楼（陈钊摄）

唐碑亭（陈钊摄）

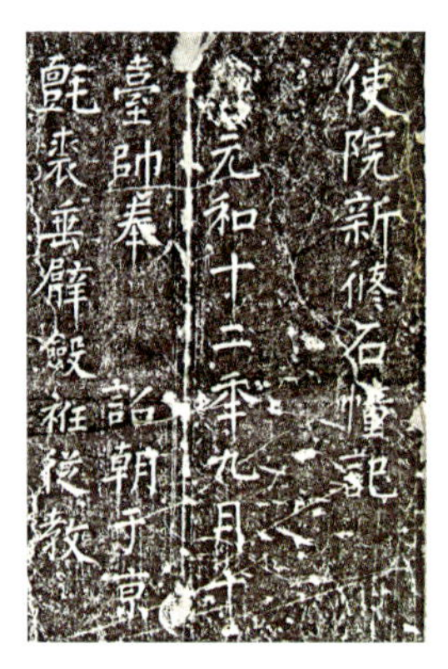

《使院新修石幢记》拓片局部（徐州博物馆供稿）

北宋八音石（徐州博物馆藏）

明代权瑾牌坊（陈钊摄）

清代云龙书院（陈浩摄）

清代“五省通衢”牌坊（陈钊摄）

淮海战役烈士纪念塔（岳凯摄）

云龙山黄茅冈（陈钊摄）

故黄河风光带（陈钊摄）

绪　　论

徐州曾为古九州之一，具有十分悠久的建城历史。虽然因环境变迁、政治变故和行政改置，徐州的地理空间有所盈缩，但核心区域始终未变，并通过向心和发散的历史积累，在中华大地上形成了相对独立、特色鲜明的文化区域，向世界昭示着壮美的文化形象和独有的文化价值。

第一节　行政建置沿革与地理环境

徐州是一座拥有4500多年人类不间断居住历史和有确切文字记载近2600年历史的文化重心区域。这里有独特的自然地理环境和人文地理环境，也有丰富的物产，为孕育徐州文化提供了良好的物质基础。

一、行政建置沿革

“徐州”之名，最早载于《尚书·禹贡》，当时系指北至泰山、南至淮水下游、东至黄海、西至济水东岸之广大地理区域[①]，并非行政区划。在今徐州市境内渐次出现的史前文明如邳州刘林遗址、大墩子遗址，新沂

① 参见慕平译注《尚书》卷一《虞夏书·禹贡》，中华书局2009年版，第57页。

花厅遗址、小徐庄遗址和徐州市区的下园墩遗址等，均属新石器时代的历史遗存。约公元前21世纪，生活在今苏北鲁南地区的东夷部族之一大彭氏族的首领彭祖，被帝尧封于这一带，始建大彭氏国，这是徐州城早先得名彭城之原因。夏商时，彭国一直是东部方国中的强国，直至商王武丁四十三年（前1208年）为商所灭。西周时分封诸侯，商纣王同母庶兄微子启被封于宋（今徐州市区、丰、沛、铜山大致属宋）。《左传》载，鲁成公十八年（前573年），晋宋联盟与楚郑联盟争夺彭城，是"彭城"之名在典籍中现存最早的记载。因此，徐州是江苏省最古老的城邑之一。彭城在春秋为宋属"彭城邑"①，战国时属楚②，秦置彭城县，属四川郡（后世文献讹为"泗水郡"），郡治在相（俗称"上相"，今安徽省淮北市境内）。秦汉之际，楚怀王孙熊心、西楚霸王项羽定都彭城③。

汉高帝六年（前201年），刘邦将彭城、东海、薛三郡三十六县交由其弟刘交治理，国号楚，都彭城④。东汉章和二年（88年），改彭城国⑤。魏晋时期，徐州刺史部数次往返迁治下邳、彭城间，南朝梁沈约《宋书·州郡志》记载："徐州刺史，后汉治东海郯县，魏、晋、宋治彭城。"⑥彭城自此成为徐州的治所。"彭城"与"徐州"作为城市名称开始叠合，两个名称又多次交互成为中央管辖、下设若干个县邑的行政单位驻地⑦。南朝刘裕代晋后，将北徐州（淮河北）改为徐州，州治彭城，下辖彭城等十二郡三十四县⑧。北魏和平六年（465年），拓跋氏政权占领徐州后设置徐州都督区，下辖彭城等七郡⑨，范围大致在徐兖连淮地区。

隋初，置徐州，领彭城、淮南二郡。炀帝大业三年（607年），改州为郡，全国分为一百九十郡，彭城郡统县十一：彭城、蕲（今安徽宿州南）、

---

① 杨伯峻编著：《春秋左传注》，中华书局1981年版，第905页。

② 司马迁撰：《史记》卷三八《宋微子世家》，中华书局1959年版，第1632页。

③ 司马迁撰：《史记》卷七《项羽本纪》，中华书局1959年版，第304页。

④ 班固撰，颜师古注：《汉书》卷二八下《地理志下》，中华书局1962年版，第1638页。

⑤ 范晔撰，李贤等注：《后汉书》志二一《郡国志三》，中华书局1965年版，第3460页。

⑥ 沈约撰：《宋书》卷三五《州郡志一》，中华书局1974年版，第1047页。

⑦ 江苏省地方志编纂委员会：《江苏建置志》，江苏人民出版社2013年版，第221页。

⑧ 沈约撰：《宋书》卷三五《州郡志一》，中华书局1974年版，第1047页。

⑨ 魏收撰：《魏书》卷一〇六中《地形志中》，中华书局1974年版，第2537页。

谷阳(今安徽固镇西)、沛、留、丰、萧、滕、兰陵、符离、方与(今山东金乡东)[①]。唐初,置徐州总管府,领徐、邳、泗、鄫、沂、仁六州,本地区大部分属徐州、邳州。徐州领七县,即彭城、萧、沛、丰、滕、符离、诸阳(贞观二年废,入符离)。邳州领三县,即下邳、郯、良城(武原县改,今徐州邳州市西北)[②]。唐玄宗天宝元年(742年),改徐州为彭城郡;肃宗乾元元年(758年),又复称徐州;宪宗元和二年(807年),置武宁军节度使,治徐州,领徐、泗、濠三州;懿宗咸通三年(862年),置徐州团练防御使;咸通十一年(870年),赐号感化军节度使[③]。五代时,本地区大部仍属徐州管辖。

北宋初,太宗至道三年(997年),划全国为十五路,徐州属京东路;神宗熙宁七年(1074年),分京东路为京东东路和京东西路,徐州属东路;元丰元年(1078年),改属京东西路。时徐州领县五、监二,即彭城、沛、萧、滕、丰五县和宝丰监、利国监[④]。南宋时,淮河以北均为金朝占领。金在其领域建五京,置十四总管府,合称十九路。时本地区属山东西路,大致为徐州、邳州辖境。徐州领县三、镇五,即彭城、萧、丰三县和吕梁、利国、汴塘、白土、安民五镇;邳州领县三,即下邳、兰陵、宿迁三县[⑤]。

元世祖至元八年(1271年),本地区大部分属河南行省归德府。归德府领徐、邳、亳、宿四州。徐州领萧县;邳州领下邳、宿迁、睢宁三县。当时丰、沛县属中书省济宁路,至元二年(1265年),沛县并入丰县;三年,从丰县析出[⑥]。元末,鉴于徐州在政治、军事上的重要地位,升徐州为徐州路,领滕、峄、邳、宿四州。顺帝至正十二年(1352年),因镇压芝麻李起义,徐州城毁,临时迁址于奎山。次年,降为武安州[⑦]。

明初,徐州属中都临濠府。洪武十四年(1381年),升为直隶州;永

① 魏徵等撰:《隋书》卷三一《地理志下》,中华书局1973年版,第870页。
② 刘昫等撰:《旧唐书》卷三八《地理志一》,中华书局1975年版,第1447页。
③ 刘昫等撰:《旧唐书》卷三八《地理志一》,中华书局1975年版,第1448页。
④ 脱脱等撰:《宋史》卷八五《地理志一》,中华书局1985年版,第2110页。
⑤ 脱脱等撰:《金史》卷二五《地理志中》,中华书局1975年版,第614页。
⑥ 宋濂等撰:《元史》卷五九《地理志二》,中华书局1976年版,第1408页。
⑦ 宋濂等撰:《元史》卷四三《顺帝纪六》,中华书局1976年版,第909页。

乐迁都后，徐州隶属南京，领丰、沛、萧、砀山四县①。时邳州、睢宁均属淮安府。清初，大体沿袭明制，徐州仍为直隶州，属江南省。雍正二年（1724 年），升邳州为直隶州，领宿迁、睢宁二县。十一年（1733 年），徐州由直隶州升府，析散州级“徐州”境置铜山县，邳州及所属二县改属徐州府。时徐州府统辖一州七县，即邳州和铜山、砀山、萧、丰、沛、宿迁、睢宁七县②。

民国初年，尽废旧有行政建置，将江苏省分为五道，本地区为徐海道，道尹公署驻铜山县（今之市区），辖境除原有八县外，增东海、灌云、沭阳、赣榆四县。1928 年，废徐海道。1931 年，置徐州行政督察区。1938 年，徐州为日寇统治。1943 年，汪伪政权炮制了伪淮海省，辖二十二市县。1945 年，国民党政府将铜山县第一区析置徐州市③。

中华人民共和国成立初，徐州市为山东省辖市，领铜山县。1952 年，徐州市回归江苏，由省直辖，同时设立徐州专区（辖一市九县一盐区：新海连市、赣榆县、东海县、邳县、铜北县、华山县、沛县、丰县、砀山县、萧县、淮北盐区，专员公署驻徐州市）。1962 年，连云港改由省直辖，徐州专区辖八县。1983 年，实行市管县行政建置，撤销徐州地区，赣榆、东海二县划归连云港市，其余六县划归徐州市。截至 2020 年年底，徐州市辖丰县、沛县、睢宁县、邳州市、新沂市、铜山区、鼓楼区、云龙区、泉山区、贾汪区共 10 个县（市）区，全市户籍人口 1038.05 万人④。

在历史上，徐州与今之皖、豫、鲁接壤地区的周邻县市，在空间距离和物资贸易、社会交往、人口流动方面密切互动，形成了一个相对独立、范围明显、有核心层和紧密层、辐射层的生活圈和文化圈，而徐州城始终属于核心区域，无论环境如何变迁，制度如何兴替，千百年来始终保持战略襟要的中心地位。清光绪三十年（1904 年），张謇在《徐州应建行省议》中说：“控淮海之襟喉，兼战守之形便，殖原陆之物产，富士马之

---

① 张廷玉等撰：《明史》卷四〇《地理志一》，中华书局 1974 年版，第 930 页。

② 赵尔巽等撰：《清史稿》卷五八《地理志五》，中华书局 1977 年版，第 1989 页。雍正十一年（1733 年），徐州为府，辖上述八县。1953 年，新沂县划归徐州地区。1955 年，原属徐州地区的萧县、砀山县划归安徽省。

③《徐州市志》编纂委员会：《徐州市志》，中华书局 1994 年版，第 105—106 页。

④ 徐州市史志办公室：《徐州年鉴·2021》，中国文史出版社 2021 年版，第 29 页。

资材，其地为古今主客所必争者，莫如徐州。……将欲因时制宜，变散地为要害，莫如建徐州为行省。”[①]进入21世纪以来，徐州成为江苏省规划建设的三大都市圈之一。2017年，国家批准徐州建设成为淮海区域中心城市的规划。因此，本史作为《江苏地方文化史》的分卷，所论述的范围以今之行政范围内的历史文化现象为主，但不可避免地兼及各个时期不可分割的徐州下辖区域之文化事实。

二、地理环境

7000多年前，苏北是一片汪洋的浅海，并形成这一时期的海相沉积。直至两汉时期，苏北东部平原尚未完全形成，海岸线在灌云—阜宁—盐城—东台一线，岸线以西，分布着大面积的潟湖和沼泽[②]。而北部徐州的丰、沛、铜山、邳州、新沂、睢宁和连云港的东海、赣榆，承鲁南山地之余脉，地势稍高，自新石器时代以来已形成较为发达的农业文明。因此，上古徐州为九州之一，是战国时人们崇拜大禹托古创制的地理区划之一，泛指泰山以南、淮河以北、大海以西、豫州以东一片广袤的自然区域，以其“土气舒缓”[③]，故名。《尚书·禹贡》将九州分为九等，徐州土质上中，名列第二；徐州的贡赋中，属第五等。许多学者倾向于“徐”之名与方圆内的“徐国”“徐方”有一定的渊源关系。“余”作为象形字，反映了东夷人构木为巢的生活方式。“余”古音与“舒”同，亦作“郐”“俆”“徐”，最终成为《禹贡》“徐州”。彭城在淮海上古城市群中逐步演进为该区域中心城邑，成为中国古老的城市之一，最终亦承袭了“徐州”之名。北宋以前，以彭城为中心的淮海地区是沿海经济链中最富裕的地区，气候温润，土质优良，众水归淮，农耕条件得天独厚，滋养了彭城及周边其他城市的发展。北宋以后，黄河侵泗夺淮，水患频繁。黄水裹挟黄土高原巨量的泥沙泛滥黄淮平原，致使土地盐碱沙化，徐州城市群

① 张謇：《徐州应建行省议》，张孝若编：《张季子九录·政闻录》，中华书局1931年版，第1页。

② 参见吴必虎《历史时期苏北平原地理系统研究》，华东师范大学出版社1996年版，第11、15页。

③ 刘熙：《释名·释地》，见蒋志伟、任国祥主编《国学经典丛刊》第1辑，天津古籍出版社2016年版，第9316页。

周边农村遂成为贫困地区，淮海地区亦成为我国沿海最贫瘠的一环。

今之徐州市位于华北平原的东南部、江苏省西北部，地跨北纬33°43′～34°58′、东经116°22′～118°40′之间。它东邻连云港市东海县、宿迁市沭阳县；南接宿迁市宿豫区，安徽省泗县、灵璧县、萧县、砀山县；西依山东省单县；北靠山东省鱼台、微山、苍山、郯城等县和枣庄市。徐州市域东西最长210千米，南北最宽140千米，总面积11258平方千米，占江苏省总面积的11.09%。其中徐州市主城区面积3037.3平方千米。域内除中部和东部存在少数丘岗外，大部皆为平原，主要有位于西北的徐沛丰小平原和位于东南的铜邳睢小平原，根据成因大致可分为剥蚀、堆积和黄泛冲积三种类型。丘陵山地分两大群，一群分布于市域中部，山体高低不一，其中贾汪区中部的大洞山为全市最高峰，海拔361米；另一群分布于市域东部，最高点为新沂市的马陵山，海拔122.9米。徐州市全境的地势由西北至东南缓缓倾斜，地面高程从丰县的45米，逐渐下落为徐州城区的30米左右，到新沂市为19米。横贯徐州城区的黄河故道地势高出两岸3—9米，使得地表略见起伏。而现代徐沛丰小平原则因清代咸丰元年(1851年)黄河北大堤决口，改变了历史上西北高东南低、众水归泗的格局，形成了一个以大沙河为中轴线，南部略高于北部的小冲积扇平原。

徐州城三面环山，又有汴水、泗水绕城之利，进可攻，退可守，加之城周有平坦开阔地，是进行大规模军事行动的重镇，在历史上徐州被称为险国严邑、金城汤池、南北锁钥、东西咽喉。这里发生过多次著名的战争，影响着王朝兴衰，留下了丰富多彩的军事遗迹，陶铸了徐州人的尚武民风，造就了徐州厚重的历史文化氛围。

徐州位于中原、齐鲁、江淮之交，陆路交通四通八达，历史上设置过很多著名的驿站。比如，唐代任山驿、桃山驿、大彭馆是徐州城郊官吏迎饯、公书递转的著名驿站；明清时除陆驿沿用，还出现水陆并用驿站，如徐州城附近著名的彭城驿、东岸驿、石山驿、利国驿、房村驿等。徐州的水路交通亦极为便利。东汉后汴渠在徐州城东北注入泗水，使江淮赴洛阳、大梁的路线更加便捷。南宋高宗建炎二年(1128年)，朝廷欲借泛滥之力阻止金兵入侵，扒开黄河，牵动主流，致使黄河从梁山泊夺泗合淮入海，流经徐州。元明清时，京杭大运河沟通五大水系，徐州段借道黄河（原泗水）经徐州城下。朝廷在城南门内设户部分司（后迁戏马台），管理漕政、税政、仓政；在奎山下设广运仓，掌税粮收储、军粮转运、灾粮储备；在吕梁洪、徐州洪、沽头（后迁夏镇）设工部分司，掌河道疏浚。黄河沿岸客商云集，船民如蚁，熙熙攘攘，被誉为“五省通衢”。中华人民共和国成立后，两大铁路复线的修通，京杭运河新航道的整治开通，国道、省道公路网的建设，使徐州枢纽城市的地位进一步提高。

远古徐州气候湿热多雨，植被茂密。《尚书·禹贡》记载徐州的贡品“篚玄纤缟”是我国有关丝绸最早的文献记载；“五色土”象征东西南北中，用以祭祀天地；“泗滨浮磬”则是用于制作国家礼仪大典中乐器的泗水之滨的磬石。徐州盛产煤铁，早在汉代彭城就设置铁官，在利国开采铜铁，铸剑制铁，名扬海内外。宋代元丰年间，苏轼在徐发现煤炭，写下了著名的《石炭诗》。光绪八年（1882 年），胡恩燮创办利国煤铁矿业，为徐州近代化民族工业开端，丰富了徐州多元经济。民国元年（1912 年）袁世凯弟袁世传采用机器化生产，修筑运煤铁路支线，形成日产 500 吨规模。抗战后，国民党政府将煤炭纳入战略物资，大规模开采。这些又带动了机械、电力产业和服务业。随之而起的榨油、酿造、面粉加工、纺织制衣等轻工业、手工业也随着城市人口的增加而兴盛。

第二节　文化生成与演进

一部徐州历史，是刀光剑影的争雄史，是大河横流的苦难史，是南北文化的交融史，亦是人文荟萃的创造史。徐州文化区是个天、地、人三维动态的文化圈，在不同历史时期孕育出不同特色的文化体。这些铭刻着乡土标记的文化体，以徐州（彭城）城市群为中心和节点，展现出独特的生成与演进历程。

上古三代，在中华大地上南北居中的彭城秉承炎黄文化遗传，形成了以和谐安康为主题、以领袖彭祖为标志的区域文化，通过吸纳仁爱和平、避战北迁的徐国文化，形成了物质与精神、生产与生活都很先进的本土文化区域。

春秋战国时期，以彭城为中心的方圆 200 千米，是儒家思想和道家思想发源地。老子与孔子在沛泽相会，孕育中国传统人文意识形态；《庄子》《列子》寓言中孔子吕梁观水一叹，“逝者如斯夫”[①]遂成为万代警言。三晋、三秦、河洛、齐鲁文化与荆楚、吴越文化在此交会，催化本土的温床孕育了汉朝开国皇帝和一大批文臣武将。

汉初，受封于徐州的楚王刘交尊儒尚经，彭城一时成为学术中心，为独尊儒术进行理论准备。东汉时，楚王刘英礼佛兴寺，彭城又成为佛学中心之一，为封建社会儒家正统、道佛两翼的思想格局的形成创造了条件。

东晋南朝时，佛教多经徐州传布江南。北魏时，孝文帝遣使征请徐州高僧，请高僧组团赴平城（大同）讲学，推动了佛教汉化，后来还亲临徐州。徐州高僧率弟子传教的同时，亦厉行改革，使云冈石窟的营造由西域风格转向汉化，奠定了今天这个世界文化遗产的主体风貌。

隋唐两宋，帝王将相、迁客骚人在徐州流连忘返，留下了无数风流韵事和优秀的诗词歌赋。元明清时期，京杭大运河沿岸形成一条纵贯南北的文化带，徐州位置南北居中，起承转合，亦涌现许多文人墨客，遗存许多不朽的篇章；众多的书院，则提升了徐州地区的文化水平。

民国时期，徐州人民以大无畏的精神献身革命，出现了一大批旧民主主义革命志士、抗日壮士和革命英雄，许多非徐籍的革命家和革命烈士献身这片热土，谱写了壮丽的史诗。

总之，徐州历史悠久，在其演进过程中逐渐形成了具有鲜明区域特点的思想观念、价值取向、道德情操、生活方式、礼仪制度、风俗习惯、宗教信仰、文学艺术等许多层面的传统文化。这种区域文化是保留在徐州民众中间，具有稳定形态的思想理念和个性气质。徐悲鸿在提到徐州时说：“芒砀丰沛之间，古多奇士，其卓荦英绝者，恒命世而王，冠冕宇内，挥斥八荒。古今人职业虽各有不同，秉赋或殊，但得其地灵山川之

---

① 杨伯峻译注：《论语译注》卷九《子罕》，中华书局 1980 年版，第 92 页。按：《庄子》《列子》《吕梁洪志》和徐州地方志记载证明，孔子观水长叹发生在徐州东 50 里泗水河吕梁洪边的可能性胜过其他地点选择。

助，应运而生者，其吐属之豪健奔放，风范之高亢磊落，以视两千年前亡秦革命之夫，固同一格调也。”①纵向而言，灿烂的徐文化和智慧的彭祖文化开启人文之初，参与了东方人的早期生活智慧的创造；异彩的西楚文化和永恒的汉文化汇集南北文化之大成，参与了中华民族文化基础的奠定；这里悠久的宗教文化是思想史上的里程碑；这里恢宏的军事文化演绎了智慧和武力在改朝换代中的较量；黄河和运河不仅大幅度地改变这里的地貌和经济，也深刻地改变这里的民情和风俗；帝王圣贤、文艺精英与革命英雄的行迹，更增加了这里的色彩，使之成为江苏大地上一片底蕴厚重的文化沃土。

第三节　文化特点与影响

徐州历史文化是徐州人民在各个时期创造的反映徐州区域文明程度的物质和精神成果的文化总和。徐州历史完整，千年一贯，秉地域风土之优，开汉朝文化之先，涵具以“有种”“讲究”为标志的勇敢仁义之风，为本地区烙上了永不消失的“汉”印。

具体而言，徐州的历史文化特色可以概括为以下三点。

一、大气雄风，敢作敢为

徐州是楚汉文化的发源地。汉朝实现了政治、思想、文化、地理等诸多方面的大一统，物质文明、精神文明均空前繁荣，天下为一，气势恢宏。受此影响，徐州文化表现出大气雄风的特点。徐州的一些建筑规模宏大，追求视野开阔、一览无余之感。徐州人普遍身材高大，面部轮廓分明，性格直爽，胸襟博大。徐州饮食餐具之大，分量之多，往往让人惊讶不已，而徐州人大块吃肉、大碗喝酒，有江湖好汉之遗风。

徐州在历史上是“兵家必争之地”，在这块古战场上，历代大规模征

① 徐悲鸿：《论李可染艺术》，吉林美术出版社 2007 年版，第 3 页。

战50余次，决定了很多封建王朝的盛衰兴亡，也造就了徐州文化中具有不畏强暴、粗犷豪放的精神和徐州人尚武强悍、敢作敢为的气质。古人对此多有体认，如《图经》说徐州一带“风俗劲悍，有霸王之遗风”①，苏轼在上皇帝书中说徐州人“胆力绝人”，徐州知府石杰在《徐州府志》序中称徐州人“好勇尚气”。民间常说徐州人“有种”，正是徐州人粗犷豪放生活习惯的典型写照。前后两部《徐州府志》都提及“其俗好勇尚气，秀杰者多倜傥非常之士，而黠骜者亦剽悍而难驯”②，“勇决敢死、豪杰之士挺生其间，而专利逞忿之徒孳芽作慝”③。因而在旧王朝统治的末期，彪悍的民风和尚武的性格使徐州成为农民起义的高发地区。从秦末陈胜、吴广的大泽乡起义和汉高祖刘邦的斩白蛇起义，到元末爆发的芝麻李起义，或由徐州人领导，或在徐州地区爆发，或波及徐州，历史上频见不鲜。长期以来，崇武尚义、敢作敢为已成为徐州人的标签。当代作家王建在描述徐州人行为做派时，用“雄性的徐州”④定位，确实有些道理。

二、有情有义，诚实守信

徐州地临邹鲁，长期受孔孟之风熏陶，沾溉儒学，影响甚大。西汉初期，楚元王刘交专注于经学传授，徐州一度成为儒学传播的中心。《隋书·地理志》谓“大抵徐兖同俗”，莫不“尊儒慕学，得洙泗之俗”⑤。因此，以“仁”和“义”为思想核心的儒家文化，在徐州传统文化中展现得淋漓尽致。“舍生取义”是徐州传统社会人生价值的最高体现，因而在历史上涌现出无数的贞女烈妇和忠节孝友。据地方志记载，徐州地区仅在清代被辑录在册的贞烈节孝近八千人，忠节孝友约五千人。⑥ 表现在待人接物方面，徐州人讲义气，重交情。徐州名吃“把子肉”，传说得

① 宋骥修：明正统《彭城志》卷一《风俗》，正统三年（1438年）抄本，第十二页。

② 石杰主修，王峻主纂：清乾隆《徐州府志》卷首《石杰序》，清乾隆七年（1742年）刻本，第五页。

③ 吴世熊、朱忻主修，刘庠、方骏谟主纂：清同治《徐州府志》卷一〇《舆地考》，清同治十三年（1874年）刻本，第十页。

④ 王建：《雄性的徐州》，华龄出版社1996版，第1页。

⑤ 魏徵等撰：《隋书》卷三一《地理志下》，中华书局1973年版，第872页。

⑥ 参见赵明奇主编《新千年整理全本徐州府志》卷二三《列女传》，中华书局2002年版。

名于刘关张“桃园结义”拜把子。正是基于徐州人“尊儒慕学”的风习，尽管历史上徐州地区战乱频仍，民风尚武好斗，长期被官方视为难治之区，但从来没有沦为匪盗长期出没的社会治安重灾区。

徐州人不仅“有情有义”，而且还“讲究”，诚实守信。“讲究”，是徐州地区对一个人的人品作出的最高评价。汉高祖刘邦未发迹前，“常有大度，不事家人生产作业”[①]。刘邦任泗水亭长时，与萧何、曹参、周勃、樊哙、夏侯婴等结为好友，靠着侠义和豪爽赢得人心。后来刘邦举起反秦大旗后，这帮出身底层的朋友成为刘邦队伍的班底，一直跟随刘邦左右，在西征东讨中立下汗马功劳。鸿门宴上，范增安排项伯相机刺杀刘邦，刘邦部将樊哙挺身而出，带剑拥盾闯入军门，将个人性命置之度外，目眦尽裂怒斥项羽，成功掩护刘邦逃回霸上。樊哙的忠诚和尽职尽责固然令人敬佩，但正是由于刘邦豪放大气，重情重义，才使得一批文臣武将不惜生命，追随左右。汉高帝十二年(前195年)，刘邦平定英布叛乱后，途中路过故乡沛县，在沛宫置备酒席，把老朋友和父老子弟都请来一起开怀畅饮。他对沛县父老兄弟说：“游子悲故乡，吾虽都关中，万岁之后吾魂魄犹思沛。且朕自沛公以诛暴逆，遂有天下，其以沛为朕汤沐邑，复其民，世世无有所与。”[②]与沛县的父老兄弟尽情欢宴，叙谈往事。过了十多天，刘邦决定要走了，沛父老坚决要刘邦多留几日。刘邦说：“吾人众多，父兄不能给。”[③]于是这天县城万人空巷，百姓都赶到城西来敬献牛酒等礼物。刘邦又停下来，搭起帐篷，痛饮三天。做了皇帝的刘邦，免除沛县的赋役是感恩家乡，与父老痛饮十余天是义气使然，不忍心增加父老负担是刘邦的讲究。刘邦对待家乡和家乡人的态度，是徐州人有情有义的体现，他起到了示范作用，深深影响着一代又一代徐州人。民国十五年(1926年)《铜山县志》强调，其民多有“质直，重然诺”[④]。

① 班固撰，颜师古注：《汉书》卷一上《高帝纪上》，中华书局1962年版，第2页。
② 班固撰，颜师古注：《汉书》卷一下《高帝纪下》，中华书局1962年版，第74页。
③ 班固撰，颜师古注：《汉书》卷一下《高帝纪下》，中华书局1962年版，第74页。
④ 余家谟主修，王嘉诜等主纂：民国《铜山县志》卷九《舆地考》，1919年刻本，第二页。

三、兼容并蓄，风化多元

早在新石器时期，新沂花厅出土的玉器及部分陶器兼具大汶口文化和良渚文化之特色，学者们称之为“文化两和”[①]现象。在帝尧时代，彭祖建立大彭氏国，其导引吐纳术和调摄养生法后来融入中国传统文化中，至今仍发挥着现实的功能。春秋战国以来，黄河文化和长江文化在此交融，齐鲁文化、秦文化、楚文化、吴文化等都在徐州地区留下深深的痕迹。先秦诸子中的道家、儒家、墨家等创始人，都在徐州区域内从事过他们的学术活动。老子、孔子、墨子、孟子、庄子的出生地和主要学术活动地都在今以徐州市为核心的方圆 200 千米的区域之内[②]。道教创始人张道陵是丰县人，被尊为张天师。东汉时期佛教在徐淮地区大盛。可以说，徐州对传统文化最突出的贡献，便是在这个区域里儒、道、墨、释都曾得到哺育。正是因为各种文化的滋养，徐州文化基因中兼有北方的阳刚和南方的细腻，形成古风沛然、兼容并蓄的文化情怀。

徐州地理位置优越，从古至今都是水陆交通要道，多种文化在此交流荟萃，东西南北中兼而有之。环绕戏马台周围的户部山民居群，既有北方四合院的规整划一，又有南方民居的曲折秀美。研究者指出：“户部山古民居既有北方建筑的粗犷浑厚，又有南方建筑的精致灵巧，建筑风格承南袭北，南北兼容，是明清时期徐州城市发展的重要见证。”[③]这从建筑上体现了徐州人宽容包容的处事风格。徐州一带流传的戏曲为梆子和柳琴。梆子腔是汉族传统戏曲四大声腔之一，唱词节奏常用闪板（前半拍休止的节奏型），伴奏只用大鼓、大锣等打击乐器，整个音乐风格有高亢激越、悲壮粗犷等特点。柳琴戏地方特色尤为鲜明，男唱腔粗犷、爽朗、嘹亮，女唱腔婉转悠扬、余味无穷，“其纤柔细腻的音调又是北方剧种中所难能一见的”[④]。总体而言，梆子戏阳刚而柳琴戏阴柔，区

① 南京博物院：《花厅——新石器时代墓地发掘报告》，文物出版社 2003 年版，第 234—242 页。

② 朱存明、安宇：《淮海文化研究》，西苑出版社 2000 年版，第 11 页。

③ 刘玉芝：《户部山》，河海大学出版社 2016 年版，第 2 页。

④ 吴敢、孙厚兴：《徐州戏剧史》，中州古籍出版社 2018 年版，第 277 页。

别如此之大的两个戏种在徐州流行，二者的无间隔融合，恰是徐州人文化心态上兼收并蓄的体现，同时也塑造了徐州人的情怀、格局和性格。

生活在多元文化格局中的徐州人，在待人接物方面也体现出宽厚包容的特点。过去长期争论徐州是南方还是北方城市，其实徐州在地理上属于北方，文化上受南方熏陶，造就了徐州文化有容乃大、兼容并蓄的文化特征。今天，人们常常用“南秀北雄”作为徐州城市文化形象的主要表征。而大多徐州人不失南方人的精明、机灵，也具有北方人的耿直、厚道，自成一股独特的人文气质。

总之，徐州具有悠久的历史、独特的环境、便利的交通和丰富的物产。由于汉朝最高统治集团核心人物是从徐州走出去的，所以汉文化建构并影响了徐州文化，形成了大气雄风、兼容并蓄的文化特质，同时也塑造了徐州人敢作敢为、有情有义的个性特点。因为文化具有时代性、地域性特点，更具有超时代性、超地域性特点，徐州历史文化具有内在的主体性、系统性和开放性，在建设新世界新文化中仍然具有超强的生命力。

需要说明的是，本史论述之“文化”，不仅是徐州市今之行政范围内的文学艺术现象，而且是包括物质文明、制度文明和精神文明的大文化范畴。上编以历史发展轨迹阐述自然人到社会人：人化—化人—再人化—再化人的社会文化发展过程；下编则分别就徐州特色文化单元格进行阐述，以树立徐州文化之标，织造徐州文化之旗。

上编

徐州文化的发展历程

第一章　史前时期

以徐州为中心的淮海地区，除了苏北北部和山东南部局部区域外，大部分是黄、淮河冲积平原。史前时期，这里气候温暖，雨水充沛，土壤肥沃，草木茂盛。从目前境内发掘的史前文化遗存分析，徐州地区确实是古人类理想的栖息地。邳州市邹庄乡丁滩村曾出土距今 50—60 万年前的两支长 3.5 米的巨大象牙化石。可以推论，能够维系大象种群的生存，其植被应非常茂盛。

徐州地区的旧石器遗址发现较少。大约距今 2 万—3 万年前，徐州地区已有居无定所、家无聚落的古人类的活动。他们的活动范围主要是在平原和河岸较高亢的地区。1983 年，在新沂和郯城交界处的马陵山南端及新沂市北沟镇何山头北侧山脊上，发现旧石器遗存 40 余处。1984 年春，在新沂马陵山中段东西宽约 3 千米、南北长达 20 余千米的范围内，发现多处具有相同性质的旧石器遗址，出土石器材料中，包括以间接压制法制作的细小石器和用直接打击法生产的石片石器共 159 件。其中细小石器占有很大比例，都是我国华北细石器传统中常见的种类，其文化时代属于旧石器时代晚期后一阶段。这些地点为人类进行季节性加工石器的场所，它们的分布具有一定的规律性。在距今 1 万年前，沂沭河流域是我国石器比较发达的地区之一，当时盛行的石器文化不仅为苏北和鲁中南地区的新石器时代文化奠定了基础，而且可能对日本的史前文化产生过深远的影响。[①] 这些发现证明，早在1万年前，徐州地区就有古人类繁衍生息，徐州也因此成为孕育我国古人类的文化摇篮之一。

距今8000—9000年前，苏北地区进入新石器时代，依次形成北辛文化—大汶口文化—龙山文化—岳石文化的发展序列，已发现的新石器时代遗址不下百处。1951年，在江苏淮安青莲岗发现了新石器时代遗存，考古学者称为“青莲岗文化”，近年又把它归为“北辛文化”（约公元前5400至前4300）。后又在徐州邳县的大墩子、刘林和新沂花厅发现了属于“大汶口文化”（约公元前4300至前2400）的文化遗存。大汶口文化的主要分布区域在苏北、鲁西平原东部边缘。汶、泗、淄、潍水等流域直到淮河，都是大汶口文化遗址的主要集中地，文化系统自成体系。江苏徐州高皇庙遗址、连云港二涧村遗址则属于“龙山文化”（约公元前2400至前1900）。后来，又在江苏赣榆下庙墩、徐州高皇庙发现了“岳石文化”（约公元前1900年至前1600年）遗存，其下限已接近夏商之际。丰富的新石器文化遗址，使这里散发着古代文明的恒久魅力。徐州地区是黄河流域大汶口文化与长江下游良渚文化的交会地，大墩子、刘林、小徐庄、花厅等系列文化群以南北交融、东西荟萃为特色，担负了徐州地区文化开创者的时代角色。

第一节　淮海早期文化遗存

一、大墩子文化遗址

大墩子文化遗址距今7000—5000年，位于邳州市四户镇竹园村东的高地上，面积5万余平方米。1960—1976年，南京博物院、南京大学

① 南京博物院：《近十年来江苏考古的新成果》，文物编辑委员会编：《文物考古工作十年（1979—1989）》，文物出版社1991年版，第101—115页。

和厦门大学考古队先后3次发掘，发掘面积986平方米，共清理墓葬554座，出土器物6000余件。该遗址全面反映了远古先民各时期社会状况和发展脉络，不仅是考察长江流域和黄河流域之间文化关系的依据，而且也是分析中原地区的黄帝、炎帝族文化与苏北和鲁南的东夷族文化关系的户枢。

大墩子遗址文化层堆积厚达5米余，分上中下三层。下层为青莲岗文化早期的遗存，出土文物以夹砂红陶和泥质红陶为主，全是手工制品，器型简单。少数陶器外施红色陶衣，还发现少量彩陶片，器型为钵和碗，是在砖黄色地上绘红色花纹，有直线、曲线、复道弧线等花纹，图案疏朗。除陶器外，遗址中还出土了石斧、石匕首、骨针、鱼形标、鹿角镰、石镐、骨镞等器物，以及大量牛、羊、猪、狗、鹿、雉的遗骸，其中狗的遗骸最多。这说明早期母系氏族时期，农业、渔猎生产已见端倪。另有两种艺术品特别引人注目，一是一只伏窝生蛋的陶鸡模型，鸡的形状与现代鸡形相差不远；二是3件陶房模型，陶房有圆有方，正面有门，两侧有窗，戗脊出檐，与山西赵村出土的半穴式凸字形房屋相比有明显进步，又有别于南方高脚楼不砌墙的风格。更奇特的是屋顶四面坡壁用浅线刻出狗的形体，这在其他新石器时期文化中是较为罕见的。墓葬以猪、狗随葬为主，墓主人仰身直肢，头向东北，头上方放狗或猪；也有用人殉葬现象，为中国最早的人殉葬例。随葬品有多有少，多的达100多件，少的仅两三件，贫富现象相当明了①。

中层为大汶口文化刘林期，属大汶口文化早期。这一层葬墓中出土的陶器仍以夹砂红陶为主，其次为泥质黑陶和泥质红陶，有少量彩陶，陶器造型比下层的均匀，手工制坯后用慢轮修整，较下层陶器有了明显进步。

上文化层还可以分为早、晚两期，分别与大汶口文化中、晚期相当。上层的早、晚期墓中都随葬有彩陶，大多为泥质红陶，极少数为夹砂红陶。彩陶大部分是白、红、黑三色彩，单彩极少。上层早期彩陶的器形主要有敛口钵、折缘盆、直口折腹平底罐等。图案有涡纹、弧线三角纹、

---

① 南京博物院：《江苏邳县四户镇大墩子遗址探掘报告》，《考古学报》1964年第2期，第9—56页。

条纹、圆点纹、叶形纹等构成。上层晚期的彩陶有小口壶、背水壶、钵形鼎等器形。色带的层次增多，有圆圈纹、连背纹、弧纹、条纹等花纹。其中带角状把手三足小口罐，从中层过渡而来，与花厅出土的实足鬶相同。这层出土的彩陶可分两类：其一施白底绘红黑二彩，或施红底绘黑白二彩，皆三色组成，图案美观，器形和彩绘风格与中原庙底沟类型的仰韶彩陶极为相似，甚至完全相同；另一类施红底，绘黑色直线和曲线，表现出浓厚的地方色彩，并有东夷族网纹图案，具有夷族文化风格烙印。随葬品中还出现了大陶尊。陶尊不是生活用品，而是礼器，多在权贵、富人墓中放置，常与狗头另置一处，也不与其他陶器混放。大墩子陶尊的墓主 30 多岁，随葬品相当丰富，可能是个权贵或富人。出土的一陶罐粟，不仅证明 6000 年前大墩子先民已从游猎为主向农耕为主的生活迈进，也可与神农氏教民播种五谷的传说相印证。

大墩子遗址，考古界认定为淮北典型古文化遗址，不仅遗迹丰富，地层叠压关系明确，它使仰韶文化与大汶口、龙山文化得以衔接，使苏北同鲁南文化体系进一步明确。大汶口文化以出土彩陶闻名，大墩子遗址的彩陶更是其中的典型，它们无论从数量上还是质量上，都超过大汶口遗址。2006 年，该遗址被列为全国重点文物保护单位。

二、刘林文化遗址

距今 6200—5500 年，位于邳州市戴庄镇良王城村西北陶沟河分洪道内，因遗址上有刘姓墓地而得名“刘林”。1957 年，遗址文化层因中运河筑堤取土时初步暴露。1959—1960 年，江苏省文物考古队两次调查、发掘，获得了大批珍贵资料，并确定为新石器时期的古文化遗址，属于大汶口文化的早期。遗址东西 500 米，南北 800 米，文化层堆积厚 1.2米，遗址面积约 40 万平方米，两次发掘面积约 4025 平方米。第一次共发掘墓葬 52 座，出土石器、玉器 86 件，骨角器 129 件，穿孔龟甲 9 件，陶器 123 件。第二次发掘墓葬 144 座，出土各种石、骨、陶器 308 件，兽骨、鹿角等 652 块，陶片 21854 枚。这些墓葬和出土文物表明，当时社会生产力有了一定程度的发展，出现了社会分工，逐步产生了产品交换和财产私有。

石器的种类以斧、锛为主，出土的144件工具中，斧为45件，锛为59件。墓中随葬的55件石工具中，斧、锛各有17件。石凿和石铲的数量相对为少。上述情况说明，原始农业和以锛、凿为工具的手工业，在当时社会生产中占有很重要的地位。石刀和石镰数量极少，石刀只发现3件，石镰仅2件。属于原始手工制作的还有骨角牙器、制陶，骨角牙制品有镖、镞、獐牙钩、锥、针、梳、钏及刻花骨筒等，制陶虽已使用慢轮加工，却依然属于手制阶段。从鱼镖、枪头、网坠、弹丸和镞，以及鹿角骨、龟甲、獐牙及其制品来看，在经济生活中，渔猎还占着重要地位。在发掘出土的652件动物骨骼标本中，猪牙床有171具，占26%强，此外还有牛、羊及狗。猪、狗已是饲养的动物，用狗殉葬，说明狗从那时起，已是邳地先民的重要伙伴。刘林遗址100号墓中，发现了一件用猪牙雕刻的猪头形饰物，眼鼻俱备，惟妙惟肖。

刘林时期已进入父系氏族阶段。在确定性别的117座成年单人墓中，有52座随葬了斧、锛、凿、砺石、网坠、弹丸、小刀、獐牙勾形器、针等工具。男子随葬的工具占70%，女子只占30%，这反映了男女生前占有工具的数量存在着很大的差别。在种类上，妇女用锛随葬的只有1例1件，男子则有7例10件，且女子没有凿、弹丸、网坠随葬，男子缺乏纺轮随葬。这反映男女生前有着不同的劳动分工，即以锛、凿为主要工具的农业劳动及渔猎，已主要为男子所担负；而纺织这一类家务劳动，主要由妇女承担。男子使用斧随葬的9人，用獐牙勾形器随葬的11人。妇女用斧随葬的6人，用獐牙勾形器随葬的仅2人。獐牙勾形器是当时重要的生产工具，这说明妇女在农业生产中的重要性虽然略低于男子，但依然起着重要的作用。

墓中随葬陶器，有的多达19件、25件或27件，罕见的彩陶亦出其中；有的却没有一件随葬品。随葬器物多寡优劣，反映死者生前占有财富的状况。可见，在5000多年前，社会已出现了贫富分化。不过，贫富分化差距不大，私有制也仅仅处在萌芽状态。

刘林及大墩子遗址中，妇女随葬陶器数量或和男子相等，甚至高于男子，这说明妇女在家族中地位仍颇显赫。

在刘林遗址发现男女合葬墓8座，大墩子遗址仅发现2座。在刘林遗址的合葬墓中，21号墓埋葬着一个15岁女性和一个13岁男性。女左男右并列，脸对脸，仰身直肢。随葬的两件陶罐均放在女性下肢骨上。102号墓埋葬一对年为55岁左右的男女，也是女左男右，仰身直肢，上身相靠，男性左臂压在女性右臂上。随葬品有陶器8件和獐牙器1件，男性腹部放着3件陶器，其余的随葬物都置于女性身上，表明当时一夫一妻婚姻已经出现。从葬式上看，男女处于平等关系，夫权现象尚不突出。

在家庭和社会劳动分工中，男子已起主要作用，说明当时社会已进入父系氏族初期。他们中间出现的能工巧匠占据较多的财富，享有较高的社会地位。妇女们虽在某些生产领域中还起着重要作用，但已退居第二位。氏族内已出现贫富分化，但是还没有导致财富高度集中，奴役和剥削现象尚未出现。刘林遗址对研究我国原始社会历史具有重要价值，2013年3月被列为全国重点文物保护单位①。

三、小徐庄遗址

小徐庄遗址发现于1990年，位于新沂市马陵山景区管委会曹刘村小徐庄自然村东北500米马陵山西南麓坡地上，与著名的花厅古文化遗址南北相望，相距约5千米。小徐庄遗址东西长约400米，南北宽约250米，总面积3.5万平方米，坡地北高南低，文化层最厚处1.8米。该遗址为新石器时代大汶口文化早、中期遗存，距今5500年。1998年及2000年先后进行过两次发掘，共发现墓葬44座、作坊遗址4处、灰坑32个、柱洞54个，并出土了大量石器、陶器和玉器。专家认为，这里出土玉器数量大、品种多，文化内涵丰富，具有不同地区的新石器时代玉文化特色，是探讨中国古玉文化极为重要的材料②。该遗址出土有一定数量的南方太湖流域崧泽文化因素的器物，反映出早在距今5500余年

① 南京博物院：《江苏邳县刘林新石器时代遗址第二次发掘》，《考古学报》1965年第2期，第44—46页。

② 程东辉、张浩林：《小徐庄遗址抢救性发掘喜获成果》，《中国文物报》1999年8月22日，第1版。

前，徐淮区域和太湖区域的原始文化有碰撞和交流，再次证实古徐州地区处在南北文化交汇的过渡带，将我国新石器时代“文化征服”和“文化碰撞”的年代提前到距今5000年前，为研究南北两地物质文化交流提供了新的素材。2002年10月，该遗址被江苏省人民政府公布为省级文物保护单位。

2007年，新沂博物馆对小徐庄古文化遗址进行第三次发掘，除了发现8座墓葬、1个防御沟外，还发现了一个具有非常重要价值的类似陶窑的遗迹。该遗址还发掘出早期人类居住的房址及作坊址，发现建筑用人祭现象，表明生活在当地的史前人群可能已具有宗教意识。这些重要的历史文化现象，为探讨文明起源和奴隶制的发轫提供了实物资料。

四、花厅遗址

花厅遗址属新石器时代的大汶口文化遗址，是原始社会父系氏族社会的文化典型。它位于徐州新沂市南约18千米的马陵山西麓、马陵山景区管委会花厅村西北，年代约为公元前3000年。其海拔69米，东西长约1000米，南北宽约800米，面积约80万平方米，由居住区及墓葬区组成，居住区文化层厚约0.7—1.1米。南京博物院于1952年、1953年、1987年、1989年先后四次对遗址进行发掘，发掘面积达3200平方米，清理墓葬86座，其中大墓10座。墓葬大多有长方形墓坑，大墓随葬品有的多达上百件。随葬品以陶器和玉器为主，也有石器和骨器，部分墓用猪、狗陪葬。大墓中用婴幼儿和少年人殉葬，说明当时部落首领人物死后使用人殉已成为通行的习俗。而小墓的墓坑窄小，有的墓仅有1件随葬品，与大墓形成鲜明对比，又反映出当时贫富差别已很严重。

花厅遗址和墓葬出土石器、玉器、陶器、骨器等4300余件。石器有穿孔斧、有段锛、刀、镞等。玉器多达600余件，质地、器形和纹饰与太湖地区良渚文化玉器相同，并有神人兽面纹“神徽”。在4号墓中，发现一块陶板上镶嵌8颗绿松石，这是我国首次发现新石器时期陶器上镶嵌的绿松石。在18座墓葬发掘中，有8座墓有人殉现象，为探索中国文明史的起源、研究黄淮河下游的史前文化提供了一批前所未有的十分珍贵的实物资料。著名考古学家、美国哈佛大学人类系主任张光直教授认为，殷商文化的渊源要到花厅文化中去找①。花厅遗址属于大汶口文化的中、晚期，以其重要的发现及价值，被国务院批准列入第六批全国重点文物保护单位名单②。

新石器时代，徐州地区还有云龙山下园墩（一说"下圆墩"，本书采用"下园墩"）遗址、铜山区高皇庙遗址、邳州市梁王城遗址下层等文化遗址，文化风格呈南北不同时段、不同地域特色倾向，文化品质与劳动技艺无论在陇海横轴还是在沿海纵轴上均处于先进行列。

第二节　徐州区域文化的起源

一、下园墩文化遗址

下园墩遗址距今4000年前，位于徐州市区云龙山东麓今江苏师范大学云龙校区及徐州高级中学一带。1955年5月，地方政府在修600米长的圩堤时，于地下1—3米深处发现大批残陶片，其中有夹砂陶、泥质红陶、黑陶和灰陶等，以黑陶居多。黑陶器表面打磨光亮，光洁无痕，壁薄如蛋壳，器形较完整的有豆、纺轮、尊、壶、陶罐等，伴出的有草木灰、兽骨等，说明这是特征明显、规模较大的龙山文化遗址。其文化面貌与三堡台上、安徽萧县花家寺文化面貌相同。遗址中还发现大量的印纹硬陶，纹饰有绳纹、回纹、网纹、折线纹以及方格纹等，表明下园墩遗址延续的时间很长，上层已经到了商周时期。下园墩龙山文化遗址

① 张光直:《殷商文明起源研究上的一个关键问题》，张光直:《中国青铜时代》，三联书店1983年版，第79页。

② 南京博物院花厅考古队:《江苏新沂花厅遗址1989年发掘纪要》，《东南文化》1990年第1、2期，第255—261页。

表明,4000 年前徐州市区就已经成为人类居住、生活的场所。因此,下园墩龙山文化的创造者是徐州城市的直接先民。

二、梁王城文化遗址

梁王城遗址位于邳州市西北部约 37 千米处,戴庄镇李圩村西 500 米,中运河东岸,1959 年由南京博物院考古调查发现。为配合南水北调东线工程建设,1995 年和 1997 年,徐州博物馆与邳州博物馆联合对该遗址进行了抢救性发掘。2004 春至 2009 年初,南京博物院等又进行了多次发掘,揭露面积 10200 平方米,发掘取得重大收获,共发现各个时期的遗迹 906 处,其中包括灰坑 537 座、灰沟 29 条、墓葬 274 座、兽坑 12 座、房址 27 座、水井 14 座、道路 4 条、灶坑 4 处、窑址 4 处及大型夯土台基 1 处。发掘出土各类质地文物包括陶器、瓷器、石器、青铜器、铁器、玉器、骨器及蚌牙器类等 4000 余件。

梁王城遗址由河边的台地遗址和东部的城址两部分组成。其中台地遗址位于河边,城址西侧中部俗称“金銮殿”,南北长 180 米,东西宽 120 米,面积约 2 万平方米,高出地表 1—3 米。文化层厚度一般在 3.5—5 米,最厚处 6 米,共分为 7 层。地层堆积,从下到上依次为大汶口文化层、龙山文化层、商周文化层、春秋战国文化层、汉代文化层、魏晋到隋文化层,最上层为宋、元文化层,历史延续约 5000 年。

梁王城遗址揭露出一处较为完整的大汶口文化时期的史前聚落,包括居住区、生产区及墓地。墓葬中出土了数量众多的遗物(石、陶、玉、蚌、骨角器),无论器物特征还是随葬品组合都极具特色,可以丰富人们对该地区新石器时代文化的认识,具有十分重要的意义。遗址还发现了大量西周时期的各类文化遗存,其中包括土坑竖穴墓 57 座,马坑 7 座、牛坑 1 座、狗坑 1 座,一定程度上填补了黄淮地区商周考古的空白。

梁王城址平面近方形,每面城墙的长度在 1000 米左右,形迹可辨。通过对城墙的解剖,确认其始筑于东周时期,并且是按照东周时期都城中流行双城制构筑的[1]。后梁王城成为武原县治。

三、其他重要的古文化遗址

台上遗址。位于铜山区三堡镇西南台上村。台上古文化遗址上面原为古庙，中华人民共和国成立后将庙改作学校时，发现庙院中有一明正德十五年（1520 年）的石碑。目前遗址保存完好。该遗址呈长方形台地，东西长 140 米，南北宽 105 米，高 2.5 米，遗址中先后发现大量兽骨、鹿角、石器等遗物，根据出土鬶足、附加堆纹陶片和磨光黑陶片等器物考证，应为新石器的代晚期遗址。该遗址为县级文物保护单位。

丘湾遗址。位于铜山区茅村镇檀山村东，东西两山之间的平地上。丘湾遗址南北长 75 米，东西宽 60 米，面积约 4500 平方米，文化层厚约 2.5 米。1959 年调查发现，1960 年和 1965 年由南京博物院进行了发掘。遗址包含龙山文化及商周文化两个时期的遗存，最为重要的发现是商代的社祭遗迹。祭祀的中心，4 块立石作为祭坛，环绕祭坛发现有人骨架 20 具，人头骨 2 个，狗骨架 12 具。20 具男女遗骨，姿势大都呈俯身屈膝，双臂向后，从死者的姿势推断，可能是被捆绑杀死以祭神的。该遗址为县级文物保护单位，所出土文物现为南京博物院收藏陈列[2]。

凤凰庄遗址。该遗址位于邳州市四户镇西北部的凤凰庄西滩自然村中西部，东西长约 200 米，南北长约 150 米，面积约 3 万平方米，文化层厚约 2 米。上层为商代遗存，发现遗物有灰、红陶鬲、甗、罐、盆、豆等；下层属大汶口文化遗存，发现遗物有兽骨、蚌壳、石斧、石镰等。1991 年，凤凰庄遗址被列为邳州市第三批文物保护单位。

高皇庙遗址。位于铜山区柳泉镇高皇村东北角的山前平地上，遗址系一座土台子，面积约 2000 平方米，高约 9 米，人称“庙台子”。据民间传说，汉惠帝诏令全国为其父皇汉高祖刘邦筑台修庙。其上曾建有“高皇庙”（原建筑已毁），该村即因此而得名。该庙筑于土台之上，以表

---

① 南京博物院等：《江苏邳州梁王城遗址、大汶口文化遗存发掘简报》，《东南文化》2013 年第 4 期，第 21—22 页。

② 尹焕章、张正群：《1959 年冬徐州地区考古调查》，《考古》1960 年第 3 期，第 25 页。

示比其他庙宇高一等。1957年，南京博物院对遗址进行了发掘。遗址分为上、中、下三个文化层，分属龙山、商、汉三个时期。龙山文化层厚2米，出土遗物有黑陶杯、骨锥、骨刀、骨针、骨箭、石纺轮、陶纺轮、蚌刀、石刀、石凿、红陶杯、红陶壶、黑陶鬶等。商代文化层厚5米，出土有夹砂陶、灰陶、黑皮陶和白陶器，器形有罐、盆、豆、鼎、鬶，还有石斧、镰、刀、凿等。该遗址为研究徐州地区的历史和发展提供了重要的依据①。至今，这些文物还陈列在徐州博物馆内。另外，南京博物院还收藏了该遗址出土的部分陶器。

黄楼遗址。位于邳州市车辐山镇明远村。1960年发现，东西长150米，南北宽80米，面积约1.5万平方米。文化层距地表约1.5米，厚度1米左右。下层属龙山时期，出土有陶鬶片、鬼脸鼎足、扁足罐形鼎、黑陶杯；中层为商周时期，出土有盔形器、豆、鬲足、饕餮纹陶片等；上层属汉代，出土遗物有筒瓦、绳纹砖。1991年8月，该遗址被列为徐州市文物保护单位。

蔡丘遗址。位于铜山区茅村镇大蔡丘村南。遗址为方形台地，南北45米，东西40米，高6米。中华人民共和国成立前后，这里出土了骨器、石器、蚌壳、鹿角、铜镞等遗物，遗址中有大量的红烧土，窑壁草拌泥涂仍可辨。1957年秋，南京博物馆曾进行试掘。其上部为汉代的居住遗址，发现有细柄陶豆等陶器残片及绳纹筒瓦、板瓦等；下层属商代，出土遗物有砺石、鬲足、黑皮磨光陶豆等。1985年定为徐州市文物保护单位。

从以上文化遗址的考古资料，我们不难看出徐淮地区城市形成、发展的脉络。

四、徐州城市的历史溯源

城市是人类社会历史在一定发展阶段上文明成果的积淀，也是人类文明发展到一定阶段的产物，城市的产生本身就是社会文明的结果。因此城

① 江苏省文物管理委员会：《徐州高皇庙遗址清理报告》，《考古学报》1958年第4期，第9页。

市文明是城市物质文明、精神文明、政治文明、生态文明的统一，是社会文明、社会和谐的缩影。早期城市一般称城邑，古代先民聚族而居，进而导致早期城邑的产生。先民筑房时，根据风水观念选址，空气、阳光、水三者之中，水的利弊二重性表现得最为直接，靠山丘可登避洪水，临河湖可就近取用。下园墩西倚云龙山，背风向阳；东临泗水河，取用方便。这种依山傍水的台地式自然环境是先民们生活的理想场所。再者，依山可据守，傍水可交通，又为大规模集聚、远距离贸易创造了客观条件。随着时间的推移，人口逐渐增多，经济不断发展，先民们就选择了这个得天独厚的优越环境（今徐州市区）修建原始村寨，为后来的徐州城邑（彭城）的产生奠定了基础。

当然，城邑不是从天而降，也不是朝建夕成的，每个城邑都有自己的孕期和童年。下园墩文化遗址的意义就在于它是徐州城市历史的源头，4000 多年不间断地人类居住证明了这个城邑的选址风水优越、得天独厚，而源远流长、延绵厚重正是其无穷的文化价值所在。

图 1－1 ［明］徐州南城墙

彭城周围密集的古人类文化遗址亦表明，上古徐州区域内，还有许多城邦、集镇和聚落环伺其前后左右，互为拱卫，互为补充，抱团发展，以致形成一片以彭城为中心的生产生活相对发达、文明开化相对进步的地区。

第三节 《尚书·禹贡》中的徐州文化解读

《禹贡》是我国最早的地理著作。禹，又称大禹，是舜的大臣，夏朝的开国君主。禹贡，根据题序“禹别九州，随山浚川，任土作贡”①，即大禹区画九州疆界，因山浚河，根据土地状况来制定贡赋等级。《史记·五帝本纪》:“唯禹之功为大，披九山，通九泽，决九河，定九州，各以其职来贡，不失其宜。”②故孔颖达曰:“禹制贡法，故以‘禹贡’名篇。”③《禹贡》被纳入经典著作《尚书·夏书》之中，其内容指证的是上古三代以前的地貌和物产，虽然成书时间尚存争议，但仍应将之看作考察徐州文化史的孕育发生期的重要文献。

《禹贡》将九州分而述之，“徐州”是其中一节，曰：

> 海、岱及淮惟徐州。淮、沂其乂，蒙、羽其艺，大野既猪，东原厎平。厥土赤埴坟，草木渐包。厥田惟上中，厥赋中中。厥贡惟土五色，羽畎夏翟，峄阳孤桐，泗滨浮磬，淮夷蠙珠暨鱼。厥篚玄纤缟。浮于淮、泗，达于菏。④

“海、岱及淮”大体和今天的淮海地区范围一样，它南至淮河，东濒大海，北到泰山，西临河南。《禹贡》记载中，九州土壤肥沃不一，根据土质的好坏而进行赋税。其中，将徐州土壤列为“赤埴坟”，即田地肥沃程度为上中型，冠九州第二等。

所谓“五色”就是青、赤、白、黄、黑。这种五色土壤泛指江苏北部、皖北、山东南部三省交界处的丘陵土壤。它发育于第四纪洪积红色黏土层，而又多为棕色土壤。然而，出产五色土最佳的地方，首推徐州西郊30里的大彭镇楚王山处。

---

① 孔安国传，孔颖达疏:《尚书正义》卷六《夏书·禹贡》，阮元校刻:《十三经注疏》，中华书局1980年版，第146页。

② 司马迁撰:《史记》卷一《五帝本纪》，中华书局1959年版，第43页。

③ 孔安国传，孔颖达疏:《尚书正义》卷六《夏书·禹贡》，阮元校刻:《十三经注疏》，中华书局1980年版，第146页。

④ 孔安国传，孔颖达疏:《尚书正义》卷六《夏书·禹贡》，阮元校刻:《十三经注疏》，中华书局1980年版，第148页。

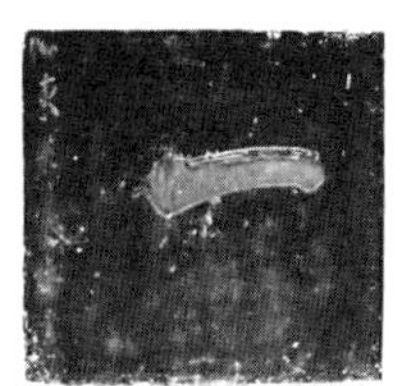
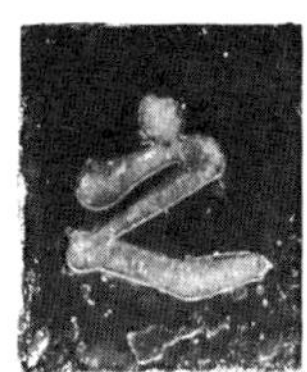
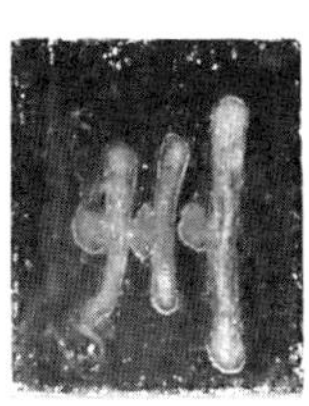
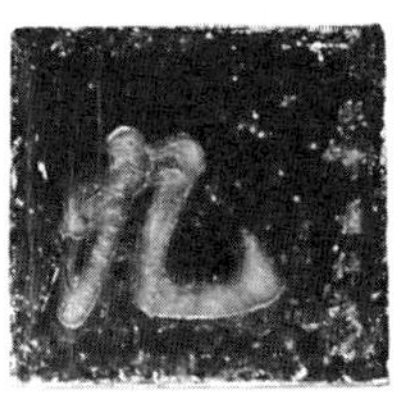

图 1-2 [清]康熙末徐州知州姜焯手书"九州之一"石刻

徐州所产的五色土，有着光亮如油渍、颗粒细而圆、水涝时粒仍然成型、干旱不龟裂的特点。如果把五色土放置在一起，给人一种绚丽多彩的感觉。春秋战国时期，徐州五色土又被阴阳五行家看重，成为天子封禅时拥有社稷祥瑞的象征。所以历代王朝对其颇感兴趣，供入大社及国社祭坛。如王莽时，使"徐州牧岁贡五色土各一斗"[①]；徐州于唐开元间"贡五色土各一斗"[②]。关于五色土的另一重要用途，褚少孙在其所补《史记·三王世家》中写道："所谓'受此土'者，诸侯王始封者必受土于天子之社，归立之以为国社，以岁时祠之。《春秋大传》曰：'天子之国有泰社，东方青，南方赤，西方白，北方黑，上方黄。'故将封于东方者取青土，封于南方者取赤土，封于西方者取白土，封于北方者取黑土，封于上方者取黄土。各取其色物，裹以白茅，封以为社。此始受封于天子者也。此之为主土，主土者立社而奉之也。"[③]徐州五色贡土可谓是我国独一无二的绝物。在徐州民间广大区域，包括今天的鲁南、西南及皖北、苏北一带，人们常以五色土中的红土铺垫堂屋通往大门的道路为快事。此风尤盛于古彭城、丰县、沛县、萧县、砀山县等处。

"羽畎夏翟"中的"羽"是山名（今连云港东海县与山东省临沭县交界处），"翟"是雉名，即羽山山谷里的长尾野鸡。"夏翟"即华美之旌。《周礼·天官》："秋染夏。"贾公彦疏："染夏者，染五色，谓之夏者，其色以夏狄为饰。"[④]这句话说明古徐州地区产的野鸡壮美，也是对当时徐州生态环境的赞美。

① 班固撰，颜师古注：《汉书》卷二五下《郊祀志下》，中华书局 1962 年版，第 1269 页。

② 李吉甫撰，贺次君点校：《元和郡县图志》卷九《河南道五·徐州》，中华书局 1983 年版，第 224 页。

③ 司马迁撰：《史记》卷六〇《三王世家》，中华书局 1959 年版，第 2115 页。

④ 郑玄注，贾公彦疏，彭林整理：《周礼注疏》，山东画报出版社 2004 年版，第 219 页。

“峄阳孤桐”是一种特生的桐树，据说是制琴的上等材料。东汉应劭《风俗通义》：“梧桐生于峄阳山岩石之上，采东南孙枝以为琴，声清雅。”[①]关于“峄阳”的所在，古今争议较大，一说在今山东邹城市峄山之南；一说即邳州葛峄山，古名峄阳山，今名岠山。两说各有影响，本史仅就域内邳州岠山说的渊源及影响简扼梳理。《后汉书·郡国志》下邳“葛峄山”刘昭注“山出名桐”，又引伏滔《北征记》“今盘根往往而存”。[②]《禹贡》孔颖达疏亦持此说：“《地理志》云东海下邳县西有葛峄山，即此山也。”[③]清代胡渭《禹贡锥指》认为：“峄山自北而南，葛峄乃邹峄之尽处，故峄阳当在下邳也。”又云：“《禹贡》之峄阳，《汉志》极其分明，林氏混而一之，大谬。蔡传主葛峄是也，而黄文叔以为在邹县，非唯不见《北征记》语，亦不知有《地志》矣。《地志》东海郡下邳县有葛峄山，古文以为峄山，今淮阳军下邳县也。阳者，山南也。孤桐，特生之桐，其材中琴瑟。”[④]段玉裁也认为葛峄山“今在江苏省淮安府邳州西北六里，非山东兖州府邹县东南二十五里之绎山也”。[⑤] 在正史及儒学经典的影响下，不仅徐州旧志收录“峄阳孤桐”，历代文人以“孤桐”抒写情志时亦多采用邳州说。特别是北宋王安石《孤桐》诗后，文人雅士多以“孤桐”自喻，作为一种精神追求，也给“峄阳孤桐”赋予了更高的文化精神象征。

“泗滨浮磬”，是指泗水河畔生产的一种能做乐器的磬石，音质清脆，余音绵长，可制打击乐器。《禹贡》孔安国传：“泗水涯水中见石，可以为磬。”孔颖达疏：“泗水傍山而过，石为泗水之涯，水中见石，若水上浮然。此石可以为磬，故谓之‘浮磬’。”[⑥]王力注曰：“磬：古代一种石制的敲击乐器，形似曲尺。”[⑦]浮磬作为一种贡石，在上古时期便成为很重

---

① 应劭《风俗通义》佚文，见《事类赋》卷二五、《太平御览》卷九五六《桐谱》下器用篇及杂说篇、苏轼次韵和王巩诗施注、《天中记》卷五一。

② 范晔撰，李贤等注：《后汉书》志二一《郡国志三》，中华书局 1965 年版，第 3462 页。

③ 孔安国传，孔颖达疏：《尚书正义》卷六《夏书·禹贡》，阮元校刻：《十三经注疏》，中华书局 1980 年版，第 148 页。

④ 胡渭：《禹贡锥指》卷五，永瑢、纪昀纂修：《（景印）文渊阁四库全书》第六七册·经部六一·书类，（台北）商务印书馆股份有限公司 1986 年版，第 365 页。

⑤ 许慎撰，段玉裁注，许惟贤整理：《说文解字注》，凤凰出版社 2007 年版，第 766 页。

⑥ 孔安国传，孔颖达疏：《尚书正义》卷六《夏书·禹贡》，阮元校刻：《十三经注疏》，中华书局 1980 年版，第 148 页。

⑦ 王力：《古代汉语常用字字典》，商务印书馆 2005 年版，第 313 页。

要的乐器。浮磬的产地有吕梁、灵璧等说法。胡渭《禹贡锥指》:“泗滨,先儒但云泗水之涯,而不言在何县。《水经注》泗水自彭城又东南过吕县南,水上有石梁焉,故曰吕梁。《晋太康地记》曰:水出磬石,《书》所谓泗滨浮磬者也。《括地志》亦云:泗水至彭城吕梁,出磬石。今徐州东南六十里有吕梁洪,高诱《淮南子》注云:吕梁在彭城吕县,石生水中,禹决而通之。盖即磬石之所出也。金元以来,泗殚为河。明嘉靖中,恶其石破害运船,凿之使平,而浮磬愈不可问矣。”①但《隋书·地理志》记载下邳县有磬石山②,《太平寰宇记》亦云:“泗水中无此石,其山在泗水南四十里,今取磬石上供乐府,大小击之,其声清越。”③皆以灵璧石为浮磬。胡渭则认为:“下邳,今邳州也,西南与凤阳之灵璧县接界,县北七十里有磬石山。浮磬于水平后贡之,禹必不以怀襄之状状其石,水至此山,殊属傅会。窃意晋初去汉未远,《太康地记》当有所本。磬石盖实出吕梁水中,历年已久,水上之石采取殆尽,余皆没水中。吕梁湍激,艰于采取,灵璧石声亦清越,乃改用之,但不知始于何时(《隋志》有磬石山,疑隋以前改用),后人见吕梁水上不复有可用之石,遂疑《地记》为虚,而以灵璧石为《禹贡》之浮磬矣。”④胡渭从磬石的开采历史推衍取石变换的客观原因,认为“泗滨浮磬”当出于吕梁之水,这里才是真正的“泗滨”。

“淮夷珠蠙暨鱼”,意思是淮海人世世代代进贡珍珠和鱼。孔安国传:“蠙珠,珠名。”孔颖达疏:“蠙,是蚌之别名,此蠙出珠,遂以蠙为珠名。郑玄以为淮水之上夷民献此珠与鱼也。”⑤鲤鱼在徐州被人们视为吉祥之物。1952 年 10 月 29 日毛泽东登上云龙山,谈及徐州风物时说“徐州的四孔鲤鱼天下驰名”⑥。旧时徐州当地,女婿上门求婚需要带 8 条鲤鱼、8 只鸡做礼品。

① 胡渭:《禹贡锥指》卷五,永瑢、纪昀纂修:《(景印)文渊阁四库全书》第六七册·经部六一·书类,(台北)商务印书馆股份有限公司 1986 年版,第 366 页。

② 魏徵等撰:《隋书》卷三一《地理志下》,中华书局 1973 年版,第 872 页。

③ 乐史撰,王文楚等点校:《太平寰宇记》,中华书局 2007 年版,第 337 页。

④ 胡渭:《禹贡锥指》卷五,永瑢、纪昀纂修:《(景印)文渊阁四库全书》第六七册·经部六一·书类,(台北)商务印书馆股份有限公司 1986 年版,第 367 页。

⑤ 孔安国传,孔颖达疏:《尚书正义》卷六《夏书·禹贡》,阮元校刻:《十三经注疏》,中华书局 1980 年版,第 148 页。

⑥ 崔林涛等主编:《中国历史文化名城大辞典》,人民日报出版社 1998 年版,第 211 页。

“厥篚玄纤缟”，是我国最早的有关丝绸的文献记载，也是对徐州地区丝织文化的历史记载。上古及史前徐州地区气候温润，茂林修竹，为桑麻农耕之地，民间织锦历史悠久。“篚”指竹编织的一种盛器，是徐州人就地取材制作。蚕丝白为本色，黑色的出现说明徐州人在史前就掌握了丝染技术。随着气候变化和环境变迁，丝绸生产已大举南移。然而，徐州地区民间织锦至今仍然存在，图案精美、鲜明雅丽、以“四格”“八格”为结构图案的“四格缯”“八格缯”，在民间自制的土织机上仍然流行，解忧公主故里桑蚕文化节年年举行。

“浮于淮、泗，达于菏”，这是对徐州水上交通网的描述，指进贡的船只通过淮河、泗水，再经过菏水，到达与济水相通的菏泽，然后就可以通过鸿沟入黄河溯流而上，达于京都。

一方水土养一方人。以徐州为中心的淮海地区之所以能在人类文明的开端就逐步形成文化优势，自有其特殊的“风水”，即特殊的地理环境。《尚书·禹贡》中对徐州的记载至少说明了三个问题：

其一，生活在淮海地区勤劳勇敢的人民，以不畏艰难的精神，以人的力量战胜了自然灾害，获得了良好的生产和生活环境。

其二，这里土地肥沃、植被丰厚，农副产品出产丰富，进贡的祭品、食品、日用品和服饰原料等都很丰饶，也是丝绸文化的起源地区之一。

其三，这里的水上交通很发达，可以直通河洛关中。《尚书·禹贡》还记载扬州的贡品“沿于江、海，达于淮、泗”①，说明长江中下游地区的物资也是从这里转途的。后来，秦灭六国，“为驰道于天下，东穷燕齐，南极吴楚，江湖之上，濒海之观毕至”②。秦末农民起义，项羽北救赵，刘邦西入秦，都是从彭城分向转道，亦充分证实徐州为天下枢纽在时空条件下的悠久性与重要地位。

由上可见，徐州地区始终伴随着华东、苏北历史的有序发展，极早地参合了我国文明开化的起源与发生，这体现了徐州历史文化深厚久远、完整无缺、有源有流、史不断线。就刘林和大墩子等遗址的丰富程

---

① 孔安国传，孔颖达疏：《尚书正义》卷六《夏书·禹贡》，阮元校刻：《十三经注疏》，中华书局1980年版，第148页。

② 班固撰，颜师古注：《汉书》卷五一《贾山传》，中华书局1962年版，第2328页。

度而言，如果不是现代人为的盗掘和破坏，从数量和质量上完全可以像“大汶口”“青莲岗”一样被命名而成为一种考古学文化。总之，徐州地区的史前文明基本上是在区域发展的基础上孕育而成的。正因为徐州地区早期文明的主体性特征具有强势基因，它影响和带动了周围城镇、聚落的互动与进化，从而为江苏北部文明的产生和发展展示了亮丽的曙光，辉映着中华文明的晨曦。

第二章　先秦时期

距今约4000年到公元前221年，是徐州地区本土文化的起步发展期。这个时期的徐州处于文明开化的先进行列，以彭城为中心的“海岱及淮”[①]地区在沿海链条中位列上端；在所谓的“九州”等第中仅次于八百里秦川，排名第二。由于徐州境内南北走向的自然河流泗水入淮经邗沟连接长江流域，东西走向的菏水经一段人工运河连接济水、沟通黄河流域，该时期徐州地域交通条件十分优越。加之狩猎、游牧到农耕、养殖的有序进化和优化，生产技术和祛病能力的提高和创造，住房的发明和青铜器皿的设计制造，徐州地区开明开放程度较高，本土文化相对先进。

徐州本土文化以彭祖文化和徐文化为代表，附着许多环围存在的方国文化，北受齐、鲁文化的浸润，南受楚、吴、越文化的熏陶，西受中原、晋、秦等地文化的影响，使得徐州本土与外来文化逐渐融合，形成了主体鲜明而又包容性极强的具有多元文化基因的区域文化，为大汉王朝的产生滋养了健康的胞房，为汉文化的发祥铺垫了大势所选的温床，也为割据的中华早期单元文化之整合集成创造了条件。

① 孔安国传，孔颖达疏：《尚书正义》卷六《夏书・禹贡》，阮元校刻：《十三经注疏》，中华书局1980年版，第148页。

第一节　大彭氏国与彭祖文化发生

徐州地区文化主要发源于彭祖文化，彭祖文化亦是淮海文化的源头之一、中华文明的组成部分之一，与后来的徐文化一样同属于上古三代时期活跃在徐州地区的一个主流文化体系。这一道独特的跨区域多层次文化景观，是在漫长的自然、社会条件下多种因素交融、繁衍的结果。彭人定居徐州地区以前，是彭族文化发生期，相关史料匮乏，且不在本史重点研究方向；大彭氏封国定居徐州地区后是成型期，经济社会快速发展，文明开化速度很快，创造了以代表人物“彭祖”命名的文化实体；灭国后是延展期，彭人流徙四方，文明教化亦传播四方，在中华文明历史上留下了光辉的足迹。

彭族是东夷的一支部落，中期定居徐州地区繁衍生息，并在尧舜禹的带领下与洪水相搏。《路史·前纪》载：“阴康氏之时，水渎不疏，江不行其原，阴凝而易闷，人既郁于内，腠理滞着而多重膇，其关节者，乃制为舞，教人引舞，以利道之，是为大舞。”①这种“大舞”，就是《庄子》里所谓的“熊经鸟伸”②，来自对飞禽走兽图腾的模仿。因此，最初的养生之道实是古人在特定地理环境下对抗自然、抵御疾病的产物，这也是彭祖文化形成的大前提。

大彭国何以为彭，学界虽无定论，但分析“彭”字，却可看出大彭国确有“鼓舞”的古老风俗。许慎在《说文解字》中有“彭，鼓声也”③，从“壴”，“彡”声。“壴”，表示鼓的形状，“彡”，表示连续敲鼓发出的声音。鼓，源于渔猎时代。用木棍击船帮发出“彭彭”声，以驱赶鱼群集中捕捞；用木棒击打树干发出“彭彭”声，围猎野兽。当制陶产生，人们在陶缸上蒙兽皮，敲击发出“彭彭”声，于是就产生了鼓。历来击鼓为进，鸣金为退，可见奋进的彭族，以鼓声作为氏族的图腾。“彭祖以彭为姓或

① 罗泌撰：《路史》卷九《前纪九·禅通纪》，永瑢、纪昀纂修：《（景印）文渊阁四库全书》第三八三册·史部一四一·别史类，（台北）商务印书馆股份有限公司1986年版，第67页。

② 方勇译注：《庄子》外篇《刻意》，中华书局2010年版，第247页。

③ 许慎撰：《说文解字·壴部》，中华书局1963年版，第102页。

国,可见彭祖是以鼓为族徽形象的,是一个善于击鼓而舞的方国。击鼓而舞有两大功能,一为以舞而通神,增加方国的战斗性,鼓舞士气;二为以舞来锻炼身体,在鼓声嘭嘭的节奏中,熊经鸟伸,以御疾病。大彭国的此种风俗,一直到汉时还存在。"①在淮海地区发现的汉画像中常常可以看到的击鼓而舞的图像,正反映了大彭国这种古老传统的普及和生存韧性。这或许是彭祖文化得以形成的又一人文因素。

大彭氏国,夏商时期曾为方国。古祝融之后,有陆终氏,六子,第三子彭祖建国于彭,子孙以国为氏。又彭亦为姓。彭姓,应是以氏为姓。明正统《彭城志》记载:"大彭山在城西三十里,古大彭氏居此。"②山北称大彭村,大彭氏国都城在大彭山下。大彭山今称为义安山,海拔 262 米。今山北三里处有大彭集,属铜山区大彭镇管辖。大彭氏国最初的政治中心可能在大彭村一带,随着人口的增加和经济发展,便迁移到环境更为优越的徐州市老城区,建起原始村寨和城堡,作为政治活动中心,并且迅速发展,国力强盛。大彭氏国的活动区域大致在今之苏鲁豫皖接壤地区。

商盘庚时,迁都殷。其原因,一是殷商内部纷争,二是大彭氏国日益强大为东方霸主之一。大彭氏国的国力增强,加之豕韦国、芈国等祝融后裔同宗国的靠拢,乘殷商内乱腐败之际,大彭氏国开始与商王朝分庭抗礼,引起殷商王朝的担忧。但是,殷商王朝无暇顾及。然而,公元前 1250 年,商王朝第 22 代君主武丁即位,以傅说为相,妇好为帅,重整朝纲,励精图治。武丁成为中兴之主,国力强盛,进而开始东征西讨。武丁首先征讨了西北的少数民族部落,其中有与大彭氏国联姻关系的鬼方部落,之后又开始废除不服从王室的诸侯属国,当时东方大彭氏国与豕韦国是武丁的主要进攻对象。武丁四十三年(前 1208 年),大彭氏国、豕韦国先后被灭。《国语·郑语》载"彭姓彭祖、豕韦、诸、稽,则商灭之矣"③。

大彭氏国被商朝灭后,遗族被迫向南迁移,到今江汉流域。商代末

---

① 朱存明、安宇等:《淮海文化研究》,西苑出版社 2000 年版,第 114 页。

② 宋骥修:明正统《彭城志》卷三《山川》,正统三年(1438 年)抄本,第二页。

③ 徐元诰撰,王树民、沈长云点校:《国语集解》卷一六《郑语》,中华书局 2002 年版,第 467 页。

期，彭人怀着对商王朝的憎恨而参与周武王伐商，为“牧野八师”之一。西周建立后，因大彭氏国是西周王朝的盟国，其国祚得以延续。周王迁封其同宗的大彭国后裔篯孚的子孙于今河南原阳县，复立大彭国（今南阳市博物馆藏有出土的铜壶“彭伯自作醴壶，其子子孙孙永宝用之”的铭文）；封韦伯篯遐于其祖先的豕韦国地（今河南滑县万古镇妹村），仍称豕韦国。大彭国、豕韦国传到周赧王时期（约前260年），复国历767年，又同时为楚所灭，彭地入楚，成为楚最早灭掉的诸侯国之一。

彭族在尧舜时代已经强大。彭族部落首领姓篯，名铿，史称篯铿或钱铿，是颛顼帝的四世孙。其父亲是吴回的长子陆终，母亲是鬼方首领之妹女嬇。彭祖因擅长烹饪野雉汤，受帝尧的赏识，受封于徐州大彭氏国，故又称彭铿。《新唐书·宰相世系表》认为：“颛顼孙大彭为夏诸侯，少康之世，封其别孙元哲于豕韦，其地滑州韦城是也。豕韦、大彭迭为商伯，周赧王时，始失国。”[①]由此可知，元哲之后代世袭韦侯至周止，历夏、商、周三代。以后大彭氏国人以国为姓，尊篯铿为彭姓的祖先，故称彭祖。后来，篯姓去掉草字头，即为“钱”姓，所以，从血缘上彭姓和钱姓是一脉相承的。

彭祖自尧帝起，历夏朝、商朝。商朝时为守藏史，周朝时担任柱下史，娶妻49人，生子54人，相传他活了近800岁。然而，据《史记·楚世家》载：“彭祖氏，殷之时尝为侯伯，殷之末世灭彭祖氏。”[②]“氏”在上古多用作宗族的称号。可见，彭祖是以其名为姓的氏族。所谓彭祖年长八百，大约是大彭氏国存在的年限。先秦时期，彭祖在人们心中是一位贤人。到西汉，经学家、目录学家、文学家刘向所著《列仙传》是中国第一部系统叙述神仙的传记，记述了上古及三代、秦、汉之间的70多位神仙的重要事迹及成仙过程，其中把彭祖列入仙界，并称为“硕仙”。

彭祖在历史上影响很大，孔子就非常推崇他，庄子、荀子、吕不韦等都曾论述过他，《史记》中对他有记载，屈原诗歌中也提到过他。道家把彭祖奉为先驱和奠基人之一，许多道家典籍保存着彭祖养生遗论。医

① 欧阳修、宋祁撰：《新唐书》卷七四上《宰相世系表四上》，中华书局1975年版，第3045页。

② 司马迁撰：《史记》卷四〇《楚世家》，中华书局1959年版，第1690页。

药家葛洪、陶弘景、孙思邈等对其推崇有加。厨师、武术、中华医药界人士敬称其为祖师爷。后人将彭祖的养生之道,整理成《彭祖经》得以传世。东汉时徐州建彭祖庙,唐、明、清曾三次修复。明代所修建彭祖庙及彭祖铁塑像,因"文化大革命"及采煤而损毁,于 1993 年复建。

彭城因彭国的城邑而得名。春秋战国时期,彭城为宋邑,是宋国晚期国都。《左传》记载,鲁成公十八年(前 573 年),宋将鱼石"入彭城"①。秦汉之际,楚怀王和西楚霸王项羽先后建都彭城。彭城在西汉时期为楚国,东汉为楚、彭城国。三国时期,徐州刺史部治所迁至彭城,彭城又称徐州城。

第二节　徐国与徐文化兴起

中国经过两千多年的封建社会,在儒家思想占统治地位的意识形态领域,宗法观念在史学领域一直占主导地位,朝代更替论正统,家族繁衍认正宗。非正统、正宗者,国为蛮夷,家为旁系。所以有史以来视夏、商、周以外的部落方国为"蛮夷戎狄",即所谓南蛮、东夷、西戎、北狄。

由于历史上受"尊王攘夷"思想的影响,中国古籍中记录徐国的史料较少。《说文解字》:"夷,平也,从大,从弓,东方之人也。"②徐夷是以徐族人口为主的一个氏族部落,是东夷的一部。因其生产生活的地方处于王朝中心的边外而曾被称为徐方,被封国后改称徐国。正是徐夷、徐族、徐方、徐国的经济社会发展活动,最终孕育出徐文化这一中华民族早期文明的活跃分子。

徐夷本嬴姓,系东夷族少昊氏之支裔。它在夏商时期,是发源于燕山一带嬴姓的一支部族,早期以"鸠"为图腾③。徐夷早期生产方式主要是在森林狩猎和采摘,从而决定了他们的生活方式。他们仿生如鸟,伐

① 杨伯峻编著:《春秋左传注》,中华书局 1981 年版,第 905 页。

② 许慎撰:《说文解字·大部》,中华书局 1963 年版,第 213 页。

③ 李玄伯:《中国古代社会新研》,上海文艺出版社 1988 年版,第 209 页。

木巢居，以避洪水猛兽。在小冰封时代，为了躲避北方的寒冷，徐夷部族也像鸟一样向南方迁徙。

夏商时候把外部族群称为“方”。“所谓方国，指四邻之国，当时应为酋邦制国家。方国不是后代的诸侯国，也不是完全独立的邻国，它们不仅有一定的经济文化交流，甚至战争攻伐，也有尊奉夏王朝为‘天下盟主’的政治关系”，“王畿之外有许多大小不一的方国，所谓‘执玉帛者万国’”①。《诗·大雅·常武》中有“徐方绎骚”“震惊徐方”②之记载，其中的“徐方”，就是指古徐方国，也称徐国。

夏禹时，伯益辅佐治水有功。夏启时，伯益被杀，启封伯益的二儿子若木于徐（今山东中南部），建立徐国。周成王之前，徐人主要活动于苏鲁交界一带，其中鲁南中部是其活动中心。据考证，商末周初的徐都，在今山东泗水东南35里的汉舒村附近③。徐国是当时东夷集团中最大的国家，鲁侯伯禽（周公旦的儿子）经常不断地与徐戎摩擦，据《尚书·费誓》注疏，鲁与徐戎、淮夷有过激烈的战争，鲁国受到威胁很大，一度不敢打开国都的东门④。成王初年，分封在东方的周朝王族管叔、蔡叔、霍叔，联合殷商残余势力武庚及东夷的蒲菇、奄、徐发动武装叛乱，周公亲率王室精锐部队东征，花了3年的时间才平息叛乱。从此，东夷各部受到沉重打击，徐夷被迫退走淮水之滨。此时，其都城应该在今江苏泗洪一带，汉代曾在此设立徐县。《诗经·大雅·常武》云：“戒我师旅，率彼淮浦，省此徐土”⑤，描述的是大周军队沿着淮河前进，巡察徐国国土。这一时期，楚、吴、越等国尚未兴起，东南地区最为强大的就是徐国。徐国的驹王起兵直接攻周，一直打到黄河边上，徐的后人甚至引以为豪。春秋前期，楚国开始兴起，不断向北推进，与齐国夺霸，而居于齐、楚之间的徐国遂成为楚国北上发展的重要障碍。鲁僖公十五年（前645年），楚师伐徐，败徐于娄林（今安徽泗县东北）。徐国受到了沉

---

① 孙元健：《夏代方国陶器文化的探索》，《中国陶瓷》2002年第5期，第45页。

② 周振甫译注：《诗经译注》卷七《大雅·荡之什·常武》，中华书局2002年版，第485页。

③ 赵宗秀：《试论商末周初徐国之所在》，《东南文化》1995年第1期，第28页。

④ 孔安国传，孔颖达疏：《尚书正义》卷二〇《周书·费誓》，阮元校刻：《十三经注疏》，中华书局1980年版，第254页。

⑤ 周振甫译注：《诗经译注》卷七《大雅·荡之什·常武》，中华书局2002年版，第485页。

重打击，被迫北迁避楚之威胁，这应该就是史籍记载的“徐偃王北走彭城武原”的故事原型。《韩非子·五蠹》云：“徐偃王处汉东，地方五百里，行仁义，割地而朝者三十有六国。”①后“楚文王大举兵而灭之。偃王仁而无权，不忍斗其人，故致于败。乃北走彭城武原县东山下，百姓随之者以万数，因名其山为徐山”②。这里提到的“彭城武原县”，即东汉彭城国所辖之武原县，县治即梁王城遗址，其东现为禹王山，即徐（王）山，因山上有徐偃王墓而得名。现禹王山及附近有九女墩春秋墓地，发掘出土编钟等大量徐国青铜器，为徐王家族墓地。这里还曾发生过吴季子挂剑的一段佳话。据《史记·吴太伯世家》记载，季子名札，是吴王寿梦的小儿子，有一年季札出使鲁国，路过徐国，徐王非常喜欢季札的佩剑。春秋战国时期，吴越地区的铸剑技术非常高超，在各诸侯国中享有盛誉，目前出土的吴王夫差剑、越王勾践剑等都属于重量级的国宝文物。季札虽然看出了徐王的心思，但因佩剑出使是当时的外交礼仪，打算等出使归来，再把佩剑送给徐王。不料等季札归来时，徐王已经去世，季札为兑现心中的承诺，就解下佩剑挂在了徐王墓前的树上③。禹王山东有鹅鸭城遗址，城址规模不大，约 500 米见方，城内曾出土石磬毛坯，城址的时代为春秋时期，时代完全吻合。后来，吴王阖闾（公子光）刺杀吴王僚夺取王位，派出使臣责令徐国和钟吾国交出领兵在外的公子掩余和烛庸（吴王僚的两个弟弟）。徐君为吴姬所出，与这两个公子为近亲，不愿意加害他们，就私自放走二公子，让他们投奔楚国。楚昭王闻之，隆重迎接，并让二公子在养地（今河南沈丘县）暂时住，又命令莠尹然、左司马沈尹戌重修养城，把养城东北边的城父、东南边的胡田两块封给二公子，企图利用二公子危害吴国，结果成为吴王出兵的口实。同年冬，吴王派孙武、伍子胥兴师伐徐，徐国被灭，时为周敬王八年（前 512 年）④。

徐国虽然灭亡了，然而东夷古徐国在漫长的兴衰更替中创造的灿

① 王先慎撰，钟哲点校：《韩非子集解》卷一九《五蠹》，中华书局 2013 年版，第 486 页。

② 范晔撰，李贤等注：《后汉书》卷八五《东夷传》，中华书局 1965 年版，第 2808 页。

③ 司马迁撰：《史记》卷三一《吴太伯世家》，中华书局 1959 年版，第 1459 页。

④ 高士奇：《左传纪事本末》，中华书局 1979 年版，第 751 页。

烂文化，随着徐人四处迁移，足迹遍及海内外。灿烂的徐文化，作为徐州地区的文化源头之一，其基因经过汉朝文化四百年的整合，经过中华文明数千年的融汇，已熔铸进中华传统文化之中。直至今天，在徐州物质和非物质文化遗产中，人们仍然可以感触到徐文化的光芒。

第三节 邳、萧、钟吾国的文化足迹

古徐州北有兖州，西邻豫州，南接扬州，东向大海，地域富裕，方国众多。方国的前身是部族，在五帝和夏代时期古称“某某氏”。当时，与商王国联系密切的中原方国，史书基本都称国，如大彭氏国、徐国、邳国、崇国、钟吾国等。而“诸侯国”则是受王朝册封的、效忠于王朝的内部小国，虽然带有自主独立性，但有依附性。方国被征服之后，天子册封了原方国的君主为诸侯的话，那就是诸侯国。

上古时期地处东部沿海的徐州地区，雨水丰沛，草木茂盛，禽兽繁殖。虽地窄而人稠，因而部落方国、诸侯国丛立。清代学者胡渭在《禹贡锥指》指出：“徐州有古大庭、少皞之墟，有缗、大彭、奄、邳之封皆在焉。春秋时可考者，鲁、滕、茅、薛、徐、邾、莒、萧、郯、遂、任、宿、须句、颛防、鄫、郿、阳、鄣、郳（后为小邾）、向、极、牟、铸、鄟、邿、偪阳、根牟、钟吾、甲父，凡二十九国。战国时属鲁，而宋、齐、楚亦兼得其地。”[①]这些方国都有自己的文化家园、文化崇拜，与相对发达的区域大国徐、彭亦有或多或少的共性关系。然而，由于体例所限，此处仅对与今市域关系密切的邳、萧、钟吾国的变迁作简要叙述。

一、邳国

邳国建立在夏禹时代，初为方国。禹分九州，邳属徐州。禹封车正

① 胡渭：《禹贡锥指》卷五，永瑢、纪昀纂修：《（景印）文渊阁四库全书》第六七册・经部六一・书类，（台北）商务印书馆股份有限公司 1986 年版，第 354 页。

官奚仲为侯，先居于薛（山东薛城），后迁于邳，建立邳国。《元和郡县图志》记载，下邳县"本夏时邳国，后属薛"[①]。夏王仲康七年，后羿作乱，太子相依靠邳侯帮助，赶走后羿族，即位。《竹书纪年》记载，夏帝仲康七年，"世子相出居商丘，依邳侯"[②]。所谓邳侯即邳国之侯，夏代邳国是诸侯国中的侯国。夏帝太康昏乱，其国遭后羿、寒浞等先后侵夺，太康之子帝相逃出夏廷，前往他信任的同姓诸侯邳侯处避难。

商代，奚仲十二世孙仲虺辅商汤灭夏桀有功，为左相，受封于薛。《左传·定公元年》载："薛之皇祖奚仲居薛，以为夏车正。奚仲迁于邳，仲虺居薛，以为汤左相。"[③]商王外壬元年，邳国联合姺国叛乱。宜甲三年，彭伯攻克邳国。"商有姺、邳"[④]，"盖仲虺之裔为乱者，国灭，武王复封其后于邳为薛侯"[⑤]。经历了西周、春秋，直到战国时期，邳国仍存。梁惠王三十一年（前 339 年），因受齐、楚泗上争夺的影响，"邳迁于薛"[⑥]，仍称邳，遂称今睢宁古邳一带原来的地方为下邳（为汉代下邳县故地）。《水经注·泗水》：泗水"又东南过下邳县西，泗水历县，径葛峄山东，即奚仲所迁邳峄者也。泗水又东南径下邳县故城西，东南流，沂水流注焉"[⑦]。《汉书·地理志》东海郡下邳注："葛峄山在西，古文以为峄阳。"[⑧]又"臣瓒曰：有上邳，故曰下邳"[⑨]。则邳国地跨今枣庄市峄城区及薛城区的南部，应作上邳。

楚顷襄王二十一年（前 278 年），郢都被秦将白起所攻取，楚人被迫北迁于陈，与魏、韩、赵、齐相倚赖以抗秦。楚国西境、南境全被秦国占领，故楚国不得不向其东邻诸小国，如鲁、邳、费、郯、小邾等来扩张领土。楚考烈王二年（前 261 年），楚人攻薛国后，顺便灭亡了弱小的邳国。秦始皇二十六年（前 221 年），秦统一六国，于邳置县，史称下邳县。

---

① 李吉甫撰，贺次君点校：《元和郡县图志》卷九《河南道五·泗州》，中华书局 1983 年版，第 233 页。
② 沈约注，洪颐煊校：《竹书纪年》卷上《帝仲康》，商务印书馆 1937 年版，第 9 页。
③ 杨伯峻编著：《春秋左传注》，中华书局 1981 年版，第 1523—1524 页。
④ 杨伯峻编著：《春秋左传注》，中华书局 1981 年版，第 1206—1207 页。
⑤ 何光岳：《炎黄源流史》，江西教育出版社 1992 年版，第 767 页。
⑥ 司马迁撰：《史记》卷三三《鲁周公世家》，中华书局 1959 年版，第 1547 页。
⑦ 郦道元著，陈桥驿校证：《水经注》卷二五《泗水》，中华书局 2007 年版，第 602 页。
⑧ 班固撰，颜师古注：《汉书》卷二八上《地理志上》，中华书局 1962 年版，第 1588 页。
⑨ 班固撰，颜师古注：《汉书》卷二八上《地理志上》，中华书局 1962 年版，第 1589 页。

邳国先后存在1600多年，对开发古代徐州东部地区作出了重要贡献。

二、萧国

殷商六族（条氏、徐氏、萧氏、索氏、长勺氏、尾勺氏），其中萧氏，一直在今安徽萧县西北一带繁衍传承。因其地多萧、茅（艾萧、艾草），故国号萧。古萧国是夏朝殷商氏族方国之一。

商朝灭亡后，周武王任命商纣之子武庚继续统领商之遗民。后成王幼而继位，管、蔡、霍叔三人与武庚反周，亲商的东夷族徐、萧、奄等其他十七国皆从之，周公旦亲自领兵平乱。三监之乱平息之后，周公旦将商纣王的庶兄微子启封于宋，以守商祀，并罢免反叛的诸国，于是萧国灭亡。萧国的子民作为“殷民六族”之一，皆归伯禽之鲁。于是嬴姓萧氏家族便徙居鲁国，为鲁君效力。

据《史记·宋微子世家》记载，宋湣公十年（前682年）夏，宋国在攻打鲁国时，宋国猛将南宫万被鲁国俘虏，后经请求，才将南宫万放回。次年秋，宋湣公带南宫万外出打猎，因游戏而发生争吵，湣公用侮辱性的语言说南宫万做过俘虏，南宫万恼羞成怒，将宋湣公打死，更立公子游为君。宋国诸公子见势不妙，纷纷出逃，于是“诸公子奔萧，公子御说奔亳”①。

萧邑大夫萧叔，名叔，号大心，子姓，是宋国贵族子弟。他与诸公子共同组成一支军队，于当年冬天击杀南宫万之弟南宫中和新君游，立御说为君，是为宋桓公。大心因在这次平乱中有功，于是宋公将萧邑提升为国，重新建立萧国。

《汉书·地理志》：“故萧叔国，宋别封附庸也。”②《史记·项羽本纪》张守节《正义》引《括地志》也说：“徐州萧县，古萧叔之国，春秋时为宋附庸。”③鲁宣公十二年（前597年），萧国被楚灭亡。萧国从复国到灭亡，

① 司马迁撰：《史记》卷三八《宋微子世家》，中华书局1959年版，第1624页。
② 班固撰，颜师古注：《汉书》卷二八上《地理志上》，中华书局1962年版，第1572页。
③ 司马迁撰：《史记》卷七《项羽本纪》，中华书局1959年版，第323页。

总计 85 年。

萧国地处范围大多是在今江苏、安徽、河南接壤一带。故城址在今安徽萧县城北 5 千米的圣泉乡欧村西北。由于处于黄河泛滥区，这里已经全部被埋于地下。1955 年，为利于洪泽湖区的管理，江苏省的砀山、萧县与安徽省的盱眙、泗洪二县互换，萧县由此划归安徽省管辖。今之萧县城距徐州城区仅 20 千米，民情风俗亦属相同类型。萧地文明开化比肩徐州，共同参与了该地区的文化起步与发展。

三、钟吾国

钟吾国，是东周时期建立的诸侯国，爵位为春秋时期王侯五等级中的子爵，所以又称钟吾子国。范围大致包括今江苏省新沂市及宿迁市宿城区、宿豫区一带。国都司吾城，位置在今江苏省新沂市马陵山镇新宅村土城。司吾城东临沭河，西依司吾山（马陵山），地理位置优越。城址面积不大，大致呈长方形，东西 335 米，南北 280 米，面积约 9.4 万平方米。汉代在此设司吾县，城址基本被土城自然村整体叠压，地表除散见一些汉代板瓦、筒瓦及陶器碎片外，也可见到东周时期的鬲足。早年开挖沟渠时，还捡到过箭镞、铜钱等。

春秋战国时期，各诸侯国之间征战不已。大国争霸，小国遭殃，钟吾国是一个子爵小国，势单力薄，就在大国征战的夹缝之中生存。吴王僚十二年（前 515 年），吴国王室内乱，专诸刺杀王僚，公子光即位，以其子为卿，领兵在外的吴王僚的两个亲兄弟掩余和烛庸，得知公子光杀僚自立，“吴公子掩余奔徐，公子烛庸奔钟吾”[①]。吴王阖闾三年（前 512 年）夏，吴国派出使臣，责令徐国和钟吾国交出公子掩余和烛庸。二国依仗有强大的楚国作后台，拒不从命，并私自放走二公子，让他们去投奔楚国。楚昭王很高兴，立即派出重要官员隆重迎接二公子，并让二公子在养地（今河南沈丘县）暂住。接着，昭王又命令莠尹然、左司马沈尹戍重修养城，把养城东北边的城父、东南边的胡田两块地方封给二公

---

① 高士奇：《左传纪事本末》，中华书局 1979 年出版，第 742 页。

子，企图利用二公子牵制吴国。“二公子事件”的发生，正好给了吴王出兵的口实。同年冬，“吴子怒，吴子执钟吾子”①，吴王派孙武、伍子胥兴师伐罪，首先攻打接纳过公子烛庸的钟吾。钟吾国国小民贫，不堪一击，城破之后，钟吾子被抓，钟吾国旋即灭亡，辖地并入吴国。吴国占据钟吾后，视司吾为陪都，当作问鼎中原的前沿军事重镇。吴国这一做法取得初步成效，但后来由于阖闾之子吴王夫差不听伍子胥忠告，放松警惕，又一意孤行，吴国又被越王勾践所灭，吴地遂属越。

由于越国受国力所限，对钟吾控制不力，周元王四年（前 471 年），原钟吾国的地方被楚国占领。秦始皇二十四年（前 223 年），秦国灭了楚国后，将钟吾国故地改为司吾县、建陵县（位置在江苏省新沂市市区附近）、下相县（位置在今宿迁市宿城区）。汉朝建立，钟吾国故地大致为下相、司吾两县。此后 200 余年，西汉的司吾县治一直在司吾城。王莽篡汉时标新立异，全国各处大都更换地名，司吾也被改称“息吾”。仅仅过了 14 年，王莽新朝就在全国各地风起云涌的农民起义中土崩瓦解，东汉光武帝刘秀初立就将原西汉司吾县改封“司吾侯国”②，可见司吾在当时的重要地位。

钟吾古国故地一带景点有新沂马陵山、新沂花厅古文化遗址、钟吾国国都遗址等。乾隆帝南巡过马陵山，作《过峒峿山》绝句三诗，其一云：“钟吾漫道才拳石，早具江山秀几分。”③目前峒峿城遗址尚未进行科学的考古发掘，但是当地农民在耕作时发现了房屋基址、陶制井圈和兵器残件。此地究竟是否就是钟吾国的城址所在呢？我们只有期待更多的考古发现，来进一步探索这神秘的古国。

第四节　孕育多元文化的温床

以彭城（徐州城）为中心的淮海地区在先秦时期之所以能逐步形成

① 高士奇：《左传纪事本末》，中华书局 1979 年出版，第 751 页。

② 范晔撰，李贤等注：《后汉书》志二一《郡国志三》，中华书局 1965 年版，第 3462 页。

③ 吴世熊、朱忻主修，刘庠、方骏谟主纂：清同治《徐州府志》卷一《宸翰》，清同治十三年（1874 年）刻本，第五页。

培养汉代开国元勋群体的摇篮，自有其特殊的地理环境因素。《尚书·禹贡》的文字显示，上古时期，生活在淮海地区的勤劳勇敢的人民在大禹的率领下，获得了良好的生产和生活环境。那个时期，这里土地肥沃、植被丰厚，农副产品出产丰富，进贡的祭品、食品、日用品和服饰原料等都很丰饶；那个时期，这里的水上交通相对发达，可以直通河洛关中，扬州的贡品"沿于江、海，达于淮、泗"，说明长江中下游地区的物资也是从这里转途的。后来，秦驰道修成后，北达燕齐，南极吴楚，西入河洛，这里四通八达。彭城东襟淮海，西接中原，南屏江淮，北扼齐鲁，城邑环山绕河，进可攻、退可守，自古就是兵家必争之地。在文献史料中，涉及徐州、彭城字眼的战事，竹简帛书言之凿凿者就有 260 余起，足见其在交通地理上的区位优势。

正是因为彭城的周围有发达的经济作支撑，有四通八达的便利交通作交流，它逐步形成了区域政治中心、军事要塞和文化重心的地理优势。也正是历史的顺势而为，徐州地区成为汉文化诞生的温床。如果说上古之世，泰山之南众水归淮，地处黄河、长江两大流域之间的淮河流域是南北两大文化体系融会的洞房，那么南北各个区域文化之连理，则是日后产生汉朝文化，乃至汉族文化的人文因素。也就是说，哺养汉朝开国元勋英雄群体的汉朝文化之源头文化区出现在今之江苏西北部，本质上不是偶然现象，而是本土文化与南北体系的多元文化交融衍生而来，代表中华文化发展到这个时代节点的必然趋势。

一、齐鲁文化的濡养

上古先秦之世，淮海中心地区北界邹鲁，西接梁宋。邹、鲁、梁、宋均属黄河文化体系，在长期的交汇中，黄河文化对汉文化的形成确实有培养之功。

历史上泗水地理位置十分重要。中国古代封建王朝大多建都在黄河流域，泗水便成了江淮与齐鲁、中原地区的交通命脉，对南北文化交流和经济发展起着十分重要的作用。泗水发源于山东东蒙山，是上古先秦南北交通的重要孔道，齐鲁文化的南传亦主要沿泗水而下。泗水经古沛县(今沛县城东)、留城(张良封地,后沦入微山湖),到彭城,又折向东南流,经吕梁、下邳,合沂、沭二水,汇入淮河。彭城北距邹鲁儒家思想发源地约150千米,西南去苦县(今河南省鹿邑县)老子家乡亦200千米左右。据《庄子·天运篇》,孔子51岁还没有得道,于是"南之沛,见老聃"①。

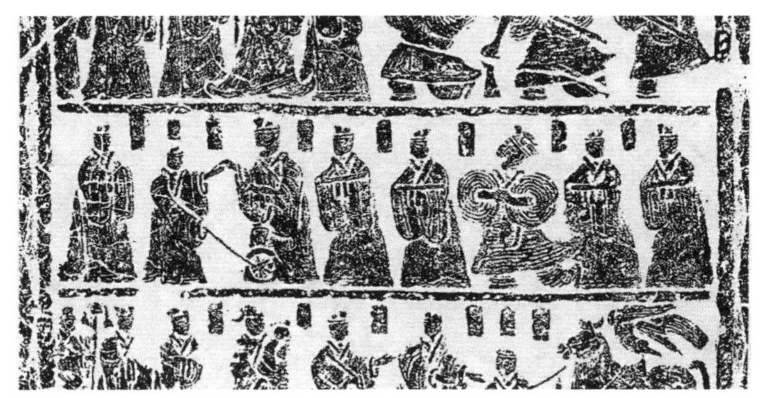

图2-1 [东汉]"孔子见老子"历史故事画像石拓片(邳州占城出土,选自武利华主编《徐州汉画像石》)

孔子和老子分别是中国儒道两大文化体系的创始人,几乎每一个中国人都受到二人学说的影响。一般认为,中国文化是儒道互补的文化,实际上也就是孔子和老子学说思想互补的文化。唯其如此,中国文化才完整充实、神秘玄奥。

孔子和老子是同时代人,孔子约比老子年轻20岁,学术界公认孔子曾向老子请教过礼,但老子和孔子究竟有过多少交往,则是历史上的悬案。《庄子》一书中,很大成分虚构了多次老子和孔子的会谈内容,有关老子和孔子论道的场面,几乎都是老子占上风,站在一种道的先驱者角色上来传授孔子这位受教者。以儒道两家的首要代表人物来安排这些场面与对话,庄子所要强调的,无非是道家的道之真实性及优越性。然而,后世学者都乐意涵化这些典故,因为这毕竟是中国历史上的顶级文化现象。二位先哲交流思想,切磋观点,铸造中国人文意识的基础,探讨人与自然

① 方勇译注:《庄子》外篇《天运》,中华书局2010年版,第236页。

的关系和各种社会现象的认识，无疑是人文盛典，以此可见当时江苏西北部地区是文化轴心时代多元文化的一个交流中心。

徐州城东南25千米吕梁洪风景区至今仍有“悬水村”“晒书山”“圣人窝”等地名存在。明嘉靖十四年（1535年），吕梁洪工部分司主事张镗在署南塔山石刻孔子像，并建观道亭、书院。南京兵部尚书秦金（字国声，号凤山）认为《论语·子罕篇》中所载“子在川上曰：逝者如斯夫，不舍昼夜”一事就发生在这里，于是为书院命名“川上书院”。孔子在吕梁洪边发见道之叹与孔老二圣“沛泽相会”的史实之证，虽然略显单薄，却被历代文人雅士所津津乐道，“未必无所据也”[①]，不可轻易否认。此外，亚圣孟子在宋都彭城会见滕子，首次提出“性善论”，也有部分学者认同[②]。透过这些或隐或现的文化故事，人们似可推断，当时的徐州地区名人大家之外的人文交往当更加频繁。

泗水是徐州地区的母亲河，从山东南下，在徐州城东北角与获水相会。东汉王景治河打通汴渠后，古获水改称“汴水”。从此，“汴水流，泗水流，流到瓜洲古渡头”[③]，不仅灌溉农田造福徐州人民，也使徐州成为“广茂财源达三江”的交通枢纽。汴泗河水哺育了彭祖、徐偃王、孔丘、孟轲、子路、颜回、曾参、刘邦（泗水亭长）、张良、项羽、韩信等与徐州相关联的历史名人，也带来了大雅大俗的齐鲁文化。大批的北方人沿着泗水来到徐州，改变了徐州本地人口结构。山东人带来了山东方言，也带来了山东风尚。徐州民俗至今与鲁西南大多相同，重情重义，恩怨分明，诚实守信，淳朴善良。徐州人受孔孟之道影响极深，造就了崇仁讲礼、尊师重道、热爱教育、关注人才的社会崇尚。

二、河洛、三晋、三秦文化的滋润

河洛地区的黄河文化对淮海中心地区的影响也是巨大的，甚至三

---

① 张镗：《川上书院祭田记》，崔志元主修，金左泉主纂：清道光《铜山县志》卷一九《艺文》，清道光十年（1830年）刻本，第38页。

② 梅良勇：《宋都彭城与孟子的性善论》，《中国古都研究》第十七辑，三秦出版社2001年版，第88页。

③ 白居易著，顾学颉校点：《白居易集》，中华书局1979年版，第1534页。

晋、三秦的文化也是通过河洛而影响此地的。

孔子与老子二位圣贤的"沛泽相会",不仅是齐鲁文化对徐州的影响,也是中原文化对徐州的影响。道教是我国土生土长的宗教,虽然创立于东汉,然其文化根源道家思想却产生在先秦时期。道教理论取之河洛文化。河洛文化反映的史前文明及文字记载以来文明,不仅体现了时代精神,而且具有跨时代的超越性。尤其是河图洛书,如天与人、变与通、中庸与和合等,至今仍被人们称道或借鉴。我国最早的道家代表人物主要有彭祖、老子、庄子,其生活、著述都曾发生在古徐州域内。众所周知,只有宗教理论上成熟,才足以证明该宗教的创立问世。道教最早理论经典《老子想尔注》的作者就很可能是徐州丰县人张道陵,可见发端于中原的道家文化与古徐州有割不断的人文关联。

山西因其在春秋时期是"五霸"之一的晋国封地,故简称"晋"。从旧石器时代起,这个地区历经数千年的发展与演变,形成了具有鲜明风格的地域文化特征。又因为该历史时期晋文化在全国具有领先地位,它对中华民族整体文化的形成与发展曾经产生过重要的影响,对华夏各区域文化之间的交流与共同进步曾经发挥过重要作用,对古代徐州地区亦产生过重要影响。

公元前 6 世纪初,相继称霸的晋、楚、齐诸国,为了争夺势力范围,在淮海地区多次进行战争,尤其是围绕徐州的占领拼抢更加激烈。公元前 573 年,楚国乘晋国内乱,新君初立,议取彭城。当时主持晋国政务的正卿韩厥得知宋国危急的信息后,向晋悼公进言:"欲求得人,必先勤之,成霸安疆,自宋始矣。"①晋悼公十分重视,亲率大军并檄征诸侯联合进夺彭城。晋、宋、鲁、卫、曹、莒、邾、滕、薛九国联军浩浩荡荡奔驰而来,楚军不战而退,联军遂合围彭城。联军使士卒登上辚车向城中喊话。彭城百姓闻之,皆以为叛徒鱼石理屈,遂打开城门。晋将擒鱼石等,将彭城归还给宋国。此后十年,即晋悼公十年(前 563 年),位于彭城东北约 45 千米的小国偪阳附楚,阻碍晋、吴联络及山东盟国安全。晋国又联合宋、吴等 12 个诸侯围偪阳。经过激烈的巷战,终于破了偪

① 杨伯峻编著:《春秋左传注》,中华书局 1981 年版,第 913 页。

阳。事后，晋悼公又将偪阳送还给宋国。这两次战争体现了晋人的正义大度和勇猛顽强，给淮海地区人民留下了深刻的印象。

战国时期，越灭吴北上与晋、齐会盟于徐州；韩攻宋占领彭城，俘虏宋公；又有齐楚彭城之战、楚鲁彭城之战。直到秦王翦大军灭楚为止，以晋为盟主的北方势力和以楚为盟主的南方势力曾在淮海地区多次争锋。这些军事活动主观上都是本国统治集团为了谋取政治、经济的利益而进行的无义之战，但客观上促进了黄河体系的文化和长江体系的文化在淮海地区的交流，使价值观念、道德精神、文化艺术以及民情风俗等方面实现了渐变式的融合。

三家分晋以后，由于西受强秦的威胁，魏人曾东徙至淮海地区。史书记载汉高祖刘邦的祖先就是这样落户徐州丰县的。班固《高祖颂》："汉帝本系，出自唐帝。降及于周，在秦作刘。涉魏而东，遂为丰公。"[①]刘姓自尧得姓，夏代有刘累率族徙居河南，周代又有刘氏居于今河南洛阳一带。到春秋战国时期，晋国大夫士会的后裔留居于秦，恢复祖姓为刘，其后迁居河南开封，再东迁至丰沛。汉高祖在草创天下的过程中，谋略所出，多源于功利，这和秦人的民风习俗颇为相近。刘邦的父亲喜爱蹴鞠，亦是从中原带来。已知现存反映先秦两汉足球活动的 13 块汉画像石，有 11 块是中原地区的出土文物，可见中原足球渊源之远、风行之盛。中原文化多经获水、汴水而来，再从淮海地区南传，这种长期的灌输不能不说是对徐州本土文化的一种滋润。

三秦文化在中国历史上很有建树，对后世逐步发展起来的中国传统文化影响最为深远。其政治文化，包括不师古、不崇经，以法为治、以吏为师，注重实效、讲求功利、不断拓展、主动进取，为了实现目标勇往直前等。其制度文化，即后世人常说的"秦制"。秦第一次建立了中央集权，专制主义的统治深入社会基层，严格约束到每一个家庭和每一个人。秦文化奠定了大一统国家形态和大一统国家观念的基础，也就是奠定了中央集权政治制度的基础。刘邦功利主义色彩浓重的作风颇像

---

① 严可均辑：《全后汉文》卷二五《高祖颂》，《全上古三代秦汉三国六朝文》第二册《后汉》，河北教育出版社 1997 年版，第 251 页。

秦人,汉朝亦基本上沿袭了秦朝的制度。所谓“汉承秦制”,主要就是指的这种政治、制度文化上的继承。

秦始皇曾经到过彭城,文献记载甚略。而秦始皇泗水捞鼎的故事代代相传,说明秦文化的要素至今依然存在。泗水徐州段有三个急流险关,下游为吕梁洪,中游为百步洪,上游为秦梁洪。秦梁洪之得名,当与该故事有关。

先秦以后,西陇海一线的宗教、政治、军事、文化源源不断地影响徐州,并与南方文化对流,熔铸中华文明。

三、吴越文化的浸染

先秦时期,吴越文化主要是通过古邗沟、古泗水为渠道联通徐州地区的。从考古资料来看,吴越文化的渊源可以推溯到旧石器文化时期。1985 年春,江苏省吴县(今苏州市吴中区)三山岛就曾发现一处旧石器时代文化遗址。到新石器时代早期,吴越文化区内相继产生了河姆渡、马家浜和南京北阴阳营三支自成系统的原始文化,其丰富多彩的文化内涵,充分表明长江下游的吴越地区也是中华古代文明的主要发源地之一。到新石器时代晚期的良渚文化时期,吴越地区的文化已发展到相当高的水平,率先进入文明时代,翻开了中国东方文明的历史,并在宗教、礼制和工艺等方面,对中原地区的商周文化发生过深刻的影响。春秋战国时期,吴越文化随着吴、越两国的强大,相继称霸于中原,遂著称于世。青铜冶炼、造船、航海、纺织、稻作农业、渔业等物质文化,都在当时居先进行列。

前 506 年,吴王阖闾在柏举之战击溃楚军,占领楚国都城郢(今湖北省荆州市东北),称霸东南。楚国为联越制吴,积极扶植越王允常,使越国力量迅速壮大。前 496 年,越王允常病死,子勾践继位。吴王乘勾践新立之机,率军攻越,在降服越国以后,开始向北方扩张势力。前 488 年夏,吴王夫差主动会鲁哀公于鄫(今山东枣庄市东),史称“鄫衍之役”。前 487 年,吴王伐鲁救邾,其势力已达泗上。前 484 年,吴王联鲁伐齐,取得全胜,吴国达到极盛,北部边境到武城(山东费县)、相(今江苏邳州)、丰(今江苏丰县)一带,此时徐州地域属吴国。前475年,勾践倾全国之力,发动灭吴战争,俘获吴王夫差。夫差自杀,吴国灭亡。“勾践已平吴,乃以兵北渡淮,与齐、晋诸侯会于徐州,致贡于周。周元王使人赐勾践胙,命为伯。勾践已去,渡淮南,以淮上地与楚,归吴所侵宋地于宋……当是时,越兵横行于江淮东,诸侯毕贺,号称霸王。”[①]1994年和1995年,在邳州市九女墩发掘了3座随葬青铜器的大墓,其中2号墩为春秋晚期土坑木椁墓,虽早年被盗,仍出土具有徐器风格的青铜编镈6件、编钟8件,青铜匜、鼎、壶及石制编磬8件,随葬的麻布纹硬陶罐则具有吴越文化风格。

粗犷中蕴涵精雅,是当时吴越文化的显著特征。先秦时期,泗水冲要的徐州受吴越浸染直接,频繁征战留下吴越文化的烙印。秦汉至今,运河枢纽的徐州长期受益于吴越文化,自然也脱不去“南秀”的光辉。

四、楚文化的熏陶

楚文化是一种善于开拓善于进取的文化。有文字史以来,徐州就与楚有割不断的联系:

其一,据《史记》载,彭祖,黄帝后裔,陆终氏之子,“陆终生子六人……一曰昆吾,二曰参胡,三曰彭祖,四曰会人,五曰曹姓,六曰季连”[②]。季连为楚之先祖,彭祖为楚先祖之三兄。据传说,商末大彭氏先民避祸西迁,辗转西域。其与楚人祖先的亲缘关系究竟如何,因资料匮乏而不得深解。但在宗亲血脉意识特别浓重的上古时代,这种血缘与地缘上的感情融和,有很强烈的必然性。

其二,自周穆王令楚国伐徐开始,徐州就屡被楚侵。以后楚庄王、楚子辛又多次攻占彭城。当然,春秋无义战,晋宋也多次参与。《史记·楚世家》:“楚东侵,广地至泗上。”[③]当时楚地宽广,江陵(南郡)为南楚,吴为东楚,彭城为西楚。战国时,楚等五国合纵攻秦失败,为避秦兵

① 司马迁撰:《史记》卷四六《越王勾践世家》,中华书局1959年版,第1746页。
② 司马迁撰:《史记》卷四〇《楚世家》,中华书局1959年版,第1690页。
③ 司马迁撰:《史记》卷四〇《楚世家》,中华书局1959年版,第1719页。

锋芒，楚于怀王二十三年（前306年）灭越，于考烈王七年（前256年）灭鲁，将势力推进到东部沿海地区。前286年，齐国、楚国与魏国联手灭掉宋国，三国瓜分宋国领土，楚正式将徐州纳入版图。楚国的贵族黄歇即春申君的采邑在大海之滨的江东，楚国的东境已到徐泗邹鲁一带，其居民都自称为楚人。

其三，“楚虽三户，亡秦必楚”[①]，这句产生于反抗暴秦统治的时代名言，除其代表了一种情绪化的坚定信念之外，又不可思议地与历史演进的过程相吻合。它先验而无比正确地预言了亡秦的真谛，即亡秦这一事业始于楚，又终于楚。而就亡秦这一事实，亡秦大业虽成于天下民众，但真正起领导性作用的首推三个楚人——陈胜、项羽、刘邦。汉二年（前205年）六月，项梁立楚怀王孙心为怀王，建都盱眙，后迁都彭城。徐州一度成为楚国的军事、政治、文化中心。鲁迅认为：“盖秦灭六国，四方怨恨，而楚尤发愤，势虽三户必亡秦，于是江湖激昂之士，遂以楚声为尚。”[②]

公元前206年，项羽、刘邦分别从彭城出发，率领反秦义军攻入咸阳，秦朝灭亡。同年，诸侯尊怀王为义帝。项羽凭借消灭秦军主力的功劳和强大的军事实力，自立为西楚霸王，“王梁、楚地九郡，都彭城”[③]，并主持实行了大分封，确立了诸侯割据的分裂格局。为了清除义帝这个障碍，项羽以“古之帝者地方千里，必居上游”[④]为名，将义帝赶出彭城，徙至偏远的南楚之地长沙郴县（今属湖南郴州），“其群臣稍稍背叛之，乃阴令衡山王、临江王击杀之江中”[⑤]。此后，从汉元年（前206年）至五年（前202年），楚霸王项羽和汉王刘邦这两位推翻暴秦的西楚同乡，展开了持续5年之久的争夺、对峙、拼杀，历史上将这一阶段称为“楚汉相争”。

彭城属楚的时间从宏观上来看并不长，但其影响在彭城以及西楚

① 司马迁撰：《史记》卷七《项羽本纪》，中华书局1959年版，第300页。
② 鲁迅：《鲁迅全集》，人民文学出版社1982年版，第385页。
③ 司马迁撰：《史记》卷七《项羽本纪》，中华书局1959年版，第317页。
④ 司马迁撰：《史记》卷七《项羽本纪》，中华书局1959年版，第320页。
⑤ 司马迁撰：《史记》卷七《项羽本纪》，中华书局1959年版，第320页。

地区是非常深的。究其原因，主要有两点：

其一，楚国文化的先进发达与通俗易懂，不难被广大民众接受。楚风淳厚，楚俗朴直，楚辞口语化，很容易普及开来。出生于丰沛的汉高祖刘邦与家乡在下相（今江苏宿迁）的项羽同言楚语，同吟楚歌，虞姬与戚姬同跳楚舞，便是证明。刘邦《大风歌》、项羽《垓下歌》均为楚歌，歌中多用助词“兮”字，与屈原楚辞如出一辙，可见楚文化对彭城及其周围地区的深远影响。

其二，楚国文化是一种善于包容、善于学习、善于借鉴的文化体系。楚国在汉水南岸发展是先向北后向东扩张的，它先控制了汉水上游的原生部落方国，东渡汉水，开始了对“汉阳诸姬”的争夺。在对北方中原方国的不断兼并过程中，楚既把楚文化带来这一地区，也从这一地区取得了中原文化的先进经验，并且把它们融入自身的文化体系当中。楚文化的这种内部结构特征其实说明楚国文化是一种善于包容、学习、借鉴的文化体系，这样就保证了楚文化自身的先进性，这是中原诸侯有所不及的。

文化的发展需要远源杂交来实现代际传承。唯有如此，子代基因才能拥有新的生命活力。先秦时期，徐州本土文化与齐鲁、中原、三晋、三秦为代表的北方黄河体系文化融合，与楚、吴越为代表的南方长江体系文化杂交，来自不同地域的各种文化因素在徐州地区传播、融合，造就了徐州地域文化的多元气质和博大气象，为后来的汉文化的发祥铺垫了温床，为新时代产生更为进步、更为完整的文化创造了兴起的条件。

第三章　秦汉三国时期

秦朝末年，陈胜、吴广农民起义在大泽乡爆发，刘邦、项羽分别在沛县、会稽（郡治在江苏苏州）起兵响应，推翻了秦朝的暴虐统治。西楚定都彭城，随后出现了以彭城为中心的楚汉相争，布衣天子汉高祖刘邦缔造了强盛的汉王朝，由此奠定了徐州在中国历史上千古龙飞地、帝王将相乡的地望。两汉 400 多年中，国家大一统的政治局面为徐州地区的经济繁荣和文化昌盛创造了有利的条件。作为汉王朝统治集团的发祥地，刘邦和一班文武大臣都从此走上历史舞台，徐州在西汉一代有其他地方不可比拟的优越性，汉代初期楚国经济文化一度处于全国领先地位。

徐州地处黄淮平原，地理位置优越，物产丰富。西汉初年，汉高祖遂将同父异母弟刘交封于彭城。刘交采取系列措施，恢复生产，重建家园，国家治理进入规范良性的发展轨道，将战争破坏的家园迅速建设成为东方大国。西汉楚国在政治、经济、文化等方面取得全面发展，这一时期成为徐州古代历史上最好的时期。在楚元王刘交的倡导下，徐州地区经学与文学盛行，形成了文化高度繁荣的局面，对后来的汉武帝“罢黜百家，表章六经”[1]产生了很大影响。东汉时期，佛教传入中国，楚王刘英是徐州地区有文献记载的最早的佛教信徒。这一时期，中国的

---

① 班固撰，颜师古注：《汉书》卷六《武帝纪》，中华书局 1962 年版，第 212 页。

本土宗教——道教也应运而生，今之徐州丰县即其创始人张道陵的家乡。汉末三国，群雄割据，军阀混战，徐州是史实与故事最多的地区之一。

第一节 秦统一到汉建立的冲突与融合

秦王朝通过军事手段吞并东方六国，形成了多民族大帝国的一统空间，在实现了政治、经济、社会、文化融合的同时，也必然引起碰撞和冲突。随即爆发的秦末农民大起义，其本质就是秦楚文化激烈冲突的结果。灭秦战争是军事上的争锋，更是文化上的争锋，甚至可以说是文化上暴风骤雨般的强制式地交流。灭秦战争和楚汉相争，正是“分久必合”文化大趋势前夕演绎的大牌局。当时同属楚人的项羽集团与刘邦集团人事交织，共同演绎了那段惊天动地、改朝换代的历史。西楚文化是楚文化的绝唱，正是由于它的催化，大汉文化才脱颖而出，应运而生。

一、秦王朝在徐州的统治

秦王政二十四年（前 223 年），秦军攻破楚都寿春，俘楚王负刍，楚国灭亡。秦在楚地设立郡县，徐州地区纳入秦国版图。至二十六年（前 221 年），秦王政初定天下，结束了自春秋以来长达数百年的分裂割据局面，建立了中国历史上首个大一统封建王朝——秦朝，自称“始皇帝”。秦王朝的建立，使中国进入多民族中央集权的帝制时代，形成了“车同轨，书同文”的局面，为之后各朝代谋求统一奠定了基础。同时，秦始皇继续推行“以法治国”的法家学说，因法刑暴虐，百姓怨声载道，社会矛盾逐渐激化，为王朝的快速灭亡埋下了隐患。

彭城位于泗水与古获水交汇处，是联结淮河、济水、浪荡渠（古汴水）等河流的枢纽，也是从中原经今河南商丘、山东菏泽到淮河流域乃至长江流域的必经之路，为古代陆路交通的一个中心。为了有效控制东方，秦始皇三次东巡，沿途刻石纪功，宣扬国威。期间途经彭城，留下了许多民间传说，影响至今。

秦始皇帝二十八年（前219年），封禅泰山，归途经彭城，“斋戒祷祠，欲出周鼎泗水，使千人没水求之，弗得”①。这就是载入典籍，在历史上流传了2000余年的“泗水捞鼎”故事。传说夏禹曾铸九鼎，象征九州，体现了夏王朝的王权至高无上，被后世奉为传国之宝。张守节《史记正义》：“禹贡金九牧，铸鼎于荆山下，各象九州之物，故言九鼎。历殷至周赧王十九年，秦昭王取九鼎，其一飞入泗水，余八入于秦中。”②秦始皇时，有传言鼎气浮于泗水，于是秦始皇慕名求鼎，役千人入水打捞未果。今天的徐州大运河（古泗水）一带有“不捞河”遗迹，打捞出的石头在两岸堆成长长的石梁，“秦梁洪”即由此得名。徐州汉画像石馆收藏的一方汉画像石，画面中桥梁的两侧有人用绳索牵引一鼎，鼎内一龙头伸出欲咬绳索，桥上有人在等待着得到此鼎。此图刻画的就是秦始皇于徐州泗水打捞周鼎的传说。③

经过文学渲染，该故事更具神秘色彩，如《水经注·泗水》所载：“周显王四十二年，九鼎沦没泗渊，秦始皇时而鼎见于斯水，始皇自以德合三代，大喜，使数千人没水求之，不得，所谓‘鼎伏’也；亦云系而行之，未出，龙齿啮断其系，故语曰：‘称乐大早绝鼎系’，当是孟浪之传耳。”④关于秦始皇“泗水捞鼎”故事的真实性，神话色彩大于事实本身，有学者指出：所谓的“泗水捞鼎”，是为“君权神授”之需要而编造的一则神话，是为“灭秦兴汉”制造舆论基础。秦始皇暴虐成性，天怒人怨，龙啮断其系，使秦始皇捞鼎“弗得”，是苍天对他的惩罚，也预示着秦王朝的气数将尽，王权和江山社稷也将失去。龙将代之而起，讨伐暴君，摧枯拉朽，扭转乾坤。这个传说的编造和传播，同时也反映了当时黎民百姓崇龙和笃信鬼神的思想。⑤

与此相关的还有秦始皇“东巡厌气”，在丰县筑“厌气台”等传说。

① 司马迁撰：《史记》卷六《秦始皇本纪》，中华书局1959年版，第248页。

② 司马迁撰：《史记》卷五《秦本纪》，中华书局1959年版，第218页。

③ 刘辉：《秦始皇“泗水捞鼎”略说》，《光明日报》2013年4月11日，第12版。

④ 郦道元著，陈桥驿校证：《水经注校证》卷二五《泗水》，中华书局2007年版，第601页。

⑤ 刘辉编：《汉画新释》，河南大学出版社2012版，第110—111页。

《史记·高祖本纪》:“秦始皇帝常曰‘东南有天子气’,于是因东游以厌之。”[①]宋乐史《太平寰宇记》:“厌气台,在县城中。《汉书》秦王以东南有天子气,故东游以厌之,因筑此台。”[②]根据史料记载,再结合刘邦为神龙转世的身份,“泗水捞鼎”神话的直接受益者正是距彭城不足百里、曾任沛县泗水亭长的刘邦。当时谶纬思想盛行,这个故事旨在为了表达秦王朝即将灭亡,具有天子使者身份的龙——刘邦即将兴起并最终取代秦。

二、刘邦反秦起义与项羽定都彭城

秦末大起义爆发,陈胜在陈县(今河南周口市淮阳区)建立了张楚政权,这里首先成为秦末起义军的政治中心。刘邦在沛县起义,项梁渡江越淮,进入淮北,在以彭城为中心的周边地区展开活动,配合陈胜起义,使彭城一带成为起义的一个副中心。项羽在彭城率军西进,因章邯阻击而失利,项梁率军转战今鲁西南地区。陈胜战败身死,项梁于薛(今山东薛城一带)召开军事会议,决定立楚怀王,都盱台(今江苏盱眙)。后项梁战死定陶,项羽、刘邦、吕臣三支人马退守彭城一带,楚怀王也从盱眙迁到彭城。从此,彭城成为楚地起义军的政治军事中心。楚怀王夺得原由项梁指挥的军权后,重用吕清、吕臣父子,在彭城调兵遣将,以刘邦为砀郡长,封武安侯,将砀郡兵;宋义为上将军,掌军权;项羽为末将,受宋义节制。不久,楚怀王命宋义率项羽等楚军主力北上救赵,又遣刘邦发兵咸阳、进攻关中,并承诺先入咸阳者为王。但由于怀王对项羽的明显抑制,夺其兵权,并实际上排除其入主关中,这使得项羽极为不满,从而为项羽诛宋义、夺兵权及灭秦后迁封义帝并“击杀之江中”[③]埋下了伏笔。项羽与楚怀王,后世似乎更同情后者;项羽与宋义,后世似乎更责怪后者,其实各有各的道理。从政治谋略上剪除异

---

① 司马迁撰:《史记》卷八《高祖本纪》,中华书局1959年版,第348页。

② 乐史:《太平寰宇记》卷一五《河南道十五·徐州》,永瑢、纪昀纂修:《(景印)文渊阁四库全书》第四六九册·史部二二七·地理类,(台北)商务印书馆股份有限公司1986年版,第131页。

③ 司马迁撰:《史记》卷七《项羽本纪》,中华书局1959年版,第320页。

己，项羽并不差；从军事策略上宋义等候渔利并不错，只不过遇到贵族气质的项羽，必然要发生如此行为，于是就有了千百年来是是非非的文化纷争。

秦二世二年（前208年）底，刘邦奉命西征咸阳。他率部从彭城出发，沿途攻城略地，至汉元年（前206年）十月攻入关中，秦王子婴投降。经过一年多苦战，刘邦在推翻秦暴政的斗争中建立了卓越功勋。同年，项羽打败秦军主力后，率部长驱直入关中。到鸿门时，已比刘邦入关迟了一个多月。他虽然没有听从范增的计谋在鸿门宴上杀了刘邦，但对楚怀王坚持“先入定关中者王之”[①]十分不满。十二月，项羽在自己的军营戏下召集各路诸侯会盟，实行大分封，先后分封了十八路诸侯为王。为了遏制对手势力，刘邦被封为汉王，都于南郑（今陕西汉中市）。项羽自立为“西楚霸王”，定都彭城，管辖东方九郡之地，成为凌驾于其他诸王之上的事实上的最高统治者，彭城也成为号令天下的政治中心。霸王宫遗址直至宋代仍在，项羽当年训练军队的戏马台故址至今犹存。

成语“衣绣夜行”“沐猴而冠”[②]讥讽项羽目光短浅，放弃了关中这一战略要地，最终导致政权覆亡。其实建都之举，绝非小事，项羽之所以背关怀楚，定都彭城，固然有着楚人浓郁的思乡情结在内，但从政治、军事、经济视角认真考察，也确有战略设计的积极因素。首先，从政治角度来看，王子今认为，彭城历史上曾作为古都，彭祖立国与徐偃王作乱，都曾经以此作为地理依托，在秦末农民起义风云中，楚怀王也迁都彭城，以此作为指挥中心，在项羽生活的时代，彭城作为古都的地位似乎格外受到重视[③]。其次，从军事地理学角度考虑，彭城在秦汉交通体系中地位重要。当时群雄并立，局势叵测，且项羽的封地大多地处平原，只有彭城背依三楚，依托山脉，水陆四通八达，便于四处出击，掌控形势，因此也成为项羽最佳的定都地点。再从经济角度考虑，项羽东都彭城，又有就近控制经济优越地方的意义。从大彭城的视角看，这里是三辅、三河正东方向的另一经济文化重心。史念海以楚汉相争时的战争

① 司马迁撰：《史记》卷八《高祖本纪》，中华书局1959年版，第356页。
② 司马迁撰：《史记》卷七《项羽本纪》，中华书局1959年版，第315页。
③ 王子今：《论西楚霸王项羽“都彭城”》，《湖湘论坛》2010年5期，第72页。

形势为例，有过这样的分析：“项羽的粮饷从来不曾发生过恐慌”，然而高帝的粮饷不仅取之关中，更取之巴蜀，萧何即以转输粮饷算作第一功，“那一战如果是项羽胜了，论功行赏，像萧何这样的功劳，简直不必提起，因为彭城附近就是产粮之区，而彭城距离荥阳不能算是过远，况且水陆两方面的交通又都是极为便利的”①。此外，王子今指出，项羽“都彭城”还有与“背关”相应的“向海”趋势：“暗示依托西北高原和东海之滨已经各自形成了两个互相对应的文化重心”，“秦汉时期，是社会以及执政集团的海洋意识有所觉醒的历史阶段，讨论项羽都彭城，不应当忽略这一观念背景”②。总之，排除以成败立论的偏见，项羽东都彭城，是有充分战略考虑基础的决策，绝非“荣归故里”一言可简单蔽之。

三、围绕楚都彭城的楚汉战争

项羽分封诸侯，以其巨大的威望及兵力优势，将胜利果实分给参与的诸侯、部将和降将，确立自己的霸主地位。但因分封不均以及杀害义帝一事，分封之后的诸王很快就开始了内斗。

汉元年（前206年）秋七月，田荣首先在齐地叛乱。随后，多路诸侯纷纷反叛。项羽以楚都彭城为中心，东征西讨，四处平叛。起初，项羽就近攻击彭越、田荣，把齐地作为平叛重点，忽视了汉王刘邦，使其得以在关中迅速扩张。项羽亲率主力负责东北一线的对齐作战，为汉王刘邦平定关中、突破西线的防御赢得了宝贵的时间。③

汉王刘邦用韩信计，“明修栈道，暗度陈仓”④，自汉中杀出，袭雍王章邯。双方在陈仓激战，章邯兵败。又战于好畤，章邯再败。“汉王遂定雍地。东至咸阳，引兵围雍王废丘，而遣诸将略定陇西、北地、上郡。”二年（前205年）三月，刘邦分别从河东、函谷关、武关三线出击，“塞王欣、翟王翳、河南王申阳皆降”，汉王遂定三秦。在洛阳闻义帝死讯，“袒

① 史念海：《娄敬和汉朝的建都》，《史念海全集》第4卷，陕西师范大学出版社1991年版，第371页。
② 王子今：《论西楚霸王项羽“都彭城”》，《湖湘论坛》2010年5期，第75页。
③ 司马迁撰：《史记》卷七《项羽本纪》，中华书局1959年版，第321页。
④ 司马迁撰：《史记》卷九二《淮阴侯列传》，中华书局1959年版，第2613页。

而大哭，遂为义帝发丧，临三日，发使者告诸侯曰：'天下共立义帝，北面事之。今项羽放杀义帝于江南，大逆无道。寡人亲为发丧，诸侯皆缟素。悉发关内兵，收三河士，南浮江汉以下，原从诸侯王击楚之杀义帝者。'"是时，项羽正北击齐，闻汉王劫五诸侯兵入彭城，乃引兵"至萧，与汉大战彭城灵璧东睢水上，大破汉军，多杀士卒，睢水为之不流"①，是为楚汉彭城之战。以徐州为主战场的彭城之战，是刘邦与项羽亲自指挥和参与的楚、汉两大军事实力集团的第一次大规模会战，标志着楚汉战争的爆发，持续四年之久的楚汉相争也由此拉开了序幕。

楚汉彭城之战是我国历史上以少胜多的经典战例，显示了项羽卓越的军事指挥才能和以"八千子弟"为核心强盛期楚军的高昂斗志。

四、西楚灭亡与汉朝建立

彭城之战后，刘邦一行数十骑败退至下邑（今安徽砀山），悄悄逃进吕雉兄吕泽驻军的营地，才稳住阵脚，慢慢收拢士卒，在砀驻扎下来。不久又退到荥阳（今河南荥阳），与其他败退的队伍会合。"萧何亦发关中老弱未傅悉诣荥阳，复大振。楚起于彭城，常乘胜逐北，与汉战荥阳荥阳南、京索间。汉败楚，楚以故不能过荥阳而西。"②从此，楚汉双方便在荥阳、成皋（今河南郑州市西北黄河沿岸）一带的战略要地筑起防线，相持对峙，反复争夺。

汉五年（前 202 年），汉王刘邦会盟齐王韩信、梁王彭越、从父兄刘贾、楚叛将大司马周殷等部，合围楚军，与项羽军决战于垓下。汉王联军死死拖住楚军，楚军虽个个英勇，但终因寡不敌众，终致项羽败退至乌江边，含恨自刎。

刘邦灭项后，还至定陶，驰入齐王韩信军营中，顺势夺其兵权。正月，刘邦于汜水之阳即皇帝位，是为汉高祖。他大封异姓功臣王，以"齐王韩信习楚风俗，徙为楚王，都下邳"③。前 196 年，刘邦平定英布之乱，

① 司马迁撰：《史记》卷八《高祖本纪》，中华书局 1959 年版，第 368、369、370、371 页。
② 司马迁撰：《史记》卷七《项羽本纪》，中华书局 1959 年版，第 324 页。
③ 司马迁撰：《史记》卷八《高祖本纪》，中华书局 1959 年版，第 380 页。

归途返回沛县，大宴沛地父老，即兴作《大风歌》："大风起兮云飞扬，威加海内兮归故乡，安得猛士兮守四方"，抒发了建功立业的豪情以及对建设新兴王朝的忧患意识。不久，刘邦又对异姓诸侯王加以铲除，并分封了楚国等一批同姓诸侯王国，开创了长达400余年的刘氏汉朝政权。

以彭城为中心的徐地，成为反秦起义和楚汉相争的重要战场，凸显了徐州作为"兵家必争之地"的战略地位。作为西楚都城的短暂历史，也给彭城留下了不可磨灭的记忆。在文化意义上，灭秦战争、楚汉相争为文学艺术留下了许多不朽的题材，为军政智慧留下了许多经典的范例，为道德伦理留下了许多思辨的空间，也在民间话题中留下了许多见仁见智的语源。

第二节　西汉楚国与彭城学术

受封于彭城的西汉楚国，是汉初所封同姓藩王中的大藩、强藩。在楚元王刘交的经略下，徐地经济、文化得到较好发展，成为巩固大汉王朝的一道坚实屏障。楚元王崇文好儒，楚国宫廷创建了一个以经学传授为中心的学术团体，开创了一个几乎与西汉政权相始终的儒学世家，为西汉楚国经学乃至儒学研究的繁荣作出了不可磨灭的贡献。

一、楚国的经营与七国之乱

西汉立国之初，刘邦封韩信为楚王，管辖泗水、东海、薛郡等5郡，建都下邳。由于彭城特殊的战略地位，又靠近汉皇故里，韩信随即被降为淮阴侯，刘邦改封其弟刘交为楚王，管辖彭城、薛、东海3郡36县，建都于彭城。

刘交建都后，先后以泠耳、陈婴、吕更始等人为相，申公、白生、穆生为中大夫，韦孟为太傅，在彭城建设了秘府、武库、御府、太仓、祠祀等王都建筑。徐州出土的楚国职官铜印和封泥，有"楚宫司丞□""楚卫士丞”“楚御府印”“楚太仓印”“楚武库印”“楚祠祀长”等①，说明彭城在汉初已具相当规模。另据徐州地方志记载，汉代彭城有内(金)城和外城。内城，即宫城，位于徐州市中山北路金地商都一带，2004 年及 2005 年发掘时，曾发现大范围的夯土台基。这里应该就是项羽西楚故宫，两汉楚国、彭城国王宫及唐、宋时期衙署所在地。外城当为项羽或刘交所建，其将原彭城邑改建为宫城，又在宫城外扩建外城。外城大致呈方形，北至金地商都北，西至西安路，南至建国路北，东至彭城路东，2013 年苏宁广场建设工地发现的城墙即为彭城外城的东城墙。

司马贞《索引》云：“楚王交，高帝弟，最尊。”②刘交因其特殊的身份和贡献，在宗室中享有着崇高的威望。周勃平诸吕，将迎立汉文帝，文帝诚惶诚恐：“愿请楚王计宜者，寡人不敢当。”③在得到刘交等人的支持后，“皆为宜”④，始即位。尽管汉朝等级制度非常森严，楚王国却享有很多特权。徐州北洞山汉墓出土的徐汉彤楼之“以丹淹泥”法，在全国同类墓葬中很少见到。专家推测，它是汉代皇室专用漆艺，作为诸侯国的楚王国却可以公然使用，显然是经过朝廷批准的。楚元王即位二十三年薨，子夷王郢客嗣。夷王立四年薨，子戊嗣。⑤

汉初的同姓诸王，都与高祖的血统亲近，效忠朝廷，对于拱卫中央起到过一定积极作用。随着国家政权的巩固，诸藩与中央政权的矛盾开始加深。景帝时，朝臣晁错力请削藩，指出：“王孽子悼惠王王齐七十余城，庶弟元王王楚四十余城，兄子濞王吴五十余城，封三庶孽，分天下半。”⑥宗室诸王疆域广大，专制一方，最终成为中央集权的最大障碍。公元前 154 年，汉景帝力排众议，下令削夺部分王国的地盘，划归中央直接管辖，彻底激化了朝藩矛盾。楚王刘戊因“坐为薄太后服私奸，削东海、薛郡”⑦，在吴王刘濞的煽动下，与吴、赵、胶东、胶西、淄川、济南等

① 李银德《汉代楚国(彭城国)都城彭城考》，中国古都学会、徐州古都学会编：《中国古都研究》第 17 辑，三秦出版社 2001 版，第 71 页。

② 司马迁撰：《史记》卷一〇《孝文本纪》，中华书局 1959 年版，第 417 页。

③ 司马迁撰：《史记》卷一〇《孝文本纪》，中华书局 1959 年版，第 416 页。

④ 司马迁撰：《史记》卷一〇《孝文本纪》，中华书局 1959 年版，第 416 页。

⑤ 班固撰，颜师古注：《汉书》卷三六《楚元王传》，中华书局 1962 年版，第 1923 页。

⑥ 司马迁撰：《史记》卷一〇六《吴王濞列传》，中华书局 1959 年版，第 2825 页。

⑦ 班固撰，颜师古注：《汉书》卷三六《楚元王传》，中华书局 1962 年版，第 1924。

诸侯王结盟反叛，史称“七国之乱”。汉景帝采纳太尉周亚夫的作战策略，由梁国坚守，挡住吴楚联军势头。周亚夫率领汉军切断敌军的粮草供应，迫使吴楚军队退却。途中汉军发起伏击和追歼，楚王兵败自杀。“景帝乃立宗正平陆侯礼为楚王，奉元王后”①。此时的楚国，虽然还保留王位，但封地仅领有彭城、武原等 7 县，与汉初幅员辽阔的楚国不可同日而语。随后，朝廷取消了诸侯王的治民权，只能享用租税，接受郡守的监督。

在西汉历史上，楚王国三次被除国，共存在 190 年。楚王族裔不但人才辈出，产生了著名学者刘向、刘歆，到六朝还产生了刘宋开国皇帝刘裕，人丁兴旺，后裔繁衍极盛，构成了后世刘氏族姓中的重要组成部分。正如外地刘姓宗谱所言：“今日天下刘氏，十之二三都是刘交的后裔。”②

二、彭城经学与文史

从纵向的角度来看，西汉儒学的传播与发展大体上经历了三个阶段。第一阶段为汉初至景帝时期。这一时期，由于高祖祀孔，惠帝除挟书律，儒学的传播遂得以合法化。文帝首立《诗》学博士，景帝增立《公羊春秋》、伏氏《尚书》为博士，经学由是复苏，但经师多出于齐鲁③。第二阶段为武帝至宣帝时期。这一时期，儒家独尊，成为最高统治者的统治思想。儒学发展，并以儒经的整理传述为主要形式，逐渐呈现出儒学的经学化。儒师辈出，学派林立，尤以徐州地区的楚沛经师为显。第三阶段为元帝至哀、平之时。这一时期，经学分化，今古文经学对立，阴阳灾异之说流行，谶纬始兴。

高帝六年(前 201 年)，刘交受封楚王，都于彭城，是为元王。元王、夷王时期的近 30 年时间，两代楚王在封国内尊儒崇儒、稽古礼文，为儒学在徐州地区的传播与发展营造了良好的学术氛围。后来虽有楚王刘

---

① 班固撰，颜师古注：《汉书》卷三六《楚元王传》，中华书局 1962 年版，第 1925 页。

② 刘继德：《湖南刘氏源流史》，天津科学技术出版社 2010 版，第 111 页。

③ 参阅虞友谦、汤其领主编《江苏通史·秦汉卷》，凤凰出版社 2012 年版，第 287 页。

戊一度摈斥儒学，但从总体来看，汉朝的历代楚王、彭城王、下邳王及其属官幕僚，多循规蹈矩、倡导儒学，且其中不乏治经学出身的王侯守相。从国家宏观的文化政策来看，高、惠、文、景时期兼容并蓄，为儒学的传播与发展创造了相对宽松的文化环境。武帝时期，“罢黜百家，表章六经”，开创了西汉儒家官学和儒家政治的格局，为徐地儒学之崛起创造了有利的政治条件。到东汉时期，虽文化中心西移，但徐州儒学仍保持发展的势头，如彭城的姜肱“博通五经，士之远来就学者三千余人”①。汉末三国时期，彭城还产生了严畯、张昭等著名学者。

（一）《诗》学

汉初的《诗》学分为鲁、齐、韩三家，以鲁《诗》派对楚国影响最大。其创始人申公，名培，鲁人。他早年与刘交在秦焚书前受《诗》于浮丘伯，高帝时为楚中大夫。高后时，浮丘伯在长安，元王遣子郢（客）与申公俱卒业②。文帝时，申培因“为《诗》最精”被征召为博士。后上邳侯郢（客）嗣楚王位，是为夷王，申公“随郢（客）归，复以为中大夫”③，夷王“令申公傅其太子戊”。及戊为楚王，申公“归鲁，退居家教，终身不出门，复谢绝宾客，独王命召之乃往”④。申公先后在楚仕官传经至少 35 年⑤，其弟子“自远方至受业者百余人……为博士者十余人……而至于大夫、郎中、掌故以百数”⑥，为《诗》学在楚国的传播与繁荣作出了重要贡献。

对楚国《诗》学影响最大的当属楚元王刘交。刘交（？—前 179），字游，刘邦之少弟，“好书，多才艺”，少时与申公受《诗》于浮丘伯，后随刘邦起事反秦。元王好诗，并缀集解说，著有《元王诗》，自成一家。东汉时“世或有之”⑦，因乏后学而失传。作为惠帝时期刘姓皇族中辈分最长、资历最老、名望最高和权位最重的地方藩王，刘交对西汉楚国经学

① 范晔撰，李贤等注：《后汉书》卷五三《姜肱传》，中华书局 1965 年版，第 1749 页。
② 第二代楚夷王名称《史记》《汉书》记载不一，即使同一史书也前后不同，有时为刘郢，有时为刘郢客，因此本史称之为刘郢（客）。
③ 班固撰，颜师古注：《汉书》卷三六《楚元王传》，中华书局 1962 年版，第 1922、1922、1923 页。
④ 司马迁撰：《史记》卷一二一《儒林列传》，中华书局 1959 年版，第 3121 页。
⑤ 参阅王健《两汉徐州经学探论》，《徐州师范学院学报（哲学社会科学版）》1996 年第 2 期，第 30 页。
⑥ 司马迁撰：《史记》卷一二一《儒林列传》，中华书局 1959 年版，第 3121—3122 页。
⑦ 班固撰，颜师古注：《汉书》卷三六《楚元王传》，中华书局 1962 年版，第 1921、1922 页。

之贡献有二：一是在彭城创建了一个以《诗》学传授为中心的学术团体，二是开创了一个几乎与西汉政权相始终的儒学世家，被后世称为“汉儒林之首”[①]。

楚国治鲁《诗》者主要还有穆生、白生和刘郢(客)。穆生、白生皆鲁人，早年与刘交一道师事浮丘伯，后仕楚为中大夫。楚王戊失礼于穆生，穆生遂谢病返鲁。刘郢(客)，元王子，曾与申公同赴京从浮丘伯受《诗》。

元王孙刘辟彊，字少卿，刘交四子休侯(后更封红侯)刘富之子，亦治鲁诗，昭帝时为光禄大夫，后徙宗正。元王四世孙、辟彊孙刘向，成帝时受诏“领校秘书”[②]，亦兼治鲁《诗》。其所著《列女传》《新序》和《说苑》中大量征引《鲁诗》说。

彭城人韦孟，楚元王刘交、楚夷王和第三代楚王刘戊的傅。其五世孙韦贤治《鲁诗》，师事博士大江公及许生，宣帝时官至丞相。自韦贤起，世传《鲁诗》，位至三公。宗族至吏二千石者十余人。韦贤著有《韦氏章句》，又称《鲁诗章句》，创立了《鲁诗》的韦氏学。[③]

沛人褚少孙、楚王刘嚣傅唐长宾及任教于楚的薛广德，三人皆为申公的三传弟子，师承王式。褚少孙，宣帝时为博士，续《太史公书》。唐长宾，东平人，亦为宣帝朝博士。褚少孙和唐长宾分别创立了鲁《诗》的褚氏学和唐氏学。薛广德，沛郡相(今安徽淮北)人，以鲁《诗》教授于楚，至萧望之为御史大夫，擢为属吏。

彭城人龚胜、武原(今属邳州)人龚舍，申公的四传弟子，皆师承薛广德受鲁《诗》，世谓之“楚二龚”。楚王“聘舍为常侍”，舍“归国固辞，愿卒学，复至长安”，后为博士，哀帝时征为谏议大夫，数次辞官，归乡里“以鲁《诗》教授”，卒于王莽居摄时。龚胜曾三举孝廉，一举茂才，哀帝时征为谏大夫，历光禄大夫、渤海郡太守，多次秉鲁《诗》经义谏政议政。及新朝建立，王莽秉政，龚胜归老乡里。因不愿为新朝效力，秉持儒家

---

① 朱彝尊：《经义考》，中华书局1998年版，第545页。

② 班固撰，颜师古注：《汉书》卷三六《楚元王传》，中华书局1962年版，第1950页。

③ 参见班固撰、颜师古注《汉书》卷七三《韦贤传》，中华书局1962年版，第3101页。

一身不事二姓的气节，绝食而死。“胜居彭城廉里，后世刻石表其里门”①。

（二）《书》学

今文《尚书》源于伏生。其七传弟子有沛人唐林，字子高，师事九卿许商，所习之学为大夏侯学中分化出来的许氏学。唐林在新朝时官至九卿，时许商已故，“自表上师冢，大夫、博士，郎吏为许氏学者，各从门人，会车数百辆，儒者荣之”②。可见新朝时许氏学之煊赫。八传弟子有沛人唐尊，字伯高，师事张无故，受其所创小夏侯学中分化出来的张氏之学。

《古文尚书》源于孔安国。刘向、刘歆父子亦治此学，主要代表著作有刘向的《洪范五行传论》11 卷、《稽疑》1 篇。

（三）《礼》学

汉代今文《礼》学，即《仪礼》。汉兴，由鲁高堂生传播。五传弟子中有沛人通汉、沛人庆普。通汉字子方，以太子舍人参议宣帝朝石渠阁会议，官至中山国中尉。庆普字孝公，师承后仓，创《礼》之庆氏之学，著《礼记》。高堂氏六传弟子有沛人庆咸，为庆普族侄，受学于庆普，成帝时官至豫章太守。

（四）《易》学

儒家今文《易》学传自田何。三传弟子中有沛人施雠，字长卿，师从砀人田王孙，拜为博士，宣帝时参与石渠阁会议，创《易》之施氏之学，著《周易章句》。四传弟子中，有沛人翟牧，字子兄，师从东海孟喜，元帝时为博士，创翟氏之学。六传弟子有沛人邓彭祖，字子夏，师从五鹿充宗，治梁丘贺学派，创邓氏之学，元帝时官至真定王太傅。

西汉末又有沛人高相，“治《易》与费公同时，其学亦亡章句，专说阴

① 班固撰，颜师古注：《汉书》卷七二《龚胜传》，中华书局 1962 年版，第 3080、3084、3085 页。

② 班固撰，颜师古注：《汉书》卷八八《儒林传》，中华书局 1962 年版，第 3605 页。

阳灾异，自言出于丁将军”[①]，创高氏之学。

（五）《春秋》学

《春秋》有三家传至汉初，即《公羊》《谷梁》《左氏》。《公羊春秋》的大宗当属董仲舒。其三传弟子东海下邳人严彭祖，字公子，师事睦孟，著有《春秋公羊传》12 卷、《古今春秋盟会地图》1 卷，创《公羊春秋》严氏之学。宣帝时为博士，论石渠，历河南、东郡太守，以高第入为左冯翊，迁太子太傅，为政廉直，不事权贵[②]。《公羊》严氏之学风靡两汉，直至东汉末年渐衰。

汉代楚国《谷梁》学的正宗始师是师事于浮丘伯的申公。其学渊源于荀卿，相传荀卿传《谷梁》学于浮丘伯。申公三传弟子沛人蔡千秋，字少君，千秋师事皓星公，“为学最笃”。宣帝即位时，千秋为郎，“召见，与《公羊》家并说，上善《谷梁》说，擢千秋为谏大夫给事中”，历任平陵令，郎中户将，并选郎十人从受。宣帝欲立《谷梁》博士，会千秋卒，乃征江公之孙为博士。四传弟子有刘向、楚人申章昌。章昌字曼君，元帝时为博士，官至长沙王太傅，“徒众尤盛”[③]，创《谷梁春秋》申氏之学。

宣帝甘露间，召《公羊》《谷梁》两大学派辩论学术是非，以名儒萧望之等裁议。公羊派以博士严彭祖为主，谷梁派有刘向等，结果望之等多从《谷梁》，“由是《谷梁》之学大盛”[④]。

《左氏春秋》之传承可追溯至汉初的张仓、贾谊等。徐州地区儒生兼治《左氏》者，有严彭祖，其学说中除《公羊》外，亦有《左氏》的影响。刘向子刘歆专治《左氏》，“时丞相史尹咸以能治《左氏》，歆略从咸及丞相翟方进受，质问大义。初，《左氏传》多古字古言，学者传训诂而已，及歆治《左氏》，引传文以解经，转相发明，由是章句义理备焉”[⑤]。

---

① 班固撰，颜师古注：《汉书》卷八八《儒林传》，中华书局 1962 年版，第 3602 页。
② 班固撰，颜师古注：《汉书》卷八八《儒林传》，中华书局 1962 年版，第 3621 页。
③ 班固撰，颜师古注：《汉书》卷八八《儒林传》，中华书局 1962 年版，第 3618 页。
④ 班固撰，颜师古注：《汉书》卷八八《儒林传》，中华书局 1962 年版，第 3618 页。
⑤ 班固撰，颜师古注：《汉书》卷三六《楚元王传》，中华书局 1962 年版，第 1967 页。

（六）辞赋

辞与赋是两种不同的文体，汉代将其并称，统称辞赋。“辞”的表现形式为诗歌，因其产生于战国楚地，“书楚语，作楚声，纪楚地，叙楚物”[①]，故谓之楚辞。赋本为“诵”之意，《汉书·艺文志》云：“不歌而诵谓之赋”[②]，其表现形式则为有韵的散文。汉赋对楚辞既有继承，也有发展，一个典型表现就是鸿篇巨制的汉大赋蔚然兴起。

汉赋有大赋和小赋之分。小赋以抒情为主，篇幅较短。大赋以铺陈事物为主，拟比事类，穷极声貌，是西汉大一统形势下的产物，属于上层建筑的精神文化，其所反映的正是那个时代政治强盛稳定、经济殷富繁荣的经济基础和物质文化。汉大赋汲取了以屈原的《离骚》为代表的楚辞的一些形式上的特点，吸纳了荀卿《赋篇》的体裁与辞藻，更多地运用散文笔法来表情达意。这种新的文学体裁为汉代统治者所钟，盛行两汉文坛长达三四百年之久，被王国维称之为汉代的“一代之文学”[③]。

徐州文学史上虽未出现能与司马相如、扬雄比肩的汉赋大家，但仅西汉徐州籍作家创作的辞赋数量之多，也是非常可观的。据《汉书·艺文志》统计，楚国辞赋作者有赋55篇，其中陆贾赋3篇、平原君朱建赋2篇、宗正刘辟彊赋8篇、阳城侯刘德赋9篇、刘向赋33篇。另外，标志着汉大赋正式形成的枚乘《七发》，内容假托吴客与楚太子的对话，“楚太子有疾，而吴客往问之”[④]，场景设定即是彭城楚王宫内。这些文学成就及影响并非偶然，应和当时楚国的文化氛围息息相关。

陆贾[⑤]（约前240—前170），汉初楚人，西汉思想家、政治家、外交家。陆贾早年追随刘邦，因能言善辩常出使诸侯。他在高祖和文帝时，两次出使南越，说服赵佗臣服汉朝；吕后时，说服陈平、周勃等同力铲除诸吕，为安定汉初局势作出了重大贡献。同时，陆贾也以赋抒发情志，

① 黄伯思：《新校楚辞序》，见蔡靖泉《楚文学史》，湖北教育出版社1996年版，第29页。

② 班固撰，颜师古注：《汉书》卷三〇《艺文志》，中华书局1962年版，第1755页。

③ 王国维：《宋元戏曲史》，上海古籍出版社1998年版，第1页。

④ 萧统编，李善注：《文选》卷三四枚乘《七发》，上海古籍出版社1986年版，第1559页。

⑤ 按：陆贾籍贯，《史》《汉》皆做“楚人”，以体例言，应为西汉楚国人。自嘉靖《南畿志》后，一统志、江南通志、徐州地志皆入徐州人物传，兹从旧说。

为徐州地区汉代文学的创作揭开了序幕。《汉书·艺文志》分汉赋为四派，其中一派以陆贾为首，并将朱建、刘辟彊、枚皋、司马迁、扬雄等 21 家 274 篇赋作皆纳入陆赋之属[①]，可见陆赋在当时之影响。陆贾赋 3 篇，《孟春赋》为其仅存之目，可惜今已亡佚。

平原君朱建，楚人，辟阳侯审食其门客，“为人辩有口，刻廉刚直，行不苟合，义不取容”[②]。其赋 2 篇，亦未能流传。

刘交孙刘辟彊，“好读《诗》，能属文”，受武帝所宠，但其“清静少欲，常以书自娱，不肯仕”[③]。昭帝即位，时年已八十，大将军霍光为拉拢宗室，拜辟彊为光禄大夫，后徙宗正。刘辟彊有赋 8 篇，今佚。

辟彊子阳城侯刘德，麒麟阁十一功臣之一。有赋 9 篇，亦篇目无存。

德子刘向，对《楚辞》进行了编纂整理。其赋 33 篇，多已亡佚。

向子刘歆，古文经学的继承者，他不仅在儒学上造诣非凡，在校雠学、天文学、史学、文学等领域亦可堪称大家。其赋作在《汉书·艺文志》中未著录，《隋书·经籍志》载“汉太中大夫《刘歆集》五卷”[④]，仅为存目。今存《遂初赋》《甘泉宫赋》《灯赋》。《遂初赋》是中国文学史上第一篇纪实性的纪行赋，开魏晋南北朝纪行赋之先声，其余两篇仅存残文。

西汉楚国人文荟萃，名家辈出，尤其在经学领域，更是冠诸藩国，堪称当世一流，在汉代学术史上占有举足轻重的地位。鲁迅曾指出：“汉高祖虽不喜儒，文景二帝，亦好刑名黄老，而当时诸侯王中，则颇有倾心养士，致意于文术者。楚、吴、梁、淮南、河间五王，其尤著者也。”[⑤]楚国文术的地位和影响排名第一。就鲁迅所列举的五王而言，楚王家族文术产生时间早，且延续时间长，与其他诸王相比，更具自身特色，其历史价值和影响更大。汉初的楚国文学，虽未能有比及经学之突出影响，但在汉赋的创作上也曾一度引领全国，并上承战国楚辞之意，下启魏晋笔

① 班固撰，颜师古注：《汉书》卷三〇《艺文志》，中华书局 1962 年版，第 1748—1750 页。

② 班固撰，颜师古注：《汉书》卷四三《郦陆朱刘叔孙传》，中华书局 1962 年版，第 2116 页。

③ 班固撰，颜师古注：《汉书》卷三六《楚元王传》，中华书局 1962 年版，第 1926 页。

④ 魏徵等撰：《隋书》卷三五《经籍志四》，中华书局 1973 年版，第 1057 页。

⑤ 鲁迅：《中国小说史略·汉文学史纲要》，《鲁迅全集》第九卷，人民文学出版社 1995 年版，第 395 页。

记小说之风，乃至对唐诗、宋词亦不无影响。可以说，徐州地区的汉赋是中国文化史上的重要篇章，在整个中国古代文学发展史上发挥着承上启下的作用。而这一切，均得益于刘交、刘郢（客）、刘辟彊、刘德、刘向、刘歆这一支家族代代相传的文化示范和精神引领。

（七）方志学

徐州方志起源与其他发达地区情况略同，都是在兼收了春秋战国时期国别史、地理书和地图特点的基础上，随着历代政治、经济、文化的发展而逐渐完备起来的。从《尚书·禹贡》“海岱及淮惟徐州”[①]，到西汉扬雄《徐州牧箴》，都记叙了当时徐州的自然之概况、疆域之轮廓、山川之形胜等。扬雄《徐州牧箴》说的徐州应该是徐州刺史部，文中记载了当时徐州最著名的物产——孤桐（做琴瑟的最好木料）、蠙珠（珍珠），又概述了当时徐州的政治地理形势：“实列蕃蔽，侯卫东方”，同时还证实了民俗民生，“民好农蚕，大野以康”，从而再一次说明当时徐州土地肥沃，气候温湿，适宜农作和养蚕，人民生活比较富足，地方风化比较淳朴。随后，箴文转笔谈论历史，列举昏暴帝王“不祗不恪（不敬神不谦恭），忱缅于酒，而忘其东作（农事）”的罪过，陈述他们必然导致“剿绝其绪祚”的后果，为下文作结提供事实依据。结尾是作者告诫人们的箴言，也是全文的主旨：“事由细微，不虑不图，祸如丘山”[②]，牧徐者应该忠职守土。扬雄《徐州牧箴》已具有方志元素，可认为是后世地志之端绪。

第三节　三国史事与三国文化

汉武帝元封五年（前 106 年），全国划分为十三州部，每州部置刺史一人。成帝绥和元年（前 8 年），刺史改称州牧。东汉光武帝建武十八年（42 年），依旧制再改州牧为刺史。灵帝中平五年（188 年），又改部分

① 孔安国传，孔颖达疏：《尚书正义》卷六《夏书·禹贡》，阮元校刻：《十三经注疏》，中华书局 1980 年版，第 148 页。

② 扬雄著，张震泽校注：《扬雄集校注》，上海古籍出版社 1993 年版，第 323—324 页。

图 3-2 [东汉]石辟邪(徐州博物馆藏)

州部的刺史为州牧。至此,刺史(州牧)实际上已成一州军政之长吏,州郡县三级制随之逐渐形成。

东汉徐州刺史部辖东海、琅琊、彭城、广陵、下邳 5 个郡国①。刺史部初治东海郯县(今山东郯城),兴平元年(194 年)由刘备迁至下邳(今睢宁县古邳镇),三国曹魏明帝时期(227—239)或稍后又迁至彭城。自此,"彭城"与"徐州"作为城市名称开始叠合,"彭城"始称"徐州城"。直到元世祖至元二年(1265 年),元朝撤并彭城县,结束了彭城作为城邑名称的历史,徐州作为城市专名,才完全取代了彭城。

一、四次徐州之战与徐州刺史部的变迁

从汉献帝初平四年(193 年)曹操第一次东征起,直到建安五年(200 年)刘备战败逃离徐州为止,曹操先后对徐州地区的四次用兵,统称之为"徐州之战"。曹操对徐州的争夺,是其势力向东南扩展的结果,为其统一北方奠定了基础。在此期间,徐州刺史部因战乱多次变迁,最终落地彭城。

第一次徐州之战,发生在初平四年(193 年)秋,曹操借口其父曹嵩被徐州牧陶谦的部下杀害,遂进兵徐州。当然这只是表面现象,事实上曹操和陶谦积怨已久。早在初平四年(193 年)春,袁术联合黑山军和

① 参阅范晔撰,李贤等注《后汉书》志二一《郡国志三》,中华书局 1965 年版,第 3458—3462 页。

南匈奴於夫罗部合击曹操，大战于匡亭（今河南省长垣县西南），而陶谦却趁着曹操主力不在，偷袭了曹操的后方，“取泰山华、费，略任城”①。接着，曹操之父曹嵩来投，路上被陶谦部将所杀。关于这件事情，有两个说法：一说，这就是陶谦指使的；另一说，陶谦完全不知情，确实是被连累了。不论真相如何，曹操正好趁着这次机会出兵，明为报仇，实为扩展势力。当时曹操的西边是混乱的关中，北有袁绍，南有袁术，实力都过于强大，而东边的徐州“百姓殷盛，谷米封赡，流民多归之”②。因此，曹操要发展，只能先向东边扩展。开战后，曹军锐不可当，连下十余城，“破彭城傅阳”③。陶谦退保州治郯县，向北海相孔融、青州刺史田楷等人发出求救。孔融邀请时为平原相的刘备同去救援，刘备遂率数千人马驰援徐州。陶谦表求朝廷封刘备为豫州刺史，驻屯小沛。而曹操也因徐州久攻不克，粮草供给无法解决，“以粮少引军还”④。

兴平元年（194 年）夏，曹操再征徐州，这次直接采取屠城的策略，“拔五城，遂略地至东海。还过郯……遂攻拔襄贲，所过多所残戮”⑤，“凡杀男女数十万人，鸡犬无余，泗水为之不流”⑥，本想以此震慑住徐州人，结果适得其反，曹操的暴行引起了手下谋士陈宫的不满，最终联合吕布，偷袭了曹操的大本营兖州。再加上徐州人经过这次屠城事件，“其子弟念父兄之耻”，更加团结一心，“人自为守，无降心”⑦。所以曹操只能撤军，转攻吕布。不久，陶谦病死，临终前，对别驾糜竺等人说：“非刘备不能安此州也！”⑧于是，徐州人迎刘备领州牧，将徐州刺史部由郯县迁治下邳。接着，吕布袭取下邳，俘获刘备家眷，刘备败走海西，无奈之下请降吕布。吕布自领徐州牧，许刘备以豫州牧的虚衔，遣屯小沛。

第三次徐州之战，发生在建安三年（198 年）九月。此时刘备为吕布所败，孤身来投曹操。徐州不管是在陶谦时代还是后来的吕布时代，

① 陈寿撰，裴松之注：《三国志》卷一《魏书·武帝纪》，中华书局 1959 年版，第 10 页。
② 陈寿撰，裴松之注：《三国志》卷八《魏书·陶谦传》，中华书局 1959 年版，第 248 页。
③ 范晔撰，李贤等注：《后汉书》卷七三《陶谦传》，中华书局 1965 年版，第 2367 页。
④ 陈寿撰，裴松之注：《三国志》卷八《魏书·陶谦传》，中华书局 1959 年版，第 249 页。
⑤ 陈寿撰，裴松之注：《三国志》卷一《魏书·武帝纪》，中华书局 1959 年版，第 11 页。
⑥ 陈寿撰，裴松之注：《三国志》卷八《魏书·陶谦传》，中华书局 1959 年版，第 249 页。
⑦ 陈寿撰，裴松之注：《三国志》卷十《魏书·荀彧传》，中华书局 1959 年版，第 310 页。
⑧ 陈寿撰，裴松之注：《三国志》卷三二《蜀书·先主传》，中华书局 1959 年版，第 873 页。

都与盘踞在淮南地区的袁术势力结为联盟。比如吕布偷袭徐州得手，就是发生在刘备和袁术开战期间。但在上一年(197 年)九月，曹操刚刚大败袁术，斩其将桥蕤等 4 人，袁术逃往淮南，势力严重受挫，无力北顾。于是曹操趁此良机，三征徐州，再屠彭城，"冬十月，屠彭城，获其相侯谐"[①]。最后曹操水淹下邳，将吕布擒杀，初步控制了徐州。

在官渡之战前夕，建安五年(200 年)正月，董承等人谋诛曹操事泄被杀，刘备也参与其中。于是他提前脱身，袭杀了曹操所置徐州刺史车胄，占据徐州反叛曹操，"留关羽守下邳，而身还小沛"[②]。曹操认为:"夫刘备，人杰也，今不击，必为后患。袁绍虽有大志，而见事迟，必不动也。"[③]也就是说，只有先消灭了刘备，才能解决后顾之忧，安心与袁绍决战。于是曹操第四次东征徐州，以迅雷不及掩耳之势击破刘备，刘备大败，与张飞失散后投奔袁绍。曹操围攻关羽于下邳，关羽被迫投降。战后，曹操委任董昭为徐州牧，迁治于彭城。

四次徐州之战，见证了曹操势力的崛起。从徐州之战前曹操只有兖州一地，到徐州之战后，可以跟北方最大的诸侯袁绍进行决战。不仅如此，东南淮泗一带实际上也渐控于曹氏之手。徐州之战的历史，贯穿的是曹操的崛起历史。建安二十五年(220 年)正月，曹操病死，其子曹丕即位为魏王。同年十月，曹丕篡汉，是为魏文帝，刘氏汉室为曹魏所代。曹魏改下邳郡为下邳国，徐州刺史部仍治下邳，明帝时又将徐州治由下邳迁至彭城。后司马氏篡魏，晋因魏制，徐州还治下邳。此后的两晋南北朝时期，徐州刺史部的治所虽在彭城与下邳之间多次互易，但多在彭城。

二、《三国演义》与徐州的文化渊源

相对于三国史事而言，明清以来民众对三国历史的了解，更多则是来自元末明初作家罗贯中的长篇历史小说《三国演义》。罗贯中以文学

---

① 陈寿撰，裴松之注:《三国志》卷一《魏书·武帝纪》，中华书局 1959 年版，第 16 页。
② 陈寿撰，裴松之注:《三国志》卷三二《蜀书·先主传》，中华书局 1959 年版，第 875 页。
③ 陈寿撰，裴松之注:《三国志》卷一《魏书·武帝纪》，中华书局 1959 年版，第 18 页。

想象和特殊的修辞手法，描绘出了一幅恢宏的三国画卷。综观小说前半部，始终未曾走出徐州周围400千米的半径范围，曹操、陶谦、刘备，各方势力相继在这片土地上粉墨登场，其中一些回目中直接出现了徐州及其所属地的地名。所谓“七分实事，三分虚构，以至观者往往为之惑乱”①，这说明《三国演义》的艺术成就及其巨大的影响力，已经让艺术的真实盖过了历史的真实，进而形成了一种方兴未艾的“三国文化”。三国时代，是中国历史上造就英雄的盛产期，产生了众多三国民间故事及民风习俗，尽管未必完全等同于史实，却是历史文化植根民间的直观体现。

如前节所述，“徐州”从一个大的州部名称，最终成为一座城市的专属名称，里面有着长期的复杂的历史演变过程，至少在东汉末期，徐州刺史部内并无一座以“徐州”命名的城池，这属于严肃而认真的历史学问题；但在“以文为史”的小说中，甚至当前所有三国题材的影视版本中，都引入了一个地理问题，即“徐州城”的概念。这里的“徐州城”似乎是一种文学语言，也不排除罗贯中的笔下失误。在《三国演义》原文中，确实出现了“徐州城”的概念，如第十一回《刘皇叔北海救孔融　吕温侯濮阳破曹操》中写道：

> 是日玄德、张飞引一千人马杀入曹兵寨边。正行之间，寨内一声鼓响，马军步军，如潮似浪，拥将出来。当头一员大将，乃是于禁，勒马大叫：“何处狂徒？往那里去！”张飞见了，更不答话，直取于禁。两马相交，战到数合，玄德掣双股剑麾兵大进，于禁败走。张飞当前追杀，直到徐州城下。②

这段应该就是后来版本所演绎的根据点。该“徐州城”应当是东汉时期徐州下辖的彭城，但由于行政区划的变迁和政治因素的影响，在罗贯中生活的元末明初，只存在归德府下辖的徐州城，“彭城”一名也已并入了徐州城的称谓之中。虽然这只是《三国演义》中一个细小的历史误会，

① 章学诚：《丙辰札记》，转引自鲁迅《中国小说史略》，《鲁迅全集》第九卷，人民文学出版社2005版，第143页。

② 罗贯中著，毛宗岗批评，齐烟校点：《毛宗岗批评三国演义》(上)，齐鲁书社2014版，第94页。

但是对于后世的文学界和史学界有重大影响。当然,罗贯中这样的笔误情况并非个例,同样给读者造成困惑的还有更为著名“荆州城”,都属于信史与史传文学两者间的矛盾性。

明清时期“小说”是文坛上的主角,固然大多不甚严谨,而历史小说有着与现实非常贴近的历史背景,在社会上有着广泛的读者受众群体,深受广大百姓的喜爱,普通人甚至将话本、戏剧、小说当中的历史故事当作真实的历史事件而加以流传。三国“徐州城”的出现,固然是一个失误;但从另外一个角度来看,通过《三国演义》的广泛传播和深远影响,让更多的人认识和了解徐州,无形中也为今天这座城市增添了更多英雄主义色彩和厚重的历史文化沉淀。尽管越来越多的人已经知道了此“徐州”非彼“徐州”,仍然让生活在这里的人民所津津乐道,且引以为豪。

此外发生在徐州的三国故事,比如陶谦三让徐州、曹操徐州屠城、下邳城曹操鏖兵、吕布辕门射戟、白门楼吕布殒命、关公屯土山、张飞大意失徐州等,亦真亦假,虚实参半,不仅在民间流传甚广,甚至令很多人耳熟能详,人们可以从中学习历史,并吸取历史事件的教训,给人生以启迪。如武圣关羽的“忠义”文化、神医华佗悬壶济世的故事,祠祀之风,绵绵不绝,在徐州地域乃至全国都影响深远,成为三国文化不可或缺的重要组成部分。历史学细致严谨的研究学风,与史传文学的合理虚构,两条大道并行不悖,都为中华文化添上了浓墨重彩的一笔。

中国传统文化是以儒家文化为主体,儒、释、道三家鼎足而立、互融互补的文化。两汉时期是儒、道两家发展丰富自己,并确立自己作为中国文化代表学派地位的重要时期。徐州地区这一时期的儒学发展不仅在时间上和成就上领先于全国,在为中央王朝确立治国思想、对待诸多学术流派的态度问题上也产生重要影响。魏晋玄学的兴起是儒、道两家的融合与“衣冠南渡、徐风过江”共同作用的结果。徐州地区的汉代文化是对河洛、齐鲁、三秦、三晋文化和吴越、荆楚文化的扬弃和选择,并由地域文化实现了共融升级的代际传承,从而逐渐融入了国家、民族文化中,化作中华民族优秀传统文化的宝贵财富。

第四章　两晋南北朝时期

东汉王景治河以后，黄河北流，汴渠通畅，泗水入淮借邗沟可以通长江，达川湘；汴水入济借鸿沟可以通黄河，达关中。位于汴、泗交流河口的徐州城，上连齐鲁、中原、三晋、三秦，下接江淮、吴越、荆楚、两广，交通条件优越，军事地位日益重要。两晋南北朝时期，徐州排灌便利，农耕条件优良，有力地促进了经济的发展和地方的富饶。然而，南北分裂，战火连绵，又从一定程度上限制了经济与社会的进步。徐州文化在南北“拉锯”中被涵化、被升华，在频繁的交流与洗礼中，更加突显了其对本土文化的坚守与共融的新光。

永嘉南渡后，徐州是各政权竞相争夺的战略要地，各政权在以彭城为中心的徐州地区，先后实行过州、郡、县、都督区等多种行政区划，利用屯田和兴修水利陂渠等方式，积极恢复和发展地方经济。聚族而居的强宗大族彭城刘氏，以其文治武功，对徐州社会发展产生了重要影响。彭城乃至徐州是当时南北佛教联系的重镇，也是黄淮地区的佛教中心。此时期，徐州名士辈出，在众多文化领域均有突出成就，既活跃了南朝文坛，也助推了北朝儒学的发展。

第一节　西晋封国与东晋的酝酿

三国终结于晋武帝太康元年(280 年)。属晋之后，徐州作为刺史部，领有7个郡国的地位没有改变，而作为徐州刺史部核心区域的彭城国、下邳国的封国地位也大致未变。《晋书·地理志》载："晋武帝太康元年，既平孙氏，凡增置郡国二十有三。"[①]全国封国达39个。"徐州……及太康元年（280年），复分下邳属县在淮南者置临淮郡，分琅邪置东莞郡。州凡领郡国七，县六十一，户八万一千二十一。"[②]晋朝的徐州刺史部虽然幅员辽阔，但仍然没有涵盖当今徐州市所辖的丰县、沛县一带。丰县、沛县当时属沛国，而沛国则归豫州刺史部统辖。

所谓"徐州凡领郡国七"，即指徐州刺史部所辖彭城国、下邳国、东海郡、琅邪国、东莞郡、广陵郡、临淮郡。依《晋书·地理志》与今徐州市域相关的郡国统县情况：彭城国，统县七：彭城、留、广戚、傅阳、武原、吕、梧；下邳国，统县七：下邳、凌、良城、睢陵、夏丘、取虑、僮；临淮郡，统县十：盱眙、东阳、高山、赘其、潘旌、高邮、淮陵、司吾、下相、徐。

在这种政治文化视野下看晋代的"徐州"，须具备两种视角：一是"刺史部"视角，可知当时的徐州之大和级别之高，即当时的徐州具有后世历代行省的行政级别；二是"封国"视角，可知当时的封国之重及与朝廷之近。

一、本土文化与皇族文化

晋朝封国，为同姓封王，因而，徐州境内各诸侯国国王，皆出之司马氏皇族。

彭城国，晋泰始元年（265年）十二月，晋武帝封其从叔司马权为彭城王。司马权为司马懿之弟司马馗之子，历九世，至南朝宋建立，彭城国除为郡。初建时，都彭城，领七县：彭城、留、广戚、傅阳、武原、吕、梧。晋室南渡后，彭城陷没，故国已失，嗣后诸王徒挂虚名。

下邳国，晋武帝太康元年（280年）置。晋武帝封司马孚第五子司马晃（280—296）为下邳王，领七县。元康六年（296年）司马晃薨，以太

① 房玄龄等撰：《晋书》卷一四《地理志上》，中华书局1974年版，第407页。

② 房玄龄等撰：《晋书》卷一五《地理志下》，中华书局1974年版，第451页。

原王司马辅第三子司马韡(297—301)为嗣。司马韡官至侍中、尚书。司马韡薨,其子司马韶立(302—311)。311 年,前赵石勒攻占下邳,下邳国灭亡。

沛国,晋武帝泰始元年(265 年)十二月置。晋武帝封司马孚第八子司马景(265—275)为沛王,是为沛顺王。沛国属豫州,都相县,统九县。司马景薨,沛王司马韬(276—311)继。

除上述各国外,在今徐州境内,当时还建有良城国。晋武帝封司马晃次子司马绰(? —311)为良城县王。

下邳国、沛国、良城国均灭亡于同一年(311 年),此三国灭亡是一种标志性事件,既标志着徐州在南北对抗中的第一次沦陷,也是西晋王朝全面崩盘的先兆。

以上回顾,揭示了这样一个历史事实:西晋时代的"大徐州",是"三国"加"四郡"的"两制格局",即在郡、县的行政官员之外,由司马氏的皇族子弟在治理着徐州。尽管在晋武帝时,"王不之国,官于京师"[①],但仍有一些封王先后以都督军事进驻徐州,如琅邪王司马伷、下邳王司马晃、东海王司马越等即是。如此,则"郡县制"的政令直达与"封国制"的权力割据在徐州得以共存,自然让徐州一带的文化具有本土文化与皇族文化的"二元色彩"。唯其保有这"二元色彩",在西晋末期的"八王之乱"中,徐州才疏离于刀光剑影而暂得安宁。这种安宁既保留了原有的文化基因,也预留了日后发展的空间。

二、"八王之乱"与东晋的酝酿

西晋末年,一种潜在历史趋势在徐州形成。当时,除了极少数的当事人之外,没有人知道,部分司马氏皇族正聚在徐州秘密策划着"西晋"向"东晋"的空间转移及政权转移。此时,发生在司马氏皇族内部的"八王之乱",历时长达 16 年(291—306),从根本上削弱了政权,导致了西晋亡国以及近 300 年的动乱,使之后的中原地区进入了五胡十六国的

① 房玄龄等撰:《晋书》卷一四《地理志上》,中华书局 1974 年版,第 415 页。

动荡时期。

"八王之乱"的乱局,此不详述。相关徐州的是永兴元年(304 年)七月二十四日的荡阴(今河南汤阴)之战,司马颖胜,俘晋惠帝,司马越败绩。随之,司马越逃回下邳。作为都督徐州诸军事、镇守下邳的东平王司马楙却将司马越拒之门外。司马越无奈之下,只好折回自己的东海(今山东郯城)封国。东海王司马越意外"就国",让徐州不但成为日后讨伐成都王司马颖、河间王司马颙的后方基地,而且也成为晋元帝司马睿拥兵自强、南渡江淮、兴复晋室的发迹之地。

这年八月初三,成都王司马颖杀害安东王司马繇。司马繇的侄子琅邪王司马睿,在京城洛阳感到了生命威胁,于是逃回徐州。

《晋书·王导传》揭示了司马睿的"就国"秘密:"时元帝为琅邪王,与导素相亲善。导知天下已乱,遂倾心推奉,潜有兴复之志。帝亦雅相器重,契同友执。帝之在洛阳也,导每劝令之国。"[①]既说"每劝",看来劝之不动,及至危险临近,司马睿才立马赶回徐州。一时之间,两位王爷——东海王司马越、琅邪王司马睿都到徐州"就国"。

永兴二年(305 年)七月,"东海中尉刘洽劝越发兵以备颖,越以洽为左司马,尚书曹馥为军司。既起兵,楙惧,乃以州与越。越以司空领徐州都督,以楙领兖州刺史。越三弟并据方任征伐,辄选刺史守相,朝士多赴越。"[②]由于司马楙害怕战争,主动让贤,司马越轻易拿到了徐州刺史部"徐州都督"的实权后,第一个想到了琅邪王司马睿。据《晋书·元帝纪》载:"东海王越之收兵下邳也,假帝辅国将军。寻加平东将军、监徐州诸军事,镇下邳。俄迁安东将军、都督扬州诸军事。越西迎大驾,留帝居守。"[③]司马越将徐州刺史部所辖七郡国的军事指挥权一并交给司马睿,让他看管徐州后方。此时,司马睿才 29 岁。

此后,司马越"帅甲卒三万,西次萧县"[④],这是徐州兵第一次参与平定"八王之乱"。西出萧县后,司马越进击中原,杀伐征战,结束了"八王

① 房玄龄等撰:《晋书》卷六五《王导传》,中华书局 1974 年版,第 1745 页。
② 房玄龄等撰:《晋书》卷五九《东海王越传》,中华书局 1974 年版,第 1623 页。
③ 房玄龄等撰:《晋书》卷六《元帝纪》,中华书局 1974 年版,第 144 页。
④ 房玄龄等撰:《晋书》卷五九《东海王越传》,中华书局 1974 年版,第 1623 页。

之乱”，并达到了位极人臣的地步。可惜的是，司马越寿命不永，重病而死。

司马睿受命后，请王导为司马，委以军事。王导曾参司马越军事，又是司马睿早年挚友。其从兄王衍，当时任尚书仆射，此后又出任司空、司徒。王家与司马家的结合，从徐州起步，以“龙命”的司马睿与“宰相命”的王导的结交为标志，开启了“王与马共天下”的局面。《晋书·王导传》：“会帝出镇下邳，请导为安东司马，军谋密策，知无不为。”[①]下邳既作为下邳国的都城，又作为徐州刺史部的驻节之地，成为司马睿与王导、王敦兄弟筹划晋朝皇祚转移的据点。

司马睿与王导经营徐州接近两年。待一切准备就绪，司马睿偕王导渡江至建邺。晋朝皇室之权力中心自此逐渐南移江东，这就是历史上著名的“永嘉南渡”和“五马渡江”。“五马”即琅琊王司马睿、西阳王司马羕、南顿王司马宗、汝南王司马佑、彭城王司马纮。童谣“五马浮渡江，一马变为龙[②]”，五马中有两马是从徐州出发的。

永嘉南渡后，王导始终居于机枢之位，王敦则总征讨于上游，王氏家族的近属子弟，皆居于内外之任，成为东晋政权的主导势力。如果说“大徐州”是他们的故乡，那么“小徐州”的下邳，则是他们的地利支点。总而言之，没有徐州总督司马越的举荐和委托，没有在徐州的两年蹲守，司马睿就完成不了他的中兴准备。因而，徐州是酝酿东晋的“龙兴”之地。

第二节　南北纷争与民族融合

东晋南北朝时期，徐州地区一直延续了两百多年的南北军事对抗。这一时期发生在徐州的战争有一个特点，即从当时的对垒双方看，均非“内战”，而属“外战”。攻徐州与守徐州的人，往往属于不同的“国家”。

① 房玄龄等撰：《晋书》卷六五《王导传》，中华书局1974年版，第1745页。

② 房玄龄等撰：《晋书》卷六《元帝纪》，中华书局1974年版，第157页。

当时中国处在南北分治的状态,介入战争的徐州人每每担任着战争的主角(如刘牢之、到彦之、刘裕、刘义隆等),战争的主战场又多次选择了徐州地区,所以,这些与徐州相关的战争就有了“卫国”与“弃国”和“抗敌”与“降敌”的尖锐对立。南北政权割据时期,徐州因其地理位置在军事上具有重要的战略意义,发生在这里的每一场战争,都直接影响着双方势力的兴盛衰亡,徐州也因之成为名副其实的兵家必争之地。正如史论所云:“及晋人南渡,彭城之得失,辄关南北之盛衰。”①

一、南北各政权对徐州的争夺战

永嘉五年(311 年)三月,司马越在征讨刘汉政权将领石勒时病死,遗命安葬徐州东海。司马越之死,既是“八王之乱”的终结,又是“南北战争”的开始。这场战争以石勒攻占徐州而揭开序幕。当年四月,刘汉部将赵固、王桑进攻徐州,杀裴盾;五月,刘汉军队主力进攻洛阳。赵固是刘汉政权的安北将军,王桑是其平北将军。当石勒在宁平城攻灭司马越的十余万大军时,出于协同作战的战略目的,赵固、王桑二人继续东进攻伐徐州,这才有了裴盾的死难。裴盾时任徐州刺史,是在南北相争中牺牲在徐州的第一位朝廷大吏。

西晋“永嘉之乱”后,徐州被羯族石勒建立的后赵占领。东晋永和后期(351—356),东晋乘北方后赵、冉魏和前燕相互攻伐之际,收复彭城。义熙十二年(416 年),刘裕以彭城为基地,指挥各路大军北伐后秦。十四年(418 年),刘裕在灭掉后秦后,还镇彭城,以控制东晋政局和震慑北魏。

南北朝时期,徐州继续成为北魏、刘宋政权军事争夺的主要地区。宋文帝元嘉二十七年(450 年),北魏军队分兵数路南下,很快从西、北两面对彭城形成半包围之势。魏太武帝拓跋焘率大军推进至彭城城下,立毡屋于戏马台。北魏强攻彭城南门,徐州守将张畅身先士卒,击退魏军。

---

① 顾祖禹撰,贺次君、施和金点校:《读史方舆纪要》,中华书局 2005 年版,第 1388 页。

宋明帝泰始二年(466年),刘宋徐州刺史薛安都因在统治集团内部争权斗争中失败,举城投附北魏。此后,徐州基本上处于北魏及随后的东魏、北齐的控制之下。梁中大同二年(547年),梁武帝乘东魏大将侯景叛降之机,派其侄子贞阳侯萧渊明统帅主力五万人北伐徐州,结果被东魏将领慕容绍宗率十万大军在寒山围歼。

陈宣帝太建七年(575年)七月,乘北周出兵伐齐之机,陈宣帝派吴明彻率军进攻彭城,在吕梁大败北齐。次年,北周灭齐,占领彭城,南下灭陈势在必行。要保住建康,就必须攻下彭城,守住淮北。次年,陈宣帝又命吴明彻军进攻彭城。吴明彻堰清水以灌彭城,环列舟舰于城下。太建十年(578年),北周派王轨率军解围,王轨军自清水入淮口,横流竖木,以铁锁贯车轮,遏断陈军的水上退路,吴明彻兵败被俘。至此,南北政权围绕徐州彭城的争夺宣告结束。

二、南北文化认同感的转变

徐州人民南北文化认同感的转变,大致以宋明帝泰始二年(466年)刘宋徐州刺史薛安都举城投附北魏这一历史事件为分水岭。此前的徐州民心,更多倾向于南朝。此后,徐州基本上处于北魏及随后的东魏、北齐政权控制之下。随着北朝政权的果断汉化,积极恢复地方经济发展,社会逐渐稳定,不再产生大批汉人流亡南方。此时,留在徐州的门阀士族对北朝政权的认同感逐步上升,先后加入与北魏合作的行列,开始担负着推进国家统一、民族和解的历史大任。

(一) 南朝的历次北伐与反攻

从西晋永嘉五年(311年)四月徐州一度沦陷算起,直至东晋义熙六年(410年)二月东晋将军刘裕率军攻克广固(今山东青州西北),灭亡南燕,并同时巩固徐州防线为止,正好100年;再延续到义熙十三年(417年)八月二十四日,刘裕军攻占长安,后秦灭亡为止,共107年。

在这百年期间,东晋政权以收复失地、统一中国为目标的"北伐战争"即有祖逖北伐(313年)、庾亮北伐(339年)、褚裒北伐(349年)、殷浩北伐(353年)、桓温北伐(第一次354年,第二次356年,第三次369年)、谢安北伐(383—385,徐州人刘牢之参与)、刘裕北伐(第一次409—410,第二次416—417)。

以上7人领军的10次北伐,其中7次经行徐州,或在徐州摆下过战场,即祖逖北伐、褚裒北伐、桓温北伐(第二、三次)、谢安北伐(其中谢玄于379年、384年两次北救彭城)、刘裕北伐(先后两次)。

难能可贵的是,徐州人在经历南渡政权多次北伐,及北方政权多次袭扰后,仍然怀抱着故国忠诚,并与东晋政权驻节徐州的将士一起,为保卫疆土、收复疆土作出了贡献和牺牲。百年期间,站在东晋的国家立场解读徐州战争,可以分为三个时期:

其一,自发自卫阶段。大乱初起,衣冠南渡,凡留在徐州的民众多以一村寨、多村寨为单位,建"堡"建"坞",推选"堡主""坞主",自发抗击敌人。东晋朝廷鉴于防务之需,遂委任那些力量强大的"堡主""坞主"为地方官吏,自行管辖。沛国内史周默、彭城内史周抚等,即是其中著名人物。后来,北方的"堡主""坞主"们也纷纷南下徐州,并与徐州土著并肩抗敌。如下邳内史刘遐、泰山太守徐龛等,即是。

其二,以"北伐"求"相持"阶段。东晋初,由刘汉政权更名的"前赵"及石勒政权"后赵"基本处于攻势,东晋处于守势,敌强我弱,徐州(彭城、下邳一线)一度失守。但东晋朝廷不愿坐看淮北屏障徐州落入敌手,故屡屡派郗鉴、蔡谟、桓温、司马道子等封疆大吏主持徐州防务。这一阶段的徐州战争,具有"军民协防"的特色。即便政府军撤退了,"地方民兵"仍然坚持"游击斗争"。在这场旷日持久的"拉锯战"中,前三四十年东晋一方都是被动的,尽管有晋咸和九年(334年)后赵徐州从事朱纵杀徐州刺史郭祥以彭城降晋,徐州一度收复;尽管有晋永和五年(349年)六月,晋征北大将军褚裒北伐,彭城、沛县与滕县一度收复,但维持不久,又告失守。但北方势力也只能止于徐州一线。

其三,以"北伐"促"反攻"阶段。自永和十二年(356年)北中郎将、徐州刺史荀羡镇守徐州(治下邳),东晋才算基本稳住了徐州一线的防务。此后,"拉锯战"虽然还是来来往往,但在徐州的"拉锯战"中,占上风的已是东晋一方。

百年期间，北方的匈奴、鲜卑、羯、羝、羌各族政权暴起暴灭，先后建有汉、前赵、后赵、冉魏、前燕、后燕、南燕、前秦、后秦、北魏等，至刘裕在徐州站住脚时，北方的敌对政权如刘汉、前赵、后赵、冉魏、前燕、西燕均已灭亡，而南方的“华族”政权东晋，依然屹立不动，其中的一个原因即是东晋朝廷没有放弃徐州，而徐州人民也没有背叛故国。在东晋时代的百年对峙之中，即在南方政权“北伐”与北方政权“南征”的较量中，徐州人的立场、徐州人的选择，往往影响着南北大局。

从东晋政权与北方各政权对垒背景下的徐州战争和徐州人立场来解析百年历史，人们可以发现诸多的隐秘：开始，徐州人、徐州战争，对东晋的建立和北疆巩固起了支撑作用；终局，又是徐州人，在收复徐州疆土，连带着收复中原之后，乘势结束了东晋王朝，这个人就是东晋的将领、南朝宋的开国皇帝刘裕，可以揭示当时的徐州人、徐州军队在维护王朝安定、国家统一过程中的“角色定位”以及徐州城、徐州山河在国家统一大业中的“战略定位”。换言之，发生在当时的徐州战争，对维护国家统一、推进中国的历史进程起到了积极的、巨大的作用。

(二) 北朝对徐州的治理与经营

南朝初期，徐州与下邳归刘宋政权管辖。由于内乱，刘宋徐州刺史薛安都举城投附北魏，此后直到隋开皇元年(581 年)，百余年间，徐州人开始接受一个非华族的异族统治，同时徐州文化亦作用于北朝，推动了北人汉化。

北魏献文帝天安元年(466 年)十二月，徐州属魏。徐州为要郡，北魏时的徐州，治彭城，“领郡七，县二十四，户三万七千八百一十二，口十万八千七百八十七”[①]。北魏政权派驻徐州的第一任地方官是尉元。尉元占领徐州后，首先救济百姓，安定人心。当时“彭城仓廪虚罄，人有饥色”，尉元“求运冀、相、济、兖四州粟，取张永所弃船九百艘，沿清运致，可以济救新民”。献文帝从之。然后他要求增加徐州的军需物资的储备。尉元上表：“彭城贼之要蕃，不有积粟强守，不可以固。若储粮广

① 魏收撰：《魏书》卷一〇六中《地形志中》，中华书局 1974 年，第 2537 页。

戍，虽刘彧师徒悉动，不敢窥觎淮北之地。此自然之势也。”献文帝诏曰：“待后军到，量宜守防。其青冀已遣军援，须待克定，更运军粮。”[①]尉元在徐州的任务即是巩固淮北边防，防止南朝宋的北伐。虽然徐州百姓对归顺北魏并不情愿，且在孝文帝太和四年（480年）有过一次起义，但在尉元与薛虎子的联合围剿中，次年即告失败。

其后，薛虎子治理徐州，“在州戍兵，每岁交代，虎子必亲自劳送。丧者给其敛帛。州内遭水，二麦不收，上表请贷民粟，民有车牛者，求诣东兖给之。并如所奏，民得安堵。”[②]他在州十一载，太和十五年（491年）卒，年五十一。薛虎子让徐州百姓对北魏政权产生了认同感，是中国历史上少有的将自己的后半生完全奉献给徐州的地方官吏。

徐州人对北魏政权的反抗，展示了徐州一带的南朝子民对于归顺北国，经历了沉默、反抗、再沉默而终于“认命”的过程。原因有外部南北的“拉锯战”暂停的形势变化，亦有归属北魏后，尉元、薛虎子二人相继主政徐州，采取了不少安民、惠民措施，百姓得到了安宁；同时，北人不断汉化，在宗教信仰、生活取向、民情风俗方面不断学习汉文化。于是，敌意渐消，徐州百姓亦渐渐接受一个异族的政权，为中华民族大团结演出了一折历史活剧。

南北文化认同感的转变，揭示的是徐州人在民族融合大潮中的顺势而为。起初，是原籍彭城的刘裕在“南朝”重建政权而推动“北伐”；终局，是徐州人刘权从“北国”起步，参与灭陈之战，完成了家国一统。这些不同的层面展示了徐州文化的一个共同点，即眼界的高屋建瓴和格局的博大精深。作为“北朝人”的徐州人能够大有作为，揭示的不是徐州人的“小聪明”“小计谋”，而是民族融合、民族认同的时代潮流已经为每一个社会成员提供了发展的空间。或者说，那种民族大一统的趋势，正在被南朝与北朝的民众所接受。

---

① 魏收撰：《魏书》卷五〇《尉元传》，中华书局1974年，第1110—1111页。

② 魏收撰：《魏书》卷四四《薛虎子传》，中华书局1974年，第998页。

第三节　徐人渡江与北朝汉化

战争并不是那个时代徐州的全部。在战争的缝隙间，更确切地说，是在战争的激励下，当时的徐州人出于生存之需，必须学会接受，学会创造，学会与"北朝"沟通，学会与"南朝"交流。而沟通与交流自然推动了文化兼容与文化输出，相反相成，南北朝的交争亦激活了徐州的创造潜质。

一、徐州人的空间转移

人的生存高于一切。人有出路，接着才是文化有出路。在西晋之末、东晋之初，甚至延续到南朝刘宋时代，以黄河流域为中心的广大北方地区饱受战火，"南下"几乎是一种时代选择。

陈寅恪《魏晋南北朝史讲演录》第五篇《徙戎问题》指出："魏晋南北朝的大变动，即由人口迁徙问题引起。人口的徙动，为魏晋南北朝三百年来之大事。汉开其端，曹魏进入了一个发展时期。"①其第八篇《晋代人口的流动及其影响（附坞）》指出："从全国范围来看，当时北方人民避难流徙的方向有三：东北、西北、南方。……流向南方的一支，侨寄于孙吴的故壤。"②

为了安置大规模的人口迁徙，政府设置侨州郡县，保持其原来籍贯，另立户籍，给以优复特权。侨州郡县并非始自东晋，只是东晋南北朝时期最多。徐州人南渡，自然是由泗水、邗沟而过江。据同治《徐州府志》附《考辨十九条·徐州同名异地考》考证，东晋南北朝时期侨置于各地的徐州多达16处③。侨州郡县的设置，具有政治上的象征意义，也对于吸引中原地区人民涌向江南起了一定的作用。可以想象，数以万

① 陈寅恪著，万绳楠整理：《陈寅恪魏晋南北朝史演讲录》，黄山书社1987年版，第77—78页。

② 陈寅恪著，万绳楠整理：《陈寅恪魏晋南北朝史演讲录》，黄山书社1987年版，第115页。

③ 吴世熊、朱忻主修，刘庠、方骏谟主纂：清同治《徐州府志》卷四《沿革表》附《考辨十九条·徐州同名异地考》，清同治十三年（1874年）刻本，第三十一至三十五页。

计的徐州人南迁，首先改变的是这里地广人稀的局面，促进了江南地区的开发。接着，这些技术先进的移民出于生存之需所进行的农业生产、手工业劳作、商业活动、文化交流，改变了自身的生存状态，也改变了周边的自然环境和人文环境。生产推动了生活，生活推动了文化，文化改变了风情。可以说，江南的开发与进步，有徐州人的一份推力。

二、南渡的徐州人的业绩

借用陈寅恪《魏晋南北朝史讲演录》第八篇《晋代人口的流动及其影响(附坞)》中的论述，可以更好地认识徐州人南渡，即“徐风过江”的意义。陈寅恪说:“居住在晋陵郡的流民为当时具有战斗力的集团。换言之，即江左北人的武力集团。后来击败苻坚及创建宋、齐、梁三朝的霸业的，都是此集团的子孙。……刘牢之等都是住在京口(北府)的江淮以北的流民或其子孙。谢玄建立的‘北府兵’，便是由此种流民组成。刘牢之等是主要将领。淝水之战，击败苻坚，北府兵功勋卓著。……然则，宋、齐、梁三朝的建立者都是住在晋陵郡的江淮以北流民的子孙。宋武帝刘裕是北府兵的将领，以打倒桓玄起家。他所依靠的力量正是北府兵。齐高帝萧道成和梁武帝萧衍原籍为东海郡兰陵县，萧道成的高祖萧整始‘过江居晋陵武进县之东城里，寓居江左者，皆侨置本土，加以南名，于是为南兰陵人’。……刘裕、萧道成、萧衍的先后称帝，表明晋朝由中州一流文化士族所独占的皇权，到南朝转入了次等士族即拥有武力的淮北流民集团之手。”①陈寅恪点到的“江左北人的武力集团”的代表人物，即刘姓、萧姓的南朝帝王，泛说，他们都是晋代的“大徐州人”，缩小范畴，刘裕、刘牢之辈，则是“小徐州”，即“彭城”人。

这批徐州人，在南北朝时还有一个倾向性的称谓，即“伧楚”“楚子”。南北朝史乘所谓“楚”，可与《史记・项羽本纪》《货殖列传》所说“西楚”之一部分相当，特指以彭城为中心的地域；另外，其含义又有扩大，意指南朝境内的北方人，特别是徐州、兖州、豫州一带的北方人。虽

---

① 陈寅恪著，万绳楠整理:《陈寅恪魏晋南北朝史演讲录》，黄山书社1987年版，第120—122页。

然南朝人呼“伧楚”与北朝人呼“伧楚”均有贬义，但一个不容否认的事实是，这一群体的存在与能量，是得到社会公认的。《世说新语·雅量》“褚公于章安令迁太尉记室参军”条刘注引《晋阳秋》云：“吴人以中州人为伧。”[①]《南史·杜骥传》云：“晚度北人，南朝常以伧荒遇之。”[②]《南史·孔范传》又称汝阴(合肥)人任蛮奴为“淮南伧士”[③]等资料，进而指出：“伧”字在吴人心目中，为包括“淮南楚子”在内的北人。

另《世说新语·捷悟》“郗司空在北府”条刘注引《南徐州记》谓：“徐州人多劲悍，号精兵，故桓温常曰：‘京口酒可饮，箕可用，兵可使。’”这即是因为京口(今江苏镇江)为楚人的大本营。太元二年(377年)，时任建武将军、兖州刺史、领广陵相、监江北诸军事的谢玄招募劲勇，流亡到此的徐州、兖州人纷纷应募入伍，彭城刘牢之、东海何谦等皆以骁勇应选。谢玄以刘牢之为参军，率领精锐为前锋，几乎是战无不捷，这支军队所以号称“北府兵”。另据《世说新语·排调》“郗司空拜北府”条刘注引《南徐州记》曰：“旧徐州都督以东为称，晋氏南迁，徐州刺史王舒加北中郎将，北府之号，自此起也。”[④]因其成员多为楚人，所以“北府兵集团”亦可名之为京口的“楚子集团”或“伧楚集团”。

陈寅恪注意到“北人的武力集团”，是一种“历史发现”。这一发现对我们今天研究南北朝时期徐州人的南渡，以及这一南渡趋势对江南安定、江南繁荣的积极影响，具有提示作用。这未免触及一个问题，即人的“地域潜质”在“地域迁徙”后的复活、蜕变或升华。1600多年前，一次民族灾难，让徐州人将自己在故土所形成的“地域潜质”在千里之外的江南，生发为一种保家卫国的战斗精神。“武力集团”再强大，终是可分可合的；只有“不屈不挠”“家国为重”“勇当大任”的精神或信仰，才是支撑一个民族、一个国家的宝贵财富。

从南朝宋、齐、梁、陈四朝史乘的记载来看，徐州人都是“伧楚”“楚子”集团的核心或中坚。作为“伧楚”之士的徐州人，在南渡之后将故土

① 刘义庆著，刘孝标注，余嘉锡笺疏：《世说新语笺疏》，中华书局2007年版，第425页。

② 李延寿撰：《南史》卷七〇《循吏传》，中华书局1975年版，第1699页。

③ 李延寿撰：《南史》卷七七《恩倖传·孔范》，中华书局1975年版，第1942页。

④ 刘义庆著，刘孝标注，余嘉锡笺疏：《世说新语笺疏》，中华书局2007年版，第688、952页。

的豪侠、尚武之气带到江南，其中的佼佼者成长为南朝军队的主要将领，如“北府兵”中的徐州领军人物为刘牢之、刘裕、刘毅等，在军事领域、政治领域都居于领军地位，甚至成为南朝部队的军魂。

《宋书》记载：“（刘）延孙与帝室虽同是彭城人，别属吕县。刘氏居彭城县者，又分为三里，帝室居绥舆里，左将军刘怀肃居安上里，豫州刺史刘怀武居丛亭里，及吕县凡四刘。”①文中“帝室”，指刘裕一支，居彭城绥舆里；左将军刘怀肃一支，居彭城安上里；豫州刺史刘怀武一支，居彭城丛亭里；他们“三刘”与彭城吕县的刘延孙，合称“彭城四刘”，同出楚元王刘交。“彭城四刘”家族之外，还有一个庞大的徐州军功群体，他们既有功于东晋王朝，又是南朝宋的开国功臣、北伐名将，以及南朝齐、梁的功臣名将。

另需指出的是，南渡后的徐州人，不仅在社会变革中发挥了重要作用，也创造出了巨大的文学成就。《世说新语》是南渡后裔刘义庆（祖籍彭城）主编的，《昭明文选》则为同族刘孝绰（祖籍彭城）等协助昭明太子萧统编纂的。这两部书几乎可以代表着整个南朝的学术和文学水准。《梁书》中还记载刘孝绰家族：“孝绰兄弟及群从诸子侄，当时有七十人并能属文，近古未之有也。”②在这个南渡刘姓诗人群体里，突出者有刘孝绰、刘孝威、刘孝仪、刘孝胜、刘孝稚、刘孝陵、刘令娴诸兄妹。才女刘令娴在齐、梁时代以写“粉诗”出名。同期，南渡的彭城武原到氏家族中的到撝、到遁、到坦、到贲兄弟，也活跃在齐、梁诗坛，影响很大。这些祖籍徐州的文士，用他们的文学创作实绩、文学精神，助推了南朝文学的繁荣与发展，对整个南朝文化体系也产生了深远的影响。

徐州人南下江左，本来是为了逃难，最终却落地生根，从“侨居”变成“永驻”。于是，徐州精神找到一个新的投射家园。他们将尚武精神、拼命精神带到江南，遂使温文儒雅的京口，有了雄杰之气；侨郡、侨县的建立，于保护侨居者之外，又扎扎实实地推进了南北文化兼容。

---

① 沈约撰：《宋书》卷七八《刘延孙传》，中华书局 1974 年版，第 2019—2020 页。

② 姚思廉撰：《梁书》卷三三《刘孝绰传》，中华书局 1973 年版，第 484 页。

三、北朝徐州人的辉煌创造

永嘉乱后，不论战争形势如何严酷，总有一部分徐州人坚守故垒，耕耘故土，而生生不息。这些“徐州土著”的生存状态是极为艰辛的，尤其在东晋维持的100年间。徐州、下邳一线，名属东晋，却屡屡被北方胡人政权侵扰。

南朝初期，徐州与下邳归南朝刘宋政权管辖，徐州地区享受了30年和平。到了元嘉二十七年(450年)秋，由于宋文帝的好大喜功，导致仓促北伐的失败，魏太武帝拓跋焘乘机挥师南下，当年十月兵围彭城，既而继续南下，饮马长江。除彭城一座孤城外，刘宋江北领土尽失。直至次年二月，拓跋焘惧怕徐州军民断其后路而退兵，刘宋的淮北领土才失而复得。十六七年后，由于刘宋政权的内乱，征讨彭城部队溃败，彭城、下邳与淮北各郡县俱入北魏。

自从徐州归属北魏后，徐州人就成了“北朝人”。130多年间，在北朝的天地间，徐州人也是大有作为的。由于彭城刘氏的家族声望及家族成员的文化素养，以刘芳为代表的彭城丛亭里刘氏迅速跻身北魏政坛，成为推动魏孝文帝汉化改革的主要成员。

刘芳(453—513)，字伯文，彭城人，北魏大臣，著名文学家、书法家、礼仪学家，西汉楚元王刘交后裔。宋建元元年(454年)，刘芳刚满周岁，其父因参与刘义宣的皇室斗争失败而被杀，母亲带上他从彭城逃往北国，并沦为平齐民。刘芳勤奋好学，先后担任中书侍郎、徐州大中正、中书令、青州刺史、太常卿等要职。其长子刘怿，字祖欣，安南将军、大司农卿；次子刘廞，字景兴，好学强立，孝武帝初，除散骑常侍，迁骠骑大将军、国子祭酒，寻兼都官尚书，又兼殿中尚书；三子刘悦，永安中，开府记室；四子刘缄，武定中，镇南将军、金紫光禄大夫；五子刘粹，徐州别驾、朱衣直阁。

借助刘芳等朝中显贵的推动，彭城刘氏子弟多担任彭城乃至徐州本地的重要官职。东魏、北齐政权建立后，彭城刘氏在彭城及淮北地区仍拥有强大的宗族势力。直到隋唐以后，彭城刘氏纷纷离开乡里到中央和远地任官，本地刘氏宗族势力才逐渐瓦解。

此外，下邳人皮庆宾家族、丰县人刘轨家族，也在北朝卓有成就。

皮庆宾，琅邪下邳人，曾任北魏淮南王开府中兵参军。孝明帝正光年间，因出使遇到变乱，遂定居广宁石门县（在今山西朔州）。其子皮景和，“少通敏，善骑射。初以亲信事高祖（齐高祖高欢）”[①]，武平六年病卒，年五十五。皮景和长子皮信，武平末，任开府仪同三司、武卫将军；少子皮宿达，武平末为太子斋帅，隋开皇中为通事舍人。

丰县人刘轨，为北齐罗州刺史，名重当时。他与刘芳为同一家族，共同祖先是刘讷。刘讷生刘畴，字王乔，晋代名士，少有美誉、善谈名理，晋怀帝永嘉年间官任左司左长史，后被阎鼎杀害。刘畴子刘宪，刘宪子刘羡，刘羡二子刘敏、刘该。刘敏的后裔刘庆，东魏时官任东徐州刺史。刘庆两个儿子：刘轨，北齐罗州刺史；刘轸，北齐高平太守。

刘轨的孙子刘权，字世略，及齐灭，周武帝以为假淮州刺史。隋文帝受禅，以车骑将军领乡兵。后从晋王杨广平陈，以功进授开府仪同三司，宋国公贺若弼甚礼之。开皇十二年，拜苏州刺史，赐爵宗城县公，寻为南海太守。《隋书》论曰：“刘权淮楚旧族，早著雄名，属扰攘之辰，居尉佗之地，遂能拒子邪计，无所觊觎……足为守节之士矣。”[②]

刘芳家族、皮庆宾家族、刘轨家族的北朝显贵，凭借深厚家学滋养了家族的后代子孙，为统治阶级输送了大量的有用之才。他们不仅为少数民族政权入主中原提供了有力的政治思想支持，还促进了少数民族的汉化，加快了民族融合的步伐，同时在学术的传承与发扬上，为徐州文化的兴盛作出了突出贡献。

第四节　地记编撰的兴起

魏晋南北朝时期，随着地记的产生和流行，刘义庆《徐州先贤传》、

---

① 李百药撰：《北齐书》卷四一《皮景和传》，中华书局 1972 年版，第 537 页。

② 魏徵等撰：《隋书》卷六三《刘权传》，中华书局 1973 年版，第 1505 页。

刘芳《徐州人地录》出现，这是徐州方志早期的主要编纂形式。地记的出现，一方面受《史记》《汉书》等史学著作和《禹贡》《山海经》的影响，说明方志自产生之日起，便与史学有着密切的关系；另一方面，也是出于维护世家大族利益、巩固门第制度的需要。南北朝时期门第制度最为盛行，很多地记作者，如刘义庆、刘芳等人，都是出身于本地的名门望族，他们与本地区的世家大族有着血肉难分的利害关系。因此，他们所写的地记，是直接为郡望门第服务的。

地记的产生，既有特定的社会条件，同时学术发展的继承、学科之间的相互影响和渗透亦都起着十分重要的作用。地记作者刘义庆是著名的文学家，刘芳是著名的经学大师，他们把文史的编写方法和要求带进了地记这一著作领域，直接影响和指导着这类著作的成长，在地记的发展中无疑都起了很大作用。

刘义庆撰《徐州先贤传》。据张国淦《中国古方志考》所案："宋氏（刘宋宗室）汉楚元王之后，世居彭城，后居京口，彭城属徐州，京口亦曰南徐州，皆宋室之乡国也，故临川王为是书。"①《徐州先贤传》原本已失传，书名亦有《徐州先贤传赞》一说，各种史书、类书以及目录专著记载不一。《新唐书·艺文志》和《玉海》有王羲度《徐州先贤传》九卷的说法。姚振宗据《新唐书·艺文志》认为，《徐州先贤传》与《徐州先贤传赞》是二人二书。《中国古方志考·叙例》中则明确指出，《徐州先贤传》等"皆因篇卷撰人之纷错，以致数目并列，实皆一书之传讹"。②

刘芳撰《徐州人地录》（亦作《徐地录》《徐地记》）《北堂书钞》《太平寰宇记》（亦称《徐州记》）。原书为 20 卷，今已不存，其内容仅能从古代类书中考见一斑。如现存版本最早的类书《北堂书钞》卷一〇二中就有引文："徐州，取徐山为名，故伯温大彭国，春秋时为宋邑。"③宋初乐史编纂之《太平寰宇记》中也有 3 处摘引刘芳著作原文。从这些引文中可以看出，《徐州人地录》所记载的地域相当于今天的东至新沂、南至蚌埠、西至商丘、北至滕县这样一个幅员辽阔的地区。郑樵《通志·艺文略》、

① 张国淦：《中国古方志考》，中华书局 1962 年版，第 202 页。

② 张国淦：《中国古方志考》，中华书局 1962 年版，第 4 页。

③ 虞世南撰，孔广陶校注：《北堂书钞》，中国书店 1989 年版，第 390 页。

焦竑《国史·经籍志》均载《徐地录》一卷。然而此时的卷是否与唐代的一卷相同，就不得而知了。清代又有文廷式《补晋书艺文志》、章宗源《隋书经籍志考证》，这些都不过是目录学家们的钩沉补苴而已。从内容上能够予以辑录的是清人王谟的《汉唐地理书钞》，可惜唯存九牛一毛。

魏晋南北朝是一个“地理大发现”的时代，徐州地区先后出现了《徐偃王志》《徐州地理志》《徐州先贤传》《徐州人地录》《徐州记》等地记，编著数量较多，为徐州地方志书的修撰开创了先例。需要注意的是，当时地记的名称并不一致，记、志、录、传，而以记为主流，记、志又互为通用，都是记载的意思。正因为如此，后世目录学家著录时，往往便出现志作记、记作志的相互交换情况，如刘芳的《徐地录》，亦称《徐地记》，其实一书。

总而言之，两晋南北朝时期，徐州文化在继承两汉文化成就的同时，又进行了有意义的改革和创新，汉文化的“坚守”与多民族文化的“共融”，成为这一时段徐州区域文化发展的主体特征。

自晋朝建立至隋朝一统的300余年间，是中国历史上政治最动荡、社会最混乱、思想最迷茫、经济最无序的时代，国家四分五裂，人们生活朝不保夕，徐州则每每处于南北交争的“分界线”上。从民心看，徐州人更多倾向于“南朝”。从文化创造看，一是由连续战争所激发的英雄主义、爱国主义成为这一时期的徐州人文亮点，徐州人总是担负着推进国家统一、民族和解的历史大任；二是民族大迁徙促成了徐州人的“异地创造”，南下则助推江南，对南朝文化体系产生了巨大影响，北上则拉动北国，推动了多民族大融合，同时汉文化也融入了胡文化的一些元素，对汉文化的发展和创新起到了重要影响。这一时期的徐州文化，既带有分裂割据的时代烙印，也体现了民族大融合的多元特色。

第五章　隋唐宋元时期

进入隋朝以后，徐州隶属和辖领变化较为频繁，但徐州核心空间背景并未发生变化，依然处在古泗水、古汴水的交汇点上，借此而有着沟通江、淮、河、济之利。隋炀帝大业元年(605 年)至四年(608 年)，隋运河(通济渠、永济渠、古邗沟)沟通，原有“泗水之利”的徐州又有通济渠过境，其交通枢纽地位、军事战略地位都得到大幅度提升。加之农耕条件优越，物产非常丰富，人口增长迅速。至唐宋时期，社会安定，生产技术进步，士民文化娱乐活动丰富多彩，呈现出物阜民丰的富庶景象。南宋伊始，金兵南侵，社会动荡。待蒙古族崛起，大元一统，一个新的民族融合和文化交融的局面再次形成。

总体来说，借助上述政治、经济、交通等方面的有利条件，徐州既是一代漕运中心，又是强大的军事藩镇，因而人文荟萃，名家辈出，文化发展承前启后，独具风貌，整体呈现出昌盛之势。特别是唐代韩愈、白居易，北宋苏东坡等众多文人雅士聚集徐州，或在本地为官，或游历经过，留下了众多脍炙人口的诗词篇章，为徐州文化增添了浓墨重彩，推动徐州文化走向了一个新的全面繁荣阶段。

第一节　徐泗重镇与京东乐土

隋唐宋元时期，徐州之所以具有不同寻常的军事地位和文化条件，得益于这一时期的交通优势和资源优势。彭城曾是州治，还是彭城郡郡治、彭城县县治，并且是徐泗濠节度使与武宁军节度使驻节之地，足见其区位的重要性与特殊性。

一、交通优势和资源优势

交通优势来自“汴泗交流”。从滕县，经沛县、彭城县、下邳的四百里泗水，从萧县抵彭城县的二百里汴水，将徐州纳入汴泗水网。得水之利，徐州地区开放而富庶。通济渠开通后，徐州符离县的埇桥成为重要的水旱码头[①]。隋代符离县属彭城郡，唐代属河南道徐州。元和四年（809年）析徐州符离、蕲县及泗州的虹县初建宿州，因此，符离不再归属徐州。从隋初开皇元年（581年）到唐元和四年（809年），符离县（包括埇桥）归属徐州达230年，其间的漕运之利、水运之便，对徐州政治、经济、军事、文化的正面影响十分巨大。徐州作为东都洛阳与淮南扬州及江南各地的水路联系枢纽，具有关切王朝命脉的作用。

图5-1　汴泗交汇处

资源优势来自“利国”之铁及各县之蚕桑。本时期，徐州向朝廷“贡双丝绫、紬、绢”，淮阳军向朝廷“贡绢”，证明徐州地区的泗水两岸是丝绸之乡、鱼米之乡。关于唐代徐州的物产，《新唐书·地理志》有粗略的介绍：“徐州彭城郡……土贡：双丝绫、

① 运河要埠埇桥，今属安徽省宿州市，当时由徐州管辖。

绢、绵绌、布、刀错、紫石。……彭城,秋丘冶有铁。”[①]

朝廷从徐州纳取的贡品多达6种。《新唐书》还特别点到“秋丘冶”的冶铁业。秋丘,在今铜山区利国镇,旧有利国驿。利国驿历史悠久,远在秦汉之际,这里已开始采铜冶铁,为诸侯王国铸造铜币,后用作制镜。《汉书·食货志》载:“元封元年(前110年),卜式贬为太子太傅。而桑弘羊为治粟都尉,领大农,尽代仅斡天下盐铁。弘羊……乃请置大农部丞数十人,分部主郡国,各往往置均输、盐铁官。”[②]而据《汉书·百官表》载,其时,全国设铁官共五十郡县,今徐州境内,即有彭城县、沛县、下邳三处。《汉书·地理志》,在“楚国”所辖之“彭城县”下即予注明“有铁官”;在“沛郡”所辖“沛县”和“东海郡”所辖“下邳”下亦予注明“有铁官”[③]。宋太平兴国四年(797年),取炼铁利国利民之意,将秋丘改为利国,秋丘由“冶”升为“监”。

由此可见,徐州“州”虽不大,但物产丰富,位置重要,所以,经济繁荣和文化创造皆自然而然。

二、国家东土的稳固柱石

徐州由初唐、盛唐的和平之城变为中唐、晚唐的军事重镇,被一次次动乱推上历史舞台。因为“安史之乱”,徐州成为唐代名将李光弼的战争指挥部,此后又成为徐泗濠节度使、武宁军节度使的驻节之地。徐州的驻节度使制衡了山东及淮南的割据势力,从而使徐州成为国家安定的基石。

天宝十四年(755年)“安史之乱”爆发,战争区域主要在河北、山西、河南、陕西等地,徐州处在战争之外。经过8年的平叛之战,唐王朝重新部署军力,节度使制度得以推广。徐州之所以由不驻一兵一卒的和平之城升格为节度使行辕,主要还是得力于李光弼将军的独具慧眼,他以徐州为大本营,指挥着近乎一半数的朝廷军队,发起了对叛军的反

① 欧阳修、宋祁撰:《新唐书》卷三八《地理志二》,中华书局1975年版,第990页。
② 班固撰,颜师古注:《汉书》卷二四下《食货志下》,中华书局1962年版,第1174页。
③ 班固撰,颜师古注:《汉书》卷二八下《地理志下》,中华书局1962年版,第1638、1572页。

击,进而成为“安史之乱”的终结者。徐州也因此再显军事重镇的价值。

李光弼,营州柳城(今辽宁朝阳)人,契丹族。在平定“安史之乱”的8年战争中,他与郭子仪是两个战功最大的将军。上元二年(761年)五月,他奉诏出镇泗州。刚到临淮(泗州),诸将认为史朝义兵力尚强(号称90万),不敢与之正面较量,请求退保扬州。李光弼则说:“朝廷以我安危寄我,贼安知吾众寡?若出不意,当自溃。”[①]于是力排众议,舆疾就道,疾驱入徐州,并且一驻三年,直到积劳成疾,卒于镇所。因为李光弼的到来,徐州虽无节镇之名,却成为八路节度使的驻节之地。

驻徐期间,李光弼多次指挥平叛战役,战线从河南到浙江,横扫了唐王朝半壁河山,战功卓著。所以《资治通鉴》评价,因有李光弼的存在,才得以“东夏以宁”[②]。

或因长期驻节,李光弼对徐州有着感情,甚至在广德元年(763年)十月,吐蕃军攻陷长安,唐代宗诏令李光弼勤王,他都拥兵不赴。当年腊月,代宗返回京师。翌年二月,任命李光弼为东都(洛阳)留守,李光弼仍以江、淮运粮为由,领兵返回徐州,拒不就任。两次违抗朝命,不是李光弼心存叛逆,而是鉴于太监鱼朝恩、程元振把持朝纲,一再陷害忠良而采取了回避策略。唐代宗心知其忠贞,迎其母于长安厚加奉养,又命其弟李光进执掌禁兵。

广德二年(764年)七月十四日,李光弼卒于徐州,年57岁,谥曰“武穆”。《新唐书》本传称“光弼用兵,谋定而后战,能以少覆众。治师训整,天下服其威名,军中指顾,诸将不敢仰视。初,与郭子仪齐名,世称‘李郭’,而战功推为中兴第一”[③],即“再造唐朝”的第一功臣。如果说长安是唐王朝的政治中心,那么徐州则一度成为唐王朝平叛的前敌指挥中心。

李光弼去世后,朝廷命王缙代替他统领河南、淮西、山南东道诸行营。王缙是诗人王维的弟弟,在太原保卫战时就是李光弼的副手。他接任后,是否驻彭城,其本传不载,但从他的幕僚皇甫冉《奉和王相公早

---

① 欧阳修、宋祁撰:《新唐书》卷一三六《李光弼传》,中华书局1975年版,第4589页。

② 司马光编著,胡三省音注:《资治通鉴》卷二二二《唐纪三十八》,中华书局2013年版,第7337页。

③ 欧阳修、宋祁撰:《新唐书》卷一三六《李光弼传》,中华书局1975年版,第4590页。

春登徐州城》一诗中可以推定，王缙在接替李光弼节度使职任翌年，仍驻节于彭城。

三、徐州军民在国难中力挽狂澜

“安史之乱”后，徐州人享受了近 20 年的和平生活。唐德宗建中二年（781 年）十月，又一场战争爆发。该年春，成德节度使李惟岳、魏博节度使田悦与淄青节度使李正己三家请求承袭节度使之位，唐德宗不许，他们便联络了山南东道节度使梁崇义等联兵抗命，向朝廷发难。唐朝派淮西节度使李希烈等率兵讨伐。叛军遣其将领王温，会同魏博节度使派来增援的将领信都崇庆，联兵攻打徐州。徐州刺史李洧、彭城令白季庚手下兵微将寡，只好闭城防守。德宗发朔方军五千人前往救援，双方在七里沟一线激战，魏博、淄青军解围而走，他们数月前派往埇桥拦截江淮漕运的兵马也随之撤退，江淮漕运自此畅通。

节度使制度的确立，本来是为了国家安定。而唐王朝在中、晚唐时代的动乱，又大都源于节度使们的各自为政。考察驻节于徐州的武宁军节度使，情况又有不同。在唐相李泌的建议下，贞元四年（788 年），在徐州设置徐泗濠节度使。

贞元四年（788 年），李泌言于唐德宗道：“江淮漕运以甬桥为咽喉，地属徐州，邻于李纳，刺史高明应年少不习事，若李纳一旦复有异图，窃据于徐州，是失江、淮也，国用何从而致？请徙寿、庐、濠都团练使张建封镇徐州，割濠、泗以隶之，复以庐、寿归淮南，则淄青惕息而运路常通，江、淮安矣。及今明应幼骙可代，宜征为金吾将军。万一使他人得之，则不可复制矣。”①唐德宗应允，遂以张建封为徐泗濠节度使，驻节徐州。

张建封的驻节，印证了李光弼对徐州的战略判断，让徐州成为名正言顺的节度使重镇。而徐州的支配空间，也改为由西北，向东南，牢牢控制着长达五百里的江、淮漕运。徐州也因而成为护卫大唐王朝经济命脉的一道屏障。

---

① 司马光编著，胡三省音注：《资治通鉴》卷二三三《唐纪四十九》，中华书局 2013 年版，第 7736 页。

十三年后，即贞元十六年（800年），张建封病重，上书请求替代。朝廷的任命刚下，新的节度使尚未就任，张建封已薨。而张建封的部下便于当年五月十五日“劫建封子前虢州参军（张）愔令知军府事”。朝廷不许，发兵征讨，旋败，不得已，“除愔徐州团练使”[①]，并将泗、濠两州从徐州的管辖下划出。自选将帅，违抗朝廷，冒犯皇帝，故终唐德宗之世，张愔的“徐州团练使”“徐州留后”的名号都没有改变。直至唐德宗崩，唐顺宗即位，永贞元年（805年）三月十九日，朝廷才改命徐州军为武宁军，张愔为节度使。

“武宁”二字，既是朝廷的希望，又是徐州的实际。有武宁军在，则东方安宁。张愔担任节度使一年多，因病于宪宗元和元年（806年）上表请代。十一月十九日，征愔为工部尚书，以东都留守王绍接任武宁军节度使，并将濠、泗二州重新划归武宁军。

在徐州的东北与西南，平卢淄青节度使李师道与淮西节度使吴元济屡屡兴兵反叛。元和九年（814年），吴元济反叛，朝廷派兵讨伐。李师道图谋割据，便与吴元济联合谋划袭扰朝廷军队，屡次出兵侵犯徐州，武宁军则予以反击。次年六月三日拂晓，李师道派刺客刺杀了宰相武元衡，又击伤御史中丞裴度（幸堕水得活），制造了惊天大案。当年秋，再次进犯武宁军辖区的徐州、萧县、沛县。

武宁军节度使、徐州刺史李愿命牙将王智兴率步骑抵抗叛军。李师道部将王朝晏进攻沛县，王智兴率军迎战，将其击败。王朝晏逃回沂州。李师道另一部将姚海率领两万（一作五万）精兵围攻丰县，王智兴迂回至丰县北边，突袭姚海的军队，将其击溃。后来，王朝晏从沂州轻装突进，袭击沛县，夜里在狄丘与王智兴部遭遇，王智兴再次打败王朝晏，乘胜追击，斩首两千余级，至平阴而还。

元和十三年（818年），朝廷大军讨伐李师道，王智兴率领步兵、骑步八千人驻扎胡陵（今沛县龙固镇），与忠武军会合。他将骑兵交给儿子王晏平、王晏宰率领，让他们作为先锋，自己率领军队接应。王智兴

① 司马光编著，胡三省音注：《资治通鉴》卷二三五《唐纪五十一》，中华书局2013年版，第7810、7811页。

破坏黄河桥梁，收复黄队，进攻金乡，攻占鱼台，俘斩叛军数以万计。叛乱平定后，王智兴因功升任御史中丞，次年被任命为沂州刺史，再后来升任武宁军节度副使、武宁军节度使、宣武军节度使等职。

中唐以后，藩镇格局之下的朝藩博弈给徐州地区留下了深刻的历史记忆，但因徐泗濠节度使及武宁军节度使的百年存在，给地方带来繁荣，给国家带来安定，恰如支撑大唐东土的稳固柱石。

四、誓死抗金的徐州地方官

靖康二年（1127年）三月，金册立张邦昌为傀儡皇帝（仅维持了32天）后，一度收缩兵力。金人退后，南宋又在徐州一带重建地方政权，任命王复为徐州知州。

建炎三年，金人自袭庆府引兵围徐州，“复与男倚同守城，率军民力战。外援不至，城陷，复坚坐听事不去，谓粘罕曰：‘死守者我也，监郡而次无预焉，愿杀我而舍僚吏百姓。’粘罕欲降之，复谩骂求死，阖门百口皆被杀。巡检杨彭年亦死焉。”①王复据险坚守徐州时，命令身为武卫都虞侯的赵立督战。赵立被多支飞箭射中，却越战越勇。因为他的英勇，王复含热泪酌酒慰劳。后来城池陷落，王复及其家人全部被杀，只有独子王佾因事先离去而幸免。徐州教授郑褒、巡检杨彭年，都因激愤骂敌而死。徐州失陷后，赵立即和金兵开展了巷战，在突围时，被敌击晕倒地。是夜，天降小雨，赵立苏醒，杀掉金军守卫，入城找到王复的尸体，哭着用手掩埋。不久，赵立暗中联系乡民，志在收复。当得知金人有意北归时，赵立率领部下追杀，切断金兵的退路，夺得舟船锦帛数以千计，趁机招募乡兵，重新夺回了徐州。建炎四年（1130年），赵立在楚州（江苏淮安）力战牺牲②。“战”而保城，“骂”而求死，王复是宋朝忠臣，赵立是徐州英雄！

对于生活在这种大变革时代的徐州人来说，如何选择自己的立场，

① 脱脱等撰：《宋史》卷四四八《忠义三·王复传》，中华书局1977年版，第13216页。

② 详见本书第九章第三节《军事人才与思想》。

如何表达自己的国家忠诚、民族忠诚,无疑是一个既关系到自己的生死存亡,又关系到“政治节操”的大问题。当那个文化昌明的“北宋”遭逢金兵的铁骑而蜕变为“南宋”时,徐州人的忠诚遂升华为保家卫国的壮举。战争,不是“传奇故事”,两宋之交的徐州战争,以血与火的洗礼,让徐州人的英雄主义、爱国主义大放异彩。

第二节 刘知几的史学理论体系

以刘知几为代表的“彭城丛亭里刘氏”学术群体的出现,可以视为盛唐时代徐州文化昌明的一个标志。对中国史学的建构而言,刘知几《史通》一书也具有学术奠基的价值。

刘知几出生在徐州一个学养深厚的仕宦之家。其曾祖刘珉,为北齐睢阳太守;祖父刘务本,为隋留县长;从祖刘胤之,任弘文馆学士,参与国史及实录编纂,封阳城县男,出为楚州刺史;从叔刘延祐,举进士,历右司郎中、检校司宾少卿,封薛县男,出为箕州刺史,转安南都护,为国牺牲;其父刘藏器,长于词学,唐高宗时为侍御史,迁比部员外郎;其兄知柔,历荆、扬、曹、益、宋、海、唐等州长史、刺史、户部侍郎等,出任工部尚书、东都留守;其兄知章,亦以文辞知名于世[①]。可以毫不夸张地说,这样一个家庭,就是一个“学术团体”。

因为汉高祖刘邦封其弟刘交为楚王,都于彭城,所以彭城刘姓人往往以楚元王刘交为宗。刘知几祖居彭城丛亭里,他对此心存疑惑,于是搜罗谱牒,较比源流,著《刘氏谱考》三卷,推知汉皇刘姓乃为陆终苗裔,非《史记》所断帝尧之后;而彭城丛亭里诸刘,则出自汉宣帝子楚孝王刘嚣曾孙司徒居巢侯刘恺(应作“般”)之后。弄清了自己的世系,刘知几暗下决心:日后若能受封,必然以“居巢”为名。果不其然,因参修《则天实录》之功,刘知几被封为“居巢县子”。乡人遂号其乡为“高阳乡”,称其里为“居巢里”。

① 参阅欧阳修、宋祁撰《新唐书》卷一三二《刘子玄传》,中华书局1975年版,第4519—4522页。

刘知几学史，先从《左传》起步，后又通读了《史记》《汉书》《三国志》。17岁时，已将唐朝之前的十五史“窥览略周”。高宗永隆元年(680年)，刘知几20岁，射策登朝，高中进士，授获嘉县主簿。他对这份负责文案的“闲职”心满意足，此后19年没有升迁。刘知几往来于京、洛二地的皇家图书馆，查阅典籍，“旅游京洛，颇积岁年，公私借书，恣情披阅”[①]，即是他的求知写照。直到武后圣历二年(699年)39岁时才奉调入京。

刘知几抵达长安，初任右补阙、定王府仓曹。而这“补阙”“仓曹”的工作还没有接手，刘知几就参与了《三教珠英》的修撰。《三教珠英》1300卷，两年多才修成。他自述道：“长安二年(701年)，余以著作佐郎兼修国史，寻迁左史，于门下撰起居注。”[②]著作佐郎为从六品上，左史又名起居郎、起居舍人，初属门下省，再属中书省，负责记录天子的一言一行。官职不高，受任者却因仰承天颜而怀幸。长安三年(702年)，武后诏修唐史，刘知几正式参与了修撰国史的工作。与此同时，他开始撰写《史通》。此后数年，其职务时有升迁，但皆在内阁，且修史之任不变。晨钟暮鼓，爬梳简册，刘知几和他的同僚撰成的官方史书计有《三教珠英》《文馆词林》《族姓系录》《高宗后修实录》《太上皇实录》《睿宗实录》《则天实录》《中宗实录》等。

《史通》，是刘知几对自己修史实践、读史心得的总结，也是他对中国历史学科的理论建构。《史通·叙事》中说：“自汉已降，几将千载，作者相继，非复一家，求其善者，盖亦几矣。”其《浮词》篇又云：“嗟乎！自去圣日远，史籍逾多，得失是非，孰能刊定？假有才堪厘革，而以人废言，此绕朝所谓‘勿谓秦无人，吾谋适不用’者也。”[③]由此可见，刘知几对此前流行的史识、史论不满，所以他“退而私撰《史通》，以见其志”，将厘定群史、商榷史篇看成是自己的责任和使命。

《史通》一书，何以为“通”？作者在《原序》中有所交代：“昔汉世诸儒，集论经传，定之于白虎阁，因名曰《白虎通》。予既在史馆而成此书，

① 刘知几撰，黄寿成校点：《史通》，辽宁教育出版社1997年版，第85—86页。
② 刘知几撰，黄寿成校点：《史通》，辽宁教育出版社1997年版，第1页。
③ 刘知几撰，黄寿成校点：《史通》，辽宁教育出版社1997年版，第49页。

故便以《史通》为目。且汉求司马迁后，封为‘史通子’，是知史之称‘通’，其来自久。博采众议，爰定兹名。”[①]至景龙四年（710年）二月，《史通》全书完工，凡二十卷。好友徐坚读后，赞叹道：“居史职者，宜置此书于座右！”[②]

《史通》一书，分内外篇，各十卷。前有《序录》，为全书序言。内篇39篇，外篇13篇，共52篇。因内篇《体统》《纰缪》《弛张》3篇已佚，今本《史通》存49篇。其内容概分四大类：史学发展史、历史编纂学、历史文献学、著书宗旨和历史评论。放到历史学的发展过程中衡量，《史通》的出现，标志着中国史学结束了有史无论的状态。当然，《史通》之前，中国史学还是有“历史论”的，但其理论分散而无系统。《史通》出，中国史学因为营构了自己的理论体系而成为一门学问、一项科学。

开元九年（721年），刘知几的长子刘贶为太乐令，因犯事而被流放。刘知几诣执政诉理，触怒唐玄宗，被贬为安州都督府别驾。刘知几、刘贶父子满含悲愤离开长安，经长途跋涉，抵达安州。因一路劳顿，水土不服，刘知几一病不起，溘然长逝。过了几年，唐玄宗又想起了刘知几，命写《史通》以进上，越读越感到是一部好书，于是追赠他为汲郡太守，不久又赠工部尚书，谥曰“文”，也算对刘知几的一种追认吧。

第三节　白居易、韩愈、范仲淹的徐州情结

武宁军驻节彭城，彭城遂有了“兵城”气象。在这“兵城”的背景下，却有白居易、韩愈、范仲淹点缀了的文化现象。诗词并峙的文学高峰，代表了徐土文化新的辉煌[③]。

① 刘知几撰，黄寿成校点：《史通》，辽宁教育出版社1997年版，第1页。
② 刘昫等撰：《旧唐书》卷一〇二《刘子玄传》，中华书局1975年版，第3171页。
③ 详见本书第十二章第三节《唐宋文学的空前繁荣》。

一、白居易的徐州故乡情

白居易(772—846),字乐天,号香山居士,祖籍山西太谷县,后迁下邽(今陕西渭南),出生在河南新郑。其父白季庚,建中元年(780年)由宋州司户参军改授徐州彭城令,9岁的白居易随父抵徐州。考虑到安全因素及交通便利,白季庚将家眷安排在埇桥(时属彭城县,今安徽宿州符离集)居住。当时白居易的六兄任符离主簿,外祖父陈润任徐州丰县尉,叔父白季般任徐州沛县令,亲属多聚集徐州一带。所以,白居易得以在徐州安稳度过他的青少年时光。直至贞元二十年(804年)随父迁离,其在徐州客居23年之久①。

建中二年(781年)末,白季庚曾辅助徐州刺史李洧抵御王温、崇庆率领的叛军,据守城池,对徐州有捍卫、治理之功;而徐州对白居易一家也有"安居"之恩。因此,白居易从10岁到25岁皆以徐州为家乡。白居易15岁时,曾有《江南送北客,因凭寄徐州兄弟书》一诗,书写情怀:

> 故园望断欲何如?楚水吴山万里余。今日因君访兄弟,数行乡泪一封书。②

此诗写于他南下越中,做客杭州之时(其堂兄为杭州县尉)。这是白居易传世最早的诗作,思乡对象即是徐州。另有《自河南经乱,关内阻饥,兄弟离散,各在一处。因望月有感,聊书所怀,寄上浮梁大兄、於潜七兄、乌江十五兄,兼示符离及下邽弟妹》一诗,写于唐德宗贞元十五年秋(799年)至十六年春(800年)之间。其时,诗人18或19岁,居彭城县符离。此诗所言"弟妹",有和诗人同居符离者,也有仍居故乡下邽者。

> 时难年荒世业空,弟兄羁旅各西东。田园寥落干戈后,骨肉流离道路中。吊影分为千里雁,辞根散作九秋蓬。共看明月应垂泪,一夜乡心五处同。③

---

① 蒋艳、李萧:《白居易徐州行迹考》,《徐州工程学院学报(社会科学版)》2012年第3期,第58页。

② 白居易著,顾学颉校点:《白居易集》,中华书局1979年版,第262页。

③ 白居易著,顾学颉校点:《白居易集》,中华书局1979年版,第267页。

所谓“乡心”，包括了“故乡之心”和“他乡之心”。“五处”，当指白居易长兄白幼文作主簿（798—799年在任）的“浮梁”、白居易叔父白季康的长子作县尉的“於潜”、白居易的从兄白逸作主簿的“乌江”，以及其父白季庚作彭城县令、徐州别驾的居地“符离”和白氏故乡“下邽”。这五个地方，都有“亲人”，所以都有“乡心”。

白居易的《长相思二首》其一，其写作背景，辽阔千里，但起点也是徐州——汴水、泗水交汇于此：

> 汴水流，泗水流，流到瓜洲古渡头，吴山点点愁。思悠悠，恨悠悠，恨到归时始方休，月明人倚楼。①

二、韩愈对徐州的依恋与情结

韩愈（768—824），字退之，洛阳孟州人，唐代著名文学家。韩愈虽生于仕宦之家，童年却极为艰辛。其父韩仲卿任秘书郎，长兄韩会在江南为小官，二兄、三兄皆早逝。大历五年（770年），韩愈刚刚3岁，其父病逝，年长韩愈30岁的长兄韩会将其抚养成人。韩愈生母并非明媒正娶，或因其生母为奴婢身份，只能呼之为“乳母”。而韩愈的乳母，就是徐州人。

韩愈《乳母墓铭》载：“乳母李，徐州人，号正真，入韩氏，乳其儿愈。愈生未再周月，孤失怙恃，李怜不忍弃去，视保益谨，遂老韩氏。”韩愈对李正真的感情溢于言表：“时节庆贺，辄率妇孙列拜进寿。”元和六年（811年），乳母去世，下葬之日，“愈率妇孙视窆封，且刻其语于石，纳诸墓为铭”②。面对严格的封建等级制度，韩愈敢于突破藩篱，终究是真爱的流露。

韩愈到徐州来，因为一次兵乱。贞元十五年（799年），宣武军节度使董晋去世。董晋死后不到10天，宣武军发生兵乱。韩愈因感念董晋知遇之恩，特地护送董晋灵柩去洛阳而躲过此劫。由于这场兵乱，韩愈

① 白居易著，顾学颉校点：《白居易集》，中华书局1979年版，第1534—1535页。

② 屈守元、常思春主编：《韩愈全集校注》，四川大学出版社1996年版，第1848页。

的家人东逃至彭城。韩愈得知情况后，从洛阳赶往徐州，得以与乳母一起回到故乡，而且经人介绍认识了张建封，成为忘年之交。

张建封(735—800)，字本立，邓州南阳人，自父辈起即寓居兖州。其父是勇杀安禄山部将李廷伟的张玠。张建封自幼受父亲影响，喜读书，好属文，慷慨负气，常以武功自许，在家族子弟中排行十三，人称“张十三”。他曾参与平定“安史之乱”，宝应(762年)年间随李光弼、马日新平定河南，于贞元四年(788年)出任徐州刺史，兼御史大夫、徐泗濠节度、支度营田观察使。七年(791年)，晋位检校礼部尚书。十二年(796年)，加检校右仆射[①]。韩愈较张建封年幼33岁。张建封有二妻，均为徐州人，皆姓刘，生十一男七女。张愔是张建封第三子。张建封去世后，徐州兵抗拒朝廷诏命，推举张愔做了“徐州留后”。

韩愈与张建封之间，除了军务、政务联系，还建立了诗文的联系。韩愈为张建封打马球献诗《汴泗交流赠张仆射》，张建封读罢，写了一首《酬韩校书愈打毬歌》唱和。二诗生动描绘了唐代徐州的马球运动，佐证了徐州体育文化的千年传统，展示了中国古代体育运动与军事训练相结合的普遍模式，成为徐州体育史乃至中国古代体育史的重要文献。

韩愈接到张建封的和诗后，又写了一篇《上张仆射第二书》，从对“马”的意外伤害，说到对“人”的意外伤害，其情切切，其意殷殷，在“体育运动”的层面之外，蕴含着朋友之间深厚的友谊。

韩愈与张建封，都是“徐州之子”，他们在徐州留下了不同的文化遗产。张建封拱卫徐州，安定大唐东土。张建封的儿子张愔，除了完成其守土之责之外，还留下了燕子楼及燕子楼上与关盼盼的故事。

三、范仲淹与徐州的生死之缘

岳阳楼不在徐州，但撰写《岳阳楼记》的范仲淹则与徐州大有缘分，而且是“生死之缘”。

范仲淹(989—1052)，字希文，北宋著名的政治家、军事家、文学家，

① 欧阳修、宋祁撰:《新唐书》卷一五八《张建封传》，中华书局1975年版，第4939—4940页。

苏州吴县人。其曾祖父范梦龄为吴越国粮料判官。祖父范赞时为吴越国秘书监,掌王府图籍。父范墉,博学,善属文,佐诸王幕府。太平兴国三年(978年),范墉随吴越国王钱俶归降北宋,历任成德军(正定)、武信军(遂宁)、武宁军(徐州)节度掌书记。自唐代至北宋,武宁军节度使均驻节徐州。

范仲淹在徐州出生。其父范墉时任武宁军(徐州)节度掌书记。由南宋楼钥编撰、范仲淹五世孙范之柔校正的《范文正公年谱》记载:"太宗皇帝端拱二年己丑秋八月丁丑,公生于徐州节度掌书记官舍。"①

范仲淹出生后第二年,父亲在徐州任上病故,归葬平江天平山祖茔。他随母亲送葬,回到苏州。在他4岁那年,母贫无依,改嫁平江推官朱文翰,范仲淹改名"朱说"。后来,随继父至朱氏故乡淄州长山县。23岁时,范仲淹知道自己身世后,感泣辞母,赴南都求学,终于在大中祥符八年(1015年)进士及第,迎母归养,天禧元年(1017年)复范姓。此后,范仲淹宦海沉浮,开始了波澜壮阔的政治生涯。

范仲淹去世于徐州。皇祐三年(1051年),他已63岁,以资政殿学士、户部侍郎知青州兼淄潍登莱沂密徐州淮阳军安抚使等职,因病乞知颍州。次年,接到改知颍州的任命,抱病南下,路过徐州,病重。徐州知州、老部下孙沔(字元规)挽留他在徐就医。范仲淹留徐治病月余,自感时日不多,写下《遗表》,仍然心系国事,不干私泽,表现出心忧天下、坦荡无私的高尚情操。表中说:"请麾上颍,盖遭拙疹之未平;息鞍东徐,益觉灵医之不效。……伏望陛下调和六气,会聚百祥,上承天心,下徇人欲。"但他最终医治无效,病逝于徐州馆舍。富弼《范文正公墓志铭》云:"皇祐四年夏五月二十日甲子,资政殿学士、户部侍郎范公以疾薨于徐。吏走驿马,以公丧闻,天子感慨,一不御垂拱殿朝,特赠兵部尚书。太常考行,谥'文正'。"②

---

① 李勇先、王蓉贵校点:《范仲淹全集》,四川大学出版社2002版,第864页。

② 李勇先、王蓉贵校点:《范仲淹全集》,四川大学出版社2002年版,第427、864页。

第四节 经久不衰的苏轼文化影响

北宋熙宁十年(1077年)四月至元丰二年(1079年)三月,大文豪苏轼任徐州知州,在徐一年零十一个月。苏轼知徐州正值40周岁,他率民抗洪,兴建黄楼,寻找煤炭,劝农耕桑,展示了一州之长卓越的政治才能。同时,他创作了300余篇(首)诗词文赋,还有书法和绘画作品,为徐州这座古城留下了宝贵的文化遗产和精神财富。所以,苏轼文化在徐州文化史上有着崇高的地位和恒久的生命力。

一、为政业绩

(一) 抗洪保城,兴建黄楼

熙宁十年(1077年)初,苏轼由密州调任河中府(今山西运城)知州,未上任而改任徐州知州。苏轼一行于四月二十一日抵达徐州,陪同前来的还有他的弟弟苏辙、王夫人和他的儿子等。七月十七日,黄河在澶州(河南濮阳)曹村决口,洪水向东南灌流,泛滥于梁山泊,又溢涨于南泗水。八月二十一日,洪水就抵达了徐州城下。《宋史·苏轼传》扼要记载了这次抗洪的经过:

> 城将败,富民争出避水。轼曰:"富民出,民皆动摇,吾谁与守?吾在是,水决不能败城!"驱使复入。轼诣武卫营,呼卒长曰:"河将害城,事急矣,虽禁军且为我尽力。"卒长曰:"太守犹不避涂潦,吾侪小人,当效命。"率其徒持畚锸以出,筑东南长堤,首起戏马台,尾属于城。雨日夜不止,城不沉者三版。轼庐于其上,过家不入,使官吏分堵以守,卒全其城。复请调来岁夫增筑故城,为木岸,以虞水之再至。朝廷从之。①

① 脱脱等撰:《宋史》卷三三八《苏轼传》,中华书局1977年版,第10808—10809页。

苏轼"吾在是,水决不能败城"一语铿锵有力、掷地有声。他置身家性命于不顾,庐居于城上,过家门而不入,身先士卒,妥当部署,稳定民心,筑堤护城,带领徐州军民与滔天洪水展开了一场殊死的战斗。抗洪最终取得了胜利,徐州古城和人民免于一次洪水的灭顶之灾。这是苏轼一生为政经历中最为惊心动魄的一次生死考验。他与徐州军民一起修筑的城南抗洪大堤,后来被称为"苏堤",如今发展成为徐州市区一条干道——苏堤路。

洪水退后,为预防后患,他又上书朝廷,请求蠲免徐州赋税,增筑外小城。次年,朝廷赐钱 2410 万,筹集常平钱 634 万、米 1800 余斛。苏轼募集 7400 多民夫进行城防设施建设,加固城墙,筑牢堤岸,在河流要冲增筑木桩堤岸 4 处,并在城墙最为薄弱处——外小城东门兴建了一座十丈高楼,以黄土涂抹墙壁,取名"黄楼",寓意土能胜水,镇伏水患。黄楼的建成,将这次抗洪胜利凝聚成了一个永恒的文化景观。正如苏轼在《黄楼致语口号》一诗中所写的那样:"谁凭栏干赏风月,使君留意在斯民。"①黄楼作为苏轼徐州时期一座勤政爱民的历史丰碑,已然具有了他遗爱徐州千载的文化地标意义。

(二) 劝农耕桑,心系民生

苏轼在徐州期间留下的与农业生产相关的活动足迹、诗文作品,对于我们了解他的劝农思想、悯农情怀具有较高的文史价值,对于今人牢固树立民为邦本的观念也具有教育意义。

抗洪后的第二年春天,徐州遭遇了严重的干旱。为了缓解旱情,苏轼打听到徐州城东 20 里处有一石潭,与泗水相通,且与泗水的涨落清浊相呼应。当地百姓告诉苏轼,如将虎头(狗头骨)放到石潭中,可以招来雷雨。为了及时缓解旱情,苏轼亲自前往石潭祷雨,于是就有了著名的《徐州祈雨青词》和《起伏龙行》诗文。这类作品绝非是苏轼的游戏之作,而是抗旱救灾措施的真实记录,充满着苏轼悲天悯人、关心百姓疾

① 张志烈、马德富、周裕锴主编:《苏轼全集校注·诗集八》卷四六《帖子词口号六十五首》,河北人民出版社 2010 年版,第 5434 页。

苦的人道主义情怀。

元丰元年(1078年)十二月,经冬无雪,苏轼又先后前往雾猪泉和灵慧塔祷告祈雪。苏轼在徐州还十分关心囚犯的健康,视察监狱并上书皇帝,建议州县牢狱皆选差曹司、医人,专门负责囚犯治病事宜。

(三) 开采煤炭,利国益民

苏轼在徐州任职期间的另一件重要事件,就是发现和开采煤炭。对此,研究中国煤炭史、科技史者无不给予高度重视和评价。徐州蕴藏着丰富的煤炭,但历来无人知晓。苏轼到徐州后,便不失时机地派人寻矿,终于在徐州西南50里的白土镇发现了品质优良、储量丰富的煤田。为此,他写下了著名的诗篇《石炭(并引)》:

> 彭城旧无石炭。元丰元年十二月,始遣人访获于州之西南白土镇之北。以冶铁作兵,犀利胜常云。
>
> 君不见,前年雨雪行人断,城中居民风裂骭。湿薪半束抱衾裯,日暮敲门无处换。岂料山中有遗宝,磊落如磬万车炭。流膏迸液无人知,阵阵腥风自吹散。根苗一发浩无际,万人鼓舞千人看。投泥泼水愈光明,烁玉流金见精悍。南山栗林渐可息,北山顽矿何劳锻。为君铸作百炼刀,要斩长鲸为万段。①

苏轼在徐州发现煤炭这一事件意义重大,而且是多方面的,其直接意义有以下几点:

其一,解决了普通居民冬天烧火取暖问题。看到城中居民在寒风雨雪中煎熬,而薪柴非常稀缺,他悲悯交加;找到煤炭,解决了民生难题,他如释重负,因而整首诗充满了欣喜之情。

其二,有效解决了利国监冶铁的燃料供应问题。苏轼在《徐州上皇帝书》中谈及徐州利国监冶铁问题,冶铁是需要燃料的,而砍伐"南山栗林"不仅破坏了生态环境,而且也很难持续。白土镇煤炭的发现,保障了徐州利国监冶铁的燃料需求,锻造的兵器也犀利异常。

① 张志烈、马德富、周裕锴主编:《苏轼全集校注·诗集三》卷一七《古今体诗五十三首》,河北人民出版社2010年版,第1886页。

其三,拉开了徐州使用和开采煤炭千年历史的序幕。白土镇煤炭的发现,奠定了徐州后来作为中国重要煤炭基地的地位,为徐州后来发展成为国家重要的能源基地提供了契机。

其四,保护了徐州地区宝贵的林木资源。据有关文献记载,北宋时期,是中国北方林木系统遭到严重破坏的时期。无论是利国监的冶铁,还是白土镇的烧窑,都要消耗大量的木材与木炭,这势必造成对林木的过度砍伐与环境的破坏。苏轼在诗中写道"南山栗林渐可息,北山顽矿何劳锻",正说明他已经意识到生态保护问题,实在是难能可贵的。

元丰二年(1079年)三月,苏轼接到调任湖州(今属浙江)的诏命。当父老闻知他要调离徐州,纷纷前来追送。父老献酒献花,倾诉抗洪斗争中凝结的情谊。种种感激的语言,引得苏东坡不禁热泪潸然。他在诗中告慰父老说:"暂别还复见,依然有余情。"①

二、文学成就

苏轼在政务之余,还创作了大量的诗文作品,既反映了他这一时期生活为政的方方面面,也展示了他这一时期的心路历程。

苏轼的诗或直面现实,或唱和应答,诗歌的平易化和议论化是其突出的特色,其《石炭(并引)》诗第一次把开采煤炭的题材写到了诗里,最早揭开了煤炭文学的第一页。诗歌名篇还有《九日黄楼作》《登云龙山》《百步洪二首并叙》《送参寥师》《送蜀人张师厚赴殿试二首》《罢徐州,往南京,马上走笔寄子由五首》等。

苏轼的词进一步打破了词为"艳科"藩篱,第一次用词的形式描写农村田园风光。代表作名篇有《浣溪沙·徐门石潭谢雨道上作五首》《永遇乐·明月如霜》《江城子·别徐州》等。

苏轼的散文或陈辞治国为政方略,或对历史人生哲理感悟,或对现实委婉讽喻,可谓内容多元,形式多样,文笔斐然。被收入《古文观止》

① 张志烈、马德富、周裕锴主编:《苏轼全集校注·诗集三》卷一八《古今体诗四十九首》,河北人民出版社2010年版,第1955页。

的《放鹤亭记》是苏轼这一时期的不朽名作，徐州云龙山及放鹤亭由此名闻遐迩，成为人们争相登临的游览胜地。其在徐创作的散文代表名篇还有《徐州上皇帝书》《宝绘堂记》《眉州远景楼记》《游桓山记》《日喻》等。

苏轼是继欧阳修之后北宋文坛的领袖。来徐之前，苏轼已结识“苏门四学士”中的张耒和晁补之。在徐期间，又有秦观和黄庭坚名列门下。苏轼十分赏识秦观的诗才，而秦观更为敬仰苏轼，曾写诗云：“我独不愿万户侯，唯愿一识苏徐州。”[①]黄庭坚后来被尊为江西诗派的鼻祖，时人常以“苏黄”并称，但黄庭坚终身以苏门弟子自居。“苏门六君子”之一的彭城诗人陈师道曾受苏轼推荐做徐州教授。九月九日的黄楼盛会，众多名人雅士聚会徐州，诗词唱和，留下许多不朽篇章，这不仅是徐州历史上的盛事，也是中国文学史上的一大佳话。追随他的这批文学俊才与苏轼一起畅游徐州的山山水水，至今云龙山等处仍刻有他们的名字，如苏辙、颜复、张师厚、张天骥等。苏轼在徐的诗集因此称为《黄楼集》。四川同乡张师厚赴京应试，专程来徐州拜谒苏轼，以求指教。张辞行时，苏轼赠诗留念。徐州的云龙山、放鹤亭、百步洪、燕子楼、快哉亭等名胜，都因苏轼的诗作而熠熠生辉，光耀千古。

三、文化精髓

苏轼知徐州时期，勤政爱民，通达务实，寓意于物，排解忧患，热爱生活，为徐州这座文化古城留下了宝贵的文化遗产，也为徐州这座文化古城增添了新的亮色。梳理探析苏轼徐州时期的思想文化遗产，最为突出的是黄楼精神和放鹤情怀。

（一）黄楼精神，遗爱于民

苏轼为什么要建这座黄楼？清人赵翼在《瓯北诗话》中评说：“东坡所至好营造。守徐州时……乃拆项羽霸王厅材，筑黄楼于城东门，诸名

① 秦观撰，徐培钧笺注：《淮海集笺注》，上海古籍出版社1994年版，第135页。

人王定国、秦少游、黄鲁直及弟子由，作诗赋以张之……斯固其利物济人之念，得为即为之，要亦好名之心，欲借胜迹以传于后……徐州黄楼虽已无存，而其名尚在人耳目间，名流之用心深矣。”[①]其建黄楼虽有扬名后世之意，但准确地讲，主要还是“遗爱于民”。

苏轼在徐州时期表现出的以“遗爱”为内核的“黄楼精神”，具体展现在：

其一，勤政爱民的进取意识。苏轼的进取之心在身处逆境时更显得可贵，表现为积极进取、关注现实和爱民重生、同甘共苦的精神。苏轼思想始终以儒家的仁政爱民思想和民本思想为主，以致君尧舜、建设仁政爱民为其社会理想。所以，“勤政爱民”也就成了苏轼为人、为文的重要内容。苏轼善待生命，以仁人之心，所到之处做了他力所能及的善事实事。苏轼用平等的眼光看待囚犯，认为囚犯也享有生存的权利；不仅落实医疗费用，还奖励有成绩的医疗人员，他以平等仁爱之心关爱每一个生命，可见其光辉的人道主义精神。更值得赞赏的是，为了永保一方安定，苏轼能够站在较高的视角提出高瞻远瞩的建议。苏轼在《徐州上皇帝书》中全方位阐述了徐州“南北之襟要”的战略意义，指出当时安全隐患，并提出了切实可行的方案，并且主动提出“愿复三年守徐”[②]。

其二，务实明道的实践理性。务实理性是中国农耕文化形成的一种传统精神，务实就是讲究实际，从实际出发，实事求是地解决问题。整体来看，苏轼在遭受打击之后外任徐州，他不沉溺于虚无缥缈，而是脚踏实地、兢兢业业地做好本职工作，把体察民情、服务人民作为他的出发点和归宿。作为一名地方长官，他在《徐州上皇帝书》中，从徐州的现实出发，从政治、经济、军事各个角度提出具体的办法，体现出文人与官员的双重身份、双重思维。

其三，情深义重的人伦情怀。所谓人伦是人与人之间基本的道德关系。苏轼在徐州时期交游广泛，同时也时常有亲友来探访，形成了独特的文人圈。苏轼为人豪爽随性，富有人格魅力，表现在君臣关系中能

---

① 赵翼著，霍松林、胡主佑校点：《瓯北诗话》，人民文学出版社 1963 年版，第 68—69 页。

② 张志烈、马德富、周裕锴主编：《苏轼全集校注·文集四》卷二六《奏议》，河北人民出版社 2010 年版，第 2977、2979 页。

够忠君爱民，心系社稷；兄弟手足之间，能够唱和互勉；朋友之间，能够互帮互谅，重情重义。他在徐州期间或与州吏、文人学士，或与僧人、道士、歌妓舞女，或与平民百姓，皆能以一种亲和感友好相处，如舒焕、孙勉、颜长道、张天骥、寇元弼、马盼盼等；另一方面，苏轼与一批故友保持长久友谊，或互通书信，或互相探访，与他年纪相仿的有滕达道、刘贡父、李公择、文与可等，比他年轻的有王巩、秦观、欧阳仲纯、晁补之、李清臣等，还有一些方外之人，如诗僧参寥子、道士戴日祥等。苏轼对友人的至诚至信，不仅包含了他对百姓的仁爱之心，更有着朋友间的互相体谅、互相劝慰、互相信任之情。

（二）放鹤情怀，寓意于物

苏轼知徐州期间，内心始终充满矛盾、忧虑。在这些矛盾、忧虑中，有其对弟弟子由离别的思念，有对自己未老先衰的忧生之嗟，有对徐州气候不适的苦恼，有对王安石变法弊端的不满，有对新旧党争残酷的忧惧，有对仕与隐的彷徨，等等。诸多的矛盾、忧虑，使这一时期的苏轼对人生的变幻无常、"吾生如寄"的感受最为深切。苏轼的可贵之处在于他并没有被这些矛盾、忧虑所压倒，而是以放鹤情怀、"寓意于物"的审美态度，从容面对，实现了对失意人生的诗意超越。

其一，人生无常，"吾生如寄"。苏轼在徐州的诗作中多处表现了"吾生如寄"的思想和人生态度，这也贯穿于他的一生。而"吾生如寄"作为一个完整的表述是在徐州。《答吕梁仲屯田》："人生如寄何不乐，任使绛蜡烧黄昏。宣房未筑淮泗满，故道湮灭疮痍存。"在《过云龙山人张天骥》一诗中，更是直接用了"吾生如寄"——"吾生如寄耳，归计失不早。故山岂敢忘，但恐迫华皓。从君好种秫，斗酒时自劳。"①《罢徐州，往南京，马上走笔寄子由五首》其一："吾生如寄耳，宁独为此别？别离随处有，悲恼缘爱结。"②在以后的诗作中，苏轼亦多次使用"吾生如寄

① 张志烈、马德富、周裕锴主编：《苏轼全集校注·诗集三》卷一五《古今体诗六十一首》，河北人民出版社2010年版，第1609、1540页。
② 张志烈、马德富、周裕锴主编：《苏轼全集校注·诗集三》卷一八《古今体诗四十九首》，河北人民出版社2010年版，第1951页。

耳”。可见,从徐州表现出来的这一思想在其心中的位置。在苏轼看来,生命的本质在于“寄寓”,即由于生命的有限性,人的肉体和性情不能长居,只能是短暂的“寄寓”。苏轼“吾生如寄”的思想表现了一种深沉的忧患意识,这与他的儒家悲天悯人、忧国忧民的民本思想是一致的。

其二,超乎功利,寓意于物。苏轼在徐州时期与隐者张山人过往甚密,写下了著名的《放鹤亭记》。文中,苏轼在与山人的问答之间,欣赏飞鹤的“清远闲放,超然于尘垢之外”[①]的自由高洁,流露出对张山人“隐居之乐”的羡慕之情和对适意自由人生的向往。但是苏轼也清醒地认识到南面之君与隐居者的区别,因为个体社会身份、社会地位不同,对待外物的态度方式也就有所不同。隐士可以独善其身,与鹤共沐朝夕;处于高位的南面之君却不能过分沉溺于物,玩物丧志,否则可能会像卫懿公那样因好鹤导致国家灭亡。所以,苏轼也是在告诫自己享受外物带来的乐趣的同时,不忘掉自己的本职所在。苏轼能用辩证理性的观点来看待外物,从而不为外物所役,正是大智慧的人生境界。这是放鹤情怀的真正内涵。这种健康的心态正是融合儒道思想的结果。

苏轼在《宝绘堂记》中提出了“寓意于物,而不可以留意于物”[②]的人生审美态度,这种超功利的人生审美态度与他《放鹤亭记》中的放鹤情怀的内在精神是一致的。苏轼在徐州的生活正是“寓意于物,而不留意于物”的实践。喜爱某一事物,不一定要占有它;推及崇尚高人隐士的生活,同样不一定要归隐。放鹤情怀、“寓意于物”的审美态度让苏轼在诸多矛盾、忧虑中有所释怀,使忧患意识消融于豁达之中,故能在不忘知州职责、勤政爱民的践行中,还能享受山水交游之乐。

四、文化影响

苏轼知徐州虽然时间不长,但在他任八州地方长官的经历中,时间

---

① 张志烈、马德富、周裕锴主编:《苏轼全集校注·文集二》卷一一《记》,河北人民出版社 2010 年版,第 1137 页。

② 张志烈、马德富、周裕锴主编:《苏轼全集校注·文集二》卷一一《记》,河北人民出版社 2010 年版,第 1122 页。

长度仅次于密州时期，而徐州在当时较密州更为富庶发达、交通便利，这让他在为政、为文、交友等方面有了更广阔的发挥空间，故他在徐州留下的文化遗产是非常丰厚的。从徐州现在有形的文化遗存来看，黄楼、云龙山、放鹤亭、东坡石床、黄茅冈、百步洪、燕子楼、快哉亭等名胜古迹都有苏轼鲜明的印记。他为政业绩煌煌，还留下了300多篇诗文作品，徐州人民至今仍缅怀苏轼在徐州的功绩。由此可见，苏轼对徐州文化的影响之久远。可以说，在徐州文化的发展史上，就其文化的遗存与影响而言，尚无人可以与其比肩。

苏轼徐州时期的文化活动是他一生中非常重要的一个节点，也是他一生知八州为政最为辉煌的一个时期。林语堂曾说："甚至才高如苏东坡，真正的生活也是由四十岁才开始。他现在就要进入他的徐州时期，也就是他的'黄楼'时期。"①苏轼带领徐州人民抗洪胜利之后建造的那座黄楼，已然成为苏轼遗爱徐州千载的文化地标。

当年苏轼为了使黄楼更有文化内涵，请其弟苏辙以及各位具有艺术才能的朋友创作诗、赋、书法和绘画等艺术品，并装潢于黄楼之内。苏轼用心血和文章铸就的黄楼具有了永久的文化经典的意义，这座黄楼也成了后世文人追怀苏轼的一座丰碑，历代题咏不绝。如苏轼同时代诗人郭祥正的《徐州黄楼歌寄苏子瞻》："君不见彭门之黄楼，楼角突兀凌山丘。"贺铸的《登黄楼有怀眉山》（自注：时公谪黄冈，壬戌八月彭城作）："登黄楼，望黄州。黄州望不见，楼下水东流。水流何可留，浮云更悠悠。伤心泽畔客，憔悴楚兰秋。"元代陈基的《徐州》："伤哉楚君臣，伯图已寂寞。空余苏公楼，突兀倚寥廓。徐人昔恃公，安若山与岳。文章与元气，万古相磅礴。大河失故道，崩奔势逾虐。生人化鱼鳖，中州废耕凿。安得不世才，为君拯民瘼！九原何茫茫，可爱不可作。"②萨都剌的《黄楼》："黄河三面绕孤城，独倚危阑眼倍明。柳絮飞飞三月暮，楼头犹有卖花声。"③明代李东阳的《重修黄楼歌》："……酒酣乐作赋者谁？共说彭城好兄弟。却从忧患著声绩，千载信之为赋史。"归有光的《黄楼

① 林语堂：《苏东坡传》，陕西师范大学出版社2006年版，第155页。

② 四川大学中文系唐宋文学研究室：《苏轼资料汇编》，中华书局1994年版，第42、132、923页。

③ 萨都剌：《雁门集》，上海古籍出版社1982年版，第115页。

行》:“五日彭城去住舟,狂风吹雪不肯收。推来冰凌大如屋,舟人夜半呼不休。老夫拥裘只匡坐,雪中日日看黄楼。东坡先生不在世,令人轻我东家丘。”清代钱谦益的《徐州杂体五绝句》:“彭城十日水奔流,太守行呼吏卒愁。《河复》诗成无一事,羽衣吹笛坐黄楼。”[①]冯煦《百字令·登黄楼有怀漱泉》:“……重到羽衣横笛地,此乐更无人说。”[②]清代乾隆皇帝曾四次登上黄楼,五次唱和了苏轼的《九日黄楼作》,并立了两块诗碑于楼上。其诗《登黄楼作》中表达了他对苏轼的景仰之情:

> 岧峣杰构俯徐城,黄垩还存玉局名。坐镇千秋彭与沛,祀贤并作弟和兄。我诗杰句真无就,夫子当年妙独成。太守为民犹切意,况吾饥溺敢忘情?[③]

明、清时期,与苏轼相关的“黄楼胜迹”“苏堤遗爱”“亭鹤清风”均被人们列入了徐州八景,这对后来徐州的地方治理产生了深远影响。许多在徐主政的官员都有着“苏轼情结”,例如刘宪、魏裔鲁、姜焯、邵大业、鳌图、桂中行等明、清徐州知州,自觉或不自觉地去尊崇他、效仿他,而且也都在自己的任期内作出斐然的成绩,造福徐州人民。这种精神形成了徐州优良的为官传统,成为徐州人民的一大福祉。

第五节　图经、方志的兴盛

隋唐以后,地记开始与地图合为一体,形成图经,这是我国志书由地记向史书转化的一个换向时期,志书的形式亦处于总结、改造、创新、成熟的大发展时期。徐州图经出现时间相对较晚,约成于北宋初期。但在这一时期,徐州方志数量较多,内容丰富,体例也日臻完善,特别是集志的出现,是徐州志书发展史上的一个重要里程。

---

① 四川大学中文系唐宋文学研究室:《苏轼资料汇编》,中华书局1994年版,第948、972、1087页。

② 冯煦:《蒿盦词》,陈乃乾辑:《清名家词》卷一〇,上海书店1982年版,第36页。

③ 吴世熊、朱忻主修,刘庠、方骏谟主纂:清同治《徐州府志》卷一《宸翰》,清同治十三年(1874年)刻本,第十三页。

郑樵《彭门纪乱》。《新唐书·艺文志·杂史》著录"郑樵《彭门纪乱》三卷"，小字附注"庞勋事"[1]三字。郑樵，唐人，生平无考，与后来南宋史学家郑樵同名。彭门，即彭城，今之徐州市区，亦如范成大《吴郡志》又作《吴门志》。庞勋事，即庞勋起义，是发生在唐代末年的一次戍卒起义，《彭门纪乱》是记载这一重大历史事件过程的史志专著。

《彭门记》。《彭门记》作者生平不详，版本情况因无原始资料证明而不得其实。后世曾有金溪王氏汉唐地理书钞辑本，所钞内容源于《太平寰宇记》所引。《太平寰宇记）为宋初编纂，所据资料均为以前地理书志。

《彭门玉帐诀录》《彭门玉帐歌》。《宋史·艺文志·兵书类》著录："《彭门玉帐诀录》一卷。"本为道家以口语传授道法或秘术的要言，后来指为掌握某种事情的要领而编成的简明而又便于记诵的语句。《彭门玉帐诀录》，顾名思义，大概是一部记录诸家关于徐州军事战略要领的言论集。我国古代这种形式的书很多，但以专记一人言论的居多，如吴起《玉帐阴符》、佚名《玉帐经》等。专记一地战略方论的书不多，因为此类书必须是所记地方在历史上长期居有很高的战略地位，历代研究它的人言较多，才能积累成册。《彭门玉帐诀录》即是徐州战略地位经久不衰的自然产物。《宋史·艺文志·兵书类》又著录："《彭门玉帐歌》三卷。"[2]其称为"歌"，可能更有韵律些。其篇幅有 3 卷，汇集的内容可能更广泛些。

任璹《彭门花谱》。《宋史·艺文志·农家类》著录："任璹《彭门花谱》一卷。"[3]任璹，生平不详。花谱，当指徐州地方花卉志。

李震《彭门古今集志》。《宋史·艺文志·地理类》著录："李震《彭门古今集志》二十卷。"[4]据有关资料推论，该志是徐州志书发展历史上的一个重要里程。

李震，史书无传，生平失考。《彭门古今集志》大略佚于宋辽金元乱

---

① 欧阳修、宋祁撰：《新唐书》卷五八《艺文志二》，中华书局 1975 年版，第 1469 页。

② 脱脱等撰：《宋史》卷二〇七《艺文志六》，中华书局 1985 年版，第 5283、5288 页。

③ 脱脱等撰：《宋史》卷二〇五《艺文志四》，中华书局 1985 年版，第 5205 页。

④ 脱脱等撰：《宋史》卷二〇四《艺文志三》，中华书局 1985 年版，第 5163 页。

世，版本情况亦失记。今之明确见记《宋史·艺文志》。所谓"集志"，是一种汇编总成之作，亦即集前人之志而综合之。《宋史·艺文志》记有"赵忭《成都古今集记》三十卷"[1]，《宋史·真德秀传》亦记载真氏编纂《星沙集志》（星沙，指长沙）一事，可见李震《古今彭门集志》的出现不是孤立的、偶然的现象，而是有一定的共同的文化背景的。《彭门古今集志》20 卷，其卷帙之多，倍于以往诸志，但未见后来其他志书引用，亦可见其流传不广，甚至极有可能是稿本，或是抄本。由于该志失传，详情无从查考，其价值目前尚难正确估计。但是，可以肯定，李震编纂的《彭门古今集记》在徐州地方志书发展史上是有划时代意义的。

《徐州图经》《重修徐州图经》。《宋史·艺文志》著录："《重修徐州图经》三卷，嘉定中撰。"[2]这是现今唯一见记的徐州图经类方志。北宋立国之初，朝廷曾多次诏令天下重修诸州图经，以备修书。宋太祖派使征求诸州图经，修成《开宝诸道图经》。太宗颁令诸州图经二闰一送，为乐史纂成《太平寰宇记》积聚了资料。宋真宗颁令图经十年一送，遂有李宗谔总编《祥符州县图经》之举。在这种图经全盛的时代，徐州作为南北锁钥的重镇，有《徐州图经》编纂，是自然的，也是必然的。宋神宗元丰年间，贺铸《和张谋甫游石佛山观魏太武书》诗序中曾大段引据《彭城图经》，可证明徐州此前已有《图经》传世。

从魏晋南北朝时期的地记，到唐宋时期的图经，徐州方志数量较多，内容丰富，体例也日臻完善。由于兵灾水患，原本均已亡佚，但在许多丛书、类书和志书中有大量的引用，它们可以弥补徐州地区在宋元以前时期有关历史地理方面典籍记载的不足，具有文献学、历史地理学的双重价值。

隋唐五代时期，徐州地域文化因"兵家必争之地"而富有雄杰之象、制衡之尊，进而成全了几代英豪；又因本土与客籍名士的联手，呈现着精英文化的聚焦。宋代，徐州接受了苏轼等人为代表的仕宦文化濡染，

---

① 脱脱等撰：《宋史》卷二〇四《艺文志三》，中华书局 1985 年版，第 5159 页。

② 脱脱等撰：《宋史》卷二〇四《艺文志三》，中华书局 1985 年版，第 5157 页。

同时亦自我表现不凡，构建了北宋诗坛新格局。而一旦战争降临，国家有难，徐州人奋起抗争，则英雄主义、爱国主义又会惊天动地。这不是文化的两面性，也不是人性的两面性，而是徐州人深入骨髓的强悍与刚正，每每会在正面精神的感召下升华为大勇与大爱。

综上所述，隋唐宋元时期的徐州文化呈现出崇文尚武、文史兼擅、融合互补的总体状态。徐州文化既有以铮铮铁骨、舍生忘死的忠臣良将为代表的军事文化，又有以才华横溢、风流超迈的文坛巨擘为代表的学士文化；既产生了以刘知几《史通》为代表的史论巨著，又聚集了以白居易、韩愈、苏轼、贺铸、陈师道等为代表的文学大家。徐州的本土文化充分地与周边地区的文化实现交流，在交流中互补增益。特别是苏轼文化的融入，为徐州这座充满战争气息的古城增添了许多文雅风流。在这一时期，文化的繁荣主要得益于徐州大多数时间处在统一、稳定的社会大环境之下，兼有便利的水陆交通、紧要的战略区位、发达的农工商经济、多元交汇的地域优势，这为文化上取得一系列的突出成就提供了极为有利的条件。

第六章　明清时期

明清之前，徐州在行政区划上基本归属于北方，之后则转属于南方。洪武四年(1371 年)，徐州改属临濠府(七年更名凤阳府)，这是一个开始。其后，洪武十四年(1381 年)，徐州升为直隶州，后改属南直隶。南直隶治所在南京。清顺治二年(1645 年)，改南直隶为江南布政使司，下辖 14 府 4 直隶州，徐州为直隶州之一。清雍正十一年(1733 年)，徐州由直隶州升府，属江苏省[①]。徐州行政归属之变，带来的最大变化是文化风向的变化。明清两代，地处淮北的徐州，文化风尚大都来自南方，此时徐州文化的北雄融入了更多的南秀，原以北雄为主色调的徐州，日益浸染了更多的南方色彩。

综观明清数百年徐州经济的发展，外来人口的涌入，带来了新鲜的文化元素，促进了徐州文化的多元发展。加之黄河侵汴抢泗夺淮，也成就了上达北京、下通杭州的京杭大运河。黄河徐州段，或决或塞，迁徙不定，是黄河下游治理的风险之地；京杭大运河徐州段是繁华和繁忙之地、保漕重点之地。运河相对稳定的流淌，给徐州带来了活力、富饶和兴旺。汴水从西而来，泗水自北而至，与黄河、运河相汇于此，南入淮河，沟通了西北东南，成就了徐州通江达海、气象非凡的历史文化名城的地位。一时间八方来客，商业发达，人文荟萃。教育、文艺的兴起和

① 参阅赵尔巽等撰《清史稿》卷五八《地理志五》，中华书局 1977 年版，第 1989 页。

商业的繁荣，加之徐州人不屈不挠、不断进取的文化精神，一个文化发达、光芒四射的历史文化重镇，在中原大地的东部地区再次崛起复兴。

第一节　运河辉煌与黄河利害

泗水、黄河、运河是徐州的母亲河，它们的荣枯极大地关系到徐州地区城乡的兴衰。它们是徐州的生命线、活力源，见证了徐州经济社会的发展过程。同时，南北文化的交流，长江文化和黄河文化在徐州的融合、升华，演绎了南国通衢、北国雄关的运河文化特色现象。

自南宋初，徐州成了地道的“黄河城市”。元初，京杭大运河沟通五大水系，《禹贡》故道、汴泗绕城的徐州又成了京杭“运河要埠”。元明清时，朝廷的重要管理机构云集徐州，其间经济昌盛、文化繁华，令人瞩目。因水而福，因水而祸，成就了徐州命运的两极。回顾一下黄河流经徐州地区的历史节点，更有助于人们了解徐州黄运文化的背景。

汉武帝元光三年(前 132 年)，黄河首次夺泗入淮归海。黄河在瓠子(濮阳西南)决口，东南注入巨野泽(山东西南)，泛滥楚国长达 23 年。

东汉明帝永平十二年(69 年)，王景疏堵并用，保住黄河 900 年太平，苏鲁豫皖四省受汴渠交通灌溉之利，福泽匪浅，徐州无水灾大患。

北宋熙宁十年(1077 年)，苏轼知徐州期间，率军民筑堤抗洪，不仅在建设治理城市方面留下光彩的一页，也在徐州治黄防患史上留下辉煌的篇章。

南宋建炎二年(1128 年)，杜充为阻金兵南侵，在今河南滑县西南掘堤黄河，以水代兵，迫使黄河发生重大改道。黄河东流夺泗入淮，滔滔不息的黄河经行徐州。

金明昌五年(1194 年)八月，黄河发生第四次大改道，决阳武故堤，灌封丘而东，分为两道，南道挟汴夺泗，经砀山、萧县、丰县、徐州，南流清口入淮。

元至元二十年(1275 年)，大运河贯通了海河、黄河、淮河、长江和钱塘江五大流域，徐州地处南北咽喉，黄、运交汇成为徐州发展的划时代里程碑。

明万历三十二年(1604 年),泇河开成通航,为避三洪之险,七至八成漕船“避黄行运”,这是治水保漕的一次革命,徐州城通船量锐减。

天启四年六月二日(1624 年 7 月 16 日)夜,河决徐州城奎山堤,洪水从东南水门灌城而入,城内顿时水深一丈三尺,官舍民庐尽没,市人溺死无数,积水三年不退,州城尽毁,积沙 1.5—3.5 米。这是徐州城遭受的最严重的一次洪灾,也是形成城下城的重要历史原因之一。

清代,康熙六次南巡,经徐州境,视察河工;乾隆六次南巡,四次驾临徐州,亲自安排治河项目,建护城石堤、滚水坝、分洪道、蓄洪区。

清咸丰元年八月十九日(1851 年 9 月 14 日),丰县境内蟠龙集处黄河北大堤决口,主流牵动,正道断流,丰、沛首当其冲,祸及铜山、邳州、睢宁,决口堵了又决,灾害空前,时有民变。

咸丰五年六月十九日(1855 年 8 月 1 日),黄河从今河南兰考铜瓦厢决口,正溜(主流)改道大清河入海,结束了黄河经行徐州的历史,给徐州大地留下了一条高出地表 1—3 米的黄河故道。

图 6-1 [明]河清门石匾(老东门遗址出土,徐州博物馆藏)

黄河在徐州地区流淌了 750 多年,秦汉至民国徐州发生水患 445 次[①]。徐州的“城下城”遗址,有三层之多。屋上盖屋,井上凿井,街上开街,城上建城的重叠形态,印证了徐州百姓多次重建家园的壮举。

黄河水患的发生,一度动摇了运河这条国家经济生命线。从帝王、

① 赵明奇主编:《徐州自然灾害史》序言,气象出版社 1994 年版,第 9 页。

大臣，到河道管理、地方行政官员，再到普通百姓，皆闻警而动，投入抗洪。史载诸多帝王的治水功业，如明成祖(永乐帝)、清圣祖(康熙帝)、清高宗(乾隆帝)；又载许多治水官吏，如明代的陈瑄、刘大夏、盛应期、潘希曾、刘天和、郭昇、陈锐、费瑄、陈洪范、曾钧、朱衡、翁大立、万恭、潘季驯、舒应龙、刘东星、李化龙、曹时聘，以及清代的靳辅、齐苏勒、高斌、刘统勋、尹继善、邵大业、康基田、黎世序、杨以增等。而最能彰显徐州百姓抗争精神的是黄河堤坝的修筑。巍巍高堤，绵延百里，是徐州黎民百姓一铲一铲、一筐一筐堆垒起来的。通过这些自上而下的体系性运作，徐州作为屡屡受灾之地，才一次又一次转危为安，或劫后再生。

黄河水患多次将徐州推向生死存亡的边缘。汤汤洪水，每每灭顶。徐州人安家于黄河岸边，乐此乡土，矢志不渝。大灾当前，徐州百姓会有逃荒避灾之举。灾变稍缓，徐州人民即返故乡，打理生活，在官方的组织下，投入筑城、建堤、浚河、保漕的斗争。在国家治理黄河与运河的大棋盘上，徐州是一个重要的点位。因为帝王关注，大吏坐镇，通力协作，百姓参与，所以保住了徐州，稳定了全局。在治理黄河的过程中，亦夯实了徐州运河、黄河文化基础，创造了徐州运河、黄河文化特色。

第二节　外来人口和文化交融

明清时期，朝廷在保漕保河制度设计上又出新招：实行“卫所”制度，军屯人口久驻为业；实施移民政策，迁“狭”到“宽”，江南、山西等地的人口，成批徙居徐海。南北商帮涌来创业定居，东西难民汇聚落脚谋生，徐州地区的人口不断增长，多元人口结构带来了多元民俗，演绎出五彩缤纷的文化生态。

一、军民杂处的军屯文化

卫所制度是明清时期的一种军制。明初，徐州、邳州皆为“直隶州”，各设一卫。两卫所各设指挥使一人，辖左、右、中、前、后五个千户所。明宣德五年(1430年)增设徐州左卫,辖左、右、中、前、后五个千户所。景泰五年(1454年)又增设中左、中右二所,每所设正副千户数人,统领1120人,设官共九等。

依《明史·兵志》所载建制,徐州(包括邳州)一带驻兵足额时(三卫外加两所)当近乎2万人。清同治《徐州府志·兵防考》则记为1.3万人左右。徐州卫衙门,就是徐州卫署。明宣德五年增设的徐州左卫,其卫署在城西南隅,清初合并到徐州卫署。

明代卫所实行屯田制,军士分为屯田与守城两部分,屯田者专事耕垦,供应军粮;守城者专务防守操练。军士守城与屯田的比例,大致是边地三分守城、七分屯田,内地二分守城、八分屯田。屯田军士除了种地,还要承担运送漕粮、巡河等任务。到了清朝,在守城之外,屯田军士继续沿用明代卫所屯田和漕运制度。

明初建有完备的军户制度,以与民户制度对应。徐州卫与徐州左卫、邳州卫的兵丁,多来自军户。三卫的旗军、余丁总数至少当在4万人左右。除常驻的卫、所之兵外,还有负责"长运"(即军运)的士兵,都要途经徐州而北上南下。明清时期,漕运军丁人数达10多万人,终年奔波于运河上下,将漕粮从各水次仓运往京师。他们本身的粮食消费和俸禄开支,也要在指定的水次仓支给。运军上岸,小住一宿,歇息闲游,自是常事。另据《漕运通志·漕例略》记载,成化二年(1466年)定,每三年浚仪真、瓜州港,令"高邮、淮安、大河、邳州、徐州、徐州左六卫,俱于徐州仓支米麦二石六斗"①。这"二石六斗"是人均数字。六卫军人,皆有运军聚于徐州运米,这自然又强化了徐州的"兵家文化"和商贸文化的发达。

明初,运军俸禄微薄,不仅与家人聚少离多,而且有风波覆溺之险。为刺激运军积极性,明中后期和清代皆允许运军携带一定的私人物品,在运河沿岸城镇出售,以补贴生计。所以,运军的上岸,也刺激了徐州的商贸物流。

到了清代,兵制有变,其分类,"一曰八旗,二曰绿营,三曰防军,附

---

① 杨宏、谢纯撰,荀德麟、何振华点校:《漕运通志》卷八《漕例略》,方志出版社2006年版,第122页。

陆军，四曰乡兵，五曰土兵，六曰水师，七曰海军”①。八旗未驻徐州。驻徐州、徐州府者为绿营，为防军。防军乃晚清时期由各地练勇升格而成，最终取代了绿营。实际上，清代徐州（尤其是晚清时代）的驻军，不但数量巨大，而且规格很高。如同治七年（1868 年）八月西捻军败亡后，淮军的鼎字仍留七营六哨驻防山东韩庄（实为苏鲁界地）；以徐州毗连东、皖、豫三省边界，最为重镇，李鸿章除令徐州镇总兵董凤高以凤字马步四营巡防外，还留庆字营统领吴长庆步队八营、马队三营，会同驻防徐州。总兵员（算韩庄驻防）二十二营六哨，当在 3 万人左右。

同治、光绪年间，徐淮巡防步队（巡防营）、徐淮巡防马队（巡防营）巡防徐州、淮安一线，则是原定的常规巡防。

徐淮巡防步队（巡防营）统领官驻徐州城内，辖六营，总兵员 1845 人，依次分驻徐州城东南关、铜山狮子庵、宿迁寿圣寺、宿迁南关、沭阳钱集、宿迁与桃源交界的仰化集。

徐淮巡防马队统领官驻宿迁南城外，辖五营，总兵员 865 人，马 664 匹，分驻 43 地，基本上是沿故黄河、大运河布防。

自明至清，驻扎徐州的卫所、军户、运军、绿营、防军使得徐州有着“兵家必争”之相，进而使得徐州张扬着与一般的城市不同的“军威豪情”，这种豪情濡染了百姓，所以，徐州民风就显得格外雄健。这些武官虽然以军功起家，享受朝廷种种优厚待遇，但他们同时也懂得在习武军功之外，秉承儒家思想，以诗书济世，才是更高的境界。如《徐州府志》选举表中，铜山县（原州辖地）明代进士有 10 人，军籍就占了 4 人：沙立、马津、舒经、陈汝麟。明清两代，徐州卫所一些武官的后人致力于科举，可谓是文武兼备，并在诗文创作方面，有着很高的修养与造诣。

明清时期，徐州卫、徐州左卫和邳州卫对徐州历史发展的影响是深刻的，在政治、经济、文化艺术、风土人情方面都发挥了巨大作用。首先，三卫的级别高于地方官府，且互不隶属，在城市建设、维护治安、水路交通、宗教庙堂等方面，都起到了不可替代的作用。第二，三卫的设立，安置了大量的军户及依附人口，客观上起到了移民的作用，相当程

① 赵尔巽等撰：《清史稿》卷一三〇《兵志一》，中华书局 1977 年版，第 3859 页。

度上改变了徐州人口的结构。第三，卫所军屯垦荒耕种，极大地促进了徐州的农业生产，促进了地方经济的发展。第四，三卫重兵的驻扎，大量人口的迁入，客观上产生了多方面的贸易需求，促进了徐州商业的发展与繁荣。第五，卫所军户是行伍出身，经常舞弄拳脚与刀枪棍棒，强化了徐州人尚武的风气。第六，卫所军户大多希望其后代文武双全，重视儒家文化教育和科举，其子弟后人通过科举入仕者为数不少，在治学、诗文、书画等方面有着很高的修养，对徐州的地方文化发展起到了一定的助推作用。

二、商帮辐辏的经贸文化状态

运河畅通所带来的交通便利，吸引着各地商贾涌入徐州，南方的浙商、徽商、苏商，北方的晋商、京商，皆汇聚于此。通衢带来开放，开放带来杂处，杂处带来包容，造就了徐州人“爱交朋友”的大环境。

每个城市都有自己的内代系统和外代系统。徐州商贸自有“小循环”，即徐州周围农村的粮食、食油、酱油、豆饼、花生仁、芝麻、黄豆、黄花菜等，进入城区，满足城里人需要；也有“大循环”，即徐州物产通过外路商人销往外地，外地物产经由远路商人运到徐州，如棉纱、布匹、绸缎、煤油、糖、纸、木材、花椒、元茴、海产品等。“小循环”与“大循环”交织在一起，人流、物流、资金流推动着徐州商品交易市场的形成。在苏鲁豫皖四省交界处，徐州逐渐成为商品的集散市场与销售中心。官办及商办银行、钱庄多了起来，徐州与上海、南京、苏州、无锡、芜湖、济南、青岛、天津、开封、西安、太原等城市的通汇便捷起来。外地商人前来徐州开厂、设店，视为坦途。以清末为例，山东籍商人来徐较多的是开纱布庄，山西籍商人多是开当铺、钱庄，浙江籍商人多是开银楼、钟表店、茶叶店，河北籍商人多是开五金店、机械加工制造行业，河南籍商人多是开中药材店等。徐州市场上的纱布、呢绒、西药、煤油、电料、颜料、日用百货、卷烟等五洋杂货，也日见增多。徐州同南北城市贸易往来总的比重约为：南路占七成，北路占三成。由于商品经济繁荣，会馆文化亦应运而生。

会者，聚也；馆者，舍也。所谓会馆，即公所，是中国旧时同省、同府、同县或同业的人在京城、省城或大商埠设立的机构，以馆舍供同乡、同业聚会或暂住。据考，此种机构起源很早，汉代京师已有同郡人的邸舍，南宋杭州已有外郡人为同乡谋公益的类似组织。发展到明清时期，名曰“会馆”。至近现代曰“同业公所”“同业公会”“同乡会”等，都属同类性质的机构。

明清时期，徐州地区有多处会馆。州府城内有山西会馆、河南会馆、浙江会馆、福建会馆、徽州会馆、洞庭东山会馆等。古镇窑湾则有苏镇扬、山西、山东、河北、河南、安徽、江西、福建八大会馆。

图 6－2 ［清］山西会馆

徐州山西会馆，位于徐州云龙山东麓，至今保存完好，在会馆功能方面体现较为典型，较为全面。徐州山西会馆馆址，原为相山神祠，因赖山西人捐修，故而渐成山西人集聚之所，遂有会馆功能。明代万历以后，陆续又有山西商人不断增修扩建，并于清顺治年间改名山西会馆。会馆坐西朝东，占地近 5000 平方米，内设关圣殿、福神殿、火神殿、戏楼等建筑。主建筑是为祭祀关羽的大殿，殿前廊柱上有楹联曰：“生蒲州，长解州，战徐州，镇荆州，万古神州有赫；兄玄德，弟翼德，擒庞德，释孟德，千秋至德无双”，概括了关羽叱咤风云、悲壮英雄的一生。“文化大革命”期间，山西会馆遭到严重破坏，关帝像被毁。1995年，徐州文物部门依据有关史料记载，对山西会馆重新修缮，使这一彭城名胜、会馆杰作重放光彩。2006年6月，徐州山西会馆被公布为省级文物保护单位。

三、移民汇集的多元民俗状态

运河的便利和徐州的日渐繁荣，引来了大量的移民。公元1368年，朱元璋在南京建立明王朝，不久就将江南苏州、松江、嘉兴、湖州、杭州五府的大量居民迁徙到人烟稀少的江北地区，史称“洪武赶散”。当时将江南苏州、松江等地狭人稠、物产丰富的地区称为“狭乡”；地广人稀、荒芜贫瘠、此前遭到战争严重破坏的江北地区称为“宽乡”。为了发展经济，恢复生产，朱元璋强令将“狭乡”之民迁徙到“宽乡”。此外，根据徐州家谱史料，自称从山西移民的家族亦不少。由于史料失载或模糊，今天已经很难统计确切的移民人数。这里仅以徐州地区的名门望族为例，说明南北移民来到徐州之大略：

（一）彭城李姓家族

其先人李正居于元大德五年（1301年）从真定府之真定县（今河北省正定县）迁来徐州，落户于徐州西北110里的程子院（时属彭城县）。此地清至民国属江苏铜山县，20世纪50年代，划归丰县梁寨镇。

该家族的李向阳，字孝乾，号晴寰，别字迪堂，明朝天启甲子（1624年）科举人。曾任金山卫教授，敕授征仕郎。李向阳与“徐州二遗民”阎尔梅、万寿祺交好，反清思想浓重，明亡后，累征不仕，优游山林，文墨自娱，气节文章为人称道。主持纂修顺治十一年本《徐州志》，著有《五经疏》《道德经注》《庄子注》《阴符经注》《离骚注》《孝乾文集》等。

其子李弇，亦名鉴，字奕修，号山州，为南明弘光拔贡，曾授理司，不就。著有《忖庵诗集》。

李向阳孙李蟠（1655—1728），字仙李，又字根庵，号莱溪，康熙三十六年（1697年）状元，著有《偶然集》。

李蟠族弟李卫（1687—1738），字又玠，江南铜山人（现为丰县人）。他自幼读书，不应科举，康熙五十六年(1717 年)捐资为兵部员外郎，转户部郎中。雍正皇帝即位后，任命李卫为直隶驿传道，未赴，旋改云南盐驿道。李卫政绩显著，于雍正二年(1724 年)升任云南布政使，主管全省财政税赋，仍兼管盐务。次年，升任浙江巡抚。雍正四年(1726 年)，仍兼任两浙盐政使。雍正五年(1727 年)，升任浙江总督，管巡抚事。十年之间，李卫从一名从五品的员外郎闲职，一路升迁，最终官居总督，成为朝廷封疆大吏。病逝后，乾隆帝命按总督例赐予祭葬，谥号敏达。

(二) 彭城张姓家族

明嘉靖间由浙江绍兴山阴车水坊迁徐，始迁祖张棋。该家族的张胆，明崇祯癸酉(1633 年)武举人，清初曾随豫亲王南征，授副总兵职，后因积功，升天津总兵、提督总兵(从一品)。张胆的人生亮点是耗银 26800 两、历时两年修筑了荆山桥。该桥全部巨石券砌，长 362 丈 5 尺，顶宽 1 丈 9 尺，共 40 余孔，是当时全国最长的石桥。该家族的张竹坡、张伯英事迹，详见本书下一节中的“杰出的地方文化名人”部分。

(三) 彭城万姓家族

明武宗正德十四年(1519 年)由南昌迁于徐州。该家族的万崇德，为明万历举人、进士，官至福建道监察御史，曾捐建奎山塔。其子万寿祺，“徐州二遗民”之一。孙万睿，康熙岁贡生，诗人、书法家，女儿嫁徐州状元李蟠。

(四) 沛县阎姓家族

于明初行商来沛。始迁祖阎诚，故籍太原。该家族的阎尔梅，“徐州二遗民”之一。其二子皆为诸生。其孙阎圻，康熙四十八年(1709 年)进士，官云南学政、顺天府尹，曾任国史馆编修，工诗文，著有《阅耕楼诗集》《憩养堂诗集》《泗山诗集》《泗山文集》《日升楼文稿》《蜀滇诗稿》等。

(五) 彭城钱姓家族

咸丰年间自句容县(今江苏句容市)迁来徐州。始迁祖钱自渠，钱自渠生二子：永基、永祥；永基生三子：茂松、茂柏、茂椿。此茂椿，即钱食芝。钱食芝为晚清诸生、画家，有《怀薇草堂诗书画合册》，有画作《秋山行旅图》，为国画大师李可染之师。其子钱书樵，亦为画家。

上举5个家族中，最早迁入徐州者，在元大德五年（1301年），最迟迁入徐州者，在清咸丰年间（1851—1861），上下约560年，都在京杭大运河畅流徐州的时段之内。根据徐州市谱牒学会掌握的350余种家谱史料，明清时期徐州人口几乎半数是由外地迁徙而来。不同方向的人口，不同音色的方言，不同的民情风俗，在徐州大地上交融共处，共同铸就了今日徐州的基本文化底色。

第三节　文风兴盛及人才辈出

明清两代，徐州社会安定，经济复苏，教育振兴，文风焕然。兼之受运河文化影响、南风的浸润，徐州的文艺创作相较于其他时期亦算是相对繁荣。仅就诗词领域而言，《徐州诗徵》《徐州续诗徵》共收录诗人779家，作品5038首；《徐州词录》收录词人52家，作品2500余首。诗词作者，多为明清人士。文化系于教化，徐州地区的文化昌明自与教育相关。

图6-3　[清]徐州文庙大成殿

徐州历史上有着悠久的儒学文化传统，加之明清两朝统治者非常重视学校教育对于培养和选拔人才的重要作用，先后开办了州学、府学、县学、社学、书院等众多教育机构，使得徐州地区文风兴盛、人才辈出。

一、文运象征的奎山塔

明清历史时段的徐州科举史上，寄托一城文运象征的是奎山塔，在民间影响深远，数百年间被广泛流传。明万历二十九年（1601 年），徐州举人万崇德赴京会试落榜，回乡后发誓要捐资兴建一座宝塔，借此振兴徐州文运。次年八月，万崇德倡捐银两千两，在徐州城南郊修建奎山塔。塔未成，万历三十二年（1604 年）三月，万崇德参加会试，考中殿试三甲 179 名，赐同进士出身，观政于工部，为正八品。万历三十四年（1606 年）十月，经过 4 年多的修建和装饰，一座高达 60 米的砖体宝塔终于建成，万崇德亲题"挺风回秀"悬于塔上。

奎山塔为楼阁与密檐相结合的宝塔。建筑平面呈正八边形，七层，塔体砖结构，内设楼梯、楼层皆为木结构，立于奎山之顶，飞檐翘首，巍巍壮观，故远近皆可眺望。作为徐州"文风""文运"的象征，奎山塔又被徐州人称为"文峰塔"。

奎山得名，源于"星区"之说。古代星占家把天空星辰分成 12 个星区，分别与地上 12 个区域相对应。天文上叫"分星"，地理上称"分野"。奎星、娄星正在徐州分野，此奎山正在星象坐标之上，江山独钟，占尽星、野之灵秀，故称"奎山"。奎星有 16 颗星，屈曲如钩，似文字之画，故自汉代以来，又有"奎主文章"之说，是古代神话传说中主宰文运、功名之神。元代傅汝砺曾针对徐州形胜说过："纳纳提封，徐当其中。奎娄之方，白羊之宫。河山襟带，唯徐最雄。"①

奎山塔立，徐州又有了一个地标性建筑。奎山塔虽为私人建造，却是徐州人的城市公产。其建成与维护，都是徐州人公益精神的体现。

① 余家谟主修，王嘉诜等主纂：民国《铜山县志》卷一二《建置考下》引元傅汝励《徐州洪神庙碑记》，1919 年刻本，第七页。

奎山塔建成后，徐州“文运”果真有了转机，涌现出一系列文化家族，如彭城李氏、万氏、阎氏、钱氏诸家族等。李蟠、万寿祺、阎尔梅等名人通过文教途径脱颖而出，成为具有广泛社会影响力的人物。据统计，明朝徐州地区共有文进士 25 人，武进士 5 人；文举人 100 人，武举人 26 人；清朝徐州籍文进士 34 人，武进士 67 人；文举人 167 人，武举人 560 人。由此足见这一时期徐州科举之风的盛况。

二、杰出的地方文化名人

明清时期，徐州名人辈出，其中代表人物有明代的孝义典范权谨、琵琶演奏家汤应曾、散曲家陈铎，明末清初的著名遗民阎尔梅、万寿祺，清代的文化大家孙运锦、文学家张竹坡、书法家张伯英等。

权谨(1366—1422)，字仲常，祖籍河间，明洪武初年，随父迁居徐州。10 岁丧父，在母亲李氏的辛勤教诲下，发奋读书，初仕青州乐安知县，改任光禄寺署丞。后因母亲年事已高，权谨辞官回家，赡养母亲。母亲 90 岁去世，权谨在墓旁修建草庐，守孝三年，日夜痛哭，孝感朝野。地方官员闻知后，上奏京城。当朝明仁宗传旨，令群臣效法，权谨成为当时闻名的孝子。晚年任文华殿大学士、太子太傅，在皇宫内担任太子的老师，77 岁时去世。宣德二年(1427 年)，明宣宗命地方官在徐州建权孝公坊，即徐州户部山状元街东侧的“权谨牌坊”，是现今徐州仅存的表彰忠孝典范的纪念性建筑物。

汤应曾，徐州邳州人，明代著名的琵琶演奏家，时人称其“汤琵琶”。汤应曾能弹奏《胡笳十八拍》《塞上》《洞庭秋思》等百余首乐曲，尤擅《楚汉》(即《十面埋伏》)。

陈铎(？—1521)，字大声，号秋碧，邳州人，明代文学家、戏曲家、演唱家。他工于诗词和绘画，又精通音律，善弹琵琶，擅长散曲的创作和演奏，常牙板随身，被教坊子弟称为“乐王”。

万寿祺(1603—1652)，字年少，又字介若、内景，明崇祯三年(1630 年)举人，著名文学家、书画家，著有《隰西草堂集》。他交游半天下，与阎尔梅、杨龙友、侯方域、陈子龙、顾炎武等友善。1645 年，清兵渡江，江南人民奋起反抗,万寿祺在苏州附近举兵,但很快溃败,被捕入狱,幸而得到狱官帮助,得以逃脱。次年,他在淮安普应寺削发为僧,法名慧寿,又名明志道人、寿道人,继续参加抗清复明活动。万寿祺博览群书,风流倜傥,多才多艺,凡礼、乐、兵、农、天文、历法、历史、地理之学,诗文、书画、金石、琴棋、刀剑以及女红刺绣、革工缝纫等百工技艺,无不通晓。作为遗民,万寿祺以其诗、画,抒发故国情思,其文学、艺术成就成为徐州文化的历史财富。

阎尔梅(1603—1679),字用卿,号古古、白耷山人,徐州沛县人,诗人、抗清志士。阎尔梅是万寿祺挚友,二人同龄,同年中举,且同时参加复社,从事反抗魏忠贤阉党的斗争。清军入关后,他散尽家财,结交同志,奔走国事。他曾面见史可法,共商抗清大计,但建议多不被采纳。后来又加入榆园军,担任联络任务。为躲避剃发令,他削发为僧,号蹈东和尚,以嵩山少林寺为抗清联络点。后因榆园军案发,被捕入狱。1655年夏,他越狱逃回老家,但随即被清军围困,妻妾皆自缢而死,只有他与幼子脱险。此后20余年,流亡不定,直至终老。他著有《白耷山人集》,收诗1794首,可谓洋洋大观。阎尔梅和万寿祺被后人合称为"徐州二遗民"。

孙运锦(1790—1867),字心仿,号绣田,自号铁围山樵,铜山人。他颖悟好学,尝游淮扬间,有"江南才子"之称。于道光乙酉(1825年)拔贡,咸丰元年(1851年)举孝廉方正。孙运锦著述丰富,有诗文集《垞南诗草》《与我周旋斋百一诗录》《与我周旋斋文集》;精通古玩赏鉴,著有《搬姜集》二十六卷,另有《所观书画记》一卷、《与我周旋斋题跋》一卷;曾参与二十四卷本《铜山县志》(1830年)的撰修工作;编辑出版九卷本《隰西草堂集》,万寿祺诗文由是得传;又选录《白耷山人集》,并为二遗民立传。他晚年广搜载籍,著《徐故》七册,凡十余年,书未成而卒。

张竹坡(1670—1698),名道深,字自德,号竹坡,徐州人,张胆之侄。6岁能吟诗作对,8岁入塾攻读,以博闻强记闻名遐迩。15岁参加乡试,后屡试不第。康熙三十二年(1693年)第四次应试失利后,遍游京师,入长安书社,大展诗才,赋得诗词百余首,众称其为才子。有诗集《十一草》传世,评点了《金瓶梅》等。

张伯英(1871—1949),字勺圃,一字少溥,别署云龙山民、榆庄老农,晚号东涯老人,徐州铜山县人。幼承庭训,上继家学。1902 年中举,而后由同窗好友、陆军次长徐树铮推荐出任陆军部秘书、执政府副秘书长。1926 年,辞职引退,以教学、鬻字治印为生。其著《法帖提要》和《阅帖杂咏》,对后世影响深远;还曾主持编纂《黑龙江志稿》,并留心乡邑文献,编缀刊刻《徐州续诗徵》。张伯英能诗擅文,其诗文清新俊逸。书法造诣精深,民国初年,与赵声伯并称"南北二家",与书法大家王书衡、傅增湘、华世奎、郑孝胥齐名。

第四节 方志编撰的成熟

明朝立国之初,统治者为尽显一统之功,对方志编修予以高度重视,推动了方志纂修的开展。清朝定鼎之后,对中国历朝修辑史志的传统并不反对,地方志是地方官员施政的重要参考,修志工作的开展对新政权的巩固是有益的。由于清廷的三令五申,特别是康乾年间《江南通志》修成,为所属各府县的方志编纂树立了样板。在这种社会背景下,徐州及所属州县的方志编纂也得到迅速发展。

据中华书局 2014 年版《徐州古方志丛书》所辑,明清两代徐州志书,现存世 30 种,失传可考者有 19 种。其中,鲁一同主纂的清咸丰《邳州志》是一部声震全国的地方志书。曾国藩曾在家书中写道:"吾友有山阳鲁一同通甫,所撰《邳州志》《清河县志》,即为近日志书之最善者。"他嘱咐其子曾纪泽依此体例,纂修《湘乡县志》①。咸丰本《邳州志》由于得到曾氏的推崇,一时间被誉为"志乘获矩""志家法程""邳邑信史"。

明清时期,徐州地方志书为数众多,体例日臻完善,时代和地域特色也更为鲜明。志书内容丰富,涵盖了社会生活的方方面面,尤以政治军事、英雄豪杰色彩浓重,体现了徐州人有情有义、有种讲究的精神。

---

① 钟叔河整理:《全本曾国藩家书》上卷《同治五年六月十六日与二子书》,中央编译出版社 2015 年版,第 202 页。

徐州志书作为本地区之全史，编排质量及特色深受当时社会环境的影响，具有鲜明的时代烙印。作为地方最重要的古籍文献资料，它不仅具有本身的存史价值，同时也具有资治、教化、审美价值和学术研究参考作用。

明清时期徐州方志的编纂及理论研究，基本上继承了宋元明志家对方志性质、渊源、功用的讨论辨析，但更加重视编纂方法的系统探究。由于讲求训诂考证的学风渐盛，志家对方志纂修中的资料采集、史实考辨予以更多的注意；又因诸家学者普遍将修史方法用于纂志，以纪传体编次方志、以撰述方式叙事，成为人们关注的话题。尽管这一时期徐州的方志编纂时断时续，质量参差不齐，不乏应付之作，但也出现了政绩卓著的知州姜焯修纂的康熙六十一年（1722 年）本《徐州志》和国史馆编纂王峻亲自主笔的乾隆本《徐州府志》等一批有所革新的善本志书。大批学有渊源的学者投身修志事业，使有清一代徐州地区名志纷出，成果斐然可观。尤其是他们将各自的学术观点带入修志实践中，并通过对方志理论的悉心研讨和切磋辩论，为方志学研究的深入作出了贡献。

总而言之，在“黄运交汇”的背景下，徐州多灾多难而又屡毁屡兴。伴随着资本主义萌芽的缓慢发展，封建生产关系正在走向衰落，这一时期的徐州，在频繁的自然灾害面前，政府的努力总显得力不从心。农业生产孱弱不振，工商业发展迟缓，特别是明末以后，曾经极盛一时的漕运开始由盛转衰，徐州的经济民生面临着前所未有的困局。文化上，徐州也从江北文化高地沦落为苏杭之后，尽管与苏南等地的差距逐渐拉大，但因书院教育的坚守与发展、地方文化的传承与繁荣、方志编撰的研究与成熟，徐州城乡仍时见亮点，涌现出一批批著名的文化学者和社会名流，推动着徐州文化的继续向前发展。

第七章　民国时期

20 世纪初期，在中国传统社会变迁的历史巨流中，徐州因地处交通枢纽和战略要地，极易得时代风气之先，特别是新学堂的兴建、新思想的传播，社会人文在潜移默化中改变，绽放出转型时期的时代曙光。随着西方近代文化与中国传统文化的交流碰撞，徐州加速了近代化的历史进程。抗战时期，日本帝国主义大肆进行殖民文化侵略活动，救亡图存成为徐州沦陷区的主流文化，在徐州文化史上留下重要的篇章。徐州作为中国革命的摇篮之一，在广袤无垠的土地上遍布着丰富的红色文化遗产。同时，在整个转型时期，从徐州大地上走出了一批蜚声中外的艺术大师，影响深远。转型时期的徐州在战争与水患交织叠加的条件下，正经历着从传统到近代、从封闭到开明的艰难蜕变。

第一节　交流与转型

进入 20 世纪后，在华的西方传教士和从海外归来的中国留学生构成了中西文化交流互动的桥梁，在两种文化融会贯通的过程中，历史车轮将徐州缓缓载入近代化的大门。同时，这两种异质文化的激烈碰撞，也使得徐州在近代化的历史进程中一波三折，崎岖艰难。

一、文化交流

传教士在传教活动中，以文化大使的身份，在中外文化之间架起了一座相互交流的桥梁。他们出于传教目的，在徐州开办了教育、医疗、慈善等事业，客观上推动了徐州近代化的发展；同时，他们又以搜奇猎异的眼光，把徐州本土文化源源不断地介绍到海外。传教士的身上毕竟烙印着浓重的殖民色彩，他们的传教活动和主观意图，使其困囿于两种异质文化激烈冲撞的旋涡中，造成了徐州地区反洋教斗争此起彼伏、波澜壮阔。

（一）开办学校

1897 年，基督教美国南长老会在徐州开办了启蒙式学道班。1905 年，美国传教士葛马可将学道班扩建为培心书院。1919 年，传教士安士东任校长，易名为培心中学。1910 年，美国传教士陶美丽在徐州创办了桃李女学堂。1913 年，该学堂易名为正心女校，为四年制中学。1919 年，美国传教士荣我华将校名改为正心女子中学。1932 年，培心中学与正心女子中学合并，各取原校首字名曰培正中学。徐州沦陷后，培正中学被迫停办。1942 年，在徐州基督教会的努力下，培正中学又以培真中学的名义重新开办。抗战胜利后，培正中学恢复了校名，并聘请北平燕京大学前任校长、后来成为美国驻华大使的司徒雷登为学校的名誉校董。到解放前夕，学校已发展到初中 9 个班，高中 4 个班，共有 700 余人的规模。[①] 中华人民共和国成立后，人民政府接管了培正中学，改名为徐州市第五中学。

1908 年，天主教法籍传教士艾赉沃在徐州创办了旨在培养传教人员的要理学，开天主教在徐州市区办学之先河。[②] 1910 年，法籍传教士倪娄将要理学改名为类思公学。1917 年，上海震旦大学扩建了徐州类

① 参见黄殿墀主编《徐州民族宗教志》，徐州市民族宗教事务局 1991 年版，第 142 页。
② 参见邓毓昆主编《徐州胜迹》，上海人民出版社 1990 年版，第 244 页。

思公学的校舍，并改名为震旦附中。1936 年，上海天主教司铎、著名爱国老人马相伯建议把学校易名为昕昕中学，意在“学如晨曦，名同震旦，既可得教育之初阶，复能入光明之大学”①。昕昕中学逐渐成为天主教会在华重点中学之一，在中国近代教育史上声名远播，许多到访徐州的名人都曾到此视察过。徐州沦陷后，昕昕中学暂迁到徐州城外杨庄集天主教堂上课。抗战胜利后，美籍传教士郜轶欧回到徐州，重新整顿昕昕中学，并聘请蒋纬国担任学校名誉董事长。1948 年，学校已发展到男女两部 23 个班级共 1095 人的规模，成为当时徐州设备最为完善、教学质量较高的中学。② 徐州解放以后，人民政府接管了昕昕中学，改名为徐州市第四中学。

图 7-1 ［民国］培正楼

除了开办教会中学，天主教会和基督教会还分别在徐州开办了光启小学和培正小学，为徐州的教育近代化作出了贡献。

可以说，徐州教会学校是体现西方资产阶级教育思想的摇篮。它一方面促进了近代西方文化在徐州的传播，较大范围地普及近代自然科学和社会人文科学知识；另一方面它也突破了徐州传统教育的藩篱，

---

① 参见邓毓昆主编《徐州胜迹》，上海人民出版社 1990 年版，第 245 页。

② 参见黄殿墀主编《徐州民族宗教志》，徐州市民族宗教事务局 1991 年版，第 96 页。

加快了徐州教育近代化的进程。尽管它具有一定的时代进步性，但其教育主旨毕竟是在近代不平等条约庇护下的文化侵略，其最终目的不是徐州的近代化，而是基督化和西方化。

(二) 开办医院

1881 年，英国传教士祀思溥在徐州鼓楼南端租房开办了施医院(诊所)，为西医进入徐州之始[①]。而在徐州影响最大的当属基督教美国南长老会设立的徐州基督医院。1897 年，由美国南长老会出资，美籍女传教士葛璧玺(Nettie D. Grier)在徐州西门大街购房开设简易诊所，施医布道。1900 年，他们沿街建设平房数间，开设门诊。院内平房 10 余间充作病房。1914 年，女医院更名为坤维女医院(Mary Erwin Rogers Memorial Hospital for Women)，葛璧玺任院长。[②] 1914 年，病房楼建成，设有产房和手术室，为徐州西医接生之始。[③] 1900 年，美籍传教士慕庚杨(Lynford L. Moore)在女医院东隔壁创办博济(男)医院，后于 1904 年离开徐州。1905 年，美籍传教士马法典接任院长，并在 1916 年将医院更名为基督(男)医院(Bennie Blue Memorial Hospital for Men)。[④] 1945 年，教会将坤维女医院和基督男医院合并，名为徐州基督医院。中华人民共和国成立后，人民政府接管了徐州基督医院，改名为徐州市立第二人民医院。

与此同时，天主教会也重视医教结合的传教策略。中华人民共和国成立前夕，耶稣会传教士在徐州共设立了 9 处诊所。这些西式诊所为民众治病救人、解除病痛，一时间迅速壮大了西医队伍，形成了西医进入徐州地区不可阻挡的局势。

---

① 参见袁树勋《铜山县袁树勋禀民教滋事》，"中央研究院"近代史研究所主编：《教务教案档》第 4 辑，第 3 册，(台北)"中央研究院"近代史研究所民国六十三年(1974 年)版，第 748 页。同时，在 Rosario Renaud，S. J.(蓝文田)所著的 *Süchow, Diocèse de Chine, 1882—1931* (Montreal: Les Editions Bellarmin, 1955)中，提到该诊所是在 1879 年或 1880 年前后开设。

② 在彭永恩之子彭光亮(Thompson Brown)所著的 *Earthen Vessels and Transcendent Power: American Presbyterians in China, 1837—1952* 一书中记载，坤维女医院这一名称出现于 1914 年。

③ 参见黄殿墀主编《徐州民族宗教志》，徐州市民族宗教事务局 1991 年版，第 143 页。

④ 在彭永恩之子彭光亮(Thompson Brown)所著的 *Earthen Vessels and Transcendent Power: American Presbyterians in China, 1837—1952* 一书中记载，博济男医院这一名称出现于 1916 年。

(三) 从事慈善事业

孤儿院。1905 年,美国南长老会美籍传教士顾多马(Thomas Grafton)在徐州西门内开设济孤堂,收容孤儿近 200 名。1939 年,天主教鲍斯高会传教士在坝子街天主教堂开办孤儿院,收容弃童 150 名,并教给他们工艺技术,作为以后的谋生手段。1943 年,天主教乌苏拉会传教士开办了圣母圣心婴儿院,收容弃婴 140 余名。

避难所。抗战爆发后,日军经常空袭徐州,难民众多,无处安置。基督教会利用徐州中枢街教堂、基督医院、传教士宿舍、教会学校等地方办起了避难所,共收容避难群众 3000 余名。天主教会在青年路教堂开办避难所,并在教堂屋面涂饰法国国旗和标识难民营的白底蓝十字旗,以示区别。徐州沦陷后,避难所又临时收容老弱病残、无家可归者百余人。

赈灾处。由于战乱和天灾,苏鲁豫皖四周难民涌入徐州。美国南长老会美籍传教士顾多马在徐州开办了华洋义赈会,发给灾民面粉、豆饼、棉衣,或以工代赈,发放赈款修筑路桥。顾多马调离徐州以后,美籍传教士彭永恩继续接办义赈。抗战期间,华洋义赈会解散。抗战胜利以后,教会还协助联合国救济总署在徐州发放部分救济物资,以赈灾民。

妇女学道班。20 世纪 20 年代,美国南长老会美籍传教士彭永恩(Frank August Brown)的夫人彭夏丽(Charlotte Brown)在徐州中枢街教堂东院创办妇女学道班,招收中青年文盲女信徒进行扫盲识字,后来还增设了初级文化课,[①]以提升女信徒的知识水平。妇女学道班的开设,在一定程度上提高了徐州下层民众的文化水平。

传教士从事的慈善事业传播了近代西方科学思想和人本主义思想,对徐州的近代化具有一定的作用。但传教士从事的慈善事业带有浓厚的宗教色彩,其目的在于使慈善事业成为传教的利器,最大程度上

---

① 参阅 Frank A. Brown(彭永恩),Charlotte Brown(彭夏丽). *A Mother in China*, Printed in the United States of America,1953.

扫除民众对外国宗教的冷漠偏见。由此可以看出，其长远目的在于收揽人心，使民众对基督教产生亲近之感。

(四) 徐州文化宣传

西方传教士在传教的同时，亦对徐州的风土人情、社会面貌产生浓厚兴趣，通过信函、杂志、著述、实物等资料源源不断地把徐州文化介绍到海外，客观上促进了传统文化的对外传播。这其中尤以加拿大法裔耶稣会的介绍最为显著。

《徐州湖团团界的历史记录——以五段地区为例》。1914 年，在沛县五段传教的教士徐劢出版法文图书《徐州湖团团界的历史记录——以五段地区为例》。该书由天主教会资助并在上海土山湾印书馆印刷发行。作者通过对“边里”和“边外”在世老人的采访，并寻访各团及其所管辖的“段”，对民俗风情、语言文化、宗教崇拜、家族渊源、社会关系、山东移民与沛县居民之间的关系、朝廷介入、土匪暴动以及革命军的到来等问题进行较为详细的记录，再现了“湖团文化”的历史演变过程。

麦良弼(Louis Lavoie)①和《匪徒》(*Le Brigand*)杂志。为了向魁北克介绍徐州和中国，获得财政方面的支持，1930 年，耶稣会士麦良弼在加拿大蒙特利尔创办了《匪徒》杂志。他以徐州动荡不安、匪盗横行之故，命名该杂志。杂志记录了徐州水患频发、战争迭起、市井百态、春种秋收等社会现象，详尽记载了当时徐州的风土人情、自然面貌，刊发了许多反映当时徐州建筑、民众生活、战争场面的图片。通过这些珍贵图片，杂志较为翔实地向海外反映出当年徐州社会的真实面貌，把徐州文化形象生动地传播出去，具有很强的感染力。当然，麦良弼以西方人的眼光阐释徐州文化，难免带有时代的局限性和文化的隔膜性。

盛世音(Édouard Lafortune)的个人著作。盛世音作为加拿大法裔耶稣会士在徐州的代表人物之一，在此度过了 7 年传教生涯。他的《加拿大人在中国——加拿大耶稣会传教区徐州府概况》一书，1930 年在

① 一说为“赉良弼”。

加拿大蒙特利尔出版。[1] 该书内容丰富、涉及广泛，当时徐州的自然环境、行政区域、民间婚丧、世俗礼节、水旱天灾、农忙战事等，无不包含其中，堪称当时徐州乃至中国社会的一个缩影。徐州文化因此书而被详尽地介绍到海外，引起广泛关注。盛世音在书中对徐州民间迎神乞雨、求卜问卦等社会现象颇有微词，反映出西方传教士对徐州民间文化的一般观点。另外，书中附有大量反映徐州社会风情的照片，这些照片与文字资料互为补充、相得益彰，是记录当年徐州社会文化信息的珍贵资料。

法国耶稣会士董师中(Henri Boucher)与《耶稣会士艾赉沃传记(1852—1930)：南京代牧区徐州府传教士》。1930 年，近代天主教徐州地区开拓者法国耶稣会士艾赉沃去世，与他一同传教的董师中，根据来往信件、宗教通报和简讯、艾赉沃日记，以及两人之间交往的历史，撰写了这部回忆录。该书从艾赉沃来徐州传教背景、早期探索的历程、徐州地区民俗风情、与当地政府和民众之间的冲突、传教方法和成效等角度展开，以大量信函和采访作为资料，同时还有不少难得一见的历史老照片。该书关于西方文化在徐州地区传播，以及传播过程中所产生的冲突与融合的描述，为我们再现了历史过往，对研究西方文化在徐州传播的早期历史提供了珍贵的史料。

蓝文田(Rosario Renaud)的个人著作。蓝文田是加拿大法裔耶稣会士中的著名史学专家，在徐州传教长达 14 年。1955 年，他在加拿大出版了个人著作《中国徐州主教区(1882—1931)》，[2]1982 年又出版了另一著作《中国徐州主教区：1918—1954 年加拿大耶稣会士传教之地》。[3] 这两部著作的出版，奠定了他在徐州教会史研究中的地位。蓝文田在书中流露出对徐州社会的看法，体现了西方人对徐州文化的群体认识，成为研究近代西方传教士中国观的重要资料。

---

① Édouard Lafortune(盛世音). *Canadiens en Chine: Croquis du Siu—Tcheou fou: Mission des Jésuites du Canada*, Montréal: l'Action Paroissiale, 1930.

② 参阅 Rosario Renaud(蓝文田). *Süchow, Diocèse de Chine, 1882 - 1931*, Montreal: Les Editions Bellarmin, 1955.

③ 参阅 Rosario Renaud(蓝文田). *Le Diocèse de Süchow (Chine) Champ Apostolique des Jésuites Canadiens de 1918 à 1954*, Montréal: Bellarmin, 1982.

《那士荣日记》。1939 年,那士荣(Prosper Bernard)来到徐州土山镇传教,1943 年在徐州丰县被日军枪杀。期间,他以日记的形式把自己的亲历所闻详细记录下来,并整理成册。日记中关于徐州的记述可分为两类情况:一类是对徐州社会状况的整体描述。他在日记里详尽地记录了徐州的自然灾害,对难民抱有同情之心。日记中,他多次提到徐州动荡不安的社会环境,诸如壮丁被抓、土匪破坏教堂等事件。另一类是关于徐州风情的记述。他在日记里不吝笔墨地对徐州地区的田园风光、民间劳作、社会应酬、传统节日,以及人们的饮食方式、出行工具、娱乐内容等进行详细记录,为今天研究当时的徐州社会留下了宝贵的资料。那士荣日记堪称是一部向海外传播徐州文化的代表著述,为中外文化交流事业作出了一定的贡献。当然,那士荣毕竟是立足于西方基督文化的角度来评述徐州文化的,由于东西文化的异质性和隔膜性,其日记中亦有偏颇失准之处。

美国传教士及其在华著作。美国传教士在传教的同时,对徐州社会文化产生了浓厚兴趣,并通过信函、明信片、图书等方式,向美国传递他们对徐州文化的认知与思考。其中,彭永恩为妻子撰写的《彭夏丽:一个美国母亲在中国》(1953)、《在华最后一百天》(1949),从不同侧面记录了其在徐州数十年生活的体验和见闻。彭永恩后人为其撰写的传记《遗产:传教士弗兰克·奥古斯塔斯·布朗》讲述了彭永恩在徐州地区的传教历程。海牟登夫妇于 20 世纪 70 年代所撰写的回忆录——《中国日记》,从历史维度讲述了他们作为美国人在徐州乃至中国的见闻。这些图书资料向读者呈现了美国人视角下的徐州文化和历史。

此外,20 世纪上半叶,加拿大法裔耶稣会士们在徐州搜集到数百件器物。这些器物种类繁多,有玉器、瓷器、青铜器、石雕等,也有当时的生活用品,如家具、衣物、餐具等。它们先后被存放在加拿大蒙特利尔市博物馆和魁北克市博物馆,并举办过中国文化展,以吸引当地人对中国,特别是徐州地区的关注。这些器物承载着浓厚的中华文明气息和徐州文化特征,在海外异域的土地上闪烁发光,推动着中外文化的交流与发展。

（五）文化冲突

经过辛亥革命的洗礼和新文化运动的蓬勃发展，民主和科学思想迅速在中国知识界传播，国民的民族意识空前高涨。在这种背景下，徐州的先进知识分子们发动了以捍卫民族尊严，收回教会学校教育权为主要内容的反洋教斗争，成为中国反帝反封建斗争的重要组成部分。

1. 正心中学学潮

1924年5月11日，正心中学美籍校长安士东看到食堂“馍饭秩序颠倒”，遂大骂学生是“土匪和畜生”，并放狠话：“不如日本把你们中国灭了！”这激起了广大中国学生的愤怒。当天晚上适逢礼拜，安士东又大骂中国教员不做礼拜。中国师生忍无可忍，群起与之争论。随后，安士东在外籍教员的保护下离去。翌日上午，正心中学全体学生举行集会，议定了“永远不准洋校长打人骂人”“准学生成立自治会”等5条决议，遭到安士东和教会的拒绝。安士东威胁闹学潮的学生骨干：“你可到官校读书，以后可爱你们中国，教会学校哪能容你！”[①]在教会的授意下，徐州的北洋军警对学生进行恫吓，试图镇压学潮。13日清晨，部分爱国学生因不堪忍受教会学校的欺辱，“各携行李出校”，学潮告一段落。

从现象上看，此次学潮缘于“食堂风波”，但更有其深层次的政治原因，日渐觉醒的民族主义是最重要的因素。正如恽代英在当时的《中国青年》报上分析徐州正心中学学潮的起因时所说：“这表明受压迫的教会学生已经为普遍全国的‘民族精神’所感动，中国的青年已经把民族独立运动的责任放在他们的肩上了。”[②]20世纪20年代徐州正心中学学潮，是中国波澜壮阔的反洋教斗争中的一朵浪花，也是中国新民主主义革命的重要部分。在学潮推动下，斗争又向纵深发展，非基督教运动走上了历史舞台，收回教会学校的教育权成为运动的主要内容。

---

① 参阅朱务平《我们教会学生奋斗的经过》，杨宪东主编：《徐州五中志》，中国矿业大学出版社2005年版，第38页。

② 参阅但一（恽代英笔名）《徐州教会学生的奋斗》，中国矿业大学出版社2005年版，第38页。

2. 收回教会学校教育权运动

1931 年,国民政府教育部命令国内所有的外国学校一律要注册立案,否则停办。而掌控徐州正心中学和培心中学教育权的美国南长老会,借口学生"失去读经、礼拜的自由",拒绝注册立案,更不肯将学校资产转让给中华基督教会下属的徐州教会管理。外国教会这种公然抵制国民政府命令的行为激起了徐州爱国人士的义愤。培心中学和正心中学的广大爱国师生们自发组织了校董事会,并在各届校友支持下自筹经费办学。他们的爱国举动得到社会各界的积极响应,如窑湾基督教徒梁荩忱捐献 1 顷地,以及正心中学校友捐赠 3 亩城墙基地和 6 间平房,支持徐州地方教会收回教育权的斗争。1932 年,徐州地方教会新建楼房 12 间,爱国教师也甘愿牺牲个人利益,减少薪水,因陋就简地办起了自己的学校,开始招收正心、培心两校学生上课。徐州籍牧师王恒心担任校长,并在教育部注册立案。从此,培正中学一切教务管理完全脱离了美国南长老会的控制。

3. 坝子街反洋教斗争

20 世纪 30 年代,国民政府在各地设立了具有社会教育性质的民众教育馆,位于徐州坝子街的省立民众教育馆里,云集了郭影秋、薛暮桥等深受马克思主义熏陶的中共党员,以及李可染、杨熊如、项陈云等一批追求科学民主思想的先进知识分子在此工作。这批徐州籍的先驱人物通过各种教育形式把民众团结起来,积极开展反洋教侵略的斗争。1934 年,徐州东关天主教堂要在坝子街民众教育馆的西隔壁建造教堂,坝子街一带的民众坚决不同意。开工建造教堂那天,天主教会雇来拉运石料的十几辆太平车轧坏了坝子街的路面,引起了民众的公愤。在民众教育馆担任总干事的郭影秋抓住这一有利形势,在馆长赵洪涛的支持下,联合坝子街一带的商铺、市民促进会、青年励志团、救火会、武术队、坝子街小学师生等团体,组织了数千人上街游行,反对洋人占用民地建造教堂。不久,郭影秋又在江苏省教育厅、铜山县教育局以及外国教会联合调查此事之际,联络陈心明等众多爱国天主教徒一致反对外国教会在坝子街占用民地建造教堂,使调查不了了之。后来,罗马教皇的驻华代表蔡宁来到徐州视察,想借机再建教堂。市民促进会得知消息后，又组织了数百人在火车站抗议，并张贴“反对洋人在坝子街建教堂”的标语。这次斗争持续半年之久，天主教会最终放弃了在坝子街建造教堂的计划。

民国时期徐州的反洋教斗争，从表现形式上看是东西两种异质文化的摩擦与碰撞，本质上则是以民族觉醒为标志的反帝反封建斗争，具有鲜明的时代特征。

首先，领导力量是先进的知识分子。民国时期徐州的反洋教斗争，自始至终都是经过五四新文化运动洗礼的先进知识分子领导的。在斗争过程中，中国共产党党员及进步人士作为中流砥柱，始终作为前锋，引导着斗争的方向，具有鲜明的新民主主义革命性质。

其次，斗争目的旗帜鲜明。五四新文化运动唤起了民族觉醒，以宣传科学思想、“肃清宗教流毒”为目的的非基督教运动如火如荼地展开，徐州掀起了以收回教会学校教育权为目的的反洋教斗争。五卅运动以后，徐州民族主义高涨，在国共合作统一战线的领导下，徐州的反洋教斗争又注入了“反对帝国主义”的政治目的。由于斗争具有了明确的政治目的，从而避免了晚清教案中盲目斗争的行为。

总的来说，西方传教士在徐州近代化的历史舞台上发挥了双刃作用。他们传播到徐州的西学，客观上促使了封建专制思想的瓦解，推动着徐州近代化的进程。但是，也应该看到，他们所传播的西学，许多是经过筛选过滤的特定思想观念，而对于理性主义、自由主义和革命主义等近代资本主义文化精髓却避而不谈。

二、留学生与文化交流

留学生是继传教士之后推动东西文化交流的又一主要力量，是近代以来西学东渐的重要桥梁。他们在思想传播、教育文化等领域中积极地推动着两种文化的交流，促使徐州社会发生巨大裂变，从而加速了徐州近代化的发展。

(一) 传播近代思想

民国时期,留学生作为传播近代思想的主要力量,在历史舞台上扮演着极其重要的文化角色,使“西学东渐”的内容发生了重大变化。综观整个转型时期,他们传播近代思想的历程以五四运动为分水岭,可分为两个阶段:

1. 五四运动前的传播

资产阶级民主主义思想是中国旧民主主义革命的指导思想之一,“天赋人权”和“主权在民”的主旨思想,由徐州籍留日人士韩志正、顾子扬等积极推介,迅速地在徐州传播开来。晚清民国期间,新旧势力角逐激烈,新旧思想交锋甚紧。资产阶级民主主义思想在徐州传播的过程,就是其与封建守旧思想激烈斗争的历程。扫除封建礼教和清除封建专制主义,成为徐州先驱人士传播近代民主思想的主要任务。在涤清封建礼教的斗争中,以韩志正和顾子扬为代表的徐州旧民主主义革命者,把重点放在勃兴女权运动和针对旧规陋习的移风易俗上面。1904 年,韩志正等人就在徐州成立了铜山不缠足会,其章程明文规定:“中年妇女放足者一律有奖,十五岁以下少女放足者赠纪念章一枚。”①为推进放足运动的开展,韩志正让其妻女首先放足以作表率,引起轰动,文明风气渐开。1909 年,韩志正、韩仲英父女创办了徐州教育史上第一所女子学堂——坤成女学堂,冲击封建礼教观念,在徐州社会引起强烈震动,有力地推动着女权运动的开展。②

“剪清辫”是当时徐州社会移风易俗的重要内容,也体现了近代民族思想的彰显。清辫是汉族被迫臣服于清廷血腥统治的屈辱象征。清辫的剪与不剪,与传播近代民主思想的成败息息相关。因此,在辛亥革命之际,以韩志正、顾子扬等为代表的先驱人士,在徐州雷厉风行地开展“剪清辫”运动。当时凡入城的成年男子,必须剪掉辫子方可进城。以徐州留学生为核心的革命力量发动的“剪清辫”运动,迅速推广到徐

---

① 参阅吴书锦《爱国志士韩元方》,政协铜山文史委主编:《铜山文史资料》第 3 辑,政协铜山文史委 1984 年版,第 86 页。

② 参阅赵明奇《韩志正与〈北京女伶百咏〉》,《北京史料》2005 年版,第 225 页。

州下属各县，并影响到苏鲁豫皖四省毗邻的广大地区。

根深蒂固的封建专制制度，是传播近代思想的最大障碍。资产阶级革命人士深知必须以革命暴力手段推翻封建专制统治，才能使民主制度的种子在古老的华夏大地生根发芽。韩志正、顾子扬等人在徐州积极宣传资产阶级革命思想，凝聚革命力量。在韩志正等人的推动下，徐州地区的革命团体铜山同志会登上了历史舞台，并迅速发展了周祥骏、刘平江、王少华、崔道平等进步人士加入进来，使其成为辛亥革命时期的骨干力量。徐州光复以后，革命力量迅速成立了徐州自治政府和参议会，为近代民主思想的传播建立了保障体制，使民主共和的曙光第一次在徐州大地上绽放出来。

五四运动以前，徐州留日知识分子们所传播的近代民主思想，强烈地冲击着封建专制主义思想，使民主思想深入人心，开启了民智，拓展了民众思想，为五四运动以后西方社会思潮拥入徐州创造了条件。

2. 五四运动后的传播

五四运动以后，徐州充斥着西方各种社会思潮。这些不同于中国传统思想的新思潮，既包括各种社会主义思想，也包括许多小资产阶级思想和帝国主义时代的资产阶级学说。这些新思潮，在徐州传播较广、影响较大的，除马克思主义之外，还有无政府主义。

20 世纪初期，无政府主义由留日知识分子和同盟会会员传播到了徐州。1913 年，在韩志正、杨懋卿等留日人士的倡议下，同盟会人士高勉之主办了徐州历史上第一份报纸——《醒徐日报》，[①]旨在唤醒徐州民众的革命激情，反对封建专制，无政府主义思想从而初露端倪。1920 年，曾经留学日本的徐州老同盟会人士顾子扬，创办了国民党在徐州的党报——《民生日报》。该报是反对北洋政府抨击社会黑暗的重要文化阵地，颇受青年知识分子的欢迎，使无政府主义在徐州迅速蔓延开来。无政府主义思想在徐州传播的过程中，尤以徐州籍留日知识分子刘仁航的大同思想为代表。

刘仁航是近代以来徐州中外文化交流中的重要人物。他曾把日本

① 参阅李大坤主编《徐州报业春秋》，中国矿业大学出版社 1988 年版，第 15 页。

的《粗食猛健法》等书籍翻译介绍到国内，之后又游历印度，归国后，著有《印度游记》。他的《东方大同学案》是其大同思想的集中体现。刘仁航的大同思想是在扬弃俄国无政府主义者克鲁泡特金互助论的基础上，融会贯通中国传统文化后产生的。他吸收了克鲁泡特金鼓吹的"互助"因子，希望将中国的村、区、县作为互助的基本单元，形成一个全方位独立的有机整体，其中包括生产生活的各个方面，通过人们之间的真诚互助，最终实现"大地黄金，世成乐园"的大同社会。他在实现大同社会的具体步骤与途径上有着自己独到的见解，即把通向"乐园"的过程分为六个阶段：新物质世界、新人种世界、坤化世界、美艺世界、诸天物质交通世界、仙佛世界。这种划分思想，与其造诣颇深的佛学文化密切相关。他认为社会主义不是欧洲创造出来的新兴理想，而是中国数千年来已经存在的理想事实，这在贤哲圣佛们的著述中早已提倡过。刘仁航反对苏俄以铁血手段建立社会主义政权，认为杀伐太重，会玷污"仙国乐园"，因此，他极力主张"竞美而勿竞杀"地进入"地上天国"。"竞美"的最佳途径就是走佛教社会主义路线，最终实现大同理想。

刘仁航的大同思想是近代西方无政府主义与中国传统佛学相互融通的产物，虽然勾勒出中国未来社会的美好前途，却无视了当时中国社会的阶级关系，没有明确提出中国的基本问题和主要任务，违背了中国社会发展的客观规律。所以，他的大同理想只能是海市蜃楼中的虚幻美景，最终不能实现。

(二) 发展近代文化

五四运动以来，在近代西方文化思想的影响下，徐州传统文化的肌体中开始注入了新鲜的血液，并逐渐向近代文化的形态迈进。新文学运动在徐州的发展、话剧等新艺术形式在徐州的产生与传播，都与留学生的强力推动有着千丝万缕的关系。

新文学运动是五四时期中国知识界反对旧文学，提倡新的文学思想、形式和内容的革命运动。20世纪初期，大批从海外留学归国的知识分子，给古老的中国带来新鲜的西方学术和文化思想，为中国传统文学的变异更新创造了条件。

1917年，胡适、陈独秀在《新青年》上提出文学改良的建议，要求以白话文代替文言文，吹响了文学革命的号角。随着五四运动的爆发，先进的知识分子们在学习西方民主、科学的同时，掀起了波澜壮阔的革新旧体裁的新文学运动，使新体诗歌、散文、小说、戏剧以崭新的面貌出现在中国的文坛上。随着五四运动大力提倡民主和科学，中国知识界业已觉醒，并促成新文学运动的形成。

新文学运动犹如雨后春笋，迅速地在中国大地上发展起来。徐州文学界也出现了思想的质变和飞跃，并由此产生一批在中国文学领域中影响深远的人物，其中尤以时有恒、庄涌和郭枫最负盛名。

时有恒，徐州人，中国现代进步作家。五四时期，他在铜山县立第三高等小学读书，阅读了《新青年》等进步书籍和刊物，对新文学产生浓厚的兴趣。1923年，他到南京钟英中学读书，在该校刊物《钟英》上陆续发表了散文《捉迷藏》、小说《最后的胜利》等新文学作品。1927年，他在《北新周刊》上发表了诗歌《夏》和杂文《这时节》。鲁迅看了《这时节》一文后，写下了文坛名篇《答有恒先生》，后来两人成为挚友。1930年，时有恒加入"左联"，并将自己的诗集《夜战》、长篇小说《活埋》两部作品整理出版。在此之前，他还出版了中篇小说《雅典娜》、长篇小说《魔王与妖女》、剧本《时代》等作品。抗战爆发以后，他回到家乡主编《国民日报》副刊《国民园地》，积极宣传抗日救国。抗战期间，他还主办过《诗星》等刊物，登载大量新文学作品。中华人民共和国成立以后，时有恒陆续向位于北京、上海和绍兴的鲁迅纪念馆捐赠有关鲁迅的著作初版本、研究资料和各种杂志约3000册，还将自己精心收藏的13300余册书籍和杂志全部捐献给江苏师范大学，以支持家乡的高等教育事业。

庄涌，徐州邳县人，中国现代文坛"七月诗派"重要诗人。1934年，他在邳县运河乡村师范学校读书，期间深受新文化的熏染，在当时的《徐报》副刊《南风》上发表新诗。1938年，徐州会战期间，庄涌满怀抗日激情，创作了新诗《颂徐州》。徐州沦陷后，他到汉口加入了中华全国文艺界抗敌协会，辗转于西安、临汾、重庆等地，并陆续在《七月》杂志上发表了《给十四万八千六百七十九》《祝中原大捷》《同蒲路——敌人的死亡线》《给筑路的农夫》等诗歌。胡风在重庆把庄涌的诗歌汇编成集，取名为《突围令》，作为《七月诗丛》的一部分，由上海海燕书店出版。抗战后期，庄涌在重庆任《真报》副刊编辑，并在该刊发表了大量的诗歌作品。1944 年，他在重庆出版第二部诗集《悲喜集》。庄涌的诗歌创作灵感源于可歌可泣的抗日斗争，字里行间流溢着鲜明的爱国主义激情。

郭枫，徐州人，台湾现代著名散文家。从少年时代起，郭枫就显示出对新文学的强烈爱好。在省立徐州中学读书期间，他就开始在《徐州日报》副刊和文艺刊物《前路》上发表散文和诗歌。1948 年，在南京国民革命军人遗族学校读高中时，他又陆续在南京、上海一些报刊上发表散文和少量的诗歌。郭枫的散文和诗歌中，流露着对故乡徐州的丝丝眷恋之情。他是从徐州走出来的著名新文学作家，并为当代海峡两岸文学交流事业作出了贡献。

总之，近代以来徐州的中外文化交流史，是以徐州留学生为主体的新型知识分子传播、创造新文化的历史，在创建新文化的过程中，他们是前驱和中坚。他们是学贯中西的先进知识群体，是引领徐州迈向近代化的旗手。

第二节　近现代的移风易俗

民国初年，经过辛亥革命的洗礼，近代西方文化逐渐在徐州传播开来，在欧风美雨的吹拂下，徐州传统的服饰、饮食、婚嫁、建筑等社会习俗发生了重大变化，推动着徐州近代化的发展进程。

一、服饰文化的变革

辛亥革命以来，在西方近代文化的冲击下，徐州传统服饰观念寒冰渐融，变革也势在必行。徐州传统服饰的变革以 20 世纪 20 年代为界，可分为两个阶段。

第一阶段，中西并存，新旧杂处。民国伊始，徐州革命先驱们从来华的西方人士的服饰中看到，近代西方国家在破除封建等级制度以后，焕发出了追求个性自由、崇尚自然健康的审美情趣和开放心态。这成为徐州传统服饰变革的重要导向。在移风易俗的时代潮流中，由于近代服饰制度尚未健全，加之传统习俗心态的根深蒂固，徐州民众的服饰一时出现了中西并存、新旧杂处的情况。当时徐州成年男性的服装主要是长袍马褂，基本上是对传统袍服的延续。不过，一些有身份地位的人士为追求时尚，也足蹬皮鞋，头戴礼帽，胸口挂表，佩戴墨镜，俨然一副西方绅士打扮。徐州成年女性服装主要是传统的上衣下裙，但一些有经济实力的新潮女性，也开始烫发，佩戴钻石饰品。这种中西并存、新旧杂处的现象，反映出徐州民众在近代服饰的发展中，在中西文化激荡交融下的矛盾心态。这种心态随着时间的推移和变革的加剧，逐渐消弭。

第二阶段，中西合璧，异彩纷呈。20 世纪 20 年代以后，随着中西服饰文化的交融贯通和对传统服饰习俗的深入变革，不仅西服等洋装逐渐得到徐州民众的认可，而且中西合璧式的中山装和旗袍也为徐州民众所接受。民国初年，徐州少数官绅富贾已开始在公开场合穿着西服了。1925 年，北洋军阀孙传芳的部队进驻徐州以后，市面上穿着西服的人渐渐增多。1927 年，北伐军进驻徐州后，中西合璧式的中山装开始为民众接受，穿毛料中山装的人逐渐多起来。中山装基本上依据西方服装创制而成，吸纳了西装贴身干练的风格，同时保留了中国传统的对称凝重格调，体现出从传统到近代的过渡特征。20 年代以后，徐州上层社会女性外出时，喜欢一袭西式装束。这个阶段，旗袍也在徐州流行开来。到 30 年代时，旗袍已成为徐州女性的常服。旗袍面料除一般绸缎外，青布旗袍更是深受女学生和家庭主妇的喜爱。从 20 年代到 40 年代末，旗袍在徐州风行 20 余年，款式几经更迭，吸纳了西方服饰的长处，在袍身长短、衣襟开合、领头高低、开衩高矮、装饰繁简等方面进行了改良，日臻成熟。

徐州近代服饰的发展，还催生出一批新式服装企业。1920 年前后，徐州首家大型服装公司在大同街成立，[①]出售欧美布料、手表、饰品

---

① 参见苗逵升《徐州天成百货公司》，政协徐州文史委主编：《徐州文史资料》第 4 辑，政协徐州文史委 1985 年版，第 77 页。

等中高档商品。另外，新大洋服店作为徐州最早的一家专营西服的商店，[①]专制毛料西服，名噪一时。北伐军进驻徐州以后，新大洋服店又兼做毛料中山装。由于洋服生意好做，徐州又相继出现了亚美、亚东等洋服店，深受民众喜爱。

近代服饰的发展在徐州社会产生深远影响，改变了人们传统的服饰文化观念。传统服饰的变革不仅取决于朝代更替，更是近代中西文化交流贯通的必然结果。在这种文化交流中，传统服饰文化的嬗变，成为徐州近代思想启蒙的先声。适于卫生，便于动作，宜于经济，壮于观瞻，是徐州近代服饰发展的主流思想，开启了民主服饰的新时代。

二、饮食文化的发展

徐州是中国烹饪鼻祖——彭祖的故乡，饮食文化源远流长，内涵丰富。徐州传统饮食文化，包括丰富的食物做法、精湛的烹饪技艺和深邃的饮食礼仪，通过历代特定的“食道”“官道”“医道”与传统礼教的有机结合而充分展现出来，其影响在徐州传统社会中根深蒂固。

晚清以来，随着基督教在徐州的广泛传播，大批西方传教士纷至沓来，西餐由此舶来。民国初期，由于津浦、陇海两大铁路的交会贯通，徐州一跃成为交通枢纽和商业要埠，不少洋商买办穿梭于此。由他们所带过来的西方近代饮食风尚，迎合了当时人们慕新求异的心理，西餐逐渐融入徐州传统社会中，并传播开来。

民国时期，西餐在徐州的传播经历了三个阶段：从经营西餐饮食的小商铺，到兼营中西餐业的大饭店，再到专营西餐的西式餐厅。1919年，坝子街出现了西式面包铺，拉开了徐州经营西餐业的历史帷幕。[②]1928年，商人武郎轩在大同街开设了徐州首家生产西式饼干的万生园

① 参见苗逵升《徐州天成百货公司》，政协徐州文史委主编：《徐州文史资料》第4辑，政协徐州文史委1985年版，第77页。

② 参见陈仲言《清末民国时期徐州社会大观》，政协徐州文史委主编：《徐州文史资料》第14辑，政协徐州文史委1994年版，第195页。

食品店。[①] 享用西餐在当时是社会上层人士彰显身份的象征,再加上普通民众趋新慕异的心理所使,西餐渐为徐州民众所接受。到20世纪20年代,徐州出现了一些兼营中西餐业的大饭店,尤以花园饭店最负盛名。

1916年,徐州买办商人吴氏兄弟(吴继宏和吴继昌)创建了花园饭店。作为徐州买办行业的代理人,他们与上海英美烟草公司关系极为密切,经济实力雄厚。他们聘请欧美建筑技师,仿照上海西式别墅,出资2万银圆建造了这座西式洋楼。1919年,洋楼经过重新装饰改作旅馆,取名花园饭店,并雇用了一批南北名厨,经营中西餐点。花园饭店以精美娴熟的欧美烹饪技艺,赢得良好口碑,名扬淮海。除花园饭店以外,当时经营中西餐的饭店还有1931年梁任东在快哉亭开办的公园食堂。这些饭店的锐意经营,使徐州西餐业迅速发展起来。

1931年,徐州商人蒋诚道在大马路东端开设了一家专营西餐的餐厅,开徐州专营西餐之先河。[②] 餐厅陈设仿欧式风格,分室设座,地毯铺垫,华灯高悬,洋仆迎门,充满了异国情调;专聘名厨,烹饪制作、进餐程序、菜单样式与上海西餐大店毫无差别。徐州沦陷以后,日军占据花园饭店,王竹轩、胡应文等人被迫将花园饭店的西餐部搬迁到新开辟的启明路(淮海东路)上,开设了新新西菜馆,专营西餐,继续发扬花园饭店高超绝伦的西餐制作技艺,进一步推动西餐在徐州的发展。

西餐业丰富了徐州人的饮食结构,一定程度上也加速了徐州传统饮食文化的嬗变。

首先,传统等级食仪观念日益改变。等级化规格向来是徐州传统食俗的重要内容,菜肴配备、席面规格、座席次序等必须与身份地位相适应,表现出尊卑有序的等级观念;而蕴含在西方近代饮食文化中的平等民主思想,促进了传统饮食观念的变革。西式餐厅里,经常出现的拉椅请坐、先女后男的新习俗,让徐州民众耳目一新,逐渐接受。徐州传

---

① 参见武仁湘《万生园食品商店》,政协徐州文史委主编:《徐州文史资料》第7辑,政协徐州文史委1986年版,第114页。

② 参见陈仲言《清末民国时期徐州社会大观》,政协徐州文史委主编:《徐州文史资料》第14辑,政协徐州文史委1994年版,第190页。

统饮食文化中，女性不食于馆肆以及男女不同席的观念，也在西餐业融入徐州饮食文化后悄然改变。新潮女性进西式餐厅就餐的现象在徐州不足为奇，而青年男女并肩入席、共用西餐的现象，在徐州也司空见惯。

其次，饮食卫生观念逐渐形成。西方近代饮食文化中的文明卫生观念，对徐州传统饮食习俗形成巨大冲击。民国以来，徐州新式人物对传统的合食习俗不断提出改造意见，主张仿效西餐礼仪，备公碗公箸，以取汤盛肴，吃饭时则用私碗私箸，对徐州社会产生重大影响。当时在徐州教会学校，西餐分食制已基本普及。由于传统饮食观念在徐州社会中根深蒂固，合食聚餐又体现出古朴的亲情和友情，是中国伦理文化群体精神的体现，所以西餐体现出来的以个体为本位的分食制，在徐州传统社会中步履维艰，以其取代传统合食至今仍未实现。但是，以公碗公箸、私碗私箸为标志的近代文明卫生的饮食观念，毕竟在徐州社会中传播开来，成为百余年来徐州传统饮食文化中的显著蜕变。

第三，改进传统食品的制作方法。民国以来，随着西餐业的不断发展壮大，大量西餐食品、西餐原料和制作方法相继传入徐州，推动着人们对传统食品制作方法的改良精进，其中尤以改进糕点的传统制作方法最为突出。1928 年，徐州万生园食品店开始按照西法生产月饼。他们在广告中称："本号不惜工本，选买上等洋面，精制各式面包、饼干……今再改良，以西式饼之材料制造中秋月饼，不独适口，而且花样新奇，至于一切人物、花草，均用外国糖浆推凸，玲珑异常，食之既见爽心，观之更觉悦目。"①

从徐州西餐发展可以看出，传统文化对于西方异质文化的吸纳，往往最先从其文化的物质层面开始。一旦这种异质文化的精髓渗入传统伦理价值观念中，它就会逐渐形成稳定的传承机制，绵延恒久。

三、婚姻礼俗的变革

徐州传统婚制源于先秦时期的"三书六礼"制度。这一繁缛婚制反

① 参阅武仁湘《万生园食品商店》，政协徐州文史委主编：《徐州文史资料》第 7 辑，政协徐州文史委 1986 年版，第 114 页。

映出徐州民众格外重视传统婚姻中的门当户对观念，渴望通过婚姻关系实现门庭富贵、人丁兴旺。同时，传统婚制又与封建礼教盘根错节、交相呼应，尤以男尊女卑、三从四德思想为重。历代统治阶级为了维护伦理纲常，往往对于所谓的贞女烈妇大加褒扬，贞节牌坊星罗棋布。据《新千年整理全本徐州府志》存录，清代徐州及八属县贞女烈妇人数逾万，在今辖域内者多达7958人。[①] 处于封建婚制压迫下的女性，其地位之低、命运之惨，世所罕见。因此，近代以来，徐州传统婚制的变革，首先从提升女性的社会地位开始。

清季以来，以韩志正为代表的徐州先驱人物，在日本留学期间接受了西方资产阶级人权价值观中的男女平等思想，并在徐州积极推动女权运动，产生了极大的社会影响。1906年，韩志正"携长女仲英游学日本"，开徐州女性赴海外留学之先河。[②] 1909年，韩志正和长女韩仲英创办了徐州历史上第一个女学堂——坤成女学堂。韩仲英延聘徐州新女性褚晓峰、徐秀贤、韩夏英等人担任各科教员，积极宣传男女平等思想。

在五四新文化运动浪潮的推动下，徐州女权运动得到长足的发展。20世纪20年代以后，不仅徐州女子教育事业有了显著的发展，而且徐州女性在政治权利、经济权利、社会地位上都有了较大的提升。1927年，邳县知识女性徐林侠就任邳县国民党党部委员，并出任邳县妇女会会长。30年代以后，徐州一些知识女性勇敢地冲破封建礼教的桎梏，为了艺术事业而登台演出。当时徐州绿光剧社里的朱淑芹、杨漪、张桂兰等新女性为了追求平等自由，多次登台演出进步话剧。为了提高自身的经济条件，徐州许多新女性勇敢地走向社会谋求职业。当时徐州户部山户北巷凤凰楼附近的万昌饭店里就有女性服务员，开徐州餐饮业聘用女性职员之先河。[③] 男女平等思想的积极传播和女权运动的蓬

---

① 参阅赵明奇主编《新千年整理全本徐州府志》卷二三《列女传》，中华书局2002年版，第1615—1856页。

② 参阅赵明奇《韩志正与〈北京女伶百咏〉》，《北京史料》2005年版，第225页。

③ 参阅胡德荣《徐州烹饪史话》，政协徐州文史委：《徐州文史资料》第3辑，政协徐州文史委1983年版，第32页。

勃发展，使徐州女性获得了极大解放，一些女性不仅提高了社会地位，也提高了经济地位。女性地位的变化有力地冲击着徐州传统婚制，促其发生了重大变革。

民国初期，徐州传统婚制在资产阶级民主思潮的冲击下，发生着转型变革。

首先是自主婚恋的出现。随着新学的推广以及海外留学事业的发展，加之近代女子教育事业的突飞猛进，男女平等的近代婚姻观念逐渐在徐州传播开来。这种观念使男女双方在决定自己婚配对象时，更多的是基于自身幸福的考虑，而将传统婚制中的门第、财富等标准放在次要位置。在男女平等思想的冲击下，传统婚制中的媒妁之言、父母之命开始发生动摇。当然，这种自主婚恋的形式在当时的徐州还仅限于新潮男女之间，而对于广大劳动民众而言，传统婚制中的父母决婚权，依然占据主要位置。

其次是婚礼程序的删繁就简。在西式婚礼观念的冲击下，删繁就简成为徐州传统婚制变革的重要内容。民国以来，徐州的婚礼程序已简化到了三个步骤：订婚、纳聘、完婚。当然，徐州地域辽阔，传统婚礼习俗的变化也极不平衡，下属八县的婚礼程序简化程度，不可与徐州城区同日而语。

西式的自主婚恋和传统婚制的删繁就简，是近代徐州社会文明进步的重要内容，传统婚制所注重的血缘、宗族等伦理观念在人们心中逐渐淡化。自由恋爱、程序简化的西式婚礼逐渐为徐州民众接受，并进一步影响到人们的传统价值观。

民国以来，徐州教民是较早接受西式婚礼的群体。信教男女在教堂里由西方神父主持婚礼。加拿大法裔耶稣会士那士荣神父，就曾在丰县戴套楼教堂为信教男女主持过婚礼。当然，这种西式婚礼带有浓重的宗教色彩，对于深受传统文化熏陶的徐州民众来说是不合适的。所以，西式婚礼在徐州并非主流。

20 世纪 20 年代以后，一种剔除宗教色彩的“文明婚礼”在徐州悄然兴起。这种“文明婚礼”保留了西式婚礼中的若干程序，去除了神父主婚的环节，换为具有传统意味的邀集亲朋好友到公共场所，并由德高望重的长辈主持婚礼。在婚礼中，以鞠躬、致辞代替传统的磕头、鸣响。这种“文明婚礼”融和了自由、开放、文明的婚礼风格，又在一定程度上保留了传统婚礼的内容，广为时人所接纳。

由于近代徐州经济发展的不平衡性，“文明婚礼”对于广袤乡村的影响微乎其微。在徐州下属八县的许多城镇里，由于传统婚俗的根深蒂固，“文明婚礼”中渗透进不少诸如祭祖等传统婚俗的内容，可谓土洋结合、新旧混杂。

四、建筑文化的嬗变

以四合院为代表的徐州传统建筑是中国古代建筑文化的结晶，它不仅反映出徐州建筑的科技水平、艺术成就，还蕴含着古朴深邃的宗教文化和哲学理念，折射出封建礼教的思想。鸦片战争以来，随着西方近代物质文明的传播，在徐州传统建筑文化的一潭秋水中泛起阵阵涟漪，掀开了更易嬗变的历史帷幕。

晚清时期，随着西方传教士和欧美洋商的纷至沓来，西方近代建筑文化逐渐传播开来，在与华夏传统建筑文化密切融合后，在徐州出现了一批中西合璧式的精湛建筑作品，堪称徐州建筑史上的一道独特风景线。

这批中西合璧式的建筑主要分为两类：一是西方传教士修建的教堂及相关配属设施，二是买办商人大兴土木建造的宅第别墅。第二次鸦片战争以后，西方宗教逐渐渗透到中国内地，许多传教士认为只有把西方文化与中国传统文化有机结合起来，才能为传教铺就平坦大道。因此，中西合璧式的教堂建筑便应运而生了。清末时期，来自法国的耶稣会士传教团体在艾赉沃的领导下，在睢宁、邳州、丰县、沛县、萧县、砀山、铜山等地建立多座教堂建筑群。这些建筑整体上呈现出两类风格。睢宁、邳州、铜山、丰县、沛县等地的教堂主要依循西方建筑，以哥特式和罗马式建筑风格为主，同时又吸收中式建筑文化于其中，形成中西合璧的宗教建筑。而在萧县的马井和砀山的侯家庄地区，由于该地区社会动荡不安，反洋教事件和土匪劫掠时常发生，因此，这里所建造的教堂兼具宗教活动与治安防御的双重功能。曾经有西方传教士经过砀山县侯家庄教堂，不无感慨地写道："工程浩大的侯家庄教堂建筑群，四周高墙环绕，墙角处均建有塔楼，以防止教堂遭受任何外来攻击。从远处望去，整个教堂建筑群仿佛一座强大的防御堡垒。教堂的四周是平静的村庄，这些村庄一如千万中国村庄一样：绿色、朴实。这里的一切宛如中世纪的城堡移植在中华大地上。"①

1910 年，天主教耶稣圣心大教堂竣工，它由礼拜堂、音乐楼、更衣室等建筑组成，呈现出西方罗马式的建筑艺术风格。但是，教堂的墙体则以当时徐州传统建筑中的青砖硬石砌筑而成，屋面仿照北京紫禁城的样式用黄琉璃瓦覆盖。整个教堂既有西方建筑的风格，又有中国传统建筑的华美色彩。

民国以来，随着津浦、陇海两大铁路在徐州交会贯通，徐州复为交通枢纽和商埠重地，不少买办豪商往返其间，留下了一批中西合璧式的私人宅第。徐州富商李华甫对西方建筑文化有浓厚的兴趣，特地从青岛聘请建筑师，在户部山建起一座洋楼，民间称之为"李家大楼"。该建筑的正门使用的是欧洲拱券形式，券下设乳白色的圆形立柱，柱头雕花，完全是罗马式风格。大楼建有地下室，这是西式住宅的显著特点。楼内的客厅、卧室、厨房、卫生间等设施一应俱全，布局合理，显示出西方建筑文化的实用主义特点。大楼两侧的厢房则是青砖小瓦、飞檐斗拱，一色传统建筑式样。李家大楼堪称当时徐州中西合璧式建筑之典范。

如同全国，西方建筑文化对徐州的公共建筑也产生了潜移默化的影响。民国时期颇负盛名的徐州花园饭店，就是一处中西合璧式的公共建筑。当时花园饭店假山有序、花草掩映。主楼为西式风格，内有高档的中西餐厅，还置有壁炉暖气、西式卫生间和抽水马桶，是当时徐州最豪华的饭店。另外，1931 年，铜山县县长余念慈在大同街建成一座西式钟鼓楼。钟楼通体采用传统建筑中的青砖垒砌，四面五层，西式门

① Rosario Renaud, S. J., Süchow. *Diocèse de Chine, 1882 - 1931*. Montreal: Les Editions Bellarmin, 1955, pp. 158—159.

图 7-2　李华甫宅

窗，底宽顶窄，高达 18.8 米，为 30 年代徐州城内最高建筑。[①] 1933 年，钟楼上安置了西式重锤链条式齿轮时钟，罗马字钟面，指针长达 1 米，四面皆砌瓷砖，是当时徐州城内的一道靓丽风景。

民国时期，徐州的中西合璧建筑在很大程度上彰显出近代西方建筑理念对传统建筑文化观念的巨大冲击，促其在潜移默化中悄然嬗变。

综上所述，中西文化交流碰撞，既是一场新旧文化激烈交锋的思想变革，也是中西文化在徐州大地上的融合与创新。这种变革既是中西

① 参见夏凯晨汇编《徐州景观》，李荣启主编：《徐州历史文化丛书》第 6 册，中华书局 2005 年版，第 257 页。

文化相互激荡的结果，也是转型时代背景下徐州文明进步的重要组成部分。

第三节 抗战时期的主流文化

徐州沦陷期间，日伪当局为侵略所需，积极推行奴化宣传和奴化教育。同时，日本侵略者还大肆掠夺徐州珍贵的文化资源。针对日本帝国主义的文化侵略，广大爱国民众进行了针锋相对的斗争，抵御外侮，救亡图存成为徐州沦陷区的主流文化。

一、反奴化宣传

徐州沦陷以后，日伪当局为钳制人们的反日思想，加紧了奴化宣传活动。宣抚班是其实施“教化安抚”的重要机构，“怀柔政策”是宣抚班惯用的伎俩。日本侵略者和汉奸们经常对民众施以小恩小惠，鼓吹“中日亲善”和“大东亚共荣”，企图使民众成为日本帝国主义侵略下的“顺民”。

除了宣抚班的奴化宣传活动外，日伪当局还通过各种手段推行奴化活动。他们在徐州相继发行了《陇海新民报》等 8 种宣传奴化思想的报纸。1938 年，日军特务机关在户部山设立了广播电台，以日语和汉语转播日本国内及伪北平、伪南京电台的奴化节目。1940 年，日伪当局在徐州修建了“建设东亚新秩序纪念碑”和“东亚建设之先驱纪念塔”，宣扬奴化思想。同年，他们还在徐州建造了“神社”，以此充当侵略战争的精神鸦片。1941 年，伪苏北行政公署在徐州成立了“苏北话剧团”，演出许多宣传“中日满亲善”和“大东亚共荣”的节目。为统治需要，他们还修建了启明路（今淮海东路）和济众桥（今弘济桥），把复兴路改名为“圣德路”。1944 年 1 月，汪伪以徐州为省会设立伪淮海省，辖周边 23 个市县，进一步对辖区百姓实施奴化教育。

面对日伪当局的奴化宣传，不甘受压迫的仁人志士们主动聚集在中国共产党组织的周围，为了救亡图存奋起抗争，在徐州抗战史上谱写了一曲可歌可泣的篇章。早在徐州会战期间，第五战区就成立了民众抗日总动员会，积极宣传抗日。中共铜山工委书记郭影秋主持成立了第五战区抗敌青年学生团，把流亡到徐州的青年学子组织起来，宣传抗战。省立徐州民众教育馆组织抗日宣传队，深入田间地头进行抗日宣传。上海艺术界爱国人士洪深、王莹、金山等人也来到徐州宣传抗日。期间，著名词作家冼星海创作了歌曲《徐州是英雄的故乡》，催人奋进。徐州沦陷以后，抗日烽火燃遍城乡大地，抗日宣传成为坚持抗战的重要内容。

人民音乐家马可(1918—1976)，徐州市人。他从小在基督教会办的保罗小学读书，1929 年考入教会办的培心初级中学，并参加了教会办的唱诗班。高中进入私立徐州中学后，马可向音乐美术教师刘乐夫学习拉二胡和弹琵琶。1933 年春，徐州艺波音乐会成立。马可常到南门大街钥匙巷(艺波巷)音乐会来学习。1935 年夏，17 岁的马可考入河南大学化学系。抗日战争爆发后，马可积极地学唱和教唱抗日救亡歌曲，创作歌曲《游击战》，对团结教育群众、鼓舞抗日热情起了重要作用。1937 年 9 月 4 日，洪深、冼星海组织的上海抗敌救亡演剧二队一行 14 人，从徐州到开封，进行抗日宣传。马可拿着自己写的革命歌曲去见冼星海，受到冼星海的赏识，两人结下了深厚的友谊。不久，马可为参加抗日救亡运动，放弃学业，参加进行抗日宣传的话剧团巡回演出。1939 年末，他与爱人杨蔚一起到了革命圣地延安。在延安，他运用地方戏曲形式创作出反映边区人民新生活的《夫妻识字》和家喻户晓的歌曲《南泥湾》，以浓郁的民族音乐语言、明朗秀丽的笔触，刻画了解放区军民开展大生产运动的新生活画面。1945 年，他参加创作的歌剧《白毛女》，是实践毛泽东《在延安文艺座谈会上的讲话》最有影响的作品之一，成为中国民族歌剧音乐的开创与奠基之作。稍后，他又完成了著名歌曲《咱们工人有力量》。

话剧源于欧洲，1907 年传入了中国。1931 年，话剧始入徐州。[①] 随

---

① 参见苗玉田《解放前徐州话剧活动的回忆》，政协徐州文史委主编：《徐州文史资料》第 3 辑，政协徐州文史委 1983 年版，第 36 页。

图 7－3　马可塑像(李本华塑)

着 20 世纪 30 年代中日民族矛盾的空前激化，在全民族如火如荼的抗日救亡运动的推动下，在文艺界知名人士和热衷于文艺事业的徐州地方人士的共同努力下，话剧迅速在徐州发展起来。1933 年，绿光剧社的建立标志着话剧艺术事业在徐州正式拉开帷幕。初建阶段的绿光剧社，尽管存在着人员不足、剧本缺乏、理论单薄等许多困难，但是在苗玉田、姚展、郑培心等地方文化人士的努力下，仍能紧扣当时抗日救亡的时代主题，相继上演了《民族之光》《嫩江桥畔》等一些旨在唤起民众抗日救国的剧目，好评如潮。1935 年，随着艺波音乐话剧团的成立，话剧运动在徐州进入稳步发展状态。这一年，曾经留学日本的著名剧作家田汉亲临徐州指导话剧工作，向徐州话剧工作者阐述话剧理论，分析话剧运动的态势，指明了中国剧运的方向，增强了徐州发展话剧艺术的信心。当时，上海著名导演赵丹，作家曹禺、夏衍等文化名流，也都在话剧理论和具体事项方面，给予徐州话剧工作者以指导，有力地推动着话剧运动在徐州的蓬勃发展。徐州艺波音乐话剧团从组建伊始到徐州沦陷期间，共上演了《雷雨》《五奎桥》等 8 出名剧，使话剧艺术渐入人心，影响与日俱增。

1937 年，冼星海、王莹等在徐州开展抗日宣传时，给徐州话剧界提供了许多交流和学习的机会。在他们的指导下，《东北之家》《放下你的鞭子》等抗日名剧，都成为绿光剧社和艺波音乐话剧团的传统剧目，使话剧在民众的精神生活中占有重要的地位，徐州话剧进入发展的“黄金阶段”。

这个时期的话剧，不仅肩负着抗日救亡的活动，而且还承担着对封建礼教的批判。当时的社会视演员为从事贱业的“戏子”，尤其是女孩子登台露脸，更被认为是“有辱门楣”“不守闺范”。但是，在徐州却有一些追求解放与进步的女性，在抗日救国热潮的影响下，怀着对话剧艺术事业的热爱和向往，毅然冲破封建礼教的束缚，登上话剧舞台。如朱淑芹、杨漪、张桂兰三位女性，勇敢地从封建家庭中走出来，登台出演了《名优之死》等剧目，引起轰动。另外，当时铜山师范学校的女学生牧虹，不惧校长胡锡三对其开除学籍的威胁，毅然参加了话剧《五奎桥》的公演。

徐州沦陷以后，宣传抗日的绿光剧社和艺波音乐话剧团被迫解散，一些形形色色的话剧团却出现了。总的来说，沦陷期间的徐州话剧团可分为三类:第一类是宣扬日伪政治意图的伪官方剧团。1941 年前后成立的“苏北话剧团”，为徐州最早的伪官方话剧团。第二类是为了谋生盈利而成立的剧团。这类剧团有职业剧团和业余剧团。1943 年成立的新生剧社就属职业剧团，演员多为戏剧专业人员。1942 年成立的古黄河剧社属于业余剧团，成员多为学生和社会各阶层人员。第三类是外地来徐州的剧团。当时沦陷区较有影响的天津国艺歌舞剧团和上海影人剧团等，都到徐州演出过话剧。就演出内容来看，有两种情况:一是宣扬日伪统治思想的剧目，二是调节民众生活的娱乐性质的剧目。[1]

---

① 参见苗玉田《解放前徐州话剧活动的回忆》，政协徐州文史委主编:《徐州文史资料》第 3 辑，第55 页。

沦陷期间，由于徐州日伪当局严格审查所演出的话剧内容，导致话剧剧本奇缺，内容格调低下；加之物价飞涨，民不聊生，各剧社演出亏损极大，所以很少有人再敢投资话剧。再加上外埠剧团纷纷离去，本地演员也多改行，另谋生路，徐州的话剧事业呈现出前所未有的消沉状态。

直到抗战胜利以后，许多热爱话剧艺术的徐州进步人士纷纷回来，在中共徐州地下党组织的指导下，成立了中原艺社，排演了话剧《柳暗花明》。但因演出场地狭小和经济的限制，该剧未能公演。随着淮海战役的打响，徐州国民党当局对进步性质的文艺活动封锁更加严密，中原艺社无法正常活动，这种状况一直持续到徐州解放。当时除了中原艺社，徐州还有一个国民党官方设立的“剿总政治部话剧队”，它是为国民党的政治目的服务的，剧目内容多以反共为主。临徐州解放，该组织自行解散。从抗战胜利到徐州解放的短短3年之中，徐州的话剧事业始终未能恢复到沦陷之前的状态。

二、反奴化教育

徐州沦陷以后，日本帝国主义出于殖民统治的需要，在广大沦陷区加紧了对民众的奴化教育。同时，许多爱国人士为了抵御外侮，救亡图存，在徐州进行了可歌可泣的反奴化教育斗争。

日本帝国主义相继在徐州开办了一些奴化教育性质的学校，在教育内容中大量渗透奴化教育的毒液。当时，徐州奴化教育性质的学校都要开设日语课程，强迫学生学习。中学国文教学里，也掺入很多美化日本帝国主义侵略和鼓吹“大东亚共荣”的内容。在小学“修身”课里，讲授的都是“中日亲善”“同文同种”的内容。历史教科书里，都是渲染日本军国主义功绩的说辞。音乐课里，有伪教育总署编制的奴化儿歌。日伪当局企图通过这些奴化教育，欺骗学生走向媚日卖国。

面对日伪当局的奴化教育，徐州沦陷区的广大爱国师生不愿做亡国奴，他们在屈辱压迫中，以各种方式和日伪的奴化教育做斗争。徐州私立丰财街小学的爱国教师私印一些讲义，把陆游的《示儿》、杜甫的《闻官军收河南河北》等爱国诗篇加入教材，对学生进行爱国主义教育。

昕昕中学的国文教师余晓峰和武宗灿等人，对日伪规定的历史教材尽量少讲或不讲，经常向学生讲述民族英雄抵御外侮的故事。昕昕中学的音乐教师李罡在教完规定的歌曲以后，冒着生命危险把《义勇军进行曲》《太行山上》等爱国歌曲教给学生。在博爱街小学任教的萧立岩为了不给日军鞠躬，经常带着学生避开日军兵营，绕道回家。

博爱街小学夜校学生王挥军，在日伪主办的《新民晚报》排字房当工人，他悄悄地在该报封面宽边刻上阴文"打倒日本帝国主义"，次日该文字随着报纸的发行被广泛传阅，引起日伪当局的极大恐慌。当博爱街小学的学生得知日伪当局要在他们中间选拔一些"高材生"，保送到日语专科学校"深造"，将来做日军翻译的消息后，纷纷转学，以示抗议。1944年，昕昕中学的学生为抗议日本宪兵抓捕不肯到日伪教育机关为学校备案的张君九校长，愤怒地砸坏德、意两国神甫住所的门窗，爆发了震惊徐州的"砸玻璃事件"。[①] 他们还自发地秘密书写"打倒日本帝国主义""中国人民不要当汉奸"等标语，张贴在徐州的街头巷尾，以唤起民众齐心抗日的热情。

三、保护文化资源

徐州历史悠久，文化灿烂。徐州沦陷以后，日本帝国主义分子大肆掠夺文化资源，给徐州造成巨大损失。同时，在救亡图存主流文化的激荡下，广大富有爱国之心的正义人士，对徐州文化资源进行了针锋相对的保护行动。

徐州两汉文化深厚，汉画像石丰富多彩，日本帝国主义侵略者对此垂涎不已，意欲得手。他们准备将部分汉画像石装运到日本，被爱国学生机智地保护下来。日寇还将存放在沛县古泗水河畔的汉画像石，拉至徐州车站，准备运到日本。这些古老的汉画像石，也被徐州车站的爱国工人冒着生命危险转移并保护起来。1940年，日本军国主义分子中

① 参见曹良质《徐州师生反日爱国的斗争》，政协徐州文史委主编：《徐州文史资料》第25辑，政协徐州文史委2005年版，第213页。

岛吉一将一尊珍藏在徐州竹林寺里的明代木雕贴金韦驮像盗走带回日本。在爱国学者的艰辛努力下，该文物在异国他乡漂泊了半个多世纪后，终于在2000年回到徐州。

整体而言，抗战期间的徐州主流文化从性质上说，属于新民主主义革命性质；从内容上说，是反帝反封建斗争的重要组成部分；从文化交流方面来看，是五四运动以来新文化民主和科学思想的继续传播与发展。

作为民国时期重要的交通枢纽城市和战略要冲，古城徐州吐故纳新，兼容并蓄，历经传统与现代、本土与外来文化之间的激荡与融合，逐渐形成了具有地方特色的社会文化转型发展模式，对徐海地区乃至全国都产生了较大的影响。社会变革需要新式文化的浸润，新式文化又反过来促进社会变革的历史进程。扎根徐州，放眼全国，拥抱寰宇，民国时期的徐州文化变革走出了一条不同于沿海开放城市、省会中心城市的独特路径，形成了具有固本培新、融通中外、立足徐州、辐射淮海、文化报国等属性的乡土文化、城市文化、教育文化等。

下编

徐州文化的地域特色

第八章　汉文化

汉文化的星星之火源于今天江苏西北部徐沛丰小平原，是秦末两汉时期一批优秀人物率领人民，上承炎黄文化的优良传统，秉持本土徐国、西楚文化的优势，融合先秦黄河、长江两大文化体系多个单元文化，逐步建立、成熟起来的文化综合体。它是中华文化重要的时代标志和文化单元，有着鲜明的特征、深刻的内涵和久远的影响，经过汉王朝的统理、汉民族的推进、汉文字的扩展，而成为民族文化、国家文化的重要基因。

广义的中华汉文化概念，就是一个以徐州地区为温床而诞生的，以汉朝文化为基体、汉族文化为主体、汉字文化为载体的大文化体系。本书所述汉文化仅限于发祥地徐州地区的汉文化历史资源及其相关命题。

按照文化的基本结构，徐州汉文化的范畴应包括物质文化遗产、制度文化遗产、精神文化遗产，以及后人崇拜所形成的思想作品、行为效仿、纪念建筑和纪念物品。由于汉文化永恒的影响力，其文化外延几乎触及每一个华人的灵魂。然而，人是社会进步的第一要素，汉文化的发祥地在徐州，开创大汉文化的领导群体主要是徐州人，这几乎是毋庸置疑的史实。毫无疑问，徐州文化不能全权代表当时的国家文化、民族文化，但是徐州人整合、引领了它们，确切地说，当时的徐州区域文化是久分必合的催化剂和黏合剂。

本书为了凸显徐州历史文化的特色，将汉文化里文学、军事等部分的内容分别划至“徐州文学”“军事文化”章节阐述，而其内在的逻辑终归是一脉相承的。

第一节　先秦文化的奠基

汉文化产生之前，徐州地区已具备了具有主体性且特色鲜明的彭祖文化、徐文化。它们以其强大的影响力和凝聚力，吸纳融合外来的河洛、三秦、三晋、齐鲁、吴越文化和楚文化，孕育出划时代的汉文化，亦使本身蝶化升华，成为新文化的重要基因。

一、彭祖文化的铺垫

彭祖文化是大彭氏国先民开创、后人不断完善、以追求养生长寿为主要特征的区域文化单元，在彭祖形象的神仙化演变、彭祖传说的民俗化普及、彭祖养生理论的不断丰富方面，给汉文化充实了许多内容。

彭祖文化是徐州地区文化的源头，在徐州地区的氛围十分浓厚，文化遗产非常丰富。尽管彭祖文化发生的时代久远，留下的历史谜团甚多，但绝对是一个客观的科学命题。在继承、创造和发展的历史过程中，它提高了人民生活质量，推动了社会文明进步，丰富了传统生命科学，创造了追求和谐安康的养生理论，进而成为中华民族文化史的重要单元。

(一) 徐州地区彭祖文化遗产

1. 彭城因大彭氏国成名

前文已述，大彭山在徐州城西三十里，是古大彭人居住地。徐州城古称彭城，相沿至今。河南安阳殷墟出的甲骨文中有“彭”字，既作国名、地名，也作人名[1]。1959年挖掘的北郊茅村乡丘湾社祭遗址[2]，专家推测可能就是大彭氏国活动遗址，《左传》鲁成公十八年（前573年）中的记载是目前所知关于“彭城”的最早历史文献，距今约2600年。

图8－1 ［商］“彭”字甲骨文拓片（选自郭沫若主编《甲骨文总汇》编号7064）

2. 大彭山、大彭镇、大彭集、大彭村

明嘉靖本《徐州志·山川》曰：“城西汴河由萧县至大彭集，入州境。”五里为大彭山。旧注：“大彭氏封于此，故名，山左右今犹称大彭村。”[3]说明大彭山脚下即大彭族的最初聚居地。邑址东移汴、泗交流后，这里或曰集，或曰村，今名大彭村。清代曾改大彭山为义安山，今改回。中华人民共和国成立后大彭山附近置夹河乡，1992年改大彭镇。

3. 彭祖冢、彭祖墓

郦道元《水经注·获水》记载，获水“又东至彭城县北，东入于

---

① 马如森：《殷墟甲骨文实用字典》，上海大学出版社2014年版，第118页。

② 南京博物院：《江苏铜山丘湾古遗址的发掘》，徐州博物馆编：《徐州考古资料集成》江苏凤凰美术出版社2018年版，第267页。

③ 梅守德、任子龙修纂：明嘉靖《徐州志》卷四《地理志上·山川》，明嘉靖刻本，第十六、十五页。

泗……城之东北角起层楼于其上，号曰彭祖楼……下曰彭祖冢。彭祖长年八百，绵寿永世，于此有冢，盖元极之化矣”①。此后，唐代《彭门记》、宋代《太平寰宇记》均有记载。元初，杨少愚有《过彭祖墓》诗：“七七鸾弦续未休，韶光八百去如流。当时若解神仙术，更许春龄亿万秋。”②

彭祖冢墓荒芜亡失在水灾频繁的元末至明末，旧址约在黄楼与北城门之间。今大彭镇彭祖庙院后有重修彭祖墓，圆形砖券，黄土尖堆，前有墓碑、方鼎、祭台，浩气凛然。

4. 彭祖楼、彭祖庙

北魏郦道元所说的“彭祖楼”，历代史书记载不绝。据乐史《太平寰宇记》卷一五载：“彭祖庙，魏神龟二年（519 年）刺史王延明（编者按：应为“安丰王元延明”）移于子城东北楼下，俗呼楼，为彭祖楼。”③可见彭祖楼的功用主要是祭典彭祖的庙堂，冢墓亦在附近。元明时楼损毁。1999 年徐州兴建食品城，中心建筑即彭祖楼。楼在十米高台之上叠建，重檐结构，黄琉璃瓦，雄伟壮观，气势恢宏，内设为彭祖纪念馆。彭祖庙则于 1997 年移于大彭镇，与损毁的原庙一并重建。

5. 彭祖井、彭祖宅、彭祖祠

唐代皇甫冉《彭祖井》诗曰：“上公旌节在徐方，旧井莓苔近寝堂。访古因知彭祖宅，得仙何必葛洪乡。清虚不共春池竟，盥漱偏宜夏日长。闻道延年如玉液，欲将调鼎献明光。”④这说明唐代时有彭祖井，且井宅相邻。明嘉靖本《徐州志》载：彭祖被“尧封之彭城”，“州城中有故楼、宅及井”⑤。清道光本《铜山县志》亦记：“彭祖井，在北门子城内，有石刻‘彭祖井’三字。”⑥彭祖宅供奉彭祖，又曰彭祖祠，门额有匾，书“彭祖祠”三字。每年农历六月十五日，苏鲁豫皖接壤地区方圆百里的厨师

① 郦道元著，陈桥驿校证：《水经注校证》卷二三《获水》，中华书局 2007 年版，第 561—562 页。

② 吴世熊、朱忻主修，刘庠、方骏谟主纂：清同治《徐州府志》卷一八上《古迹考上》，清同治十三年（1874 年）刻本，第三十六页。

③ 乐史：《太平寰宇记》卷一五《河南道十五 · 徐州》，永瑢、纪昀纂修：《（景印）文渊阁四库全书》第四六九册 · 史部二二七 · 地理类，台湾商务印书馆 1986 年版，第 129 页。

④ 中华书局编辑部点校：《全唐诗（增订本）》卷二五〇《皇甫冉二》，中华书局 1999 年版，第 2818 页。

⑤ 梅守德、任子龙修纂：明嘉靖《徐州志》卷一〇《封建传》，明嘉靖刻本，第一页。

⑥ 崔志元主修，金左泉主纂：道光《铜山县志》卷八《古迹》，清道光十年（1830 年）刻本，第九页。

云集于此，祭祀彭祖、交流行情、切磋技艺。徐州旧城改造，“彭祖井”碑刻作为文物移至徐州博物馆碑园内，碑下新凿一井，供人瞻仰。1997年，“彭祖井”碑刻被移至大彭镇彭祖庙。彭祖祠移建彭祖园内福山、寿山之间向阳坡上，成为现代人怀念彭祖、祭祀彭祖、追效彭祖的重要场所。

（二）彭祖文化的内涵与特点

后世关于彭祖生平事迹及相关内容主要以上古神话与传说为渊源。而神话与传说在口口相承的过程中，尽管有人为的加工痕迹，但它们的本体绝不是无源之水，必定有时代生活的基础。彭祖文化应运而生，正是自然而然的历史发展逻辑所致。

彭祖文化的内涵，有狭义、广义之分。广义的彭祖文化是指与彭祖有关的一切生活方式和为满足这些生活方式进行的物质文明与精神文明创造，以及基于这些方式形成的心理和行为。其具体内容包括三个层面：彭祖物态文化，指与彭祖有关的遗迹、遗存；彭祖制度行为文化，指由彭祖或其后学所创造的系列“养生之术”，以及各种纪念彭祖的风俗习惯、行为礼仪、谚语故事等；彭祖精神心理文化，指人们在长期的养生实践和意识活动中形成的价值观念、思维方式、审美情趣、心理性格等。我们这里所讨论的即是广义语境下的彭祖文化。狭义的彭祖文化则是指由彭祖所开创、经后人所完善、以追求养生长寿为目的，以摄养、烹饪、房中等系列养生之术为手段的生命哲学，及其对中国民族精神所产生的影响。

其一，导引术。导引，又曰“行气”等，是通过自身调摄，主动地练意和练气，从而达到自我身心锻炼的一种运动形式。《庄子·刻意》曰：“吹呴呼吸，吐故纳新，熊经鸟申，为寿而已矣；此道引之士，养形之人，彭祖寿考者之所好也。”[①]《道藏》中著录有《彭祖导引图》《彭祖谷仙卧引法》，《古仙导引按摩法》书中亦有《彭祖导引法》。彭祖的导引功法对人们祛病延年、强身健体具有很大的功效，后世的五禽戏、易筋经、八段

① 方勇译注：《庄子》外篇《刻意》，中华书局2010年版，第247页。

锦、太极拳等武术功法和套路是由此演变发展而来的。

彭祖发明的吐纳服气疗法也是中国原始的养身医病方法，它应该算是导引术的分支之一。葛洪《神仙传·彭祖》述彭祖言“服气得其道，则邪气不得入，治身之本要”，“人受精养体，服气炼形，则万神自守其真；不然者，则荣卫枯悴，万神自逝，悲思所留者也”①。其法大致为闭气、服气、导引闭气、以气攻病四个步骤。梁代陶弘景《养性延命录·服气疗病篇》对此做了专门介绍。

其二，烹调术。在饮食文化领域，烹饪的进步是人类发现火种以来最重要的成果，对发展民族饮食文化、增强民族体质、促进人的长寿起到重要作用。传说尧帝巡行天下生病时，篯铿曾进献“雉羹”这种用野鸡加薏米熬制的浓汤。尧帝服食后，恢复了元气，增强了体质。于是尧帝综合其他因素，封篯铿为大彭氏国国君，后世遂尊称其为彭祖。这件事在屈原所作楚辞《天问》等众多古籍中多有记载，应非无稽之谈。有关彭祖的烹饪事迹还有很多，如“羊方藏鱼”“常食桂芝”“云母羹”“麋角鸡”等，因而后世尊其为烹饪鼻祖。其中“羊方藏鱼”这道名菜流传至今，已有四千多年的历史。据说“鲜”字也是以这道菜取意而成。

其三，房中术。房中术，是男女交接之道的隐晦说法，属于性科学研究范畴。关于彭祖房中术的理论，我们今天只能从一些后来著作中间接得到。彭祖强调合于法度的男女关系如天地之自然存在。天地因遵守正确的交接之道，所以永无终了之期。关于求子与优生方面的内容，《玉房秘诀》引述了彭祖如何使孩子聪明、富贵、长寿的说法。关于性教育和性知识传播的内容，《医心方》中摘录了彭祖关于房中术重要性的认识。关于性健康的内容，陶弘景《养性延命录》引用了彭祖性保健、性养生的思想。后世由于传承链的断裂与模糊，一些关于节欲、治疗方面言论，已很难以区分究竟是否是彭祖原创了。《隋书·经籍志》著录《彭祖养性经》一卷，惜已亡佚。

彭祖文化虽是淮海地区的土著文化，但其在形成发展过程中与许多不同的文化品类相接触碰撞，并不断地向外辐射延伸，从而形成了内

① 葛洪：《神仙传·彭祖传》，朱浩熙：《彭祖》，作家出版社2006年版，第232页。

在的本质特征，并对中华文化的整体发展产生了巨大影响。其特点主要有二：

其一，彭祖文化具有科学性。其关于导引、烹调、房中诸论及方法，多来自先民的现实生活经验，体现了他们对自然、宇宙和自我的深刻认知，并在实践中被证明是科学的、行之有效的。其关于养生、养气的思想理念，一直得到有效传承，为气功、中医学的发展奠定了理论基础。其首先发现了饮食的医疗功用，“羊方藏鱼”等菜品的发明和普及，以及房中、导引诸术，有其科学的依据，推动了人们素质的提升与社会的进步。

其二，彭祖文化具有实践性。彭祖养生术先后经道家老聃、道教张道陵等人接受后，加以继承和发展，最终形成了我国望气、祝由、中药、炼内外丹的中医基础。其“食养同源、以食养生”的养生文化精髓，直至今天对我们的生命哲学还有着重要的指导意义。彭祖“熊经鸟伸，为兽而已”的仿生学体育锻炼，堪为预防医学的先行者。

（三）彭祖文化的影响与传承

彭祖作为徐州人的始祖、烹饪界的鼻祖、治气养生的创始人和道家的先驱者，开辟了中国文化的养生之道，在中华文化史上无疑具有长久的生命力和巨大的影响力。彭祖文化向上则升华为一种民族精神，其所强调的“道法自然，追求和谐”的观念影响着中华民族的价值观念和审美情趣；向下则积淀为一种民俗习惯，在民众生活中打下了烙印。彭祖文化作为一种原始的生命哲学，还为后人提供了重生命、善养生、追求人生幸福的价值导向。

其一，彭祖文化的普及和民间化。彭祖文化何时开始向民间传播渗透，目前尚不确知。但是，古代志怪小说如《列仙传》《神仙传》《搜神记》等著作的推动，以及道教学者所编造的一些具有极强通俗性和可读性的彭祖故事之流传，无疑应是原始推动力之一。此后，诸如《华阳国志》《元和郡县志》《太平御览》《全上古三代文》等著名文献都记载了彭祖之事，而在唐诗宋词、明清小说、野史杂传、民间传说中更频频出现了彭祖的身影。如唐代柳宗元，宋代苏轼，明代李攀龙、王世贞则先后作过《彭祖庙》《彭祖传》《彭祖篯铿传》等。一些著名学者，如钱谦益、俞正燮等，都就彭祖进行过专论。

在民间，彭祖文化资源更为丰富。在与彭祖有关的文化遗存方面，仅彭祖墓全国就有 5 处①。而诸如江西的彭蠡、彭泽，河南的彭山、彭水，陕西的彭溪、彭衙堡，甘肃的彭原，四川的彭县、彭山县，福建的武夷山等，也都与彭祖文化有关。在徐州，除文化遗存外，还保留着一些民风民俗。如每年农历六月十五日，苏鲁豫皖接壤地区方圆百里的厨师们到彭祖祠（庙）祭彭祖；铜山区大彭镇每年农历三月三的彭祖庙会等。闽南也有“六月十二，彭祖作忌”的俗谚。总之，彭祖文化的跨地域、多层次传播和其所拥有的厚实的民众基础，也是彭祖文化发展的重要标志之一。

其二，彭祖养生理论的发展与丰富。从史料记载看，许多谈彭祖养生术的著作虽多为伪托、附会之说，但其精神内涵却是一脉相承的。正是它们在一定程度上完善了彭祖养生文化，丰富了中国古老的生命哲学。

相传古有《彭祖经》为彭祖养生学专著，久佚。但彭祖的长寿之术很早就被关注，确是事实。如《楚辞·天问》有句：“彭铿斟雉，帝何飨？受寿永多，夫何久长？”②即意味着当时南方人已经注意到彭祖的食疗养生。长沙马王堆汉墓出土帛书《十问·六问》中记载了彭祖回答一个叫王子巧父的人关于养生的具体方法，其中关键是“固精勿泄”，终究未脱“行气”范畴；出土的帛书《导引图》包括了吐纳、导引、器械诸项运动四十四式，是导引术最为完整的记述；帛书《去谷食气篇》则是对彭祖食气理论的发展。其他诸如《养生方》《合阴阳方》《杂禁方》等文献则对房中术提出了十分高明的见解③。又，在另一出土汉代古医书《引书·彭祖之道》里，则强调养生要顺应自然规律，与外界保持和谐。这充分说明，

① 徐州古彭城内东北角一处，四川省彭山县仙女山一处，河南鄢陵彭祖岗一处，浙江临安县百岗岭一处，浙江孝丰广苕乡一处。

② 刘向集，王逸注：《楚辞》卷三《天问》，中华书局 1957 年版，第 189—190 页。

③ 赵明奇、韩秋红：《论彭祖文化的形成、发展与历史地位》，徐州市政协文史委编：《彭祖文化纵横谈》中国文联出版社 2013 年版，第 71 页。

汉初黄老道家对彭祖养生理论的研究已达到了很高的水平。

上述诸种养生理论为以后历代养生家所继承。如晋代葛洪《抱朴子》、梁代陶弘景《养性延命录·彭祖曰》、隋代巢元方《诸病源候论·彭祖谷仙导引法》、唐代孙思邈《摄养枕中方·彭祖曰》和《千金要方》、日本丹波康赖《医心方》、宋代姚称《摄生月令》和周守忠《养生类纂·彭祖曰》、元代李鹏飞《三元延寿参赞书·彭祖曰》、明代冷谦《修龄要指》等著作,不一而论。同时,彭祖的养生理论也直接影响到道教的内丹理论和实践。如《道藏》中就收有《彭祖摄生养性论》《彭祖导引图》《彭祖谷仙卧引法》等。这些丰富的养生学著作,既是彭祖文化繁荣发展的重要表现,更是彭祖养生学的理论基础。正因为它们的绵延相继,才有了中华民族养生学的薪火相传。

彭祖的养生理论也直接影响到道教和医家的理论和实践,而最为直接的是华佗长期在古徐州地区行医济世,必然受到彭祖文化广泛而深刻的影响。华佗总结彭祖的经验,创编了"五禽戏",模仿虎、鹿、熊、猿、鸟五种动物的动作,自己不但身体力行,而且积极推广。后世医家、养生家因师传之变异,或根据"五禽戏"基本原理不断发展变化,创编了数以百计的"五禽戏"套路。虽然各法动作互异,锻炼重点有所不同,但其基本精神大同小异。

其三,彭祖文化在徐州本地的深刻影响。

在徐州,彭祖传说在民间是经久不衰、脍炙人口的内容,主要情节有彭祖剖肋而生、献羹封国、醉酒夸寿、四十九妻、说法采女、传道伊尹、远征西河、流浪西域、系腰观井、鼓舞禽戏、羊方藏鱼等。这些传说以徐州为中心,根据不同的时代条件呈不规则放射状传播,构成一个分布海内外的文化网络。

在徐州,彭祖烹饪技艺是徐州地区传统技艺方面的强项。知名度最高的首推由"雉羹"演变而成的"饣它(shá)汤",其他如羊方藏鱼、云母羹,原料讲究,技艺繁复,品相美好,营养丰富,又有典故说道,是地方宴席招待贵宾的特色菜品。

在徐州,历史悠久的厨师节是以徐州为中心的苏鲁豫皖接壤地区具有彭祖文化内涵的特色节庆。厨师行业尊崇彭祖为中国烹饪鼻祖,以彭祖的诞生日作为祭日，在中国美食的发祥地徐州纪念这位中国烹饪第一人。明清以来，厨师行业中形成了自己的行业公会组织——灶君会。其中，会章就规定六月十五日在彭祖祠祭祀祖师爷。祭祀期间，苏鲁豫皖接壤地区厨师云集徐州，交流行情，切磋技艺，修订行规，拜门投师，奖惩后学，热闹非凡。

徐州伏羊节则是在具有彭祖文化内涵的徐州民间食俗的基础上总结创制的节庆。彭祖时代，徐州地区普遍有食羊之习俗，彭祖创造的“羊方藏鱼”正是那个时代羊菜烹饪技艺的升华。徐州出土的汉代画像石是那个时代真实生活的图像资料，图中有切制羊腿、烤羊肉串的情形。北宋以后，徐州地区备受水灾之苦，风湿寒邪疾病流行，伏天食羊驱湿驱寒甚受医患推重，遂在民间流行。徐州地区最早吃伏羊的日子叫尝新节，又叫“姑姑节”。民谣唱道：“六月六，接姑姑，新麦馍馍熬羊肉。”①2002年，徐州市创立中国（徐州）彭祖伏羊节，定每年入伏举办伏羊节。节日中有祭祀彭祖大典、海内外彭氏宗亲寻根、圣火和五色土采集、火炬传递、彭祖论坛、大型主题演唱会、主题书画展、民俗表演、经贸洽谈等活动。伏羊节内容丰富，为彭祖文化创造了载体，打造了品牌，拉动了内需，促进了地方经济。伏羊节已成为徐州百姓十分喜爱的“狂欢节”。

在徐州，还流行彭祖气功养生术。彭祖气功养生术内容丰富、传承纷繁，有导引养生十二桩、导引养生拳、导引养生剑、彭祖方竹竿、大彭鞭。其中导引桩功是气功养生术的精华部分，动作简洁，朴实凝练，内外双修，功效神奇。因传承方式主要依靠师徒口传身授，传播面窄，传承链细，受时尚光鲜的现代健身形式的冲击很严重，面临失传的危险。目前，彭祖导引养生术已列入江苏省非物质遗产保护项目，房丹才被评为该项目代表性传承人。

彭祖文化是盘旋在徐州时空永不消逝的灵魂，有关彭祖的遗存成为徐州人的文化寄托，有关彭祖的纪念成为徐州人的精神向往。徐州

① 朱士平：《徐州伏羊习俗》，《徐州市非物质文化遗产要览》编委会编：《徐州市非物质文化遗产要览》，群言出版社2015年版，第283页。

市通过举办世界彭氏宗亲大会和国际彭祖文化节，吸引了大批海内外彭祖文化追慕者，实现了双向交流，联络了感情，建立了友谊，也推动了事业发展。1994 年，彭祖研究会会长刘瑞田曾率团参加新加坡世彭会，并顺访马来西亚和泰国彭祖文化研究组织。此后，徐州市旅游局、徐州市汉文化促进会、彭祖文化研究会、彭祖发展中心亦多次参加国内外举行的研讨会和纪念活动，促进了彭祖文化的研究与开发。

当然，彭祖文化并不只是徐州本土文化，而是一种跨地域多层次文化。就其传播地域而言，与彭祖有关的地区除江苏徐州外，还有河南鄢陵、陕西宜君、甘肃天水、四川彭山、广西龙胜、江西吉水、浙江临安、福建武夷山、广东揭阳等共计 12 省 27 个地市；就其受众对象而言，既有社会上层的精英人物，也有民间大众，还有遍布四海的彭氏后裔；就其自身的涵盖领域而言，其对饮食、养生、宗教等诸领域皆有着极深的影响。

二、徐文化的积淀

徐文化是指肇端于上古三代时期，活动在华北和淮海地区的徐部族、徐方国历史文化现象和秦汉以后流布海内外的“徐”系列，包括以氏族部落命名的徐夷、徐族文化，以方国、诸侯命名的徐方、徐国文化，及其代表人物、典型事物、后续传承等徐文化子系统。

（一）徐文化的历史遗存

综观徐夷在夏朝末到春秋的 1000 多年中，从部族迁徙到立国，从反抗周朝到依附楚国，其活动范围中心大多在下邳、睢宁、郯城、泗洪、泗县一带。近年，在邳州梁王城附近，九女墩 1、2 号墓出土编钟多有“徐王之孙尊”铭文。正如何光岳所指出的那样：“其实嵎、莱、和、徐、淮均为鸟夷的分支图腾名称，随着这些部族的迁徙，也把族名带到那里，便成为山川地名了。”[①]正是因为有徐夷、徐戎、徐国、徐方部落名，而后

① 何光岳：《东夷源流史》，江西教育出版社 1988 年版，第 7 页。

才有地理专名的沿用，先民才给这个“州”冠以“徐”字。

徐州属地邳州地区是徐国中晚期政治活动的中心，梁王城俗称良王城，是徐国后期国都。其中九女墩墓群是古徐国的重要历史遗存。九女墩墓群位于邳州市戴庄镇李圩、北杨庄、戴庄村，是春秋时期墓葬，传说为梁王之女墓。调查发现这里的墓葬多座均位于山坡或山下，墓上都有高大的封土堆，有竖穴土坑或石坑，有的有斜坡墓道。1、2 号墓早年已遭破坏，3、4、5 号墓分别于 1993 年、1995 年和 1997 年发掘。其中 4 号墓平面呈 T 字形，由前室、主室及东西两侧室组成，前室长 3.6 米，宽 2.3 米，主要放置陪葬品及马骨，有铜鼎、击、编钟、车马器及陶扁、豆、鼎、罐、石编磬等，共 77 件(组)。编钟一般为王室所用之重器，可见徐国政治中心环之不远①。

此外，邳州一带至今存留着与徐国相关的地名和传说。传说周穆王时，徐偃王兵败而逃，躲进武原一带的山中，掘石室而居，因名“依宿”。这座山后来就叫依宿山，也名徐山，石室犹存，山下有依宿村。徐州市铜山区吕梁风景区亦有一座名叫“徐山”的山峦，徐氏宗亲每年前往祭拜。睢宁县龙泉山上有徐偃王壁，残壁犹存，传说亦与徐偃王相关。这些遗址虽然从考古学层面上需要进一步得到证实，然而千百年来老百姓广泛认同，蔚为一种文化现象，亦不宜轻率否定。

(二) 徐文化的内涵与特点

从徐夷的形成、发展到壮大，以及徐夷的早期迁徙，到建立徐国，可以看出，徐文化带有不同时代、不同迁徙地逐渐积淀形成的特点。早期徐夷文化受夏朝西北羌部落和商朝东夷部落的影响，其主要活动区域是在河北北部和山东东部一带，围绕渔、猎生产，形成其文化的源头。中期徐夷建国，徐国文化逐渐自成体系，其主要活动区域是在山东东南部和徐州及淮河一带，是淮夷中的主要部分，也是徐文化主体性、系统性和特殊性形成的历史时期。后期主要活动区域是在长江中下游一

① 参见南京博物院、徐州市文化局、邳州市博物馆《江苏邳州市九女墩二号墩发掘简报》，《考古》1999 年第 11 期，第 28—30 页。

带，其文化发挥影响到吴、越、楚、汉，直至今天。

徐文化是徐人在社会实践中创造的物质文化、精神文化和制度文化的总和，其内涵主要体现在三个方面：

其一，物质文化，主要体现在青铜器物等工艺制造方面。

西周早期，许多青铜器铭文上都有“征东夷”“征东国”的文字记载，反映了西周王朝施行掠夺迫使进献的主要战事。仅周穆王时期，就有15件青铜器的铭文与淮夷有关。徐国是淮夷部族中最大的、具有代表性的国家。九女墩3号墓出土的19枚铜编钟、13枚石磬，不仅显示了青铜制造的技艺精湛，也说明相对齐全的徐国宫廷礼乐规制业已形成，且发展到很高的层次。

20世纪初以来，有相当数量的徐国精美的青铜器重见天日。主要是日常生活用器和兵器，如沇儿钟、宜铜盂、王子婴次炉、徐王义楚觯、义楚盥盘、义楚钟、王孙遗者甬钟等为生活用器，兵器有徐王义楚剑、徐王义楚之元子剑、徐王矛、徐王之子羽戈等，都有铭文。1965年，在徐州东北200千米的山东费县上冶镇台子沟村出土了徐子汆鼎，高21.5厘米，口径22厘米，重3.2公斤，铭文“余子汆之鼎百岁用之”①，系徐子嬴汆的随葬之物，同时出土的还有铜箭头等。此后，江西、浙江亦出土大量精美的徐国青铜器，专家认为：“这些铜器是春秋前期，越国建国以前，徐人势力进入浙江之后在当地制造的。”②20世纪30年代，郭沫若曾推断：“徐人乃由山东、江苏、安徽接境处被周人压迫而南下，且入于江西北部者，则春秋初年之江浙殆犹徐土者，亦未可知也。”③这些也都有力地说明了徐文化的广泛传播。

徐国青铜器具有重要历史价值。九女墩等遗址出土徐国青铜器等，不仅证明了徐国在古徐州范围，还证明了徐夷文化在本土的发展是十分深厚且丰富多彩的，形成了该区域特色文化体系，且这种文化体系

---

① 参见心健、家骥《山东费县发现东周铜器》，《考古》1983年第2期，第188页；张闻捷：《楚国青铜礼器制度研究》，厦门大学出版社2015年版，第299页。

② 曹锦炎：《绍兴坡塘出土徐器铭文及其相关问题》，《文物》1984年第1期，第29页。

③ 郭沫若：《殷周青铜器铭文研究》，转引自张乃格《吴文化与徐文化的早期交流》，王立人主编：《吴文化与和谐文化》，凤凰出版社2008年版，第239页。

得以垂直发展，并不因为改朝换代而泯灭，于是形成了徐州的地域历史文化。徐国青铜器还印证、补充了徐夷文化。徐国出土青铜器，时代从西周延续到春秋战国。现已出土的徐国青铜器，携带的大量铭文有力地证实了传统历史文献资料的确切性，弥补了典籍对徐文化的记载不足，丰富了徐文化的内涵。

其二，精神文化，主要体现在爱民息战的和平思想。

从今天徐国出土的青铜器物件来看，其中绝大多数是礼器、容器和蒸煮器，兵器相对较少（极少数刀、箭镞类），个中缘由固然很多，却也从一个侧面展现了徐国人热爱生活、热爱和平的态度。

徐国的国君与人民爱好和平的思想概括起来有三点内容。一是施行仁义。《淮南子·人间训》即称徐偃王"有道之君也，好行仁义"①。二是注重道德。在《管子·四称》里，徐伯的言论可被视为是对徐文化里"道"的内涵的阐释②。三是致力诚信。据《竹书纪年》，穆王六年，徐诞被周天子"锡命为伯"③，主持东方。之后，他以为有了保障，因而放松了警惕。他这种不知戒备的例子，亦反证了"信"在徐国的分量，"信"已成了徐文化的重要组成部分。

其三，制度文化，主要体现在以德为纲、礼乐目张。

徐国以德治国。韩愈说徐国"处得地中，文德为治"，"凡所以君国子民待四方，一出于仁义"④。可见"德"在徐国已被公认为统治思想了，并普遍推行而达到"治"。在《徐偃王志》卷二"纪事"里，记述了徐伯关于有道和无道君臣的言论，内有"以怀其德""循其祖德"等内容⑤。徐伯不仅把"德"作为君臣做人的准则，而且是治理国家要遵循的法则，说明徐国对"德"的认识有相当的深度。

徐国以礼乐规范秩序。上文提及的邳州九女墩古墓群中出土的编钟

---

① 何宁撰：《淮南子集释》卷一六《人间训》，中华书局 1998 年版，第 1295 页。

② 房玄龄注，刘绩补注，刘晓艺校点：《管子》卷一一《四称》，上海古籍出版社 2015 年版，第 226 页。

③ 方诗铭、王修龄撰：《古本竹书纪年辑证（修订本）》，上海古籍出版社 2005 年版，第 250 页。

④ 韩愈撰，李汉编，廖莹中集注：《东雅堂昌黎集注》卷二七《碑志·衢州徐偃王庙碑》，永瑢、纪昀纂修：《（景印）文渊阁四库全书》第一〇七五册·集部一四·别集类，（台北）商务印书馆 1986 年版，第 372 页。

⑤ 徐时栋：《徐偃王志》卷二《纪事》，赵明奇主编：《徐州古方志丛书》中华书局 2014 年版，第 3385 页。

与磬，均为古徐国宫廷乐器。乐器的发展水平说明“礼”的发展程度，因为古代“礼”“乐”往往是连在一起的。出土有“乐”，朝纲有“礼”，当为不虚。

通过对徐文化主要内涵的分析，可以得见其显著的特点：在从北到南的迁徙开拓过程中，处于弱势部族的徐人求生存求发展，奋力抗争，坚忍不拔，逐渐养成了果敢、勇武、刚毅、强悍的性格；又在淮海地区农耕文明的影响下，励精图治，以德治国，以礼化民，兼有谦逊怀柔的性情和细致精巧的审美趣味。与之相应，徐文化的发展，早期北方阳刚风格影响了后代汉朝文化的发祥；后期南方柔美风格熔铸了吴越文化的基底，是中华民族的主体性格的典型之一。正如张乃格等所论：

> 徐文化的复杂性主要地体现为文化风格的阳刚、阴柔的二元性。一方面，徐人刚毅强悍，宁折不弯，崇尚武力，常常充当同类的领袖，率领同类和强者进行不屈的抗争，创造出一种极具阳刚气质的地域文化。一方面又心地善良，性格柔顺，重仁义，尚礼乐，发育出具有阴柔之美和人格魅力的文化品格。作为地位仅次于华夏文化的东夷文化正宗传人，徐文化在我国早期文化中具有极其重要的影响。①

（三）徐文化的影响与传承

徐文化对后世的影响概括起来主要有四个方面：

其一，徐国出土文物印证了华夏古文明。郭沫若在《历史人物》中就曾指出：“徐是与夏商周并存的古国，具有相当的经济基础，文化十分先进。……吴越人的汉化一定受到徐楚人的影响……徐楚人和殷人的直系宗人是传播殷文化向中国南部发展的。”②以至现在，在浙江、江西一带发现可观的、以青铜器为代表的徐国历史文化遗存，足以说明徐夷文化的传播范围之广。徐国青铜器不仅反映了徐国的经济繁荣，也证实了中华民族上古三代的悠久文明。

其二，徐文化的精神实质为汉文化所吸收。徐文化是淮海地域文化的源头，是中国文化的重要分支。具有主体性、特色性的徐文化，既

---

① 张乃格、周先林、单明然：《徐文化研究》，江苏人民出版社 2007 年版，第 557 页。

② 郭沫若：《历史人物》，转引自曲玉维《追随徐福东渡行》，中国海洋大学出版社 2007 年版，第 39 页。

受黄河文化和长江文化影响与制约，又反过来对黄河文化和长江文化产生一定影响，尤其是徐国的仁义、诚信等精神内核，对西楚文化、汉文化都有多层面的影响。

其三，徐文化的仁义礼乐思想融进了儒家仁义礼乐学说。儒家思想之所以形成于鲁国，原因之一：鲁国曾经是东夷的大本营，东夷人仁爱的传统人格为孔子仁学思想的创立提供了借鉴。因为徐人经常充当九夷的领袖，所以“孔子欲居九夷”一句实际上已经暗示了孔子儒学思想和徐文化的某种关系①。

其四，以血缘为纽带的徐姓人将徐风传遍世界。东夷古徐国在漫长的兴衰更替中，历经夏、商、周三个朝代，直到春秋末期公元前 512 年被吴国所灭。徐国百姓遂以国(徐)为姓，《元和姓纂》有“颛顼之后，嬴姓，伯益之子，夏时受封于徐，至偃王为楚所灭，以国为氏”，以及徐偃王之后“汉有河南太守徐守、徐明，又有徐俭”②的记载。《通志略》亦载：“伯益佐禹有功，封其子若木于徐……子孙以国为氏。”③以后，徐姓子孙四处迁移，逐渐遍及海内外。罗其湘于 1984 年在赣榆县地名普查时，发现徐福村是秦代著名方士徐福的故乡(出生地)，并于当年 4 月 18 日在《光明日报》上发表论文《秦代东渡日本的徐福故址之发现和考证》，引起国内外学术界的重视。他得出日本家族有徐族后裔的结论，得到了日本学者饭野孝宥等的认同④。同时，徐姓子孙兴旺，名人辈出，出现了徐福、徐达、徐霞客、徐光启、徐树铮、徐悲鸿、徐志摩等重要人物，业绩显著，传承了优秀的徐文化。

第二节　西楚文化的融入

由于楚国的发展先是沿长江东渐，又沿邗沟北上，所以楚国的疆土

① 张乃格、周先林、单明然：《徐文化研究》，江苏人民出版社 2007 年版，第 582 页。
② 林宝：《元和姓纂》，古歙洪氏嘉庆七年刊版，光绪六年金陵书局校刊，第一册第十九页。
③ 郑樵：《通志略》卷二《氏族略》，上海古籍出版社 1990 年版，第 25 页。
④ [日]饭野孝宥：《弥生的日轮》，光明日报出版社 1994 年版，第 6 页。

有南楚、东楚、西楚之说。关于“三楚”的划分，司马迁、郦道元、顾祖禹、钱大昕等历代学者说法不一。今人朱浩熙按照司马迁的说法，认为“西楚”范围大致相当于今天的江苏丰县、沛县、铜山，安徽淮河以北，河南京广线西侧一线以东，湖北的大部，四川的东部。“南楚”大致为长江以南楚地。而“东楚”相当于今连云港、苏北、扬州一带。与南楚相比，东楚、西楚属北部；而与东楚相比，彭城以西则属楚之西部[①]。

西楚文化不同于楚文化。楚文化是产生于先秦、有着悠久历史的一种区域性文化。西楚文化是在楚文化扩展的条件下，融合本地所固有的文化传统而形成的断代区域文化，从历史意义而言，西楚文化是楚文化不同凡响的绝唱。

徐州西楚文化形成的时间范围应始于公元前284年彭城、沛等地最终属楚后，至公元前202年刘邦取得楚汉相争的胜利。以楚怀王定都彭城为界，前期是楚文化与本土文化的浸润融合期，后期则是通过剪灭暴秦和楚汉相争对全国产生影响的高峰期，其内容包括西楚物质文化遗产、制度文化遗产、精神文化遗产，以及后人崇拜所形成的思想作品、行为效仿、纪念建筑和纪念物品。由于西楚文化自身经久的影响力，在徐州几乎“父老能言西楚事，牧儿善解大风歌”[②]。

一、徐州地区的西楚事

秦二世二年（前208年）六月，项梁拥立怀王，从盱台迁都彭城。此后，彭城便成为楚国的政治中心和反秦战争的指挥中心。灭秦之后，项羽凭借消灭秦军主力的功劳和强大的军事实力，自立为西楚霸王，“王梁、楚地九郡，都彭城”[③]，并主持实施了大分封。此后，从汉元年（前206年）至五年（前202年），楚霸王项羽和汉王刘邦这两位推翻暴秦的楚地同乡人，展开了持续四年之久的争夺、对峙、拼杀，历史上将这一阶

① 朱浩熙：《徐州为何称西楚》，朱浩熙：《彭祖》，作家出版社2006年版，第185页。

② 宋琬：《徐州怀古》作“父老能言西楚事，牧儿谁解大风歌”，见宋琬著，辛鸿义、赵家斌点校《宋琬全集·安雅堂未刻稿》卷四，齐鲁书社2003年版，第527页。

③ 司马迁撰：《史记》卷七《项羽本纪》，中华书局1959年版，第317页。

段称为“楚汉相争”。

汉二年(前205年),刘邦平定三秦后,借口项羽杀害义帝,率五诸侯兵凡五十六万人,直捣彭城。项羽闻讯后,亲率“精兵三万人南从鲁出胡陵(今江苏沛县龙堌镇)”,反击汉军。刘邦自出汉中以来,一路顺利,势如破竹,攻入彭城后,“收其货宝美人,日置酒高会”,放松了对项羽的警惕,完全不知项羽已经改变了行军路线,未从胡陵沿泗水南下,而是选择“南从鲁出胡陵”[①],向西南迂回至萧,切断了下邑与彭城之间的联系,堵住了刘邦联军的归路。项羽于凌晨发动攻击,自西向东,从萧县一直打到彭城,大破汉军。

以彭城为主战场的彭城之战,是楚汉战争初期汉军经历的一场损失惨重的遭遇战和楚军上演的一次经典反击战。项羽以灭秦之余威,亲率三万精兵对抗五十六万汉王联军,英勇无畏,以少胜多,展现了楚军锐不可当、霸王勇冠三军的气势,也反映了当时楚军极其强大的战斗力。而刘邦联军为临时集结,加盟的诸侯多是迫于形势的投机者,联军的凝聚力和战斗力根本不是楚军的对手,一旦遭遇,一触即溃。诸王的唯利是图和背叛行为让刘邦彻底看清了形势,很大程度上影响了楚汉战争后期刘邦对其所分封的异姓诸王的政策。

彭城之战后,项羽收复了荥阳、成皋以东大部分失地。刘邦及其数十骑随从也几经辗转,慢慢收拢队伍,从下邑撤退到荥阳,与其他败退的队伍会合。“萧何亦发关中老弱未傅悉诣荥阳,复大振。楚起于彭城,常乘胜逐北,与汉战荥阳南京、索间,汉败楚,楚以故不能过荥阳而西。”[②]此后,楚、汉双方在荥阳、成皋一带的战略要地筑起防线,相持对峙,反复争夺。鸿沟和议后,项羽送还了刘邦的家眷,引兵东归。

接着,刘邦采纳张良的建议,以裂土封王为条件,说动齐王韩信率三十万大军从齐地南下,占领楚都彭城和今苏北、皖北、豫东等广大地区,兵锋直指楚军侧背,自东向西夹击项羽,与其他四路联军形成合围楚军之势,导致了项羽和楚军的最终失败。

---

① 司马迁撰:《史记》卷七《项羽本纪》,中华书局1959年版,第321页。

② 司马迁撰:《史记》卷七《项羽本纪》,中华书局1959年版,第324页。

二、西楚文化的内涵与特点

楚文化发端于长江中游的江汉地区，具有鲜明的地域特征。楚文化扩展到彭城一带，无疑对本地固有的文化生态产生了一定的冲击和影响；同样，外来文化如欲扎根本地，就必须与本地原始居民的语言、习惯、风俗、观念等文化基本要素相融合，受其浸染，与其博弈，反复争夺，甚至互为内化，最终在秦汉之际时，在以彭城为代表的西楚地区逐渐形成了相对成熟、特色鲜明、具有代表性的西楚文化。项羽在楚文化的影响下成长起来，继而又推动了西楚文化的形成和发展。因而，楚汉相争时期，项羽的气质和性格很大程度上反映了西楚文化的特点和局限。

其一，好勇尚武。楚文化中好勇尚武、张扬个性的文化传统，熏陶了项羽粗犷豪迈的气质，培养了他崇尚武力、好勇斗狠的性格特点。当然，这也成了他致命的性格缺陷之一，是其最终走向失败的重要因素。

其二，重诺守信。楚人重诺，这一点深深影响了项羽及其追随者。当时楚地流传这样一句话："得黄金百(斤)，不如得季布一诺。"如此守信的楚人季布一直追随项羽，且曾"数窘汉王"①。物以类聚，人以群分，季布尚且如此，项羽更是有过之而无不及。项羽与刘邦对峙广武(今河南郑州黄河岸边)，相持数月。汉使侯公代表汉王与项王约和。然而，项羽的重诺守信换来的却是汉军的毁约和反扑。这背后反映了项羽在政治上的目光短浅和军事战略上的不够成熟。但这却是项羽性格和心理的必然。

其三，义重情深。西楚地区与齐鲁之地在地缘上较为接近，受孔孟儒家思想的影响较深，形成了西楚人义重情深的性格特点。项羽的情深义重主要体现在对待爱姬虞姬、乌江亭长等人方面。

其四，乡土情结。楚人具有浓厚的乡土情结。西楚文化中的乡土观念主要在两个方面深深地影响了项羽。一方面，军队及重要将领构成主要来自楚地。其最初的"江东子弟八千"是随项梁在吴地起义时所

---

① 司马迁撰：《史记》卷一〇〇《季布栾布列传》，中华书局1959年版，第2731、2729页。

“得精兵八千人”，后彭城因距老家下相及根据地下邳一带较近而被项梁确定为楚国根据地，因此，项羽的军队有相当一部分来自这一带[①]。其主要将领如龙且、季布、钟离眛、英布亦皆为楚人，虞姬也是楚人。楚军的战斗力和凝聚力如此之强，其根本原因是楚军上下之间以地缘乡情作为维系的纽带。另一方面，他将都城选址定在楚地彭城，而放弃了有险可守、土肥地饶的关中地区，其浓重的乡土情结即为原因之一。但是，同样有着浓厚乡土情结的楚人刘邦，却比他更有远见卓识和从谏如流的胸怀。

西楚文化兼具南方的细腻委婉和北方的粗犷豪放，继承了楚文化中不屈不挠的精神追求，形成了西楚地区好勇尚武、重诺守信、义重情深和浓厚的乡土情结等特征，培育了项羽拔山盖世、力能扛鼎、破釜沉舟、勇往直前的英雄气概，使之成为西楚文化的典型代表。

三、西楚文化的影响与传承

西楚文化作为外来文化与本地原始居民的语言、习惯、风俗、观念等文化基本要素相融合，甚至互为内化而形成的一种第三文化，正是中华文明不断圆融、不断蝶化、不断成长、不断新生的具体表现。这种文化的相互作用力无疑给西楚文化赋予了更为深厚的底蕴，以致后世人文几乎避开政治经济等要素，在儒家伦理道德体系的推崇下，给中国道德崇尚留下了千古话题，给人的品质是非树立了一个唯美的标准。

“成王败寇”一直是判定输赢的终极法则，大多数赢得一方就成了英雄，而有一句与它相悖的话叫“不以成败论英雄”，作为失败者的项羽，徐州人对其更富此情。依据千百年来的传统道德，项羽历朝历代享祭不断，歌颂不绝，可以说是精神上的胜利者。项羽勇猛顽强、身先士卒、仁而爱人、品性率直，是老百姓理想中的干部形象；项羽爱情专一、忠贞不贰，是老百姓心中的丈夫形象；项羽鸿沟划界，是老百姓眼睛中的诚实守信形象；项羽自刎乌江、羞见父老，是老百姓追求的君子形象。

① 参见虞友谦、汤其领主编《江苏通史·秦汉卷》，凤凰出版社2012年版，第100页。

司马迁在《史记》中赞颂霸王“位虽不终，近古以来未尝有也”①。南宋女词人李清照在国难当头、渡江之际怀念楚霸王曰：“生当作人杰，死亦为鬼雄。至今思项羽，不肯过江东。”②这是讽刺南宋统治阶级没有羞耻之心，是对项羽的最好的挽歌。而戏曲《霸王别姬》，可谓中国爱情悲剧之典范，千古流传，代代不绝，亦可见人民对项羽的道德品评是“不以成败论英雄”的。随着时代的进步、道德观念的进化，人们对历史是非的评价随着不同的道德标准在发生变化，对项羽的评判也将代代相传下去，这都无可辩驳地说明西楚文化的历史影响与社会存在仍然具有文化活性。

在徐州，西楚文化的影响经久不衰。徐州老城区古名彭城，是西楚王朝的首都，今天的“彭城1号”街区所在地即是当年的西楚王宫片区。以后2000多年，由于徐州城址没有变迁，位于古城上位的楚霸王宫殿区一直是历代王侯、刺史、郡守、州府官员衙门的驻地。西楚故宫里的建筑规模，史籍没有记载。今戏马台景区展厅有《西楚故宫复原图》，是根据历史资料的想象图，尚无全面的考古学依据。

霸王厅位于西楚故宫后部，是项羽理政的政厅，历经两汉、魏晋南北朝、唐，直到北宋依然存在。《太平广记钞·再生部》中记述了唐代时项羽在霸王厅显灵，徐州刺史崔敏悫加以痛斥的离奇故事③。与霸王厅相关的史料记载，最早是出现在苏轼《答范纯甫诗》中：“重瞳遗迹已尘埃，唯有黄楼临泗水。”句下自注：“郡有厅事，俗谓之霸王厅，相传不可坐，仆拆之，以盖黄楼。”④文天祥有诗《彭城行》：“连山四围合，吕梁贯其中。河南大都会，故有项王宫。”⑤此际的项王宫即是霸王厅。明嘉靖本《徐州志·官署》中说，西楚故宫“自楚怀王、项羽都于此，霸王厅至宋尚存。苏轼守徐撤为黄楼”⑥。清乾隆本《铜山县志》曰：“苏轼……撤为黄

① 司马迁撰：《史记》卷七《项羽本纪》，中华书局1959年版，第339页。

② 李清照著，杨合林编注：《李清照集》，岳麓书社1999年版，第68页。

③ 冯梦龙评纂：《太平广记钞》卷六一《再生部》，团结出版社1996年版，第946页。

④ 邓毓昆：《徐州胜迹》，上海人民出版社1990年版，第222页。

⑤ 文天祥：《文山集》卷一九《指南后录一》，永瑢、纪昀纂修：《（景印）文渊阁四库全书》第一一八四册·集部一二三·别集类，（台北）商务印书馆1986年版，第739页。

⑥ 梅守德、任子龙修纂：明嘉靖《徐州志》卷六《人事志一·官署》，明嘉靖刻本，第二页。

楼，厌水。自此以后，增设修置不一。至明天启四年(1624年)，城没于水。崇祯二年(1629年)，知州韩云复建州署。同知刘兆东亦于旧基建同知署。国朝知州事者皆仍韩旧，稍事修葺。”①同治本《徐州府志·建置》有一幅州境《府署图》，图中重要的建筑物均有文字注明，府署最后有一高层楼房，赫然标明“霸王楼”，这是霸王楼首次出现在志书中②。民国《铜山县志·古迹》“西楚故宫”条下云：“今府治后有霸王楼，不知苏轼拆后，何年何人重建。楼前有道光间重修碑，今半圮。”③霸王厅建筑三层，供祭有项羽和虞姬的牌位。

民国时期，西楚故宫遗址片区改为省立第三女子师范学校，当年的学生王振华老人回忆霸王楼一楼变成了女生宿舍，是青年休息聚会的地方。1936年9月，上海《良友》画报刊登了霸王楼照片，为赵澄拍摄。中华人民共和国成立后，霸王楼尚在。其倒塌时间推测至迟是在1955—1956年间。霸王楼倒塌后，项羽虞姬的神位暂存于苏姑墓所在的房子里。

霸王楼不仅是一座在霸王厅原址修建的建筑，更是西楚文化的丰碑。《水浒传》因项羽而说徐州：“九里山前作战场，牧童拾得旧刀枪。顺风吹动乌江水，好似虞姬别霸王。”④一座厅楼名留千古，是一张徐州文化的靓丽名片，也是对人们心目中的大英雄项羽的崇敬和纪念。

在徐州，至今尚存项羽戏马台。戏马台位于城南户部山之上，地势高爽，而免于洪水灌城之祸害。从古至今，瞻仰祭拜游览参观者络绎不绝。公元前206年，项羽定都彭城(今徐州)，在城南山上构筑高台，观赏士卒演马，后人称为“戏马台”。关于戏马台的战略地位，苏轼曾有这样一段宏论：“其城三面阻水，楼堞之下，以汴、泗为池。独其南可通车马，而戏马台在焉。其高十仞，广袤百步。若用武之世，屯千人其上，聚垒木炮石，凡战守之具，以与城相表里，而积三年粮于城中，虽用十万

① 张弘运主修，田实发主纂：清乾隆《铜山县志》卷三《官署》，清乾隆十年(1745年)刻本，第十二页。

② 吴世熊、朱忻主修，刘庠、方骏谟主纂：清同治《徐州府志》卷二《建置图》，清同治十三年(1874年)刻本，第十四页。

③ 余家谟主修，王嘉诜等主纂：民国《铜山县志》卷一八《古迹考上》，1919年刻本，第七页。

④ 施耐庵、罗贯中著：《水浒传》第四回《赵员外重修文殊院　鲁智深大闹五台山》，人民文学出版社1997年版，第63页。

人，不易取也。”[①]可见作为军事家的项羽筑戏马台，并不限于悠闲取乐，更重要的是出于战略考虑。

东晋义熙十二年(416 年)，刘裕北伐奏捷，班师路经彭城，恰逢重阳佳节，便在戏马台大宴群僚，以壮军威。北魏太平真君十一年(450 年)，太武帝拓跋焘举兵南下，曾立毡帐于戏马台上，运筹帷幄，虎视城中。历朝历代，文臣武将和诗人骚客纷至沓来，或登临高台扼腕痛惜，或触发思古之幽情，谢灵运、张籍、苏轼、陈师道、文天祥、萨都剌、袁枚、阎尔梅等都在此留下了传世之佳篇。其中，南宋末年文天祥被俘抱必死之心北上，在徐州登台而作《戏马台》最为悲壮：“九月初九日，客游戏马台。黄花弄朝露，古人化飞埃。今人哀后人，后人复今哀。世事那可及，泪落茱萸杯。”[②]

今之戏马台景区，以风云阁为中轴线，分东西两院。阁前置巨鼎一尊，鼎腹铸“霸业雄风”四字，赞项羽之英雄气概。追胜轩外的天然大石，其形巧妙天成，似一将军仰天长啸，故被称为“啸天石”“人杰鬼雄石”。后院半周回廊壁上嵌满历代名人墨客题咏。自古成者王侯败者寇，而对项羽，人们却不以成败论英雄，这正是千古以来人们接踵凭吊戏马台的主要原因。戏马古台历经沧桑，因其文化蕴藏丰富而成为古城徐州第一名胜。

在徐州，还有项王路、美人巷等西楚文化遗迹。徐州大地许多地方也还修建过纪念项羽的霸王庙。他的豪气、侠义和坦荡，一直为后人所敬佩。正如李晚芳所云：“羽之神勇，千古无二；太史公以神勇之笔，写神勇之人，亦千古无二。迄今正襟读之，犹觉喑恶叱咤之雄，纵横驰骋于数页之间，驱数百万甲兵，如大风卷箨，奇观也！”[③]

在徐州，西楚文化不仅从精神层面深深地影响徐州人的性格特征，亦从情感层面深深地嵌入徐州人的灵魂。徐州地方有关西楚文化的题

---

① 苏轼：《徐州上皇帝书》，张志烈、马德富、周裕锴主编：《苏轼全集校注·文集四》卷二六《奏议》，河北人民出版社 2010 年版，第 2977 页。

② 文天祥：《文山集》卷一九《指南后录一》，永瑢、纪昀纂修：《(景印)文渊阁四库全书》第一一八四册·集部一二三·别集类，(台北)商务印书馆 1986 年版，第 740 页。

③ 李晚芳：《读史管见》卷一，商务印书馆 2016 年版，第 26 页。

材十分丰富。脍炙人口的传说与故事有《霸王厅闹鬼》《霸王追韩信》《自古彭城一条街》《戏马台与马市街》《虞美人巷》《虞姬相亲》《虞姬行医》《虞姬桥》等①。民间音乐、民间舞蹈有楚歌、楚舞的神韵，地方戏、民间曲艺演义西楚题材更是长盛不衰。

推翻暴秦和楚汉相争，对于中国历史具有十分巨大、久远的影响，尽管西楚文化这种特定时期、特定地理单元的区域文化，随着全民族文化的发展，从名义上有些淡化，但它的精神和智慧仍然是中国人文思想的瑰宝。西楚故都是徐州城市史上的一个辉煌节点，也是历史遗留给今天徐州极其宝贵的物质财富和精神财富。

图 8－2　1988 年徐州市政府重建的黄楼

第三节　汉文化的内涵与特征

在中国历史的大转折关头，在徐州本土文化的孕育和哺育下，在黄河、长江南北系列文化的补养下，在先秦几大文化的边区集合部，汉文化以其充分的内涵和鲜明的特征在淮海大地应运而生。

① 殷召义主编，甘信昌、彭浩编著：《徐州民间文化集·故事传说》，中国文联出版社 2004 年版。

汉文化的形成，是华夏民族思想交融、文化碰撞的客观产物。在这一过程中，地域性因素扮演了极其重要的角色。众所周知，汉高祖刘邦创业垂统，为了延续刘姓江山，通过血缘关系的远近与开疆辟土功劳的大小来分封诸王，这种带有儒家“爱有差等”式的分封原则，让徐州人在汉初的政治舞台独领风骚，这是其不可多得的政治条件。从徐州走出的人才，不仅对当时的政治走向产生了决定性的影响，而且对文化的走向亦发挥了巨大的作用。两汉时期的文化，儒、道交替出现在历史舞台上，呈现出一种角力与竞争的现象。汉代立国初期，统治者推崇道家，奉行黄老“无为而治”学说，到了汉武帝时期，则“罢黜百家，表章六经”，然而伴随着汉王朝的没落，道家发展成为道教，并成为终结汉朝统治的重要力量。可以说，徐州文化内部儒家与道家思想的对立统一关系，预设了两汉文化的历史走向，理所当然地成为两汉文化的先声。

一、汉文化肇端于徐州

刘邦生长在彭城西北约 50 千米的丰县、沛县。项羽的家乡在彭城东南约 100 千米的宿迁。丰沛、宿迁在历史上大多数时间属徐州管辖，至今在经济、文化上仍属于徐州城市的辐射范围。从楚汉彭城之战，项羽以少胜多，到十面埋伏被最终击败；从张良吹箫楚歌四起，到霸王别姬、自刎乌江，这些斗争都是围绕西楚首都彭城进行的。彭城及其周围地区许多杰出人物表现出来的军事艺术和政治智慧，给历史留下了永恒的思索。直到今天仍在使用的词汇，汉人、汉族、汉语、汉学之所以称“汉”，其语源就是因为中华民族发展史上有汉朝 400 年基业的灿烂辉煌，汉文化给中国人打上了深刻的文化烙印与身份标签，并由此彰显了汉文化的独特魅力与卓越地位。

先秦时期，徐州是中国思想意识形态发生发展的中心地区，是文化交流、交通往来最便利的地区，是生活技能开化最早的地区，所以，这里的文化习俗具有融汇古今的综合性、南北共塑的典型性和百家合璧的多元性。徐沛丰小平原是汉初最高统治集团核心人物的出生地和事业发祥地，也是名副其实地整合先秦文明的新文化发祥地。

汉朝之所以称“汉”，是因为刘邦被项羽封为“汉王”，称帝后沿用不改而来。两汉王朝共历 24 帝，统一天下 400 余年，是寿命最长的封建王朝。汉朝立国后，从区域文化影响角度而言，又何尝不是一次徐州区域文化的输出？在长安皇宫中，刘邦唱楚歌，戚姬跳楚舞；在新丰镇，行古丰之风，礼古丰之俗，都说明徐州区域之汉文化元素在汉朝统治时期广泛流传并深度融合进了神州大地。

汉王朝是真正意义上的民族融合的大熔炉。它以血缘、政治、经济和文化为纽带所形成的熊熊烈火，熔化黄河、长江两大南北区域文化的隔阂，消除中原与四夷人民心理素质和价值观念上的差异，重铸以汉族为主体的中华民族。经过汉王朝 400 多年的统理，不仅使疆域之内背景各异的民众认同了汉族这个共同体，还对周边少数民族和兄弟国家产生了巨大的向心力。这一时期，汉民族继承了先秦华夏族海纳百川的气度，形成了善于吸收、包容、融汇外来民族的民族特性，使中华共同体越来越雄伟强大。在这个意义上，我们可以说，是江苏人创造了汉朝文化，以徐州为核心区的苏北大地是汉文化的肇端之地。

靠着汉朝文化，周秦文化的血脉延续了下来。由于楚文化、吴越文化的加入并融为一体，汉文化实际上是本时期中华文化的主体。这是人类历史上最早出现的世界性文明，其深远影响难以估量。同一时间内，能够与之媲美的只有西方的罗马文明。从此，秦制变为汉制，成功地完成了从贵族政治到官僚政治的转型，为此后的中华帝国奠定了万世基业。

汉民族的形成由来久远。根据中国古代部族的分布，根据现代考古发现和学者们的多方论证，一般认为，汉民族源自上古三大民族集团：华夏集团、东夷集团、苗蛮集团。他们之间始则相互角逐，继则和睦相处，终则融合同化而成。秦王朝建立，周边地区曾一度称之秦人。但秦朝短命，不成气候，历史影响并未做大。汉王朝是承大乱之后建立起来的，不仅在地理上大一统，而且在思想上也是大一统的王朝。经高祖时期创立，文景时期经营，武帝时期发扬，物质文明、精神文明都繁盛空前，天下为一，万里同风。在北和亲匈奴、南安抚百越、西通使西域、开辟丝绸之路的过程中，汉人、汉族的称谓在形式上逐渐固定下来，流传下去。后来历经诸多朝代更迭，汉民族与其他兄弟民族仍在相互角逐、和睦相处、融合同化这一历史逻辑下互补互助、共同成长，从而形成了具有 56 个民族的中华大家庭。其中，唐朝的兴旺，一度曾有取而代“汉”之势，但终因“汉”字浸润深透、底蕴渊博、深入人心、声名久远而沿用下来。至今，许多外国人把中国语言称为“汉语”，把研究中国历史、文化称为“汉学”，中国文化称为“汉文化”，也能证明汉人是中国人的主体，汉族是中华民族的主干。从另一个侧面来看，汉王朝的历史影响经久不衰，魅力永存，也能证明出生在徐州的汉高祖一代人文有着崇高的历史地位。

通过对徐州汉文化的成长与汉朝文化、汉族文化的形成的考察，我们可以看出，经过历史长河的洗练，汉文化发展到今天，已经不仅仅是狭义的江苏北部的区域文化，它已经走向全国、走向世界，有了更深厚、广义的内涵，中华汉文化是以汉朝文化为基体、汉族文化为主体、汉字文化为载体的大文化体系。这一体系有三层相包容的意思：

第一层，核心层是汉朝文化。这是总结百家学术、吸收各种区域文化而形成的中华正统文化。它上承华夏文明，下启中华大家庭之曙光，是中华文明的基体。

第二层，主体层是汉族文化。汉族是个气度恢宏、心胸开阔的伟大民族，汉族文化是由上古多民族文化多元组合，再经中古、近代多民族补充汇合而成的，是在世界文明史上生命力最旺盛、最持久的文化单元。它宽恕仁爱、和平中庸，是以真诚、善良、向美向上为德性的民族文化。

第三层，放射层是汉字文化。汉字是世界上最古老的几种文字之一，是中华文明的载体。汉字文化圈包括东亚、东南亚、华侨居住区等汉语使用区域。尽管日本曾经“去中国化”，却始终无法清除中国历史留下来的不可磨灭的影响。古埃及文字、古苏美尔文字、古巴比伦文字都在历史的大浪淘沙中消亡了，而汉字经久不衰，且有在计算机时代更加兴盛的趋势。尤其是随着人口的流动与社会变迁，中国人走到哪里，哪里就有汉语、汉字的存在。由此，汉语言文字也就成为中华民族自我认同的重要工具，以及中华汉文化传播与发展的重要媒介。

条缕历史发展的脉络,初步可以得出这样的结论:汉文化肇端于徐州,兴盛于今天的陕西和河南等地,影响所及则扩延至中国以外,波及世界的各个角落。中国汉文化已经成为世界上历史延续最长、影响最大、覆盖面最广的文化。

二、刘邦出世的传说及其意义

《史记·高祖本纪》开篇即记载:刘邦的母亲"刘媪大泽之陂梦与神遇,太公往视,则见蛟龙于其上。已而有身,遂产高祖",因而"高祖为人,隆准而龙颜"[①]。《汉书·高帝纪》中也有类似的记载。在上古传说中,感生神话颇多,如大禹鱼腹而生,商王母简狄、秦王母女修皆吞玄鸟卵而孕,周王母姜嫄践巨人足迹而孕等,而刘媪遇龙而孕子,其中也蕴含着特殊的意义。

(一) 刘媪遇龙的文化阐释

"刘媪遇龙"这段传说不具备科学基础,但却以一种文化形式使刘邦的降生变得尊贵而神圣,而其神龙转世的身份亦为当时人所笃信。

首先,刘媪"尝息大泽之陂",表明刘邦的家乡"沛丰邑中阳里"[②]的自然环境特点是水源充足,有着河流、池泽等水体。《尚书大传·洪范五行传》曰:"龙,虫之生于渊"[③];《荀子·致士篇》云:"川渊者,龙鱼之居也"[④];《管子·水地篇》云:"龙生于水,被五色而游,故神"[⑤]。上述材料表明,古人认为龙为水物,龙的生长环境离不开水,即龙之居所必在水畔,暗示了生于"大泽之陂"的刘邦。

其次,"雷电晦冥"这一自然现象也暗示了刘邦身份的重要性。雷电交加预示雨水将至,乃解天下久旱之苦。《说苑·杂言》曰:"乘于风

① 司马迁撰:《史记》卷八《高祖本纪》,中华书局1959年版,第341页。
② 班固撰,颜师古注:《汉书》卷一上《高帝纪上》,中华书局1962年版,第1页。
③ 伏胜撰,郑玄注,陈寿祺辑校:《尚书大传》卷二《周传》,中华书局1985年版,第68页。
④ 荀况著,杨倞注,耿芸标校:《荀子》卷九《致士》,上海古籍出版社2014年版,第164页。
⑤ 管仲著,戴望校正:《管子校正》卷一四《五行》,《诸子集成》第五册,中华书局1978年版,第237页。

雨而行，非千里不止”[①]；《庄子·逍遥游》也说：“乘云气，御飞龙，而游乎四海之外”[②]；《韩非子·难势篇》引慎子曰：“飞龙乘云，腾蛇游雾。”[③]以上材料表明，古人认为龙伴随着云雨出现，且具有腾云驾雾的本领。《吕氏春秋·知分》有“以龙致雨”[④]。《山海经·大荒东经》云：“旱而为应龙之状，乃得大雨。”[⑤]《淮南子》又有“土龙致雨”，高诱注曰：“汤遭旱，作土龙以象龙，云从龙，故致雨也。”[⑥]王充《论衡·龙虚》则说：“龙闻雷声则起，起而云致，云致而龙乘之，云雨感龙，龙亦起云而升天。天极云高，云消复降。”[⑦]这些材料充分说明，古人认为龙具有掌管水府、普济众生的神性。同时，古人也认为龙具有扫除人间邪恶、威慑天下的作用。《山海经·大荒东经》载：“黄帝得之（夔），以其皮为鼓，橛以雷兽之骨，声闻五百里，以威天下。”郭璞注：“雷兽，即雷神也。”[⑧]《广雅》曰：“龙，君也。”[⑨]《仪礼》载：“君，至尊也。”[⑩]“雷电晦冥”时神龙与刘媪的交合，象征了刘邦身份的尊贵与威严，似乎暗示了刘邦君权神授的地位。

第三，刘太公被作为这一现象的目击者。他“见交龙于上”，以及对刘邦后来的相貌描述为“隆准而龙颜，美须髯”[⑪]，更是增强了这一传说的可信性，使之成为刘邦日后号令众人的舆论资本，在刘邦举义的过程中起到了极为重要的作用。

第四，赤帝之子说。刘邦青年时代所处的战国后期，沛县属楚地。刘邦和该地民众深受楚国崇龙和信巫鬼之风的熏陶，有着深厚的楚人情结。楚人奉祝融为始祖，传说祝融为火神。按照当时阴阳五行学说

① 刘向撰，程翔评注：《说苑》卷一七《杂言》，商务印书馆2018年版，第781页。

② 方勇译注：《庄子》内篇《逍遥游》，中华书局2010年版，第10页。

③ 王先慎撰，钟哲点校：《韩非子集解》卷一七《难势》，中华书局2013年版，第423页。

④ 吕不韦著，高诱注：《吕氏春秋》卷二〇《恃君览·知分》，《诸子集成》第六册，中华书局1954年版，第262页。

⑤ 郭璞注：《山海经》卷一四《大荒东经》，中华书局1985年版，第122页。

⑥ 何宁撰：《淮南子集释》卷四《陆形训》，中华书局1998年版，第342页。

⑦ 王充著，陈蒲清点校：《论衡》卷六，岳麓书社1991年版，第99页。

⑧ 郭璞注：《山海经》卷一四《大荒东经》，中华书局1985年版，第122页。

⑨ 王念孙著，钟宇讯点校：《广雅疏证》卷一上《释诂》，中华书局1983年版，第5页。

⑩ 郑玄注，贾公彦疏：《仪礼注疏》卷二九《丧服》，阮元校刻：《十三经注疏》，中华书局1980年版，第1100页。

⑪ 班固撰，颜师古注：《汉书》卷一上《高帝纪上》，中华书局1962年版，第2页。

的理论，楚国在南，南方属火，主红色，因而楚人尚赤。秦国起于西方，属金，主白色。于是，刘邦斩白蛇起义的故事就被神化为“赤帝子杀白帝子”[①]的传说，成为刘邦推翻秦朝统治的政治舆论。

第五，为了配合“神龙转世”“赤帝之子”的说法，刘邦及其追随者还编造了其他一系列故事。如，有人借秦始皇之口说“东南有天子气”[②]，而丰沛之地的方向即与之相吻合，于是始皇帝“因东游以厌之”[③]。再如，刘邦隐匿于芒砀山期间，吕雉与众人经常能将其找到，并言“季所居上常有云气，故从往，常得季”。此外，史书还记载了刘邦及其妻小相面的事迹。单父人吕公见到刘季后的第一反应即为“大惊，起，迎之门……见高祖状貌，因重敬之，引入坐上坐”，并言“相人多矣，无如季相，愿季自爱”，还将吕雉许之。一老者对吕雉相面后，称她及其子女均为贵相，而刘邦更是“贵不可言”[④]，更为刘邦的身份地位披上了一层神秘的外衣。

（二）刘邦出世传说的意义和影响

英雄出世，大多奇异非凡。这种情景在《史记》里屡见不鲜。而司马迁对刘邦出世的描写，则更具有浓厚的现实政治指向性意义。

考古学、美术学等研究证明，龙是原始社会人类信仰的图腾发展而来的，是拼凑而成的特殊生灵形象。《说文解字》曰：“龙，鳞虫之长。能幽能明，能细能巨，能短能长。春分而登天，秋分而潜渊。”[⑤]中国人对于龙的崇拜有5000年以上的历史。考古发现，在距今5000年前的红山遗址、大汶口遗址、河姆渡遗址、良渚遗址等地出土的文物中均有龙的

① 班固撰，颜师古注：《汉书》卷一上《高帝纪上》载：“高祖以亭长为县送徒骊山，徒多道亡。自度比至皆亡之，到丰西泽中亭，止饮，夜皆解纵所送徒，曰：‘公等皆去，吾亦从此逝矣！’徒中壮士愿从者十余人。高祖被酒，夜径泽中，令一人行前。行前者还报曰：‘前有大蛇当径，愿还。’高祖醉，曰：‘壮士行，何畏！’乃前，拔剑斩蛇。蛇分为两，道开。行数里，醉困卧。后人来至蛇所，有一老妪夜哭。人问妪何哭，妪曰：‘人杀吾子。’人曰：‘妪子何为见杀？’妪曰：‘吾子，白帝子也，化为蛇当道，今者赤帝子斩之，故哭。’人乃以妪为不诚，欲苦之，妪因忽不见。后人至，高祖觉。告高祖，高祖乃心独喜，自负。诸从者日益畏之。”中华书局1962年版，第7页。

② 班固撰，颜师古注：《汉书》卷一上《高帝纪上》，中华书局1962年版，第8页。

③ 司马迁撰：《史记》卷八《高祖本纪》，中华书局1959年版，第348页。

④ 班固撰，颜师古注：《汉书》卷一上《高帝纪上》，中华书局1962年版，第8、3—4、5页。

⑤ 许慎撰：《说文解字·龙部》，中华书局1963年版，第245页。

形象。黄帝在兼并许多部落后，遂以龙为图腾，以炎黄子孙自居的华夏族乃至后来的汉民族自古至今皆奉龙为尊。

闻一多在《伏羲考》中说，龙（蛇）最初本是某个部落的图腾，充其量只是具有“部落神”的功能①。而根据对1949年2月出土于湖南长沙陈家大山战国楚墓的“人物龙凤帛画”和1973年5月出土于长沙子弹库1号战国楚墓的“人物御龙帛画”的考古研究表明，到了战国时代，龙已经成为一种可以使人们升天成仙的神圣“通天”工具了②。秦一统天下后，龙开始成为帝王的尊贵象征。秦始皇三十六年（前211年）秋，始皇帝的一个特使夜过华阴平舒道，一个神秘的人物持璧遮使者云：“今年祖龙死。”③这里的祖龙就是明确指向秦始皇了。既然“龙”在当时已经具有了神权象征的特殊意义，那么刘母遇龙生子的传说的出现并被载入正史，首先解决了刘邦出身低微的身份问题。

刘邦初不过是以农田为业的农人，直到成年才仅做了秦朝一名小小的泗水亭长。他素有大志，却难以服众，因此他和他的谋士利用了人们崇龙的心理特点，编造出“神龙转世”“赤帝之子”等一系列神奇的身世之谜，为确立自己“真龙天子”的身份而创造舆论。

故而“刘邦出世”这一传说虽然简略，但内涵却是相当的丰富，不仅增加了传说的可信度，更增强了传说的神秘色彩，突出了高祖的地位和性格，进而为高祖成就帝业的历史发展埋下伏笔。也唯其如此，才能对高祖为何能从一介市井布衣进而成为开国帝王作出一系列“合理性”解释——即“顺承天意”。于刘邦而言，“将自己与龙相联系，无不带有明显的功利主义目的：或其出身低微借此提高威信，或因社会动荡以此麻醉人民。从某种意义上说，政治中的龙只是一种促进社会变化的添加剂。”④

司马迁修史时，已是汉武帝时代。西汉代秦，虽然在形式上、制度上承袭了秦王朝大一统中央集权的君主专制制度，但起于草莽之徒的

① 参阅闻一多撰、田兆元导读《伏羲考》，上海古籍出版社2006年版，第25—27页。

② 刘辉：《武氏祠中“汉承尧运”的汉画像解读》，《徐州工程学院学报》2007年第7期，第30页。

③ 司马迁撰：《史记》卷六《秦始皇本纪》，中华书局1982年版，第259页。

④ 刘志雄、杨静荣：《龙与中国文化》，人民出版社1992年版，第276页。

汉王朝，其统治的合理性在理念上是薄弱的。正鉴于此，汉武帝上台即向贤良文学之士发布了“策问”：“三代受命，其符安在？灾异之变，何缘而起？”①“天人之道，何所本始？”“天命之符，废兴何如？”②本心则是希望士人从“天”这一时人普遍的信仰中，为西汉王朝统治的合理性尤其是天子的绝对权威性寻求理论上的依据和本原上的支撑。有政治就需要有政治权威认同，而依靠神灵作为虚幻的政治主宰，使人们的思想凝固起来，从而实现思想的统一和政治的稳定，则是维护封建统治的有效策略。正是在这一特定的政治文化背景下，经董仲舒改造过的，以“天人感应、君权神授”作为最大创新点的新儒学成为解释西汉王朝统治合理性的理论支撑。伴随着汉家王朝400年基业的灿烂辉煌，象征高贵、吉祥的“龙”的观念、信仰、形象逐渐深入人心。从此，历代帝王皆称为真龙天子，汉民族成为龙的传人，正如闻一多所说：龙族文化“做了我国四千年文化的核心……龙是我们立国的象征”③。到了唐代，龙与封建帝王的联系更加紧密，成为皇权的象征。蒙元清朝等异族入主中原后，为了体现正统，亦把帝王称为“真龙天子”。人们将帝王的脸称之为“龙颜”，胡须称为“龙须”，其衣为“龙袍”，座椅为“龙椅”，后代子孙便顺理成章地成了“龙子龙孙”。而以刘邦家乡徐州丰县为环境背景的“刘媪遇龙”传说，可以说是这一切的重要历史源头。

徐州丰县以“汉皇出生地”著称于世，这里至今流传着众多关于汉高祖刘邦的传说故事。在众多传说中，最具民俗学意义的当属后世整合涵化了的“龙雾桥传说”。龙雾桥，即后世为落地“刘媪遇龙”而建造的纪念性建筑。经千百年以来多次水患沙埋，丰县地表海拔已升高5—8米，原桥早已杳无踪影。明朝景泰元年(1450年)所立石碑《重修丰县龙雾桥庙记》中写道：“斯桥之名，断以汉高初生，母遇蛟龙而得。”④今龙雾桥位于丰县城郊东北隅复新河畔，是一座极普通的建筑，尚存象征性的小桥和碑亭，以示不泯。2009年，作为民间文学《刘邦传说》被列入

① 班固撰，颜师古注：《汉书》卷五六《董仲舒传》，中华书局1962年版，第2496页。

② 班固撰，颜师古注：《汉书》卷五八《公孙弘传》，中华书局1962年版，第2614页。

③ 闻一多撰，田兆元导读：《伏羲考》，上海古籍出版社2006年版，第32页。

④ 原碑收藏于丰县博物馆。

江苏省非物质文化遗产保护项目名录。

三、刘向与“天人合一”思想

“天人合一”是古代中国人最基本的思维方式。它认为人与天不是处在一种主体与对象的关系，而是处在一种部分与整体、扭曲与原貌的关系之中。随着文化的不断延续，历代哲学家对“天人合一”有着不同的解说，形成不同的学派，构成中国传统文化的发展脉络。时至今日，占主导地位的观点认为，“天”就是大自然，“人”就是人类，天人关系就是人与自然和谐相处的关系，以此作为可持续发展的哲学基础，亦有其合理之处。但是作为汉文化的核心命题，“天人合一”却有着更为丰富的道德内涵和人文情怀。

汉初推行无为而治，与民休息，经济发展很快，出现了“文景之治”。但在景帝时代出现了吴楚七国之乱，统一的国家将面临分裂的危险。时任博士的董仲舒认为，重要的问题是要巩固集中统一的政权，防止出现分裂割据的局面。董仲舒从儒学经传中寻找统一的理由，以《公羊》义理为主，杂以阴阳五行说，在《春秋繁露》中首次提出了“天人之际，合而为一”[①]的主张，认为天道与人性是统一的，天的道德属性就包含在人性之中，天的法则根源于人间道德，天德都在人心之中，旨在寻求天人和谐统一，维护现存的社会秩序，使国家免遭“失败之道”而土崩瓦解。汉武帝采纳了董仲舒思想，施行了“罢黜百家，表章六经”的大一统政策，从此儒学一跃成为中国社会正统思想，影响长达两千多年，“天人合一”则始终是儒学思想中的核心。

然而，徐州人刘向作为经学名家及朝野公认的宿学通儒，又属刘氏宗室，借整理皇家藏书之机，与其他经学派系分庭抗礼。特别是元、成之世，刘向有感于皇族大权的旁落，遂以《春秋》灾异说与时下人事相牵合，继续挥发董仲舒“天人感应”观念，形成了自己独特的学术思想，推动儒学在汉代的新发展。

---

① 曾振宇注说：《春秋繁露》第三十五《深察名号》，河南大学出版社 2009 年版，第 263 页。

刘向(前77—前6),字子政,“博物洽闻,通达古今”[①],以儒家为宗又兼采诸子百家,使得董仲舒“天人之际,合而为一”的观点通过“灾异”(天道)与“礼乐”(人道)在其学术思想中的相通成为可能。

(一) 人事为本,天道为应

“言灾异”是刘向经学思想的鲜明特色。刘向笃信具体的灾异现象与人事之间存在着真实并能占验的联系。在《说苑·君道》中,刘向提出了“天之应人,如影之随形,响之效声”[②]的观点,认为在天人关系中,应当以人事为本,而以天道为人事之应。在这种天人观下,灾异成为刘向评价人事得失的工具,也成为其礼乐教化思想的天道信仰与依据。

“人事为本,天道为应”的天人观,是将人事放在首要位置之上。它首先表现为将“灾异”或“不祥”所指的对象限定在“人事”的范围内,避免对于天象征兆的过度解读。其次,表现为面对妖异灾变之事,为政者应反思人事之失,而不应寄希望于祈福祭祀。当时社会对鬼神之能寄望甚深,但刘向并不认为单纯的祭祀就能够获得福祉、消弭灾祸,相反,只有时时反思施政得失,“谨仁义,顺道理”[③],才是获得神明赐福的正确途径。最后,人事为本、天道为应的思想也表现为人事胜鬼神。刘向相信妖由人兴、德胜不祥,在人的善政、善行面前,“灾妖不胜善政,寤梦不胜善行”[④]。在《汉书·艺文志》中,刘向批评阴阳家“舍人事而任鬼神”,因此只能居于儒家之下,无法真正成为治国之道。明于“人事”与“鬼神”之分,担负起“助人君顺阴阳明教化”[⑤]的职责,这既是刘向对儒家“天人合一”思想的定位,更是一种自我期许。[⑥]

(二) 天讨有罪,为政以德

“天人合一”之核心在于一个“德”字。天作为有意志、有目的、有道

① 班固撰,颜师古注:《汉书》卷三六《楚元王传》,中华书局1962年版,第1972页。

② 刘向撰,卢元骏注释:《说苑今注今译》卷一《君道》,(台北)商务印书馆1977年版,第25页。

③ 刘向撰,卢元骏注释:《说苑今注今译》卷二〇《反质》,(台北)商务印书馆1977年版,第701页。

④ 冯国超主编:《孔子家语》第七篇《五仪解》,吉林人民出版社2005年版,第40页。

⑤ 班固撰,颜师古注:《汉书》卷三〇《艺文志》,中华书局1962年版,第1735、1728页。

⑥ 左康华:《人事为本 天道为应——刘向灾异思想的礼学旨归》,《光明日报》2016年4月18日第16版。

德属性的最高主宰，既是“百神之大君”，又是“万物之祖”。王者施行德政，依照天意行事，“天”就会直接地降下“符瑞”以资奖励；反之，天就会降下灾异进行“谴告”。“天瑞”“天谴”是天人之间的感应作用，起着调节天人关系并维持其动态平衡的功能。只有君王有“德”，普通百姓有“德”，才能维持刘家天下的长治久安。

对于君臣秩序的坚守，是刘向灾异说联系现实的首要原则，也是君臣之“德”的一个重要体现。西汉自“孝宣中兴”之后，继位之君多昏庸软弱，外戚逐渐掌权，社会危机逐渐显露出来。元帝时，朝政被外戚许氏、史氏，宦官弘恭、石显把持，此时正好发生地震，刘向上封事引用《春秋》灾异之说，来验证国家的安危。刘向认为，“祥多者其国安，异众者其国危，天地之常经，古今之通义也”，论及当下，直言“灾异未有稠如今者也”，原因在于“君臣失德”“谗邪并进”。因此，必须重视强调君臣上下之别，如果放任臣子的权势任意发展，君权就会受到严重伤害，并进而引发社会秩序的动荡不安。君王失德，百姓必然有怨，就会导致“阴阳不调”，借以警示执政者“考祥应之福，省灾异之祸，以揆当世之变，放远佞邪之党，坏散险诐之聚，杜闭群枉之门，广开众正之路”①。

（三）天人感应，敬天行道

成帝时，大将军王凤用事，外戚贵盛。刘向作《洪范五行传论》，书中集中表现了天人感应思想，认为天、人、社会之间有着某种内在的神秘联系，通过阴阳五行相互沟通，彼此感应，体现天意。书中列举自春秋至汉代的诸多重大事件，其中论灾异跟后、妃、君夫人及外戚间的关系的约31条，论灾异跟君主失势、国家败亡间关系的约39条，借以指责当时“同姓疏远，母党专政”的局面，认为“非所以强汉宗，卑私门，保守社稷，安固后嗣也”②。该书对于了解以“天人合一”思想为主导的汉代儒学思潮，有着重要的价值。

---

① 班固撰，颜师古注：《汉书》卷三六《楚元王传》，中华书局1962年版，第1941、1942、1943、1947、1946页。

② 班固撰，颜师古注：《汉书》卷三六《楚元王传》，中华书局1962年版，第1966页。

(四) 以礼正外，以乐正内

对于夫妇纲常秩序的强调，也是刘向经学思想的一个核心部分。成帝时，赵飞燕姊妹“贵宠后宫”，刘向有感成帝后宫之事，“以为王教由内及外，自近者始。故采取《诗》《书》所载贤妃贞妇，兴国显家可法则，及孽嬖乱亡者，序次为《列女传》，凡八篇，以戒天子。”[①]

在《列女传》中，刘向对于灾异事件及其他事件的解读，屡屡指向女性对于礼制的违反，将女性在国家治乱兴衰中的作用进行提取、放大、夸张，试图形成女性所为直接影响了家国的兴衰治乱的价值观，其中对女性教化的重视、对夫妇纲常秩序的固守可见一斑。但就具体经学主张而言，刘向提出“以礼正外，以乐正内”[②]，将“礼”定位为规整社会的、直接指导行为的强制性规范，将“乐”定位为以声感人、以情正性的柔性引导与教化，将二者的功能予以专门化，刚柔相济、交织并用，从而实现规整社会、稳定统治秩序、扶正社会风气的理想，也是旨求天人和谐统一的终极目标。

总而言之，刘向所著诸书借助“天人感应”之说，有其鲜明的时代特色和明确的政治目的。虽然刘向善讲灾异，但由于他的博学与礼治追求，灾异思想成为他演绎儒家政治与历史理念的话语方式，而非流于巫术。换言之，刘向对待灾异说的态度，本身就含有理性的成分；其所寻找的礼治的救世之方，更是儒家再正统不过的学说。刘向一方面强调天道对于人道的决定性，另一方面积极用世，强调人的道德责任。人道是对天命的完成，是对天道的延续与拓展；个体的道德自觉和人类社会的道德、文化价值就是宇宙的意义。这样，便在宇宙的整体中确立起人文主义的精神追求与价值理想。这既是其政治立场在学术上的反映，更是有意地利用“天人合一”作为政治斗争的工具。在这个意义上，刘向对“天人合一”思想的阐发，对礼学理论建构的努力，使其丝毫不逊色于同时代的思想家，而对汉代礼学的发展作出了无法取代的贡献。

① 班固撰，颜师古注：《汉书》卷三六《楚元王传》，中华书局 1962 年版，第 1957—1958 页。

② 刘向撰，卢元骏注释：《说苑今注今译》卷一九《修文》，台湾商务印书馆 1977 年版，第 696 页。

四、徐州与儒释道文化合流

徐州地处南北交会之地，兼容北雄南秀。由于其独特的地理位置，这里成为最具交流性、融合性、开放性与包容性的地区。在两汉盛世开放的文化背景之下，儒释道的思想与文化都在徐州获得很大的发展。

儒家文化发源于鲁国，其核心区在今天的山东曲阜与邹城。道家文化起源于今河南鹿邑与安徽涡阳一带，延展到宁陵与蒙城。它们都在以徐州为中心的200千米的区域内。徐州自古就是儒家文化与道家文化交会之地。早在先秦时期，儒家文化创始人孔子与道家文化创始人老子在徐州沛地相会，互相交流，成为中华思想文化史上的盛举。当时的徐州，虽然属于楚文化圈的范围，却既尚儒学、浸儒风，又崇道学、尚玄机，形成了儒道兼容的鲜明特征。

两汉时期的文化，儒道交替出现在历史舞台上，在角力的过程中，徐州人往往成为背后的推手。汉高祖刘邦在立国初期便接受了同为楚人的陆贾的建议，以黄老道家学说立国。刘邦的政治盟友及同乡萧何、曹参成为黄老“无为而治”的有力执行者。根据《史记》记载：“参为汉相国，清静极言合道。然百姓离秦之酷后，参与休息无为，故天下俱称其美。”[1]与此同时，高祖又接受了儒生叔孙通的建议，改变了鄙视儒学的文化立场，不仅吸纳儒家的礼仪制度，而且也开了封建帝王祭祀孔子的先河。刘邦的同父异母弟弟刘交则自始至终都对儒家文化情有独钟。刘交被封为楚王期间，即以徐州地区为中心，开始了制度儒学的地域化实验，这实际上就为全国儒学的复苏奠定了基础，也为后来汉武帝尊孔奠定了基础。当然，到了汉武帝刘彻时期，采纳董仲舒的“罢黜百家，表章六经”，最终完成了儒家从观念文化向制度文化的演进。虽然这种文化的大一统一度遭到了来自统治集团内部的挑战，以淮南王刘安为中心的贵族势力再次以道家为旗帜加以反扑，最终刘安集团遭遇了政治上的镇压，但留下了道家思想史上重要的著作——《淮南子》。在汉王

---

① 司马迁撰：《史记》卷五四《曹相国世家》，中华书局1959年版，第2031页。

朝接下来的历程中，儒学思想的发展形成了极具特色的两汉经学系统，而其中必须提及的是代表今文经学派的徐州人刘向、刘歆父子。

汉王朝的统治最终在来自上层与民间力量的双重打击下覆灭。其中，有一支最为重要的力量就是来自皇帝家乡徐州的张道陵所创立的“五斗米道”，又称“天师道”。尽管这一势力并没有取得政治上的胜利，但是却成为中国道教创立的标志。

另外，在中华文化的组成部分中，佛教作为重要的组成部分，其传入中国的确切时期被认为是东汉明帝时期。根据记载，汉光武帝刘秀之子楚王（都彭城）刘英，他“学为浮屠斋戒祭祀”①，供养了一批桑门（又称沙门，即和尚）和伊蒲塞（即居士）。汉明帝（刘英之兄刘庄）特下诏嘉奖，并派使者至天竺（今印度）求取佛经。使者抄回佛经四十二章，即《四十二章经》（辑录小乘佛教基本经典《阿含经》要点的“经抄”）。从此，外来僧人增多，兴建佛寺，佛教在社会上开始广泛传播。彭城则是佛教早期的重要传播中心，并诞生了有文字记载的中国最早的佛寺。

在汉文化视野中，儒、道、释从不同的角度出发，尊重人的生命、尊严、价值以及主体性。宋孝宗赵昚曾经概括为：“以佛治心，以道治身，以儒治世。”②儒家将人理解成一种社会意义上的人、道德意义上的人，认为只有成为一个具有健全的道德人格的人，才能够尊重他人、爱护他人、帮助他人，渗透着强烈的人道主义色彩。相对而言，道家关注人的肉体生命的存在，形成了极其丰富的养生智慧。佛教则从外在超越的世界出发，直窥生命的本质，以抚慰现世生活中颠倒梦想、欲罢不能的芸芸众生③。在漫长的历史进程中，它们相互吸收、相互利用，从而形成了儒家正统、道佛两翼的思想文化格局，为中华核心文化的形成奠定了坚实的基础。

① 范晔撰，李贤等注：《后汉书》卷四二《光武十王列传》，中华书局 1965 年版，第 1428 页。

② 王元化：《王元化集》第五卷《思辨录》，湖北教育出版社 2007 年版，第 372 页。

③ 胡可涛：《汉文化的价值与重建研究》，刘宗尧主编：《徐州两汉文化研究文集》下册，2019 年印，第 181 页。

第四节　徐州汉文化遗产

徐州地区是大汉王朝皇帝和众多开国元勋的家乡，是刘邦最信赖的少弟楚元王刘交的封国，是道教祖天师张道陵的故里，出现过著名的刘氏文化家族及西域和亲的解忧公主，产生了佛教的几个领先和脍炙人口的三国故事。可见，徐州有着十分丰富的汉文化遗产。

一、高祖还乡与丰沛故里

丰、沛县作为汉皇的生长之乡，至今流传着众多关于汉高祖刘邦的传说故事。这些传说已知的约有30多个，从刘邦出生、成长、起义直至成就帝业，在其人生的每一阶段都有着与之相关的故事，线索清晰，内涵丰富。这些传说的存在，或因书之于文献，或因依附于遗迹，更多的则是靠着千百年的口口相传。

刘邦丰生沛养，对故里的感情是很深的。他曾说："丰者，吾所生长，极不忘耳。""万岁之后，吾魂魄犹思沛。"[①]作为历史悠久的汉皇故里，丰沛一带留下了许多汉文化遗存，如丰县的中阳里、龙雾桥、枌榆社、马公书院、邀帝城、食城，沛县的泗水亭、歌风台、高祖原庙、樊巷、吕公墓、留城等，但多毁于战乱和水患。尤其是1851年黄河北大堤在蟠龙集决口，到1855年黄河北徙，使丰沛小平原地貌大变，黄沙几乎淤埋了所有名胜古迹。今存景点多为重建，象征意义大于文物意义，但从文化意义上仍然不失其传承价值和纪念价值，例如刘邦"试为吏"时之泗水亭和高祖还乡时所筑歌风台，即为典型纪念性建筑。

（一）泗水亭与《高祖泗水亭碑铭》

据《史记》卷八《高祖本纪》记载，刘邦不事家人生产作业，到了壮年，通过考核，才成为秦朝地方基层政权的一名小吏——泗水亭长，负

① 班固撰，颜师古注：《汉书》卷一下《高帝纪下》，中华书局1962年版，第74页。

责治安和征兵，处理地方上的民事纠纷。因此说，泗水亭长应该是刘邦事业的起点。

张守节《史记正义》引《括地志》云："泗水亭，在徐州沛县东一百步，有高祖庙也。"①清乾隆本《沛县志》引《水经注》云："县治南垞上东岸有泗水亭。汉高祖为泗水亭长，即此亭也。"②清同治本《徐州府志》引《地道记》载："沛有泗水亭，亭有高祖碑，班固为文。"

高祖泗水亭碑铭

班　固

皇皇圣汉，兆自沛丰。乾降著符，精感赤龙。承魁流裔，袭唐末风。寸天尺土，无俟斯亭。建号宣基，惟以沛公。扬威斩蛇，金精摧伤。涉关陵郊，系获秦王。应门造势，斗璧纳忠。天期乘祚，受爵汉中。勒陈东征，剟擒三秦。灵神威佑，洪沟是乘。汉军改歌，楚众易心。诛项讨羽，诸夏以康。陈张画策，萧勃翼终。出爵褒贤，裂土封功。炎火之德，弥光以明。源清流洁，本盛末荣。叙将十八，赞述股肱。休勋显祚，永永无疆。国宁家安，我君是升。根生叶茂，旧邑是仍。于皇旧亭，苗嗣是承。天之福佑，万年是兴。③

据考，"亭"在春秋战国时期，专指路道上间断设置的供旅客休息或观察了望用的公房。秦时，借"亭"字为"大率十里"的基层行政单位。而有顶无墙的园林之亭，则是后来的建筑物。班碑全文蕴含了许多历史信息，使后世得以从中了解汉高祖刘邦亡秦兴汉的伟大勋业。其中，尤其强调了"皇皇圣汉，兆自沛丰""源清流洁，本盛末荣""根生叶茂，旧邑是仍"，指出正是"源清流洁"的泗水、田肥土沃的沛县，才哺育了以刘邦为代表的大批汉初英杰，使其建立了中国历史上第一个稳定安宁、强大长久的封建王朝。

---

① 司马迁撰：《史记》卷八《高祖本纪》，中华书局1959年版，第343页。

② 李棠主修，田实发主纂：清乾隆《沛县志》卷一《舆地志·宫室》，清乾隆五年（1740年）刻本，第四十一页。

③ 吴世熊、朱忻主修，刘庠、方骏谟主纂：清同治《徐州府志》卷一八《古迹考下》，清同治十三年（1874年）刻本，第六页。

(二) 歌风台与新丰

沛县、沛人是刘邦事业奠基的支柱力量，他对沛地的感情自然非比寻常。汉高帝十二年(前 196 年)，高祖平定英布叛乱，还归过沛，与家乡故人父老子弟饮酒击筑，作《大风歌》。“歌风台”之名即源于此。

据清乾隆本《沛县志》载，歌风台“在今县治东南泗水北岸”。需要指出的是，台“先是在南岸”，由于历代水患频仍，于明成化年间“徙今地”，此后又历经多次重修，乾隆时所见之歌风台乃康熙二十五年(1686 年)知县梁文炳所重修①。

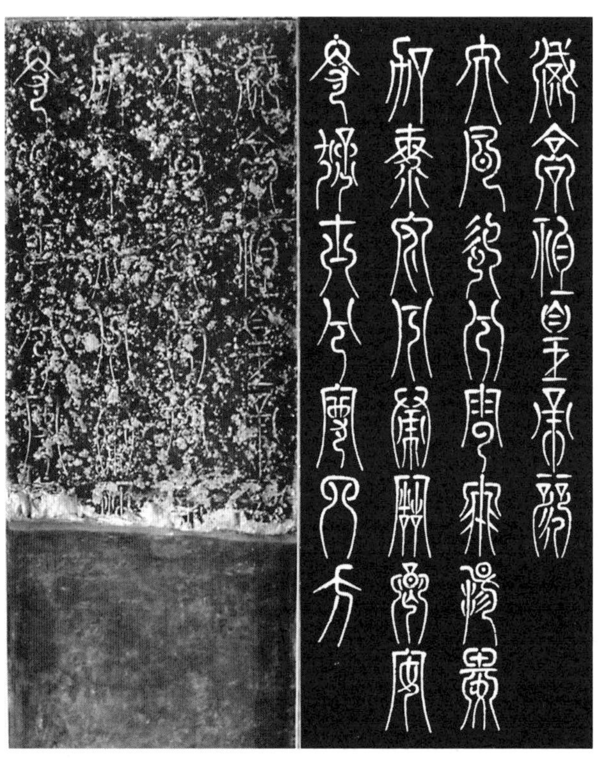

图 8-3　左:[东汉]蔡邕“大风歌碑”，右:孟昭俊摹本(沛县博物馆藏)

① 李棠主修，田实发主纂:清乾隆《沛县志》卷一《舆地志 · 台池》，清乾隆五年(1740 年)刻本，第四十三页。

而刘邦之父刘太公迁居长安后，并不习惯那种钟鸣鼎食的生活方式，思乡心切。汉高帝七年(前200年)，刘邦为解老父乡愁，仿家乡丰县格局在骊邑营建新丰镇，迁丰县旧邻入住，鸡犬皆识途，自归其户。刘邦和丰籍将相自然也少不得常回家看看，这也未尝不是一种思乡释怀的方式。高帝十年(前197年)，骊邑正式更名新丰县。通过新丰城的历史传说，可以看出丰沛文化对帝都长安产生的深远影响，也体现了刘邦等丰沛将相的这种乡土情结之厚重和项羽的江东情怀一样，说明先秦以来人们对地缘文化的热恋和执着。

在历史渊源上，古沛地区是东夷旧土、商宋故壤、齐楚新疆。到了西汉初期，随着血缘藩篱的拆散、地方分裂的消失，人们在文化心理上的隔阂也逐渐弱化，对核心价值观的认同感逐渐增强，全社会的文化心理亦渐趋一致，"华夏族便彻底完成到汉族的转型，汉民族的精神和文化传统也从此确立起来"①。新丰的营建是丰沛文化的输出，泗水亭和歌风台则实现了文化景观上的世代升华，本土的丰沛区域文化在孕育汉文化的过程中，经过刘邦等丰沛将相的打理，已全方位融入国家文化、民族文化之中。

二、五里三诸侯及开国三丞相

沛县安国镇汉街牌坊门柱上题有一副对联："紫气盈大道，曾养一帝三丞相；青云贯通衢，再造千杰万英豪。"上联的典故是指这片土地曾经哺养了皇帝刘邦、安国侯王陵、绛侯周勃、颍阴侯灌婴等，五华里方圆内的安国集、周田村和灌婴寺和目力所及距离的刘邦店是他们早年成长的地方。皇帝之伟毋庸赘述，而三位列侯还做过开国丞相，作为一个狭小的地区，高端人才如此密集，这在世界史上也是不多见的。

考察西汉初期的政治格局，不难发现，以刘邦为首的功臣集团大多出生在丰沛小平原，且出身低微。清代史学家赵翼称之为"布衣将相之

① 王辉：《古沛文化——汉文化精神的导源》，沛县汉文化研究会编：《沛县汉文化研究》，沛县报社印刷厂1999年印，第172页。

局”①。据《汉书·高惠高后文功臣表》，汉初列侯之籍贯多为刘邦早年活动频繁的丰沛地区。“讫(高帝)十二年(前195年)，侯者百四十有三人”，其中丰沛籍者23人，约占16%。又择其功劳显者，“作十八侯之位次”②，如下表：

表8-1 西汉初十八侯表

位次	封爵	姓名	籍贯	出处	备注
1	酂侯	萧何	沛	《汉书·萧何传》	
2	平阳侯	曹参	沛	《汉书·曹参传》	
3	宣平侯	张敖	大梁(今属河南开封)	《汉书·张耳传》《汉书·高惠高后文功臣表》	嗣父张耳为赵王，坐谋反，废王为侯
4	绛侯	周勃	沛	《汉书·周勃传》	
5	舞阳侯	樊哙	沛	《汉书·樊哙传》	
6	曲周侯	郦商	陈留高阳(今河南开封杞县)	《汉书·郦商传》	《汉书·高惠高后文功臣表》作“以将军起岐”
7	鲁侯	奚涓	沛	《汉书·高惠高后文功臣表》	
8	汝阴侯	夏侯婴	沛	《汉书·夏侯婴传》	
9	颍阴侯	灌婴	睢阳(今属河南商丘)	《汉书·灌婴传》	与安国侯王陵、绛侯周勃共称“五里三诸侯”，因其故居皆在今徐州沛县安国镇境内。绛侯周勃生于今周田村，安国侯王陵的府第在今安国集，颍阴侯灌婴的食邑在今灌婴村，三地成品字形，相距均五里，故称“五里三诸侯”
10	阳陵侯	傅宽	横阳(今属河南商丘)	《汉书·傅宽传》	

① 赵翼著，王树民校证:《廿二史札记校证》卷二《汉初布衣将相之局》，中华书局1984年版，第36页。
② 班固撰，颜师古注:《汉书》卷一六《高惠高后文功臣表》，中华书局1962年版，第527页。

续表

位次	封爵	姓名	籍贯	出处	备注
11	信武侯	靳歙	宛朐 (今属山东菏泽)	《汉书·靳歙传》	
12	安国侯	王陵	沛	《汉书·王陵传》	
13	棘浦侯	柴武	薛 (今属山东枣庄)	《汉书·高惠高后文功臣表》	《汉书·高惠高后文功臣表》作"陈武"
14	清河侯	王吸	丰	《汉书·高惠高后文功臣表》	
15	广平侯	薛欧	丰	《汉书·高惠高后文功臣表》	
16	汾阴侯	周昌	沛	《汉书·周昌传》	
17	阳都侯	丁复	薛 (今属山东枣庄)	《汉书·高惠高后文功臣表》	
18	曲成侯	虫达	砀 (今属河南永城)	《汉书·高惠高后文功臣表》	

由上表可知,汉初所封的十八功侯中,有 10 人出自丰沛地区,约占 55.6%;其余 8 人中,又有 6 人(灌婴、傅宽、靳歙、柴武、丁复、虫达)来自丰沛周边地区。这样算来,汉初的十八功侯将近九成都是丰沛及其周边地区之人,这个比例与后世的开国功臣相比是相当高的了。

不仅封爵者如此,汉初在朝中任高官的丰沛功臣集团成员更是如此。以高帝至文帝初期的三公为例(如表 8-2),首任丞相为萧何,刘邦临终遗言:萧何死,曹参、王陵、陈平依次接替①。且《汉书·高惠高后文功臣表》记载,直至文帝后元二年(前 162 年),担任丞相一职的仅陈平、张苍不是丰沛籍人,但二人均与丰沛功臣集团关系较密。太尉一职不常设,从文帝三年(前 177 年)省官,直至景帝三年(前 154 年)复官,"以中尉周亚夫为太尉"②,中元元年(前 149 年)又省官,此后省复无常,但所任卢绾、周勃、灌婴等人皆为丰沛功臣集团成员。首任御史大夫为周

① 参见班固撰、颜师古注《汉书》卷一《高帝纪下》,中华书局 1962 年版,第 79 页。

② 班固撰,颜师古注:《汉书》卷一九下《百官公卿表下》,中华书局 1962 年版,第 762 页。

苛，周苛死，其从弟周昌代；周昌迁赵王相，其属吏赵尧代；其后任敖、曹窋、张苍接任此职。周苛、周昌，沛人，曾为泗水卒史，是刘邦的老部下；任敖亦是沛人，“少为狱吏……素善高祖”①；曹窋为曹参之子，沛人；赵尧籍贯不明，但其为周昌属吏，又为周昌所荐，关系应不会很远。三公如此，朝中列将军、九卿中丰沛功臣集团所占的比例更是有过之而无不及。

表 8-2　西汉初期三公表(高帝至文帝时期)②

	丞相(相国)	太尉	御史大夫
高帝朝	萧何	卢绾	周苛
		周勃	周昌
			赵尧
惠帝朝	萧何	周勃	赵尧
	曹参		
	王陵(右)		
	陈平(左)		
高后朝	陈平(右)	周勃	任敖
	审食其(左)	灌婴	曹窋
			张苍
文帝朝	周勃(右)	灌婴	张苍
	陈平(左)	三年(前 177 年)，官省	围
	灌婴		冯敬
	张苍		申屠嘉
	申屠嘉		陶青

以丰沛籍成员为主构成的丰沛功臣集团是沛县起义的基本力量，他们以作战勇猛为刘邦势力集团树立了较高的威信，其“在反秦和楚汉战争中对整个刘邦军事集团起着凝聚作用，是刘邦集团势力的实力核

① 班固撰，颜师古注：《汉书》卷四二《张周赵任申屠传》，中华书局 1962 年版，第 2098 页。
② 参见班固撰、颜师古注：《汉书》卷一九下《百官公卿表下》，中华书局 1962 年版，第 745—760 页。

心”[1]。以平民出身的陈平、郦食其、郦商及韩贵族后裔张良、秦故御史张苍等一些有识之士为代表的归附集团，是刘邦为弥补军事力量的不足、化谋略为战斗力的产物，他们团结在刘邦及其丰沛集团周围，形成了一个相对稳定的军事谋略层。刘邦曾对项羽说：“吾宁斗智，不能斗力。”[2]这些文臣谋士的加入，补充和改变了刘邦势力集团单一武将的结构，是刘邦势力集团的智力基础。开国之初，他们亦多为朝廷所用，成为西汉政权的支撑力量。上述两个群体在灭秦战争和楚汉争霸的过程中，目标一致，利益趋同，在刘邦的驾驭之下，以丰沛功臣集团为主导，二者相互认同并逐渐交融，最终形成了更为强大的布衣将相集团。

丰沛布衣将相集团与刘邦乃至刘汉政权形成了互利共存、荣辱与共的关系，任何危害刘氏政权的企图均会受到他们的强烈反对。在刘邦铲除韩信、彭越等异姓王势力的过程中，布衣将相集团是主要策划者和执行者，沉重打击了地方分裂割据势力，为刚建立不久的西汉王朝加强中央集权作出了重要贡献。之后他们与刘氏订立了“非刘氏而王，天下共击之”[3]的白马之盟。刘邦死后，吕后擅权，专封诸吕为王，功臣侯集团成员多持敷衍了事、不合作乃至反对的态度。吕后一死，他们便联合刘氏皇族，尽诛诸吕，复立刘氏，迎立代王刘恒于长安，以极其强硬的手段维护了他们与刘汉政权生死相依的关系。

此外，汉初的“布衣将相”提出的治国指导思想、方针和纲领，扭转了秦末以来长期战争导致的经济衰败、民生凋敝的局面，迅速恢复和发展了汉初的社会经济，推动了社会生产力的发展，使汉初安定统一的政治局面维持了长达70年之久，直接为汉武帝时期的空前富强和统一奠定了雄厚的经济基础，并间接地为西汉儒学的发展繁荣和道教的兴盛提供了物质保障。

汉初“布衣将相”局面的形成，反映了汉文化勇于首创、敢为人先的拼搏精神，它打破了传统贵族政治的世官定式，具有重要的历史意义。

---

① 夏增民：《刘邦与其功臣集团关系论析》，《南都学坛（哲学社会科学版）》1998年第1期，第1页。
② 司马迁撰：《史记》卷七《项羽本纪》，中华书局1959年版，第328页。
③ 司马迁撰：《史记》卷九《吕太后本纪》，中华书局1959年版，第400页。

三、楚都与经学、文学、佛学中心

西汉楚王宫位于彭城，是在项羽西楚王朝故宫的基础上兴建的，也是其后历代徐州军政衙门的驻地。

（一）西汉楚王宫地望

公元前206年，项羽灭秦后自立为西楚霸王，定都彭城，在这个城市中心建了西楚王宫。项羽在彭城建都共5年。

西汉初，刘交封王立国，营建彭城城垣，重整街区路道，并修缮项羽西楚故宫，建为汉楚王宫。西汉楚王宫形制规模已不可考，但从出土的文物判断，有功能各异的宫室、御府、武库和永巷等组成，是历代楚王、彭城王办公和生活的地方。经过历代楚王的营建，规模形制应超过西楚故宫。日后，楚王宫又成为历代地方衙门，留下韩愈、白居易、李商隐、文天祥等众多名人的足迹。苏轼为徐州知州时，拆除霸王厅建黄楼，知州衙署亦因有苏姑传说和逍遥堂风流而名满天下。明代，人们怀念楚汉雄风，在这衙门里的中轴线上建设了霸王楼。清代亦多次重修。由此可见，西楚故宫、西汉楚王宫片区是徐州城市文化遗址的高档区和密集区。霸王楼和彭祖楼、燕子楼、黄楼、奎楼号称徐州五大名楼，曾经是徐州的地标建筑，见证着徐州悠久的历史。

考古学证明，徐州城有4000多年人类不间断的居住史，有文字记载近2600年未移动的建城史。楚王宫城市片区位于城市中轴线地核心区段，一直是古代徐州的政治中心和文化高地。这种现象之悠久，形制之定规，积累之厚重，传承之有序，已成为中国城市发展史上的一个典型案例。从共性关系层面上，它符合中国古代城市构建的基本要素和总体格局；从个性层面上，它不仅是山川形胜、交通枢纽等自然环境优越性使然，更是淮海中心、人文荟萃的长期稳定性使然。

（二）刘交诗礼家族及儒学世系传承

西汉时期，楚都是在全国有重要影响的学术中心。汉高帝六年（前201

年)，刘邦封其弟刘交为楚王，都彭城。汉初所封同姓藩王中，楚元王刘交因其特殊的身份、早年的经历及为开国所作的贡献，楚国在汉初诸藩国中可谓大藩、强藩。楚元王刘交不仅在政治上为西汉王朝的建立立下了汗马功劳，其在文化上为西汉楚国经学乃至儒学研究的繁荣更是作出了不可磨灭的贡献。这主要表现在两个方面：一是在楚都创建了一个以经学传授为中心的学术群体；二是开创了一个几乎与西汉政权相始终的儒学世家。

楚元王刘交对儒学的态度也深深地影响和改变了这个家族的命运。元王之后，刘富、刘辟彊、刘德三代苦心经营，继承并发展了楚元王家族的学术传统。至于刘向、刘歆父子，更是将这一家族的学术传统和文化造诣推向了前所未有的高度。他们将诸子百家与儒学相结合，并应用于政治文化领域，对西汉的政治、学术、文化、文学、天文历算乃至中国古代的学术、文化均产生了重要的影响。

具体而言，刘交十分注重对子嗣学习《诗经》兴趣的培养，曾遣子郢(客)与申公赴长安学《诗》于浮丘伯。在他的影响下，形成了“诸子皆读《诗》”[①]的家风，并且代代相传。这个儒学世家的文化世系传承情况如下表：

表 8-3　楚元王儒学世家文化世系传承表[②]

代别	代表人物	身份	汉封爵	汉官职	主要生活时期	备注
1	刘交	高祖弟	文信君、楚元王		高、惠、高后	
2	刘郢(客)	交子	上邳侯、楚夷王	宗正	高后、文	
3	刘辟彊	富子		宗正	景、武、昭	
4	刘德	辟彊子	关内侯、阳城侯	宗正、太常	武、昭、宣	《汉书·艺文志》作“阳成侯”
5	刘向	德子		宗正、光禄大夫、中垒校尉	宣、元、成	
6	刘歆	向子		中垒校尉、骑都尉、光禄大夫	成、哀、平、新莽	新莽“国师”

① 班固撰，颜师古注：《汉书》卷三六《楚元王传》，中华书局 1962 年版，第 1922 页。

② 参见班固撰、颜师古注：《汉书》卷三六《楚元王传》，中华书局 1962 年版。

刘郢(客),刘交之子,高后时奉父命同申公赴长安学《诗》于浮丘伯。文帝元年(前 179 年),他嗣为夷王,切实承袭了元王崇儒好《诗》、儒学传家的家风。

刘辟彊,刘交四子刘富之子,才华出众,“好读《诗》,能属文”[①],《汉书·艺文志》载其“赋八篇”[②]。他有辩才,“武帝时,以宗室子随二千石论议,冠诸宗室”。不同于父祖的是,刘辟彊同时受道家思想影响,“清静少欲,常以书自娱,不肯仕”,直至 80 岁才出仕昭帝朝,官拜“光禄大夫,守长乐卫尉”,后徙宗正[③]。

刘德,字路叔,刘辟彊之子,史载其“有智略。少时数言事,召见甘泉宫,武帝谓之‘千里驹’”。他受道家思想的影响较其父刘辟彊更深,但他又兼有儒家的一面,“宽厚,好施生,每行京兆尹事,多所平反罪人。家产过百万,则以振昆弟宾客食饮,曰:‘富,民之怨也。’”[④]

刘向,刘德之子,通经,曾被汉宣帝征召受“《穀梁》,讲论《五经》于石渠”[⑤],著述有《五经杂义》《五经通义》《五经要义》《周易系辞》《春秋穀梁说》《尚书洪范五行传论》《刘向谶》《孟子注》《说老子》《天问解》等。他还有许多散体文章,其中最著名的是《列女传》《新序》和《说苑》。三书大量引用《诗经》作品,其中,《列女传》引《诗》119 则,《新序》引《诗》41 则,《说苑》引《诗》61 则[⑥],这既说明了刘向对《诗经》的娴熟,也体现了楚元王世家好《诗》之传统家风的延续。刘向很好地继承了元王世家崇儒守正的传统,“为人简易无威仪,廉靖乐道,不交接世俗,专积思于经术,昼诵书传”,同时又一改家族远离现实政治斗争的风尚,热衷政事,元、成时期多上书言事,“常显讼宗室,讥刺王氏及在位大臣,其言多痛切,发于至诚”[⑦],也因此两次免官下狱。刘向在汉代文化史、学术史上具有重要的贡献和崇高的地位。

---

① 班固撰,颜师古注:《汉书》卷三六《楚元王传》,中华书局 1962 年版,第 1926 页。

② 班固撰,颜师古注:《汉书》卷三〇《艺文志》,中华书局 1962 年版,第 1749 页。

③ 班固撰,颜师古注:《汉书》卷三六《楚元王传》,中华书局 1962 年版,第 1926 页。

④ 班固撰,颜师古注:《汉书》卷三六《楚元王传》,中华书局 1962 年版,第 1927、1928 页。

⑤ 班固撰,颜师古注:《汉书》卷三六《楚元王传》,中华书局 1962 年版,第 1929 页。

⑥ 参见马荣江《“元王诗”考索》,《东南文化》2009 年第 6 期,第 121 页。

⑦ 班固撰,颜师古注:《汉书》卷三六《楚元王传》,中华书局 1962 年版,第 1963、1966 页。

刘向三子，“皆好学：长子伋，以《易》教授，官至郡守；中子赐，九卿丞，早卒；少子歆，最知名。”刘歆（前50—23），字子骏，后改名秀，字颖叔，继承了楚元王世家好儒的传统风尚，少时即以“通《诗》《书》，能属文”而被成帝召见[①]。哀帝时，因不满五经博士的功利主义学风而“欲建立《左氏春秋》及《毛诗》《逸礼》《古文尚书》皆列于学官”[②]。作为杰出的目录学家，刘歆与同为杰出目录学家的父亲刘向曾受诏一同“领校秘书”，整理了先秦西汉时期大量的儒家经典，并分别编入《七略》和《别录》，从而建立了一套系统的儒家学术体系。通过对这些古文经的研习，刘歆摒弃了自董仲舒以来今文经学家解释经书时惯用的微言大义的方法，重视训诂，打破了今文经学在汉代的垄断地位，开启了古文经学的时代，将西汉的儒学研究推到了一个新的学术高度。刘歆不仅是古文经学的继承者，还曾与父亲刘向编订《山海经》。他兴趣广泛，除儒学研究外，诸子、诗赋、数术、方技，无所不究，在校勘学、天文历法学、史学、诗等方面都堪称大家。

史料记载，刘向死后葬城北汴水之阳，后因水墓地多次迁徙，终移骨城北九里山。戴延之《西征记》曰：“彭城……其城北三里有刘向墓。”[③]苏轼《与杨元素二首》：“（徐州）城北有刘子政墓，昔欲为起一祠堂，以水大不果。”[④]刘向的74代传人刘志昌说，徐州刘向的后裔，是因为奉命在刘向墓地守陵而繁衍至今。刘向墓的位置，据民国本《铜山县志》记载，原在“在城西北二里演武场南，墓侧旧有祠”[⑤]，因黄河改道南徙，圮于水，后迁到陡山口南，即位于九里山刘窝村后的山上。如今九里山的刘向墓，位于山坡上一片平台，有一座檐角高翘的亭子，原墓碑立于亭子内，碑阳为“先贤中垒校尉刘向之墓”，碑阴上额题为“楚元王宗刘氏墓表”，为明嘉靖十二年（1533年）楚元王宗五十九世孙刘景庸重立。2001年，九里区政府在原址东重建了碑亭加以保护。近年来，

① 班固撰，颜师古注：《汉书》卷三六《楚元王传》，中华书局1962年版，第1966、1967页。
② 班固撰，颜师古注：《汉书》卷三六《楚元王传》，中华书局1962年版，第1967页。
③ 李昉编纂，任明、朱瑞平、李建国校点：《太平御览》第5卷，河北教育出版社1994年版，第421页。
④ 苏轼著，李之亮笺注：《苏轼文集编年笺注　诗词附》第7册，巴蜀书社2011年版，第291页。
⑤ 余家谟主修、王嘉诜等主纂：民国《铜山县志》卷一九《古迹考下》，1919年刻本，第十六页。

有多批海外刘交、刘向后裔寻根问祖，到彭城朝宗祭祀。

四、彭城女儿解忧公主

和亲是中国古代民族关系史的重要内容之一，也是我国历代最高统治者对周边民族的主要政策之一。和亲的主体——和亲公主是联结中原汉民族政权与周边民族政权的纽带，其在维持民族关系上发挥着极其重要的作用。

西汉初立，在与强大的北方游牧民族——匈奴势力的对抗中处于不利地位。为了维护边境的和平，弥补军事的不足，以保持对抗的均势，刘敬首先提出以汉家之嫡公主出嫁匈奴单于的和亲政策，其政治目的便是使匈奴单于与西汉皇室产生血缘关系，以此同化匈奴①。但由于高后的阻挠，由其他宗室女代替了嫡公主和亲匈奴。惠、文、景时期延续了刘敬的这项和亲政策。武帝时，由于国力渐强以及统治思想的转变，汉武帝决定彻底铲除匈奴隐患，由和亲安抚改为武力进攻。为了拉拢西域诸国，武帝决定和亲乌孙以共同对付匈奴。

早在元封年间(前 110—前 105)，武帝即遣江都王刘建之女刘细君为公主，和亲乌孙，这也是第一位与乌孙和亲的汉朝公主。但由于不习惯乌孙的自然环境气候、游牧生活习惯，加之昆莫年老，言语不通，刘细君整日悲愁，思念故国，数年之后便郁郁而终了。在这样的背景下，解忧公主便被推向了历史的舞台。

解忧公主，姓刘氏，名解忧，彭城人，祖父为楚元王刘交之孙、第三代楚王刘戊。汉景帝前元三年(前 154 年)春，刘戊起兵参与同姓诸侯王的叛乱，史称“七国之乱”，后兵败自杀。太初四年(前 101 年)前后，作为罪臣之后的刘解忧，被汉武帝诏其为公主，和亲乌孙，续配昆莫之孙军须靡。与刘细君不同的是，刘解忧不仅能够很好地适应并融入乌孙统治集团之中，而且对汉王朝宫廷内部关系亦较常人有更深切的了解和把握。其和亲，虽是一种政治行为，但在客观上，却达到了联姻双

① 参见司马迁撰《史记》卷九九《刘敬列传》，中华书局 1959 年版，第 2719 页。

方的政治目的，加强了西汉王朝与乌孙的经济文化联系，对西汉王朝边境之安全以及汉文化在西域的传播和发展，都具有重要的推动作用。

第一，加强了西汉与乌孙的友好关系，促进了汉族与少数民族之间的团结与融合，推动了我国统一多民族国家的形成与巩固。解忧公主长子元贵靡为乌孙大昆莫，次子万年为莎车王，三子大乐为乌孙左将军，长女弟史为龟兹王绛宾之妻，幼女素光为若呼翎侯之妻。凭借着和亲所产生的血缘、亲缘关系，西汉政权与乌孙乃至西域各国的联系日益密切，对其的控制也逐步加强。元康元年（前65年），龟兹王与夫人弟史皆入朝，宣帝“赐以车骑旗鼓，歌吹数十人，绮绣杂缯琦珍凡数千万”，且称弟史为公主。弟史嫁给龟兹王，不仅是乌孙与龟兹的和亲，从血缘关系的角度来讲，也是汉外孙女与龟兹的和亲。“绛宾死，其子丞德自谓汉外孙”①。宣帝神爵三年（前59年）西域都护的建立，使得西域正式纳入统一的西汉王朝版图，扩大了西汉政权的势力范围和影响，为统一多民族国家的形成和巩固奠定了坚实的基础。

第二，推动了中原汉族地区的经济、技术、科学甚至制度、文化向乌孙乃至西域地区的输送和传播。解忧公主和亲乌孙为丝绸之路的进一步打开扫除了障碍，促进了汉与西域的经济交流。和亲使团带去的能工巧匠、乐队、卫士、裁缝、侍从等②，使得中原的汉文化及先进技术也随之流入西域。解忧公主和亲乌孙之后，为了加强乌孙与汉的友好关系，常遣子女赴汉学习汉人的文化。宣帝地节年间，遣长女弟史“至京师学鼓琴”，这是汉文化中礼乐制度文化的输出。弟史将中原汉文化带入乌孙，作为龟兹王后，她亦会在龟兹传播汉文化。龟兹王绛宾与其“数来朝贺，乐汉衣服制度，归其国，治宫室，作徼道周卫，出入传呼，撞钟鼓，如汉家仪”③。龟兹心悦汉家文化制度，并效仿汉礼仪、建宫室等，这对龟兹的建筑风格必然会产生影响。西汉时，龟兹都城延城的建造不仅有汉朝的痕迹，还在遗址中发掘出了一枚五铢钱④。元帝时，陈汤向皇

① 班固撰，颜师古注：《汉书》卷九六下《西域传下》，中华书局1962年版，第3916、3917页。
② 参见俞明《细君、解忧公主和亲述论》，《江苏社会科学》2003年第5期，第143页。
③ 班固撰，颜师古注：《汉书》卷九六下《西域传下》，中华书局1962年版，第3916、3916—3917页。
④ 参见黄文弼《略述龟兹都城问题》，《文物》1962年第Z2期，第18页。

帝陈述攻打乌孙兵的可行性时，认为“此必无可忧”。之前“胡兵五而当汉兵一”是因其“兵刃朴钝，弓弩不利。今闻颇得汉巧，然犹三而当一”①。乌孙冶铁技术落后，但后因“颇得汉巧”，军器得以改进，军队的战斗力亦有所提升，这不得不说是中原汉文化所带来的变化。

总之，解忧公主在乌孙的时间长达50年之久，不仅在政治舞台上发挥了积极的作用，为促进乌孙经济的发展、推动汉乌友好关系的稳定和巩固、传播优秀的汉文化亦作出了十分重要的贡献，还扩大了西汉对西域诸国的政治影响，使汉文化乃至汉文明给乌孙带来了巨大冲击，加速了其社会形态从奴隶制社会向封建制社会的转型。甘露三年（前51年），解忧公主“年且七十”，上书汉宣帝“愿得归骸骨，葬汉地”②，回到了长安，并于两年后即黄龙元年（前49年）去世。

综观解忧公主一生，为大局能忍常人所不忍之恶俗，为国家能立常人所不及之奇功，颇有丈夫气概，堪为女中豪杰。彭城女儿解忧公主是徐州人的骄傲，受到历代徐州人民的敬仰。

五、关羽、华佗在徐州

东汉末年，徐州地区军阀混战，生灵涂炭。关老爷和华祖爷在徐州真假混搭的故事确实是经久不衰，蔚为文化大观。

刘备领徐州牧迁州治于下邳后不久，即先后遭曹操、吕布、袁术的攻击。建安五年（200年）刘备战败，与张飞失散，仅剩关羽驻守下邳城。曹操用刘备的降卒混进下邳城做内应，并令夏侯惇挑战。关羽出城与夏侯惇大战，却被徐晃和许褚截断退路。关羽在土山进退两难之际，曹操令关羽的朋友张辽前去劝降。关羽为了保护嫂子，预约三事，虚作答应。曹操厚待关羽，并赠予吕布的赤兔马。其后，《三国演义》便添枝加叶，演义出千里走单骑、身在曹营心在汉、过五关斩六将、封金挂印、古城相会等情节。关羽的有情有义感动后世，不断被追捧，直至奉

① 班固撰，颜师古注：《汉书》卷七〇《陈汤传》，中华书局1962年版，第3023页。
② 班固撰，颜师古注：《汉书》卷九六下《西域传下》，中华书局1962年版，第3908页。

若神明，为“武圣”和“财神”。成为“武圣”的关公是典范后世、培育中华民族英雄主义、爱国主义的文化源泉；成为“财神”的关公则是保佑老百姓丰衣足食、财源广进的精神寄托。

全国各地关帝庙甚多，其中徐州市邳州境内土山镇的关帝庙颇有特色。庙里塑有两匹战马，一匹是关羽白色的原坐骑，另一匹是曹操赠予的号称中国古代四大名马的原吕布坐骑赤兔马。在土山顶有马迹亭，从这里原来可以看到下邳城。下邳城南门叫白门，是吕布被捕的地方。

土山实为青石山，因地震洪水被矮化。土山镇距邳州市区约 15 千米，其所在的小镇因山而得名。据邳州旧志记载，三国时土山高约 30 余丈，站在山顶，可以望到下邳古城。文学名著《三国演义》第二十五回“屯土山关公约三事”使土山镇驰名中外。明朝天顺三年（1460 年）这里建成关帝庙，农历五月十三关公“祭日”为庙会会期，从此祭拜的习俗逐渐形成。清朝雍正三年（1725 年），关帝庙重修，又因五月天气炎热多雨，当地的绅士、名流和商家们在其修庙的同时，将原农历五月十三的祭日改为农历九月十三日。清朝光绪二十三年（1906 年），将这一天的公祭日改为庙会日。民国时期，邳州四大古镇的庙会相继举行，使土山关帝庙会的知名度和影响力更大，影响全国。2007 年，邳州土山关帝庙会被列入邳州第一批非物质文化遗产保护项目名录。

与土山遥相呼应的汉文化景点还有沛县纪念吕布息战的射戟台和分布徐州城乡各处纪念华佗的华祖庙。射戟台毁于黄河泛滥，深埋于地下。而华祖庙世代香火繁盛，享祭不绝。

华佗（约 145—208），字元化，一名旉，沛国谯县（今安徽亳州）人，东汉末年著名的医学家，与董奉、张仲景并称为“建安三神医”。他年轻时来到徐州访师求学，立志悬壶济世，带领彭城的樊阿、广陵的吴普等几个徒弟，以徐州为中心行医四方，足迹遍及江苏、安徽、山东、河南等地，治好了无数病人，控制了流行疫情，深受老百姓的爱戴。他创立五禽戏和发明麻沸散，对我国医学发展作出了重大贡献，被后人称为外科鼻祖，位列中国古代四大名医之一。

华佗的家乡不在徐州，然而他长期在徐州行医。彭城人樊阿

(164—272)拜华佗为师,长期跟随行医。据《三国志·魏书·方技传》记述,樊阿向华佗求取对人体有益的药方,华佗传授给他“漆叶青黏散”①。漆叶的粉末一升,青黏的粉末十四两,按这个比例熬制服用可以打掉三种寄生虫(蛔虫、赤虫、蛲虫),对五脏有利,使身体轻便,使人的头发不会变白。樊阿遵照他的话去做,活到100多岁。漆叶和青黏在丰、沛、彭城、邳州一带到处都有生长。可见,由于华佗在徐州一带长期行医,对徐州地产药材非常熟悉。徐州城内建有4座华祖庙,应该是全国华佗庙最多的城市。现今徐州中医院正院中间铸有华佗铜像,其他县城亦有多处华佗纪念建筑,向后人诉说着当年感天动地的故事。

在汉文化国际传播研究领域,有学者研究考察发现,以中国传统医药为载体,通过气血循环理论、中医药医疗体验、宣传阴阳五行相生相克等宣传中国哲学和中国文化,有时比直接说教效果要好得多。因此,弘扬华佗精神,在人们普遍追求健康长寿的国际格局下,有利于传承、传播中华文明。

第五节　汉文化的历史贡献

发端于江苏北部的区域文化经过汉王朝的统理,演进发展为民族文化、国家文化以后,其所作的历史贡献是非常巨大的。

其一,在人文思想方面,汉朝文化奠定了儒家正统、道佛两翼三足鼎立的意识形态基础。汉初,承大乱之后,朝野上下人心思静,要求社会安定,以休养生息。因而,黄老的清净无为思想得以滋长,以致大行于世,出现了为史学界所称道的“文景之治”。到了汉武帝,取董仲舒等人之说,罢黜百家,表彰六经,置五经博士,传述儒家经典,于是儒家思想得以大行于世。儒学在汉代由于特定的政治气候一跃而至“独尊”地位,及至古文经学的出现,使汉儒研经之风大变,形成了“汉学”。汉学

① 陈寿撰,裴松之注:《三国志》卷二九《魏书·方技传》,中华书局1982年版,第804页。

的中心是经学。这种“中心”地位和由此而形成的儒家思想在思想政治领域的统治地位，贯穿了我国整个封建社会。东汉时，佛家思想传入，徐州同样是繁盛地区之一。史书上记载最早的一条佛事，就是楚王刘英好佛；其他如下邳相笮融大建浮屠寺，中国第一位比丘尼是徐州人，第一部佛典目录学著作的作者是徐州人僧佑，以及后来北魏时期徐州高僧北上讲学而使佛学逐渐汉化，都说明江苏北部在人文思想领域是非常活跃的地区。

其二，在政治体制方面，汉代率先打破王侯有种的俗论，为后代君王起到借鉴作用。魏文帝曹丕曰：“昔高祖脱衣以衣韩信、光武解绶以带李忠，诚皆人主当时贵敬功劳勤心之至也。”[①]晋武帝司马炎、北周武帝宇文邕、隋文帝杨坚、唐太宗李世民、明太祖朱元璋，一方面敬佩汉高祖任贤与纳谏的德行，另一方面警诫自己勿杀功臣，要注意君臣相酬之道。清乾隆皇帝御批《纲鉴》则褒贬楚汉人物，点评楚汉得失有近 20 处之多。毛泽东对刘邦、项羽研究最多，他说：“项王非政治家，汉王则为一位高明的政治家。”[②]汉高祖得天下“一是刘邦实行的政策比较符合历史潮流，得到人民拥护；二是刘邦有一条正确的作战方针；三是用人政策正确”[③]。其他诸如历代宰辅、诗人、作家对刘项的研究评价更是数不胜数。

著名史学家顾颉刚说：“汉高祖以平民登帝位……开创了一个古今未有的局面这是无疑的。”[④]钱穆亦说：“汉高祖代表着中国史上第一个平民为天子的统一政府之开始。汉武帝代表着中国史上第一个文治的统一政府即士治或贤治的统一政府之开始。……秦国统一，只是旧局面转换到新局面之最后一步骤，必待汉高祖以纯粹平民为天子，始是正式的新时代之开始。”[⑤]二位学者评价甚为恰当，足见汉文化对中国历史

① 曹丕：《与于禁诏》，李昉等撰：《太平御览》卷六九一《章服部八》，中华书局 1960 年版，第 3085 页。

② 盛巽昌：《毛泽东论中国历史人物——从轩辕黄帝到孙中山》上册，上海书店出版社 2018 年版，第 126 页。

③ 李家骥：《我做毛泽东卫士十三年》，中央文献出版社 1998 年版，第 227 页。

④ 顾颉刚：《五德终始说下的政治和历史》，顾颉刚：《古史辨自序》下册，商务印书馆 2011 年版，第 548 页。

⑤ 钱穆：《中国文化史导论》，三联书店 1988 年版，第 77 页。

政治的巨大影响。

其三，在军事哲学方面，反抗暴秦与楚汉相争给历史留下了许多典型的范例，尤其是心理战术的成功运用，极大地丰富了战争智慧的宝库。这方面事实与传说，中国人都非常熟悉。张良在下邳圯桥拾履，得黄石公传授兵书，因而足智多谋，能运筹帷幄，决胜千里。在垓下决战的关键时刻，张良运用心理战术，教士兵夜唱楚歌。楚歌四起之时，江东子弟思乡油然，军心涣散，不战自垮。项羽斩宋义，以五万之众渡河与章邯二十万身经百战的精锐之师决战，渡河后，破釜沉舟，以死相拼，靠的也是心理因素。韩信明修栈道，暗度陈仓，利用的是敌人疏于心理防范，而背水一战则是公然表明后退是没有活路的，客观上造成克敌制胜的心理优势。再如沛公避实就虚，礼遇降将；先入关中，约法三章；鸿门宴上服软就小，打的也是心理牌。至于陈平屡出怪招奇计，更是心理战术的灵活运用。

秦汉之际在军事哲学方面的内容是楚汉文化在战争中的反映，它升华了指挥艺术，从心理角度增加了战争智慧。至今我国仍然十分流行的象棋，就是以“楚汉相争”为文化背景，以“楚河汉界”为敌我界线的一种以心理活动为主的斗智型的娱乐活动，可见汉文化的影响经久不衰。

其四，在语言文学方面，汉代是中国文化史上一个闪光的节点，留下了许多永恒的非物质文化遗产。例如成语“破釜沉舟”“暗度陈仓”“衣锦还乡”“富贵不还乡，如锦衣夜行”“约法三章”“项庄舞剑，意在沛公”“兔死狗烹，鸟尽弓藏”“季布一诺”“十面埋伏”“四面楚歌”“魂归故里”等，简洁明了，信息量大，表达丰富准确，有广泛的普及率和极强的生命力。

汉代的赋体散文，章华辞丽，气势恢宏，在文学史上创造了一个不可企及的历史范本。乐府诗歌体察民风，承前启后，是中国诗歌发展史上的一个高峰。还有民间文学包括神话、传说、故事、歌谣，不仅有关上古的内容得到传承和整理，有关汉文化的内容亦十分丰富，诸如刘邦出世、樊哙与狗肉、张子房铁箫散楚、韩信九里山布阵、项羽与乌骓马、戚夫人的传说、虞姬与美人巷等，不胜枚举。可以说，西楚两汉时期的每一个重要人物、每一处重要地点和每一个重要事件，几乎都有人民群众绘声绘色、根据自己的好恶添油加醋的编创。这些内容表现手法多样，传奇色彩浓重，主题思想包含对后人的历史教育、道德培养、文化熏陶和乡土感情的培育。尽管它有虚幻成分，有粗俗现象，有娱乐因素，但在资治、存史、教化过程中的作用是很大的。

其五，在艺术创作方面，舞台艺术上的戏曲题材中亦有大量的楚汉内容，经典之作悲剧有《霸王别姬》、喜剧有《高祖还乡》、正剧则有《追韩信》《斩韩信》《鸿门宴》等。这些题材扣人心弦，启人思索，再经表演艺术大师们发挥创造，几乎成了中国戏曲舞台上的常青树。绘画与雕刻艺术方面，最典型的是汉画像石和壁画。在没有影像传媒技术的时代，汉画像石和壁画以写真的手法，表现神仙世界、社会生活、生产劳动场景等，具有很高的文物价值、科学价值和艺术价值。还有，汉文化继承发展了炎黄先祖的图腾文化，将龙凤形象人格化，形成中国人的精神支柱和文化象征。马王堆汉墓帛画上引导亡灵、镇邪驱魅的四龙四凤等，都表现了龙凤文化的源远流长和特殊功能。汉代学者编造刘邦的母亲泽坡遇龙受孕生了汉高祖这个“龙种”，从此以后的历代封建帝王，无不将自己饰说成“真龙天子”；王侯将相乃至寻常百姓，无不用龙凤之祥祈福于家。悠悠数千年，至今不衰，足见龙凤文化在中华民族的心灵上占有何等重要的地位。

图 8－4　东汉黄山垄壁画墓摹本（选自陈钊主编《徐州考古资料集成 1953—1985 年》）

其他诸如在天文、地理、医药、体育、造纸等许多方面，汉文化的历史贡献也是十分巨大的，此不一一赘述。而在传统教育方面，汉文化在民族凝聚、精神激励和价值整合等人文素质提升层面发展了存史、教化的功能。随着时代的发展，曾经发挥过主导作用的汉文化已融入全民文化之中，但楚风汉韵并没有从淮海大地上消亡，有情有义、不屈不挠，被具有英雄主义特征的苏北人民世世代代继承下来，历朝历代出了不少英雄豪杰。在日后的抗击外来侵略和反抗残暴统治中，徐州人民始终以敢于斗争、善于斗争而闻名国内外，谱写了一曲曲英雄壮歌。在日后的抗击自然灾害、重整大好河山劳动中，徐州人民也始终表现出“气吞万里如虎”的豪迈激情，使得黄河、淮河安然顺畅，造福家乡。

在徐州，汉文化遗产得到有效的保护，徐州汉楚王墓群被列为全国重点文物保护单位。汉代徐州地区共有十八代刘姓楚王、彭城王，东汉时还曾析置下邳国，传四王，合计境内应有 22 座王陵。现已发现并保护的有狮子山楚王墓、龟山楚王墓、土山汉墓等 10 处。西汉楚王陵因山为陵，斩山为椁，宏伟壮丽；东汉土山汉墓垒石为室，规模宏大，结构复杂，体现了汉代建筑艺术的高超。狮子山楚王陵出土的 200 多件玉器，其工艺之奇巧，反映了当时治玉水平之高；出土的金缕玉衣为我国玉质最好、片数最多、时代最早、制作最精的帝王级寿衣，现经修复，在徐州博物馆“天工汉玉”厅展出；出土的兵马俑，是我国继秦始皇兵马俑和杨家湾兵马俑后又一陪葬的军队俑，品种之全，品级之高，令人叹为观止。

在徐州，汉文化研究亦很好地得到开展。文博界出版了《大汉楚王》《古彭遗珍》《徐州汉画像石》《徐州考古资料集成》等图录、资料，以及一批考古发掘报告。地方高校出版了《汉代武术》《汉画像的象征世界》《器物图像与汉代信仰》《新汉学的学术再造》《汉文化论丛》等著作和文集。徐州市两汉文化研究会还连续出版《两汉文化研究》论文集。地方文化学者亦编写出版了许多汉文化科普读物，发表了大量的汉文化研究文章，推动了汉文化研究的广泛开展，活跃了社会传承汉文化的气氛。

然而，由于汉文化的博大精深，汉文化的起源、定义、范畴、特征、影响、保护与传承、开发与利用的研究尚显不足，许多概念有待界定，徐州地区汉文化的历史地位亦有待确认。我们认为，文化具有时代性、地域性特点，更具有超时代性、超地域性特点。汉文化具有内在的主体性、系统性和开放性，在建设新世界、新文化中必然具有超强的生命力。

第九章　军事文化

徐州自古为兵家必争之地，历史上曾经发生过多次战争。战争本身并非是文化，文化亦并非是战争的本质属性，但某一个特定区域如果出现频繁战事，必定会影响当地的历史变迁、地域品格和民风民情，从而形成独特的军事文化。本章通过分析徐州的军事战略地位，着重围绕徐州历史上发生的经典战事以及从徐州走出去的军事人才，阐述徐州军事文化的特点和影响，为构筑坚如磐石的“精神长城”提供启迪。

第一节　徐州的军事战略地位

《孙子兵法》云：“夫地形者，兵之助也。”①地理环境历来就受到军事家的重视。军事活动一方面改造着地理环境，另一方面又受地理环境及其诸多要素的制约和影响。徐州地处南北扼要，城市周围稳定的山、水环境造就了徐州易守难攻、水运便利的天然优势。这里物产丰富，兵精粮足，成为千古兵家必争之地。即便到了无险可守的近代，其军事战略地位依然如故，经常有重兵把守，并设立相当高级的军事指挥机关。

---

① 陈曦译注：《孙子兵法》，中华书局 2011 年版，第 183 页。

一、地理形胜——兵家必争之地

徐州位于黄淮腹地，地处关洛（传统政治中心）、幽燕（北方政治中心）、江南（全国财赋重心）三个重要地区的连接部，被称为“北国锁钥”“南国藩篱”。在南方军事家眼里，占领徐州，就拥有打开北方大门的一把钥匙；而在北方军事家心目中，夺下徐州，就等于占领了向南方进军的桥头堡。从徐州向东西南北挺进，都如高屋建瓴，势不可挡。三国时，孙权欲取徐州，吕蒙劝道：“今日取徐州，（曹）操后旬必来争，虽以七八万人守之，犹当怀忧。”[①]吕蒙并非不知徐州的军事地理价值，而是深知徐州作为北国襟要，以当时的吴国实力，纵然攻取，也无力据守。唐代名臣李泌认为徐州节度使必须任用得人，概言之，即说“若失徐州，是失江淮也”[②]，从而有了守江必守淮、守淮必守徐的名言。徐州虽然处于长江以北，却是对峙双方重要的战略纵深地区，往往会影响南北格局。顾祖禹言及东晋形势时说：“及晋人南渡，彭城之得失，辄关南北之盛衰。”[③]辛亥革命时期，黄兴认为徐州“扼江淮要冲，为南北腰膂。南不得此，无以图冀北；北不得此，无以窥江东。两方均视为胜负转移之地者也”[④]。当时，新军从武昌打到南京，清政府阻挠南北议和，孙中山下令三路大军攻打徐州后，挥师北进，迫使清朝皇帝宣布退位，南北遂告统一。国民革命军北伐时，徐州曾发生多次激战，蒋介石两度来徐，以此为大本营，与军阀孙传芳、张宗昌在徐州城展开决战，终于取得胜利，进而在形式上统一了全国。在解放战争中，中国共产党领导的人民解放军进行了三大战役，但以徐州为中心的淮海战役是一次决定性战役。此役过后，国民党军队溃败如山倒，最终结束了蒋家王朝在大陆的统治。因此，徐州之战往往是关系到双方盛衰的决战，其原因正是因为徐州在军事上具有重要的战略意义。

① 司马光编著，胡三省音注：《资治通鉴》卷六八《汉纪六十》，中华书局 2013 年版，第 2239 页。

② 欧阳修、宋祁撰：《新唐书》卷八三《张建封传》，中华书局 1975 年版，第 4940 页。

③ 顾祖禹撰，贺次君、施和金点校：《读史方舆纪要》，中华书局 2005 年版，第 1388 页。

④ 黄兴：《粤军殉难义士之碑》，吴小铁编纂：《南京莫愁湖志》，中央文献出版社 2005 年版，第 412 页。

二、山围水绕——战术攻守之地

徐州呈山围水绕之势。其外围地区东、南、北三面是山，只有西面较为平坦，“西走梁、宋。使楚人开关延敌，材官驺发，突骑云纵，真若屋上建瓴水也”①。由于鲁南山地伸延至此，境内岗岭起伏，群山环抱，势如仰釜。如果考虑到历史上黄河泥沙的淤垫，则1000年前的徐州城地面比现在要低10余米，城市周围的山丘比现在更显陡峻，整个城市就是坐落于峰丛中的河畔，形势之险要远非今日较平衍的地形可比。守城者可以凭借汴泗河道补给长期坚守，而攻夺方的大兵团很难在城外集结布阵，因山河之限，难以对城市造成威胁。如险要的戏马台（南山），是扼守城南通联陆地的要道。苏轼对此曾有论述：“其高十仞，广袤百步，若用武之世，屯千人其上，聚垒木炮石凡战守之具，以与城相表里，而积三年粮于城中，虽用十万人不易取也。”②这些山在冷兵器年代，就如徐州城的天然屏障，易守难攻，因而徐州周围山头便成为激战之地。楚汉两军曾大战九里山下，明朝的朱棣攻徐州时，也伏兵九里山，故《水浒传》中才有“九里山前作战场，牧童拾得旧刀枪”的说法。

徐州又是古汴水、泗水交流之地，黄河、大运河傍城而过。这种地势，同样也有天然防御作用。汴水自西来，泗水自北来，在徐州城东北角交汇南流，在有文字记载的两千多年建城史中从未改变。这两条河流及后来改道经过徐州的黄河，既是具有全局性意义的航道，也是天造地设的徐州护城河，使徐州城防非常便利，更加易守难攻。宋人陈无已说：“南守则略河南、山东，北守则瞰淮泗，故于兵家为攻守要地。”③民国本《铜山县志》记载：“尝闻诸故老，滑县教匪之将起也，密遣其党来徐窥伺，以有黄河之险，乃不敢犯。是徐固患河，亦未尝不借其险以为

① 张志烈、马德富、周裕锴主编：《苏轼全集校注·文集四》卷二六《奏议》，河北人民出版社2010年版，第2977页。

② 张志烈、马德富、周裕锴主编：《苏轼全集校注·文集四》卷二六《奏议》，河北人民出版社2010年版，第2977页。

③ 顾祖禹撰，贺次君、施和金点校：《读史方舆纪要》，中华书局2005年版，第1389页。

固也。”[①]

三、“要兼水陆”——四通八达之地

俗话说:“兵马未动,粮草先行。”徐州“要兼水陆”[②],四通八达,能为大兵团作战快速运送粮草、兵员和武器。徐州自古就有畅通的水路,汴水、泗水在此交流,绕城而下淮水,遂成为吴越齐鲁通往中原的水运枢纽。从泗水北上,可通曲阜、定陶;从汴水向西,可达开封、洛阳;沿泗水南下,可到淮阴、扬州。南宋时,黄河决口,夺泗入淮。元代之后,泗水纳入京杭大运河水系。明清时,徐州是码头,每年经徐州北上的粮船多达 1.2 万余艘。徐州的陆上交通也较为便利,秦始皇统一天下后,有八条车马大道通往四周各地,成为南北货物集散地。汉代至清代,徐州的陆上线路虽有调整,馆驿制度亦有变化,然陆上交通格局没有太大变化。南北朝时的彭城馆[③],唐代任山驿、桃山驿、大彭馆,都是徐州城郊官吏迎饯、公书递转的著名驿站。明清时除陆驿沿用,还出现水陆并用驿站。徐州城附近著名的驿站有彭城驿、东岸驿、石山驿、利国驿、房村驿等。到了近代,徐州又成了我国铁路交通枢纽之一,纵贯南北的津浦铁路和横穿东西的陇海铁路在这里交会,使更大规模、更加快捷地运兵、运粮成为可能。占领徐州之后,可调兵遣将,四面出击,朝发夕至,故不可不争。

四、兵精粮足——物丰人众之地

徐州历来人口密度也比较大,兵源充足,况且徐州民风彪悍,崇尚武术,骁勇善战,长期是优质兵员的提供地。元朝至正十一年(1351年)芝麻李起义之初,便经秘密策划,突袭守城官兵,一夜占领徐州,并在天亮后竖起大旗,招兵买马,只十余天便聚集十万之众。自中华人民

① 余家谟主修,王嘉诜等主纂:民国《铜山县志》卷一四《河防考》,1919 年刻本,第一页。
② 李延寿撰:《南史》卷一六《王玄谟传》,中华书局 1975 年版,第 464 页。
③ 见庾信:《入彭城馆》诗。谭正璧、纪馥华选注:《庾信诗赋选》,古典文学出版社 1958 年版,第113 页。

共和国成立以来，确认的徐州革命烈士就有8000人之多。

徐州资源丰富，气候适中，有地宜粮，有山宜林，有滩宜果，有水宜鱼，民间还有“丰沛收，养九州”之说。直到北宋时期，这里依然是非常重要的农业产区，“良田十万余顷，水陆肥沃”“土宜菽麦，一熟可资数岁”。此外又有优越的水利环境“足以灌溉”“兴置屯田，资粮易积”[①]，打仗和驻扎重兵时，粮草不成问题。徐州又有丰富的煤矿和铁矿。汉代，朝廷在徐州设铁官，宋代设有利国监和宝丰监，专管开矿炼铁之事。这是徐州军事实力的标志之一。拥有徐州，就拥有了制造武器的重要资源，从而就地取材，以煤炼铁，以铁造兵器，打起仗来自然也就多了几分胜利的把握。

总之，由于地理环境及当地各种有利因素的影响，徐州具有重要的军事战略地位。在大多数古城都因河道变迁、战争动乱和政治因素等导致城址迁徙的情况下，徐州从未迁址。明天启四年(1624年)六月，黄河决口奎山堤，淹没了徐州城。当时官民集资准备迁城，后因给事中陆文献上《徐州不宜迁六议》而停止。陆文献在这份奏议中，从河防、漕运、仓库、战守、民生、区划、成本等多个方面，反复论述了徐州城维持原址的必要性，其中言及徐州城的战守地位时说：“徐城三面阻山，一面临河，南引邳宿，北扼兖济，西扼汴泗，一泻千里之势，以障江淮，险要之设旧矣。金陵恃徐为南北咽喉，且黄河自西而东，闸河自北而南，皆合于徐城之东北而下，城阻河势，河阻城势，居然一重镇也。如近岁莲妖发难，环攻浃月而不得渡，以故河南江北得免于难。倘道镇远移，余孽窜伏，而无扼要以限之，无地方官督率居民以捍之，万一奸宄不测，乘旧城之虚而据其内，是又借寇以窟而自失其天造地设之险也！”[②]他认为徐州城选址至为关键，如果忽视其战略地位贸然迁城，将来必为敌对势力所利用，即使今天被黄河淹了，徐州也不能迁城，应该在原址上重修。陆文献《徐州不宜迁六议》堪称是对徐州战略位置的完美总结。从一定意义上讲，“兵家必争”是因为战略上重要，战略上重要是因为经济、政治

---

① 顾祖禹撰，贺次君、施和金点校：《读史方舆纪要》，中华书局2005年版，第1388、1389页。

② “中央研究院”历史语言研究所校：《明熹宗实录》卷四十三，(台北)“中央研究院”历史语言研究所1983年印，第2383—2412页。

上需要，所以徐州不只是兵家必争之地，从根本上来讲也是经济家、政治家的必争之地。

第二节　经典战例的影响

从古到今，在徐州一带究竟发生过多少征战，各种文献说法不一。《徐州历代战事》从史籍辑录战例有 314 次①，《古今征战在徐州》谓有 421 次②，《徐州征战》中说："四千多年间，发生在徐州的有文字记载的大小战事共一千多次，其中较大规模的有四百多次，产生重大影响的也有二百多次。"③准确考证出徐州地区发生的战争次数很难，但毫无疑问，这里发生战事的密度之高在全国当列前茅。

徐州军事文化的历史，可以追溯到新石器时代原始部落间的利益之争。邳州大墩子遗址受箭伤的墓主、刘林遗址中出土的砍砸器，可以佐证当时军械制造工艺的原始简单和自卫、复仇心理的普遍存在。大彭氏国栖息生活在徐州长达 800 余年，据传，"彭"字就源于战鼓之声。上古文献提及的一些重要战役，如黄帝大战蚩尤、彭伯参加的"西河之征""牧野之战"、徐国与周王朝及四邻国的战争，都与徐州相关，可惜语焉不详。

一、晋楚之战与南北文化交流

春秋时期，周室衰微。诸侯纷争，争霸迭起。金戈铁马的烽烟战争占尽了春秋篇章。晋、楚为争霸主前后历时两年，进行过十一场战争，而周简王十三年(前 573 年)晋、楚十三国的彭城大战，是其中著名战争之一，堪称春秋史上大规模战争之经典战例，对历史发展影响至深。

① 周文生编著：《徐州历代战事》，徐州地方志办公室 1987 年版，第 1 页。
② 刘怀中主编：《古今征战在徐州》，解放军出版社 1988 年版，第 1 页。
③ 董尧、傅继俊编著：《徐州征战》，中华书局 2005 年版，第 5 页。

(一) 晋、楚彭城之战始末

春秋中叶，晋楚争霸。为了削弱楚国力量，地处黄河中游的晋国大力扶持楚国的东方近邻——长江下游的吴国，促其进攻楚之属国，使身处长江中游的楚国陷入腹背受敌的窘境。彭城介于晋、吴之间，时属宋国，是晋、吴两国联系的必经之路。所以，攻打宋国夺取彭城，隔断晋、吴联系是楚国重要的战略目标。在此背景下，晋楚彭城之战拉开了序幕。

周简王十三年(前573年)六月，楚之附庸郑国进攻宋国，郑军一直打到宋都睢阳(今河南商丘)城外。楚国趁机出兵一举攻占彭城。楚国占领彭城之后，让宋国叛臣鱼石、向为人、鳞朱、向带、鱼府5人管理该城，并留下300辆战车守城。

彭城丢失，宋国震惊。七月，宋平公派司马老佐、华喜率军反攻彭城。老佐阵亡，宋军未能攻克城池。十一月，楚共王为了牵制宋军的反攻，让令尹子重率军攻宋。宋国大夫华元到晋国告急求援。晋悼公励精图治，欲重立霸业，决计救宋，晋楚彭城战幕悄然拉开。十二月，晋悼公召集宋、卫、齐、鲁、邾、曹、薛、滕等国，联盟抗楚。十四年(前572年)正月，晋悼公命栾黡率9国大军攻打彭城。当晋军与楚军在“靡角之谷”相遇时，一时慑于楚军的声势浩大，举棋不定。这时已担任晋国主要谋士的雍子说：“归老幼，反孤疾，二人役，归一人。简兵蒐乘，秣马蓐食，师陈焚次，明日将战。”楚军见盟军阵容强大，以为晋军要决一死战，鱼石等五叛臣和守城楚军不战而降，军心动摇。盟军一鼓作气，乘胜而战，大败郑楚联军，宋国的彭城也被晋军占领了。“晋降彭城而归诸宋，以鱼石归。”[①]五月，晋悼公亲率盟军南下伐郑，阻止了楚国染指中原，恢复了晋国霸业。

是年秋，楚共王为了夺回彭城，派子辛率军攻打彭城附近的吕(今徐州东南吕梁附近)、留(今已湮没微山湖中)两城，郑成公亦派子然率军协助楚军攻宋。周灵王元年(前571年)春，晋悼公派盟军驻守虎牢

---

① 杨伯峻编著：《春秋左传注》，中华书局1981年版，第1121、1122页。

关(今河南荥阳西北)威胁郑国腹背,迫其退兵。此时的楚国已无力对抗晋国盟军,终止了攻打彭城。经此一战,宋国更加锐意经营彭城,使其成为军事要地。

周简王十三年(前 573 年)的彭城之战是中国战史上著名的战争,也就在这一年,彭城的名字首次出现在中国第一部编年史《左传》中。彭城以其重要的地理位置和军事地位架起了古代南北交流的桥梁,在烽火中写下壮丽篇章。

(二) 晋、楚彭城之战的文化特色

晋楚彭城之战的军事文化特色:一是战前政治、军事文化的重要性。首先,楚军来势汹汹,盟军举棋不定。雍子战前动员,统一思想,表明决心,决一死战。其次,放走俘虏,故意给楚军报信,传递盟军的必胜信心,气势上先胜一筹,正是"不战而屈人之兵"的上策。二是晋国善于使用人才。晋楚彭城之战是霸主之争,而霸主之争的根本是人才之争。雍子是楚国申公巫臣的儿子,因在家族中受到欺压和谗害,而楚国的国君和大夫都不帮助解决,于是心怀怨恨,逃到了晋国。晋国知人善用,于是有了"楚材晋用"的说法。

从本质上说,征战就是一种人际交流,军事占领也是文化占领。先秦时期,彭城先后属宋,属齐,又属楚,故而深受中原、齐鲁、吴越、荆楚文化的影响。中原文化求真务实,齐鲁文化尊师重教,吴越文化崇文尚武,荆楚文化重情重义,深刻地融入徐州的本土文化,对后来徐州区域产生西楚、两汉文化奠定了基础。

二、楚汉相争的文化影响

秦末,天下纷乱,中国历史进入了楚汉相争时期。先是项羽自立为西楚霸王,定都彭城。随后刘邦不甘心偏居一隅,东进彭城。在这块古老的土地上,楚汉相争演绎了许多惊心动魄、永载史册的经典战争,也留下许多精彩生动的传说,以口述史的形式彰显出徐州深厚的军事文化色彩。

(一) 楚汉相争在徐州的传说

楚汉相争的相关传说很多,因体例所限,这里列举几例如下:

1. 拔剑成泉

相传,彭城兵败之后,汉王刘邦一行人逃至彭城西南的一个小村庄里,口渴难耐。刘邦正无计可施之时,忽见自己的高头战马用蹄刨地,不久刨出一片湿地。刘邦近前细看,发现有水珠从巨石缝隙中不断渗出,不禁暗喜,抽出利剑扎进巨石缝隙,片刻之后,猛地拔出利剑,一股清泉随即喷涌而出,刘邦等人因此解决了饮水问题。此泉后来被称为“拔剑泉”,汉王刘邦住过的这个小村庄,因此得名“汉王村”。

2. 王母伏剑

王陵是刘邦的沛县同乡,又是好友,为人正直,有大将之才,尽心辅佐刘邦。项羽意欲王陵为己所用,找来王陵母亲,让她作书劝降,被王母所拒。项羽再三诱逼,均遭王母坚拒。为了使王陵全心辅汉,没有牵挂,王母取出利剑,伏剑而亡。从此,王陵铁心辅助刘邦建立汉朝基业,屡建奇功。王陵母亲知大局,识大体,高风亮节,义薄云天,成为天下后世的楷模榜样。为了纪念这位大义凛然的女性,徐州人修建了王陵母墓,历代享祭。

3. 吹箫散楚

相传楚汉战争决战之际,两军对垒,不分胜负。张良训练了一批吹箫能手,并制作了许多大风筝,下挂箩筐,让吹箫者坐在筐中。夜幕降临,张良坐镇徐州鸡鸣山(子房山)指挥。风筝飘至楚营上空,箩筐里的人用箫吹起楚歌。一时间洞箫齐鸣,楚歌四起,箫声委婉凄凉,楚兵听得个个心酸涕泣,思乡心切,八千子弟兵纷纷弃甲而散。因此,鸡鸣山又名子房山,后人在山上建有留侯庙(子房祠),以纪念这位楚汉战争时期的杰出人物。[①] 明天顺间(1457—1464),大学士高谷所撰《徐州文成侯庙记》亦载:“相传以为沛公得良为厩将,作楚歌以散楚兵八千者,即

① 以上三则参阅殷召义主编,甘信昌、彭浩编著《徐州民间文化集·故事传说》,中国文联出版社 2004 年版,第 34—71 页。

其处，理或然也。”[①]可见该故事在民间早有流传。

4. 九里山上磨旗石

徐州城西北九里山前有一大片开阔地，是冷兵器时代天然的好战场。相传项羽当年中了十面埋伏之计，被包围在九里山前马场湖一带。汉军人数虽多，却不知道项羽会从哪个方向突围。这时，汉军大将樊哙扛起大旗，爬上九里山顶，项羽冲向哪里，大旗便指向哪里，汉军在重赏的激励下便蜂拥而上。楚军主力被歼灭殆尽，只剩项羽贴身数百骑逃亡垓下。樊哙大旗杆尾在一块大石头上旋转，磨出了一个深深的大坑，后人将这块石头称为“磨旗石”。[②]

（二）徐州楚汉战争传说的文化特点

楚汉战争相关的传说，是对历史事实的涵化和对价值取向的深化，亦具有受众者的广泛性、口述史的生动性和俗文学的趣味性。这些传说历经两千多年，代代流传，是徐州人民世代加工、集体创作的结晶。千百年来，在徐州地区，无论达官贵人、专家学者、工匠农夫，老少长幼，无不津津乐道，成为地域文化知识的重要组成部分。

这些传说与历史遗迹相映照，具有补充正史的独特价值。这些传说中所涉及的人物、地名，大多有案有址，部分与史书记载对应，增强了传说的可信度和生命力。拔剑泉、王陵母墓、子房山、九里山上磨旗石，遗址至今尚存。其他如丰县的龙雾桥、斩蛇沟、厌气台、七里铺、邀帝城及沛县的八宝琉璃井、马歇蹄、斩蛇处等与此相类。楚汉战争在《史记》《汉书》中有所记载，但缺乏一些生动的细节。徐州一带的相关传说正好可以弥补这一缺憾，它们对于汉文化和楚汉战争的研究具有一定的支撑作用，是口述史学或口碑史的重要补充，同样具有史料功能和史学研究意义。

这些传说具有深厚的文化内涵。比如，前面所列王母伏剑的故事，说明得天下先得人心，刘邦的事业赢得了民心；吹箫散楚的故事，表明

① 姜焯：清康熙《徐州志》卷三二《艺文五》，清康熙六十一年（1722 年）刻本，第十页。

② 参见殷召义主编，甘信昌、彭浩编著《徐州民间文化集・故事传说》，中国文联出版社 2004 年版，第 66—67 页。

地缘文化在战争中的威力，楚歌四起，乡愁油然，军心动摇，战事必败；磨旗石的故事，则充分证明了意志统一、方向明确、指挥得当在战争中的关键作用。

（三）楚汉战争军事文化的影响

楚汉战争是军事上，也是文化上暴风骤雨般的争锋，是分久必合文化大趋势前夕演绎的大棋局，正是由于它的催化，大汉文化才脱颖而出，应运而生。

在军事哲学方面，楚汉相争给历史留下了许多典型的范例，尤其是心理战术的成功运用，极大地丰富了战争智慧的宝库。相关事实与传说，中国人都非常熟悉，在本书《汉文化》等章节已有论述。诸多智慧被历代军事指挥运用，尤其是淮海战役后期，在陈官庄将杜聿明 20 万大军包围其中，解放军通过亲人喊话、优待俘虏、双方对比、乡歌演唱等心理战术，蒋军纷纷叛逃，大量瓦解。可见同样地域不同时代，楚汉战争军事文化仍然发挥着作用。

在文化意义上，秦末汉初的西楚定都彭城与灭秦战争、楚汉相争为文学艺术留下了许多不朽的题材，为道德伦理留下了许多思辨的空间，也在民间话题中留下了许多见仁见智的语源。《霸王别姬》《高祖还乡》《鸿门宴》《追韩信》等已成为戏剧、曲艺长盛不衰的题材。

楚汉战争军事文化是汉文化的先声，是中国传统文化的重要组成部分，特征鲜明，内涵深刻，影响深远。它蕴含着励精图治的理念，形成了放眼天下的视野，彰显出百折不挠的意志，体现了视死如归的精神。这种文化特质已兼容并蓄到中国传统文化的精髓中，与时俱进，不断升华，成为爱国主义文化的精神支柱。

三、刘裕北伐胜利及其影响

西晋灭亡，五胡乱华，南北对峙，兵连祸结。彭城地处南北要冲，南国视为北门锁钥，北朝称为南国屏藩，南北双方在此书写了一部铁血历史。东晋末期，刘裕北伐，堪称这部铁血历史中的点睛之战。

(一) 刘裕北伐战争

东晋偏安江南以来，时常面临北方强权的威胁。东晋义熙元年(405年)，名将刘裕为了东晋的长治久安，更为了外扬声威，内树威信，意欲兴师北伐。义熙五年(409年)，南燕侵扰东晋淮北之地，正给刘裕一个北伐机会。他上书皇帝并迅速获得朝廷批准。于是刘裕率军至彭城，以此作为北伐的根据地。

同年四月，刘裕从建康(今南京)率舟师溯淮水入泗水，五月进抵下邳(今睢宁西北)，改由陆路进至南燕境内。至六年(410年)二月，南燕尚书悦寿打开广固内城城门迎降，慕容超率数十骑突围而走，被晋军擒获，送至建康斩首，南燕灭亡。十二年(416年)九月，晋军进入后秦境内，所向披靡，进展顺利，继而先后攻克许昌、仓垣(今河南开封北)、阳城(今河南登封东南)、荥阳、洛阳等地。

彭城既是刘裕的故乡，又是其从事北伐的基地。北伐期间，刘裕在彭城做了三件事:一是增固城墙，疏通汴水。二是在戏马台东侧修建台头寺。因刘裕被东晋朝廷封为宋王，所以又称宋王寺。而今，台头寺旧址已改为戏马台的雄风殿，殿中陈列着西楚霸王项羽的事迹。台头寺不仅是徐州八大古佛寺之一，而且由于刘裕代晋立宋，成为南朝的第一位皇帝，台头寺可以说是“南朝四百八十寺”的源头，是佛教文化在徐州的重要传播点。三是刘裕在戏马台举行的“重阳诗会”，是其戎马生涯中的一个文化盛会。

(二) 北伐胜利奠定徐州战略地位

刘裕北伐，先后灭南燕，破北魏，亡后秦，收复山东、河南、关中等地，光复洛阳、长安两都，尽得潼关以东、黄河以南和山东全境，使东晋江淮之地得到保障，解除了东晋长期以来面临的边境危势。刘裕北伐，既抵抗了北方少数民族政权对南方的侵扰，保障了南方人民的生命财产安全和经济的发展，又扩大了南朝领土，使刘宋王朝的领土成为南朝当中最大的。同时，北伐也为南朝政权引入了崭新的政治力量，为抵抗北魏的侵犯提供了条件。

徐州是军事重镇,历代兵家必争之地。其战略地位的奠定是由古代政治斗争的格局决定的。秦汉之前的斗争多为东西之争,战略区域在函谷关—洛阳—成皋一带。魏晋六朝时期,中国进入南北纷争时代,徐州地处南北腰中地带,汴泗交流,水陆兼备,交通便捷,地广人稠,刘裕北伐胜利使徐州军事地位和价值进一步提升,一跃成为全国性的战略要地,从而奠定了徐州在中国军事史上的地位。

四、庞勋起义与政治诚信的危机

有唐一代,贞观之治开创了封建清平社会的典范,开元盛世展开了华夏繁荣全盛的卷轴。而晚唐以来的农民大起义,使大唐帝国摇摇欲坠。庞勋起义则揭开了埋葬李唐王朝的序幕。

(一)庞勋起义过程

晚唐时期,为西南边陲防务需要,唐廷从徐州招募 800 人戍守桂林。按照约定,三年之后新募戍兵来接替防务,他们可以返乡。但三年戍期满后,徐泗观察使崔彦曾以种种理由延长戍边。又过了三年,崔彦曾仍以军费不足为由,欲再留用他们一年。这些来自徐州的戍兵一向好勇斗狠,性情暴烈,不满情绪迅速弥漫开来。唐懿宗咸通九年(868 年)七月,戍兵杀了都将王仲甫,劫了官库,推举粮料判官庞勋为首,结成义军,打回徐州。

八月,义军北上湖南,乘船东下浙西,进入淮南。九月,义军进至泗州(今江苏盱眙西北),逼近徐州。十月,徐泗观察使崔彦曾命都虞候元密率军讨征庞勋,同时命宿、泗二州出兵邀击。次日,元密率军赶到,驻营城外,义军用火箭射燃城外茅舍,火势延及元密营帐,使其混乱。义军趁机杀出,元密大败。入夜,庞勋集中大船 300 艘,装满资粮,顺流而下。元密率军追击,被义军夹攻,再次溃败。庞勋审问降卒,得知徐州空虚,即引兵北渡濉水,进攻徐州。十月十七日,徐州城破,俘崔彦曾,杀尹勘、杜璋、徐行俭等人,义军声名大震,徐州附近投军者万余人。义军进占淮口,控制江淮漕运,民众响应,队伍发展到 20 万人,军势大盛,震动朝野。十年(869 年)七月至九月,唐廷以康承训为徐州行营都招讨使,又调遣沙陀、吐谷浑、契丹兵马前来,残酷地镇压了起义军。

庞勋大起义历时 14 个月,纵横江淮,直捣中原,是晚唐时期的一次大规模农民起义,沉重打击了李唐王朝的统治,揭开了唐末农民大起义的序幕。

(二) 庞勋起义的历史经验

综观华夏历史,民族压迫、阶级矛盾、土地兼并、水旱天灾都可引发农民起义,而激发兵变的原因也无外乎克扣粮饷、裁撤冗员、以上欺小、谎报军功等。而因缺乏政治诚信爆发的起义,庞勋义军尚属首次。

千百年来,诚信被中华民族视为行为规范和道德修养,形成了独具特色并具有丰富内涵的诚信观,衍生出“一诺千金”“信守诺言”“诚信待人”“诚信为本”等常用词汇。庞勋起义的导火索是徐泗观察使崔彦曾言而无信,根源在于封建专制的当权者政治诚信缺失。在政治诚信、个人诚信中,关键是政治诚信,或者说国家主权信用起到主导作用。唐初,魏徵上疏:“臣闻为国之基,必资于德礼,君之所保,唯在于诚信。诚信立则下无二心,德礼形则远人斯格。”①由此可见,德、礼、诚、信是国家的纲领,一刻也不能偏废。所以孔子说:“自古皆有死,民无信不立。”②庞勋起义说明一旦失去政治诚信,就会导致社会危机。

五、徐州元、明、清战事

元、明、清时期,中国进入大一统封建君主专制的后期,民族矛盾尖锐,阶级压迫严重,农民起义此起彼伏,波澜壮阔。作为漕运要地的徐州,黄运交汇,五省通衢,这里上演了一幕幕慷慨悲壮的战争故事,在中国战争史册上留下了浓墨重彩的一页。

---

① 吕效祖编:《魏徵谏言选注》卷二四《诚信乃治国之本》,陕西人民出版社 1983 年版,第 58 页。

② 杨伯峻译注:《论语译注》卷一二《颜渊》,中华书局 1980 年版,第 126 页。

(一) 元代徐州战事

蒙元入主中原,一统华夏,沉重的民族压迫使得阶级矛盾异常尖锐。元末,黄河泛滥进一步激化了民族矛盾,终于爆发了声势浩大的红巾军大起义。芝麻李起义和朱元璋北伐就在这轰轰烈烈的农民起义浪潮中登上了徐州的历史舞台。

1. 芝麻李起义

芝麻李,元末徐州萧县人,名李二,因散一仓芝麻救济灾民,人称"芝麻李"。元至正十一年(1351年),刘福通在颍州(今安徽阜阳)起义后,芝麻李认为徐州是黄河要地,民夫聚集,人心浮动,起事可成,遂与赵均用、彭早住等8人发动起义。4人佯装河工混入城内,4人于城外策应。当夜四更,城内4人燃起大火,鼓噪呐喊,城外4人亦燃火响应,内外喧呼,守军大乱。他们夺取军械,杀退守军。黎明时分,芝麻李在徐州霸王楼上竖起大旗,上书"虎贲三千,直抵幽燕之地;龙飞九五,重开大宋之天"①,一时应募投军者达10万余众。芝麻李义军头裹红巾"烧香聚众"②,称为红巾军。不久,徐淮各地尽在芝麻李义军控制之下,并与中原刘福通红巾军、南方徐寿辉红巾军互为犄角,遥相呼应。芝麻李义军占领徐州,扼黄河与运河交汇要冲,切断了南北大运河,阻断了漕粮北运,朝野震动。

十二年(1352年)八月,顺帝命丞相脱脱亲率大军镇压,以巨炮发石,昼夜环攻不止,内城尽毁,芝麻李出走沔阳,月余被俘,在雄州被杀。义军余部投奔濠州(今安徽凤阳)郭子兴红巾军。

徐州城陷之日,元军疯狂屠城报复,百姓惨遭兵灾,此为徐州城历史上第四次遭受大屠杀。战后,朝廷已无力重建徐州城,只得将州城迁到旧城东南3里的奎山下。这是有史以来徐州城第一次迁址。同时,元廷迁怒徐州起义,降其为武安州。直到明初定都南京,徐州成为拱卫京师的战略要地,明廷遂废弃武安州城,令知州文景宗迁回旧址,重建

---

① 徐永明、杨光辉整理:《陶宗仪集》,浙江人民出版社2005版,第422页。

② 钱仲联编校:《陈衍诗论合集》(下)《元诗纪事》卷二九,福建人民出版社1999版,第1853页。

高峻雄壮的徐州城。

2. 朱元璋北伐

至正二十四年(1364 年),朱元璋灭掉荆楚枭雄陈友谅,一统两湖,解除了来自西边的威胁,专事东征。二十六年(1366 年)四月,朱元璋遣大将徐达攻占江淮,元徐州守将陆聚以徐、宿二州降徐达,苏北尽为朱元璋所有。朱元璋仍以陆聚守徐州。

次年,元左丞相库库特穆尔遣李二(非芝麻李)进攻徐州,陆聚令傅友德御敌。傅友德亲率两千精兵泛舟黄河至吕梁(今徐州东南),伏兵尽隐舟中,伺元兵劫掠无备,突然冲杀,元军大溃,溺死甚多,俘获李二及溃兵 270 余人,马 5000 余匹,大获全胜。时元廷内乱,再也无暇争夺徐州。朱元璋消灭张士诚后,解除了东边的威胁,从此专事北伐灭元。令徐达、常遇春率师 25 万从下邳分数路北伐,其中张兴祖率军从徐州进攻山东。明军沿运河北上,明军占领大都(今北京),元朝灭亡。

(二) 明代徐州战事

有明一代,徐州风云变幻,战事不断。不管是国祚之争,还是农民起义,都在此上演了一个个荡气回肠的悲壮故事,永留战争史册。

1. 靖难之役

建文三年(1401 年),朱棣在北平(今北京)以“清君侧”为由,发兵南下攻打建文帝,史称“靖难之役”。徐州为漕运重地,徐沛运河是明军粮草运输必经之道。朱棣派李远率 6000 轻骑打着南师旗帜,长途奔袭沛县漕运,焚烧南军粮船数万艘,烧得河水发烫,鱼鳖皆死。南师军心震惧。沛县城破,知县颜伯玮冠带坐堂,向南叩拜,自缢而死。其子颜有为亦自刎其侧。

徐州守军闭门坚守,朱棣不敢贸然南下,遂伏兵九里山,遣少数骑兵至城下谩骂挑衅,诱其出城。城中守军出城追击至九里山,北军伏兵杀出,朱棣率精骑断其退路,前后夹击,守军溃败,争相过桥逃命,桥断,溺死者甚众。守军遭此惨败,实力大损,再也不敢出城接战。朱棣安然南下,打进京城,夺取了帝位。

图 9－1 ［明］大同街徐州卫兵器库(陈浩摄)

2. 刘六起义

明代中叶，朝政腐败，阶级矛盾日趋尖锐，加之河患频发，灾荒不断，农民起义如星火燎原般迅速在各地蔓延。正德五年(1510 年)，河北爆发了刘六农民大起义。翌年三月，刘六率义军攻占徐州东南吕梁洪和房村驿，尽烧官署船只。九月，义军北上燕赵，遇明军重兵堵截，遂于十一月南下再攻徐州，不克，继而转攻宿迁，大败明军，活捉淮安知府刘祥。七年(1512 年)二月，刘六率义军南下宿迁小河口，遇明军截击，转去桃源(今江苏泗阳)，再北上邳州迦口集，鏖战郭家庄(今睢宁县古邳镇北)，后在庄里集(今徐州西北)作战失利，复转山东。八月，在明军围剿之下，起义失败。刘六虽在河北起义，却把"五省通衢"的徐州作为必争之地，盖因徐州为千里漕运重地，一旦控制徐州就可掐断朝廷命脉，从这点来看，刘六虽出身草莽，却也有战略眼光。

3. 徐鸿儒起义

明末，土地兼并严重，赋税徭役沉重，社会矛盾日趋激化。天启二年(1622 年)五月，徐鸿儒在郓城发动起义，很快控制鲁南各地。朝廷急令山东巡抚赵颜全力围剿义军。不久，徐鸿儒率军南下进攻徐州。义军由荆山口进至徐州城下，结营子房山麓。徐州知州汪心渊尽撤黄河船只，义军无法渡河攻城，遂转攻丰、沛。由于徐鸿儒义军一度威胁漕运要道，朝廷派遣数路大军对其合力围剿。七月，明军占领鲁南各地，把徐鸿儒围困在滕县。九月，徐鸿儒粮尽援绝，突围失利，被俘。十二月，徐鸿儒被押送北京斩首，起义到此失败。徐鸿儒起义席卷齐鲁，波及徐淮，截断漕运，震动朝野。起义虽然失败，却拉开了明末大起义的帷幕，加速了大明王朝覆灭的步伐。

(三) 清代徐州战事

清军入关，定鼎中原，残酷的民族压迫和阶级矛盾相互交织。及至近代，列强对华瓜分豆剖，民族危机日趋严重。内忧外患下，农民起义烽火燎原，如火如荼。徐州作为百战之地，写尽了金戈铁马、碧血悲歌的战争故事。

1. 太平军北伐

咸丰元年(1851 年)洪秀全在金田起义，开始了波澜壮阔的太平天国运动。咸丰三年，洪秀全定都天京(今南京)后，即命林凤祥、李开芳率领精兵 2 万由扬州北伐。北伐军孤军北上，攻打天津受挫。杨秀清遂派主将曾立昌率援军七千北上接应。援军从安庆出发进入河南转攻到徐州境内，连克砀山、萧县、丰县。丰县知县张志周于城破之际，挂印投水而死。以丰县为中心的黄河沿岸贫民纷纷加入太平军，仅民夫就有数万人。丰县武举孙惠田亦投太平军。

咸丰四年三月，援军在丰县刘家庄稍事整顿后，渡过黄河攻入山东，占领临清，距阜城北伐军仅 200 余里。清军将领胜保率重兵围剿，援军因粮草不济，于二十八日退回丰县，据城坚守。清军攻城，激战三日。援军势单力薄，在三十日夜间突围出城，再向南撤。黎明，退至黄河漫口支流。时河水陡涨，水流湍急，追兵将至，曾立昌断后阻击。清军蜂拥而来，曾立昌奋勇冲杀，终至力竭，乃跃马跳河，被急流吞噬而亡。此役，援军损失惨重，仅 2000 余人渡过黄河退入萧县大吴集。四月八日，援军击败萧县知县杨韫绪的乡勇部队，次日再败徐州总兵百龄所部清军，几经辗转，终于回到天京。

2. 捻军鏖战徐州

太平天国运动期间，在北方淮海地区活跃着一支重要的农民武装队伍，那就是捻军。参加捻军的农民原本以贩运私盐谋生，每群为一捻，每捻数十人或百人不等，凡加入者“捻纸燃脂”为号，故称捻子。

从咸丰六年(1856 年)到同治五年(1866 年)的 10 年间，捻军在徐州鏖战 20 余次。咸丰八年(1858 年)，捻军攻占丰县，俘获知县陈孰诰，又从丰县渡河攻入山东。翌年，捻军攻占萧、砀间的黄河故道，出击利国驿、韩庄。十一年(1861 年)，捻军击杀徐州总兵滕永胜。以后又连续进攻邳州，占领睢宁。同治二年(1863 年)，捻军占领砀山，很快进逼萧县姚家楼和铜山敬安集，与徐州总兵姚广斌激战于城西十八里屯。

捻军不断发展壮大，清廷惶恐至极，急调两江总督曾国藩坐镇徐州，全力剿捻，并调拨装备精良的淮军主力归其调遣。李鸿章的淮军装备了大量的西洋火枪和克虏伯火炮，战斗力颇为强悍。在徐州，最为惊心动魄的战斗发生在同治五年(1866 年)。捻军首领张宗禹率军从利国驿到铜山岛，在魏家庄与清军激战后，兵分两路进攻徐州。淮军“第一能战”之将刘铭传即派徐州镇总兵董凤高为前锋迎战，并隔着荆山河放炮轰击捻军，双方激战多时，互有损失。捻军主动撤退，淮军亦撤回徐州。浴血奋战 12 年之久的捻军终于在优势清军的围剿中失败了。

六、中日徐州会战

辛亥革命以来，军阀混战，徐州战事频繁，先后发生“辫帅”张勋移军徐州图谋复辟，孙中山令北伐军三路光复徐州，直系军阀孙传芳、奉系军阀张宗昌争夺徐州，蒋介石与北洋军阀争夺徐州，冯玉祥进攻徐州等系列战争。而当历史的车轮驶入抗日战争时期，民族救亡图存成为时代主题，徐州在伟大的抗日战争中再一次发挥了至关重要的作用。徐州会战是抗战初期的四大会战之一，中日双方军队在以徐州为中心的广大地区进行了旷日持久、规模庞大的战役，其中以 1938 年 4 月间的台儿庄大战最为著名。

(一) 徐州会战过程

抗战爆发后,日军相继攻陷北平、上海、南京等地。日军为了打通津浦铁路,连接华北与华中战场,扩大侵略,采取南北对进的方针,夹击徐州。南京失陷后,日军渡江北进,沿津浦铁路直攻蚌埠。国民党守军在淮河北岸凭险拒敌北犯,与日军形成对峙局面。津浦北线,山东韩复榘在日军进攻下不战而退,弃守济南等地。日军第10师团沿津浦铁路南下,第5师团沿诸城向临沂进攻,齐头并进,企图会师台儿庄,打开徐州的门户。

1938年2月下旬,北路日军开始分路南犯。守军第22集团军第41军英勇抗击,伤亡甚重,苦战经日,守城的第122师师长王铭章殉国,滕县失守。日军随后直扑台儿庄。双方激战之时,李宗仁一面下令坚守,一面急令汤恩伯军团火速南下增援。不久,汤恩伯军出现在日军背后,日军撤退不及,陷入重围。台儿庄守军全线反击,杀声震天。血战经旬,日军已成强弩之末,狼狈突围北窜,遗尸遍野。台儿庄连同徐州南北各战场共歼灭日军2万余人,中国军民取得了抗战以来正面战场上最重大的胜利。

日军经过台儿庄大败后,改以部分兵力在正面牵制对方,主力向西迂回,企图从侧后包围徐州,歼灭第五战区主力。为打破日军“切断陇海铁路,直取徐州”的作战计划,4月23日到5月上旬,中国滇军一部在邳县禹王山上构筑阵地,打响禹王山阻击战。5月中旬,日军围歼第五战区主力的企图已经暴露,再死守徐州已不现实。中国军队放弃徐州城,巧妙地跳出数十万日军的重围,安全转移。徐州会战结束。

(二) 徐州会战的影响

徐州会战击毙、击伤日军2.6万余人,给予日军以巨大打击,迟滞了日军进攻速度,为部署武汉会战赢得了时间。此战最重要的影响还在于:

鼓舞中国军民士气,相信有击败日本的能力。徐州会战是抗战开始后中国军队在正面战场上取得的第一次大胜利,而且对手是日本的王牌师团，开了正面战场胜利之先河，使日军遭到自新式陆军组建以来的第一次惨败。这次会战坚定了中国军民抗战必胜的信念，极大地振奋了中国民族精神，对形成强大的、一致抗日的高潮和生气蓬勃的新气象产生了积极的影响，遏止了失败主义思潮的蔓延。

唤醒民众，使中国人民看到了抗战的光明前途。1938 年徐州会战前夕，艺术家、新闻工作者郁达夫、冼星海、臧克家，英国诗人奥登，新加坡记者黄薇等，经铁路来徐，致力于抗战宣传，鼓舞人心。

4 月 14 日，郁达夫率军委会政治部和文协代表赴徐州、台儿庄等地慰劳军队。在徐十余日，劳军且视察河防，冒着烽火炮弹，巡视各地，并曾登云龙山，感怀国事，赋诗呈第五战区长官李宗仁："道阻彭城十日间，郊垌时复一跻攀。地连齐鲁频传警，天为云龙别起山。壮海风怀如大范，长淮形胜比雄关。指挥早定萧曹计，忍使苍生血泪殷。"①并吟《毁家诗纪》19 首②，揭露敌人的凶残，歌颂抗日将士的英勇，鼓舞了全国人民的抗日士气。

9 月 14 日，冼星海所在的上海话剧界救亡协会战时移动演剧二队一行 14 人，在队长洪深、副队长金山带领下，到达徐州，积极开展各项宣传工作。冼星海教群众唱抗日爱国歌曲，还为徐州父兄谱写了一首新歌。据当年学唱者郑培心、马南圃、梁骥等回忆，这首歌是这样的：

> 徐州是古来的战场、英雄的故乡，挺起胸，拿起枪，冲锋前上。日本帝国主义一定灭亡！血泪洒成河，国旗放光芒，中华民族永存世界上！

这支歌取材于徐州，令人感到十分亲切。台上台下，群情激昂。一次在民众馆教唱时，学唱者达到 300 多人。其中有华北、东北流亡来的学生，也有徐州各县的抗日青年军。歌声至今回荡在人们耳际。③

赢得世界正义舆论的高度评价，扩大了中国抗战的国际影响。以台儿庄大捷为代表的徐州会战的消息，苏、美、英、法、德、意等欧美主要

---

① 郁达夫：《七律·呈德公》，枣庄市政协文史资料委员会编：《台儿庄大战诗选》，中国文史出版社 1995 年版，第 68 页。

② 王孙、熊融：《郁达夫抗战诗文抄》，福建人民出版社 1982 年版，第 6—7 页。

③ 朱浩熙主编：《名城徐州》，作家出版社 1995 年版，第 223 页。

国家都给予了充分报道和评论。这些社会舆论不仅使各国人民增加了对中国抗战的了解和认识，也为后来中国赢得外援创造了条件。

七、淮海战役

淮海战役（又称“徐蚌会战”）是解放战争时期著名的三大决战之一，是中国人民解放军华东野战军、中原野战军在以徐州为中心，东起海州（连云港）、西至商丘、北起临城（今薛城）、南达淮河的广大地区，对国民党军进行的战略性进攻战役。此战使国民党军在长江以北的精锐力量覆灭殆尽，加速了全国解放的历史进程。徐州再次以百战之地展现出一战而定乾坤的战略地位。

（一）淮海战役过程

1948 年下半年，鉴于战场的不断失利，国民党军开始由重点进攻转向重点防御，坚守战略要点，在徐州集结了庞大兵团。济南战役后，山东境内大部分解放，使得华东野战军南下徐州作战再无后顾之忧。中原野战军解放开封后，得以抽调主力东进徐州，联合华东野战军共歼徐州国民党军主力。中共中央审时度势，及时做出在徐州进行决战的决定，伟大的淮海战役就此拉开了帷幕。

第一阶段。1948 年 11 月 6 日，淮海战役开始。国民党黄百韬第 7 兵团从海州星夜西撤，华东野战军在运河之畔追上黄百韬兵团，全歼其第 63 军、第 100 军 83 师。11 月 8 日，防守运河一线的第 3 绥靖区大部官兵，在中共地下党员、绥靖区副司令官何基沣、张克侠率领下，举行贾汪起义。华东野战军迅速通过第 3 绥靖防区，切断黄百韬兵团退路，将其包围在碾庄。自 11 月 13 日起，徐州剿总以邱清泉兵团和李弥兵团协同攻击华东野战军，欲解黄百韬兵团之围。华东野战军组成阻援兵团，在侯集至大许家一线，正面阻击徐州援军；以苏北兵团在徐州东南侧击国民党增援部队。11 月 22 日，华东野战军将黄百韬兵团 10 万人马全部歼灭，黄百韬被击毙。11 月 15 日，中原野战军攻占宿县，切断了徐州守军向蚌埠之退路。

第二阶段。黄百韬兵团被歼灭后，李延年和刘汝明担心被歼而拖延北进，造成黄维兵团孤立冒进。11 月 25 日，中原野战军将黄维兵团包围在宿县双堆集。27 日，黄维指挥第 12 兵团向东南方向全力突围，其中第 85 军第 110 师师长、中共地下党员廖运周率部阵前倒戈，使黄维突围计划失败，军心动摇，士气一蹶不振，只得就地固守待援。28 日，蒋介石下令杜聿明放弃徐州向江南撤退。30 日，杜聿明指挥 30 万大军从徐州向永城撤退。华东野战军发起追击。12 月 4 日，杜聿明集团最终被华东野战军包围在永城陈官庄地区。6 日，中原野战军、华东野战军对黄维兵团全线发起攻击。15 日，黄维兵团被歼灭。

第三阶段。为配合平津战役对傅作义集团之分割包围，避免其迅速经海路南逃，解放军对合围的杜聿明部暂缓攻击，进行了 20 天休整，向杜聿明发动宣传攻势，以心理战术瓦解其官兵士气。平津战役解放军完成了对北平、天津等地国民党军的分割与包围之后，1949 年 1 月 6 日，解放军向青龙集、陈官庄地区被围的杜聿明部发起总攻。10 日，战斗结束，杜聿明被俘，邱清泉阵亡，李延年第 6 兵团、刘汝明第 8 兵团随后放弃淮河以南、长江以北地区，撤往江南，淮海战役结束。

（二）淮海战役的影响

淮海战役的胜利加速了蒋家王朝的覆灭。在军事上使蒋介石在南线的精锐主力损失殆尽，尤其是嫡系部队中的骨干，黄维的第 12 兵团和邱清泉的第 2 兵团全军覆没，其中还包括被称为“五大主力”的第 5 军和第 18 军，蒋介石失去了赖以支持战争的中坚力量。淮河以北完全被解放，淮南大部也为解放军所控制，解放军已直逼长江，为渡江作战，继而夺取全国胜利奠定了基础。

淮海战役的胜利证明了民心所向是胜利之本。解放军华东野战军和中原野战军两支部队集中到一起，加上地方武装、地方干群，共计 150 万人参加战斗。战役规模之大，参战人数之多，为世界战争史所罕见。上百万人要保持战斗力，每天仅粮食就需要 500 万斤，弹药耗费也很巨大，而且伤员必须及时送往后方进行治疗，后勤保障成为决定战役胜败的关键。国民党军队后勤补给靠的是铁路运输、飞机空投。解放军的后勤靠的是数十万有着不同口音的支前民工，从四面八方赶往战场。

他们推着小推车，驾着牛车，赶着毛驴，踏着积雪，源源不断地将粮食和弹药运往前线。淮海战役结束后，华东野战军司令员陈毅在总结会上深情地说："淮海战役的胜利，是人民群众用小车推出来的！"①

第三节　军事人才与思想

在徐州这块土地上，3000余年连绵不断的战争，产生了一批军事家和谋略家。据《江苏历代名人录·军事卷》统计，从先秦到秦汉、三国、两晋，徐州籍以及在徐州指挥、参加战事的军事家、谋略家104人，其中徐州籍43人，占41%②。尤其是秦朝末年，跟随刘邦起兵的徐州老乡，在血与火的洗礼中，走出一批武将，在汉朝初期的斗争中发挥国之栋梁的作用，总结他们的事迹，研究他们的思想，对于后人仍有启迪作用。

一、刘邦

刘邦是中国古代杰出的政治家、军事家之一。在楚汉战争中，他虽然在具体战争中经常失败，但是作为汉军最高统帅，运用正确战略思想和战略部署，最终在决战中，打败强大对手项羽，从而取得天下。刘邦的军事思想主要包括以下几个方面：

治军严格，纪律比较严明。刘邦在征战途中，一直注意诫止部下掳掠百姓，他的军队成为起义军中纪律最严明的一支，因此他给人以"宽大长者"的印象，从而也给他带来"扶义而西"的机会。刘邦严明军纪，对当地百姓秋毫无犯，与项羽的军队所到之处烧杀抢掠形成鲜明对比，使得秦人叹服、秦军瓦解，并赢得民众的广泛支持。

目标明确，战术灵活机动。刘邦的作战指导思想实用性强，在西进咸阳的过程中，明确以尽快抵达咸阳推翻秦王朝作为战斗目标，制订了

① 何晓环、傅继俊、石征先：《淮海战役史》，上海人民出版社1983年版，第251页。

② 缪国亮主编：《江苏历代名人录·军事卷》目录，江苏人民出版社2009年版，第1—4页。

正确的战略决策，并采取机动灵活的战术指挥，不断迂回曲折地选择阻力最小的进军路线，采取避实击虚、分化瓦解、各个击破的战略战术，并交替使用政治手段和军事手段，从而用最小的代价取得最大战果。

全盘意识，善于统揽全局。刘邦在斗争中不是单纯着眼于某一具体战场上的胜负较量，而是着眼部署全局，把军事力量置于经济、政治、人才、外交的坚实基础上，从而形成强大的综合力量。一是在富庶的关中和巴蜀建立巩固的根据地，使自己有一个稳定的后方，保障军粮和兵员的供应；二是针对楚军一帅强而众将弱的特点，开辟正面、南北面两侧和楚后方四个战场；三是为了实现孤立并最终消灭楚军的战略目标，刘邦制定并实施了一切可以利用的因素、团结中间力量、分化瓦解敌人营垒的正确方针。

赢得民心，获得广泛支持。弱者所从事的战争只要是正义的，只要“师出有名”，就能得到民众支持，这个战略思想在刘邦讨伐项羽的战争中得到鲜明体现。汉二年（前 205 年）十月，项羽密使九江王等将义帝杀害，刘邦大张旗鼓地为义帝发丧，成功抓住项羽杀楚怀王的不义之举，就把项羽放在“乱臣贼子”的位置上，给自己出兵进攻项羽找到了讨伐的理由。刘邦的高明与项羽的笨拙，形成了十分强烈的对比。

不拘一格，用人能尽其才。刘邦虽出自草野，但大度容才，能够聚天下英才而用之，为成就伟业夯实基础。从张良开始，西过高阳又收郦食其，先后归依刘邦集团成员有韩信、彭越、英布、陈平、郦食其等近百人，多数是从丰、沛以外的区域，以赵将、燕将、梁将、齐将、魏郎、越户将、长沙将等身份先后投奔刘邦且受到重用的。

1952 年 10 月 29 日，毛泽东在徐州从云龙山北坡下山后，意犹未尽，路上又和地方负责人谈起了戏马台和项羽的故事。他说：“楚汉相争，刘邦取得成功，而项羽失败了，最主要的原因是他缺乏群众路线，刘邦的用人之道比他好，所以才有萧何、张良、韩信、曹参、樊哙、陈平等文武百官跟随左右。而项羽仅有一个范增而不能用，最后只好成为孤家寡人了。”①

① 盛巽昌：《毛泽东论中国历史人物——从轩辕黄帝到孙中山》上册，上海书店出版社 2018 年版，第 125 页。

毛泽东不仅是伟大的政治家，并且也是伟大的军事家，他以实践诠释了自己的观点，刘邦胜在用好“兴汉三杰”，人才在战争中举足轻重。

二、周勃、周亚夫

周勃是沛郡丰邑人（江苏丰县凤城镇周庙村），于秦二世元年（前209年）随刘邦起兵反秦，以军功拜为将军，赐爵武威侯，又屡建战功，于汉高帝六年（前201年）受封绛侯。后来因讨平韩信叛乱有功，升为太尉。刘邦死后，周勃与陈平用计夺取了吕氏军权，诛杀二吕，族灭吕氏，立刘邦第四子代王刘恒为帝。文帝任命周勃为右丞相。文帝十一年（前169年），周勃去世，谥号为武侯。

周勃的作战特点表现为两种形式。一种是“冲锋狙”，在进攻下邑、啮桑、长社的时候，周勃首先登城，一路冲杀，过关斩将；进攻槐里、好畤、咸阳、曲逆的时候，他冲锋在前，荣立上等军功。另一种是“移动狙”，也就是在敌人必经道路上狙击敌人，镇压臧荼叛乱、韩信叛乱时，周勃都采用这种战术，结果大获全胜。

周亚夫为周勃次子，西汉时期的著名将军、军事家，治军纪律严明。在“七国之乱”时，他统帅汉军，针对楚军剽悍的特点，避开正面作战。叛军攻打周亚夫，但几次挑战，周亚夫都不出战，暂时放弃梁国，从背后断其粮道。叛军因为缺粮，最后只好退却，周亚夫趁机派精兵追击，取得胜利，三个月平定了叛军。

周亚夫在军事上有三大贡献：一是改变了以车骑为主的战术，提出短兵、利刃、掩护的方略，使之更利于迎战匈奴骑兵；二是声东击西，布疑兵于山西、河北，主力却出宁夏、甘肃，使匈奴首尾不能相顾，一战将其击溃，为后来汉武帝彻底扫除侵边的匈奴奠定了基础；三是以少胜多平定“七国之乱”，当时七国之军有五十万，朝廷仅有军十万，周亚夫力排众议，派三千奇兵袭敌粮道，尽夺其粮草，七国不战自败，七国之乱遂平。

三、樊哙

樊哙，沛人，西汉开国元勋，大将军，左丞相，著名军事统帅。樊哙出身寒微，早年曾以屠狗为业。作为吕后妹夫，樊哙与刘邦交往甚密，曾与刘邦一起隐于芒砀山泽间（今永城东北），与萧何、曹参共同推戴刘邦起兵反秦。待刘邦做了沛公，便让樊哙做他的随从副官，跟随刘邦征战，屡次先登陷阵，捕斩有功，被赐爵为卿。项羽在鸿门设宴，酒酣之时，亚父范增预谋杀害刘邦，授意项庄拔剑在席上献舞，并趁机刺杀沛公。樊哙持剑盾闯入项羽营帐，仗理执言，营救刘邦，使刘邦在与项羽争斗的第一个回合中取得胜利。后随刘邦平定臧荼、卢绾、陈豨、韩信等，为刘邦麾下最勇猛的战将。惠帝六年（前 189 年），樊哙病故，谥号为武侯。

综观樊哙的一生，自随刘邦起兵反秦，在 15 年的军旅生涯中，不仅以打仗勇猛、功勋卓著见书于历史记载，并以头脑清醒、敢于据理直言、为大业将生死置之度外给后人留下深刻印象。

四、刘裕

刘裕，字德舆，小名寄奴，南朝刘宋开国皇帝。刘裕的祖籍在彭城县绥舆里，是楚元王刘交的二十二世孙。他的家族早年随晋室南渡，长居晋陵郡丹徒县（今镇江市市区）的京口里。

刘裕后从军，成为北府军将领孙无终的司马。在战争中，刘裕屡充先锋，每战挫敌，其军事才华得到初步显露。他不仅作战勇猛，披坚执锐，冲锋陷阵，且指挥有方，富有智谋，善于以少胜多。当时诸将纵兵暴掠，涂炭百姓，独有刘裕治军整肃，法纪严明。桓玄篡位后，刘裕以打猎为名，聚集北府兵残余兵将 1700 余人，在京口举兵起义，陆续歼灭桓楚，击溃桓玄，获推举出任使持节、镇军将军、徐州刺史，都督扬、徐等八州诸军事。不久后，又奉武陵王司马遵承制，总领百官行事。

东晋自偏安以来，时时面临着北方的威胁。祖逖、庾亮、褚裒、殷浩、桓温都曾先后北伐，但无一成功。义熙五年（409 年），刘裕兴师北上，灭了南燕。占据岭南的卢循、徐道覆趁刘裕领兵在外，于次年起兵，进攻江州。朝廷急征刘裕返还建康。面对有十多万人的卢循大军，实力悬殊，刘裕决意死战，最终以火攻击败卢循船队，卢循南逃广州。但刘裕早已派孙处及沈田子经海路攻占了卢循的根据地番禺，卢循一再败逃，终为交州被刺史杜慧度所杀。随后刘裕又图伐蜀，九年（413 年），晋军成功灭谯蜀，巴蜀地区再入南方版图。从隆安三年（399 年）刘裕从军，到元熙元年（419 年）的 21 年间，刘裕南征北战，东讨西伐，为晋朝统治立下巨大军功，使刘裕在朝廷的地位显赫无比。义熙十四年（418 年），刘裕接受相国、总百揆、扬州牧的官衔，以徐州之彭城、沛等十郡，受封为宋公，都彭城，备九锡之礼。次年，晋爵为王。后晋恭帝禅位，刘裕即位称帝，国号为宋，史称刘宋王朝。

刘裕的军事思想重点表现在战术革新上，他能够吸取早期阵法的不足，大胆地将水军用于阵中，利用水军的优势来克制骑兵；采取弧形方式列阵，增加抵抗能力，又将弩、槊有机地结合起来，增强杀伤力；将几个兵种结合起来，协同作战，以水军为后援，以战车列阵御敌，以步兵杀伤敌人，再以骑兵发起追击，开创了战术史上的新篇章。

在作战指导上，他适时选择战机，使自己能够安全占据制高点；利用阵中士卒的心理，将其置之死地，以绝士卒后退之心；抓住敌人迟疑之机，迅速派兵跟进布阵；利用北军人多势众的心理，示弱纵敌；取胜后又及时派兵增援，适时发起追击；整个作战过程中，部署周密，谋略运用完美，堪称战术史上的奇迹。

在治军统兵上，刘裕强调恩威兼施，既注重军纪严明，又较能体恤部众。灭后秦时，将缴获的金玉珍宝尽赐予北征将士；听说琥珀可治创伤，即令将宁州所献琥珀枕捣碎分送参战将士。他主张择才用将，不重资名，只要才堪重用，即使资浅名轻，亦委以重任；不求全责备，对犯有过失者，避短用长①。刘裕的军事思想比较全面，为中国军事史作出重大贡献。

① 中国军事百科全书编审委员会编：《中国军事百科全书》，军事科学出版社 1990 年版，第 12 页。

五、刘牢之

刘牢之，字道坚，彭城人，东晋北府军将领。太元二年（377 年），谢玄镇守广陵，招募勇壮威猛之士，刘牢之因勇猛被选中。谢玄任命刘牢之为参军，率领以南迁徐州人为主的军队作前锋，百战百胜，崭露头角，“号为北府兵，敌人畏之”①。淝水之战中，刘牢之率五千精兵抗拒前秦将领梁成，刘牢之与敌军相距十里，梁成沿涧列阵，以为险阻。刘牢之带领参军刘袭、诸葛求等率部径直渡过涧水，临阵斩杀梁成及其弟梁云等，又派兵截断敌军回撤的渡口，敌军步兵骑兵全线崩溃，争渡淮水，被刘牢之斩杀俘获万余人，缴获全部器械。接着参与北伐行动，征讨那些还未降服的敌寇，黄河以南的许多堡垒武装望风归顺。不久又被任命为龙骧将军，镇守淮阴城，后戍守彭城，又兼任彭城太守。

刘牢之性格深沉刚毅，为人足智多谋，取得战功赫赫，最后却落得悲惨结局，原因很多，主要还是后期的三次反叛。当然，评价任何历史人物都不能脱离当时的历史环境，田余庆就曾指出：“刘牢之的行动并不只是个人晕头转向、进退失宜的问题，而是反映了本来是门阀士族的工具的武将转化为社会统治力量时必然出现的曲折。”②

六、赵立

赵立，徐州张益村人，是北宋末年智勇兼备的猛将。高宗建炎三年（1129 年）三月，金军攻打徐州，赵立协助王复守城，他联络义军，组织部众，军纪严明，不断袭击敌人，威震京东。是年十月，金兵分四路南下，大举攻宋，其中一路完颜昌率军进攻楚州（今淮安）。楚州的战略地位十分重要，赵立临危受命，前往楚州增援，途中与拦截的金军发生激战，赵立勇猛异常，被敌箭射穿脸颊，口不能言，以手指挥，冲破敌人封

---

① 房玄龄等撰：《晋书》卷八四《刘牢之传》，中华书局 1974 年版，第 2188 页。

② 田余庆：《东晋门阀政治》，北京大学出版社 1989 年版，第 349 页。

锁，与城内守军会合。为挫败金人进攻，他创新守城之法，在城墙险要处设置鹿角，加筑月城，同时在城中填上干草，在城墙下挖洞埋藏精兵，一旦金兵登上城墙，由于鹿角阻挡便跌入月城，赵立命令士卒向月城中浇铁水，燃起干草，伏兵立即用长矛将金兵钩投火中。如此战斗 50 余次，金兵死伤无数，被迫撤退。赵立取得第一次楚州保卫战的胜利，成功阻挡金军东进步伐。在第二次楚州保卫战中，完颜昌先将与楚州互为犄角的扬州和承州（今高邮）占领，使得楚州成为孤城。赵立和楚州军民誓与孤城共存亡，他向完颜昌三下战表，展现出与敌血战到底的气概，并多次主动出击，生擒敌酋李药师。最后，由于孤立无援，赵立城破身死。后人曾感叹说："（张）巡、（许）远皆出缙绅卿相之族，闻见习熟，临难行其所知，易矣；（赵）立起自行伍，奋不谋身，较其时与势，比之巡、远为尤难也！"①赵立的英雄事迹，极大地鼓舞了南宋军民的坚强斗志和爱国热情。

七、阎尔梅

明清交替之际，大顺政权、清政权、南明政权各据一方，战斗交织。阎尔梅积极投身于护明抗清的斗争之中，逐步形成对清武装斗争的思想和军事理念。

崇祯十五年（1642 年），阎尔梅以七百乡勇大败围攻沛县的巨猾刘玄千余人，保住沛县城池，其以少胜多、用奇不用正的军事思想在《歌台猛士行》一诗中有所反映："乡兵不与官军同，止可用奇不用正。铁马金戈农夫少，旌旗虚插杨柳梢。贼自西遍向东视，人影浮动几丈长。步者森森喧鼓炮，骑者随余捣中央。"②

同年秋后，阎尔梅入京。时流寇围开封急，抚臣高名衡遣子叩阍乞师，首揆周延儒欲以开封委贼，阎尔梅闻之愕然，以是知国家失计，谓太史等人曰："开封非边外地，弃之则河南尽为寇据，淮扬必不可保，漕运

① 王明清撰：《挥麈录》，上海书店出版社 2001 年版，第 157 页。

② 阎尔梅著，张相文编订：《阎古古全集》卷二《诗、杂体・七古》，北京中国地学会 1922 年版，第 20 页。

中阻，京师大势去矣。”[①]因草《流寇议》，谈兵家“两误”“五失”“九算”，进一步展示自己的军事思想。

清兵入关后，阎尔梅作为史可法的幕僚，将悔误、鉴失、善用算的军事思想运用于制订抗清战略。他在《上史阁部抚定高兵书》中提出：“高兴平伯至睢州遇害……宜急有以应之。大帅初失，三军无主，诚恐蚁聚骤纷……此河南徐州燃眉之忧也。为今日计，先以飞檄西驰，声言为兴平雪仇，以慰彼众。嗣即舍舟登岸，星夜据徐。乘此战士无归之日，邪谋未定之时，速行抚谕，下令招集，彼必投戈效顺。使兴平马步数万，不动声色皆安坐而致之麾下，谚所谓震雷不及掩耳者是也。”[②]这是阎尔梅“不知抚而用之，是为愚，愚为兵家四失”“慢而失战机，为兵家第二失”的战略思想的体现。

阎尔梅提出利用高杰被杀事件，借群愤、鼓斗志、西征北进的战略思想，在《上史阁部书》中进一步做了论述：“高兴平全数精兵尽会徐州，若能选锋锐进，北渡长征，所至之处，不烦血战，必将倒前途之戈。如田单一呼而下齐城七十，此非纯用兵威者之所能喻也。”其实，在高杰被杀之前，阎尔梅已经联络河北壮士，愿为北征前锋，并对河北清兵虚实做了全面侦察。“故前至白洋河，力陈河北情形，中原虚实，师相初未之信，迨移驻徐州，不十日而伪官之俘，果献斯时也。丰沛仓皇，济宁震动。贼无多兵，又不集一处，以大军覆之，如同拉朽。”[③]

但是，阎尔梅提出以徐州为根据地，乘清兵立足未稳之际，联合河北义军，西征北进，收复失地，逐步将清兵赶出山海关的军事战略，均未被史可法采纳，结局果然是“扬州十日屠”之后，南明政权灭亡。这让阎尔梅抱恨终生，他在《惜扬州》《刺金陵》两首长诗中发出极大的哀叹和惊世骇俗的讽刺。

---

① 阎尔梅著，张相文编订：《阎古古全集》卷六《杂文·论议》，北京中国地学会1922年版，第41页。
② 阎尔梅著，张相文编订：《阎古古全集》卷六《杂文·书》，北京中国地学会1922年版，第59页。
③ 阎尔梅著，张相文编订：《阎古古全集》卷六《杂文·书》，北京中国地学会1922年版，第55页。

第四节　徐州军事文化的特点和影响

文化是历史的投影，文化的特质首先应当是民族的、历史的、地域的，文化的核心意义首先应是人类的行为模式和价值观念。战争是流血的政治，它是当政治发展到一定的阶段再也不能正常前进时，用于解决政治集团之间相互矛盾的一种最高的斗争形式。所谓军事文化，在概念的内涵上，绝不意味着是战争与文化的简单相加。它重在揭示民族的、历史的、地域的战争中，人类的行为模式和价值观念等因素在特定群体中规则性的习惯选择。

徐州丰富的历史文化遗存，这些历史资源作为一种符号系统，蕴含着复杂多样的意义，作为一种历史性形态环境，时时都在向人们传递着丰富的历史文化内涵和浓郁等特色。

一、悠久的军事历史

相传黄帝大败蚩尤之战就发生在彭城附近，彭城从此与战争结下不解之缘。徐州居中原南北要冲、“五省通衢”要塞，历朝历代，南北方的战争每以徐州之得失为胜败之关键。

秦末，彭城为反秦大军的战略后方。秦亡之后，项羽凭借强大的军事实力，自封为西楚霸王，定都彭城。汉高帝二年(前 205 年)，刘邦怀着与项羽争天下的雄心，乘虚一举攻入彭城，后被项羽大败突围。时隔三年，刘邦、韩信率领汉军再战彭城，楚军主力被歼，项羽兵败垓下，刘邦统一全国，建立西汉王朝。

两汉时期，彭城一带的战略地位日趋重要。西汉景帝年间的吴楚七国之乱，彭城即作为叛乱的始发地之一及平叛的作战之地。七国乱平，无论对当时的社会和未来的历史都是一大贡献，影响深远。东汉末年，军阀混战，彭城一带成为东、西、南、北四战之地，曹操、刘备、吕布、袁术竞相争夺十余年，足见其举足轻重，已成为控制中国的东方轴心。

两晋南北朝时，徐州烽火连天，战乱频仍。南北政权围绕徐州的争夺战,持续了270年之久。直到581年,隋文帝杨坚统一中国,争夺徐州的战事才告一段落。唐、宋、元、明、清各代,徐州都是通往京师漕运的要道。唐代,徐州的埇桥是漕运的咽喉,关系到唐王朝的经济命脉。宋代,徐州地近京畿,为南北襟要,京都诸郡安危所系。元、明、清三代,徐州是连接南北两京的中心点。因此,每次改朝换代,徐州几乎都有战事发生。

徐州不仅是闻名中外的古战场,也是近现代战争中争夺的要地。孙中山令北伐军三路光复徐州,"辫帅"张勋移军徐州图谋复辟、兵变,直系军阀孙传芳、奉系军阀张宗昌争夺徐州,蒋介石与北洋军阀争夺徐州,冯玉祥进攻徐州,都是重要的战事。其中最著名的是抗日战争时期震惊中外的徐州会战和解放战争时期的淮海战役,直接影响着中国的历史进程。

表9-1 徐州历代重要战争简表

时　间	战　争
约前21世纪	大彭国彭伯寿为夏王朝平息武观叛乱
约前16世纪	大彭国为商王朝平息邳人叛乱
前1208年	商王武丁灭大彭国
前573—前572年	晋楚彭城争霸战
前205年	刘邦、项羽彭城大战
前154年	吴楚七国之乱
193—200年	曹操、刘备、陶谦、吕布徐州之战
310年	刘渊叛乱攻徐州
326—351年	晋与后赵争夺徐州
381年	晋与后燕争夺徐州
430年	刘宋与北魏争夺徐州
614年	隋军破张大彪彭城起义
781年	朔方军攻取徐州
868—869年	唐军破庞勋起义

续表

时　间	战　争
889—893 年	朱全忠攻占徐州
1129 年	宋军与金军争夺徐州
1232 年	蒙古军攻占徐州
1351—1352 年	元军破芝麻李彭城起义
1402 年	燕王朱棣军与明军九里山之战
1555 年	徐、邳军灭倭寇
1635—1636 年	明军与李自成起义军徐州之战
1856—1866 年	捻军与清徐州守军之战
1938 年	中国军队抗击日寇的徐州会战(台儿庄大战)
1948—1949 年	淮海战役

二、丰富的军事文化遗迹

徐州古城内外,军事遗迹丰富多彩,时间跨度长,分布面广。山水之间,遗台故垒,烽烟犹存,既有惊心动魄的事件,又有令人深思的故事。而长期战乱,不断攻伐,锤炼了徐州城独特的英猛强健的风骨,以致沉淀到世代相传的民俗风情之中,给徐州军事文化增添了特殊色彩。

徐州一带是刘邦与项羽的故里,有项羽西楚故宫遗址、户部山上项羽阅兵练马的戏马台,刘邦高唱大风歌的歌风台、大风歌碑,藏兵的白云洞,有刘邦兵败彭城的拔剑泉、脱逃的马场湖,以及韩信十面埋伏的九里山,张良洞萧齐奏、四面楚歌的子房山等,另外还有范增墓、王陵母墓等,还有三国时期沛县吕布射戟台、曹操大战吕布的下邳白门楼、关羽被围困的土山、刘裕北伐所筑的台头寺等。

近代的徐州,是中国变革的焦点空间之一,战事频繁,军事遗存众多。抗日战争初期,徐州抗战形势达到高潮,遗址存有李宗仁将军第五战区司令长官部旧址、战区民众总动员会遗址、著名的青年救国团(青年训练班)遗址、民众教育馆遗址、津浦铁路抗战员工纪念碑、马坡抗日烈士纪念碑等。解放战争期间,徐州是重要的争夺地和主战场,有宿北战役马陵山前沿指挥所旧址，有淮海战役血战碾庄遗址三野指挥部、淮海战役碾庄战斗革命烈士纪念碑、渡江战役总前委驻地旧址等，其中全国重点烈士纪念建筑保护单位——淮海战役纪念馆及馆藏1.5万余件军事文物，成为纪念这一重大历史事件的军事博物馆。还有王杰纪念馆，以及散见于市郊山头上的碉堡群等，这些无不显示出徐州的战争烽火经历和极为丰厚的历史战争文化渊源。

三、浓郁的军事文化氛围

战争伴随着徐州度过了漫长岁月，浓郁的军事文化成为徐州历史前进的坐标，也成了徐州厚重的历史文化背景。军事文化对徐州的浸润，方方面面，淋漓尽致。文学、艺术作品中“楚汉相争”“萧规曹随”“成也萧何，败也萧何”“四面楚歌”“约法三章”等典故，成为中华文化光彩照人的篇章。而“九里山下古战场，牧童拾得旧刀枪”等诗句更是朗朗上口。军事文化还铸就了徐州人的地域风格：生活习惯，喜欢吃大饼烙馍、大碗喝酒、大块吃肉，讲究俭约实惠；地理名称，不少带有军事色彩，“炮车”“老营盘”“议堂”“马陵山”等，俯拾即是；性格秉性，历代战火熏就出徐州人质直、剽悍、尚武、好动、为正义而“好勇轻死”的精神。徐州土地上每一次军事对峙，同时又是多元化的汇集交融，形成了独特的民俗风情。这里是闻名全国的武术之乡，有众多的武术教馆，四时庙会上的木制刀枪剑戟，民俗活动中的斗鸡、斗狗、斗羊，以及擅长表现“金戈铁马、龙争虎斗”的唱腔粗犷、高昂豪放的徐州曲艺大鼓等，都营造出浓郁的军事文化氛围。

徐州的军事文化影响极其深远。特别是“忠诚坚定、担当奉献、团结协作、爱民率民”的淮海战役精神，有着重要的人文历史价值，党和国家历届领导人都给予高度评价。众多海内外专家学者也对此产生了浓厚兴趣。美国陆军参谋大学战略研究所著名学者鲍嘉檀博士，把淮海战役作为他的专题研究课题，多次来徐州调查，探讨60万打败80万的战争奥妙。孟加拉国、朝鲜、越南、巴基斯坦等国的军事专家也都纷纷前来徐州战场旧址参观访问。

图 9-2　徐州地区出土汉代兵器(徐州博物馆藏)

徐州自古为“兵家必争之地”的重要战略地位,陶铸了徐州人“有情有义”“敢作敢为”的尚武民风。3000 多年来,在血与火的洗礼中,走出了一大批杰出的军事家和谋略家,演绎了一幕幕惊心动魄、永载史册的经典战例和许多家喻户晓的故事传说,造就了徐州人民不畏强暴的抗争精神和强悍的精神气质,使得徐州军事文化大放异彩。徐州大地见证了这一切,因而发生在徐州的战争,今天给我们留下的不仅仅是历史与故事,更是值得继承的文化意义上的经验和智慧。在新的历史条件下,借鉴军事理论界对军事文化的研究,把文化看成是战争的“根”和“魂”,与时俱进,在继承优秀军事文化传统的基础上,针对未来军事斗争的客观现实,不断开拓创新,就一定能为国防现代化构筑坚如磐石的“精神长城”。

第十章　运河文化

“五省通衢”是对运河城市徐州的赞誉。“通衢”本指四通八达的道路，这里形容徐州在特定历史时期交通发达，交流便捷。“五省”是指清嘉庆二十三年（1818 年）南河总督黎世序倡建徐州黄河牌楼时的直隶、山东、江苏、安徽、浙江运河沿线五省。而事实上，长江流域江西、湖北、湖南、四川皆溯运河而上，连接九省也不止。如果再从《禹贡》故道、汴泗交流和各时代水陆联运细算，徐州几乎通达天下。

徐州的水上运输最初主要是利用自然河道泗水及其支流，黄河夺泗入淮后，借黄河行运。为了济漕保运，朝廷设有工部分司，负责整治河道。明永乐十三年（1415 年），陈瑄疏凿徐州洪、吕梁洪以通漕，并于洪口置闸。此时，仍然是以自然河流为主。随着黄泛屡次侵袭，人工开挖运河的成分逐渐增加，嘉靖四十五年（1566 年）朱衡沿微山湖东岸开挖沛县新河，万历三十二年（1604 年）李化龙开通泇水，另辟中运河，两次人工改道，使得运河大部分已不在今之徐州市境。中华人民共和国成立后，国家实施一系列大运河整治工程，才有了今天从邳州入境，一条走台儿庄和湖东航道，另一条通过不老河段连接微山湖湖西航道的格局。

徐州运河文化历史悠久，源远流长。按照文化的基本结构标准，徐州运河文化的范畴应包括历史时期的物质文化遗产、制度文化遗产、精神文化遗产，以及后人崇拜所形成的思想作品、行为效仿、纪念建筑和纪念物品。从广义上讲，徐州运河文化属于动态的水文化，是自上古至晚清时期发生在徐州地区的，以黄河、淮河及其支流与人类社会互为主体和客体，并分别以历史时期的水文变化和人类活动为载体，相互作用和活动而产生的文化现象。徐州地区生活着的人们与运河之间既存在矛盾和斗争，又存在改造和利用的联系，继而衍生和创造出了深厚繁荣的徐州运河文化。

第一节　徐州运河历史变迁

远古徐州，气候温润，雨量充沛，众水归淮。淮河的一级支流泗水纵贯全境，承接徐沛丰小平原上的泡水、丰水、菏水和徐邳小平原上的武水、沂水、沭水等二、三级支流，形成得天独厚的水上运输网。

上古三代，《禹贡》故道“浮于淮、泗，达于河”，是最早的对徐州水上交通网的描述，指进贡的船只通过淮河、泗水，再经过菏水，到达与济水相通的菏泽，然后就可以通过鸿沟入黄河溯流而上，达于都城。

先秦以降，汴水东进，泗水南下，汴泗交流，汇通入淮，徐州一跃成为水陆襟要、漕运之地。春秋末年魏国开凿汴水，上通鸿沟蒗荡渠，向东流经商丘以北与获水相接，获水自此并入汴水。汴水再向东经过砀山到徐州，在城东北汇入泗水。汴泗汇流之后，在徐州附近形成“悬水三十仞，流沫三十里”[①]的泗水三险。[②] 再向东南注入淮水，并与春秋末年吴王夫差开凿的邗沟相通，江、淮、汴、泗、济、河连为一体。从此，徐州河运发达，舳舻千里，渐为商业城邑；乘汴泗相通之势，北控齐鲁，南扼濠泗，东襟江淮，西通梁宋，成为兵家必争之地。

两汉时期，长安（今陕西西安）和洛阳成为政治中心，徐州则为江淮中原之间的水陆枢纽，江淮之物大多经此直达中原和关中。汉武帝元光三年（前 132 年），黄河在瓠子（今河南濮阳西南）决口，向南摆动，经

① 张湛注：《列子》卷二《黄帝》，上海书店 1986 年版，第 20 页。

② 方勇译注：《庄子》外篇《达生》，中华书局 2010 年版，第 308 页。

巨野泽(今山东西南),夺泗入淮,由淮及海①。这是黄河首次夺泗入淮,经行徐州。此后,黄河经常泛滥,徐州漕运大受影响。东汉永平十二年(69 年),王景治河,采用河汴分治之法,沿河筑堤,使之向北摆动,脱离徐州,同时使汴水入河,成为黄河重要支流,徐州复为江淮漕粮西运中原的主要通道②。治理后的黄河少有决溢,亦无大的改道,徐州汴泗航道稳定了 800 余年。

魏晋南北朝时期,兵戈不息,攻战不止,徐州成为北伐南征贡的水陆交通中心,军队漕粮多经此北上南下,东转西进。因此,北方视徐州为"南国屏藩",南方视徐州为"北门锁钥"。

随着隋唐大运河的开凿贯通,徐州更是舳舻云涌,漕运繁忙,奠定了运河要埠的地位。隋朝一统南北,定都关中。大业元年(605 年),隋炀帝利用历代旧有水系,征发河南淮北百万民夫,开凿了东西连绵千里的大运河——通济渠,将黄河、淮河上下贯通,洛阳、扬州连成一线。徐州以西的汴渠(汴水)成为通济渠主道,为撇开徐州东南的泗水之险,主道自商丘向东南经过永城、宿州,进入淮河。但汴泗环抱的徐州作为辅道,仍不失为通济渠漕运水网中的一处津要,汴泗沿岸,店肆林立,商业繁荣,迅速成为运河沿线的重要城邑。并且宿州埇桥等运河要冲在行政上均属于徐州节度。

唐代,朝廷为加强中原江淮之间的联系,承继了通济渠漕运水系。盛唐时期,徐州虽不是漕运主道,但也是江淮通往中原、齐鲁的水陆要道。唐代文学家韩愈当年在徐州就见到了"汴泗交流郡城角"③的壮观景象。自幼生活在徐州的诗人白居易更见证了"汴水流,泗水流,流到瓜洲古渡头"的自然胜景。有唐一代,徐州的绢织品被朝廷列为九等品级中的第三个等级,属于上等贡品。每年徐州的绢织品从汴水经过汴渠千里迢迢地运往洛阳。徐州土质肥沃,地宜菽麦,也是朝廷重要的盐粮地区。这些盐粮经过此渠被源源不断地运往洛阳含嘉仓。徐州矿产丰富,朝廷在此设置秋丘冶,专事炼铁,再将上等制品由此运往两京。

---

① 司马迁撰:《史记》卷二九《河渠书》,中华书局 1959 年版,第 1409 页。

② 范晔撰,李贤等注:《后汉书》卷七六《循吏列传·王景》,中华书局 1965 年版,第 2464—2465 页。

③ 屈守元、常思春主编:《韩愈全集校注》,四川大学出版社 1996 年版,第 70 页。

北宋，随着黄河泛滥，通济渠（宋称汴渠）时常湮塞，中原各政权先后对其疏浚修治，维持通航。南宋时期，宋金战事频仍，黄河泛滥无常，通济渠逐渐淤塞为陆。宋金之际，杜充为防金军南侵，决开黄河，以水代兵，黄河再次夺泗入淮。决口以下，河水东流，经豫北到鲁西侵占泗水河道，顺流南下，再次经行徐州，东南入淮，奔向黄海。

元代，蒙古入主华夏，定都大都（今北京），使中国的政治中心方位发生重大变化。为使江南漕运顺利抵达华北，元廷翻修了南北纵贯3000余里的京杭大运河，沟通了海河、黄河、淮河、长江和钱塘江五大流域，徐州泗水并入运河，黄河运河在此交汇通流。从此，徐州形成汴泗交流、黄运通汇的格局，桅樯林立，风帆天下，堪称四方都会。

明清时期，徐州作为运河之城，虽水运交通便捷，但也时常河患频发，洪灾严重，在500年间运河漕运的繁华背后，留下不尽的悲凉篇章。

咸丰五年（1855年），黄河在兰仪（今河南兰考）铜瓦厢决口，洪水向东经长垣、东明入张秋，横穿运河，汇大清河复奔渤海。经行徐州长达750余年的黄河从此北徙，只留下了一条历经沧桑的黄河故道，流淌2000余年的汴河不复存在。黄河故道，黄沙弥漫，有水则涝，无水则旱，农耕条件恶劣，人民生活困苦。

中华人民共和国成立后，经过淮河治理工程、黄河故道治理工程、京杭大运河治理工程、南水北调工程，运河徐州段水道通畅，成为北煤南运的重要枢纽，运输量堪比7条铁路；运河两岸稻麦飘香，人民安居乐业，逐步迈向康庄。

第二节　徐州运河文化名胜

一、运河官司

（一）徐州仓户部分司

永乐九年（1411年），明成祖朱棣作出了打通大运河的决定，命工部尚书宋礼重开会通河，十三年（1415 年）河成。《明史·食货志》载"迨会通河成，始设仓于徐州、淮安、德州"[①]，并在徐州设立户部分司。

徐州仓户部分司设立于明永乐十三年，其署先在南门外广运仓侧，为监督粮储、主事莅政之所。[②] 据《明熹宗天启实录》载，天启四年（1624年）六月二日夜，黄河水位暴涨，六月三日午时，黄水汹涌，魁山堤溃，冲裂徐州东南城垣，官舍民庐尽没。主事张璇移署于南山戏马台台头寺聚奎堂，缮屋宇、筑石垣，以作为新的徐州仓户部分司署。自此，南山戏马台始称户部山。崇祯九年（1636 年），郎中张湖"创建箭楼"。清顺治二年（1645 年），郎中陈嘉胤"修增雉堞"，立四门，名之曰"小南城"。四年（1647 年），郎中王维屏"于楼门内左右增板屋，为城守站立处"[③]。康熙四年（1665 年），裁户部分司，署废。

明清时期，徐州仓户部分司设有主事一员，正六品，初授承直郎，升授承德郎，月俸米十石。虽然户部主事官秩不高，但在仓储管理中却起着"司内宰之分职，而外方伯之事"的作用，其责任非常重大。据旧志载，徐州仓户部分司主事"初专督广运粮储，一岁一代，后兼理广运仓事，并管钞务，三年一代。后钞归吕梁工部，本司止管税务"[④]。清康熙初裁撤后，"仓务归淮安及徐州管理，税务归淮扬道兼理"[⑤]。

由上述可知，徐州仓户部分司存在的时间为明永乐十三年（1415年）至清康熙四年（1665 年），共历 251 年，其主要职能为监督和管理徐州广运仓、永福仓的仓务和税务。

（二）吕梁洪工部分司

吕梁洪在州城东南五十里，其分为上洪和下洪，二洪绵延七里，水中乱石林立，多如巨齿，水位落差大，水流惊湍怒号，巨浪沸腾，瞬间水

① 张廷玉等撰：《明史》卷七九《食货志三》，中华书局 1974 年版，第 1924 页。

② 参阅张廷玉等撰《明史》卷七九《食货志三》，中华书局 1974 年版，第 1915—1929 页。

③ 余志明主修，李向阳等纂：清顺治《徐州志》卷二《建置·公署》，清顺治十一年（1654 年）刻本，第六十页。

④ 吴世熊、朱忻修，刘庠、方骏谟纂：清同治《徐州府志》卷六中《职官表》，清同治十三年（1874 年）刻本，第一页。

⑤ 吴世熊、朱忻修，刘庠、方骏谟纂：清同治《徐州府志》卷六下《职官表》，清同治十三年（1874 年）刻本，第一页。

流便达数里，成为南北漕运中水道最险要的地方。由于其地势险峻，流急浪大，经常有翻船的危险，因而历代都进行了多次的整治。

东晋太元九年(384年)，谢玄率师北上攻伐前秦至彭城，为解决给养问题，组织了9万人对吕梁洪水道进行了大规模的整治，以利给运①。

明清两代，吕梁洪是国家漕运的重要通道。据《明太宗实录》记载，永乐四年(1406年)，“工部言吕梁洪霖雨，水决近河路并圈沟桥一十九丈六尺，宜发民修理。从之。”②十三年(1415年)，陈瑄主持漕运，开凿吕梁洪、建吕梁石闸以平复水势。同年，设吕梁洪工部分司于此，负责监督漕运、治理航道。吕梁洪工部分司署初在吕梁洪东岸，坐东向西，弘治十年(1497年)主事来天球建，为本洪主事莅政之所。清初，改明吕梁工部分司为中河分司，其衙署初仍明制，后徙宿迁，公署无考。康熙十七年(1678年)裁，归并淮徐道。③

(三) 徐州洪(百步洪)工部分司

百步洪，在徐州古城东南约1千米处，为泗水所经，有激流险滩，凡百余步，故名百步洪。因距城较近，又称徐州洪。此处洪水波涛汹涌，气势磅礴。史书记载：“水中若有限石，悬流迅急，乱石激涛，凡数里始静。”④唐高祖武德七年(624年)，尉迟敬德曾开凿治理过徐州洪。北宋文学家苏轼任徐州知州时，也曾注意到西至汴梁，千里运道上只有徐州洪和吕梁洪最为险恶，对于国家漕运和水系治理非常重要，只可惜任期太短，未及治理。

明成祖建都北京，当时徐州段南北运河尚未开通，运道仍以黄河经徐州沿泗水北上，所以朝廷很注重徐州洪的治理。永乐十三年(1415年)，朝廷设徐州洪工部分司，专为漕河工程。据清顺治《徐州志》载，“本洪宋元皆名百步洪，去州城东南二里许，巨石盘踞，巉崿龃龉。汴泗

① 参阅房玄龄等撰《晋书》卷七九《谢玄传》，中华书局1974版，第2083页。

② “中央研究院”历史语言研究所校：《明太宗实录》卷五八，(台北)“中央研究院”历史语言研究所1983年印，第846—847页。

③ 吴世熊、朱忻修，刘庠、方骏谟纂：清同治《徐州府志》卷六下《职官表》，清同治十三年(1874年)刻本，第一页。

④ 顾祖禹：《读史方舆纪要》卷二九《南直十一·徐州》，中华书局2005年版，第1394页。

经流其上，冲激怒号，惊涛奔浪，迅疾而下。舟行艰险，少不戒即坏溺。害与洪水等，故名曰‘洪’。其形象‘川’字，有三道：中曰中洪，西曰外洪，东曰月河，即里洪……隆庆二年（1568 年），因洪水安流，本司裁；六年（1572 年）议复，万历六年（1578 年）又裁”①，归并吕梁。

至清咸丰五年（1855 年），黄河北徙，徐州一带便留下了一条高于两侧地面 5—7 米的废黄河，徐州洪淤埋地下，形迹荡然无存。

（四）广运仓

1989 年徐州奎河清淤，在袁桥南河底发现一块明代石碑，碑首额题篆书“徐州广运仓记”六字，碑文叙述了广运仓的方位、仓储和占地规模、功能建筑的布局组成。成化十三年（1477 年），广运仓经过一次大规模修葺后，恢复了鼎盛时期的规模。清代的徐州仓继承了明代广运仓的基础。考古资料显示，清末的徐州仓，南北长 330 米，东西宽 270 米，但也只是明代广运仓原址上的东北一角，规模远不能与明代广运仓相提并论。由此亦可推测明代徐州广运仓之雄伟壮阔。

图 10-1 ［明］“徐州广运仓记”碑拓片局部（袁桥南奎河河道出土，徐州博物馆藏）

附近的地质勘查资料表明，表土第一层为杂填土，厚约 2.3 米；第二层粉质黏土，厚约 2 米；第三层

① 余志明主修，李向阳等纂：清顺治《徐州志》卷二《建置·漕政》，清顺治十一年（1654 年）刻本，第二十一、二十二页。

为淤泥质黏土，厚 2.5 米。第三层的底部为老地面，土中夹有陶片、碎砖、石块。广运仓碑就坐落在这层老地面上，碑的近旁还清理出古树桩等。在附近的基建施工中，三层土曾发现过大量腐烂的粮食。根据考古发掘和历史资料记载，该地即为明代徐州广运仓旧址。《徐州广运仓记》碑文填补了历史文献资料记载的空白，成为明代 5 座“国储”粮仓唯一的实证。

二、运河驿站

驿站是一种交通运输机构，是古代供传递官府文书和军事情报的人或来往官员途中食宿、换马的场所。在古代社会通信手段十分原始的情况下，驿站担负着政治、经济、文化、军事等方面的信息传递任务，在一定程度上对于加强各地区之间的联系和维护国家统一具有重要意义。

明朝建立以后，即在全国各地设立驿站。徐州段运河是明代南北大运河“咽喉命脉所关，最为紧要”①的一段，每年由此北上的漕船 1.2 万余艘，运军 12 万多人，运送漕粮达 400 万石。随着京杭大运河的开通，徐州的驿站日趋兴旺，它们以徐州城东的彭城驿为中心向外辐射，由水路和陆路组成了一个颇具规模的驿站网。这些驿站常备人夫、马骡、车船，并措办口粮，专供传递官府文书的驿使和过往的官员使用。据文献记载，当时主要有以下驿站：

彭城驿。为水驿。据民国本《铜山县志》卷一七记载：“旧制有彭城驿，明永乐十三年（1415 年）置，初在城南二里许，嘉靖二十二年（1543 年）徙黄河南岸，国朝因之，至雍正十三年（1735 年）裁撤。”朝鲜人崔溥在其著作《漂海录》中也记载，徐州城在彭城驿西北二三里。彭城驿有船十七只，船夫一百七十人。

夹沟驿。在城北九十里，系旧运河岸水驿。嘉靖《徐州志》：“永乐十三年设建。水夫一百五十人，站船一十五只，上中铺陈三十副，什物

① “中央研究院”历史语言研究所校：《明神宗实录》卷一九一，（台北）“中央研究院”历史语言研究所 1983 年印，第 3594 页。

一十五副。上中马二匹，驴一头，马夫二人，驴夫一人。”[①]清康熙初裁。

房村驿。在城东南，今铜山区东南房村，也是水驿。明嘉靖间，有站船一十八只，水夫一百八十人。

东岸驿。据旧志记载，东岸驿“在府北黄河北岸，明永乐十三年(1415年)置，乾隆间移府城东关。明制，有州县上马二十四匹，中马十九匹，下马十七匹，马夫六十名，骡六十六头，骡夫数同，什物一百二十六副”[②]。

利国驿。据旧志记载，利国驿在府北八十里，明永乐十三年(1415年)置，马六十五匹，马夫六十五人，铺陈、什物各六十五副。

桃山驿。据旧志记载，“在府南五十里，明永乐十三年(1415年)置。明制，有州县上马十二匹，中马七匹，下马九匹，马夫二十六名，骡六十五头，骡夫数同，什物九十一副。外，江、浙两省协济粮佥上马十三匹，中马九匹，下马十一匹，马夫三十五名，上、中、下铺陈三十五副，什物同，俱废”[③]。

石山驿。陆驿，与水驿联网，在府东北四十里，明永乐年间建，马五十匹，马夫五十人，铺陈、什物各五十副。明嘉靖四十二年(1563年)裁。

邳州赵村驿。据旧志记载，赵村驿“在州东南猫儿窝运河口，明万历四十四年(1616年)置，今又名夹沟驿。旧制，邳州有下邳驿，在旧州城南堤上，明洪武三年(1370年)置，额设水夫四十名；又有直河驿，在旧城东南三十五里，明洪武二十三年(1390年)置，后俱废”[④]。

沛县泗亭驿。也称泗水驿，在沛县。因秦时泗水河畔有泗水亭，故名。明代在沛城南关辛家巷东，临泡水，水夫七十名，岁支银一千八两，驿丞署康熙毁于地震，光绪初移夏镇。[⑤]

---

① 梅守德、任子龙纂：嘉靖《徐州志》卷六《官署》，明嘉靖刻本，第六页。

② 余家谟主修，王嘉诜等主纂：民国《铜山县志》卷一七《武备考·驿递》，1919年刻本，第十页。

③ 余家谟主修，王嘉诜等主纂：民国《铜山县志》卷一七《武备考·驿递》，1919年刻本，第十页。

④ 吴世熊、朱忻主修，刘庠、方骏谟主纂：清同治《徐州府志》卷一七《兵防考》，清同治十三年(1874年)刻本，第十五页。

⑤ 于书云主修，赵锡蕃主纂：民国《沛县志》卷五《建置志·驿置》，商务印书馆1920年版，第二十六—二十七页。

三、运河桥梁

(一) 荆山桥

位于徐州东北 10 千米的荆山南面，有一座横跨原荆河之上的古桥，是为荆山桥，由慷慨乐义的张胆捐资重修成宏伟壮丽的石桥。

荆河水源于微山湖，经蔺家坝东流，过荆山而下为不牢河，至邳州汇入京杭大运河。建桥之前，此处水流湍急，乱石纵横，两岸地势低洼，洪水一来，便成泽国，南北行人受阻，交通大为不便，往往拂晓鸡鸣时候船，日晡尚未尽渡。

据清同治本《徐州府志》记载，该桥于清康熙二十一年(1682 年)动工，至康熙三十年(1691 年)竣工，历时近 10 年，费银 26800 两。桥身长三百六十丈五尺，顶宽一丈九尺，可并行两辆马车。桥头有过桥牌坊，桥身有石栏杆，中孔拱顶全部用花岗石条砌成，接缝处除用糯米浆浇灌外，另用元宝形铸铁扣相连接。

乾隆十一年(1746 年)对荆山桥进行了一次扩建。扩建后的荆山桥总长度达到四百八十二丈五尺，约合 1560 公尺，共有桥洞 149 个。桥身雕龙 12 条，桥中间有石狮 1 对，石狮中间的横额有乾隆御书“万世津梁”4 个大字。此桥修成后，惠泽两岸乡民，便利南北商贾，成为贯通南北的陆上大动脉。

1958 年，徐州市大兴农田水利，开挖不老河，疏通大运河航道，用爆破的方法将其拆除，历史悠久的荆山桥从此在人们的视野里消失了。目前，仅有过桥牌坊尚存完好。

(二) 弘济桥

黄河下游的徐州段河面宽阔、水流湍急，给交通带来极大的不便。于是徐州人便用自己的聪明才智建造出了“活桥”(浮桥)。据有关文献资料记载，徐州的“浮桥”最早可追溯至元代武安州之前。练鲁诗《徐州故城》称城外“浮梁驾连舴”；成廷珪在《悲徐州》诗中说，脱脱元军攻徐州城，“夜斫浮桥开”①。

明代，徐州城东门外的黄河之上，仅是靠小船摆渡。由于水流过快，时常翻船。如遇风急水涨之时，南北车马纷沓结集于此，也只能望河兴叹。嘉靖二十六年(1547年)，徐州兵备副使王梴曾一度移万会桥于东门外，不久就因万会桥附近摆渡溺死人命，又因万会桥舟旧数少(仅有18艘)而复位原址。当年，徐州地方征调本年徭役之民和管理聚集在万会桥的桥夫，用治安罚款和征集的特别交通费作为建桥资金，历时一月有余，新造大船35艘，铁缆、铁锚若干，建成东门外新桥，并以普度众生之意取名“弘济”。这就是130年后罗马尼亚旅行家米列斯库见到的“活桥”②。米列斯库的日记作为中西交通史料，被译成多种文字出版发行，使徐州历史文化在世界范围内得到了广泛的传播。

清咸丰五年(1855年)，黄河从兰考决口北流，南支黄河水流日浅，弘济桥渐圮。日寇占领徐州后，为了调遣兵力和调运物资方便，在徐州城内修建了两条马路，一条东西走向即今天的淮海东路，另一条南北走向即今天的中山路。日本人将东西走向的这条路命名为“启明路”，弘济桥旧址的路桥命名为“济众桥”。日寇投降后，启明路改叫“中正路”；淮海战役胜利后，中正路改名叫“淮海路”，而“济众”桥名仍被袭用。2004年初，市政府重修济众桥，恢复“弘济”古名。

四、运河胜景

(一) 淮海第一关

《尚书·禹贡》：“海岱及淮惟徐州。”千里淮海何为关口，“淮海第一关”就扼在京杭运河初入淮海的境山上。

---

① 吴世熊、朱忻修，刘庠、方骏谟纂：清同治《徐州府志》卷一八《古迹考上·铜山》，清同治十三年(1874年)刻本，第四页。

② [罗]尼古拉·斯帕塔鲁·米列斯库著，蒋本良、柳凤运译：《中国漫记》，中华书局1990年版，第136页。

境山位于徐州西北25千米的苏鲁交界处，因传说有山头井，又称井山，海拔76米，地属铜山区柳泉镇。“淮海第一关”五个大字就凿刻在境山西麓的山岩上，字体正楷，字径50厘米，未署名。从这里形成关口的时代分析，这几个字的镌刻年代为明代。原来，京杭运河出京师和山东行省后，河道渐宽，水流湍急，加之运河徐州段利用黄河旧道，河床落差大，形势险峻，险象环生。这里的秦梁洪、徐州洪（百步洪）、吕梁洪是整个运河行船的著名三险。除三洪外，还要过梁境闸、内华闸、古洪闸、镇口闸、吕梁闸诸闸。当时每过一闸，要等候船队成帮，方可过闸。于是境山就成为船夫商贾漕运官员停步歇脚、求神安渡之所。因境山附近的梁境闸形势险要，地控咽喉，是船入淮海地区的第一道关口，故而被民间誉为“淮海第一关”。

京杭运河自元代至元二十六年（1289年）全面开通后，江南漕粮均由此输入京师。当时运河舳舻相连，风帆蔽空，每年约有万余艘船只往返关口。境山上建有庙宇广阔、房舍众多的大云禅寺。从当地留存的地面文物和历代文人的登临题咏，仍可想见“淮海第一关”当年的雄姿盛景。

（二）牌楼

徐州城武宁门（北门）外的黄河南岸护城石坝上，巍然耸立着一座气势恢宏的四柱三开间大门式木牌楼。这座牌楼是清嘉庆二十三年（1818年）由治河专家、河道总督黎世序倡建的。光绪九年（1883年），徐州道尹赵椿平重修。牌楼矗立在有一丈多高的青石台上，远远望去，巍峨壮观。牌楼正中横匾北面书“大河前横”，南面书“五省通衢”，主旨突出，辉映河川。牌楼内柱上南侧的楹联：“五省通衢，禹列尧封神圣地；九州圣境，龙吟虎啸帝王都”，北侧的楹联：“地锁江淮，人文一脉兴秦汉；渠通南北，气势千秋贯古今”，概括了徐州历史文化特色，见证了“五省通衢”徐州水运枢纽的地位与水运历史的悠久。

牌匾上的“大河前横”，指的是黄河（古汴水）。它从公元1194年夺泗入淮，到1855年改道山东入海，滔滔黄河水流经徐州600多年，给徐州带来无穷的灾难。一次次灾难，一次次治理，顽强的徐州人民在灾难面前从来没有屈服过。和苏轼建黄楼一样,建牌楼是徐州人民又一次抗洪卫城胜利的标志。

1964 年,这座矗立 150 多年的牌楼被拆除了。20 世纪 80 年代,故黄河沿岸的景点陆续恢复,牌楼也重焕荣光。随着时代的发展,此处已成闹市区。

(三) 黄楼

黄楼是苏轼在徐州留下的标志性建筑。北宋神宗元丰元年(1078 年)二月动工,八月十二日建成,历时半年之久。全楼涂以黄色,故称"黄楼"。在中国的五行学说中,土克水,为黄色。苏轼筑此黄楼,包含着永远克制水患的意思,这寄托了苏轼的希望,也反映了徐州人民的心愿。

据地方志记载,金代末年,黄楼还矗立在东门城墙之上。元明时期,黄楼已移至地面,仍在城东北隅,清代曾多次重修,虽然规模较小,但大体格局不变,并在地面上增加了平台和石栏。20 世纪 50 年代中期被拆除。1988 年 10 月,徐州市有关部门又在离原址不远的故黄河岸重建了一座 350 平方米的新黄楼,仍是仿宋建筑,双层飞檐,丹柱黄瓦,十分壮观。"黄楼赏月"已是徐州富有历史意义的名胜之一。"碧水柔波,不尽黎民厚意;黄楼明月,长留太守清风"这一对联,充分表达了徐州人民对苏轼的景仰之情。

(四) 镇河铁牛

"武宁门外水悠悠,万里长堤卧古牛。青草绕前难下口,长鞭任打不回头。风吹遍体无毛动,雨润周身似汗流。莫向函关跨老子,国朝赖尔镇徐州。"①这是一首在徐州流传甚广的《镇河铁牛》诗。全文通俗晓畅,诙谐风趣。从诗中用的"国朝"来看,此诗当出自清代文人笔下。

镇河铁牛铸造于清嘉庆四年(1799 年),置于徐州城北门(武宁门)外。镇河铁牛身长约两米,高约一米,重千斤。头向西北,尾向东南,昂

---

① 原铁牛铭文。原铁牛已废,后重铸。

首翘鼻，双目圆睁，直视西来之滔滔黄河。牛身铸有54字铭文："太岁在己土德盛，月唯庚午金作镇，铸犀利水乘吉命，蛟龙虬伏水波静。天所照惟顺兮，安流永宝。岁在嘉庆己未庚午月庚辰日庚辰时铸。"①这是当年经过慎重选择的生辰八字，有极其浓厚的迷信色彩，亦有相当合理的科学成分。迷信色彩来源于宿命论思想，实为糟粕；科学成分在于它准确无误地记载了铁牛诞生的时间。这里的己未年庚午月庚辰日庚辰时相当于清代嘉庆四年五月二十三日七时至九时，折公元1799年6月25日7—9时。铭文表达了人们希望黄河不再兴风作浪、永远平安和顺的意思。"文化大革命"期间，镇河铁牛被当作"四旧"毁坏破除了。

但是，镇河铁牛毕竟是地方上的一种文化现象，它产生于洪涝黄患肆虐的年代，是历史的见证。1985年7月，在共青团徐州市委的号召下，全市团员、青年积极参加义务劳动和筹集资金，铸造了一个长2米、高1米的新铁牛，于同年12月23日安放在故黄河岸上。

（五）子房山

子房山位于徐州城东北，海拔146米。子房山的命名是为纪念西汉留侯张良而取意的。从子房山向下环视，汴泗交流处、大坝头、百步洪、弘济桥、萃墨亭、彭城驿、户部山、金谷里、丰储街、矶嘴坝、广运仓等运河要害和名胜尽收眼底。加上南北陆驿也从此经过，因此，徐州是南北咽喉，子房山下则是徐州的咽喉。20世纪初，津浦、陇海两大铁路修成后，在子房山下交会，这里仍然是天下咽喉。

子房山建有子房祠，又称留侯祠。原是明代宣德初年平江伯陈瑄所建。清代嘉庆年间徐州道张鼎重修。大殿内有张良塑像。司马迁在《史记》中写道："余以为其人计魁梧奇伟，至见其图，状貌如妇人好女。"②塑像便按这种状貌来塑造。祠东有黄石公庙，塑像为一鬓发皆白的老人，著褐色衣袍。祠南有罗成庙。子房祠曾为历代诗人凭吊吟咏，垣址及两方石碑至今犹存。

---

① 赵明奇：《镇河牛铭文考释》，赵明奇：《徐州地方志通考》，中国文史出版社1991年版，第344页。

② 司马迁撰：《史记》卷五五《留侯世家》，中华书局1959年版，第2049页。

（六）吕梁洪孔子观道亭

吕梁洪在徐州东南30里的吕梁山之下。因位于古吕城（春秋时期宋国城邑，今废）之南，水中有石梁形如脊骨，故称吕梁洪。分上洪、下洪，相距七里。

吕梁洪水势险恶。《庄子》《列子》等古籍记载，孔子曾在这里观看瀑布。此事虽然孤证待考，但亦无更多的证据反驳。后人为了纪念孔子，在此处修建了孔子观道亭和川上书院，皆取名于此典。且经久有年，成为一种文化现象。

孔子观道亭和川上书院是明代徐州吕梁洪工部分司员外郎张镗（浙江山阴人）于明嘉靖十四年（1535年）所建。张镗登临吕梁洪畔的塔山（又名凤冠山），远眺诸山环拱，风景秀异，追怀孔子的圣迹往事，想到自己的岳父乃孔子后裔，于是捐资修建了此亭，以纪念孔子吕梁观瀑。张镗往谒曲阜孔庙，从孔氏家祠中得到《鲁司寇孔子真像》一幅，遂命人绘图镌刻成石碑，矗立在塔山孔子观道亭旁边，供人瞻仰。无锡人秦凤山捐助建设川上书院，并以孔子观洪典故为书院命名。秦翁又买山地百余亩，所获黍稷例为春秋祭孔之用。

清乾隆三十一年（1766年），徐州知府邵大业途经塔山，见孔子观道亭已经破损不堪，两尊孔子画像石碑时遭水浸，颇为痛惜，遂于次年与孔子六十八代孙孔传洙商量修复事宜，铜山县令施恩祖与乡绅也纷纷赞助捐资。于是，孔子观道亭又复旧观。①

当年观道亭附属建筑还有观澜亭、聚益亭、大观堂等处，于今俱已不存。只有孔子观道亭遗址，仍有两层土夯高台高耸在塔山之巅。

第三节　徐州运河风情

在徐州段运河两岸，除了有从事体力劳动者维持漕运系统基本运

① 赵明奇主编：《全本徐州府志》卷一八《古迹考·铜山县》，中华书局2002年版，第992页。

转以谋生的百姓外，还有一批走江湖的谋生者。所谓“江湖”，在中国文化中有多种含义。在这里是其间接含义，即民间、远离官府的地方，特指四方流浪，靠卖艺、卖药、占卜等手段的谋生者，或指这种人所从事的行业。

明清以来至中华人民共和国成立前，活跃在徐州黄河沿、大坝头、黄楼、庙会、各县的码头、集市的卖艺人，谋生也绝非容易之事，需要头脑灵活、能说会道、精明强干，并有软硬兼施的手段和本领，方能立足。这一时期的徐州江湖行当主要有以下几种。

一、说书

说书场大多较简陋，说书人坐在桌子后面，道具是一把折扇、一方惊堂木。说书人手持折扇，声情并茂，讲的内容主要为历史小说，如《三国演义》《隋唐演义》《七侠五义》《杨家将》《岳飞传》《施公案》《彭公案》等。每当说一段落或关键处，惊堂木一拍：“欲知后事如何，且听下回分解！”接着，书场伙计便开始向听众讨赏钱。书场多集中于黄河沿，各县数量不等，情形大致相同。

二、曲艺

（一）口技

口技是一门优秀的民间表演技艺，属于杂技的一种，起源上古时期的狩猎，人们通过模仿动物的声音从而骗取猎物获得食物。宋代，口技已成为相当成熟的表演艺术，俗称“隔壁戏”。从宋代到民国时期，口技在徐州黄河沿盛行，表演者用口、齿、唇、舌、喉、鼻等发声器官模仿大自然各种声音，如飞禽猛兽、风雨雷电等，使听众如有身临其境之感。

（二）相声

相声，古作“象声”，模拟口技而来。著名相声演员韩兰成综合前人研究成果，认为相声起源于汉代的俳句，在明朝转变为相声①。中华人民共和国建立初期，徐州黄河沿的百花园曲艺场，说相声的名家有张明新、王元臣等，深受广大观众的喜爱。

（三）木偶戏

木偶戏，古代又称“傀儡戏”，由一人敲锣打鼓，一人操纵木偶，口中模仿木偶的角色唱念表演。木偶戏在清末的徐州黄河沿广受大众欢迎。

（四）大鼓

大鼓，又称“书鼓”，两面蒙皮，扁圆形，放在鼓架上，演者手持鼓板或铜制鸳鸯板，站着演唱，不论何调离不开十三大辙。徐州较有名的大鼓艺人有张朝聘、张家成、郑良怀、张立仁，西河大鼓名家有谭金秋，唱渔鼓的有朱元才、刘宪松、魏傻子，唱花鼓的有卜庆春，河南坠子名家有范筱英、周玉兰、徐玉兰、郭美珍，唱徐州洋琴的有张二妮、崔金兰等。

（五）快书

快书，是以说为主兼表演的一种艺术形式，不同地域和方言采用不同的方式和风格，有山东快板书、天津快板书、上海锣鼓书等。由于徐州与山东有着特殊的地缘关系，在徐州地区影响较大、流传较广的当属山东快书。名声最响的是山东快书表演艺术家高元钧（1916—1993）。他14岁拜戚永立为师，20世纪40年代随师来徐州，在黄河沿卖过艺，后又到金谷里娱乐场鸣凤茶社演出，专说“武松传”，在徐州生活了10余年。

三、西洋镜

西洋镜是电影未普及前的一种动画片。西洋镜，徐州方言叫“洋片”，是旧时西洋传入我国的一种根据光学原理暗箱操作的逗乐装置。

---

① 倪锺之：《中国相声史》，武汉大学出版社2015年版，第4页；王决、汪景寿：《中国相声史》，百花文化出版社2012年版，第3—7页。

需两人协同操作:一人将画框推进特制的大影箱,观众从镜孔观看,另一人在影箱另一头接换。

四、占卜

明清以来,在徐州黄河沿从事占卜这一行当的盲人占有一定比例,他们以人的生辰八字、阴阳五行及天干地支来推算人的命运,推论人一时一生的吉凶祸福。也有的以为人看风水谋生,被称为"阴阳先生",主要替人相住宅、相墓地。旧时盖房、修墓都要讲究风水好坏,求得子孙兴旺,财运亨通。这些占卜者多在黄河沿、桥头等处立窑摆摊,也有流动者。

五、行医卖药

行医卖药有卖眼药、卖咳嗽药、卖膏药、卖药糖、卖牙疼药、卖大力丸、卖仁丹、卖闻药和避瘟散、卖丸散膏丹等。他们多集中于黄河沿。过去人们往往把那些卖假药行医的江湖骗子和江湖郎中混为一谈。其实江湖郎中也真有一些治病偏方,如烫伤、皮癣、咳嗽等小症,但号称有家传秘方、宫廷秘方、能包治百病的郎中多为骗子。那个时代医学不发达,穷人有头疼脑热便请江湖郎中看病开药,一些骗子通过这种途径挣钱相当容易。

六、镖局

过去商贾官宦出远门携带钱财货物,怕被绿林或盗贼劫掠,便请保镖护送,于是镖局应运而生。清末民初,徐州脚行运输业的保镖有帮派大字辈的陶昌风,人称陶六爷,武艺高强。当时徐州及各县的马车、洪车的货车队插上陶的镖旗,土匪都不敢妄动。另外还有一位著名的镖头高大奎,此人曾在光绪年间为慈禧太后的禁卫军开道。1923 年 5 月 6 日发生的震惊中外的"临城劫车"事件,当局在中外强大压力下,不得不邀请这位帮首镖头前往劫车头目孙美瑶据点抱犊崮说情。

随着社会的发展,镖行逐渐衰退,一些会拳脚功夫的人便闯荡江湖，靠打拳卖艺为生。习武卖艺者扎靠紧束，脚登薄底快靴，双手作揖念念有词，说完便伸展腿脚，将枪棒取出施展武功，不外乎枪刺咽喉、钢板击头、滚地九节鞭等，演完后双手抱拳讨赏。此时，围观者纷纷解囊。

第四节　徐州运河人物

京杭大运河全长1700多千米，元明清时期作为沟通南北经济和交通的大动脉，不仅促进了沿线城镇经济的发展和南北经济文化的交流，也成为当时连接中国和世界的桥梁和纽带。这一时期的徐州，水患频发，城池屡毁屡修，涌现出一批治河能臣。与此同时，外国使者、传教士、旅行家等由此经过，运河沿线的交通和水利设施、城镇乡村以及风土民情，给这些运河上的外国人留下了深刻的印象，京杭大运河也因此成为外国人观察当时中国物质文明和精神文明的重要窗口。以下人物与事件主要出自正史及明清徐州古方志等文献。

一、陈瑄与吕梁新河

陈瑄（1365—1433），字彦纯，合肥（今安徽合肥）人，明代军事将领、水利专家，明清漕运制度的确立者，历仕洪武、建文、永乐、洪熙、宣德五朝。自永乐元年（1403年）起，陈瑄担任漕运总兵官，督理漕运30年，改革漕运制度，修治京杭运河，功绩显赫。

永乐二年（1404年），陈瑄以平江伯充副总兵，管海运。四年（1406年）充总兵，始建议凿徐州、吕梁二洪乱石以平水势，并筑沛县、济宁等处长堤。陈瑄督运期间，在徐州的水利功业有三：一是建闸，重设徐州、沛县、沽头、金沟等闸；二是建仓，与淮上、济宁、临清、德州等地同步建徐州仓；三是凿吕梁、百步二洪乱石以平水势，复置吕梁石闸。宣德八年（1433年），陈瑄病逝于任上，年六十九，追封平江侯。

二、郭昇等人的治河保漕

明正统七年(1442 年),参将汤节在徐州洪上游修筑堤坝,逼水归月河,在月河南口设闸以积水。景泰五年(1454 年),左佥都御使陈泰再次积极治理徐州、吕梁二洪及运河河道。

成化三年(1467 年)冬,颍州人郭昇调任徐州工部分司。据《明史·河渠志》载:"成化四年(1468 年),管河主簿郭昇以大石筑两堤,固以铁锭,凿外洪败船恶石三百,而平筑里洪堤岸,又甃石岸东西四百余丈。"①郭昇因治理徐州洪有功,被擢郎中,仍莅洪事。七年(1471 年)分治沛县至仪真瓜洲漕河。其吕梁洪工程内容包括:其一,以大石修砌吕梁二堤,外固铁锭,内填杂石;其二,凿去外洪翻石,共修筑西堤三百丈,东堤二百丈,堤高一丈,宽五丈,用工十万;其三,对吕梁河道也进行了开凿。

平江伯陈锐(1439—1502),平江侯陈瑄曾孙。成化五年(1469 年),陈锐组织兵、夫凿石开渠,以利舟楫,并将吕梁洪附近数百家居民迁聚为一镇,进而促进了贸易与乡镇发展。八年(1472 年),工部吕梁洪分司又修上洪石堤三十六丈、宽九尺,修下洪石堤三十五丈、宽十四尺,进一步提高了吕梁洪运道的航运标准。

成化十五年(1479 年),江西铅山人费瑄以工部主事督水利于徐州。费瑄用时 6 年,使吕梁洪漕船基本安然而渡。吕梁百姓感念费瑄功德,遂在下洪建费公祠。地方志载:"费公祠,在吕梁下洪。成化间,工部主事费瑄督理洪事,有惠政,洪人立生祠祀之。"②

嘉靖二十年(1541 年),黄河南徙,二洪愈益受病。徐州洪主事戴鳌、陈穆招募匠夫疏凿水中巨石,为军民商贾带来方便。二十二年(1543 年),管河主事陈洪范疏凿吕梁洪运道,凿石行洪,漕运畅通。

后由于黄河南迁,河水挟泥沙顺流而下,导致河床不断淤积抬高,

① 张廷玉等撰:《明史》卷三五《河渠志三》,中华书局 1974 年版,第 2087 页。

② 梅守德、任子龙纂:嘉靖《徐州志》卷八《祀典》,明嘉靖刻本,第十一页。

致使吕梁洪狭窄的河道与汹涌的水势极不匹配，堤溃坝败，造成河水纵溢。万历五年(1577年)，陈邦彦莅吕梁洪工部分司主事，筑垣堤，复民田，漕运遂大治。

三、潘季驯与奎河的开凿

潘季驯(1521—1595)，字时良，号印川，湖州府乌程县(今属浙江省湖州市吴兴区)人，明嘉靖二十九年(1550年)进士。自嘉靖四十四年(1565年)至万历间，先后4次出任总理河道都御史，主持治理黄河和运河长达27年，官至太子太保、工部尚书兼右都御史。

万历十八年(1590年)夏，徐州大水，暴雨成灾，洪水从徐州城堤决口冲入，水积城中逾年不退，使徐州遭受重大损失。为彻底解决城内的积水问题，潘季驯会同徐州兵备副使陈文燧查勘后，提出了开凿奎河、排泄城中积水的建议。这一主张为朝廷所接受。于是，他们招集万余名工匠自护城河堤涵洞起，斜向东南，绵延162里。因该河源出云龙山下的石狗湖(又名苏伯湖，今云龙湖)，绕城南流经奎山以东，名曰奎河。次年闰三月三日，工程竣工，四日正式开闸放水，城内积水消退，解除了徐州的水患，百姓转危为安。

万历二十三年(1595年)，潘季驯卒，年七十五。在其总理河道任上，虽然河道总理衙门设在济宁，但他却长期驻节徐州，治黄保运。

四、张璇与户部山

张璇，京师真定府赵州高邑(今隶河北省石家庄市)人，明天启四年(1624年)为户部分司主事。

户部山在徐州城南，原名南山。天启四年，黄河水暴涨，徐州户部分司署迁移到南山戏马台台头寺的聚奎堂。当夜，黄河在奎山附近决口，水由东南水门灌城，顷刻水深一丈三尺，居民溺死无数。当年八月大雨，河水再次泛滥，居民避居云龙山、子房山等高地。水稍退，主事张璇在戏马台上修筑房垣，作为户部分司署驻地。从此，南山便称户部山。

五、邵大业重修苏堤

北宋熙宁十年(1077 年)秋,黄河于濮阳曹村决口,洪水东下南进,围困徐州。知州苏轼率军民持畚锸自戏马台至州城筑起一道东南长堤。后徐州百姓为纪念苏轼,将此东南长堤命名为"苏堤"。

邵大业(1710—1771),字在中,顺天大兴人,旧籍浙江余姚。清雍正十一年(1733 年)进士。乾隆二十八年(1763 年),徐州知府邵大业为加固河工、抗洪保城,重修"苏堤"。

六、黎世序与"五省通衢"牌坊

黎世序(1772—1824),字景和,号湛溪,初名承德,罗山县人,清嘉庆、道光年间治河名臣。

嘉庆十八年(1813 年),黎世序疏请加高徐州护城石堤工程,并增筑越堤,并吸取明代潘季驯、清初靳辅等人治理黄河、淮河的经验,运用分洪治水理论,在徐州城西北十八里屯、苗家山、虎山等地依山建造了三座大坝,改束水攻沙为重门钳束(即用全河之水,并力攻沙),改厢埽(用土填压秸、苇的护堤办法)为碎石护坡。二十一年(1816 年),黎世序开凿龙、虎二山之根,作滚水坝以减水势。二十三年(1818 年)十一月,黎世序提出在徐州睢宁县峰、泰二山之间建滚水坝,以减盛涨事。同年,其于徐州府城北黄河边修建了"五省通衢"牌坊。

道光二年(1822 年),黎世序启动了拓宽徐州城黄河北岸大堤及加高南岸护城石堤的工程,并对铜山、沛县、丰县、萧县、邳州、睢宁县所属各厅堤工进一步加固。同年,朝廷褒奖,加太子少保、江南河道总督。

七、外国人与徐州运河

(一) 马可·波罗

马可·波罗(1254—1324)出生于意大利威尼斯的一个商人家庭,

后来他辗转来到中国,受到元世祖的信任并被留下做官。他在中国生活了17年,所见东方风物甚多。公元1296年,他在威尼斯与热那亚的海战中被俘,在狱中口述自己当年在东方的见闻,由狱友鲁思梯谦笔录成《东方见闻录》(又名《马可·波罗游纪》《马可·波罗行记》)。该书在当时的欧洲社会引起了强烈的反响,以至于此后数百年间对欧洲人的中国观产生了深远的影响。书中关于邳州的见闻记述极具代表性。

《马可·波罗行记》第一三六章中写道:"离此临州城后,南向骑行三日,沿途皆见有环墙之城村,并富丽,尚属契丹境。……行此三日毕,抵邳州,城大而富贵,工商业颇茂盛,产丝甚饶。此城在蛮子大州入境处,在此城见有商人甚众,运输其货物往蛮子境内,及其他数个城市聚落。此城为大汗征收赋税,其额甚巨。"①

马可·波罗在其游记中有关邳州的描述,弥补了《元史·地理志》中对邳州记述过简之不足。更重要的是,他把700年前邳州地区人情风物的鲜活资料介绍到了欧洲,加深了当时欧洲社会对远在万里之遥的邳州地区的了解,促进了邳州地区与欧洲的文化交流。

(二)崔溥

朝鲜成宗十九年、明弘治元年(1488年)正月,朝鲜弘文馆副校理崔溥(1454—1504)闻父丧,率从者42人登船奔丧,不幸遭遇风浪,漂流海上14天,历经艰险,在明朝宁波府属地获救登岸后,由中国官员护送,从宁波沿着运河北上通州。因此,崔溥也成为明代行经运河全程的第一个朝鲜人。

崔溥在北京觐见明朝皇帝后,于四月二十四日从北京会同馆启程,由陆路回朝鲜。回国后,奉李朝国王之命撰写经历日记,7天后向成宗进呈,此日记即是著名的《漂海录》。

据其书载,崔溥等人于三月二日经过徐州的房村驿。《漂海录》记载:"是日,少雨大风。自新安驿过马家浅、双沟、丰沛萧砀四县夫厂及房村集,又过金龙显圣灵庙,至吕梁小洪。以竹索纤舟而上,过尼陀寺,

① 冯承钧译:《马可波罗行纪》,上海书店出版社2001年版,第324页。

西岸有关羽、尉迟恭、赵昂之庙。又过房村驿，至吕梁大洪。”[①]崔溥在这里用生动的语言为我们详细地描述了徐州吕梁洪之险状，可见明代徐州段运河极为重要而又难以治理，原因就在于有吕梁洪和百步洪（徐州洪）两处险段。

三月初三日，崔溥等人经过徐州城。《漂海录》记载：“是日雨，大风。晓过九女塚、子方山，至云龙山。山上有石佛寺，甚华丽。其西有戏马台、拔剑泉。又过蝗虫集、夫厂、广运仓、国储门、火星庙，至彭城驿。登庸门、进士朱轩在驿前。徐州府城在驿西北二三里。徐州，古大彭氏国，项羽自称西楚霸王，定都于此。城之东有护城堤，又有黄楼甚旧，基即苏轼守徐时所建。苏辙有《黄楼赋》，至今称道。”运河的流经带来了明代前期徐州商品经济的繁荣，崔溥在《漂海录》中称：“江以北，若扬州、淮安，及淮河以北，若徐州、济宁、临清，繁华丰阜，无异江南。”[②]

三月四日，崔溥等人继续北行，在徐州城东见到了当时的运河浮桥。《漂海录》对此有记载：“以舟为桥，截河流，号为大浮桥。桥之上下，樯竿如束。拨桥中二舟以通往来船，船过，还以所拨之舟，复为桥。”[③]

三月五日，崔溥等人继续前行。《漂海录》记载：“过刘城镇。是日晴。晓发船，过九里山，至洞山，山有十王殿。又有秦梁洪铺、茶城店、梁山寺，至镜山市镇。山有上下寺，皆巨刹。又过集殿、白庙儿铺、夹沟浅，至夹沟驿。驿丞忘其姓名，不从陈萱之言，供馈臣等甚优。”[④]徐州人热情好客，破例相赠，给崔溥留下深刻的印象。

三月六日，崔溥等人经过沛县。“县即汉高祖故里也。县之东北有河，即泡河。河之越岸有高墩，其前建旌门，标以‘歌风台’之名，即高祖歌大风之处也。县之东南有泗亭驿，即高祖少为泗上亭长之处也。”[⑤]

《漂海录》尽管出自朝鲜人之手，但在一定程度上能够反映出明代社会的政治、经济、文化、交通和生活习俗等多方面的状况，尤其是关于

---

① 葛振家：《崔溥〈漂海录〉评注》，线装书局2002年版，第121页。夫厂，又称拨夫厂，拨付劳役之所。夫指供役使之人。

② 葛振家：《崔溥〈漂海录〉评注》，线装书局2002年版，第122、14页。

③ 葛振家：《崔溥〈漂海录〉评注》，线装书局2002年版，第124页。

④ 葛振家：《崔溥〈漂海录〉评注》，线装书局2002年版，第124页。

⑤ 葛振家：《崔溥〈漂海录〉评注》，线装书局2002年版，第126页。

明代运河交通和水利设施以及运河沿岸城镇的记载，极为难得，也是研究徐州运河重要的史料。

（三）策彦周良

策彦周良（1501—1579），号怡斋，后称谦斋，日本室町幕府后期临济宗高僧，五山文学后期代表诗人。他博学多才，通晓汉文，分别于明嘉靖十八年（1539年）、二十六年（1547年）先后两次作为日本遣明使副使、正使，率领遣明贸易使节团入明，并将其入明期间的见闻写成《入明记》。

策彦周良在其《入明记》中对沿途经过的驿站、闸坝等交通和水利设施做了详细记载，对沿途所看到的名胜古迹也有详细的记录。嘉靖十九年（1540年）正月四日，策周彦良一行抵达下邳驿。策周彦良携三英、宗桂上岸，访圯桥遗址。

参观完圯桥遗址后，策彦周良又偕大光、钧云上岸游羊山寺。“寺在高岗，成化年间敕谕宗善禅寺。……岗之绝顶有层楼，于此望八景。”对于“八景”的名称，策彦周良也做了记载：“八景之条件，开写于后：羊寺晚钟、沂武交流、静圣洪翠、岠峰独秀、鱼亭晚照、圯桥进履、灵台夜月、官湖夏景。”[1]

正月八日，使团抵房村驿，策彦周良与大光、钧云上岸参观徐州吕梁书院、费公祠等名胜古迹。正月十四日，策彦周良抵达沛县泗亭驿，上岸参观沛县歌风台。策彦周良为此专作歌风台琉璃井诗以示纪念，诗云：“苛法已蠲民气和，升平乐入大风歌。歌台遗响犹盈耳，丰沛雪消春涨多。汤沐邑荒无主人，苔封古井几回春。岂知一滴琉璃碧，曾洗五年兵马尘。”[2]嘉靖十九年（1540年）六月二十六日，使团回程抵达沛县泗亭驿，策周彦良又会同正使大光、钧云再次上岸，重访歌风台。《入明记·再渡集》记载，嘉靖二十八年（1549年）六月二十四日，策周彦良在第三次抵达沛县泗亭驿后，再次游览歌风台。

---

① 夏应元、夏琅：《策彦周良入明史迹考察记及研究》，中国社会科学出版社2016年版，第101页。
② 夏应元、夏琅：《策彦周良入明史迹考察记及研究》，中国社会科学出版社2016年版，第105页。

嘉靖十九年(1540年)六月二十八日,策彦周良一行回程经过徐州境山。《入明记·初渡集》对大云禅寺也有相关记载:"所历过有境山,山下有寺,佳景可爱,榜门楣以'大云禅寺'四大字。"[①]

嘉靖二十八年(1549年)二月十七日,策彦周良三过徐州,并先后游览了徐州卧佛寺、石佛寺、铁佛寺、汉高祖庙等名胜古迹。"二月十七日,策彦抵达彭城驿之后,曾同副使上岸,入城里,游卧佛、石佛、铁佛三寺。"[②]

策彦周良在沿运河往返的过程中曾三次经过徐州,留下了众多有关徐州水利和交通设施、名胜古迹和风土民情的记载,对了解明代徐州社会历史具有重要意义。

(四)利玛窦

利玛窦(1552—1610)是明万历年间来中国的意大利耶稣会传教士。他在有名的《利玛窦中国札记》中谈到,他从南京到北京,沿途经过了许多运河城市,其中就包括扬州、淮安、徐州、济宁、临清等运河沿岸城市。据由芬居立耶稣会士所编辑的《利玛窦神父的历史著作》一书所载,利玛窦在他第一次去北京旅行返回时,曾在1598年末路经徐州[③]。

(五)米列斯库

罗马尼亚人尼古拉·斯伯达鲁·米列斯库(1636—1708),曾作为俄国沙皇的使者,于清康熙年间来到北京,归国后撰写了《中国漫记》。

米列斯库在《中国漫记》第四十四章中写道:"徐州……位于黄河岸,黄河把本地区分成南北两半。徐州城十分著名,因为它位于四省交界处。这里有一座十分宏大的桥,人们把它叫作'活桥',建于三十五艘船上。这里也有许多河川湖泊,有一条河十分有名,据说古代皇帝夏禹曾铸九鼎沉入此河,鼎上绘有中国九省之图,许多皇帝都曾试图打捞这

① 夏应元、夏琅:《策彦周良入明史迹考察记及研究》,中国社会科学出版社2016年版,第102页。

② 夏应元、夏琅:《策彦周良入明史迹考察记及研究》,中国社会科学出版社2016年版,第103页。

③ Le P. Tacchi-Venturi, S. J., *Opere Storiche del P. Matteo Ricci*, Macerata, 1911, p302.

九鼎，但都未寻到。传说谁找到这九鼎，谁就能作皇帝。”[①]文中所提到的“活桥”便是古代徐州城东门外的弘济桥，所提及的沉鼎之“河”便是古泗水。

元明清时期的京杭大运河联结着中国与世界，在中外文化交流中发挥着重要作用，成为外国人观察中国物质文明和地域文化的窗口。徐州自古为河漕重地，正如朝鲜崔溥《漂海录》中所言江北：“若徐州……繁华丰阜，无异江南。”[②]这些外国人带着强烈的兴趣和新奇的目光来审视京杭运河，他们的生动描述体现了中外文化在这里的交流与碰撞，这些记载后来很大程度上转化为外国人对中国的认识，成为中国文化向外传播的重要载体[③]。同时，他们的描述也为我们更进一步了解徐州运河乃至京杭大运河有着重要意义。

第五节　徐州运河文化的特色与影响

徐州作为中国重要的运河都市，有着极具特色的运河文化。黄运合流时期的徐州运河，是南粮北运的经济和交通命脉，保障了封建社会政治经济的正常运转；既是毁城的罪魁祸首，也是建城、兴城的动力，给徐州人民带来灾祸的同时，又刺激了当地商业的繁荣。因此，徐州运河文化是连接军事碰撞、政治融合的大动脉，也是东西文化交流与传播的桥梁和纽带，为中华民族大融合和世界看中国提供了重要视角。

一、黄运交汇枢纽，漕粮储运天下

徐州是河洛、关中连接江淮、湖湘的水上枢纽。它北上京津，南下

---

① [罗]尼古拉·斯帕塔鲁·米列斯库著，蒋本良、柳凤运译：《中国漫记》，中华书局 1990 年版，第 136 页。

② 葛振家：《崔溥〈漂海录〉评注》，线装书局 2002 年版，第 14 页。

③ 参阅胡梦飞《近十年来国内明清运河及漕运史研究综述（2003—2012）》，《聊城大学学报（哲学社会科学版）》2012 年第 6 期，第 75 页。

苏杭，五省通衢，是明、清两朝的水陆交通枢纽。

崔溥的《漂海录》以一个外国人的视角，记录了运河的交通之利。他到达沛县泗亭驿后，同行的明朝官员傅荣问崔溥："足下观我大国制度以如何？自江南抵北都，旧无河路，自至正以来，始为通路之计，至我太宗朝置平江侯以治之。疏清源，浚济沛，凿淮阴，以达于大江。一带脉络，万里通津，舟楫攸济，功保完全，民受其赐，万世永赖。"崔溥答曰："向非此河路，则我等于崎岖万里之路，有百枝跛行之苦，今乃安卧舟中以达远路，不知颠仆之虞，其受赐亦大矣。"①他对明代大运河的交通作用和徐州的地位给予了高度评价。

永乐迁都北京后，国家政治中心随之北移。《明会典》记载："国朝自永乐定都于北，军国之需，皆仰给东南。"②会通河疏浚以后，运河的通航能力大为加强。每年通过运河的漕船有上万艘，漕粮数百万石。为转运存储漕粮，明廷在运河沿线修建了多处水次仓储。徐州地处南直隶北部，位于连接南北二京的中间地带，水陆交通极为发达，自古为南北兵家必争之地。泇河未开凿之前，江南之粮北上必须经过徐州，而北上之粮船又必须经过徐州吕梁、百步、秦梁三洪。为防止意外事故的发生，大量漕粮需先集中于徐州水次仓，然后再从徐州仓中取粮北上。

明代徐州广运仓、永福仓等仓储机构的设置使得徐州成为漕运重地，再加上徐州重要的地理位置、交通条件以及徐州洪和吕梁洪两处险段的存在，更使得徐州成为明代前期治黄保运的关键地区。明初，朝廷在徐州设置徐州仓户部分司和徐州洪、吕梁洪、夏镇工部分司，设置徐州、徐州左二卫所，可以看出这一时期徐州城市地位的重要性。另外，运河的流经和水次仓的设置，使得大量漕船和南北商船在此停留，也促进了徐州当地社会经济的繁荣。

① 葛振家：《崔溥〈漂海录〉评注》，线装书局2002年版，第126—127页。

② 徐溥等撰，李东阳等重修：《明会典》卷二五《户部十·漕运》，永瑢、纪昀纂修：《（景印）文渊阁四库全书》第六一七册·史部三七五·政书类，（台北）商务印书馆1986年版，第277页。

二、黄运灾患频仍,古城屡毁屡建

从秦汉伊始到清代咸丰五年(1855 年)黄河北徙的 2000 年间,徐州共历水患 400 余次。尤其是黄河正式经行徐州之后,从宋元至明清时期,水患就多达 373 次。北宋熙宁十年(1077 年),河决澶州曹村埽,夺流南徙,澶州以北旧河断流,灾民辗转流离,饿殍遍野。洪水围困徐州 70 余日,城下积水二丈八尺,为害甚大。

有明一代 200 余年间,徐州城遭受的水灾就达 48 次之多,平均不到 6 年就有 1 次。从弘治十八年(1505 年)到崇祯十七年(1644 年)近 140 年间,徐州黄河决溢就达 53 次,出现黄患重灾区逐渐下移徐淮之局面。

徐州黄运史上最严重的一次水灾当属天启四年(1624 年)的洪水。是年六月甲申,河决奎山堤,半夜洪水从东南水门灌城而入,城内一片汪洋,水深一丈三尺。兵备杨廷槐强请迁城于城南的二十里铺。兵科给事中陆文献上《徐城不可迁六议》[1],后因不在运道正位、朝廷经济拮据作罢。

因大水积年不退,徐州户部分司主事张璇在戏马台所在的南山之上筑垣修宇,把分司衙署迁至此处办公。又因户部山地势高起,历次洪水皆未淹没,城内富户权贵多迁居于此。徐地谚曰:“穷北关,富南关,有钱的都住户部山。”[2]

崇祯元年(1628 年),城中淤沙渐平,徐州兵备道唐焕修复旧城,经过数年修葺增补,直到崇祯八年(1635 年)才恢复旧观。崇祯城完全按照洪武城的规模和布局重建,街巷庐舍一应原址复建,地上地下建筑大都重合,形成了“城上城、府上府、街上街、井上井”之奇观。如崇祯年间,徐州西门内居民打井,在新井下面不偏不倚地出现一口老井,形成井下有井,井下套井的奇观,此地遂名“二眼井”。

---

① 参阅张廷玉等撰《明史》卷八四《河渠志二》,中华书局 1974 年版,第 2071 页。

② 董治祥:《彭城史录》,现代出版社 2016 年版,第 150 页。

现在徐州城市下面3—5米深的地层中就能发现完整的明代城址。早在20世纪30年代,彭城路南端的西盛丝线店与张同和酱菜店在挖掘地下室时,先后发现两座古代城门遗址,对照《徐州府志》府城图推测,这就是明代徐州城南门奎光门瓮城的一对耳门。中华人民共和国成立不久,人们在鼓楼街北端修建房屋时,于地下3米处发现明代官署残址;在疏浚奎河修建苏堤水闸时发现明代古闸。70年代,人们在老城隍庙施工时,发现明代城隍庙遗址。80年代,人们在热电厂工地之下发现明代碧霞宫遗址;在市中心皇城大厦施工中,发现明代徐州卫镇抚司碑文;在疏浚奎河工程中,在袁桥南侧发现明代广运仓碑;在人民舞台工地下发现了明代徐州城东门河清门石匾。90年代,国际商厦地层下的明代建筑遗迹最具代表性,共计发现官署民房遗址40余处,这些房屋遗址大都砌石为基,上垒青砖,内铺红漆木板,极显华贵,梳篦、筷匙、簪带饰件散落其间,展现出一副真实生动的历史生活画卷。这是勤劳勇敢的徐州人民不屈不挠治理水患的英雄写照,更是重情重义的徐州人民留恋故土建设家园的历史见证。

三、东西南北交融,多元文化杂织

京杭大运河全长1700多千米,作为沟通南北经济和交通的大动脉,不仅促进了沿线城镇经济的发展和南北经济文化的交流,也成为当时连接中国和世界的桥梁和纽带。元明清时期,大批外国使者、传教士、旅行家等经由徐州运河北上南下,沿线的交通和水利设施、城镇乡村以及风土民情,给这些运河上的外国人留下了深刻的印象,徐州运河也因此成为外国人观察当时中国物质文明和精神文明的重要窗口。

元明清时期的徐州运河,在中外文化交流中发挥着重要作用,一度成为东西方文化交流的重要通道。清咸丰五年(1855年),黄河再一次改道北徙,不再经行徐州,留下的只有一条黄河故道。近代以来,随着铁路的兴起,徐州运河城市的地位有所衰落,取而代之的则是津浦、陇海交会的铁路交通优势。然而,随着中华人民共和国成立后京杭大运河的整治,徐州运河又成为煤炭、水泥、黄沙、石料南运的大通道,运河文化亦有待于在新时代走向复兴。

根据联合国教科文组织世界遗产委员会的划分标准，中国运河文化遗产划分为三种形式：正在从事航运的“活态遗产”、河道尚存的“历史运河”、已在地面上消失的“遗产运河”。按照这一划分，徐州运河可分为：(1)活态遗产。包括中运河，为明末以来的运河；湖西航道（基本沿古泗水故道）、不牢河，为元明时期和1959年以来的运河。(2)历史运河。主要是徐州城区故黄河，从大坝头、府镇口闸，以上段接今徐运新河（内港），为南宋以前的古泗水运河；迎春桥以西的古汴水和以东的黄河故道，曾分别是东西隋运河，元明清南北大运河的重要河段。(3)遗产运河。大坝头—秦梁洪上至微山湖，为元明时期的运河，前者已成为断断续续的河道或市区暗沟，后者沉于湖底。

运河是徐州的母亲河。彭祖在汴泗交流之地开国，孔子在吕梁洪发出“逝者如斯”之叹，秦始皇在秦梁洪捞鼎未成，项羽、刘邦都在泗水边长大，苏轼、潘季驯因治水闻名，李蟠凭殿试《治河策》金榜题名，乾隆皇帝多次来徐“阅河”。兵家必争，争的是襟山带水、水险城固的地理优势；北雄南秀的城市特质，得益于运河南北文化的交融。可见，运河文化囊括了彭祖文化、汉文化、军事文化、名人文化、民俗文化等，延续时间最长，最具包容性和代表性，最能把各种文化统领、整合起来，如同将一颗颗散落的珍珠串成一条璀璨的项链，从而形成徐州文化的综合品牌效应，提高城市的文化品位。

第十一章　文学创作

清新秀美的山川自然环境、雄浑厚重的历史文化底蕴，为徐州地域文学的发展提供了丰富的滋养。徐州文学源远流长，自古以来，涌现了许多优秀的本土作家，仕宦或流寓此间的文人墨客也创作了数量庞大的优秀作品。这些作家及其创作在中国文学的各个发展阶段，都产生过较大影响。

汉高祖刘邦衣锦还乡，即兴作《大风歌》，气势恢宏，雄奇壮美，在中国文学史上开汉唐雄风之先河，其思想性、艺术性在历史上都产生了极其深远的影响。楚元王刘交雅好《诗》，倡导文教，在彭城开创了一个几乎与西汉政权相始终的文学世家，其中刘向、刘歆父子著述相承，为中国文学史增添了浓墨重彩。东晋南北朝时期，以“三刘”“二到”为代表的徐州籍文士，以杰出的创作实绩助推了整个南朝文学的繁荣与发展，对整个南朝文化体系也产生了巨大影响。唐宋时期，徐州出现诗词并峙的文学高峰，代表了本土文化新的辉煌。特别是苏轼知徐州期间，“黄楼盛会”引领了当时的文学创作潮流。明末，“徐州二遗民”阎尔梅、万寿祺以其民族气节和感人至深的文学作品活跃于江淮诗坛，是当时现实主义诗歌流派的杰出代表。清末，革命文学应运而生，以其新颖的形式和推翻帝制的夺人气魄，唤醒民众，为徐州带来了新时代的曙光。

第一节　先秦两汉文学的兴起

先秦两汉时期，徐州地区气候湿润，沃野千里，水陆交通便利，是全国率先得到发展的区域之一。随着社会经济的不断繁荣，徐州文学获得了快速发展的经济基础。徐州又是汉高祖刘邦的龙兴之地，达官贵戚众多，知识阶层不断壮大。驻藩彭城的楚元王刘交和楚夷王刘郢(客)父子饱受儒家教育，积极倡导文教，在徐生徒众多，为徐州文学发展准备了人才。因此，早期的徐州文学就取得了较为丰硕的成果，为中华文化的发展作出了应有的贡献。

诗歌是徐州最早的文学形式之一。无名氏《徐人歌》、项羽《垓下歌》、刘邦《大风歌》《鸿鹄歌》等作品都带有浓厚的楚歌风韵，对汉魏辞赋和乐府诗的创作产生了较为直接的影响。陆贾撰写的《新语》，刘安主持编撰的《淮南子》，刘向编撰的《战国策》《新序》《说苑》《列女传》《列仙传》，刘向、刘歆编订的《山海经》，相传为刘歆撰写的《西京杂记》等著作，在神话传说、政论散文、史传散文、琐言类小说等多个文学领域起到了先导作用。

一、早期诗歌的滥觞与发展

未有文字，早有诗歌，诗歌起源于民间歌谣。载于刘向《新序·节士》中的《徐人歌》出现在春秋后期，是徐州现存最早的歌谣，可以看作是徐州地区诗歌的滥觞。公元前544年，吴公子季札出使中原诸国，途经徐国(当时徐国在徐州下邳一带)，徐君热情好客，待季札为上宾。徐君看中了季札佩带的宝剑，未便开口讨要，季札心知其意，却因出使需要，未便赠剑。等季札完成出使任务再次路过徐国时，徐君已经去世。为了却与徐君间的一桩心愿，季札特到徐君墓前祭奠，并解下所佩宝剑挂在墓旁树上而去。《史记·吴太伯世家》记载："从者曰：'徐君已死，尚谁予乎？'季子曰：'不然，始我心已许之，岂以死倍我心哉！'"[1]此为后世留下了一段讲诚信、重然诺的佳话。季札离徐返吴后，徐国人深感其德，作歌咏叹："延陵季子兮不忘故，脱千金之剑兮带丘墓。"后人称之为《徐人歌》。此歌句式长短参差，形式自由活泼，带有语气词"兮"字。这种诗体便于描写复杂的社会生活和表达丰富多样的内在情感，是南方民间流行的歌谣体式，后来在屈原手中得以发扬光大，被称作"楚辞体"。"楚辞体"作品的出现打破了《诗经》以四言为主的单调格式，开启了中国诗歌发展史上的第二个春天。

战国时期，随着楚国势力北扩，楚文化逐步渗透到整个江淮流域和黄河流域的部分地区，徐州地处连接黄淮的枢纽位置，后来成为楚国西北重镇，深受楚文化影响。秦灭六国，楚国最为怨愤，鲁迅说："盖秦灭六国，四方怨恨，而楚尤发愤，誓虽三户必亡秦，于是江湖激昂之士，遂以楚声为尚。"[2]楚歌楚调在徐州地区广泛流行。在这样普遍创作活动的推动下，秦末汉初，徐州一带产生了项羽的《垓下歌》、刘邦的《大风歌》《鸿鹄歌》等著名的楚歌。

《史记·项羽本纪》详细记载了项羽作《垓下歌》歌时的情景："项王军壁垓下，兵少食尽，汉军及诸侯兵围之数重。夜闻汉军四面皆楚歌，项王乃大惊曰：'汉皆已得楚乎？是何楚人之多也！'项王则夜起，饮帐中。有美人名虞，常幸从；骏马名骓，常骑之。于是项王乃悲歌慷慨，自为诗曰：'力拔山兮气盖世，时不利兮骓不逝，骓不逝兮可奈何，虞兮虞兮奈若何！'歌数阕，美人和之。项王泣数行下，左右皆泣，莫能仰视。"[3]《垓下歌》发自肺腑，慷慨悲凉，抒写了英雄末路的悲哀与无奈，曾引起无数读者共鸣。

《大风歌》是刘邦在平定英布叛乱后，回长安途中转道故乡沛县时所作：

> 大风起兮云飞扬，威加海内兮归故乡，安得猛士兮守四方。

首句写景，更隐喻着风起云涌的时代环境。次句塑造了一个君临天

---

① 司马迁撰：《史记》卷三一《吴太伯世家》，中华书局1959年版，第1459页。

② 鲁迅撰：《汉文学史纲要》，人民文学出版社1973年版，第16页。

③ 司马迁撰：《史记》卷七《项羽本纪》，中华书局1959年版，第333页。

下、豪情万丈的统治者形象。末句情绪由豪迈转为深沉，写出了刘邦对未来的思考和忧患意识。全诗时空广阔，气度恢宏，感情浓烈，意蕴深远，为汉代文学奏响了大气雄浑的基调。南宋朱熹《楚辞集注》评点说："自千载以来，人主之词，亦未有若是其壮丽而奇伟者也，呜呼雄哉！"①

据《史记·留侯世家》记载，刘邦还曾作《鸿鹄歌》。刘邦晚年嫌太子刘盈过于仁厚软弱，性格不像自己，欲立戚夫人所生的赵王如意为太子。戚夫人为能让自己的儿子当太子，也日夜啼泣求告。但吕后为人刚毅，采用张良计策，请来商山四皓辅佐太子。刘邦病重，自知不久于人世，在一次宴会中，看到闻名遐迩的贤人"商山四皓"相随太子左右，心知换立之事已不可能，于是招来戚夫人，指着"四皓"背影说："我欲易之，彼四人辅之，羽翼已成，难动矣。吕后真而主矣。"说罢，长叹一声，让戚夫人跳楚舞，自己则借着酒意击筑高歌，遂成此歌：

> 鸿鹄高飞，一举千里。羽翮已就，横绝四海。横绝四海，当可奈何！虽有矰缴，尚安所施！②

《鸿鹄歌》情真意切，语颇隽永，巧用比喻，饶有词采，是楚歌中的优秀作品。

汉初楚歌代表作品还有刘章的《耕田歌》。

刘章（？—前176），汉高祖庶长男刘肥之子，初封朱虚侯，因参与平定吕氏之乱有功，汉文帝时立为汉阳王。刘章的《耕田歌》创作于吕后专权时期。《史记·齐悼惠王世家》记载，一次吕后举办酒宴，令刘章为酒吏。刘章说："臣，将种也，请得以军法行酒。"吕后同意。酒酣，刘章劝酒歌舞，请为太后作《耕田歌》，歌曰："深耕穊种，立苗欲疏，非其种者，锄而去之。"③这时诸吕中有一人喝醉逃酒，直接被刘章追上斩杀，太后及左右皆大惊，但早已许其军法，不能论罪。自此之后，诸吕皆惧怕刘章，大臣皆依附刘章，刘氏更加强大。此诗四言一句，句式整齐，明说

① 朱熹撰，蒋立甫校点：《楚辞集注》，上海古籍出版社2001年版，第222页。
② 司马迁撰：《史记》卷五五《留侯世家》，中华书局1959年版，第2047页。
③ 司马迁撰：《史记》卷五二《齐悼惠王世家》，中华书局1959年版，第2001页。

种田知识，隐喻只有刘氏才是继承汉家天下的正宗“种”姓，对于像“诸吕”一类异姓自当除之，意在斥责吕氏专权，诸吕乱政，寓意巧妙。

除流行的楚歌之外，汉代徐州地区一些诗人仍然继承《诗经》四言传统进行创作。现存主要作品有韦孟《讽谏诗》《在邹诗》等。

韦孟（约前228—前156），彭城人。《汉书·韦贤传》记载，韦孟才学渊博，通《诗》，传承家学，避秦末苛政，躬耕南亩，不登仕途。高祖六年（前201年），他被聘为楚元王傅，历辅三代楚王。刘戊为楚王时，阴谋参与吴楚七国之乱，韦孟写了一首《讽谏诗》苦苦规劝，但刘戊不听，一意孤行，韦孟就辞官，迁居至邹（今山东邹县）。后来刘戊兵败自杀，韦孟有感而发，创作了《在邹诗》。《讽谏诗》108句，先叙韦氏家族历史，次述楚元王三代变迁，再责刘戊荒淫，末抒忧愤，期望刘戊觉悟。《在邹诗》52句，写年老辞官迁邹，抒发思念楚王之情，赞美邹鲁尊孔崇礼之风。这两首诗典雅古奥，继承了《诗经·大雅》的创作手法。韦孟是汉初文人四言诗之祖，在中国文学史上具有“首唱”的地位，刘勰《文心雕龙·明诗》评价说：“汉初四言，韦孟首唱，匡谏之义，继轨周人。”①

徐州诗歌自产生之后，逐渐从民间集体创作发展到个人抒发情怀；从与政治、生产等活动伴随而生，发展到文人专门创作；从依附于歌舞，发展到独立的文学形式，正在一步步走向成熟。一些诗歌在内容和形式上既注意吸取民间营养，又能继承《诗经》《楚辞》传统，成为千古传诵不衰的名篇，是徐州对中国文学的早期贡献。

二、神话传说的收集和整理

中华先民在同自然作斗争的过程中，创造了许多神话传说，在文字产生之前，只能在口头世代流传。《淮南子》和《山海经》是对这些神话传说进行较为集中收集和整理的早期两部重要著作，它们都是由徐州籍作家主持完成的。

---

① 刘勰著，詹锳义证：《文心雕龙义证》，上海古籍出版社1989年版，第182页。

刘安与《淮南子》。刘安(前179—前122),西汉文学家、思想家,汉高祖刘邦之孙,淮南厉王刘长之子。刘安好读书鼓琴,不喜欢嬉游打猎,注意抚慰百姓,流誉天下,后因谋反案发而自杀。《汉书·淮南衡山济北王传》记载:"(刘安)招致宾客方术之士数千人,作为《内书》二十一篇,《外书》甚众,又有《中篇》八卷,言神仙黄白之术,亦二十余万言。时武帝方好艺文,以安属为诸父,辩博善为文辞,甚尊重之。每为报书及赐,常召司马相如等视草乃遣。初,安入朝,献所作《内篇》,新出,上爱秘之。使为《离骚传》,旦受诏,日食时上。又献《颂德》及《长安都国颂》。每宴见,谈说得失及方技赋颂,昏莫然后罢。"①上文所说的《内书》即《淮南子》。《淮南子》又名《淮南鸿烈》《刘安子》,是刘安及其门客收集史料集体编写而成的一部集道家思想大成的著作,书中保存了许多远古时期的神话传说,如"女娲补天""后羿射日"等。

刘向、刘歆与《山海经》。刘向、刘歆父子曾编订了我国神话色彩浓厚的早期地理著作《山海经》,为该书的成书和流传作出了重大贡献。《山海经》保存了包括"夸父逐日""精卫填海""黄帝擒蚩尤""鲧禹治水"等相关内容在内的许多脍炙人口的远古神话传说和寓言故事。

这些神话传说塑造了一批救民水火、勇于抗争的远古英雄形象,反映了我国先民改造自然、战胜自然的不屈斗志和无比伟大的力量,成为我国古代浪漫主义文学的萌芽,对后世文学产生了深远影响。

三、小说的发展与兴盛

小说起源于民间讲故事,和诗歌一样,是最早产生的文学形式之一。汉代小说发展迅速。刘向、刘歆父子的一些著述,史料丰富,或志人,或志怪,故事性强,成为汉代小说的代表性作品。

---

① 班固撰,颜师古注:《汉书》卷四四《淮南衡山济北王传》,中华书局1962年版,第2145页。

图 11－1　刘向、刘歆父子塑像(李本华塑)

刘向《新序》《说苑》。二书大多采集舜、禹至汉代史事和传说,分类编纂,是以记述史事逸闻为主的杂史小说集。就其材料取舍来看,主要体现了刘向倡导德治仁政、贤人治国、以民为本、从善纳谏的思想政治主张。《新序》中“叶公好龙”的故事非常有名:

> 叶公子高好龙,钩以写龙,凿以写龙,屋室雕文以写龙。于是天龙闻而下之,窥头于牖,施尾于堂。叶公见之,弃而还走,失其魂魄,五色无主。是叶公非好龙也,好夫似龙而非龙者也。①

刘向《列仙传》。《列仙传》共两卷,主要记述了上古及三代、秦、汉之间的 71 位神仙的重要事迹及成仙过程,是中国第一部系统叙述神仙的传记,开创了仙人题材小说先河,文笔古雅简洁,叙事细致生动,具有较高的文学价值。

刘歆《西京杂记》。《西京杂记》是一部著名的历史笔记小说集,记有西汉的许多遗闻轶事。关于其作者,虽迄今尚无定论,但初由刘歆撰写,后由东晋葛洪辑抄的可能性很大。书中“鸡犬识新丰”“昭君出塞”“文君当垆”“凿壁借光”等故事一直为人们喜闻乐道,许多成为后世戏

① 刘向编著,赵仲邑注:《新序详注》,中华书局 2017 年版,第 173 页。

曲的题材。

上述小说著作涉及琐言、野史笔记、民间故事等多个门类，包罗宏富，想象丰富，虚实结合，生动展示了汉代社会的生活图景和精神面貌，既有浪漫情怀，亦有现实关注，熔铸了历史和文学双重价值，为后世小说的发展奠定了坚实的基础。

四、散文和辞赋的发展

两汉时期，散文和辞赋迅速发展。徐州地区涌现了一批散文家和辞赋家，产生了许多优秀作品。

陆贾与《新语》。《史记·郦生陆贾列传》记载了《新语》的成书经过：

> 陆生时时前说称《诗》《书》。高帝骂之曰："乃公居马上而得之，安事《诗》《书》！"陆生曰："居马上得之，宁可以马上治之乎？且汤武逆取而以顺守之，文武并用，长久之术也。昔者吴王夫差、智伯极武而亡；秦任刑法不变，卒灭赵氏。乡使秦已并天下，行仁义，法先圣，陛下安得而有之？"高帝不怿而有惭色，乃谓陆生曰："试为我著秦所以失天下，吾所以得之者何，及古成败之国。"陆生乃粗述存亡之徵，凡著十二篇。每奏一篇，高帝未尝不称善，左右呼万岁，号其书曰"新语"。①

《新语》是西汉第一部政论散文集，共计 12 章，逻辑严密，结构严谨。第一章为核心论点所在，其余各篇为论证，以施行仁义为中心，强调"天人合策"②，无为而治，陈述治国利害关系。全书文风纵横，旁征博引，排比造势，语句铿锵，并巧妙运用大量比喻，使所述道理深入浅出。刘勰《文心雕龙·才略》评价："汉室陆贾，首发奇采，赋《孟春》而选典诰，其辩之富矣。"③

---

① 司马迁撰：《史记》卷九七《郦生陆贾列传》，中华书局 1959 年版，第 2699 页。

② 王利器：《新语校注》，中华书局 1986 年版，第 18 页。

③ 刘勰著，詹锳义证：《文心雕龙义证》，上海古籍出版社 1989 年版，第 1773 页。

刘向《战国策》。《战国策》是刘向编订的国别体史书。原来书名不确定,刘向考订整理后,定名为《战国策》,沿用至今。全书总共 33 篇,按国别记述东、西周及秦、齐、楚、赵、魏、韩、燕、宋、卫、中山等国史事。所记时代,上起前 490 年智伯灭范氏,下至前 221 年高渐离以筑击秦始皇。基本内容侧重于战国时代谋臣策士纵横捭阖的斗争及其有关的谋议或辞说,保存了不少纵横家的著作和言论。其人物形象描写极为传神,如引锥刺股的策士苏秦、倜傥奇伟的义士鲁仲连、慷慨悲歌的刺客荆轲等无不个性鲜明,跃然纸上。《战国策》善于述事明理,无论个人陈述或双方辩论,都喜欢夸张渲染,酣畅淋漓,富有感染力。文中还大量运用寓言、譬喻,语言生动,富于文采,对后世散文影响很大。

刘向《列女传》。此书共分 7 卷,记述了 110 名妇女的故事,多数是歌颂古代妇女高尚品德、聪明才智以及反抗精神的内容,部分情节生动感人,颇具女性文学的特征。“孟母三迁”的故事即出自该书。

辞赋,是中国独特的文学体裁,兴盛于两汉。西汉立国后,以陆贾为首的文人集团运用辞赋抒发情志,引领汉文学发展的同时,也为徐州辞赋创作揭开了序幕。《文心雕龙·诠赋》说:“汉初词人,循流而作,陆贾扣其端,贾谊振其绪,枚、马播其风,王、扬骋其势,皋、朔已下,品物毕图。”①《汉书·艺文志》录赋 1004 篇,其中徐州辞赋 137 篇,接近总数七分之一,创作数量颇为可观。可惜的是,这些辞赋绝大部分都已散佚,至今尚存的只有刘安《屏风赋》、刘向《九叹》、刘歆《遂初赋》等数篇及一些残句。

第二节　魏晋南北朝文学的发展

魏晋南北朝时期,由于社会动乱加剧,政权更迭频繁,南北分裂对峙,儒家大一统思想受到严重破坏,崇尚虚无、消极避世的佛老思想得以迅速发展。知识分子由清议转为清谈,文人思想杂糅众家,解脱传统

① 刘勰著,詹锳义证:《文心雕龙义证》,上海古籍出版社 1989 年版,第 280 页。

观念束缚，崇尚自然，彰显个性，文学创作的主体意识逐步增强。徐州文学进入了一个新的发展阶段。

一、文学雅集活动的肇始

文学雅集活动是中国文学发展繁荣的标志性现象之一。雅集活动能够营造浓郁的文化氛围，加强文人相互间交流，激发创作灵感，催生大量的优秀文学作品，推动文学流派形成。中国文学的发展往往通过一次次文人集会不断得到加速。徐州的文学雅集活动肇始于东晋。

东晋义熙十二年(416 年)，刘裕以相国的身份北伐南燕，在乘胜攻打后秦途中，行军至祖籍地彭城，组织了一次盛大的文人集会，与很多文化名士赋诗唱和。《南史·谢晦传》载："帝于彭城大会，命纸笔赋诗。晦恐帝有失，起谏帝，即代作曰：'先荡临淄秽，却清河洛尘。华阳有逸骥，桃林无伏轮。'于是群臣并作。"①这次诗会主要是庆贺刘裕北伐取得节节胜利，具有一定的政治色彩，但却开了徐州文人聚会活动的先河。

戏马台是徐州城南最负盛名的古迹之一。义熙十四年(418 年)，刘裕收复长安后，又至彭城，令长史王虞等人在台上建筑房舍和亭台景观。九月九日，刘裕送别好友孔季恭辞官归乡，再次举行文人集会，在戏马台召集宾客将佐等人赋诗饮酒。《太平寰宇记》记载："宋武北征至彭城，遣长史王虞等立第舍于项羽戏马台，起斋，作阁桥渡池。重九日，公引宾佐登此台，会将佐百僚赋诗以观志，作者百余人。"②诗人谢瞻、谢灵运同题赋诗《九日从宋公戏马台集送孔令》，而以谢灵运诗最工：

> 季秋边朔苦，旅雁违霜雪。凄凄阳卉腓，皎皎寒潭洁。良辰感圣心，云旗兴暮节。鸣葭戾朱宫，兰卮献时哲。饯宴光有孚，和乐隆所缺。在宥天下理，吹万群方悦。归客遂海隅，脱冠谢朝列。弭棹薄汪渚，指景待乐阕。河流有急澜，浮骖无缓辙。岂伊川途念，

① 李延寿撰：《南史》卷一九《谢晦传》，中华书局 1975 年版，第 522 页。

② 乐史：《太平寰宇记》卷一五《河南道十五·徐州》，永瑢、纪昀纂修：《(景印)文渊阁四库全书》第四六九册·史部二二七·地理类，(台北)商务印书馆 1986 年版，第 128 页。

宿心愧将别。彼美丘园道，喟焉伤薄劣。[①]

这首诗纪实与想象结合，情调沉挚深婉，颇有一唱三叹之致。

这次戏马台诗会是中国古代重阳登高宴集的最早记录，对后世影响甚大。此后，重阳节登戏马台赏秋成为历代徐州文人的惯常行为，渐成习俗。

二、个人诗文集的出现

魏晋南北朝时期，作家的文学创作意识逐渐觉醒，许多徐州籍文人专心于诗文创作，有的还自觉将诗文结集，流布社会。

刘程之（约352—约410），字仲思，彭城人，汉楚元王刘交的后裔。据慧远《刘公传》《与隐士刘遗民等书》等记载，刘程之精通老庄、佛理，在东晋太元中曾任宜昌、柴桑县令，后入庐山，与慧远、雷次宗等游处并参与创立莲社，同修净土法门，刘裕以其不屈，旌其号曰"遗民"，与周续之、陶渊明合称"浔阳三隐"。刘程之有文才，曾与陶渊明诗歌唱和往来，陶渊明有《和刘柴桑》《酬刘柴桑》诗[②]。《隋书·经籍志》中著录《刘遗民集》5卷。

刘逖（525—573），字子长，彭城人，祖父为北魏重臣刘芳。他早年好游猎，后发愤读书，工于诗文。北齐初，刘逖为定陶令，后任中书侍郎、给事黄门侍郎、仁州刺史等职，待诏文林馆，终因与崔季舒等人劝阻后主高纬去晋阳而被杀。刘逖的诗，颇有南朝齐梁之风。《对雨诗》中"细落疑含雾，斜飞觉带风。湿槐仍足绿，沾桃更上红"[③]等句，体物细微，对仗工整。《颜氏家训·文章篇》记载，北齐行台尚书席毗长于政事，曾嘲笑刘逖说："君辈辞藻，譬若荣华，须臾之玩，非宏才也；岂比吾徒千丈松树，常有风霜，不可凋悴矣。"刘逖回答说："既有寒木，又发春华，何如也？"席毗笑着说："可矣！"[④]这显示了当时社会上轻视文学与重

① 逯钦立:《先秦汉魏晋南北朝诗》，中华书局1983年版，第1157—1158页。

② 金融鼎:《陶渊明集注新修》，华东理工大学出版社2017版，第86、89页。

③ 逯钦立:《先秦汉魏晋南北朝诗》，中华书局1983年版，第2272页。

④ 王利器:《颜氏家训集解（增补本）》，中华书局1993年版，第265页。

视文学两种代表性观念的碰撞，以及北人华实兼重的审美取向。据《北齐书·刘逖传》记载，他原有诗赋杂文 30 卷，今存诗 4 首、文 1 篇。

当时徐州籍著名的文士还有南朝的到溉、到沆、到洽、到镜，北朝的刘芳、郑抗等人。见于史籍著录的诗文集还有晋《刘隗集》2 卷、《刘简之集》10 卷、《刘弘集》1 卷、《刘毅集》2 卷、《刘恢集》2 卷，宋《刘勔集》20 卷，齐《刘悛集》20 卷，梁《刘瑱集》10 卷、《刘绘集》10 卷、《刘苞集》10 卷、《刘孝绰集》14 卷、《到洽集》11 卷、《刘孝仪集》20 卷、《刘孝威集》10 卷、《刘令娴集》3 卷、《刘孺文集》20 卷等，近 20 种。

上述诗文集或经作者本人生前编定，亦有后人整理而成，但诗文创作的数量已经大大超越前代。这足以证明，当时文人愈发把文学创作当作一项专门的事业来做了。这些作品虽然多已亡佚，但都曾为赓续中华文脉、推动文学事业不断发展作出过不可磨灭的贡献。

第三节　唐宋文学的空前繁荣

唐宋时期，中国经济、文化进入了繁荣阶段。徐州地处襟要，兼北雄南秀，交通发达，经济繁荣，既是一代漕运中心，又是强大的军事藩镇，因而人文荟萃，名家辈出，出现了诗词并峙的文学高峰，代表了徐土文化新的辉煌。

唐代刘商、刘叉等诗人紧扣时代强音，创作了许多边塞诗和新乐府诗。李璟、李煜父子开创了南唐词派，以独特的个性禀赋和情感体验，赋予词感伤情调和开阔意境，直接为宋词的兴盛奠定了基础。苏轼知徐州期间，弘扬文教，提携后进，兴建黄楼，举行文坛盛会，创作了大量优秀诗文，使徐州处于当时全国文学创作的中心地位。贺铸在徐州任职期间，成立了徐州第一个文学团体——彭城诗社。本土诗人陈师道形成了自己的创作理论和独特诗风，创造了“后山体”，后被江西诗派推尊为诗宗之一。此外，宦游徐州的白居易、韩愈、李商隐等诗文巨擘在此创作了许多脍炙人口的佳作，留下了为人乐道的文坛佳话。

一、唐代豪放诗风与济世情怀

唐代徐州诗人以豪爽洒脱的秉性和心系家国的情怀创作了大量作品，其中最有代表性的是刘商和刘叉。

刘商，字子夏，彭城人，大历年间登进士第，曾任虞部员外郎、汴州观察判官，后辞官隐居义兴胡父渚，吟诗作画，放浪江湖，有诗集10卷。其诗以乐府见长。《唐才子传》卷四记载："商性好酒，苦家贫。尝对花临月，悠然独酌，亢音长谣，放适自遂。赋诗曰：'春草秋风老此身，一飘长醉任家贫。醒来还爱浮萍草，飘寄官河不属人。'乐府歌诗，高雅殊绝。拟蔡琰《胡笳曲》，脍炙当时。"[①]刘商亦能兼善众体，诗风以豪壮洒脱为主。《全唐诗》收录其古风及五七言律诗、绝句共115首。他的一些有关边塞内容的诗篇充满了对国事民瘼的关切。

《行营即事》：

万姓厌干戈，三边尚未和。将军夸宝剑，功在杀人多。

《观猎》(其一)：

梦非熊虎数年间，驱尽豺狼宇宙闲。传道单于闻校猎，相期不敢过阴山。[②]

刘叉(又作"乂"或"义")，彭城人，中唐韩孟诗派著名诗人之一。他尚气任侠、豪爽刚直，听说韩愈善接纳天下士，遂慕名前往，赋《冰柱》《雪车》二诗，名出卢仝、孟郊二人之上。后因不满韩愈为谀墓之文，刘叉取其为墓铭所得之金数斤而去，归齐鲁，不知所终。其诗风峻怪，豪气纵横，辞多悲慨不平之声，如刀剑相击，铿锵作响。《全唐诗》收录其诗27首，代表作有《偶书》《代牛言》《冰柱》《雪车》《自问》《勿执古寄韩潮州》《姚秀才爱予小剑因赠》《塞上逢卢仝》等。《自问》云：

自问彭城子，何人接汝颠。酒肠宽似海，诗胆大于天。断剑徒

① 傅璇琮主编：《唐才子传校笺》，中华书局1987年版，第262页。

② 中华书局编辑部点校：《全唐诗(增订本)》卷三〇四《刘商》，中华书局1999年版，第3456、3463页。

劳匣，枯琴无复弦。相逢不多合，赖是向秋泉。

他同情百姓疾苦，憎恶社会不平现象，充满济世情怀。其《雪车》诗句云：

刀兵残丧后，满野谁为载白骨。远戍久乏粮，太仓谁为运红粟。戎夫尚逆命，扁箱鹿角谁为敌。士夫困征讨，买花载酒谁为适。

《偶书》写得最为荡气回肠：

日出扶桑一丈高，人间万事细如毛。野夫怒见不平处，磨损胸中万古刀。①

唐代徐州籍诗人的诗文集还有《刘子玄集》30 卷、《刘迥集》5 卷、《刘汇集》3 卷等。

唐代徐州诗人豪放的诗风，一方面源自恢宏广阔的时代环境和强大的民族自信心，另一方面也源自徐州勇武豪爽、重节尚义的地域民风。这些豪放之作最终汇成了唐诗雄豪超迈的主旋律。

二、徐州文人词创作与词境的开拓

中唐前后，文人词的创作逐渐走向自觉。至晚唐五代时期，“词为艳科”的局面逐渐形成，词作多有脂粉之气。至南唐词派一出，特别是李煜的后期词作，一改香艳绮靡的词风，拓展了词的意境。南唐词派的代表人物李璟和李煜父子是徐州籍词人，有《南唐二主词》传世。

李璟(916—961)，字伯玉，徐州彭城县人，南唐烈祖李昪长子，南唐第二位皇帝，于 943 年嗣位，后因受到后周威胁，削去帝号，改称国主，史称南唐中主。李璟好读书，多才艺，常与宠臣韩熙载、冯延巳等饮宴赋诗。他的词感情真挚，风格清新，语言不事雕琢，“小楼吹彻玉笙寒”是流传千古的名句。代表作为《摊破浣溪沙》二首：

① 中华书局编辑部点校：《全唐诗(增订本)》卷三九五《刘叉》，中华书局 1999 年版，第 4460、4457、4461 页。

手卷真珠上玉钩，依前春恨锁重楼。风里落花谁是主？思悠悠。青鸟不传云外信，丁香空结雨中愁。回首绿波三楚暮，接天流。

菡萏香销翠叶残，西风愁起绿波间。还与容光共憔悴，不堪看。细雨梦回鸡塞远，小楼吹彻玉笙寒。多少泪珠无限恨，倚阑干。①

李煜(937—978)，李璟第六子，字重光，号钟隐、莲峰居士，南唐最后一位国君，史称李后主。他精书法、工绘画、通音律，诗文均有一定造诣，尤以词的成就最高。李煜的词，继承了晚唐以来温庭筠、韦庄等花间派词人的传统，又受李璟、冯延巳等人的影响，语言明快、形象生动，用情真挚、意境深远。其亡国后词作更是题材多样，含意深沉，在晚唐五代词中独树一帜，对后世词坛影响很大。李煜现存词32首，代表作主要有《清平乐》《相见欢》《虞美人》《浪淘沙》《破阵子》等。

春花秋月何时了，往事知多少。小楼昨夜又东风，故国不堪回首月明中。雕栏玉砌依然在，只是朱颜改。问君能有几多愁，恰似一江春水向东流。(《虞美人》)

四十年来家国，三千里地山河。凤阁龙楼连霄汉，玉树琼枝作烟萝，几曾识干戈。一旦归为臣虏，沈腰潘鬓消磨。最是仓皇辞庙日，教坊犹奏别离歌，垂泪对宫娥。(《破阵子》)②

入宋后，词经晏殊、柳永、范仲淹、欧阳修、苏轼等人不断拓展和提升，题材广泛，格调高远，意境阔大，婉约与豪放风格兼而有之，遂成一代之文学。苏轼知徐州期间创作的《浣溪沙·徐门石潭谢雨道上作五首》第一次把乡村风土人情写入词中，出现了黄口儿童、白发老人、采桑姑、缫丝娘、卖瓜人等勤劳质朴的农民形象，进一步拓展了词的思想内容。徐州诗人陈师道有《后山词》一卷，现存词53首，对传统的绮罗香艳题材有所突破，词风哀婉清丽，饶有趣味。他对词的创作有自己的见

① 李璟、李煜撰，王仲闻校订，陈书良、刘娟笺注：《南唐二主词笺注》，中华书局2013年版，第10—11、17页。

② 李璟、李煜撰，王仲闻校订，陈书良、刘娟笺注：《南唐二主词笺注》，中华书局2013年版，第25、141页。

解，认为词应保持特有的文体特质，与诗要有明显区别，不主张以诗为词的做法。他在《后山诗话》中说："退之以文为诗，子瞻以诗为词，如教坊雷大使之舞，虽极天下之工，要非本色。今代词手，唯秦七黄九耳，唐诸人不迨也。"[①]他的观点虽是一家之言，却第一次提出了"以诗为词"的词论概念，在词学理论上具有开拓意义。此外，南宋时期的李处全也是徐州籍词人，词风清新可喜。

词自产生以来，在探索中嬗变，在争议中拓展，在交融中提升。而在此进程中，徐州词人发挥了不可或缺的作用。

三、引领潮流的北宋徐州文坛

北宋徐州诗坛存在于公元 960 年（宋朝建立）至公元 1131 年（徐州被金军占领）之际，大致延续时间 170 多年。这一时期，徐州诗歌创作进入了一个前所未有的繁荣期。诗歌作品数量大、佳作多，大家、名家云集。据现存史料统计，当时徐州籍诗人的创作至少 5000 首左右。而且北宋徐州诗坛成为全国的诗歌创作中心之一，引领着北宋诗歌发展潮流，对宋诗典型风格的形成发挥了举足轻重的作用。

北宋初，代表诗人有郭延泽、李若谷、李淑、陈洎、颜太初等。他们的诗作因事而为，有感而发，既与宋初各流派相呼应，又体现出关心现实、善于思考、敢于议论等个性特点。

至苏轼知徐州时，文坛泰斗欧阳修已去世近 5 年，众望所归中，苏轼成为当时的文坛领袖。在他的主持下，徐州文坛群星汇聚，佳作频出，异彩纷呈，引领着文学创作的时代潮流。苏轼离任后，徐州开始形成文学社团，贺铸发起成立的彭城诗社成为徐州文坛的中坚力量，赓续了徐州文脉。贺铸离任的次年，在苏轼等人的举荐下，陈师道来到徐州担任州学教授，在徐任职及后来闲居的较长一段时间里，他精研诗艺，广为唱和，培育新人，使徐州文坛成为宋诗开宗立派的摇篮之一。在上述三位诗文大家接力般地推动下，北宋时期的徐州文学空前繁荣。

① 陈师道：《后山诗话》，吴文治主编：《宋诗话全编》第二册，凤凰出版社 1998 年版，第 1022 页。

苏轼与黄楼盛会。苏轼自熙宁十年(1077年)至元丰二年(1079年)知徐州期间,外地的青年才俊如秦观、王巩、张师厚,诗僧参寥子等慕名追随而来。苏轼也注意提携徐州士子,如陈师仲、陈师道兄弟,王子立、王子敏兄弟,颜复、郑仅、寇元弼等,都得到过他的指点和帮助。为纪念抗洪胜利和增强防洪能力,苏轼在徐州子城东门上修建了一座百尺高楼——黄楼。黄楼落成后,他举行了两次文坛盛会。一是元丰元年(1078年)九月九日重阳节,举行抗洪胜利庆典,邀请四方才子前来聚会,"坐客三十余人,多知名之士"[①](《九日黄楼作》)。苏辙创作《黄楼赋》,苏轼亲自书写刻石。秦观虽未能来徐祝贺,却寄来《黄楼赋》。时任北京(今河北大名)国子监教授的黄庭坚也写信并附上两首诗,将苏轼比作高崖青松,自己则为深谷小草,希望将来能和青松比高。陈师道作《黄楼铭》一篇,盛赞其治水之功。一时诗文焕彩,华章斗艳。二是同年九月三十日,苏轼举行了由徐、沂、郓三州士子参加的鹿鸣宴,宴请新科贡生、举人、考官百余名。才子们口占诗词,提笔作赋,各显其能,抒怀明志。会后,诗文结集纪念。苏轼作《鹿鸣宴》七律一首,又为诗集作《徐州鹿鸣宴赋诗叙》。这两次盛会扩大了徐州文坛的影响力,也确立了苏轼文坛领袖的地位。南宋吴子良《荆溪林下偶谈》说:"(王)德父尝为余言:'自古享文人之至乐者,莫如东坡。在徐州作一黄鹤楼(编者按:当为"黄楼"),不自为记,而使弟子由、门人秦太虚为赋,客陈无己为铭,但自袖手为诗而已。有此弟,有此门人,有此客,可以指呼如意而雄视百代文人,至乐孰过于此?'"[②]后来,苏轼因在乌台诗案获罪,时任钱塘(今浙江杭州)主簿的陈师仲不顾受牵连的危险,将他在密州和徐州的诗歌分别编成了《超然》《黄楼》二集,为黄楼时期画了一个圆满的句号。可以说,黄楼时期是苏轼真正人生的开端,黄楼盛会是徐州文坛引领当时文学创作潮流的开始[③]。

贺铸与彭城诗社。贺铸(1052—1125),字方回,自号庆湖遗老,卫

① 张志烈、马德富、周裕锴主编:《苏轼全集校注·诗集三》卷一七《古今体诗五十三首》,河北人民出版社2010年版,第1805页。

② 王水照编:《历代文话》,复旦大学出版社2007年版,第564页。

③ 详见本书第五章第四节《经久不衰的苏轼文化影响》。

州共城（今河南辉县）人，北宋后期著名词人，是继苏轼之后又一位兼擅婉约和豪放词风的大家。陆游《老学庵笔记》中还指出，贺铸“诗文皆高，不独攻长短句也”[①]。自元丰五年（1082 年）至元祐元年（1086 年），贺铸在徐州担任过近四年的宝丰监钱官。他来徐不久，就组织一些志同道合的文友成立了彭城诗社——徐州文学史上的第一个诗社。诗社主要成员有张谋父、寇元弼、陈师仲、王子立、王子敏、王文举、李昭玘、寇应之、王会之、段慎从等 10 余人。诗社经常举行活动，进行诗歌研究和创作活动，或分韵，或分题，或唱和，活动地点多在戏马台、云龙山、碧芦轩、泗上白云庄等处。诗社存在约两年时间，成员均创作了许多诗篇。从贺铸现存的相关诗歌来看，他们的诗歌内容多以描写徐州的山川风物、隐逸生活和文人雅兴为主，如《题张氏白云庄》《田园乐》《招寇元弼兼呈白云庄张隐居》《彭城三咏》等。彭城诗社首次以文学社团的形式出现在文坛，为北宋徐州诗坛增添了浓墨重彩的一笔，是徐州文学繁荣的重要标志之一。

陈师道与后山体。陈师道（1052—1101），字履常，一字无己，号后山居士，彭城人，曾任徐州、颍州州学教授，秘书省正字等职。他“高介有节，安贫乐道”[②]，是“苏门六君子”之一，江西诗派三位诗宗之一，与黄庭坚并称“黄陈”。他宗法杜甫，学习黄庭坚，以诗著称，善文能词，文学理论亦有建树，有《后山集》24 卷等传世，现存诗 765 首、文 171 篇、词 53 首，《谈丛》四卷 232 条、《理究》一卷 37 条、《诗话》一卷 80 条。为革除唐诗容易流于浅俗的弊端，他提出“宁拙毋巧，宁朴毋华，宁粗毋弱，宁僻毋俗”[③]“体其格，高其意，炼其字”[④]等创作原则，自铸新体，开宗立派，形成了朴拙、沉郁、瘦硬、峭奥的独特诗风，后世称之为“后山体”。严羽《沧浪诗话·诗体》为“后山体”作注云：“后山本学杜，其语似之者但数篇，他或似而不全，又其他则本其自体耳。”[⑤]他的代表诗作主要有

---

① 陆游撰，李剑雄、刘德权点校：《老学庵笔记》，中华书局 1979 年版，第 105 页。

② 脱脱等撰：《宋史》卷四四四《文苑六·陈师道传》，中华书局 1977 年版，第 13115 页。

③ 陈师道：《后山诗话》，吴文治主编：《宋诗话全编》第二册，凤凰出版社 1998 年版，第 1023 页。

④ 张表臣：《珊瑚钩诗话》，吴文治主编：《宋诗话全编》第三册，凤凰出版社 1998 年版，第 2610 页。

⑤ 严羽著，郭绍虞校释：《沧浪诗话校释》，人民文学出版社 1983 年版，第 59 页。

《示三子》《田家》《河上》《十五夜月》《十七日观潮》《绝句》《即事》《黄楼》《别黄徐州》等。其《示三子》：

> 去远即相忘，归近不可忍。儿女已在眼，眉目略不省。喜极不得语，泪尽方一哂。了知不是梦，忽忽心未稳。[①]

宋诗不但较好地继承了唐诗的创作经验，更在此基础上发展与创新，形成了与唐诗截然不同的、具有鲜明特质的艺术风范。现在学界普遍认为，在诗歌艺术成就上，唯一能与唐诗相颉颃的就是宋诗。以陈师道为代表的徐州诗人在创作理论和实践上的探索，为推动宋诗的发展和繁荣作出了重要贡献。

四、诗文巨擘在徐州的创作

白居易、韩愈、李商隐、苏轼、贺铸等诗文巨擘在宦游徐州期间，有感于徐州人情风物、山水名胜，创作了很多文学作品，留下了不少文坛佳话，为徐州文化史增添了十分亮丽的光环。

白居易与徐州有着深厚情缘[②]。贞元年间，白居易在校书郎任上时，再次来徐州游览，受到武宁军节度使张愔的盛情款待。席间，张愔让爱妾关盼盼歌舞助兴，宾主甚欢。关盼盼优美的歌舞和绰约的风姿给白居易留下了深刻印象。其赠关盼盼诗云："醉娇胜不得，风嫋牡丹花。"十年后，时任司勋员外郎的张仲素拜访白居易，出示新近诗作，中有为关盼盼而作的《燕子楼》三首，哀婉艳丽。张仲素在徐州任职多年，了解关盼盼的情况。他说，张愔死后，归葬洛阳，张家宅第中有座小楼名叫燕子楼，关盼盼心念张愔旧恩，不肯改嫁，已在此楼索然独居十余年。白居易感慨良多，赋诗三首相和，诗前小序中云："余爱绘之新咏，感彭城旧游，因同其题，作三绝句。"诗曰：

> 满窗明月满帘霜，被冷灯残拂卧床。燕子楼中霜月夜，秋来只

① 陈师道撰，任渊注，冒广生补笺：《后山诗注补笺》，中华书局 1995 年版，第 54 页。
② 详见本书第五章第三节《白居易、韩愈、范仲淹的徐州情结》。

为一人长。(其一)

钿晕罗衫色似烟,几回欲著即潸然。自从不舞霓裳曲,叠在空箱十一年。(其二)

今春有客洛阳回,曾到尚书墓上来。见说白杨堪作柱,争教红粉不成灰。(其三)①

白居易还以徐州生活为背景创作了一首长诗《朱陈村》,描写一个民风淳朴、安居乐业的世外桃源般的村落,表达了自己对安定祥和社会生活的期盼和追求。燕子楼和朱陈村从此成为人们津津乐道的文坛佳话。

韩愈于贞元十五年(799 年)从汴州之乱中逃出,从河南来到徐州,投在徐泗濠节度使张建封门下任节度推官,至次年五月离任,在徐大约一年多时间。其间他创作了《此日足可惜赠张籍》《归彭城》《幽怀》《鸣雁》《雉带箭》《汴泗交流赠张仆射》《徐泗濠三州节度掌书记厅石记》等 10 多篇诗文。其中《汴泗交流赠张仆射》首次描写了我国古代体育项目——打马毬的情景,在极力渲染激烈争夺场面的同时,委婉劝诫张建封莫要耽于行乐,须用心为国杀敌平叛,展现出忧国忧民的情怀。《雉带箭》生动描绘了猎者的绝技和观者的情态,神采飞动,给人如临其境之感,也是不可多得的佳作:

原头火烧静兀兀,野雉畏鹰出复没。将军欲以巧伏人,盘马弯弓惜不发。地形渐窄观者多,雉惊弓满劲箭加。冲人决起百余尺,红翎白镞随倾斜。将军仰笑军吏贺,五色离披马前堕。②

李商隐于大中三年(849 年)应徐州刺史、武宁军节度使卢弘止奏请,以侍御史衔任徐州节度判官,时年 37 岁。他与卢弘止交谊甚厚,颇受礼遇,充满建功立业的热情。可惜,大中五年(851 年),卢弘止不幸病故,李商隐实现抱负的希望再次破灭,不得不离徐而去。他在徐期间创作了《题汉祖庙》《偶成转韵七十二句赠四同舍》《戏题枢言草阁三十

① 白居易著,顾学颉校点:《白居易集》,中华书局 1979 年版,第 311、312 页。

② 屈守元、常思春主编:《韩愈全集校注》,四川大学出版社 1996 年版。第 76—77 页。

二韵》等诗篇，情感豪放热烈，富有进取精神。其中《题汉祖庙》堪为代表：

> 乘运应须宅八荒，男儿安在恋池隍。君王自起新丰后，项羽何曾在故乡。①

苏轼在徐期间留下了300余篇诗词文赋和一些书画作品，对徐州后世文艺创作影响深远。其中《登云龙山》《百步洪二首》《送蜀人张师厚赴殿试二首》《九日黄楼作》《九日次韵王巩》《送郑户曹》《石炭并引》《江城子·别徐州》《永遇乐·明月如霜》《放鹤亭记》《日喻》等精品佳作，脍炙人口，传诵不衰。《送蜀人张师厚赴殿试二首》其二：

> 云龙山下试春衣，放鹤亭前送落晖。一色杏花红十里，新郎君去马如飞。②

贺铸对徐州情有独钟。徐州雄浑厚重的文化底蕴、质朴豪爽的民风和秀丽的山水田园给了他无尽的创作灵感，滋养了其豪放与婉约兼擅的艺术风格。他现存诗歌600首，其中在徐州创作的77首，内容与徐州相关的53首，合计130首，占五分之一强。每首诗前均有小序，交代创作的时间、地点、背景等相关情况。许多小序写得翔实细致，加上洒脱自然、气韵飞动的诗句，宛若一幅幅色彩斑斓的徐州历史画卷。其中代表作有《黄楼歌》《晚泊会亭》《将发彭城作》《部兵之狄丘，道中怀寄彭城社友》《送时适归彭城兼寄王会之并张白云》《再送潘仲宝兼寄彭城交旧》等。《晚泊会亭(壬戌七月赋)》：

> 后日符离复舍舟，马蹄尘土入徐州。只应明月曾相识，伴我时登燕子楼。③

这一时期，徐州文学在史传散文及小说创作方面也取得了很大的成就，产生了唐代刘知几《史通》20卷，刘餗《隋唐佳话》1卷、《国史异

① 刘学楷、余恕诚：《李义山诗歌集解(增订重排本)》，中华书局2004年版，第1075页。

② 张志烈、马德富、周裕锴主编：《苏轼全集校注·诗集三》卷一七《古今体诗五十三首》，河北人民出版社2010年版，第1927—1928页。

③ 贺铸著，王梦隐、张家顺校注：《庆湖遗老诗集校注》，河南大学出版社2008年版，第435页。

纂》3 卷、《小说》3 卷，刘轲《牛羊日历》1 卷、《补江总白猿传》1 卷、《豢龙子》10 卷，宋代晁迥《昭德新编》3 卷、《耄智余言》3 卷，颜太初《淳耀联英》20 卷等著作。

唐宋时期，徐州文学的繁荣，既是当时社会经济文化发展客观推进的结果，也是徐州本土作家和外来作家充分交流、互相借鉴、同驱共进的结果。而徐州作家能够很快地吸取外来作家带来的先进文化元素，进而生发出崭新的创作理念和创作方法，正是徐州文化善于融汇四方的包容性特质的体现。

第四节　金元明清民国文学的流变

金元时期，徐州战乱频繁，黄河泛滥，加之民族矛盾、阶级矛盾日趋尖锐，经济文化受到极大破坏。特别是元末，元军镇压芝麻李起义，对徐州进行屠城，以致城池被毁，古迹典籍荡然无存，徐州文学发展一度落入低谷。明朝建国后，随着中原文化的复兴，徐州文学逐渐复苏，经过清代的继续发展，达到较为兴盛的状态。两部《诗徵》的编纂，对明清两代诗文进行了较好的总结和保存。明清易代之际，徐州二遗民的诗文创作表现出浓烈的爱国情怀和崇高的民族气节，他们成为中国明末清初遗民文学的代表作家之一。清末，革命文学应运而生，以其新颖的形式和推翻帝制的夺人气魄，唤醒民众，为徐州带来了新时代的曙光。

一、文学衰微期的创作

金元时期是徐州文学的衰微期。徐州由宋入金，又由金入元，徐州人经历了国破家亡的劫难，饱受歧视和民族压迫，诗风亦为之一变。他们漂泊流离，哀时伤乱，痛恨奸佞，多有家国之思。

姚孝锡(1097—1179)，字仲纯，号醉轩，徐州丰县人，宋徽宗政和四年(1114 年)进士及第，曾任代州兵曹参军。金兵陷代州，姚孝锡被金人任命为五台县主簿，至五台即称病，遂放浪山水间，诗酒自娱，卒年八十三，著有《鸡肋集》(已佚)。《中州集》录其诗一卷，共32首，大多流露出怀念故国、思恋故土的感伤，体现了遗民诗人的总体特征。如《次冠卿韵》云："节物先后南北异，人情冷暖古今同。"《新诗》云："盘无兼味惭留客，梦厌多岐不到乡。"《岁晚怀二弟》云："少易成欢老易伤，壮游垂白未还乡。"①

宋汝为(1098—1157)，字师禹，徐州丰县人，抗金志士。靖康元年(1126年)，金人犯京师，其家人全部遇害。建炎三年(1129年)，他奏陈兵事，被宋高宗采纳，特补修武郎，后假武功大夫使金，为完颜宗弼所执，一无惧色，终脱归。绍兴中，他作《恢复方略》献于朝，后因积极主张抗金，得罪秦桧，被迫逃亡入蜀，变姓名为"赵复"。绍兴二十七年(1157年)，宋汝为卒于青城县开先观，年六十。有《忠嘉集》，现仅存《老人村》诗1首：

> 憔悴应怜范叔寒，南北东西万里谪。朱颜荏苒变黎黑，走遍天涯常是客。②

这一时期，徐州还有傅汝砺《诗集》八卷、《诗法源流》一卷，袁涣《友山集》等。

金元统治者重视武功，轻视文治，文人地位低下，生活窘迫，文教基本被边缘化。在这种形势下，这些诗文创作尤其显得难能可贵，为延续徐州文脉发挥了重要作用。

此外，元代著名诗人萨都剌曾游历徐州，借景抒怀，创作了一系列优秀诗词，代表客籍文化名人为徐州文化史增添了光彩夺目的一页。

萨都剌(约1272—1355)，元代诗人、画家、书法家，字天锡，号直斋，先世为西域人，出生于雁门(今山西代县)，泰定四年进士，多次路过徐州。诗词集《雁门集》收诗近800首，写徐州的作品有10多首，其中《木兰花慢·彭城怀古》是一篇传世名作：

> 古徐州形胜，消磨尽、几英雄。想铁甲重瞳，乌骓汗血，玉帐连

① 元好问编，萧和陶点校：《中州集》，华东师范大学出版社2014年版，第638、640页。

② 北京大学古文献研究所编：《全宋诗》第33册，北京大学出版社1998年版，第20778页。

空。楚歌八千兵散，料梦魂，应不到江东。空有黄河如带，乱山回合云龙。汉家陵阙起秋风，禾黍满关中。更戏马台荒，画眉人远，燕子楼空。人生百年寄耳，且开怀，一饮尽千钟。回首荒城斜日，倚栏目送飞鸿。[①]

萨都剌写这首词时，正蒙恩宠，以24岁年纪得迁江南诸道行台侍御史，春风得意，游彭城，看燕子楼，望黄楼，登戏马台，追思过往岁月，感慨兴亡盛衰。他在徐州的作品还有《彭城杂咏》《黄楼》《登戏马台》等诗词。

毛泽东特别欣赏萨都剌这首《彭城怀古》。1957年3月19日，毛泽东与随行人员经徐州赴南京，古城徐州的山川名胜引起了他的深沉思考，他问随行秘书林克读过萨都剌的《彭城怀古》没有，林说没有读过。毛泽东随即在一本小册子的扉页背面用铅笔为林克写下了这首词。毛泽东边写边解释，对这首词做了肯定的评价，说萨都剌的感情激烈深沉，诗词写得不错，有英雄豪迈、博大苍凉之气。毛泽东在车上写下的《彭城怀古》，用的是铅笔，是写在一张稿纸上的。北京出版社出版的《毛泽东硬笔书法》收录了这件手稿。1972年12月，在生日后的第3天(12月29日)，毛泽东委托办公厅向国家图书馆借阅萨都剌的《雁门集》。毛泽东借阅《雁门集》后，在第7册封面用红铅笔写下“附词”二字，并为最后一首词《彭城怀古》圈点断句[②]。2012年，谷建芬以《彭城怀古》为歌词谱写了歌曲《一饮尽千钟》，成为徐州市歌。

二、文学的复兴与《诗澂》编纂

明清两代，社会生活比较安定，经济文化逐渐繁荣。儒家道统得到恢复，读书应举成为知识分子正途，文人重新获得了优越的社会地位和普遍尊重。随着知识阶层队伍的迅速壮大，徐州文学创作走向复兴。

个人诗文集大量涌现。明清时期，徐州文人以文会友，抒写生活，文学创作活动普遍而广泛，产生了大量的诗文集。据同治《徐州府志·

① 萨都剌：《雁门集》，上海古籍出版社1982年版，第115页。

② 丁志刚：《毛泽东圈点过的〈彭城怀古〉》，《中国文物报》1993年5月2日第4版。

经籍考》等记载，明代有马惠《兰斋集》、李向阳《孝乾文集》、张贞观《掖垣谏草》《野心堂集》、蔡桂《五宜亭诗草》、史可传《清白堂遗稿》、渠澄清《三余漫草》、崔连云《天问阁稿》、董汉儒《去萉草》、蔡洞《鉴东集》、寇文英《双寿堂集》《野栖栖集》、纵慎蒙《苜蓿诗草》等30余种。清代有李弁《忖庵诗集》、李蟠《根庵诗文集》、张铎《晏如草堂诗集》、朱迈《拜石堂诗稿》、孙文蔚《北坡草堂诗草》、朱玉森《退思山房诗集》、孙运锦《垞南诗集》《与我周旋斋文集》、拾世盘《柳村诗集》、阎圻《泗山文集》《阅耕楼诗集》《憩养堂诗集》、季之翰《白驹山樵集》、邱园卜《卜颐庵全集》、王锡田《蘅浦稿》、李汝鹤《企皋诗存》等100余种。就现存的诗文来看，多是文人对自身生活阅历的抒写，内容丰富，体裁多样，不乏传世佳作。

张竹坡评点《金瓶梅》。《金瓶梅》是中国第一部文人独立创作的章回体长篇小说，具有里程碑意义，成书时间大约在明代隆庆至万历年间，作者署名兰陵笑笑生。但是，《金瓶梅》成书后一直被列为“淫书”“禁书”，为士大夫所不齿。张竹坡26岁时研读《金瓶梅》，并独具慧眼，写下10万余字的评点文字，为中国古代小说理论留下了一笔珍贵遗产。他敢于突破世俗看法，不畏来自家族、社会的非议，指出《金瓶梅》是“第一奇书”，是愤世之作，而非“淫书”，肯定了《金瓶梅》的思想价值和艺术特色，从而确立了它在文学史上的地位。“张竹坡上承金圣叹，下启脂砚斋，通过对《金瓶梅》思想与艺术的评点，在很多方面将中国小说理论推进了一步。”①此外，他还有诗集《十一草》，还曾评点过《东游记》《幽梦影》等作品，为中国古典小说批评作出了杰出贡献。

陈铎与《滑稽余韵》。陈铎著有散曲集《秋碧乐府》《梨云寄傲》《月香亭稿》《可雪斋稿》《滑稽余韵》、词集《草堂余意》、杂剧《花月妓双偷纳锦郎》《郑耆老义配好姻缘》、传奇《纳锦郎》等。明代戏剧家汪廷讷辑有《陈大声乐府全集》。他最有代表性的作品是散曲集《滑稽余韵》，共有141首。每首写一个行当，一共描写了60多种手工业工匠、30多种店铺经营，展示了当时城市生活的广阔图景。他赞扬各种工匠的手艺，歌

① 吴敢：《张竹坡研究综述》，《河南大学学报(社科版)》2007年第6期，第30—38页。

颂他们对社会的贡献，对他们被压榨的生活状态给予深切同情，对为害地方的里长、巫师、媒人等多有讽刺，艺术上注意吸收百姓口语，明白通俗而又不失幽默风趣，富于生活气息，在金、元、明、清的散曲作家中独树一帜。如《双调·水仙子·瓦匠》：

> 东家壁土恰涂交，西舍厅堂初瓦了，南邻屋宇重修造。弄泥浆直到老，数十年用尽勤劳。金张第游麋鹿，王谢宅长野蒿，都不如手镘坚牢。①

《徐州诗徵》和《续诗徵》的编纂。光绪十三年（1887年），时任徐州知府的桂中行组织王亦曾、冯煦、陈环、王凤池等人逐县采录徐州地方诗歌，多方搜集，整理甄选，在光绪十六年（1890年）完成了《徐州诗徵》的编纂。该书凡八卷，共收录徐州府当时所属八县自明隆庆年间（1567—1572）至清光绪十四年（1888年）间已故255位诗人的1723首代表作。为弥补《徐州诗徵》的遗珠之憾，民国时期，张伯英在好友陈继翰、段庆熙、王书衡等人的协助下，又于1929年着手编纂《徐州续诗徵》。经过数十位乡贤的采访、汇辑、整理、甄选、编次、雠校，终于在1933年秋编纂完成。该书共二十二卷，收录了徐州八县524位诗人的3315首诗作，较《徐州诗徵》增加一倍。两部《诗徵》收录诗歌题材涉及自然灾害、战争祸乱、山水田园、孝亲节烈、爱情闺怨、羁旅宦游、交游酬唱、咏史怀古等丰富的社会生活内容，呈现出雄浑壮阔、慷慨激昂、敦厚哀婉、清新洒脱等多姿多彩的诗风，基本廓清了徐州明清时期诗歌创作状况，体现了徐州地域的诗歌特色与诗歌精神。尤其是其中保存了一些“明遗民”诗人、闺秀诗人等专题文献，对详细考证这类诗人及其创作状况，有着重要的学术价值。

两部《诗徵》首次全面汇辑、收录了徐州明清时期300余年间的诗人诗作，较为全面地保存了徐州地方诗歌文献，是徐州地方现存最早的两部诗歌总集，在徐州文学发展历史上具有里程碑的意义。

---

① 陈铎撰，杨继长点校：《陈铎散曲》，上海古籍出版社1989年版，第80页。

三、“二遗民”的诗文创作与人格精神

明末清初，徐州文人再次面对外族入侵、国破家亡的灾难。清军入关之后，明政权抵抗力量节节败退，眼见大势已去。在此政权更迭之际，何去何从，是考验民族气节的艰难抉择。徐州“二遗民”阎尔梅和万寿祺坚定抗清复明的立场，崇尚气节，用诗笔抒写自己为恢复故国所做的努力和抗争，表现出令人景仰的坚贞不屈的人格精神。

阎尔梅有《白耷山人集》传世，代表诗作有《悲彭城》《绝贼臣胡谦光》《丙申三月十九日过阌乡县有感》《太仓过王文肃旧第》《惜扬州》《沧州道中》《采桑曲》《杏埛庄杂咏》等。作为明末遗民，他“不为五侯生，甘为布衣死”[①]的人生箴言，成为烛照知识分子灵魂的火炬，其诗歌也是声调沉雄，感情激烈，充满国破家亡的怅恨与感慨。如《丙申三月十九日过阌乡县有感》：

> 黄帝隆升久在天，孤臣遗落鼎湖边。一驴亡命三千路，四海无家十二年。霜露几经寒食火，园陵谁扫忌辰烟？朝来独望昌平拜，童子闻歌亦泫然。[②]

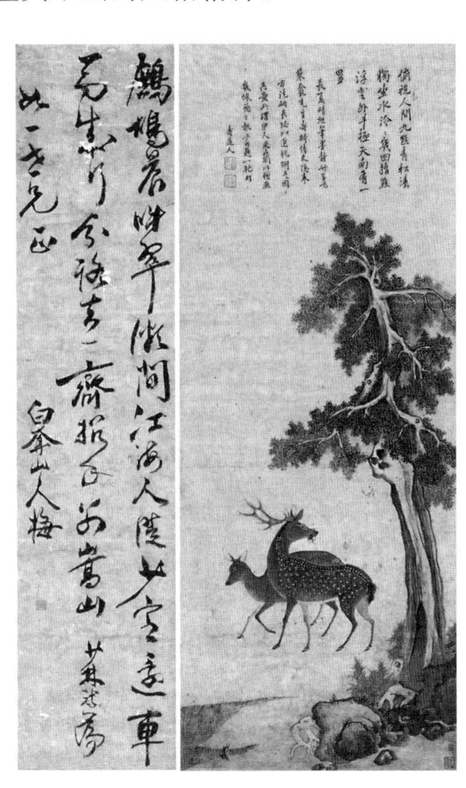

图 11－2 ［明］阎尔梅行书七言诗轴（左）、［明］万寿祺柏鹿图轴（右）（徐州博物馆藏，选自李银德主编《古彭遗珍——徐州博物馆馆藏文物精选》）

万寿祺有诗集《西隰草堂集》，

① 阎尔梅著，王汝涛、蔡生印编注：《白耷山人诗集编年注》，中国文联出版社 2002 年版，第 713 页。
② 阎尔梅著，王汝涛、蔡生印编注：《白耷山人诗集编年注》，中国文联出版社 2002 年版，第 209 页。

辑有《沙门慧寿印谱》一册。其诗沉郁苍凉、含蓄蕴藉，多写明亡之后的漂泊生活和内心痛楚，代表诗作有《登淮阴城楼北望》《南徐杂感》《清夜闻箫》《隰西草堂二首》《夜棹》《别去》《行脚》等。如《别去》：

> 别去不复问，孤云千里过。宁知芳草外，尚有夕阳多。南国忧豺虎，西风驱鸑鹅。客心落日里，涕泪满山阿。①

宋元之际和明清之际，中国遗民文学尤为兴盛。遗民诗人在异族残酷统治和中原文化沦丧的双重困境之下，忧愤激荡，椎心泣血，一改往常风格，创作出了大量表现民族大义、闪耀战斗光芒的诗篇，鼓舞着人们为民族的独立、自由而抗争。而徐州二遗民直接参加抗清的政治、军事斗争，失败之后又以流亡、隐居或削发为僧的方式保持气节，志行皎然。他们的诗篇是血与火斗争生活和崇高人格精神的真实反映，尤为感人肺腑，催人奋发，是徐州文学为中国文学作出的重要贡献之一。

四、革命文学的兴起

清朝末年，在孙中山领导下，旨在推翻清朝专制帝制、建立共和政体的革命运动风起云涌。为宣传共和、唤醒民众，徐州革命文学开始兴起。韩志正和周祥骏是徐州革命文学的先驱。

韩志正(1868—1936)，字元方，笔名燕石、石隐，徐州铜山县人，革命家、教育家、诗人。光绪三十二年(1906 年)，韩志正留学日本，在东京见到了孙中山，加入了中国同盟会。1909 年，英、法、日等帝国主义阴谋瓜分中国，韩志正当即发表了《瓜分告哀书》，大声疾呼，予以揭露，并主张全国人民要武装自己，号召民众立即行动起来。在其呼吁下，铜山县各中小学堂先后聘请教官，上军事课，学兵操，并对学生进行爱国教育。徐州府、道和铜山县署官吏为之震恐，禀报朝廷勒令禁止。1912 年 2 月，铜山县光复后，他被推举为第一任民政长(县长)。1918 年秋，他以众议员的身份到达广州，被选为中华民国国会议员，并参加了孙中

① 万寿祺撰，余平、王翼飞点校：《万寿祺集》，浙江联合出版集团、浙江人民美术出版社 2014 年版，第 58 页。

山组织的护法政府。韩志正著有诗集《岭南吟草》《湘中吟》《云间集》《风去篇》《悼凤篇》《喷饭集》《宋玉秋诗百首》等 20 余本，但大都散佚，仅有《北京女伶百咏》《丁卯六十感旧诗》存世。①

周祥骏(1870—1914)，字仲穆，号风山，又号更生，世称风山先生，徐州睢宁县人，诗人、剧作家，南社发起者之一。1895 年中日《马关条约》签订后，周祥骏义愤至极，联合众徒发表演讲，撰写时曲小调，抨击清廷腐败无能。1901 年《辛丑条约》签订后，他连续改编杂剧《睡狮园》《康秀才投军》《打醋缸》《捉酸虫》《胭脂曲》《团匪魁》《黑龙江》《薛虑祭江》等批判黑暗时局，揭露列强瓜分中国的野心。1907 年，他在徐州发起组织天足会，撰写洋洋百句的七言长诗《天足会演说感赋》，倡导男女平等、妇女解放，主张兴办女学。1909 年，他在睢宁县昭义书院讲学，积极从事反清的革命组织和宣传活动。同年秋，与高钝剑、柳亚子、陈巢南、姚凤石、胡朴安等名士发起成立南社。辛亥革命爆发，周祥骏冒险从南京赶到镇江，参与第九镇军军务，后被第一镇军统制柏文蔚聘为第一镇军军事顾问官。1911 年 11 月，南京光复，清政府江南提督张勋逃至徐州，周祥骏秘密潜回徐州，以徐州省立第七师范教员身份从事革命工作，为光复徐州作准备。1912 年 3 月，他愤而写下《伤心文》，痛斥袁世凯窃取辛亥革命果实。1914 年 5 月 17 日，周祥骏被张勋以所谓“乱党”罪逮捕杀害，终年 44 岁。周祥骏牺牲后，孙中山亲笔为之题词：“徐东一人。”于右任手书挽联：“横经针孔孟，沥血铸淮徐。”②周祥骏生平撰述百万言，多散佚。1944 年，由柳亚子、郭爱棠为其编纂出版了《更生斋全集》等。

在周祥骏的带动下，徐州地区先后有郭爱棠、周公权、周道芬、陈士髦等 10 多人参加南社，通过文学创作，宣传革命。

1912 年，在辛亥革命的鼓舞下，吴质增等 7 名热血青年在铜山县大吴乡权台村成立了龙山诗社，他们常聚集一堂，谈论时政，批判现实，鼓吹革命。现存有《龙山诗社诗草》一卷，收诗 60 首。

① 赵明奇：《徐州地方志通考》，中国文史出版 1991 年版，第 381—384 页。

② 宋庆阳：《南社先烈周祥骏史迹钩沉》，《南京理工大学学报(社科版)》2019 年第 3 期，第 40—47 页。

辛亥革命后，为宣传民主共和，一些新式报纸如《醒徐日报》《民生日报》和《徐州日报》等先后诞生。五四新文化运动后，又有《新徐州》《中山日报》《徐海日报》《徐州民国日报》《民众晚报》《徐州民报》《徐报》《新徐日报》等一批呼唤民主自由和反帝反封建的报纸相继出现。到1928年，徐州共有11家报纸出版发行，为革命文学提供了极为便捷的传播平台。

徐州革命文学的兴起是革命形势高涨所引起的必然结果。徐州革命文学发展迅速，内容丰富，形式多样，富有战斗性，在推介革命思想深入人心、制造革命声势、推进革命进程上发挥了重要作用。

金元至民国时期，徐州文学随着时代变迁，经历了衰微、复苏、兴盛、革新等流变过程，诗歌、散文、小说、戏剧等四大文学形式渐趋完备，在清末民初还出现了具有总结意义的《徐州诗徵》《徐州续诗徵》，如此丰厚的积累，为以后新文学的发展奠定了坚实的基础。

第五节　民间文学的发生与发展

徐州人民在改造自然和建设家园的过程中，发挥聪明才智和奇特想象力，创作了大量民间文学。徐州民间文学源远流长，丰富多彩，主要包括民间神话传说和民间歌谣两大部分。

一、民间神话传说

徐州不少早期民间神话传说可见于《庄子》《楚辞》《列子》《史记》《汉书》等典籍记载，有的至今仍广为流传。主要可归纳为民间神话、王侯将相的传说、文化名流的传说及生活中的传奇故事等几类。

民间神话。主要是以神仙为主体的传奇故事，表达对超自然现象的理解与想象。如“二郎担山撵太阳”“王母娘娘和筋斗山”“龙血石”“柳毅传书”等故事。其中，“柳毅传书”的故事影响很大。唐代李朝威有传奇小说《柳毅传》，元代尚仲贤有杂剧《洞庭湖柳毅传书》。1962

年，蔡振亚导演改编成电影《柳毅传书》。据传，柳毅是唐代湖广人，后迁居徐州丰县。他投笔从戎，转战南北，屡建奇功，晋升为将军，后战死于洞庭湖畔，人称“柳将军”。后人将其神化，演绎出“柳毅传书”等一系列神话故事。传说，柳将军被玉皇大帝封为“圣水将军”，管理天下江河湖泽大事，为民造福。丰县曾有柳毅祠，俗称“柳将军庙”，历代《丰县志》均有记载。县城西门外、泡河内侧的一片土地称之为“柳毅坡”，寺庙的一口水井被人们称为“投书涧”。至今丰县民间关于柳将军的故事流传很广，比如水淹万庄、风刮葛庄、丰县人过洞庭馈赠金色鲤鱼等。

王侯将相的传说。徐州是“帝王之乡”，关于王侯将相的传说历史久远，不胜枚举。有些传说甚至见于《史记》《汉书》等正史记载，如秦始皇泗水捞鼎、筑厌气台，刘邦母亲梦与神遇，张良圯桥进履等。这些传说经过历代不断发展衍生，数量不断增加，情节曲折，形象生动，流传广泛。它们往往围绕一个人物，形成系列性故事，如彭祖“掘井改水”“系腰观井”“羊方藏鱼”，刘邦“龙雾桥”“斩蛇剑”“皇藏峪”“拔剑泉”“盘马山”，项羽“霸王别姬”“霸王厅”“滚马坡”，萧何“月下追韩信”“成也萧何，败也萧何”，张良“吹箫散楚兵”“张良造秤”，韩信“九里山埋母”“十面埋伏”“韩信算卦”，樊哙“鼋汁狗肉”“磨旗石”，王陵“五里三诸侯”“王陵母墓”，刘备“三让徐州”“皇姑墓”，刘裕“龙门鱼”“寄奴射蛇”，等等。

文化名流的传说。围绕孔子、刘向、张道陵、关盼盼、白居易、苏轼、刘伯温事迹，徐州地区也产生了许多民间传说。影响较大的有“孔子观道亭”“天禄燃藜”“青城山斗法”“香残燕子楼”“朱陈村”“苏姑救城”“刘伯温斩石牛”等。比如，关于燕子楼，自唐代就有白居易等人的相关诗词名篇，以后历代相关传说绵延不绝，元代有《燕子楼》杂剧，明代《警世通言》和清代《聊斋志异》等小说中都曾提及燕子楼本事。《红楼梦》第七十回“林黛玉重建桃花社 史湘云偶填柳絮词”里，林黛玉咏柳絮词中有“粉堕百花洲，香残燕子楼”①的句子，反映了燕子楼传说的影响力。

生活中的传奇故事。徐州人民在日常生活中集体创作了大量富有传奇色彩的故事，有的具有很强的文学性，被改编成戏曲、电影等，“蓝

① 曹雪芹、高鹗：《红楼梦》，人民文学出版社 1987 年版，第 996 页。

桥会”故事就是其中的代表作品之一。

徐州丰县是“蓝桥会”故事发源地之一，丰县华山镇一带至今流传着“尹瑞莲打水”的故事。主要情节：家住河东的书生魏奎元，每日经过蓝桥前往华山书院攻读；家住河西的女子尹瑞莲，生母早逝，继母宋氏刁蛮悍妒，成天逼着她挑水劈柴、洗衣做饭。有一天，宋氏让尹瑞莲上山取水熬药，魏奎元放学回家，在蓝桥遇到尹瑞莲，口渴讨水喝。二人一见钟情，私订终身。塾师得知后告诉魏父，魏父大怒，将魏奎元禁在家里，不许出门。时值灾荒，周老财苦苦逼租，尹瑞莲父亲尹老汉竟被活活逼死。宋氏贪图财礼，逼迫尹瑞莲嫁给周老财出天花的儿子周玉景“冲喜”，周玉景却于婚前头一夜死去。尹瑞莲披麻戴孝，成了寡妇。周老财索回彩礼，瑞莲又被遣回尹家。魏家祖母心疼魏奎元，向尹家提亲，许五百两彩礼娶尹瑞莲。宋氏与其家兄合谋，却答应以七百两彩礼把尹瑞莲嫁与宋老财做小。尹瑞莲请人传话给魏奎元，约定晚上三更在蓝桥相会，共同远走他乡。魏奎元在蓝桥等待尹瑞莲，不料电闪雷鸣，大雨瓢泼。魏奎元恪守约定，脱掉蓝衫搭在石栏杆上作见证，跑到桥下避雨，双手抱住桥墩不放。突然山洪暴发，魏奎元丧身大水。等到尹瑞莲急急赶来，仅见魏奎元所遗蓝衫，知道他死于洪水。于是向河痛哭，亦投水自尽。第二天，两家告官，尹家说男拐女，魏家说女拐男。县官叶青天弄清前因后果，深感二人爱情坚贞，判道：“二人前世本为玉女和童男，下凡历劫劫已满，手拉手把天回还。从今莫提这件事，尹女断给魏家男。官府出银五十两，给与宋氏养残年。”①

这一故事的基本框架最早可以追溯到《庄子·盗跖》中所载的“尾生抱柱”的故事。唐代裴铏《传奇》中“裴航”一则也有类似的情节。该故事先后被艺人改编成梆子戏、锡剧、淮剧、川剧、吕剧、京韵大鼓、秦腔、二人转、评弹、黄梅戏、坠子、扬琴等剧目，在全国各地演唱，取名《蓝桥会》，又称《水漫蓝桥》或《兰瑞莲打水》，1954 年又被著名导演谢晋改编成电影《蓝桥会》。

徐州地区还流传着“周七猴子”的故事。周七猴子本名周嘉祄，徐

① 殷召义主编：《徐州民间文化集·故事传说》，中国文联出版社 2004 年版，第 122 页。

州本地人，生活在清朝康熙、乾隆年间，活动地点主要在邳州的邳城、土山、官湖、炮车，新沂的窑湾、草桥一带。他出身社会底层，能言善辩，足智多谋，好打抱不平，做了许多作弄坏人和帮助穷苦人的事情，深受当地百姓推崇和喜爱，被誉为苏北的“阿凡提”。他的故事长期以口头形式在民间流传。20 世纪 80 年代初，在民间文学工作者和曲艺艺人的整理挖掘下，开始有了文字记录。2007 年，周伯之主编的《周七猴子的故事传说》出版，收入故事 66 篇。

徐州民间神话、传说、故事多以建功立业、重情尚义、扶危济困、惩恶扬善等为主题，这是徐州地域文化崇尚的反映，也是中国优秀传统文化价值观的具体体现。

二、民间歌谣

徐州民间歌谣最早可以追溯到春秋时期的《徐人歌》。千百年来，这些歌谣只在口头流传，由于没有及时整理，绝大部分都已失传。就现存作品来看，可以归纳为历史歌谣、劳动歌谣、生活歌谣、童谣等几类。①

历史歌谣。这类歌谣以描述历史事件为主，简洁明了。《水浒传》第四回中记有一支民谣：“九里山前作战场，牧童拾得旧刀枪。顺风吹动乌江水，好似虞姬别霸王。”民谣将楚汉决战写得极为传神，这是较早的历史歌谣。又如《打丰县二首》：

> 一弹弹，二玩玩，庞三杰，打丰县。打开丰县进当典，进了当典要盘缠，要了盘缠向西南。
>
> 大毛二毛单扁担，六月初一打丰县。打了七天单八夜，拉起队伍向西南。

这两首歌谣分别是清宣统三年（1911 年）十月十九日和民国六年（1917 年）六月初一日两次攻打丰县城后流传的。第一首反映了庞三杰率领革命军攻克丰县城，推翻了清政府的丰县政权的历史事迹。第二首中，

① 本篇民间歌谣均引自殷召义主编《徐州民间歌谣集》，中国戏剧出版社 2005 年版。

“大毛二毛”是毛思忠、毛思玉，“单扁担”是单世友的外号，他们都是地方民军领袖，为了反对张勋复辟，推翻丰县政权，率领民军攻打丰县城，打了七天八夜。

劳动歌谣。各行各业的劳动者在劳动中创作并传唱，内容包罗万象。如：“农民苦，农民苦，打下粮食交地主。年年忙，月月忙，一家老小饿断肠。”“夏桥韩桥肩并肩，青山泉，大黄山，曲里拐弯到萧县，徐州转圈都是炭。”小商贩在推销时常唱《卖膏药歌》：“我的膏药好，有朱砂，有狗宝。天棚草，地棚根。九条仙女裤腰带，王母娘娘洗脚水，正宫娘娘脚后跟。苍蝇心，蚊子肺，蚂蚁鲜血两三盆。能管割破利破，刀砍斧剁，蝎蜇狗咬，马踢牛舔，贴在身上，贴多暖和。”

生活歌谣。这类歌谣多描写日常生活百态，生动有趣。如《小黑驴》：“小黑驴，跑得快，一张桌子八样菜，恭候姐夫进门来。两酒盅，两双筷，小舅子陪你喝痛快，醉卧地上起不来。”《太平车》：“太平车，四轮滚，上面坐着花大婶。打牛马，快快走，来到娘家大门口。小弟跑来抱包袱，小妹跑来牵我手。亲娘慌忙抱外孙，嫂嫂来了扭一扭。嫂子嫂子不要扭，今天来，明天走。”《柿子红》：“秋天到，柿子红，谁家女婿谁家疼。白酥梨，挑担卖，谁家女婿谁家爱。”《七月七》：“年年有个七月七，天上牛郎会织女，相诉离情泪如雨，一夕相聚又分离。若问何时鹊桥会，再等来年七月七。”

童谣。古代称为“孺子歌”“小儿谣”等，指由儿童自己创作或由大人教唱但内容符合儿童生理、心理特征和理解能力的歌谣。徐州童谣很多，流传较广的有《小红孩》《小老鼠》《油菜花》《小麻嘎》《小巴狗》《小木碗》等。

小红孩

小红孩，骑红马，一气跑到丈人家。大舅子扯，二舅子拉，拉拉扯扯进了家。先吸烟，后喝茶，一家人口都见啦，就是没见俺家的她。风吹楼门看见啦，瓜子脸，青头发，上穿绫罗下穿纱。回到家中对娘说，八月中秋去娶她。

小老鼠

小老鼠，上灯台，偷油吃，下不来。叫爹娘，都不来，叽里咕噜滚下来。小老鼠，上灯台，偷油吃，下不来。猫大姐，抱下来，吱扭穿个大花鞋。

油菜花

油菜花，满地黄，七岁八岁没了娘。跟着爹爹还好过，不久娶个后母娘。后娘娶来一年整，生个弟弟比俺强。他吃肉，俺喝汤，拿起碗筷泪汪汪。俺想亲娘在梦中，亲娘想俺一阵风。

小麻嘎

小麻嘎，尾巴长，娶了媳妇忘了娘。烙白饼，卷砂糖，媳妇媳妇你先尝。我到家后望爹娘，爹娘来了莫让尝。

小巴狗

小巴狗，上南山，割荆条，编簸篮。盛大米，做干饭，老头吃，老嬷嬷看，急得小狗啃锅沿。小狗小狗你别急，剩了锅巴是你的。

小木碗

小木碗，转悠悠，俺上姥娘家过一秋。姥娘疼俺，妗子瞅俺。妗子妗子您别瞅，楝子开花俺就走。

徐州民间歌谣具有顽强的生命力，世代传唱，经久不衰。语句看似俚俗，却蕴含着深刻的道理和丰富的情感；善用比兴、铺叙、夸张、对比等表现手法，诙谐有趣，朗朗上口，艺术感染力很强，为广大人民群众所喜闻乐见。

"凡一代有一代之文学"①，一地亦有一地之文学。徐州文学最早发端于春秋时期的《徐人歌》，2500多年来，代不乏人，延绵不绝，先后出现了两汉、唐宋和明清等几个高峰。徐州乘南北东西交通之利，物阜民丰，商旅云集，不仅滋养了很多优秀作家，而且还吸引了不少外来作家，在这块沃土上创作出了大量脍炙人口、流传千古的名篇佳作。这些优秀作品思想内容博大丰厚，拥有任侠、直率、旷达、热烈的审美取向，已经深刻融入徐州文化之中，成为人们追求理想、战胜艰险、砥砺前行的内在动力和陶冶情操、热爱生活、回归自然的精神家园。

① 王国维：《宋元戏曲史》，上海古籍出版社1998年版，第1页。

徐州文学表现形式纷繁多姿，门类齐全，各类文体皆有佳作，尤以诗词文赋见长，艺术风格糅合南北，情致思理并重，又以质朴浑厚、慷慨多气、豪放洒脱为主，充分体现了厚重、多元、兼容、通达的地域文化特质，以自己的独有风貌丰富了中国文学艺术宝库。

第十二章　艺术创作

徐州历史悠久，地处交通要冲，文化底蕴深厚，艺术资源丰富多彩。石刻艺术方面，徐州是中国汉画像石的集中分布地，徐州汉画像石兼具美学和史学的双重价值。音乐舞蹈方面，从汉代开始，舞蹈已成为徐州人生活的组成部分，在汉画像中有集中体现。此后民间舞蹈不断发展，娱乐着人们的生活。戏剧方面，徐州戏剧的起源可追溯到先秦两汉，对中国戏剧影响甚广的“东海黄公”的故事，其发源地就在徐州所属东海郡一带。戏剧成熟以后，先后形成或广泛流行着多种极富特色的声腔、剧种。徐州还有“曲艺之乡”的美誉，孕育了徐州琴书等10余种曲艺形式。书法方面，徐州被命名为“中国书法之乡”，“彭城书派”源远流长，徐州籍书画家彪炳史册者代不乏人。徐州也是民间工艺美术的兴盛之地，民间艺术品种多达60余个，可谓品种繁多，各具特色。

第一节　汉画像石

汉画像石是汉代墓室、地面祠堂、墓地石阙等建筑上带有雕刻内容的建筑构件。目前，徐州发掘汉墓的数量约2000座，其中诸侯王和王后墓22座，画像石墓70余座，汉画像石数量和艺术价值极为可观。汉画像石从西汉开始，一直延续到东汉末年，随着汉代社会的兴盛而产生，亦随着汉朝政权的灭亡而衰落，在中国历史上流行了近4个世纪，成为汉代文化艺术的精华和一个时代的文化代表。

一、徐州汉画像石的主要内容

徐州汉画像石包含题材丰富，概括起来主要有现实生活、历史故事、神话传说、祥瑞图案等四方面内容。这些内容往往交织在一起，构成了绚丽多彩、丰富多彩的图像汉代史。

（一）大象其生——现实生活的缩影

现实生活中的图景承载着人们对美好生活的希冀，同时也成为艺术家描摹的对象。徐州汉画像石以现实主义的手法，再现了汉代人的生产、生活以及歌舞娱乐等多方面的真实情景。

在现实生活题材中，最珍贵的是反映汉代社会生产劳动的画面。徐州汉画像石中的牛耕图、纺织图表现了汉代“男耕女织”的生产模态。

“牛耕图”一直被看作是研究汉代农业生产的最重要的图像资料，徐州目前发现有两幅牛耕图。现藏中国国家博物馆的牛耕图，睢宁双沟出土，画面中二牛抬杠耕地，一农夫扶犁驱牛，后面是儿童提篮随墒播种，远处的田间，一人举锄除草，一牛自由漫步。田间路上，一人箪食壶浆给家人送饭。田边停着大车，车上是黑压压的肥料。徐州汉画像石研究会藏石牛耕图，画面中二牛抬杠，一人牵牛，一人扶犁，一人耙地，右方停放一辆大车。汉代文献对牛耕技术的记载很少，《汉书·食货志》记载牛耕“用耦犁，二牛三人”①。而“二牛三人”如何耕作，则有不同的解释。徐州发现的两幅牛耕图，为我们研究汉代的牛耕制度、挽犁方法以及犁架样式，提供了翔实的图像资料。

“纺织图”是研究汉代纺织技术的珍贵图像史料。目前，徐州发现了10块纺织图画像石，是国内出土纺织图最多的地区。徐州洪楼纺织图刻画的是官宦人家的纺织情景，表现了织女调丝、络纬、织布的全部

---

① 班固撰，颜师古注：《汉书》卷二四上《食货志上》，中华书局1962年版，第1139页。

过程；贾汪青山泉纺织图刻画的是普通人家的纺织情景，织女正转身接抱送过来的婴儿，织女连喂奶的时间都要在织机上，与《孔雀东南飞》“鸡鸣入机织，夜夜不得息”之描述相印证，足见汉代纺织工作之繁忙。邳州白山固子一号墓出土的纺织图上有整经图，一人正在经梳前进行整理，后面悬挂着一排篗子。徐州画像石中展现出的织布机是一种足蹑式的踏板织机，这是当时世界上最先进的织布机。纺织图发现的重要意义在于，它补充了史书对汉代织机的样式以及纺织操作记载的不足。

狩猎原本是人们获取生活资料的经济模式，汉代已演变为贵族的游乐活动。邳州燕子埠彭城相缪宇墓的狩猎图[①]，画面表现了东汉时期彭城相缪宇狩猎时的盛大场面。画面的右方是国相的深宅大院，狩猎的队伍从相府的侧门出发。画面的左方是狩猎的场景，上面满刻狩猎的兵卒和奔跑的猎物。狩猎是在山峰叠嶂的荒郊野外进行的，骑吏挟弩持弓，步卒牵黄走鹰。画家以写实的笔法展示了30余位人物的不同姿态，动物中的猎犬、苍鹰、麋鹿、野兔、老虎、大雁、山鸡等也刻画得栩栩如生。其场景如汉赋所云：“驯骐骥之马，驾飞軨之舆，乘牡骏之乘。右夏服之劲箭，左乌号之雕弓。游涉乎云林，周驰乎兰泽，弭节乎江浔。”[②]

汉代是中国音乐、舞蹈及百戏发展的重要时期。汉代乐舞并没有随着时光的流逝而湮没，它被汉代的艺术家栩栩如生地定格在画像石中，正如翦伯赞所说：“在有些歌舞画面上所表示的图像，不仅可以令人看到古人的形象，而且几乎可以令人听到古人的声音。”[③]徐州汉画像石中表现乐舞百戏的画面很多，其中最为著名的是洪楼祠堂的百戏图。“百戏图”是刻画在祠堂顶盖下面的两块巨幅画像，画像内容能与张衡《西京赋》总会仙倡中“洪涯立而指麾”“女娥坐而长歌”“转石成雷”“画地成川”“白虎鼓瑟”“白象行孕”[④]的描写一一对应。“总会仙倡”是汉代

① 南京博物院、邳县文化馆：《东汉彭城相缪宇墓》，《文物》1984年第8期，第22—29页。

② 萧统编，李善注：《文选》卷三四·枚乘《七发》，上海古籍出版社1986年版，第1567页。

③ 翦伯赞：《中国史纲》第2卷《秦汉史》序言，商务印书馆2010年版，第6页。

④ 萧统编，李善注：《文选》卷二·张衡《西京赋》，上海古籍出版社1986年版，第76—77页。

宫廷最壮观的大型综合性歌舞百戏演出，它荟萃了当时东、西方表演艺术的精华，融歌舞、杂技、幻术于一体，仙怪神兽、倡优俳伶，合台总汇，巍巍壮观。洪楼祠堂百戏图生动展示了这一场景，具有重要的艺术史价值。

徐州历来有尚武精神，在画像石中有集中体现。徐州汉画像石中"比武图"有10余幅，表现的内容有长戟对短刀、长矛对长戟、空手取白刃等几种武术表演形式，同时表现了刀、枪、剑、戟、戈、矛、盾几种兵器的使用情况。铜山洪楼祠堂画像石中的"力士图"，是表现汉代竞技体育的代表作，画面呈现有搏虎、拔树、背牛、扛鼎等表演，同时还刻有美酒、羔羊等获胜者的奖品。从这些比武图可以看出，汉代武艺技巧已相当成熟，逐步从技术发展为艺术，从技击实用走向娱乐性表演。

图12-1 ［东汉］"力士图"画像石拓片（铜山区洪楼汉墓出土，徐州汉画像石艺术馆藏，选自武利华主编《徐州汉画像石》）

徐州汉画像石中还有反映汉代刑法制度的内容。贾汪出土的画像石"缉盗荣归图"，描绘了缉盗捕亡、胜利归来的全过程。该图为墓室的三壁，展开后画面连接一起，表现一段完整的故事。构图以两棵大树为标志，将内容分为抓捕审讯、押解囚犯和迎接庆贺三个部分。这幅长达8米的画卷不仅描绘了押囚凯旋的盛大场景，还刻画出汉代的刑具、捕车、旌旗、亭驿等具体样式。

（二）见贤思齐——丰富的历史故事

徐州汉画像石中刻有许多历史故事，所见的内容有孔子见老子、孔子问项橐、孔门弟子、周公辅成王、二桃杀三士、大禹治水、泗水取鼎、羊公义浆、董永力田等。这些画面通常认为是据经史典籍而作，以图说史，阐述封建伦理大义，图谶天授神权之理，成为儒家思想“成人伦，助教化”的图画教材。

汉代推崇儒术，在历史故事题材中，出现最多的内容就是孔子的故事。“孔子见老子”“孔子问项橐”“孔门弟子”往往刻在一起。老子拄“曲杖”象征其年老，项橐手推“鸠车”象征其年幼。“孔门弟子”中，突出子路的形象。子路是孔子弟子中一位勇猛善斗者，孔子拜见老子都有子路伴随。《史记·仲尼弟子列传》描述子路的形象：“冠雄鸡，佩豭豚。”[①]徐州汉画像石中的子路，头戴野鸡冠，身穿武士大袍，腰系野兽皮带，系着野猪头，一副狂放不羁的样子。青山泉白集祠堂画像中有“孔子见老子”画面：老子手拄曲杖，腰背微躬，一派长者的样子；孔子在左方，后面有三位弟子相随，中间的项橐手推鸠车，画面中可以看出孔子拜师不分长幼，表现了孔子谦虚好学的精神。

“周公辅成王图”是一幅有政治意义的历史名画。徐州汉画像石中有 7 幅周公辅成王的画像。1998 年邳州庞口村出土的“周公辅成王图”，成王在前，周公在后，并刻有榜题，成王前面是 5 位俯身叩拜的拜见者。徐州汉画像石馆藏的一幅“周公辅成王图”，榜题文字有“周公”“中侍郎”“谒者”，中侍郎手持曲柄方形华盖，华盖下的幼童为成王，成王的前面是前来参拜的谒者。“周公辅成王图”宣扬的是儒家“君臣父子”的伦理道德。

“忠孝”思想是汉代治国之本，“二桃杀三士”是表现忠义思想的典型故事。徐州汉画像石中有 3 幅“二桃杀三士”的画像，均刻于祠堂之内。邳州占城祠堂后壁画像石所刻的“二桃杀三士”，画面左侧为晏子及持旄节的宫廷侍者，画面右侧为齐国的三位勇士，其中一位伸手向高足盘内取桃，另外两位勇士显示愤愤不平的样子。

大禹治水故事在许多史籍中都有详细的记载，其中最感人的是“三过家门而不入”的故事。徐州汉画像石馆藏“大禹治水图”，画面全长 3 米，刻画历史人物 10 位，左方刻画帝尧坐在大树下，帝舜躬身拜见帝

① 司马迁撰：《史记》卷六七《仲尼弟子列传》，中华书局 1959 年版，第 2191 页。

图 12－2 ［东汉］“二桃杀三士”历史故事画像石拓片（邳州占城出土，徐州汉画像石艺术馆藏，选自武利华主编《徐州汉画像石》）

尧，表现的是尧舜禅让的故事。向右接着是故事的主人翁大禹，他头戴斗笠，卷袖而立，手持耒耜，形象如《韩非子·五蠹》所云：“身执耒臿，以为民先。”①大禹的右方是家人送别的场面，大禹的母亲手拎包袱掩面而泣，其后是大禹的妻子怀抱婴儿，最后面的一位老者手持耒耜，此人应是大禹的父亲鲧。汉画像石中，表现大禹的画面很多，多是刻大禹一人的形象，但徐州汉画像石“大禹治水图”人物众多，场景宏大，叙事内容更加完整。

（三）远古神话——精神世界的寄托

神话传说主题故事是汉画像石内容中最为神秘诡谲的部分。这类故事的内容丰富，概括起来有天界诸神，如日神、月神、雷公、电母、风伯、雨师、山神、河伯等；有仙界诸神，如东王公、西王母。此外，还有称作人神的伏羲、女娲。汉画像石以浪漫主义的手法创造出当时人们幻念中的鬼神世界。

在汉代人心目中，昆仑是众神所在之地，登昆仑求仙是古人精神生活的最高追求。《山海经·海内西经》云：“海内昆仑之虚，在西北，帝之下都。昆仑之虚，方八百里，高万仞。上有木禾，长五寻，大五围，面有九井，以玉为槛。面有九门，门有开明兽守之，百神之所在。”②徐州汉画像石中展现的昆仑世界非常精彩。西王母是昆仑山的主神，围绕着西王母身边有完整的神仙体系，守护山门的是被称作开明兽的九头兽，司

① 王先慎撰，钟哲点校：《韩非子集解》卷一九《五蠹》，中华书局 2013 年版，第 485 页。

② 袁珂：《山海经校注》，巴蜀书社 1993 年版，第 57 页。

夜之神是被称作“神人二八”的双头兽，专门为西王母做服装的是“司帝百服”凤凰，为西王母衔食的是三足鸟（青鸟）。同时还有“鸟首龙身”“龙身鸟首”“马身龙首”“人面牛身”“人面马身”“人面鸟身”“人面蛇身”等众神。

作为昆仑众神首领，西王母手中操有不死之药，成为掌管生死、无所不能的大神。无论是上层贵族还是黎民百姓，无不信仰着西王母。徐州汉画像石中的西王母图像有20余幅，从早期的情节性构图到晚期的偶像式构图，形成了西王母形象的完整发展序列。如沛县栖山王莽时期石椁墓中的西王母画像①，西王母头戴胜饰，凭几而坐于仙阁中，楼下有三青鸟衔食，楼之左侧有楼梯，楼之右侧是两位神人捣药，随后是人首蛇身、马首人身、鸟头人身、人头人身的四位神人朝向西王母的瑶池金阁迈进。就这样，诸多神灵被创造为可视觉感知的艺术形象。

图12－3 ［东汉］“伏羲女娲”画像石拓片（睢宁县双沟散存征集，徐州汉画像石艺术馆藏，选自武利华主编《徐州汉画像石》）

伏羲、女娲的故事来自远古神话。两人原本是古代帝王或氏族领袖，本不是同一个时代的人物，传说伏羲始作八卦，女娲炼石补天。两人各有自己的发明和功绩，后来人们把他们两人撮合在一起，成为创世纪神话中人类的始祖神。汉代人已将伏羲、女娲看作繁衍后代的生育之神。徐州汉画像石中的伏羲、女娲图有20多幅，其中以睢宁双沟地区出土的图像最为典型。伏羲在左，头戴小冠，女娲在右，头插发笄，两人长尾勾缠，表示阴阳结合，暗示其为夫妻关系，图下方有两个人首蛇身小人，应是他们繁衍的后代。汉墓是古人对现实空间的模拟，为了

① 徐州博物馆、沛县文化馆：《江苏沛县栖山汉画像石墓清理简报》，《考古学集刊》1982年第2集，第108页。

能够在阴间继续繁衍后代，因此在画像石中多雕刻伏羲、女娲画像。

(四) 龙凤呈祥——祥瑞的世界

东汉是阴阳五行、谶纬迷信盛行的时代。在“天人感应”思想的感召下，祥瑞思想特别流行。所谓“天人感应”就是说天意与人事的交感相应。古人认为，帝王修德，时世清平，天降祥瑞以应之。东汉时期，祥瑞图大量出现，成为汉画像石的主要题材之一。

图 12－4 ［东汉］青龙画像石拓片（九女墩汉画像石墓出土，徐州汉画像石艺术馆藏，选自武利华主编《徐州汉画像石》）

徐州汉画像石中常见的祥瑞图中有青龙、白虎、朱雀、玄武、麒麟、九尾狐等祥禽瑞兽，有比翼鸟、连理木、芝草嘉禾、蓂莆瑞云、丹雀衔禾、神鼎自炊等祥瑞图案。这些吉祥图案当来自已经失传的典籍《瑞应图》。这些祥瑞图案有的独立成像，更多的是穿插在其他内容中间。除此之外，还有鸡、羊、鱼、猴等动物组成的谐音吉祥图案。汉代常以羊为祥、以鹿为禄、以雀为爵、以桂为贵等。徐州汉画像石中的谐音吉祥图有“吉（鸡）祥（羊）图”“吉祥有余（鱼）”“钱财有余（鱼）”“射雀（爵）射猴（侯）”等。汉族文化中的谐音吉祥图有悠久的历史，这种图像模式是以谐音字为底本，把美好的故事和喜庆的征兆绘成图像，用来表达吉祥的观念，这在徐州汉画像石中可以得到充分印证。

徐州是汉代区域文化中心之一、南北文化的汇通之地，多种思想在此交融汇合，深刻影响了汉画像石的题材选择。徐州汉画像石题材丰富，既有现实生活如生产狩猎、衣食住行、歌舞娱乐的真实描绘，又有南国神话、北国历史的生动呈现。徐州汉画像石以现实主义和浪漫主义的手法，生动地再现了汉代社会生活的各个方面，为汉代文化研究提供了宝贵的史料。

二、徐州汉画像石的艺术特征

徐州地区的汉画像石具有很强的艺术感染力和生命力，因其历史、文化和地域的特殊性，在中国美术史和民间传统艺术研究中都占有重要地位，其构图形式、表现手法及装饰风格均具有独特的艺术特征。

（一）多样的构图形式

徐州汉画像石构图方式变化多样，其中以内容丰富的分格式构图和移步换景的散点透视构图最具代表性。

分格式构图大多将不同内容的画面用上中下三层以格的形式体现出来，也有上下两层或以四格出现，上格一般刻画天上虚幻的仙境，对仙鸟神兽进行描绘，表达对神仙意境的向往；中格通常刻画生活中狩猎情景，表达人间真实；下格多表现祥瑞，在现实画面中加入珍禽异兽的刻画。这种将不同时间和空间以及虚幻与现实的内容分层在同一画像石中出现，可谓是“超现实主义”的鼻祖。

平面展开式的散点透视构图也是徐州汉画像石比较典型的艺术特征。这种移步换景的透视方法使画像石有了更宽广的延伸性、叙述性，给人以无界无束的开阔之感，画面场景有一种内在自然又曲折流动的和谐之美。徐州汉画像石中采用的“散点透视”，从仰视、平视、俯视及多角透视，有时几种视角在一幅画面中同时出现，这种构图方式更加主观、自由。“作品中的空间在逻辑上超越客观真实而成为表意的概念空间”①，如《纺织图》，在同一画面中的四格中，聚集了迎宾、烹饪、祭祀，以及鼓瑟歌舞、席地观看等各种人物的活动。

（二）融合的表现手法

徐州汉画像石将绘画和雕塑艺术融为一体。绘画是完成画像石的第一道工序，绘画时首先要进行内容构思和结构设计，其次再对完成起

① 宋歌：《浅析汉画像石的构图风格》，《中原文物》2009 年第 5 期，第 63 页。

稿的绘画图案再创作即进行雕刻。雕刻技法主要运用浅浮雕和阴线刻。浅浮雕是在粗糙的、深度不超过2毫米的石面上进行雕刻,浮雕块面古朴粗犷、浑厚阳刚。阴线刻是在较平整的石面上用细线刻绘物象,用线精细灵巧且流畅。这两种互补型技法的运用使画面融合了雕塑与绘画之间的视觉效果,使富有象征性的各种形象通过线条勾勒、半立体的体块表达,实现了艺术再现功能。内容的变化引导线条形式的变化,以石为纸,以刀代笔,汉画像石运用这种特有的写实手法,叙述、阐释着千年文化的历史故事和思想观念。

(三) 独特的装饰风格

汉画像石的装饰图案可以分为以下几种:综合装饰纹样、单独装饰纹样、基底装饰纹样和边框装饰纹样。其中基底装饰和边框装饰尤为独特。李泽厚在《美的历程》中说:"它们是由动物形象的写实而逐渐变为抽象化、符号化的。由再现(模拟)到表现(抽象化),由写实到符号化,这正是一个由内容到形式的积淀过程,也正是美作为'有意味的形式'的原始形成过程。"①徐州汉画像石大部分画面都有边饰图案,其中菱形纹、三角纹、云纹、连弧纹、锯齿纹等几何纹样应用最为广泛。在这些边饰纹样的映衬下,画面更加丰富饱满。因受到石材本身以及建筑空间的限制,边框纹样可以是有规律的二方连续图案,也可以是节奏分明的单独纹样,充分体现了灵活的装饰性。基底装饰图案是在汉画像石背景底层上铲或凿出山水景观、桥梁建筑、动植物等样式的纹样,一般是在主体图案之外的空白石面处进行雕刻。基底装饰图案使画面更加协调,主次分明,更具完整性,富有装饰美感。

徐州汉画像石无论从题材内容上来说,还是从其艺术特征上来讲,都反映了当时人类文明的进步程度。著名历史学家翦伯赞认为,除了古人的遗物以外,再没有一种史料比绘画雕刻更能反映出历史上的社会之具体的形象,汉代石刻画像"几乎可以成为一部绣像的汉代史"②。

---

① 李泽厚:《美的历程》,文物出版社1989年版,第18页。

② 翦伯赞:《中国史纲》第2卷《秦汉史》序言,商务印书馆2010年版,第6页。

徐州汉画像石以其千姿百态、雄浑夸张和充满幻想的艺术风貌，向世人展示了汉代的强盛国力和灿烂辉煌的文化艺术。

第二节 传统舞蹈

徐州历史悠久，文化土壤深厚，人们很早就已经熟练运用肢体语言来丰富生活，表达情感。徐州出土了大量的汉代画像石与汉代陶俑，让我们相信舞蹈最迟到了汉代就已成为徐州人生活的重要组成部分。其后的各个历史时段中，徐州的民间舞蹈一路发展与丰富，并各具文化内涵与艺术特色。

一、徐州传统舞蹈历史

传统舞蹈，来源于日常生活，通常具有明显的地方性特征，是一方民情的浪漫主义展现，从中可以窥见其所反映的生活习俗、性格特征、宗教信仰等丰富文化内涵。中国舞蹈之发生可追溯至上古时代，《吕氏春秋》中就有“昔葛天氏之乐，三人操牛尾，投足以歌八阕”[①]的记载。汉代中国舞蹈的图像记载，集中体现在汉代画像石与汉代陶俑上面。徐州汉画像石和陶俑所展示的舞蹈图像充分说明，汉代徐州的民间舞蹈异彩纷呈，是中国民间舞蹈的重要组成部分。

《史记·高祖本纪》记载，汉高帝十二年（前 195 年），平定英布之乱后，刘邦路过家乡沛县，设宴招待父老乡亲，席间击筑并作《大风歌》，“令儿皆和习之，高祖乃起舞”。汉代徐州的舞蹈品类十分丰富，文献中就有龙舞和鱼舞的记载，其表演方式在徐州汉画像石中可以找到明确的图像佐证。除此之外，徐州汉画像石以及徐州汉舞俑中，最多见且典型的是长袖舞与建鼓舞。

长袖舞在汉代风行，生动反映在汉画像石和陶俑上面。徐州汉画

① 沈延国、杨宽等:《吕氏春秋汇校》卷五《仲夏纪·古乐》，中华书局 1937 年版，第 123—124 页。

像石中的长袖舞者，特别是造型准确度高的汉舞俑，所塑造的妩媚妖娆的舞者形象与文献记载完全吻合。《西京杂记》记载戚夫人擅长"翘袖折腰之舞"[①]；汉代傅毅《舞赋》中描述："罗衣从风，长袖交横。骆驿飞散，飒擖合并。鶣飘燕居，拉揩鹄惊。绰约闲靡，机迅体轻。"[②]二者构成了图像与文献的有力互证，记载着徐州民间舞蹈的普及和技艺水平的高超。

图 12－5 ［东汉］建鼓舞画像石拓片（铜山区洪楼汉墓出土，徐州汉画像石艺术馆藏。选自武利华主编《徐州汉画像石》）

建鼓舞在汉代颇为流行，相较长袖舞，建鼓舞在文献上记载较少，徐州汉俑中也未见塑造，但是在徐州汉画像石中，建鼓舞却多有呈现。建鼓是中国最原始的鼓器，《隋书·音乐志》载："植而贯之，谓之建鼓，盖殷所作也。"[③]建鼓是击鼓与舞蹈的结合，因为鼓有两面，所以能够两人各站一边，彼此呼应，边擂边舞。相对于长袖舞的柔曼轻盈，建鼓舞风格迥异，舞者鼓之舞之，刚柔相济，蕴含张力，其粗犷奔放、坚定彪悍更显"大风歌"的雄浑之风。建鼓舞一般以男子对舞为多，女子对舞及

---

① 刘歆撰，葛洪辑：《西京杂记》卷一，永瑢、纪昀纂修：《（景印）文渊阁四库全书》第一〇三五册·子部三四一·小说家类，（台北）商务印书馆股份有限公司1986年版，第3页。

② 傅毅：《舞赋》，费振刚等：《全汉赋校注》，广东教育出版社2005年版，第414页。

③ 魏徵等撰：《隋书》卷一五《音乐志下》，中华书局1973年版，第376页。

男女对舞略少。汉画像石的图像显示，建鼓舞者执桴击鼓的同时，周边会有诸如爬竿、抛球等杂技表演。可见，建鼓舞更适合那种比较宏大的娱乐活动，或者是更具有仪式感的场面。

徐州民间舞蹈种类丰富，长袖舞与建鼓舞是其中最为典型的代表，这两种舞蹈基本奠定了日后徐州民间舞蹈整体上亦柔亦刚的风格特征，同时也透射出徐州人刚柔兼备的性格特征。

二、徐州传统舞蹈种类

伴随时代的变迁与历史的淘洗，长袖舞、建鼓舞等舞蹈形式今天已经失传，但其舞蹈基因依然在徐州民间延续，使许多舞蹈形式得以萌芽、发展并广布徐州大地。这些民间舞蹈在发展中也有盛衰起伏，或增或减，那些自然生命与文化生命顽强者延宕至今，成为徐州民间舞蹈的优秀代表。

表 12－1 徐州地区传统舞蹈汇总表

邳州	竹马（跑竹马）、花鼓、落子（莲花落）、假马（白龙马）、高跷、花车、大头和尚度柳翠、龙舞（耍龙舞）、竹马穿狮子、狮子舞、独杆桥、旱船、姜老驮姜婆、跑驴、架阁、旗锣会（白鬼会）、莲湘（打花棍）、花桃、大锯缸、花篮、鲤鱼戏花篮、扇子舞、腰鼓	23 种
睢宁	云牌舞、龙虎斗、落子舞、扑蝶舞、鲤鱼戏花篮、旱船、花挑舞、双龙、花车、渔鼓舞、龙船、狮子舞、扇子舞、独脚舞、单龙、高跷、花船、花鼓、跑驴	19 种
新沂	七巧灯、狮子舞、花桃子、竹马、落子舞、旱船、高跷、花车子、花鼓、龙灯舞、蛤蚌	11 种
铜山	铜山花鼓（二人鼓）、狮子舞（阎口狮子舞）、蝴蝶舞（扑蝶舞）、麟子舞（旗锣会）、旱船（丁塘旱船）、跑驴（走驴）、寿山锣鼓、枭褒会（单腿桥）、高跷、花车子（花挑子）、大头会、三颠运、打杀鸡（莲花落）、葫芦头（挑影戏）、霸王鞭舞、小放牛舞、扒锯缸舞、十八罗汉舞、落子花船（玩旱船）、龙灯舞、板舞	21 种
丰县	花棍舞、扑蝶舞、蛤蟆舞、鸭子舞、龙灯舞、狮子舞、花鼓、旱船、豆虫舞、推车舞、担挑舞、簸簸箕、抱孩舞、担经舞、独杆桥	15 种
沛县	枭褒会、拉地棒鬼、请孙猴子、云灯舞、高跷、花棍（霸王鞭）、龙舞、泗蟹舞、八仙骑八怪、狮子舞、骨牌灯、跳大神、花船、推车舞、花挑子、对棍、对剑舞、竹马、大头面具舞、十八罗汉舞、扇子舞	21 种

上表所列并非徐州地区民间舞蹈的全部，且个别舞蹈已经失传。任何艺术形式的生命存在，都无法摆脱时代的制约，某一时代的政治、经济、文化特点决定了艺术形式的走向与生命存在，民间舞蹈更是显现出这一特点。所以，许多在农耕文明条件下产生的，并获得生存温床的民间舞蹈形式，被历史裹挟进工业文明而温床不再，日见萎缩以致最终消失，成为历史必然。

十里不同风，百里不同俗。徐州东南西北地貌不同，民俗风情不一，由此孕育了种类丰富的不同地域的民间舞蹈。

（一）邳州市民间舞蹈

邳州历史悠久，根基厚重的文化基石托举起狮子舞、落子、花车、旱船、高跷、花鼓、竹马、扇子舞等风情浓郁的邳州民间舞蹈。每年的正月初二至元宵节是这些舞蹈集中展示的时间，其表演地点不拘本村一地，相邻的村庄都是他们活动的空间。这一活动当地称“玩会”“春会”“乡会”。这些舞蹈题材丰富，内容既有神话传说，如旱船表演的“八仙庆寿”；又有戏曲故事，如花鼓讲述“湘子戏妻”的故事；还有历史故事，如跑竹马对“金兀术打围”的呈现。邳州市被列入非物质文化遗产名录的民间舞蹈有 3 种，其中市级非物质文化遗产项目有邳州花车，省级非物质文化遗产项目有邳州狮舞，国家级非物质文化遗产项目有邳州跑竹马。

（二）新沂市民间舞蹈

新沂市地理位置特殊，5000 多年前的花厅文化因呈现出北方大汶口文化与南方良渚文化的融合而成为国内唯一的“文化两合现象”遗存点。地缘文化的特殊基因自然也影响到民间舞蹈的表现形式与风格。新沂民间舞蹈有 11 种，包括七巧舞、狮子舞、落子、竹马等。其中，落子、要狮子、要龙灯等，早在元朝就是正月十五和三月十八城隍庙会上的主要表演形式。清朝和民国又有花车、旱船等加入庙会。后来，庙会演出逐渐演化为春节期间的乡会演出。新沂民间舞蹈以七巧灯舞最显特色。2009 年，灯舞（新沂七巧灯）被列入江苏省第二批省级非物质文化遗产名录。

七巧灯舞又名“七巧灯”，它的独特在于继承了我国传统的灯舞与字舞。灯舞、字舞在我国都有悠久的历史。灯舞有1000多年的历史，因是在元宵节表演，所以彩灯是其基本道具。辛弃疾《青玉案·元夕》所谓“凤箫声动，玉壶光转，一夜鱼龙舞”[①]，就是灯舞于元宵一夜无休的写照。鱼龙舞即舞者持鱼、龙造型的彩灯进行舞蹈。字舞早于灯舞产生，顾名思义，“字舞者，以舞人亚身于地，布成字也”。[②] 亦动亦静，亦快亦慢，张弛有度的七巧灯舞，兼取了传统灯舞与字舞不同的艺术风格。灯舞的表演向来以南方见长，落到新沂即以巧字生根，字舞场面较宏大，队形有序而多变。所以，七巧灯舞是对南北风格的整合，恰如大汶口文化与良渚文化的南北融合，呈现为“文化两合现象”。

（三）睢宁县民间舞蹈

睢宁县位于徐州市东南部，双沟镇出土的“牛耕图”汉画像石（现藏中国国家博物馆）是对汉代睢宁地区农业经济的经典呈现。睢宁九女墩汉墓中的画像石反映了楚文化对这一方水土的浸润。睢宁的19种民间舞蹈即是在这样的地理、经济与文化的土壤中滋生与延续，其中最具特色的有落子舞、云牌舞、睢宁鲤鱼戏花篮等。

落子舞又称“莲花落”，在睢宁、邳州、新沂一带流行，以睢宁最具代表性。据1994年版《睢宁县志》记载，落子舞源于唐五代的散花谱，宋时流传于民间，为行乞、卖艺者所演唱。明朝嘉靖年间，抗倭名将汤克宽荣升广东总兵，即在家乡下邳（今睢宁西北）设场庆祝。前来捧场的民间舞蹈中，“汤家落子”格外醒目，受到当地村民的欢迎，由此艺人便搭班组社，定居下邳，逐渐发展形成今日的睢宁落子舞[③]。落子舞有9名舞者，一男领伞，4男舞莲湘，4女舞快板，伴着节奏边走边演唱。世俗的乡间生活与男情女爱是落子舞的主题。落子舞分为舞风文雅、歌多舞少的“文落子”，以及舞风粗犷、舞重歌轻的“武落子”。2006年，睢宁落子舞被列入第一批江苏省非物质文化遗产名录。

云牌舞是对吉祥如意的祈愿。传说康熙南巡至下邳，当时这一带

① 辛弃疾著，王增斌、王丽解评：《辛弃疾集》，山西古籍出版社2004版，第33页。

② 段安节：《乐府杂录》，商务印书馆1936年版，第20页。

③ 睢宁县地方志编纂委员会编：《睢宁县志》，中国社会科学出版社1994年版，第565页。

多受黄河泛滥袭扰,百姓困苦不堪。邳县百姓为使民情上达,以云彩为图形制作成"云牌",分由10多个童男童女舞动,并在舞蹈中打出"天灾无情人有情"的字样,此举被康熙得知,遂免去这一带的租赋银粮。自此,下邳的云牌舞名声大振,并有序流传,最终在睢宁发扬光大。2009年,云牌舞被列入江苏省第二批省级非物质文化遗产名录[①]。

(四) 沛县民间舞蹈

沛县地处徐州西北部、微山湖西岸,水脉纵横,大泽相伴,故又称"沛泽"。沛县有民间舞蹈21种,泗蟹舞、云彩灯舞、八仙骑八怪是沛县花灯会的特色节目。

泗蟹舞因"沛泽"而起,更关乎流经沛县的淮河下游第一大支流——泗水。该舞语汇单纯,但要对应鱼鳖虾蟹,所以对服饰道具颇为讲究。其中,竹篾编扎的水族造型是泗蟹舞的主要视觉形象。其场面有"双龙交会""倒连环""四象八卦""步步上天梯"等。

云彩灯舞一般位于将演出推向高潮的压轴位置。云彩灯舞的原发地不是沛县,据传此舞由河南、山东等地的艺人于清咸丰元年带到沛县。该舞是香火会中的主要节目之一,因是夜晚表演,所以光影闪烁的彩灯是舞蹈的核心。

八仙骑八怪是典型的以神话传说故事为题材的舞蹈。该舞一方面广受欢迎,常出现在春节、元宵节,以及大户人家为老人祝寿的场合;另一方面"八仙"个个是主角,繁杂的道具、服饰均要配置得当,所以代价颇高。也正因为如此,1930年后在沛县境内不见踪迹。

(五) 丰县民间舞蹈

丰县的15种民间舞蹈极富生活气息,从名称上看大致可分为两类:一是以不同的动物来命名,如蛤蟆舞、鸭子舞、豆虫舞等;二是以生活劳动的内容来命名,如推车舞、抱孩舞、簸簸箕等。由这些名称可见,丰县舞蹈与民众日常生活存在紧密联系。

---

① 朱世平主编:《徐州市非物质文化遗产要览》,群言出版社2005年版,第78页。

蛤蟆舞是舞者对蛤蟆各种动作的模仿，以丑角配合表演，两人一组。场地的大小与时间的长短决定规模的大小。蛤蟆舞以鼓为主要伴奏，男丑角因此被称为“花鼓腿子”。鸭子舞是对鸭子形态、动作的仿生摹写。最初由花鼓艺人化妆表演，后演化为独立的舞蹈形式。鸭子舞表演自由，舞者人数不限，往往在麦收和春节期间择场演出。

（六）铜山区民间舞蹈

铜山区有民间舞蹈21种，其中流行于铜山区西北部郑集、黄集、何桥的蝴蝶舞（又称“扑蝴蝶”），舞者以扇扑蝶，并藏身其中，浪漫奇巧。铜山花鼓（又称“打花鼓”）相传是清康熙年间传入铜山地区的。最初只有两位舞者，后来不仅舞者增多，其形式也丰富完整起来。

三、徐州传统舞蹈风格特点

在悠久的徐州历史的发展过程中，先后有100多种风格各异的民间舞蹈争奇斗艳，表现出不同的风格特点。

首先，原始文化是徐州民间舞蹈的生命底色。原始的宗教祭祀舞蹈对民间舞蹈的影响存在于各地区、各民族，徐州的民间舞蹈当然也不例外，其中龙舞就是极典型的例子。分布在江苏省的龙舞有20种，徐州龙舞虽然有其独特的风貌，也与其他各地的龙舞一样，都源自中国远古的龙图腾。先民因为相信龙具有行云布雨的能力，所以就有了以舞龙求雨的祭祀行为。

再如汉画像石上的鱼舞、丰县的蛤蟆舞、睢宁的鲤鱼戏花篮，其发生的本原或与求雨祭祀一脉相承，或与生殖生命崇拜有关。关于鱼的寓意，闻一多《说鱼·探源》一文中指出：“种族的繁衍如此被重视，而鱼是生殖力最强的一种生物，所以在古代，把一个人比作鱼，在某种意义上，差不多就是恭维他是最好的人，而在青年男女间，若称其对方为鱼，那就等于说：‘你是我最理想的配偶！’”[①]所以，徐州汉画像石中有大量

① 闻一多：《闻一多全集》第三册，湖北人民出版社1993年版，第248页。

鱼的图像存在不是偶然。汉人当然是希望通过这种方式得以子嗣延续,由此衍生出鱼舞。新沂七巧灯舞中的鱼形彩灯、睢宁鲤鱼戏花篮中的鲤鱼等,都是这一原始观念的具体呈现。另外,蛤蟆同样反映了人类的原始崇拜,北方的内蒙古阴山岩画、南方的广西花山岩画中就有蛙形舞蹈的造型。在中部的黄河流域,同样可以在仰韶与马家窑的彩陶上发现蛙形纹饰。青蛙像鱼一样多子,其繁殖能力特别符合先民们对生命延续的想象。同时,在先民的眼中,青蛙也与农事气象有关,如《春秋繁露》载:春旱求雨,"取五蝦蟆"①。在农耕文明时期,由于"天雷动,蛙声鸣"的现象引起了先民的注意,他们以为青蛙一定与雨水有关。所以,青蛙自然便成为先民祈雨的灵物。

因此,产生于农耕文明时期的民间舞蹈,虽然随着时代的变迁,其本原意义会逐渐弱化,但作为一种生命底色的文化基因,它已与徐州的民间舞蹈文化融为一体了。

其次,南北交融为徐州民间舞蹈增添异彩。徐州地处南北要冲,因而为不同文化系统在此交会创造了便利条件。徐州的一些民间舞蹈或者是由原发地带入,或者是本土生成,即使是后者也难免被注入异质文化的色彩。

在江苏的历史中,曾多次迎来移民风潮,这些都对地域性民间舞蹈的发展产生了积极的影响。异质文化进入一个新的生存环境后,虽然仍会保持着原初文化的某些特质,但是为了更好地生存,必须入乡随俗,实现在地化适应。比如"凤阳花鼓"原是行乞卖唱的一种形式,简单、直白,并未达到一定的艺术层面。但在邳州,花鼓艺人便以"落子"为学习榜样,革新表演形式,增加了起指挥作用的引伞人,并将花鼓婆与花鼓郎也各增至两人,从而使原来的双人花鼓演化为五人表演。角色增多,场面调度与音乐伴奏自然也跃上一个新台阶,艺术性和表现力都因此呈现出新的面貌。

尤其值得注意的是楚文化对徐州民间舞风的影响。早在春秋时期,楚文化就已成为江淮地区的文化主流。徐州是楚人长期经营之地,

① 董仲舒著,王心湛校勘:《春秋繁露集解》卷一六《求雨》,广益书局 1936 年版,第 140 页。

楚文化的影响延至两汉时期更显突出，比如徐州汉画像石的长袖舞与汉舞俑的图像，无论是舞者纤细的腰部结构，还是翘袖折腰的舞姿，显然都是楚风浸润的结果。雄强的建鼓舞也不例外。从徐州汉画像石中的建鼓舞图像，联系到现藏于湖北博物馆的战国曾侯乙建鼓底座，自然能够联想到楚风汉韵相互融合的关系。虽然今日徐州已不见长袖舞与建鼓舞的踪迹，但是徐州所辖邳州、新沂、睢宁、铜山、丰县、沛县的不同舞种争奇斗艳，从中仍可窥见楚文化基因发生的催化作用。

徐州的民间舞蹈，若以场面氛围论，有适合节庆或庙会上演出的舞蹈，如邳州、睢宁的花车舞、龙舞、狮子舞。这类舞蹈场面宏大，凝聚人气，以气氛渲染为首要。若以欣赏舞蹈技巧为要，则有一批以武术与杂技动作来丰富表演手段的舞蹈，如丰县花棍舞、落子舞、跑竹马等。这类舞蹈因为表演的技巧性而广受欢迎。若以调节气氛，逗趣取乐或讽刺调侃为目的，有独杆桥、枭褒会这类欢快幽默、夸张滑稽的舞蹈。

从整体趋向来说，徐州民间舞蹈虽然内容各异，风格有别，但大致呈现刚柔相济的基本特点。徐州自古便是兵家必争之地，战争的酷烈与和平的宁静犬牙交错，使得徐州民间舞蹈既有龙虎斗、跑竹马这样风格的舞蹈，又有可沉浸于月踏花影意境之中的云牌舞、七巧灯舞，甚至还有或文或武、文雅与粗犷并存的落子舞。这些特点与汉代长袖舞、建鼓舞有着一脉相承的关联性，使得婉转妙曼之韵与粗犷豪迈之气兼而有之。

第三节　传统戏剧

徐州是中国戏剧的重要起源地，也是传统戏剧的活跃地区，先后形成或广泛流行着多种极富特色的声腔、剧种，包括徐州梆子、柳琴戏、叮叮腔、四平调、花鼓戏、话剧、柳子戏等。这些戏剧形式，不仅在江苏省和苏鲁豫皖接壤地区影响深远，在全国戏剧中亦有着举足轻重的地位。

一、徐州梆子

徐州一带流传着这样的民谚:“犁着田,耕着地,谁不唱两段梆子戏。”“放下锄,喝过汤,哼唱几句梆子腔。”“三庄一个班,十里一处台,爷爷领着小孙孙,就把梆子大戏唱起来。”[①]可见徐州梆子影响民众程度之深、范围之广。徐州梆子,又称江苏梆子,因以枣木梆子为击节乐器,曲调的快慢节奏由一副鼓板和梆子来指挥而得名,徐州群众又称其为“大戏”。徐州梆子的发展,大致经历了三个时段。

一是明代前期到中期。《江苏戏曲志·徐州卷》说:“明初洪武、永乐年间直至成化时,大批山西、陕西移民迁居徐州地区,徐州府志及丰、沛、铜山、邳州、睢宁等县志均有记载。仅明成化年间(1465—1487)平阳府(今山西临汾)迁移者即有五万七千八百余户,清嘉庆八年(1803年)丰县《蒋氏家谱》序中写道:‘其先由山西之洪洞迁丰……迄今三四百年。’”[②]明朝中叶以来,由于资本主义生产关系萌芽发展,山西、陕西商人遍布各地,他们所到府、州、县、镇,都建有行帮性的山陕会馆,馆内筑台演戏,经常邀请家乡班社来此演出,并以此作为行商贸易的手段。徐州亦是山、陕商人的聚集地之一,在徐州及其属县都有山陕会馆,经常演出梆子戏。《江苏戏曲志·徐州卷》称:“明中叶,秦晋商人遍布徐州地区,他们筑会馆,建戏楼,追求声色之娱。因此明末清初陕西、山西梆子形成后,很快经河南、山东传入与之接壤的江苏丰、沛二县及原属江苏现属安徽的萧县、砀山县,并在徐州地区流传开来。同时山东梆子艺人在当地(丰、沛等地亦和山东相连)落户安家或搭台演出,收徒传艺,使梆子得以流传。”[③]据《江苏梆子戏志》记载:“明朝隆庆三年(1569年)刊印的《丰县志》中图文记载,在嘉靖三十一年(1552年)重修的丰县城城隍庙内,正殿背面即为戏楼,飞檐下端挂有‘戏楼’贴金匾,位于整个建筑中心。台前看场能容千余众,东西两边廊房还能坐人。民谚

① 朱世平主编:《徐州市非物质文化遗产要览》,群言出版社2005年版,第102页。

② 陈晓棠主编:《江苏戏曲志·徐州卷》,江苏文艺出版社2002年版,第103页。

③ 陈晓棠主编:《江苏戏曲志·徐州卷》,江苏文艺出版社2002年版,第103页。

‘无丰不成梆’，在此演出的以梆子戏为主。”[①]可以说，随着山陕移民的入住，他们将家乡的梆子戏带入徐州，并与本地歌谣曲调相融合，又与南方流传来的余姚腔融为一体，形成了带有本地特色的戏曲声腔。

二是晚明至清初。明代戏曲家徐渭在《南词叙录》中称：“今唱家称弋阳腔，则出于江西，两京、湖南、闽、广用；称余姚腔者，出于会稽，常、润、池、太、扬、徐用之；称海盐腔者，嘉、湖、温、台用之。”[②]到明代后期，徐州地区不仅盛行余姚腔，弋阳腔还以其包容性强，迅速由南向北流播，并衍生出许多地方戏曲声腔。阎尔梅创立了目前所知徐州最早的一个戏班——沛县郢雪班，以唱南曲为主。此后不久，罗罗腔也由山西经河南、山东传入徐州。罗罗腔的输入，直接影响了徐州当地戏曲声腔的形成。有了罗罗戏的艺术铺垫，才有了真正意义上的徐州梆子。

三是清代中期到民国时期，徐州梆子戏在多年的演出实践中，逐渐成熟定型，形成了自己的风格。山陕梆子与徐州地区的民歌小调、曲艺杂耍、方言俚语、风俗民情相结合，腔随声变，韵随俗转。期间，亦有河南知名演员组班来沛演戏或传艺。有姓名可考的著名梆子艺人，如蒋花架子、殷凤哲等，逐渐形成了蒋派、殷派、戴派、贾派等徐州梆子的主要流派。

按照艺人的传承谱系辈分进行推算，丰县的蒋花架子（1745—1828）为徐州梆子戏有史可考的创始人之一。蒋花架子祖籍山西洪洞，祖上徙丰后落户于丰县蒋单楼。他一生学戏、演戏、教戏，会戏300多出，年高后自备衣箱建戏班，逐渐形成做功优美、唱腔丰富、程式规范的蒋派，是徐州梆子的蒋门始祖。

殷凤哲（1845—1935），原籍山东巨野，咸丰五年（1855年）避水灾来沛县卞庄村，14岁学戏成名，擅演花脸，演、唱皆佳，后被庙道口寨主马克端请去办戏班，在庙道口一连办3期科班，广招弟子。其子殷其昌青出于蓝而胜于蓝，人称“花脸王”，殷氏父子及其二百弟子逐渐形成了殷派。

① 于道钦主编：《江苏戏曲志·江苏梆子戏志》，江苏文艺出版社1999年，第1页。

② 中国戏曲研究院编：《中国古典戏曲论著集成》第3册，中国戏剧出版社1959年版，第242页。

戴金山(1872—1936),铜山黄集人,13 岁学艺,擅演生、旦、净、丑,名重一时。其两个女儿大娃、二娃,受其真传,艺佳名扬,加之其办科班培养数十名弟子,形成颇具影响的戴派。

贾先德(1912—1993),11 岁在春泉班以父为师,文武全活,各行皆通,一生致力于梆子戏唱腔、表演、脸谱、剧目,传戏教学员,德艺双馨。其弟子郑文明,紧随乃师,唱做俱佳,有“苏北第一生”美誉;其女桂兰,唱腔优美,形成了颇受欢迎的贾派。

辛亥革命后,一些徐州梆子艺人到河南东部的永城、夏邑一带演出,也有豫剧戏班到徐州演出,这种频繁交流带来了艺术上的融合、发展。如 1932 年,豫剧仙海班来徐演出。抗日战争爆发后,徐州梆子艺人徐艳琴、徐文德在豫声剧院合演蒋文治新编剧目《守湖州》,歌颂抗敌报国的爱国志士。徐艳琴还与常香玉同台演出《守湖州》《克敌荣归》等爱国剧。徐艳琴在当时与豫剧艺人马金凤、毛兰花、阎立品并称豫东地区“豫剧四大名旦”。

徐州梆子历史悠久,表现内容丰富,雅俗共赏;在调式、旋律节奏、语言和演唱风格上,既具备北方戏曲刚硬有力的特点,又具备南方戏曲婉转柔和的韵味;语言上通俗易懂,大量运用了本地人生动讥诮的口头语,具有生动活泼、火爆奔放、朴实清新的特点。徐州梆子正因为其独特的粗犷、激昂的艺术魅力,得到了广大徐州人民的喜爱,具有深厚的文化价值和研究意义,是戏曲艺术宝库中独树一帜的剧种。2008 年,徐州梆子被列入国家级非物质文化遗产名录。

二、徐州柳琴戏

柳琴是流行于苏、鲁、皖一带的民间弹拨乐器,因形似柳叶,又称“柳叶琴”,又因外形及构造与琵琶相似,老百姓亲切地称其为“土琵琶”。

柳琴戏,早期称“肘鼓子”,也称“小戏”,后因其唱腔独具魅力而被人称为“拉魂腔”,此外又有“拉后腔”“拉花腔”“控洪腔”等别称。拉魂腔流布于鲁南、皖北、苏北相接壤的广大地区后,分为五路,中路以徐州为中心，北路为临沂，东路从邳州向东海，南路为宿县，西路在涡阳、蒙城一带。它们有共同的渊源，又各具地方特色。其中流行于江苏徐州和山东临沂的中北两路，在 1953 年依据其所用伴奏乐器柳叶琴定名为柳琴戏。徐州地处苏鲁豫皖交界，南北文化交流碰撞，产生于徐州的柳琴戏，既有南方的古朴典雅，又有北方的热情奔放，逐渐形成清秀、激烈、泼辣的风格。而这种文化艺术品质正符合徐州原住民彪悍、热情、义气的性格，所以徐州周边才有“三天不听拉魂腔，吃饭睡觉都不香”的说法①。

图 12－6　徐州地方柳琴戏

关于柳琴戏的起源，由于缺乏文字记载，至今仍无定论，大致形成了三种观点：

其一，源于苏北的太平歌与猎户腔。“太平歌”是农民在收获时为表达高兴而产生的一种曲调；而“猎户腔”则是当地的猎户在狩猎之余，根据当地流行的民歌、号子等，并结合当地的自然环境形成的一种曲调。后来，当地的三位民间音乐爱好者邱老、葛老和张老，把“太平歌”和“猎户腔”糅合到一起，并不断地加工润色，再把当地的民间传说编成易于演唱的故事，进行演唱，从而形成了“拉魂腔”。

① 朱世平主编：《徐州市非物质文化遗产要览》，群言出版社 2005 年版，第 107 页。

其二，源于鲁南临沂周边的柳子戏、肘鼓子、花鼓以及民间小调。清乾隆《沂州府志》卷四载："邑本水乡，村外之田辄曰湖，十岁九灾，所由来也，而游食四方，浸以成俗。初犹迫于饥寒，久而习为故事，携孥担橐，邀侣偕出，目曰逃荒，恬不为怪。故兰、郯之民，几与凤阳游民同视。所宜劝禁，以挽颓风。"①根据这一记载，再加上一些老艺人的回忆，许多专家学者认为柳琴戏起源于山东临沂。

其三，源于山东枣庄、滕县一带的花鼓、锣鼓铳子、肘鼓子、四句腔以及民间小调。周姑子，亦称为"周姑调"，传说系因一周姓尼姑演唱而得名，又称"肘子鼓"。因其上下句结尾处的"噢嗬罕"三字要腔别具特点，所以又称"噢嗬罕"或"老拐调"，吸收了柳子戏中的"要孩儿""山坡羊"的词句格式，采用了四句腔的帮腔，形成了最早的拉魂腔。

总之，明末清初以来，由于苏北地区自然灾害接连不断，依靠土地生活的农民不得不离开自己的家乡，以乞讨为生，慢慢形成了规模较大的群体。"饥者歌其食，劳者歌其事"，经过200多年的优化改良，最终诞生出柳琴戏这个独具个性和艺术魅力的剧种。

柳琴戏在发展过程中大致经历了由说唱到歌舞小戏到职业戏班的过程。最早的形态是说唱，灾民和穷苦人在农闲时，一家一户或一两个人结伴，走乡串户乞讨时上门随口演唱小调，当时并没有管弦伴奏，也无服装道具，只用竹板或梆子敲击节奏。演唱内容是农村喜闻乐见的神话故事或充满生活情趣的小"篇子"，这种演唱叫"唱门子"。唱的节目被称为"篇子"。此后，演唱者为了吸引观众，产生了由一生一旦对舞对唱的形式，表演各种独具特色的舞蹈身段和步法，载歌载舞，具有了戏曲的雏形。

清朝咸丰年间，这种小唱出现了专业艺人和班社雏形，演出只有小生、小旦的"二小戏"（又叫"对子戏"），或外加小丑的"三小戏"。对子戏鼎盛时期，柳琴戏班社中出现了如"烂山芋""金不换""一千两"等职业女艺人。她们在长期的演艺过程中，形成了曲调优美、细腻婉转的唱

---

① 李希贤修，潘遇莘等纂：清乾隆《沂州府志》卷四《风俗》，《中国地方志集成·山东府县志辑》第61册，凤凰出版社2004年版，第69页。

腔，尤其是唱词句尾的拖腔委婉缠绵，有拉人魂魄的艺术魅力，从而得名“拉魂腔”。

到了清末民初，拉魂腔已经形成七八个艺人，或十几个艺人组成的职业班社，俗称“七忙八不忙，九人看戏房，十人成大班”。演出形式也由原来单一的“唱对子”和打地摊演出的“跑坡”，发展成在庙会主唱的“会戏”，为富人家做寿或办喜事的“堂戏”，以及祭祀请神敬仙、烧香还愿的“愿戏”等多种形式。

随着班社人员的增多，一些大型剧班开始出现，角色行当也逐步完善，走上了舞台演出。“民国九年（1920 年）前后，一些柳琴戏班社开始由农村进入集镇或城市演出。由于徐州交通便利，又是柳琴戏流行区最大的城市，因此，到解放初期，徐州市区就云集了同义班、常胜班、义和班等多个较有影响的大班社，荟萃了厉仁清、王素秦、相瑞先、姚秀云等著名艺人。”①

柳琴戏贴近群众、贴近生活，其语言朴实生动、通俗明快，包含大量的俚言俗语，直白诙谐，妙趣横生，具有浓郁的乡土气息和健康情趣，深受广大观众喜爱；其声腔风格独特，旋律摇曳多姿。节奏或舒缓或明快，以丰富多彩的花腔、别致的拖腔区别于其他剧种；又以农民的审美情趣审视生活，形成浓郁的地方特色，具有较强的观赏性。同时，它还保留着深刻的时代印记，对研究戏曲文化、民俗文化很有参考价值。2006 年，柳琴戏（江苏柳琴戏）被列入第一批国家级非物质文化遗产名录。

三、叮叮腔

叮叮腔，又作“丁丁腔”，是徐州土生土长的戏曲种类。17 世纪后半叶兴起于利国镇一带，后在苏鲁豫皖接壤地区流传。关于叮叮腔的起源，主要有山西洪洞县传入说、源于大运河文化说、源自水神信仰和民间音乐的结合说、源自明清小曲说等说法②。

① 朱炳坤：《浅谈徐州柳琴戏的发展历程》，《东京文学》2012 年第 4 期，第 136 页。

② 郭芳：《徐州小戏“叮叮腔”起源考》，《乐府新声》2014 年第 4 期，第 20 页。

其一，自山西洪洞县传入。明末清初，大量山西洪洞县百姓迁移来徐，这些移民带来了叮叮腔并开始传播。《江苏戏曲志》中关于叮叮腔艺人程福仁的介绍记载："原籍河北，清光绪十二年（1886 年）从河北来铜山利国西里村。因对丁丁腔感兴趣，故留村定居，并拜艺人孙广珍祖父为师。"①

其二，源于大运河文化（漕运文化）。贯通南北的大运河，不仅带来了南北交通的便利，而且促进了沿岸经济文化的交融。而利国地处苏鲁两省交界处，北扼齐鲁，南屏徐州，西连微山湖，东接台儿庄，是历代兵家、商家必争之地，也是重要的驿站，与大运河相距不过 2 千米，正是重要的文化交融点之一，沿岸丰富多彩的戏曲艺术在这里融会发展。

其三，源自水神信仰和民间音乐的结合。农耕经济时期，风调雨顺是人们最大的愿望，水神崇拜无论在官方还是在民间都很盛行，而徐州历史上屡遭黄河水患，后又有运河过境，因此，徐州所属各州、县水神崇拜颇为流行，各地皆有神庙用以供奉水神。百姓在祭祀时唱的小调，后经艺人整理成为今天的叮叮腔。生活在厉湾村的叮叮腔第三代传人厉为厂曾提到，当地大王庙，就是水神庙，大约在清朝中期迁移到此，已有200 多年历史。其祖父厉建海便将在庙里上香时歌唱的小调整理成独特的曲调，称为叮叮腔。每年端午，附近渔民便会到庙里上香，并传唱曲调。

其四，源自明清小曲。清代艺人把本地区流行的民间小调中的"小郎调""十杯酒"等逐渐融于演唱中，从而丰富了"慢八板"，衍变出"平韵""阳韵"等唱腔的雏形。艺人程福仁曾带班进入徐州演出，同京剧、昆曲、花鼓、评弹等姊妹艺术交流，从而进一步丰富了"八句腔""平韵""阳韵""发腔""对口""对煞板""腰锣钗"等曲调，并使之基本定型。

以上这几种观点中，叮叮腔源自运河文化说的说法，流传广泛，影响最大，论者多采此说。

叮叮腔的发展经历了由小曲、对子戏到戏班的演变过程。从明末开始，大运河微山湖一段的厉湾、寄堡一带，经常停靠着南方船只，还有

---

① 中国曲艺志全国编辑委员会编：《中国曲艺志·江苏卷》，中国 ISBN 中心 1996 年版，第 750 页。

保卫运粮船安全的砲划子船。船上的人会演唱很多各地的小调，当地岸边百姓耳濡目染渐渐地学会哼唱。越是到太平丰收的年景，学唱的人也就越多，并开始由一个人哼唱发展到两人对唱。此时，人们称其为“太平歌”，演唱内容多为祈求丰收、平安，歌颂太平年月的内容。

大约在乾隆末年到咸丰年间，由单一的小曲演唱发展成为一生一旦的表演形式，也叫“两人戏”或“对子戏”，又称“拉绫子”“两人台”。生为“外角”，旦为“里角”。生角手持扇子，衣着简朴；旦角亦由男子装扮，脚踩垫子，头戴额饰，腰系裙子，两鬓插花，手持彩扇或罗帕，二人边舞边唱。在每场开演之前，往往由生角擎着装饰铜铃铛的小花伞进行表演，以招揽观众，被群众称为“打舞场”“打鼓场”。花伞是以花布做成，花伞的周围常以铜铃为饰。由于花伞舞动时铜铃声“叮叮咚咚”清脆悦耳，遂得名“叮叮腔”。同时，早期叮叮腔只有男艺人，旦角一律由男子以“假嗓子”扮演。有的扮演女角的艺人既能唱男腔，又能唱女腔。如一个曲调开始用男音，不一会儿就能转到高八度或十五度的女音，艺人们称此为“老转少”。

19 世纪后期，叮叮腔不断和其他剧种交流，吸收了京剧、花鼓、苏州评弹及黄梅戏等在音乐和曲调上的优点，内容和形式更加丰富，出现了一批较有影响的艺人，如杨归坡、杨德清、杨德伦、厉建海、厉人允、程福仁等。

叮叮腔历史悠久，是在特定地域与历史背景下经过不断创造与积累而形成的。它具有浓厚的乡土气息，而又兼纳南北戏曲之长，清新刚健，轻柔婉丽，唱腔独特，韵味朴实，集多种文化形态于一体，为戏曲文化研究提供了珍贵的材料与新鲜的视角。它与生活紧密相连，展现了当地的民风民俗，是地域文化的鲜活体现。

四、丰县四平调

四平调是由流行于山东、江苏、河南、安徽四省接壤地的一种民间说唱艺术——花鼓发展演变而成的。根据艺人的师承记忆，四平调的发展经历了大约三个时期：

萌芽期。据说明代中期，花鼓表演便已流传至丰县。当年花鼓的演出方式很简单，演员只有1—2人，边唱边舞边击鼓。清朝末年，伴奏加入了大锣、小锣、小叉、梆子等打击乐器。到20世纪三四十年代，丰县花鼓已非常盛行。由于花鼓是一种地摊演唱的曲艺形式，演员社会地位低下，收入少，难以糊口；又因为地摊演唱，场地难以打开，观众拥挤，易出现事故。于是，以曹桂新、邹玉成、王汉臣、燕玉成、张心魁等为首的丰县花鼓艺人，设法对花鼓戏进行改造。1933年在山东济南演出时，开始摘掉腰挎的花鼓，脱掉脚蹬的高跷，穿上戏曲服装，模仿戏曲化妆，首次登台演出。王汉臣又向京剧艺人讨教，吸收、借鉴其他剧种的长处，使花鼓逐步向戏曲化迈进。在那个时代，还未趋于成熟的四平调被称为“干砸梆”“苏北花鼓”。当时最大的改良是使用了弦乐作为伴奏乐器，但存在的不足是调式单一，只有la、mi弦。

形成期。由于越来越丰满的戏剧演唱得到广泛好评，需要与其价值身份相适应的称呼。有的观众根据曲调四平八稳的特征，谓之“四平调”，得到广泛认可，四平调曲种由此诞生。1940年，以邹玉振、燕玉成、甄友明为首的三个花鼓班社，聚首安徽界首，开始带弦（坠琴）演出，大大增强了演出效果。在这一时期，以曹秀珍为代表的新一代民间艺人，在继承传统的基础上，不断探索新的表演形式。在手、眼、身、法、步等专业表演技巧方面仔细研究；在声腔演唱方面，将京剧、东北评剧、山西秦腔、河北梆子、山东柳子等戏剧的声腔精华融入四平调的演唱中，进行声腔上的改良，逐渐完善曹派风格，其中借鉴最多的是东北评剧、山东柳子以及河南梆子。1945年以后，又陆续增加了高胡、软弓京胡、笙、笛、三弦、琵琶等管弦乐器，并广泛吸收兄弟剧种和民间小调的音乐元素，确定四平调唱腔以“2、1、6、1”为行腔的落音，从形式到内容都具备了戏曲的特点。

成熟期。中华人民共和国成立后，四平调进入成熟完善期，成为丰县的主要剧种之一。丰县四平调剧团建制完整，阵容强大，演出剧目多，是四平调步入鼎盛期的代表剧团。

丰县四平调以花鼓为基础，同时又大量吸收了其他姊妹剧种的艺术营养，形成了具有浓厚地域特点的艺术风格。四平调的唱腔音乐基本上属板腔体，主要板式有流水板、慢板、垛板、飞板、清板等，与伴奏音乐、曲牌构成完整的声腔体系。四平调男女腔同一调高，常用A调(主弦为高胡)，唱腔也可在近关系调中自由转换，男、女声各有自己的腔体，很少互用。其上句腔和下句腔各有自己的旋律骨架，使用时可以用增(减)字(音)的方法加以调剂。由于角色、情绪的不同，唱出来的效果也不一样。演员在演唱中善于运用相同语言中的“哎、啊、嗯啊、哪呀”等语气词来衬托，加以巧妙的引唱和润色，多用滑音、抖音装饰。相对来说，女腔较为丰富，而且委婉华丽；男腔调虽少，但是却变化自如、朴实粗犷，更能体现丰县的乡土特色。演员往往说唱结合，真、假嗓互用，在一气呵成的大段“快四平”之后，接着一个高八度的甩腔，既烘托了剧情的气氛，又给人一种奇峰突起的乐感，经常博得观众的喝彩。丰县四平调初期因女演员少，多采取男扮女装，但都是本腔本调，尤忌假嗓演唱。随着时代的发展，女演员逐步增加，本嗓演唱成为丰县四平调的一大特色，逐渐形成了女声在质朴之中不失委婉俏丽，男声则高昂豪放、刚柔兼备的特点，并保留着较强的说唱特征。

丰县四平调以其独特的艺术性、鲜明的地域性而立于地方戏剧之林，并涌现出王明仁、曹秀珍、许兰霞、王世兰等一批深受群众喜爱的演员。2009年，丰县四平调被列入江苏省第二批省级非物质文化遗产名录。

第四节　地方曲艺

作为“五省通衢”之地，徐州既拥有往来各地的商贾、繁华热闹的街市，也拥有多元开放的市民社会和兼收并蓄的文化品格。窑湾、大榆树等京杭大运河沿途重镇和云龙山庙会、泰山庙会等享誉淮海地区的庙会，以及广大农村地区的集市，为徐州曲艺提供了大量的演出场地。徐州因此成为著名的“曲艺之乡”，孕育了徐州琴书、苏北大鼓、徐州快书、徐州坠子等10余种曲艺形式，其中最著名的当属徐州琴书和苏北大鼓。

一、徐州琴书

徐州琴书使用徐州地区方言演唱，是以徐州为中心的苏鲁豫皖接壤地区成就最大、影响最广、曲目最多、最具代表性的曲艺形式，与苏州评弹、扬州评话并称为“江苏三大曲艺”，又与北京琴书、山东琴书并称“全国三大琴书”。

徐州琴书形成于明末清初，迄今已有300多年的历史。在这300多年中，徐州琴书名称经历了多次变化。自产生到清朝中叶，徐州琴书名为“瞎腔”或“三弦”。“瞎腔”因说书人多为盲人而得名，“三弦”则是早期说书人用来伴奏的乐器，亦被用来指代徐州琴书。到了晚清，徐州琴书的主要伴奏乐器由三弦改成了坠胡，由于坠胡的琴弦由真丝制成，故又被称作“丝弦”，于是观众又将徐州琴书称为“丝弦”。清末民初，扬琴开始用于徐州琴书的伴奏，到了抗战时期，得到广泛运用，因而徐州琴书又被改称为“唱扬琴”或“打扬琴”。现在所用“徐州琴书”一名始于中华人民共和国成立之后，在专家和民众中被普遍接受，成为该曲种的通名。

在名称变化的同时，徐州琴书的演出形式也不断得到丰富和完善。在瞎腔或三弦阶段，艺人们多自弹自唱。进入丝弦阶段以后，演出形式开始多样化，“单人档”“双人档”“三人挡”“多人档”相继出现。“单人档”为一人演出，演出者既可以是男演员，也可以是女演员，均由自己伴奏自己演唱。有的一边用左脚蹬木鱼，一边拉坠胡，有的一边敲扬琴，一边打手板。“双人档”的演出者大多为一男一女，其中一人拉坠胡或者敲扬琴，另一人打手板，合作演唱。“三人档”也多为男女组合档，要么二女一男，要么一女二男。由于人数增加，伴奏的乐器也更加多样。除坠胡与扬琴之外，经常还会使用碰铃、小碟等敲击或打击乐器。“三人档”在演出时通常是弹扬琴之人居于中间，拉坠胡的和敲碰铃或小碟的分居两侧。“多人档”的演员人数没有固定数目，多者可达10余人。

从音乐的角度来说，徐州琴书产生的基础是徐州地区的民歌小调，据学者于雅琳研究，“徐州琴书单曲与联曲体中，常用的民歌小调有‘叠断桥’‘莲花落’‘焗缸调’等，常用的曲牌有‘汉口垛’‘虞美人’‘罗江怨’‘银纽丝’等。著名琴书曲本《白蛇传》中所使用的曲牌多达217个(次)”①。从这些可以看出民歌对徐州琴书音乐的重大影响。此外，宗教声乐曲牌也是徐州琴书曲唱音乐的重要来源，“摩诃萨”“南无调”均来源于佛教音乐。依据使用曲牌体的数量，徐州琴书的音乐可以分为单曲叠用、联曲体两类。前者反复使用一支曲牌来演唱故事，由于这种形式的曲子音调较为平缓，跳跃性小，因而多用于演唱较为一般性的故事，比如《小秃闹房》《光棍哭妻》《盼五更》等。联曲体又叫曲牌连缀，指的是演唱时用多个曲牌前后连缀，这种音乐形态比单曲叠用复杂许多，常用来演唱叙事性较强的长篇故事，如《白蛇传》总共采用200多种曲牌来表现不同人物的不同心理活动。从演唱内容的长短来看，徐州琴书分为短篇、中篇和长篇。短篇琴书又可细分为书帽儿、小段儿和大段儿。前两者最长的可达上百句，最短的只有几句，大段儿至少要有几百句。

徐州琴书是徐州地区乡野间开出的一朵艳丽的艺术之花，深受汉文化的滋养、儒家文化的熏陶、运河文化的影响，具有质朴粗犷、丰满娇俏、健康明朗的风格。作为来源于民间的艺术，徐州琴书是徐州地区人民日常生活的反映，不少书目的内容贴近生活，艺人们常常会主动迎合观众的心理、情感和兴趣，比如徐州琴书艺人爱说夸奖话、吉利话、祝福话；往往会从生活中采撷点滴小事，进行创作编演，还会配合着做一些夸张的动作，进一步增强了亲切感，更能引起观众的认同和共鸣，观众从中得到美的娱乐和享受。

与内容的质朴相应，徐州琴书的唱腔相较评弹来说更为粗犷一些。板腔体徐州琴书的音乐唱腔由“四句腔”和“跺子板”组成。“四句腔”即四句一个拖腔；“跺子板”节奏快，铿锵有力，可谓“赶板夺字高亢激昂，抑扬顿挫丝丝入扣”，最能体现徐州琴书粗犷豪放的特征。联曲体徐州琴书的音乐由众多曲牌串联起来，由于徐州琴书的曲牌非常多，有“九

① 于雅琳：《徐州琴书曲唱与民歌关系述略》，《淮阴师范学院学报(哲学社会科学版)》2019年第1期，第60页。

腔十八调七十二嗨哟”之美誉，因而联曲体徐州琴书的音乐性较强，演唱起来能够产生“声如燕语之回荡”的艺术效果。

徐州琴书的主要伴奏乐器也具有粗犷豪迈的特征。坠胡是徐州琴书的一种主要伴奏乐器，其音质雄浑而粗犷，低沉处如江河呜咽，高昂时若万马嘶鸣。扬琴亦是徐州琴书的一种主要伴奏乐器，其音明丽清朗，与坠胡相得益彰。

总之，作为徐州地区最具特色的曲艺类型，徐州琴书是徐州地区人民的共同精神遗产，2008 年被列入第二批国家级非物质文化遗产名录。

二、苏北大鼓

苏北大鼓最初有多种名称，比如“打鼓说书”“睢宁大鼓”“宿迁大鼓”“徐州大鼓”“赣榆大鼓”“淮海大鼓”等。第一种命名与其表演特征有关，后面 5 种均与其兴起和流布的主要地区有关，从中可见苏北大鼓并非仅仅流布于某一狭小地域，而是在除盐城之外的广大苏北地区均有流传，苏北大鼓之名即由此而来。事实上，除苏北之外，由于语言相通、文化习俗相近，皖东北和鲁西南也是苏北大鼓的重要流传地区。

苏北大鼓来源于乡村民间，采用单人表演的形式，对演出场地的要求较低，演出时无须搭台，田间地头、村庄集市等均可作为其演出场所。为了兼顾演出效果和便于携带，苏北大鼓的伴奏乐器很少，只有一鼓一槌和二板。一鼓并非一面大鼓，而是一面小型的书鼓；一槌即一根弯曲的木质鼓槌或鼓条；二板既不是竹板，也不是铁板，而是两片小巧的月牙形铜板或钢板。演出时书鼓架于鼓架之上，置于艺人面前，艺人采用坐姿，左手执板，右手拿槌，打板与击鼓根据情节的需要交替进行。

关于苏北大鼓的起源，目前学界尚未形成统一意见。《中国曲艺志·江苏卷》中将其追溯到清代中叶的渔鼓，认为“淮海地区最早的大鼓艺人是嘉庆年间睢宁的迟冒春和道光年间的张云章、倪志端”①。

① 中国曲艺志全国编辑委员会编：《中国曲艺志·江苏卷》，中国 ISBN 中心 1996 年版，第 95 页。

清朝中叶，苏北地区经常发生天灾人祸，人民生活水平低下，很多人单纯依靠土地无法生存，因此不少农民拜师学习说大鼓。到清末民初，大鼓成为苏北鲁南皖东北部地区从艺人数最多的曲种。艺人们已分成张、沙、杨、高、兰、柴、桂、韩、邹、李等十大门派，其中以沙门的人数最多。由于从业人数较多，为了生存，艺人们展开竞争，进而涌现出不少具有代表性的艺人，如宿迁的吴相国、睢宁的张朝聘、邳州的曹士文、铜山的潘福兰、赣榆的李开照等。其中，睢宁的张朝聘与师傅倪志端、父亲张云章常年推着大篷车在各地演出，被人称为“张大篷”。其演说的《岳传》有“盖八属”之美誉，即冠绝徐州八县（铜山、宿迁、睢宁、邳县、丰县、沛县、萧县、砀山）。铜山的潘福兰人称“盖江北”“盖山东”“大鼓状元”。他善于自编书目，其代表作《兵困皇陵》能唱半年。在表演技艺方面更是出神入化。据说他打一鼓，听起来却好像数鼓齐鸣；打月牙板时，他能用拇指将板弹起，使二板穿插飞舞，令人叹为观止。与此同时，苏北大鼓的曲调也大大增加，出现“九腔十八调”的现象。在内容方面，除说唐、说宋等历史题材外，还增加了《七侠五义》《施公案》等武侠、公案类书目。唱腔上以徐州为界分化为东腔派和西腔派两大流派，“西腔派”流行于徐州以西，具有粗犷、雄壮、拖腔长等特征；“东腔派”流行于徐州以东，具有婉转、美脆、抒情性强等特征。从说唱比例来看，苏北大鼓又分为以说为主和以唱为主两派。

抗日战争时期，部分苏北大鼓艺人背井离乡，到南京、上海等地继续说书。为了迎合当地欣赏习惯，苏北大鼓渐渐发生了一些变化，由此形成了分别以张家诚和冯玉坤为代表的南北两大流派。以张家诚为代表的张派唱腔优雅，又善于说、逗、做相结合，最擅长演唱张派“三绝”，即“调寇审潘”（出自《金枪北宋》）、“醉读蛮书”（出自《月唐》）与“牛头山”（出自《岳传》）。冯玉坤为冯派的开创者，以唱腔粗犷为主要特征，尤其擅长演唱“三接印”（出自《金枪北宋》）。

解放战争期间，中国共产党将苏北大鼓艺人组织起来编演时新书目，创作了许多宣传党的方针政策的作品，为革命战争作出了很大贡献。

吴云等根据实地采访睢宁苏北大鼓艺人所得的资料认为，睢宁苏北大鼓深受人民欢迎喜爱的原因主要有以下三点：首先是唱词内容受百姓喜爱；第二，形式简单而又别具一格；第三，大鼓艺人功底深厚，演唱形象生动[①]。苏北大鼓是苏北人民的精神食粮，也是苏北人民思想情感的重要载体，蕴含着孝敬父母、同情弱者、重情重义等真挚朴素的民间思想。2007 年，苏北大鼓被列入江苏省省级非物质文化遗产名录；2021 年，入选第五批国家级非物质文化遗产代表性项目名录。

第五节　民间工艺美术

地处苏鲁豫皖交界的徐州，不同程度受到吴楚文化、齐鲁文化、中原文化的影响，各种艺术形式在这里孕育、碰撞、衍生、扎根、成长。这里产生了大量有形的艺术瑰宝和非物质文化遗产。

徐州是中国民间工艺美术的兴盛地之一，已发掘的民间艺术品种多达 60 余个，遍及城乡各地，可谓多姿多彩。每年春节，云龙山、子房山、泰山庙会等大型民俗活动上，都可以见到各种各样的民间手工艺术品，如剪纸、布艺香包、面塑、木版年画、农民画、儿童画、泥玩具、石雕、玉雕、根雕、彩灯、竹制工艺品、狮子头面具、工艺风筝、木玩具、糖塑、糖人贡、纸扎、织锦、蓝印花布、草柳编、花鸟字等。这些手工艺品种类繁多，异彩缤纷，各具特色，深受百姓喜爱。

一、徐州剪纸

中国剪纸按照地域来分，可以分为以下几个具有特色的剪纸地域，分别是湖南与湖北的凿花剪纸、河北的染色剪纸、陕西与山西剪纸、山东剪纸、东北剪纸、福建与广东剪纸、江浙剪纸、云贵剪纸等。江苏剪纸以徐州剪纸和扬州剪纸为代表。徐州剪纸，是介于陕西、山西剪纸与山东剪纸之间的一个地域品类，体现了徐州的风土人情、道德礼制、艺术

① 王雪平、宋煜、吴云：《论睢宁大鼓的盛衰与传承》，《改革与开放》2013 年第 8 期，第 192 页。

思维等地域文化。

徐州剪纸历史悠久，据有关资料证明，早在6000多年前，邳州先民就已经发现并在劳动生活中运用以影像作为形象装饰的艺术手法，开始在兽皮、树皮、陶器、织物等材料上镂空透空，装饰物品，创造了剪刻造型艺术①。徐州剪纸分布广泛，遍布各区县，邳州剪纸则是其中的典型代表。

邳州地处苏鲁交界，古运河贯通南北，具有6000年悠久历史。这里曾发现多处古代遗址和墓葬，无论是新石器时期的彩陶文化、商周时期的青铜文化，还是影响至今的楚汉文化，在人们心中形成深厚的文化心理积淀，再加上地理位置、社会风尚以及北方型的生活习惯、精神气质，更形成了剪纸艺术中特有的纯朴、灵秀、粗犷、自由、率真、诙谐等艺术素质。

邳州剪纸品种繁多，美观与实用并存，与民俗紧密结合，这是其经久不衰的根本原因。新年贴窗花习俗由来已久，窗花题材丰富多样，衬托出热闹喜庆的气氛；贴在顶棚上的团花、角花及花边，寓意吉祥；枕头刺绣所用的剪纸底样，千姿百态。从创作手法上看，常见剪纸主要有"剪""刻"两种形式，前者一般用剪刀直接剪花，后者通常在画好花样后用刻刀凿出，如过年家家必贴的门笺。剪花能手各有特长，有的结构严密，线条流畅；有的大刀阔斧，线条简洁，朴实粗犷；有的剪得密密麻麻、富丽堂皇。作为底稿，剪纸也为诸如木制品等其他材质的雕刻提供丰富多彩的花样。

二、徐州香包

香包，又称"香囊"，俗称"香荷包""香布袋""料布袋"，是我国传统的民间艺术品，历史久远。《礼记·内则》云："男女未冠笄者……衿缨，皆佩容臭，味爽而朝。"②可见至迟至战国时期，未成年的男女有佩戴"容

① 高伯华主编：《江苏省非物质文化遗产普查·邳州市资料汇编》第三卷，邳州市文化与体育局2009年印，第494页。

② 陈戍国：《礼记校注》，岳麓书社2004年版，第193页。

臭”(即香包)的习惯。汉代,手绣香包已广泛运用到岁时年节等民俗生活中。汉乐府长诗《孔雀东南飞》云:“红罗覆斗帐,四角垂香囊。”①当时的香包都用高级锦绣制成,内储茅香根茎或掺拌辛夷等香料。

唐宋至明清时期,徐州手绣香荷包已经不再是单纯的日用品,不再局限于驱毒、避瘟、香薰,还被赋予了更多的人文价值。清初,香囊已经成为一种爱的象征,男女互赠香包作为爱情的信物佩戴,风靡一时。在徐州,女子自小便被要求学习制作香包,其制作技艺的水平被用来评判是否贤良淑德。表达女性对爱情、婚姻向往与憧憬的题材常见于香包之上,龙凤呈祥等爱情美好的象征大量运用在香包的制作上。

徐州民间有“五月生五毒”的传说,专门修建有五毒庙,每逢端午举行庙会进行祭祀。为防治毒虫或抵御其他疾病,甚至包括五毒衣、虎头枕、虎头帽等布制物品上都会绣有小型香包。徐州香包不仅在实用层面上有防治小病小灾的功能,更是演化成了一种能驱邪避毒的吉祥佩饰,深深地影响着徐州民众。

从内容上看,徐州香包多以喜庆吉祥题材为主,如龙凤呈祥、鸳鸯戏水、松鹤延年、百子仙童、佳卉奇果、喜鹊闹梅等,表达人们祈求祥瑞、辟邪纳福、丰衣足食的美好愿望。在用色上,徐州香包遵循传统的配色规律,色彩明亮鲜艳,重视色彩的象征性和寓意,常用红、黄色等暖色调作为基础色调。作为“五省通衢”之地,徐州特殊的地理位置使四面八方及现代文化在此交会,手工艺人技艺交流频繁,南方与北方审美风格逐渐融合,综合形成徐州香包独特的艺术风格:细腻与粗犷并存,配色端庄而雅致。

悠久的历史,精湛的工艺,浓厚的民俗特色,使徐州香包逐步成为民间艺术的瑰宝,将徐州人民纯朴、向上的精神风貌,科学和艺术地完美结合并加以呈现。徐州香包的造型、纹饰反映了古城徐州的文化内涵,传情达意,表达美好,体现日常生活中的礼仪往来等风俗风貌,更反映了徐州民间艺人的民俗心理以及审美情感。

---

① 郭茂倩:《乐府诗集》卷七三《杂曲歌辞十三》,中华书局1979年版,第1035页。

三、邳州木版年画

邳州最早的民间绘画见于邳州市四户镇大墩子、戴庄镇刘林古文化遗址出土的6300多年前新石器时期的彩陶画[①]。出土的彩陶器画纹饰秀美，色彩古朴绚丽，其中许多作品使用绳子和模具在泥胎上压印花纹，可见邳州的先民们早已发明了绘画、雕刻、印制等技术。商周时期，邳州的雕刻造型技艺体现在用刀刻制青铜器模具上，凹凸的装饰花纹形制精美娴熟。从邳州出土的汉画像石内容看，秦汉时期邳州的汉画像石雕刻技艺严谨精湛，内容丰富，在一定程度上为邳州年画雕版印刷技术的发展提供了雕版经验。

木版年画源于邳州民间绘画的发展。汉代就已呈现了年画的造型雏形，唐宋时期逐渐成熟，民间应用较为普遍。雕版年画印制传播，年画品种和数量也有很大提高，在明清进入千家万户。清代就流行于邳州的《胡打算》中，详细记录了邳州年画的兴盛局面："影壁紧靠梧桐树，上画麒麟寿八仙。客厅挂起字和画，邳州八绝样样全。吴仪牡丹中央挂，花寒对联贴两边。魏朝梅花高林菊，洪龙松柏代代传。邓林八哥东山挂，卓子条幅挂西山。名锦屏风精无比，山水不厌周浮先。"[②]由于邳州的地理位置乃南北水陆交通要地，京杭大运河贯通其境，南北商贾在物资贸易的同时也带来了文化艺术的交流，这大大促进了邳州年画绘制水平的提高，也拓展了年画的应用范围，常用于套彩拓印、雕刻纹样、生活装饰、包装彩纸、祖谱中堂、神佛造像等众多方面。邳州年画题材内容非常丰富，包括历史故事、神话传说、吉祥富贵、生活礼仪、戏剧传说、时事风物等。其雕版技法也取得了很大进步，构图饱满，色彩明朗娇艳[③]。邳州古镇集市先后开办了数百家各具特色的手绘年画、木版年

---

① 高伯华主编:《江苏省非物质文化遗产普查·邳州市资料汇编》第三卷，邳州市文化与体育局2009年印，第498页。

② 中国人民政治协商会议江苏省邳县委员会文史资料委员会:《邳县文史资料》第5辑，邳县政协文史资料研究委员会1987年版，第127页。

③ 朱世平主编:《徐州市非物质文化遗产要览》，群言出版社2015年版，第212页。

画作坊和批发销售店铺,从事专业年画的制作与销售。

晚清、民国时期,邳州木版年画在继承传统木版年画的基础上不断创新,传统与现代并存,品种众多,以适应不同层次民众的需求。木版年画种类主要有门神、门童、门画、财神、灶神等。新年张贴于外门或房门上的,有用于驱鬼避邪的武门神"神荼郁垒""秦琼敬德",也有表达"向阳门第春常在,积善人家庆有余"心愿的"文门神"。门童、门画则贴于院落内屋门上,表现"麒麟送子"题材的称"门童",表现"状元及第"等穿朝服的天官或状元的叫"门画"。财神类有"招财进宝""富贵满堂""神财福增"等。请灶神则是腊月二十三小年祭灶,请来灶神像贴于灶头、香烛供果敬奉的重要活动,灶神像居于灶所对墙壁之中间位置,灶神像两侧设对联,通常是"上天言好事,下界保平安",表达了人们祈福的心愿。

因为受地域民俗文化的影响,年画吸取了传统民间雕刻画的精华,结合粗犷厚重、质朴豪爽的民风,表现为淳朴厚重、造型粗犷、用笔狂放、生动泼辣、简练夸张、色彩鲜艳等风格特点。画面往往用红黄绿等纯色印制,热烈奔放,视觉冲击力极强。人物不事细雕,体现出汉文化的雄浑、拙劲、厚重的遗风,具有浓郁的乡土气息,深受民众喜爱。在邳州及周边接壤的苏北、鲁南地区广为流传,和苏州年画的清雅、秀润相映成趣。

第六节 书画名家

徐州是"中国书法之乡","彭城书派"亦源远流长。南朝梁庾肩吾的《书品》、唐代李嗣真的《后书品》、明代陶宗仪的《书史会要》都是对历代书法家进行品评的重要著作,有多位祖籍徐州的书法家被列入品级。著名书法家张伯英的祖父张达在《论书绝句》其十中云:"彭城书派启唐欧,仲宝惜无只字留。因忆茂谦同此体,儿曹讵可薄毡裘。"自注:"袁海观观察宰吾邑,儿子从仁游其门,以《醴泉铭》为赠,谓率更(唐欧阳询曾任太子率更令)其乡先辈,书体独创,前所未有。予曰:'此彭城书派。'

海观愕然，因拣《述书赋》同阅之，而慨仲宝无传书也。《赋》又谓到㧑如猛夫格兽，亦无传书。英孙习北碑，时人以为怪，予谓‘彭城书派’自是如此。”[①]可见“彭城书派”法宗北碑。在南北朝时，有祖居彭城的南朝刘宋皇室，还有北朝齐的彭城人；“彭城书派启唐欧”，“唐欧”系指唐代欧阳询。《述书赋》中明确注出唐初欧阳询“书出于北齐三公郎中刘珉”，影响百代的欧楷源出“彭城书派”。“因忆茂谦同北体”，茂谦即到㧑（433—490），字茂谦，彭城武原（今邳州）人，南朝宋齐间书法家[②]。此外，徐州籍画家亦代不乏人。在书画史上影响较大，足以彪炳史册。

刘珉（约535—约573），彭城丛亭里人，北齐三公郎中，书法家，善草隶。他的书法在当时独树一帜，一改北齐书法萧条的局面。唐代大书法家欧阳询，开始学书法时即取法刘珉。

在宋代，徐州人陈师道不仅是著名诗人，还是一位书画评论家，其《后山谈丛》记载不少书画遗闻或书画理论，展现了宋代的艺术风貌和艺术思想。

明清时期，著名明遗民万寿祺、阎尔梅，状元李蟠，名士孙运锦，在书画艺术上都有很高造诣。深受“扬州八怪”影响的“龙城画派”声名鹊起，张太平、吴作樟、刘本铭等在画坛颇受关注。

万寿祺，不仅是反清志士、文学家，还是著名的书画家，工翰墨，精于六书。其书法直接受业于书法名家陈陛，并远师王羲之，近取颜真卿、米芾，又博取历代名家，融会贯通，自成风格。他擅长隶书，尤精行楷。万寿祺的绘画，山水、人物、花卉并工，多作水墨，间施淡色，运笔高古，颇得力于书法。其山水画以倪瓒为宗，不喜作崇山峻岭，往往以简淡之笔，写幽秀之景，逸气充盈，奇趣横生。绘画代表作有《秋江别思图》《松石图》《山水图》等。万寿祺的篆刻，造诣极深。他癖嗜印章，收藏鼎彝图籍甚富，主张刻印宜研究钟鼎文字，著有《印说》，并辑有《沙门慧寿印谱》一册。

清末民初，徐州书画达到一个高峰，出现了以张伯英为代表的“彭

① 桂中行辑，张伯英甄选，徐东侨编次，薛以伟点校：《徐州续诗徵》卷三，广陵书社2014年版，第64页。
② 张达：《论书绝句》，转引自政协江苏省铜山县委员会文史资料研究委员会《铜山文史资料》第6辑，政协江苏省铜山县委员会1986年版，第139页。

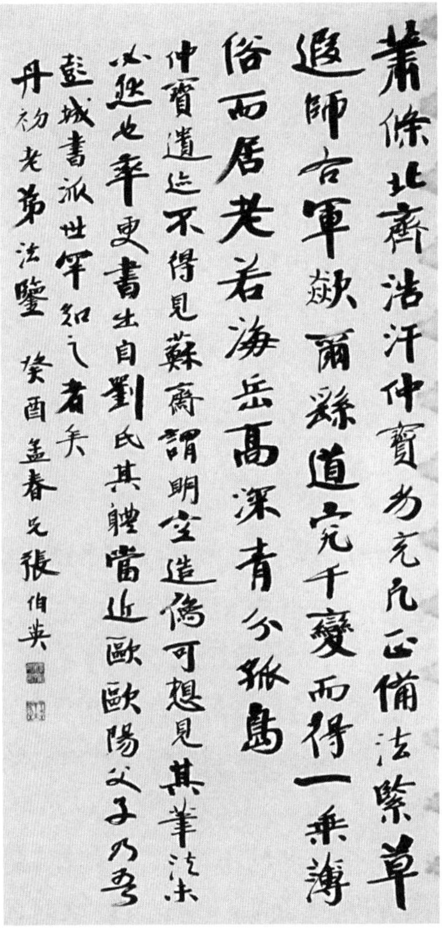

城书派"和书画家群体。清光绪三十一年(1905 年),由徐州一批书画爱好者相约成立的铜山书画研究会,标志着"彭城画派"初具雏形。

图 12-7 [民国]张伯英行书轴(李银德主编《古彭遗珍——徐州博物馆馆藏文物精选》)

清末至民国时期,徐州籍书画家李兰、张伯英在国内影响较大。李兰(1862—1921)是清末民初著名画家,他的山水画师法"四王",被国内美术界誉为"江北第一人"。张伯英是民国时期蜚声大江南北的书法大家。其书法初学颜楷,遍临魏碑,碑帖兼容,遂自成风格,以行楷最有成就,亦擅篆隶。他极擅书写碑志,数百字大楷不用画线,从头到尾一气呵成,而分行布白、范围大小,莫不恰到好处。张伯英曾与赵声伯并称"南北二家",又与傅增湘、华世奎、郑孝胥并称"四大家"。至今,北京大栅栏、琉璃厂等地的一些店面仍保留有他的题匾。张伯英还是一位卓有成就的碑帖鉴定家,自谓"平生无他技,唯承家训,辨书帖真伪无所失"①,曾仿《四库提要》体例,著《法帖提要》七卷,其中列举了自宋至清帖刻 512 种,详细分析论及了各家书法流派的优点与不足,为我国书法碑帖学界权威名著。此外,他还有《阅帖杂咏》等书学著作传世。

民国初年,处于交通枢纽的徐州很容易得风气之先。一大批热爱书画的徐州青年纷纷走出家乡,前往北京、上海、杭州等地求学。王子

① 桂中行辑,张伯英甄选,徐东侨编次,薛以伟点校:《徐州续诗徵》卷三,广陵书社 2014 年版,第80 页。

云、刘开渠、朱德群等人甚至远渡重洋，接受西方艺术的洗礼。北京、上海、杭州等地最早成立的一批新美术团体，如阿波罗学会、红叶画会、一八艺社、平津木刻研究会、中国雕刻师协会等，其中活跃着王子云、王青芳、冯亦吾、李可染、王肇民等一批徐州籍艺术青年的身影。他们及时地把当时国内最先进的艺术理念引进徐州。1920 年，欧亚艺术研究会成立于徐州，标志着生活在徐州地区的书画家群体在继承中国传统的同时，开始接受西方艺术。1924 年，王继述、王子云、萧龙士、阎咏佰、王琴舫、王寿仁、张金石等发起创办的徐州艺术专科学校，是当时国内为数不多的几所艺术院校之一，为徐淮地区培养了一大批书画人才，其中包括李畹、段拭、段天白等著名书画家。

“走出去，引进来”的结果，使得徐州籍的一批书画名家逐渐在国内美术界产生了重要影响。在民国时期的三次全国美展上，王子云、王青芳、张伯英、萧龙士、王继述、刘开渠、李可染、周鸿业、张金石等徐州籍书画家的作品屡屡入选参展，王子云、刘开渠还曾应邀担任全国美展的筹备委员和审查委员。王子云率领的西北艺术文物考察团临摹敦煌壁画的 300 余幅作品，在 1943 年的第三届全国美展上专室展出，成为轰动陪都重庆的一大艺术盛事。刘开渠的雕塑作品《女像》获得第三届全国美展的雕塑类最高奖。李可染的《牧牛图》也在第三届全国美展上获得广泛好评，从此一举成名。除了在第三届全国美展上屡屡出现徐州籍书画家的作品外，王青芳、王肇民的木刻作品，在平津地区影响也很大。朱德群的绘画也已跻身于林风眠、吴大羽、方干民等名流荟萃的现代艺术展览。

王子云(1897—1990)，是徐州地区到外地正规美术院校求学的第一人。他的行为带动了家乡一大批热爱书画的青年，他本人也成为中国新美术运动的先驱之一。1935 年，其作品《杭州之雨》入选法国巴黎出版的《现代美术家辞典》，是该辞典选录的唯一一位中国艺术家。抗战时期，他率领的西北艺术文物考察团开展了中国历史上第一次由中央政府组织的艺术文物考察活动，开创了中国美术考古活动的先河。

王青芳(1901—1956)，齐白石早期弟子之一，长于书画篆刻，尤擅版画(木刻)，号称“万版楼主”，有《木刻近代人范》《题画诗选》等著作传世。

冯亦吾(1903—2000),在民国时期的北京书坛颇有影响。他的书法,以唐人法度为起点,上追秦汉,下开宋元,先承袭后创新,有《书法丛谈》《书法探求》《书谱解说》《安吴论书注释》《书法诗百首》等著作传世。其作品以行楷为主,刚柔并济,守法度而不拘泥于成规。

李可染、朱德群二人,将中国的传统笔墨与西方艺术互鉴、融合,形成各自独特的艺术风格,成为20世纪中国书画家群体中的翘楚。

李可染(1907—1989),自幼酷爱绘画,五六岁时常用碎碗片在地上画古典人物,13岁师从钱食芝学习山水画,16岁考入上海私立美术专门学校。1929年,李可染越级考入杭州西湖国立艺术院研究部,成为我国最早的艺术研究生。不久,他参加了鲁迅支持的进步青年美术团体——一八艺社,受到民主进步和爱国思想的影响。1931年秋,李可染在徐州举办了第一次个人画展,引起社会的关注。他先后在徐州私立美术艺专成立了徐州美专国画研究会和徐州黑白画会。受聘在江苏省立徐州民众教育馆任展览股美术干事后,他先后在徐州筹办了“九·一八”国难展览会、援助东北难民书画展览会、航空救国展览会等一系列抗日救国宣传活动。1937年底,李可染离开徐州,经西安赴武汉,先后参加了由周恩来领导、郭沫若主持的国民政府军事委员会政治部第三厅暨文化工作委员会,继续从事抗日救国美术宣传活动。1941年,李可染重新恢复了对中国画的研究与创作,他提出:传承中国绘画传统要“用最大的功力打进去,用最大的勇气打出来”。他先后任教于重庆国立艺专、北平国立艺专。1947年,他拜齐白石为师,同年又师事山水画大家黄宾虹,进一步潜心于中国画的研究与创作。

朱德群(1920—2014)走的是和李可染异曲同工的一条路。他成功地运用西方绘画的技法和色彩,营造出了中国唐诗宋词的意境。另外,他巧妙地运用西方抽象画中光与影、明与暗、块与面,以及不同色彩的对比与组合,向西方世界传达了中国传统易经中阴阳和合的哲理。1997年,朱德群当选为法兰西学院艺术院终身院士,是该院历史上第一位华裔院士,成为著名海外华人艺术家。

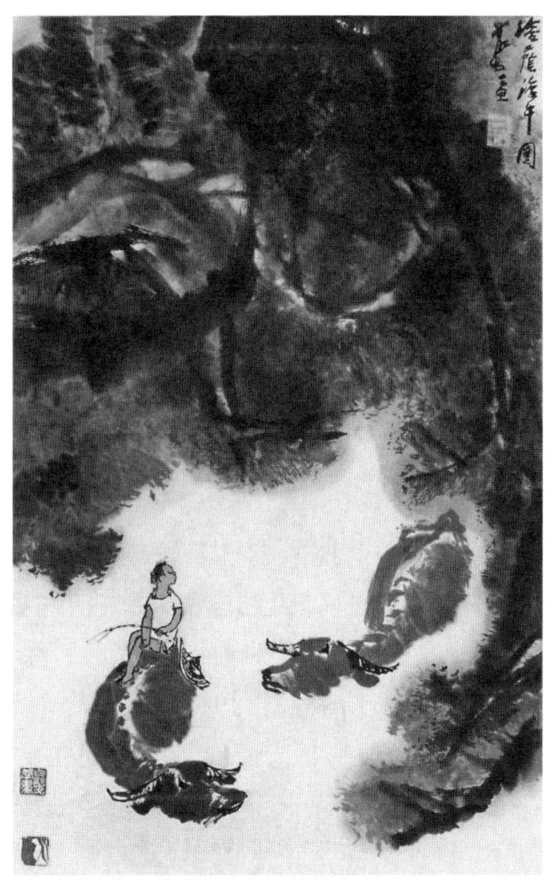

图 12－8　李可染画作(徐州博物馆藏,李银德主编《古彭遗珍——徐州博物馆馆藏文物精选》)

艺术是地方文化的重要内容。徐州艺术在发展过程中,既承接了齐鲁文化、中原文化、江南文化等多种文化因素的影响,又积极地以自身的独特文化影响着周边地区。徐州艺术具有鲜明的文化融合特点,总体上具有北方高亢、刚烈、粗犷、朴实的风格,又时常呈现南方委婉、抒情、细腻、优美的特征。徐州市井生活繁荣,各种艺术在此争奇斗艳,广泛传播,不仅丰富了每个时代人们的艺术生活,亦孕育了许多书画名家,培育了许多民间美术成果。徐州艺术既有源远流长的历史传统,又有与时俱进的创新形式,是我国丰富多彩文化艺术的重要组成部分,体现了徐州独特的地域风格和美学特征,具有重要的历史文化和审美艺术价值。

第十三章　教育文化

在中国古代教育史上，西周时期已经出现了面向贵族子弟的官学教育，后来教育从官府移向民间，私学兴起。汉代“罢黜百家，表章六经”，积极推广儒学教育，对整个中国社会产生了深远的影响。魏晋南北朝时期，由于社会动荡，官学时兴时废。隋朝统一中国后，于大业二年（606年）始置进士科，标志着科举制度创立。唐、宋、元、明、清历代相袭，科举制在中国历史上推行了1300年之久。民国时期，西风东渐，中国近代教育实现了重大改革，新式教育登上历史舞台。徐州教育自始至终紧随中国教育历史的步伐，只可惜战争的车轮一次次碾压，黄泛的波涛一次次横过，百姓颠沛流离，居无定所，读书环境不比江南。然而，“鲤鱼跳龙门”“学而优则仕”始终是徐州人民的追求和希望。

第一节　古代徐州教育

徐州教育历史源远流长，培养出一批又一批人才，尤其是科举制度实行后，科举题名人数渐多，曾出现过三位状元，丰富了徐州的教育文化。

一、秦汉以来徐州教育的兴盛

一般认为，教育起源于劳动，最初是学习使用工具之类的技术教育。在徐州区域内，产生于新石器时代的刘林遗址和大墩子遗址中出土了大量的生活用品，如手制红陶和轮制灰黑陶等，生产这些陶制品必然需要人们对劳动技术的教育与传承。春秋战国时期，以秦、晋、齐鲁、楚、吴越为代表的各大文化区逐渐形成，徐州虽然没有举办过大规模的官学，但因与鲁国接壤，受孔子讲学的影响，已有私学出现。而且，以儒学为核心的齐鲁文化南渐，徐州民风也表现出“好学”“尚礼”的迹象。秦王朝“以吏为师，以法为教”①，私学一度被官方禁止，但民间仍存在着一些教学活动。如丰邑人刘邦与卢绾“俱学书”②，尤其是刘邦胞弟刘交“少时曾与鲁穆生、白生、申公俱受《诗》于浮丘伯”③，后来受封为楚王（谥号“元”，世称楚元王），定都彭城，开创了一个以经学传授为中心的儒学世家，对秦朝焚书坑儒以来汉代儒学的传承与复兴起到了重要的作用，培养出了一大批经学人才，加深了徐州地区的文化积淀。

自汉武帝“表章六经”后，汉代宫廷及诸侯王府中特别注意用儒家经典教育子弟。如彭城的刘般，本是西汉楚孝王之孙，王莽篡汉后奔波流离，“而笃志修行，讲诵不怠”，东汉初受封菑丘侯。建武十九年（43年），光武帝“行幸沛，诏问郡中诸侯行能，太守荐言（刘）般束脩至行，为诸侯师”④。汉末，徐州出现了一批杰出人才，如彭城人张昭“善隶书，从白侯子安受《左氏春秋》，博览众书”⑤，著有《春秋左氏传解》及《论语注》；彭城人严畯，“少耽学，善《诗》《书》、三《礼》，又好《说文》”⑥，著有《孝经传》《潮水论》。二人避乱渡江，后来都成为东吴政权的重要谋士。

东晋以后，彭城刘氏家族在文坛上影响较大。南齐永明年间

① 司马迁撰：《史记》卷六《秦始皇本纪》，中华书局1959年版，第255页。

② 司马迁撰：《史记》卷九三《韩信卢绾列传》，中华书局1959年版，第2673页。

③ 司马迁撰：《史记》卷三六《楚元王传》，中华书局1959年版，第1921页。

④ 范晔撰，李贤等注：《后汉书》卷三九《刘般传》，中华书局1965年版，第1304页。

⑤ 陈寿撰，裴松之注：《三国志》卷五二《吴书·张昭传》，中华书局1959年版，第1219页。

⑥ 陈寿撰，裴松之注：《三国志》卷五三《吴书·严畯传》，中华书局1959年版，第1247页。

(483—493),刘绘成为当时文坛上的领袖。北朝时期,彭城刘芳撰写了大量经学、史学著作。神龟中,萧宝夤为徐州刺史,“起学馆于清东,朔望引见士姓子弟,接以恩颜,与论经义”①,已具书院雏形。在北朝后期,彭城还是佛教僧众传法的重要地区,如慧嵩曾大力弘扬毗昙学说,被世人称为“毗昙孔子”②,前来求学的僧众弟子众多。

隋唐时期,大运河开通,交通往来更加便利,一些学子外出求学,也有人来到徐州学习,为徐州教育带来了繁荣迹象。学有所成者,比较容易在朝廷里获得官职,如徐州人刘胤之“少有学业”,在杜淹的推荐下,任弘文馆学士、楚州刺史③。刘知几之兄刘知柔“少以文学政事”,历任长史、刺史等官,“代传儒学之业,时人以述作名其家”④。而一些文人也经常到徐州来,相互交流和切磋,提升自己的创作水平,如李白、卢纶、储光羲、韩愈、白居易、李商隐、薛能、张祜等都在徐州地区为官或游历过徐州,为徐州的文化和教育增添了精彩一笔。

二、历代科举与徐州的进士群体

科举取士肇端于隋。唐代设科取士,名目繁多,唯进士一科,最为世人瞩目。徐州文化底蕴丰厚,尤以彭城刘氏家族显赫,人才辈出。据史志文献记载,自行科举以后,唐代有迹可考的13位徐州籍进士为刘延祐、刘道积、刘知几、刘升、刘迥、刘湾、刘商、刘轲、刘濛、刘瑑、刘顼、刘刺夫、刘瞻,⑤全部出自彭城刘氏家族。尽管当时士族门阀开始退出政治舞台,但在地方上,依然能够垄断教育优先权。且唐代仕途荫举与科举双途并进,门阀大族严密地把持了前者,即便是后者,因为士族向来有文化教育的传统,庶族也很难跻身其中。

北宋时期,徐州地区民众受教育的结构及方式已经发生了剧烈变

① 魏收撰:《魏书》五九《萧宝夤传》,中华书局1974年版,第1318页。
② 中国佛教协会编:《中国佛教》(一),知识出版社1980年版,第248页。
③ 刘昫等撰:《旧唐书》卷一九〇《刘胤之传》,中华书局1975年版,第4994页。
④ 刘昫等撰:《旧唐书》卷一〇二《刘子玄传》,中华书局1975年版,第3168页。
⑤ 薛以伟:《徐州唐代进士考》,《黑龙江史志》2010年第17期,第10—12页。

化。据康熙《徐州志》载，北宋徐州籍进士 24 人，其中彭城刘氏家族只有 6 人，而众多与大族毫无关系的牛冕、晁迥、寇国宝、颜太初、郑仅等人，皆以登第出仕。显然，大族垄断地方教育资源的格局被打破后，使得更多应考之人获得了公平竞争的机会，在促进社会阶层流动的同时，也推动了地方教育事业的发展。另外，因地理位置的重要性，此期的徐州也是周边地区最具文脉、最具书卷气的文化教育中心。元丰元年，三郡（徐、沂、郓三州）之士皆举于徐州，九月辛丑晦，会于黄楼。"州郡贡士曰鹿鸣宴，其登第曰闻喜宴，二宴许用雅乐。"[①]当时苏轼任徐州知州，赋《鹿鸣宴》诗和《徐州鹿鸣宴赋诗叙》以记其事。

靖康之乱后，徐州归属金朝。"金承辽后，凡事欲轶辽世，故进士科目兼采唐、宋之法而增损之。"[②]金朝推行的是女真人与汉人并行的双元科举制度，仍然对选拔人才和深化儒学教育产生了深远影响。正如元朝人王恽所评："金源氏崛起海东，当天会间，方域甫定，即设科取士，急于得贤，故文风振而人才辈出，治具张而纪纲不紊，有国虽百年，典章文物至此比隆唐宋之盛。"[③]轰轰烈烈的汉人科举取士开展以后，邵世矩、高焕、兀底辖长寿奴、刘贤佐、邵师古、张介等人先后成为进士，其中邵世矩、张介二人均以"第一人"登第。百年之内，同一地区先后出了两位状元，这在全国各地历史上也算是表现不俗了。

公元 1234 年，蒙古灭金，北方的科举取士制度彻底停顿。元仁宗皇庆二年（1313 年），朝廷恢复了科举考试。元代的科举考试规模狭小，且体现了鲜明的民族压迫政策，汉族考生考取进士的机会微乎其微。元代一共 16 次科举考试，录用进士 1200 余人，其中徐州籍进士仍有王廓、石普等 12 人。正如清代知州姜焯纂修的《徐州志》中所说："徐属进士，金元以上，颇不乏人。"[④]这也见证了徐州科举教育发展的一贯性和连续性。

① 苏轼著，冯应榴注，黄任轲、朱怀春校：《苏轼诗集合注》上，上海古籍出版社 2001 年版，第 858 页。

② 脱脱等撰：《金史》卷五一《选举志一》，中华书局 1975 年版，第 1130 页。

③ 王恽：《浑源刘氏世德碑》，张希清、毛佩琦、李世愉主编：《中国科举制度通史·辽金元卷》，上海人民出版社 2017 年版，第 289 页。

④ 姜焯纂：清康熙《徐州志》卷一六《选举》，清康熙六十一年（1722 年）刻本，第 5 页。

明清时期是古代科举发展之鼎盛期。据同治《徐州府志》统计，明朝徐州地区共有文进士 25 人，武进士 5 人；文举人 100 人，武举人 26 人；清朝徐州籍文进士 34 人，武进士 67 人；文举人 167 人，武举人 560 人。以上成绩，较之苏南地区微不足道，甚至难以比肩个别科举世家。科举题名人数的多少，是衡量一个地区文教发达程度的重要参照。徐州作为江苏文化大省的北部重地，文教事业长期相对落后，这也是不争的事实。其原因是多方面的：

第一，社会原因。地区经济发展的不平衡，导致徐州文教逐渐落后。特别是宋元以后，由于经济重心南移、辖地窄小、行政级别降低，使得徐州地区变得极为贫瘠。在相当长一段时间里，文坛没有领军人物，地方缺乏文化望族、科举世家的带动，长期宾兴不振、科举无人，进而拉大了与江南地区的文化差距。

第二，灾害原因。兵灾水患的祸殃，严重影响文化教育的发展。作为形势之胜和兵家要冲，历史上发生在徐州的较大战争多达 400 余起。战乱频繁，治安无从保障。加之南宋时期黄河夺淮入海，流经徐州大地 400 多里，历时 700 余年，横决泛滥，百姓颠沛流离，自然也无安心读书之处。

此外，徐州地区自古民风彪悍，崇武好斗，不尚读书。这从文武二榜比例之悬殊，即可窥其一端。文教落后，民风尚气，必然导致地方治安难以稳定，徐州长期被朝廷列为“冲、繁、难”兼三要区，历任地方官员疲于治理，无法在教育上投入太大精力。因为经济的不发达，文化教育水平无法提高，也难以出现众多优秀学子，由此导致了徐州文教事业长期在落后状况中艰难发展。清朝末年，科举制度寿终正寝，新式教育的兴起，才应运拉开了徐州现代教育的帷幕。

三、徐州历史上的三位状元

状元是中国科举的特殊产物，是古代读书人梦寐以求的最高境界，古往今来，人们推崇备至，津津乐道。

进士科始于隋朝，但开始给进士排名次还是在唐代。宋代以后，会试、殿试三年举办一次，三年中只产生一名状元。据中华书局《历代进士登科数据库》显示，从隋至清，在超过 10 万名进士当中，一共诞生了 567 名进士科状元。综合徐州史志记载，徐州历史上曾有三位状元，依次是金代伪齐阜昌六年(1135 年)沛籍状元郜世矩、正大元年(1224 年)彭城籍状元张介以及清康熙三十六年(1697 年)铜山籍状元李蟠。

(一) 未留诗文的状元郜世矩

当南宋与金隔淮而治之时，徐州成为金国南大门。徐州科考史上的前两名状元，都出在这一时段。

靖康之后，金人尚未占领徐州时，徐州被听命于金朝的大齐政权所统治。大齐开科取仕，徐州沛县人郜世矩以“第一甲第一人登第”，得中状元。可能因郜世矩“曾事伪齐，事不足取”[①]，长期以来默默无闻。直到明嘉靖二十三年(1544 年)，沛县沽头主事许诗因修筑城墙，意外得到了其门人訾栋所撰墓志铭，从此郜世矩其人其事始被人知[②]。该文最早收录于万历《沛县志》，后来的州府志、沛县志及《金文最》皆有收录。今节录如下：

> 先生讳世矩，字彦礼。其先幽州人，至石晋之乱，遂之于沛，因家焉。曾祖通奉讳化，伯祖金紫讳奎，伯父朝请讳敏能，皆进士登第，俱累典大郡。父儒林讳敏德，仕开州司户……先生孤处乡中，多难剧贫，而无他念，唯务读诵，朝夕不辍……迨废齐阜昌六年开辟应试，作兖州解元，省试第二人，廷试第一甲第一人登第，时年三十有六……年六十有七，时丁亥岁八月三日，因病而逝。[③]

该墓志铭不仅提供了郜世矩状元及第的信息，还介绍了郜家三代进士的背景。除此之外，尚未见有关郜世矩的其他记录。一位状元，考文章得功名，而今片纸只字未留，让人颇为感慨。所幸该铭为徐州科举

① 石杰主修，王峻主纂：清乾隆《徐州府志》卷八《陵墓》，清乾隆七年(1742 年)刻本，第五十四页。

② 梅守德、任子龙修纂：明嘉靖《徐州志》卷八《陵墓》，明嘉靖刻本，第二十九页。

③ 罗世学主修，符令仪主纂：明万历《沛志》卷一三上《艺文志》，见赵明奇主编《徐州古方志丛书》第八册，中华书局 2014 年版，第 6018 页。

史留下了第一位状元的珍贵记录。

（二）金末经义状元张介

张介事迹最早出自元好问《中州集》。综合鲜于枢《困学斋杂录》、刘祁《归潜志》等书的记载："张介，字介夫，彭城人。正大元年经义第一人。历巩、谷熟二县令。幼有赋声，为人有蕴藉。尝赠诗人杨叔能末章云：'我贫自救如沃焦，君来过我亦何聊。为君欲写贫士叹，才思殊减荒村谣。'杨初以《荒村谣》得名，故云。"①

"经义第一人"，即经义科进士第一名，也就是经义状元。金代科举考试分为词赋、经义、策论（专为女真人设）三科，且各自分别产生状元，因此金代共开进士科 43 次，却产生了状元 74 名②。《金史·哀宗本纪》记载："正大元年五月甲辰，赐策论进士孛术里长河以下十余人及第，经义张介以下五人及第。戊申，赐词赋进士王鹗以下五十人及第。"③哀宗正大元年（1224 年），取士共约 70 人，其中词赋状元是王鹗，女真状元学是术里长河，经义状元即为张介。张介的状元身份可以确定了，但籍贯却有争议。《金史·国用安传》记载："介字介甫，平州人，正大元年经义进士第一，为用安参议。"④按照史学原则，当事人越接近事件发生时间，其记录越准确。《金史》修成时间较晚，籍贯难免错讹。而元好问与张介基本同时，其说应可信。

《金史》载：哀宗天兴二年（1233 年）六月，为避蒙古军锋逼迫，哀宗逃往蔡州（今河南汝南），徐州守将国用安遣人上书劝阻，提出"莫如权幸山东……东连沂、海，西接徐、邳，南扼盱、楚，北控淄、齐……河朔之地可传檄而定"。⑤ 当朝宰臣一眼看出这肯定是张介所教。然因身处末世，张介尚未来得及施展个人抱负，既而徐州沦陷，国用安投水自杀，张介不知所终。

---

① 姚继荣撰：《元明历史笔记论丛》，民族出版社 2015 年版，第 80 页。

② 周腊生：《辽金元状元奇谈——辽金元状元谱》，紫禁城出版社 2000 版，第 161 页。

③ 脱脱等撰：《金史》卷一七《哀宗纪上》，中华书局 1975 年版，第 375 页。

④ 脱脱等撰：《金史》卷一一七《国用安传》，中华书局 1975 年版，第 2565 页。

⑤ 脱脱等撰：《金史》卷一一七《国用安传》，中华书局 1975 年版，第 2563 页。

由于史料匮乏，邵世矩、张介二人的历史面目较为朦胧，尽管如此，他们都是有史实依据的徐州科举状元。

（三）清朝文状元李蟠

如果说邵世矩、张介生逢南北对峙时期，竞争对手都是来自经济文化相对落后的北方地区，存有侥幸之嫌的话，那么清代状元李蟠则是与全国范围内的才俊同场竞技，最终脱颖而出，则更具含金量和说服力。

李蟠的外祖父董问羲与其祖父李向阳同为天启甲子科举人，官至礼部仪制司郎中。李蟠自幼受家风熏陶，天资聪敏，博览群书，28 岁入泮为博士弟子，36 岁中举，43 岁（时康熙三十六年）被钦点状元，是徐州历史上的第三位，也是明清两朝徐州唯一的一位文状元，授官翰林院修撰，入国史馆，纂修《大清一统志》。康熙三十八年（1699 年），李蟠任顺天府乡试主考官，遭到蜚语中伤，被判充军。三年后赦归故里，从此闭门著书，直至善终。李蟠晚年关注家乡文教，曾淡然婉拒康熙皇帝的再次启用，与知州姜焯等人创办义学，促进了徐州文教事业的发展。

李蟠在科举制度中，既是幸运者、传奇人，又是失败者、悲剧人物。尽管仕途失意，但在状元光环的笼罩下，李蟠的故事一直流传至今。李蟠状元府所在的户部山古建筑群，2006 年被公布为全国重点文物保护单位。距离徐州城 60 千米的丰县梁寨镇黄楼村李蟠先祖居住地建有状元碑亭、李蟠纪念馆，为丰县重点文物保护单位。丰县城南有一个状元集，即状元老家李新集，自李蟠状元及第后改名为“状元集”。

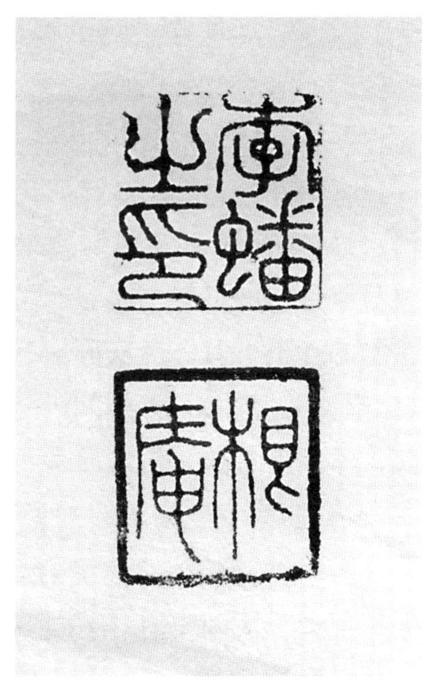

图 13－1 ［清］李蟠常用印（徐州博物馆藏）

第二节 明清徐州书院

文明系于教育。徐州地区的文化昌明自与教育息息相关。作为国家历史文化名城,徐州书院文化也有其丰富灿烂的历史遗存,对徐州教育发展、人才培养、文化传承,都起到过极其重要的推动作用。

书院创办始于唐宋,是古代私人讲学在新的文化和社会历史条件下的产物。自唐宋以迄元明,私人讲学之风日盛,各地都纷纷修建书院,延请名流宿儒前来讲学。明正统《彭城志》记载:沛县东南三里旧有汉高帝书院,明初仍存故址[①]。民国《铜山县志》亦载:“宋元讲学,书院益广。”[②]然因元末之乱,徐州毁城,档案无存,明以前的徐州书院发展情状,后人难知其详。明清两朝,徐州社会安定,经济复苏,教育振兴,文风焕然,书院在此进程中自然功不可没。

一、明清时期徐州书院的发展

明代,徐州一州四县有史可考的书院共 18 所,多建于嘉靖、隆庆年间,仅择在今行政区划内的书院为例。嘉靖间,徐州著名的书院有 7 所,分别是州城东北隅的彭东书院,城西南隅的彭西书院,城东南五十里吕梁分司的吕梁书院、川上书院、养正书院,丰县的华山书院,沛县沽头闸的仰圣书院。隆庆间,又增建了河清书院(徐州城东门)、境山书院(徐州城北境山)。万历间因党派之争,朝廷几次下令拆毁民间书院,书院讲学一度进入了沉寂阶段。

清初,为了笼络汉族知识分子,统治者在艰难的文化抉择中,最终确立了“崇儒重道”的传统为政方针,积极恢复科举制度和官学教育体系。但对于民间书院,仍采取抑制政策。直到雍正时期,随着自身政权的日益稳固,朝廷对于书院教育具有相对灵活性的优势逐渐开始关注。

---

① 宋骥修:明正统本《彭城志》卷一三《沛县》,正统三年(1438 年)抄本,第 17 页。

② 余家谟主修,王嘉诜等主纂:民国《铜山县志》卷一六《学校考》,1919 年刻本,第 1 页。

雍正十一年(1733年)正月初十,朝廷正式下诏开禁创办书院,作为传统官学的重要补充,肯定了书院发展的积极作用。雍正十三年(1735年),徐州云龙书院创办,开创了同一时期省城以下官办书院的先河。云龙书院逐渐发展成为淮海地区的最高文化学府。

书院承担着地方文化普及任务,还承担着科考选才的培养任务。在各个书院就读的学子,一种是应试秀才,另一种是学童,书院极大地方便了他们就近学习,为地方人才成长作出了历史贡献。据赵明奇主编《徐州古方志丛书》汇集的现存36种徐州古代方志梳理统计,今徐州境内明、清两朝曾经存续的书院情况简述如下:

明成化十年(1474年),徐州知州陈廷琏于州属西吏舍创建书院一所,延师教导僚吏子弟。其兄陈廷珪为作碑记。书院名失考。①

吕梁书院,在徐州吕梁洪工部分司署南,主事郭持平建。初为社学,嘉靖二年(1523年)定名吕梁书院,翰林编修舒芬为记。

彭西书院,位于徐州城西南隅,嘉靖六年(1527年)副使赵春建,为武举子弟居业之所,翰林编修廖道南为记。嘉靖二十五年(1546年),兵备副使王梴扩建。

川上书院,在吕梁洪南塔山,嘉靖十四年(1535年)主事张镗建。清乾隆间,徐州知府邵大业、淮徐道康基田相继重修。咸丰五年(1855年),铜山知县王检心即其址改建,更名正谊书院。

彭东书院,位于徐州城东北隅,嘉靖二十五年(1546年)兵备副使王梴建,为诸生讲读所。王梴自记曰:"书院在彭城东门,因名而记之。"②

养正书院,在吕梁洪工部分司署南,嘉靖三十五年(1556年)主事王应时建,左春坊大学士秦鸣雷为记。

河清书院,在徐州城东门,因"河清门"而名,隆庆三年(1569年)知州章世祯建。

境山书院,在徐州城北境山,隆庆四年(1570年)吕梁洪主事吴自新建。

---

① 姚应龙纂修:明万历《徐州志》卷二《公署》,明万历刻本,第83页。

② 王梴:《彭东书院记》,何萚修,梅守德、任子龙纂:嘉靖《徐州志》卷六《学校》,明嘉靖刻本,第35页。

醴泉山书院，在吕梁洪北，清康熙五十八年（1719 年）乡官张之麟倡建。

云龙书院，位于徐州城南云龙山西麓。始建于康熙六十年（1721 年），初为义学，雍正十三年（1735 年）知府李根云改为书院。

登瀛书院，在徐州试院西，光绪二年（1876 年）铜山知县蒋志拔建。

华山书院，在丰县华山新城，明嘉靖二十五年（1546 年）知县叶炷建，副使王梃为记，叶炷自记。

中阳书院，在丰县城内，天启三年（1623 年）知县宋士中建。张榜《新建中阳书院记》载："书院命之曰中阳……夫丰，厚也，大也；中阳者，日中也。"①

凤鸣书院，在丰县署西。清康熙四十四年（1705 年）知县王初集建，嘉庆二年（1797 年）知县艾荣松重修，并改此名。

仰圣书院，在沛县上沽头，明嘉靖二十九年（1550 年）工部主事吴衍建，汪宗元为记。嘉靖末圮于水。

建中书院，在沛县署南，创建时间无考，嘉靖初已废。

泗滨书院，在沛县署东旧递运所旁，西临泗水，旧志云：即汉高书院故址。创建无考，嘉靖初仍存故址。

歌风书院，初在沛县栖山旧城，清乾隆末知县孙朝干建。同治七年（1868 年）知县王荫福迁回县城南。光绪十二年（1886 年）知县陆秉森重修，改前院房舍为文场，可容坐千余人。徐州道段喆、徐州知府桂中行为作碑记。

河清书院，在邳州城内。明隆庆六年（1572 年）知州许大经建，淮安知府陈文烛为记（时隶淮安府）。

敬简书院，在邳州泇口镇。明隆庆时建，中废。清嘉庆间，邑人陈世辅、白辅华等重修，学正陈燮为记。

东徐书院，在邳州学宫旁，清嘉庆间知州丁观堂建。

峄阳书院，在邳州学宫之左，道光十八年（1838 年）廪生徐景山、花锡祺倡建。

---

① 姜焯纂：康熙《徐州志》卷三四《艺文七》，清康熙六十一年（1722 年）刻本，第 35、36 页。

桂林书院，在睢宁县署后，康熙五十七年（1718年）知县刘如晏建，原名桑榆书屋。刘如晏，广西桂林人，有惠政，去职后人们为纪念他，取其籍贯改为桂林书院。道光十五年（1835年）知县刘舆权迁至署东，更名昭义书院。

钟吾书院，在今新沂马陵山，道光三年（1823年）叶峻嵋等倡建。

清末，实行变法，书院也在变革之列。光绪二十七年（1901年），清廷谕令全国改书院为“学堂”。光绪二十九年（1903年）又颁《奏定学堂章程》。同年，徐州道桂嵩庆在云龙书院的基础上，成立了近代意义的中学堂——徐州中学堂，拉开了现代教育的帷幕。光绪三十二年（1906年），徐州道袁大化将徐州中学堂移至督学试院，原云龙书院旧址改建铜山县官绅公立高等小学堂（云龙公学）。与此同时，徐属各县书院亦分别改为中、小学堂。至此，在徐州延续数百年的古代书院制度宣告结束。

二、云龙书院的发展与贡献

云龙书院的前身是创建于清康熙六十年（1721年）的徐州义学。雍正十三年（1735年），知府李根云在徐州义学的基础上升级为云龙书院。自1721年徐州义学创办，下逮1917年云龙书院被乱兵焚毁，共存在196年。期间，叶长扬、陈祖范、王峻、梅予援、张欣告、郑璜、王钦霖、张敦瞿、鲁一同、汪元治、刘庠、胡壬源、冯煦、成肇麟、于受庆、邓嘉缉等一批文化名流先后掌教云龙书院，给当时的徐州教育注入了新鲜血液，也促进了徐州与江南地区的文化交流。经过清代近两百年的持续发展，云龙书院成为享誉徐淮地区的最高学府，涵育了一大批国学名儒和文化精英，是徐州城市发展演进中的珍贵文化记忆和重要文化符号。

云龙书院从创立到初具规模，再到基本定型，其发展可分为三个阶段。

第一，云龙书院早期发展阶段：知州姜焯举办义学，开创徐州教育新局面。

云龙书院的前身是一所义学，创办于康熙六十年（1721年）。状元李蟠在其《书院义学记》中明确记载为知州姜焯所创办：“郡侯姜公治徐九年，教养兼施，家给户饶，孝弟力田之风，骎骎近古。群谋于云龙山麓，辟土建堂数间，为饮射读书之地。”[①]乾隆《铜山县志》亦载姜焯“于云龙山创立义学，捐俸延师，所成就甚众，徐人士至今追思不置云”[②]。而乾隆《徐州府志》则记载为：“康熙六十年，徐属同知孙国瑜始置义学。”[③]《清一统志》、同治《徐州府志》沿袭乾隆府志之说，都以为孙国瑜首创义学。两说互有出入，给后人带来了很大困惑。实际上，李蟠作为当事人，他的记载是准确无疑的。王峻《徐州府志》刻意淡化姜焯，也是事出有因。但因政治因素，移姜焯之功为他人之功，这点对于姜焯，对于徐州义学来说，都是不公平的。今天，我们抛开时代因素，还原历史真相，可以确认，徐州义学确为姜焯所创办。

姜焯（1659—1744），字曦陆，岁贡生，山东昌邑人，曾任济南府陵县教谕，康熙五十一年升任徐州知州。由于姜焯之前任过教职，深知学校建设的重要性，因此格外关注文教。任徐期间，重修学宫，增建泮池、尊经阁、敬一亭等等，激励学风。由于官学有名额和身份限制，无法满足民间更多读书人的需求，因此，创办义学、普及教育，势在必行。所谓义学，一个“义”字见其性质，是依靠地方公款或地租设立的蒙学，招生对象多为贫寒子弟，免费入学其中。

徐州义学开办后，姜焯捐建斋堂、捐置学田，安排徐州学正刘植敬负责日常教育工作。公务之余，姜焯亲自授课，逐篇批阅学子课艺，为徐州带来了一股文明之风，从此“晨夕鼓箧，匡坐谈经，负笈从游者日以众，弦诵之声闻于远迩”[④]，可见义学倍受欢迎，前来求学者络绎不绝。徐州义学的创办，为之后云龙书院的创建和徐州文教事业的发展作出了不可磨灭的贡献。

由于姜焯办学有功，人们常把徐州义学及后来的云龙书院称作“姜公书院”。民国时期，尽管云龙书院废毁，但在 1927 年加拿大来华传教

① 李蟠：《书院义学记》，姜焯纂：清康熙《徐州志》卷三五《艺文八》，清康熙六十一年（1722 年）刻本，第 31 页。

② 张弘运主修，田实发主纂：清乾隆《铜山县志》卷五《政绩》，乾隆十年（1745 年）刻本，第 56 页。

③ 石杰主修，王峻主纂：清乾隆《徐州府志》卷六《学校》，清乾隆七年（1742 年）刻本，第 32 页。

④ 李蟠：《书院义学记》，姜焯纂：清康熙《徐州志》卷三五《艺文》，清康熙六十一年（1722 年）刻本，第 32 页。

士盛世音的著作中，仍有姜公书院的相关记载，足见徐州人民对姜焯的感念之深。[1]

第二，云龙书院早期发展阶段：乾嘉时期，云龙书院两次呈现人才辈出盛况，为徐州教育腾飞奠定基础。

雍正十一年(1733 年)，清廷开禁创办书院。同年，徐州升州为府，云南赵州人李根云出任首任知府。李根云利用府学升格之机，首先完备文庙体制设备，改州学为府学，并把康熙年间开办的义学升格为书院，因地取名，是为云龙书院，并从江南延请名士叶长扬前来讲授。从此云龙书院跃出学林，载入史册。

从历史的发展纵向而言，云龙书院创办以前，徐州地区“地处冲烦，地多荒歉，书院义学，有司多视为迂缓不急之务”[2]，长期得不到应有的重视。云龙书院创办后，学风为之一振，文教事业重新有所起色，在乾隆、嘉庆两朝 80 多年内，徐州先后两次出现了人才辈出的兴盛时期。至今仍被人们耳熟能详的一大批文士学者、社会名流，很多就是从云龙书院走出来的。

首先是石杰任知府，陈祖范、王峻主讲云龙书院的时期。乾隆初期，经济繁荣，文风鼎盛，正在迈向康乾盛世的顶峰。适逢其时，一向关心文教的石杰回任徐州知府，先后聘请陈祖范、王峻掌教云龙书院，带来了先进的文化理念和教学方法，吸引了众多学子前来求学，中兴了彭城文脉。

陈祖范、王峻提倡古学、提倡诗教，培养出以丁泗吉、汪廷璠、邓荥为代表的一大批地方贤达，活跃了乾隆前期的徐州文坛。这一时期的云龙书院生员，在经学、文学、语言学、书画金石之学等多个方面都卓有成就。以铜山人丁泗吉《彭城纪盛三十韵》为例，即可管窥当时的徐州文坛盛况：

> 山水彭门结秀遥，一时才子各分嚣。秋潦激湍张锡五，春草平芜冯佐朝。

① 盛世音：《加拿大人在中国——加拿大耶稣会传教区徐州府概况》，加拿大蒙特利尔教会 1930 年版，第 18 页。

② 丁观堂主修，陈夔主纂：清嘉庆《邳州志》卷七《学校》，清嘉庆十八年(1813 年)刻本，第 37 页。

鲁玉惊才摇海岳，汝峰妙技落天雕。浑金在冶陈中似，健鹘摩空邓允饶。

独画双蛾夸赤绂，全通八角数灵昭。一腔不倒张君烈，半面如羞吴老潮。

抽思季眉钻苦海，吐词玉雅食甜苗。崔家箧内金砂拌，张氏毫端醉梦摇。

兴到士元闻咤叱，神来淑也看娇娆。咏残帖括作霖猛，剥煞名流听竹骄。

伦纪鼻头悬酒盏，佩苍肘后挂诗瓢。拔前贡后韩随柳，生北员南宋对姚。

元范才锋鸡里鹤，蕴含文笔鼠中貂。短权长范名高砺，迂李狂张势压萧。

子上根从南越发，奏庭魂在西江飘。图南紧趁陶庵步，枚卜高扬大士镳。

经国宏猷声赫赫，天朝廪禄论哓哓。儒医有子成三足，殿撰凭孙建一标。

锥出念东皆动魄，花开梦白尽成妖。东南朱子如双到，大小梁生拟二乔。

病惜后山魔未扫，魂悲龙友赋难招。宏南安灶儿能跨，元圃斫轮子更超。

理绪恨无唐宰舌，再楹喜抗聚庵腰。蝇蝇堪笑维新鄙，艾艾还嫌成纪佻。

觅偶龙宾问西子，论交应谷说唐尧。腕残蒋叟思犹壮，目丧唐髯气未消。

万古冶容天锡擅，千秋巧笑殿方调。徐藩西席献铜钵，石府东床品玉箫。

几个幽燕威尚在，一班王谢望初翘。人文屈指浑难尽，伫看凌云上九霄。①

---

① 丁泗吉:《彭城纪盛三十韵》，丁泗吉:《靖山集》下卷，清抄本，上海图书馆藏。

《彭城纪盛三十韵》作于丁泗吉晚年(约乾隆十二年后)。他在诗序中云:“积雨不开,萧斋兀座,遍拟同人,遂成韵语。非敢言诗,聊以纪盛云尔。”丁泗吉曾在云龙书院师事王峻,协助编撰《徐州府志》,亲历了当时的文坛之盛,这在其人生当中难以有二,故作诗以纪其盛。全诗 420 字,以洗练的语言、人物速写的笔法,嵌入众多人名、字号、籍贯、家世,涉及相关人物近 60 人,如朱迈、张念祖、蒋佩、施兆麟、申泽泓、杨浩等知名人士,构成一幅栩栩如生的群像图,也是一篇高度浓缩的乾隆初期的徐州文化史。名流辈出,既有康乾盛世带来的文化繁荣这个大环境因素,而云龙书院的创办,以及从江南请来名师大儒给徐州学子讲习,也是一个重要因素。

其后是鳌图任知府,张欣告主讲云龙书院的时期。乾隆二十五年(1760 年)丁泗吉去世后,徐州文坛失去了领军人物,开始悄然沉寂。据蒋士桓《丁靖山传》记载:丁泗吉曾在家开馆授徒,远近前来求学者众多,摩肩接踵。一经丁泗吉的指导,成绩远超同流,有所成就者累累相望。丁泗吉去世后,则“学者漠然无所向矣”[①],几十年间偶有一二文学之士,但影响力终归有限,不能延续曾经的辉煌。

这一时期的云龙书院仍在运转,因没有知名山长和著名学子,相对黯然。直到乾隆五十三年(1788 年),淮徐道康基田以“书院旧制未称”[②],重新改葺云龙书院,将书院发展推上了历史新高峰。

云龙书院改葺后不久,徐州府学教授王元勋推荐其同乡后辈兼同学好友张欣告来徐掌教书院。张欣告,初名钦告,字凤衔,号肃堂,本宝山横港人,后迁嘉定。乾隆四十五年(1780 年)庚子恩科汪如洋榜举人,数上公车不第,乃潜心经籍,著有《肃堂诗钞》[③]。张欣告约在乾隆五十六年(1791 年)前后来徐,掌教云龙书院近 30 年,是历任山长中在职时间最长的一位。稳定的师资,也是书院正常发展的必要保证。特别

① 蒋士桓:《丁靖山传》,丁泗吉:《靖山集》上卷,清抄本,上海图书馆藏,卷首。

② 王元勋:《改葺云龙书院记》,崔志元修,左泉金纂:清道光《铜山县志》卷二〇《艺文》,清道光十年(1830 年)刻本,第 27 页。

③ 梁蒲贵、吴康寿修,朱延射、潘履祥纂:清光绪《宝山县志》卷一〇《文学》,清光绪八年(1882 年)刻本,第 13 页。

是嘉庆三年(1798年),鳌图任徐州知府,下车伊始,先到云龙书院为诸生讲解经义。鳌图在任期间,捐修文庙,增添书院膏火。在鳌图和张欣告的共同努力下,徐州文教再度振兴,相较乾隆初期的文坛盛况,此期的一个重要特征是科举及第人数陡增,扭转了自乾隆中叶以来数十年内素少科目的落后局面。

道光《铜山县志》载:鳌图在徐州期间,云龙书院生员"相继登科第者七人"[①]。此期有七人先后中举,目前能确认的有五人:嘉庆六年(1801年)傅运昌,嘉庆九年(1804年)周绳祖、张正鄚,嘉庆十二年(1807年)孙化龙,嘉庆十五年(1810年)刘彦儒。另有拔贡夏英培、王勉,岁贡程善庆、程誉庆、崔之峻、徐泰、卞勇、朱秉衡、潘愉、马家驹,以及生员韩德升、萧琛、王鲲化等人,都曾游学云龙书院,且在各自专业领域卓有成就。

这一时期的人才之盛,较之乾隆初期持续更久,影响了嘉庆、道光两朝。如道光时期最具盛名的孙运锦,就和上述之人多有交集。书院教育与学术变迁和文化发展,固然植根于社会、政治、经济的演进之中,而与杰出学人的学术实践,尤有关联。

第三,云龙书院后期发展阶段:同治、光绪时期,两江总督曾国藩关怀资助云龙书院,书院大放异彩。

鸦片战争以后,民族矛盾与阶级矛盾日益尖锐,全国范围内的文教一度停滞,徐州也不能例外。同治年间,在两江总督曾国藩的关怀下,重振徐州文教,徐州地区又迎来了一次人才辈出的高峰时期。

今人研究云龙书院发展史,常把关注目光聚焦于晚清民国时期。这一时期从云龙书院走出的生员,如书法家王学渊、吴源溆,学者祁世倬、王嘉诜,书法家张伯英,铜山县第一任民政长(即县长)韩志正,北洋政府陆军上将徐树铮,革命志士周祥骏等人,他们在各方面所取得的成就,可谓璀璨夺目。从更深层次上分析,这里有其特定的时代因素,即废科举后,传统读书和入仕制度的通道被骤然切断的同时,却给了无法以功名为依托的人们提供了更多的就业机会和发展空间。以上诸人早年在云龙书院所受到的实学教育及具备的综合素质,在新的时代条件

① 崔志元修,左泉金纂:清道光《铜山县志》卷一二《名宦》,清道光十年(1830年)刻本,第22页。

下，更易取得卓越的成就。而将云龙书院办成学子潜心读书、德修学讲之学府，曾国藩、桂中行等人起到了很大的作用。

同治年间，曾国藩就任两江总督，为“剿捻”而一度驻节徐州。他将经济问题政治化，快刀斩乱麻，干脆利索地处理沛县湖团纠纷后，从中划出湖田四十顷作为云龙书院学田，冀以保障书院经济来源。同时，还推荐其得意门生刘庠出任云龙书院主讲。刘庠在云龙书院授课期间，与阳湖（今江苏常州）方骏谟一起主持编纂同治《徐州府志》，于徐州一方，育人众多，影响颇大。

桂中行，广西临桂人，出任徐州知府期间，关注徐州文教，修葺扩大云龙书院，多次来到书院为生员讲解经义。同时，有感徐州历史悠久，文化厚重，而“其诗传者绝鲜”，于是组织冯煦、王亦曾、陈环、王凤池等人，“上溯有明，逮及今世”①，逐县采录徐州明清诗歌，历时四年，编纂《徐州诗徵》八卷，成为保存徐州诗歌与历史文献的重要载体，奠定了徐州诗歌发展的里程碑。

各级官员对云龙书院建设的关怀和重视，使得云龙书院能够获得更多的人力、物力、财力支持，进而可持续地发展，这是云龙书院存在发展的关键。可以说，如果没有主政官员的热心关怀和实际帮助，这些事情都是难以办到的。

云龙书院是徐州近代史上当之无愧的“人才摇篮”，兹列举晚清、民国时期有云龙书院背景的书家、画家如下：

王凤池，候选教谕，风雅之士，工书善画。

李兰阶，贡生，书法擅长汉隶，画擅折枝花卉。

葛绳鉴，增生，工篆隶。

王学渊，光绪癸巳科举人，工小楷者，嗜法帖。

张从仁，庚子辛丑恩科举人，书法家。

张伯英，庚子辛丑恩科举人，书法家、学者。曾任北洋政府副秘书长，书法家和碑帖鉴定家，编修《黑龙江省志稿》，编纂《徐州续诗徵》，编

① 桂中行：《徐州诗徵》序，桂中行辑，张伯英甄选，徐东侨编次，薛以伟点校：《徐州诗徵》，广陵书社2014年版，第1页。

图 13－2 ［民国］云龙山西半面风景（含云龙书院全景）（选自云龙书院展陈）

印万寿祺《隰西草堂集》，著有《小来禽馆诗稿》等。

张育蕃，诸生，工画。

苗聚五，岁贡生，工画。

王嘉诜，贡生，候补通判，学者、诗人、书法家，主编民国《铜山县志》，著有《养真室诗存》。

吴源溆，光绪乙酉科拔贡，庚子辛丑恩科举人，工书，学唐碑。

杨振举，诸生，精字学、韵学，著《古音辨》一书。

葛其琛，光绪甲辰岁贡生，书法家。

王劭勤，诸生，王凤池子，诗人、画家。

钱食芝，诸生，原籍江苏句容，工画。

叶道源，号心蕖，同治庚午科举人，书法家。

朱方曾，字矩臣，同治癸酉科拔贡，工书。

张永伟，字子英，诸生，工书画，书学北碑，笔力颇健。

张仁厚，字幼卿，河南候补通判，书画家。

李翔鸿，庠生，工书。

杨允升，字迪生，光绪癸卯举人、光绪甲辰进士，能书擅画。

赵绍生，光绪癸卯举人，书法家。

李汝鹤，光绪己卯科举人，光绪癸未科进士，书法家。

司香谷，诸生，擅长山水花卉。

由此可见，云龙书院不仅是当时的教育平台，也是当时的文化高地，引领了清代、民国时期徐州地区上层社会文化的潮流。

徐州号称“五省通衢”，在政治、经济、军事和文化上都有着特殊的地位。云龙书院的产生和发展，为徐州地区传送了新鲜的文化血液，为近代徐州文化的崛起奠定了扎实的基础。从书院的初建到推广普及，徐州人民作出了大量贡献，他们积极响应号召，捐钱捐地作为书院膏火，保证了书院的持续发展。另外，各地的文人名士也在这里播撒心血，他们将中华传统文化的精华，留给了徐州学子，促进了徐州文教事业的发展，为后世留下了宝贵的精神文化遗产。云龙书院对徐州地区文化教育、学术思想的深远影响，一直延续至今。

第三节 民国新式教育

清末民国初期，西式教育之风遍吹徐海大地，在传统教育模式的基础上发展演变而来的徐州新式教育开始登上历史的舞台。新式学堂、教材、教法的出现逐步取代了传统书院和私塾的教育模式，让更多人拥有接受新知识的机会。不仅如此，新式教育历经30余年的发展，逐步实现了包括学校教育与社会教育、国学教育与科学教育、基础教育与高等教育等在内的现代教育体系的建立，促进了社会发展、思想解放、社会平等、文化繁荣。而在这一历史变革进程中，广大留学生、来徐的西方传教士均发挥了重要作用，尤其是留日、留欧美归国学子，以赤诚爱国、回报乡梓之心投入徐州地区新式教育改革事业，业绩昭著，功不可没。

一、推广新学

清末民初，新式教育的实质内容表现在新旧之学的变迁更易上，新式学堂的创立则被视为教育近代化的标志成果。清代，徐州的教育主要是靠书院和各类私塾。光绪二十七年(1901 年),清政府谕令各省所有书院改称学堂,三十一年(1905 年)又颁布了废科举、办学堂的维新政令。自此,徐州地区的云龙、凤鸣、歌风、昭义、东徐、峄阳、钟吾、正谊、澄瀛等多处书院陆续改称学堂。光绪二十九年(1903 年),徐州道桂嵩庆在云龙书院的基础上,成立了近代意义的中学堂——徐州中学堂,拉开了现代教育的帷幕。三十二年(1906 年),徐州道袁大化将徐州中学堂移至督学试院,而在云龙书院旧址上,邀集绅、富捐款扩建为铜山县官绅公立高等小学堂(云龙公学)。同年,沛县李昭轩创办了师范讲习所,铜山县饶圣裕建立了新式的树德小学堂。宣统元年(1909 年),李厚基在徐州创办青年学社,招收学生三四百人,设中、小学两部,后来由张明新接办,改称私立尚志高等小学。随后,铜山县办起了乙种师范讲习所,睢宁县张含章建立了培养新学师资力量的潼北师范传习所,萧县办起了简易师范讲习所。这一时期,徐州和窑湾还相继办起了孤寒学堂。宣统二年(1910 年),徐州教育界先驱人物杨懋卿陆续创办了 5 所新式的高等小学堂。截至辛亥革命(1911 年)前,徐州仅新式小学堂就有 23 所。在创办新式学堂的热潮中,徐州近代女子教育事业也晨曦微露,宣统二年(1910 年)韩志正和长女韩仲英创办的坤成女学堂,就是近代徐州的首所女子学校。

图 13-3 [民国]杨维周先生创办女学碑

改良私塾是建立新式学堂的重要内容。私塾是进行中国传统教育的主要文化机构，同时也是阻滞新学发展的顽固壁垒。对这些依附在旧学肌体上的私塾进行近代式的改良，则被视为推广新学的关键所在。杨世桢是铜山新学的奠基人之一，一生主要精力都倾注于地方教育事业。宣统元年(1909 年)，杨世桢创办四维高级小学堂，民国元年(1912 年)又创办敬仪女子学堂，并自任堂长，后又任铜山县视学，兼任铜山县劝学所总董。铜山县城(今徐州市区)光复，杨世桢还被举为铜山县大彭市总董，筹办铜山县通俗教育图书馆。他与杨懋卿等人合力私塾改良活动，成绩显著。在他们建立的 60 余所初等小学堂中，就有很多是改良性质的私塾。铜山县劝学所所长梁中枢和教育局局长韩志正、邳县劝学所所长刘仁航、沛县视学李昭轩等人也都是私塾改良活动中的旗手，业绩斐然。在这之后，私人办学的热潮逐渐形成。例如，杨世恩创办了三育学堂，夏仲涛创办了志成学堂，陈贤书创办了崇实学堂，卓文宝创办了味新学堂，蒋少如创办了广才学堂，冯景文创办了启秀学堂，董问泉创办了训志学堂，段聿裁创办了台东学堂，芊坤生创办了启明学堂，张振霖创办了彭北学堂，余贡五创办了楚台学堂，刘霭堂创办了金镫学堂，王景尼创办了崇德学堂，吴继洪和吴继昌创办了吴氏小学。在这前后，美国传教士葛马可和陶美丽分别创办了培心书院和桃李女学堂，法国传教士艾赉沃创办了类思公学，美籍牧师卜德生在邳县创办了耶稣堂小学。津浦铁路通车后，铁道部在徐州津浦车站白云山下建立了扶轮学校，后改为部立徐州第一扶轮小学；陇海铁路通车后，又在陇海车站南增设部立徐州第二扶轮小学。贾汪煤矿矿警队创办了第一所企业自办小学，后来煤矿工会也办起了自己的小学。不久，两校合并成立私立铜山县华东煤矿职工子女学校。值得一提的是，其间丰县还出现了私立蚕桑学校、艺徒学校、乙种商业学校和乙种农业学校，邳县亦办起了乙种商业学校。一时间，徐州出现了官府、私人、教会、铁道部和煤矿企业竞相办学的新局面。截至 20 世纪 20 年代，新式学堂已遍布徐州城乡。①

---

① 王大勤：《清末民初徐州出现的新型学校》，政协徐州文史委主编：《徐州文史资料》第 38 辑，政协徐州文史委 2019 年版，第 95—96 页。

相较苏南而言,徐州历来基础教育薄弱,教育事业明显滞后。在建立新式学堂的活动中,这些矢志于振兴徐州教育事业的新学驱动者们把主要心血倾注在徐州基础教育上,创建的新式学堂都是清一色的小学和中学,其中小学又占80%之多,这是新学在徐州推广中的显著特点。

二、变革教育思想和内容

民国以来,随着大批留学欧美的人士把近代西方教育思想传播到徐州,人们对西方教育思想有了更清楚的认识,徐州教育近代化的步伐明显加快。1921年6月16日至19日,在曾经留学美国、时任省立徐州第七师范学校校长刘平江的邀请下,美国著名教育家约翰·杜威到徐州宣传实用主义教育思想。他的实用主义教育论宣扬的是民主主义教育,反对传统教育;提倡尊重学生个性和独立性,认为教育即生活,学校即社会。这种教育思想符合当时徐州传统教育变革的需要,对徐州近代教育事业的发展产生了重大影响。在其思想影响下,20世纪30年代,徐州掀起了声势浩大的平民教育运动。杜威博士来徐演讲适逢中国"新文化运动"时期,与全国大部分城市一样,彼时的徐州正在推动一次全新的社会文化变革,因此,杜威的演讲可被视为徐州近代教育发展史上的分水岭,徐州向先进资本主义国家的学习目标由日本转向了欧美。与清末赴日留学生不同的是,民国时期赴欧美留学的人士在对徐州传统教育的改革中体现更多的则是对传统教育制度的深层次思考,而非简单地照搬西方教育内容。

在教育内容方面,兴办新式学堂的留学生们冲破了八股文、试帖诗等传统教育内容的束缚,注重传授符合社会发展需要的教育内容。以韩志正和韩仲英创办的坤成女学堂为例,学堂除保留了传统的国文、女红课程外,还开设了体操、音乐、美术等新课程,并且音乐课上还有钢琴伴奏。后来在韩志正的倡导下,徐州很多中、小学陆续开设了军训课,出习兵操。1913年,刘平江在任省立第七师范学校(在徐州)附属小学校长期间,在该校成立了童子军,为徐州各校之先①。1918年,铜山、邳

① 参见徐州市教育局教育志编写办主编《徐州市教育志》,中国矿业大学出版社1991年版,第263页。

县、沛县等地的小学也相继成立了童子军。杨懋卿还把日本的"五段教学法"推介给徐州中小学。这些清新而又充满活力的教育内容使当时的徐州社会耳目一新。

三、开展平民教育运动

从 20 世纪 20 年代起，中国出现了波澜壮阔的平民教育运动。1924 年 3 月 25 日，现代著名教育家陶行知来徐，宣讲他的平民教育思想①。在这种思想的影响下，中国由此掀起了规模浩大的平民教育运动，在 20 世纪 30 年代达到了高潮。江苏省立徐州民众教育馆就是在这种背景下产生的。

1932 年，省立徐州民众教育馆成立，徐州平民主义教育家赵光涛担任馆长。徐州民众教育馆除了积极进行农村识字扫盲活动外，还开展大规模的生计和卫生教育。他们向农民传授畜牧养殖、园艺种植等科学知识，引进美国菜种、法国葡萄等物种，指导农民作业。丰富农民的精神生活也是徐州民众教育馆的重要任务。他们经常下乡巡回放映电影，组织演唱和体育活动。徐州民众教育馆的教育活动符合当时徐州农村生活和生产的实际情况，深得广大农民的欢迎，农村教育呈现一片新的天地。

徐州民众教育馆在深入开展农村教育的同时，还积极发行教育刊物和组织教育学术演讲活动。它发行的《教育新路》就是探索徐州教育发展的文化刊物。1934 年，徐州民众教育馆馆长赵光涛深入徐州农村调查后，写出了《我们的农村调查与施教方向》的报告②。同年，徐州民众教育馆邀请赴日考察教育归国的省立徐州中学校长严立构做了《最近日本之教育情形及社会状况》的演讲；同年 11 月，又邀请从欧美考察教育回国的董渭川做了学术演讲；此外，梁漱溟、田汉、俞庆棠等文化界名流也都曾到馆演讲。这些演讲与报告，对徐州教育事业的发展影响深远。

---

① 陶行知：《人生天地间》，丁毅、范英梅编著：《新古体诗三百首》，复旦大学出版社 2015 年版，第28 页。

② 参见曹良质《赵光涛的教育思想及社会实践》，政协徐州文史委主编：《徐州文史资料》第 16 辑，政协徐州文史委 1996 年版，第 76 页。

徐州民众教育馆的活动与民族救亡图存的时代主题紧紧联系在一起。20世纪30年代，随着日本帝国主义侵华步伐的加快，中日民族矛盾迅速激化，抗日救亡运动日益高涨。徐州民众教育馆作为实施平民教育的重要文化机构，紧扣抗日救国的时代旋律，在唤起徐州民众抗日爱国的激情上发挥了重要作用。1932年，徐州民众教育馆举办了“九·一八”国难展览会，展览内容罗列了从甲午战争到“九·一八”事变日本帝国主义侵华罪行的图片和史料。这次展览激发出徐州民众的爱国热情。此外，徐州民众教育馆还邀请许多进步人士来此进行抗日救亡宣传工作。例如，音乐家冼星海曾来此教唱爱国歌曲；徐州籍著名画家李可染在此教授抗日宣传画；左联成员、早期共产党员李岫石也应约来此主编抗日文学杂志《火线》。徐州民众教育馆的宣传活动有力地推动着抗日救亡运动的开展。

四、发展高等教育

近代以来，徐州基础教育发展缓慢，高等教育更无从谈起。1946年3月，随着江苏学院迁建徐州，高等教育事业从此拉开帷幕，在徐州教育发展史上留下浓墨重彩的一页。

抗战期间，江苏、安徽沦陷区的青年学子们潮拥到大后方。为了收容他们并培养抗日力量，1939年国民政府教育部和第三战区在福建崇安武夷山创办了苏皖联立临时政治学院。1943年又改制为省立江苏学院。抗战胜利后，全国教育复员会议认为江南公私大学众多，而苏北高校绝少，江苏学院如果迁建徐州，不仅可使苏鲁豫皖四省毗邻地区的广大学子能就近入学，而且还有利于发展苏北的教育事业，平衡江苏教育资源分布不均的整体状况。在这种情况下，1946年春，江苏学院迁往徐州，校址在徐州民主路，当时在校生达1000余人[①]。直到中华人民共和国成立前夕解散为止，它都是徐州地区名副其实的最高学府。初到徐州，江苏学院综合利用日占时期的国民第一、第二小学旧有的教学

① 参见华祝彭《由江都迁徐州，再还闵行》，《江苏学院四十年》1980年印，第151页。

建筑，并整合日本教职工宿舍 2 所，幼儿园、旧鸡蛋厂各 1 所用作教学使用。

江苏学院有文史、政法和理工三个学院，下设中外文学、历史、政治、法律、经济、数理、机械等八个学系，留学英国的戴克光担任院长。虽然与南京、上海、北京等大城市相比，徐州的办学条件相对较差，且又处于战事前线，但是学院还是汇集了一批著名的学者。如留学美国的李曼瑰和留学法国的王淑瑛先后担任了外国语文学系主任，他们都为学院教育事业的发展作出重大的贡献。在他们的推动下，江苏学院的学术氛围浓厚，成立了许多学术团体，社会实践活动活跃，如机工学会除了组织理论学习以外，还带领学生分赴徐州陇海铁路大厂、汽车修理厂等 6 家工厂参观实习；法律学会不仅编印了《法声》刊物，还组织学生参观地方法院、检查所或旁听法庭审案。另外，在学院民主制度下成立的学生自治会也是颇富色彩的组织。它下设学艺、服务、风纪、总务、康乐 5 个部，每个部再设若干小组。学生自治会全面负责学生的学习、娱乐、卫生、体育、社会活动等事务。1946 年，学生自治会学艺部组织学生排练曹禺的剧作《蜕变》，并在中山堂公演 3 天，观众达 2300 余人，社会反映良好。

虽然江苏学院在徐州只有短短的 3 年时间，却为刚刚诞生的中华人民共和国培养出一大批有用人才，其中不乏业绩卓著、远近闻名的人士，如戴园晨、宗震益、吴光祖、程龙翔等都是各个领域的佼佼者；还有不少学生经过民主斗争的磨炼，投身到革命事业中去，如吴平受华东军区的派遣，在阚伟观、吴兆法等同学的帮助下，一举促成了国民党海军第二舰队起义，为解放事业作出卓越的贡献。

江苏学院作为中华人民共和国诞生以前徐州地区的最高学府，是徐州教育发展史上的里程碑。一批具有留学背景的知识分子作为学院的筹建和发展者，是推动徐州教育近代化的有生力量，对徐州教育事业的发展作出了巨大的贡献。

千百年来，徐州的教育传统和教育实践在不断发展和完善。秦汉以来，民间私学及以楚元王刘交为代表的儒学传承活动，为徐州地区积淀了丰富的教育文化底蕴。宋元以来，由于天灾人祸，徐州地区科举事业明显落后江南。然而，即便如此，徐州地区还是走出了三名文状元。至清末民国时期，徐州掀开了由传统教育向近代教育转型的历史进程。这其中既有新学的推广，也有平民教育运动的开展；既有西方教会学校的设立，也有高等教育在徐州的发端。作为苏鲁豫皖交界地区具有重要影响力的城市，徐州的教育既是区域高地，也对周边地区的教育事业发展起到了示范和带动作用。

第十四章　方言文化

徐州位于中原、齐鲁、江淮之交，战事频发，水患频仍，人口交往频繁，这些都成为形成徐州地区语言文化特点的重要因素。徐州方言属于中原官话徐淮片[①]，在语音、词汇、语法等方面有着鲜明的特征，方言文化资源比较丰富。

两千年前，西汉扬雄在《方言》一书中最早记载了徐州方言。“扬雄以后，直到《徐州十三韵》(下文简称《十三韵》)的问世，在这漫长的时间里，还没有一本专门讲徐州方言的书。古书的注解，徐州历代文人的诗文集、晚清以来的徐州地区方志，虽然也涉及一些方言现象，但对徐州方言的整个体系却很少理会。”[②]

《十三韵》是一部反映明末清初徐州方言的重要的地方韵书，呈现了徐州方言的声韵调系统，辑录了大量的徐州方言词，在北方话语音研究史上具有重要的资料价值。清代徐州府邳州人使用当地方言创作出长篇叙事诗《胡打算》，也是记录徐州方言的重要材料。

20 世纪 30 年代，王守之发现并提出了徐州音和北京音调类调值的对应规律“三一律”，成为现代徐州方言研究的先驱。

---

① 贺巍：《中原官话分区(稿)》，《方言》2005 第 2 期，第 136—140 页。

② 张喆生：《徐州方言调查》，《徐州史志(试刊)》1986 年版，第 63 页。

第一节 徐州方言的形成历史

上古时代，徐州地区生活着徐夷等东夷部族，徐夷所操语言为古夷语。数千年来，徐州方言在地区之间文化交流与融合、战乱水患、人口迁徙等诸多因素的影响下，不断发展演变着。

一、徐州方言的形成与演变

夏之前，徐夷是东夷部族的一支，商末迁至现在山东滕县南今徐州一带，并逐渐形成方国，存世约 1600 年，为徐州留下了丰富的文化遗产。徐夷所操语言为古夷语。

夏商周时期，今徐州境内方国林立。这些东夷方国，接受了来自中原的商周文化的因素，造就了该时期徐土文化的特质。彭伯征讨邳国、殷商灭大彭、楚文王讨伐徐国等，东夷方国与外部征伐不断，与外部族群文化交流频繁，带动了族群间的人口流动和语言交流。

《礼记·王制》载："五方之民，言语不通，嗜欲不同。达其志，通其欲，东方曰寄，南方曰象，西方曰狄鞮，北方曰译。"[①]西汉扬雄《方言》中提到东齐青徐之夷，说明徐夷所操的夷语不在诸夏语范围内。

《论语·述而》云："子所雅言，《诗》《书》、执礼，皆雅言也。"[②]当时的通语就是周朝王畿一带的方言，即周王室所用的语言，士大夫诵读《诗》《书》及行礼时所用的语言都是"雅言"。

楚语在春秋时期已形成，到战国时期发展成为影响很大的方言，与华夏通语及北方各国语言存在着差异。春秋时期，晋楚彭城争霸，齐国伐徐国，吴国灭徐国。徐夷一部分西行入楚，一部分南渡入吴。战国时，宋国迁都彭城，宋都彭城百余年，徐州深受中原文化影响。宋国灭亡后，彭城并入楚国，楚国的势力扩展到徐淮一带。徐州一带民众所操

---

① 陈戍国：《礼记校注》，岳麓书社 2004 年版，第 97 页。

② 杨伯峻译注：《论语译注》卷七《述而》，中华书局 1980 年版，第 71 页。

语言可能为楚语。

文献中对楚语的记载材料较多。汉高祖刘邦是沛县人，会说地道的楚语，亦善楚歌楚舞。他征英布后还乡击筑所作《大风歌》、所跳之舞，即为楚歌楚舞。刘邦的几位夫人更是通楚声、善楚舞。高祖曾对戚夫人说："为我楚舞，吾为汝楚歌。"高祖歌数阕[①]。

清同治本《徐州府志》载："沛楚之民乃操楚音，沛人语初发音皆言'其其'者，楚言也。"[②]周昌乃沛人，为人口吃，盛怒时语："臣期期不奉诏！"其重言"期期"，即"其其"也。楚语仍属华夏族语言而有所演变。

从以上数则材料中，我们可以窥见楚语面貌之一斑。西汉末年，扬雄在《方言》中对徐州方言就有记载。

《方言》卷二："釥、嫽，好也。青徐海岱之间曰釥，或谓之嫽。好，凡通语也。"《方言》卷三："葰、芡，鸡头也。北燕谓之葰，青徐淮泗之间谓之芡，南楚江湘之间谓之鸡头，或谓之雁头，或谓之乌头。"此条今人张喆生解释为："徐州目前两称，多数称作'鸡头子'，中药店称'芡实'，饭馆称'芡粉'。"

在扬雄对方言区的表述中，涉及徐州的有"西楚""青徐海岱之间""青徐淮楚之间""荆扬青徐之间""徐鲁之间""徐土邳圻之间""齐楚陈宋之间"等，可见汉代徐州的方言受到楚、江淮、齐鲁方言的多元影响。

直到两晋甚至南北朝时期，徐州一带所操语言还应是楚语。西晋永嘉丧乱引起青徐流民渡淮水、越长江到太湖流域。这次大移民使汉语方言的地理格局初具雏形。"魏晋而后，民靡定居，侨户过半，五方之音，厖杂不辨。然闻其声，率刚厉，少啴缓，质直不文，得古强毅果敢之气。"[③]当时徐州人声音的特点，多刚正严厉，少柔和舒缓，质朴平实，不加修饰。

唐末以后，随着黄巢起义的影响和五代十国的分裂局面，则更扩大

① 司马迁撰：《史记》卷五五《留侯世家》，中华书局 1959 年版，第 2047 页。

② 吴世熊、朱忻主修，刘庠、方骏谟主纂：清同治《徐州府志》卷一〇《舆地考》，清同治十三年（1874 年）刻本，第 11 页。

③ 吴世熊、朱忻主修，刘庠、方骏谟主纂：清同治《徐州府志》卷一〇《舆地考》，清同治十三年（1874 年）刻本，第 12 页。

了各地方言的差异，汉语方言地理的宏观格局至此已经基本形成①。徐州地处淮北，历史上的南北朝往往以淮河为界，徐州方言多受中原与冀鲁方言的冲击。由于这些原因，大约南宋以后，徐州方言已与中原汉语较为相近了，但仍然保留着江淮方言的一些底层②。

及至清代，徐州出现了一部辑录徐州方言的韵书《十三韵》，它反映了明末清初徐州方言的音系面貌。据燕宪俊研究，《十三韵》音系共有声母 23 个(含零声母)，韵母 38 个，比现代徐州方言多了 1 个韵母。有阴平、阳平、上声、去声四个调类，没有入声。其时徐州音系既有北方官话的共性，又具有自身的特性。

徐州方言的特点与江苏其余各地具有较大的差异性，但内部具有明显的一致性，是跟它长期以来政区的相对独立和稳定分不开的。隋、唐、宋三代，徐州附近与今江苏其他地区分属不同的一级政区，元代更分属为两个二级政区，明、清两代独立自成一个二级政区。

二、方志对徐州方言的记载

最早记载徐州方言的地方志是清同治本《徐州府志·舆地考》：

> 取曰挦、好曰釥曰嫽、黏曰勠曰敎、眄曰睎、居曰慰、相正曰由迪、惭曰惧、热曰任(《方言》)。其于物也，徐兖之郊粗履谓之屝，徐土、邳圻之间，大粗谓之靳角(《方言》)，尘土谓之蓬块(《博物志》)，皆徐之通语也。③

这些有关徐州方言的资料大都援引自《方言》《说文》《释名》《史记》等典籍。同治本《徐州府志·舆地考》中有这样一则记载："周秦以来，民无百年之安，壮者恒佩匕首(刃不盈寸，徐人谓之攮子，恒佩不去身)，摩厉以自卫。"至今徐州依然称匕首为攮子。还有一处"拾麦"农事场景的记

① 周振鹤、游汝杰：《方言与中国文化》，上海人民出版社 2019 年版，第 50 页。

② 李葆嘉：《中国语言文化史》，江苏教育出版社 2003 年版，第 505 页。

③ 吴世熊、朱忻主修，刘庠、方骏谟主纂：清同治《徐州府志》卷一〇《舆地考》，清同治十三年(1874 年)刻本，第 12 页。

载:“岁收获,贫媪走田间取遗秉滞穗勿禁,名曰‘拾麦’。”①

新编地方志重视对方言的辑录。20 世纪 90 年代编写的《江苏省志·方言志》对徐州方言有详细的记载,徐州下属铜山、丰县、沛县、邳县、睢宁、新沂所编县志中的方言卷对各县方言的语音、词汇、语法等进行了记录描写。

三、文学作品中的徐州方言

南朝彭城人刘义庆编撰的笔记小说集《世说新语》记录了魏晋人物的言谈轶事,在《贤媛》篇使用了一条方言词“亲亲”。

> 络秀语伯仁等:“我所以屈节为汝家作妾,门户计耳。汝若不与吾家作亲亲者,吾亦不惜余年。”伯仁等悉从命。②

“亲亲”,就是“亲戚”的意思,属语流音变形成的异读。至今徐州人依然说“走亲亲”,地域特色鲜明。

《红楼梦》一般认为是用北方话写成的。徐州话属于北方方言,《红楼梦》中的不少方言词在当今徐州方言里仍保留和使用着。

> 刘姥姥忙打了他一巴掌,骂道:“下作黄子,没干没净的乱闹!倒叫你进来瞧瞧,就上脸了。”③(第四十回)

徐州方言里,“黄子”多指东西,指人时多含厌恶的意味,与“黄儿黄儿”意思相当。“黄儿黄儿”指东西时,则特指玩具。而“黄儿”则是指隐藏在心里的未公开的主意,如:“别看他默不吭,就是心里有黄儿。”“上脸”指孩子或晚辈撒娇逞能而放肆,如:“这孩子不懂事,才夸他两句就上脸了。”

> 宝玉听说,呆了一回,自觉无趣,便起身叹道:“不理我罢,我也

① 吴世熊、朱忻主修,刘庠、方骏谟主纂:清同治《徐州府志》卷一〇《舆地考》,清同治十三年(1874 年)刻本,第 10 页。

② 刘义庆撰,刘孝标注,朱碧连详解:《世说新语详解》,上海古籍出版社 2013 年版,第 453 页。

③ 曹雪芹、高鹗著,中国艺术研究院红楼梦研究所校注:《红楼梦》,人民文学出版社 1982 年版,第 553 页。

睡去。"说着,便起身下炕,到自己床上歪下。[1]（第二十一回）

"歪",《徐州方言词典》释为"侧身躺着休息;小睡",如:"他累很了,一回家就歪搁床上了。"

众人听了,方依次坐下,这李纨便挪到尽下边。[2]（第五十回）

这里"尽"就是副词"最",徐州方言里用在表示方位的词前面,如:"尽南头儿。"

四、曲艺脚本《胡打算》[3]

《胡打算》为清代徐州府邳州人所著七言民间叙事长诗,为说唱脚本,经过民众及曲艺艺人 200 多年的演唱传播,在邳州及周边苏北、鲁南接壤地区影响广泛。其流传下来的版本不下 10 余种,其中的一个清末刻本凡 910 句,6370 字,堪称徐州古代第一长诗。诗中运用大量的方言词语描写了清代邳州诸如集镇地名、农事耕作、衣食住行等各类生活场景,展现了一幅幅苏北民间风俗画卷。

《胡打算》诗中以指代各类物名的方言词最多,例如,秫秫、秫秸,扬场掀、撮箕、耖耙、笆斗、折子、鞍韂、仰视、鏊子、马杌、莩篮、拜盒、花拉棒槌、单被、手袱、条酥、扁食、煎饼、鸡头子、洋烟,草驴、叫驴、豚猪、黄子、妗子、扒锅匠等,这些名词包括农作物、农具、食品、日常用品、家禽家畜、日常称谓等类。徐州一带把饺子称作"扁食"。"马杌",坐具,板面较宽的矮凳子。"碌碡、木杈、耖耙、扬场掀、扫帚、笆斗、撮箕"等都是农村收获打场时的农具。这些物品类方言词富有地域文化特色,实物如今大都还能见到。诗中描述"烟袋烟包佩右边""白绫手袱掖腚边",类似的男子装扮在 20 世纪七八十年代苏北农村经常可见。毛巾,邳州称作手袱子,徐州市区称手巾,沛县称手绢、毛手绢,体现出徐州区域内

---

[1] 曹雪芹、高鹗著,中国艺术研究院红楼梦研究所校注:《红楼梦》,人民文学出版社 1982 年版,第 290 页。

[2] 曹雪芹、高鹗著,中国艺术研究院红楼梦研究所校注:《红楼梦》,人民文学出版社 1982 年版,第 698 页。

[3] 参阅燕宪俊《〈胡打算〉方言词研究》,《文学教育》2021 年第 1 期,第 72—73 页。

部方言用词的差别。

诗中使用的动词类方言词不如名词类的多。“嚼邻骂舍”,“嚼”,骂的意思。“抱鸡”,孵小鸡。“治菜”,做菜。“治”在徐州话里是一个搭配能力很强的动词,如治(添置)衣服、治(买)地、治(打、抬、提)水、治[tsʻɿ55](剖)鱼、治(整治)他一顿。而丰、沛县人所说“治个场”,则指摆个酒场宴请。“犁铧镢头并耩子,摇耧撒种不得闲”,“犁铧、耩子、摇耧”写出了下田耕地及播种的场面,体现了方言与农耕文化的关系。

“下湖”一词仅通行于徐州东南部、连云港、盱眙及山东枣庄、郯城等地,徐州西北片说成“上地、下地”。“吃袋烟来把乏解”,如今在邳州、睢宁,年长者还说“吃烟”,徐州市区及丰、沛县则称“吸烟”。“吃烟”的说法在江苏省内自江淮方言区最北端的东海、连云港,向南直至吴方言区的苏锡常地区,可见徐州东南片的方言所受江淮方言的影响。“使”字句常见,意思是“用”,诗中出现“使碾轧”“使包袱裹”“割下麦子使车拉”等多处用例。“使”在今邳州方言中仍是个高频词,丰、沛县人则很少用这个词。

第二节　徐州方言的特点

徐州乃“五省通衢”之地,为南北之要冲,一直受江淮、中原及齐鲁文化的影响,使得徐州方言既具北方官话的共同属性,又有其自身的个性,地域特点鲜明突出。

一、徐州方言的语音系统①

徐州方言有声母 23 个(不包括 ø 声母):玻[p]、坡[pʻ]、摸[m],佛[f]、微[v],得[t]、特[tʻ]、讷[n]、勒[l],资[ts]、雌[tsʻ]、思[s],知[tʂ]、吃

① 参见李申《徐州方言志》,语文出版社 1985 年版,第 2—5 页;苏晓青、吕永卫编纂:《徐州方言词典》引论,江苏教育出版社 1996 年版,第 4—5 页。

[tʂʻ]、失[ʂ]、日[ʐ],基[tɕ]、欺[tɕʻ]、泥[ȵ]、希[ɕ],哥[k]、渴[kʻ]、喝[x]。普通话的声母只有21个,徐州话比普通话多两个声母微[v]和泥[ȵ]。

徐州方言有韵母37个:思[ɿ]、湿[ʅ],衣[i]、屋[u]、迂[y],啊[a]、呀[ia]、蛙[ua],袄[ɔ]、腰[iɔ],鹅[ə]、爷[iə]、握[uə]、约[yə],哀[ɛ]、街[iɛ]、歪[uɛ],欸[e]、威[ue],欧[ou]、优[iou],安[æ̃]、烟[iæ̃]、弯[uæ̃]、渊[yæ̃],恩[ə̃]、因[iə̃]、温[uə̃]、晕[yə̃],昂[aŋ]、央[iaŋ]、汪[uaŋ],亨[əŋ]、英[iŋ]、公[uŋ]、雍[yŋ],儿[ər]。

徐州方言有阴平(213)、阳平(55)、上声(35)、去声(51)四个声调。例字,阴平:青居桑木;阳平:廊桥柔述;上声:审我颖眨;去声:妙大贯玉。

二、徐州方言的内部差异

地域文化是方言生存的温床,方言则是地域文化的载体和标志符码。徐州方言虽然属于中原官话的一个分支,但在地域辽阔的徐州境内,各县区的方言又因地理位置、自然环境、风俗、经济发展等区域性文化的明显不同,呈现出各自代表一方文化区域的差异性。徐州内部语言呈现西北片(铜山区、丰县、沛县)与东南片(新沂市、邳州市、睢宁县)差异的特征。

"队退脆岁嘴醉孙伦遵"等字,徐州市区及西北县区今读合口呼韵母,接近普通话读音;东南县市今读开口呼韵母,如,队[tei^{51}]、孙[sen^{213}],和普通话读音差异较大。

徐州市区及东南县市[ʂ]声母拼合口呼韵母的字,在西北县区及邳州北部、市属贾汪区则读[f]声母,如"书树税水刷说秫鼠叔"等字,树读成[fu^{51}],刷读作[fa^{213}]。①

徐州西北的沛县话没有翘舌声母[tʂ、tʂʻ、ʂ],普通话里读作翘舌的声母,沛县话都读作平舌[ts、tsʻ、s],沛县话的声母比徐州话、普通话都

① 参阅苏晓青、吕永卫编纂《徐州方言词典》引论,江苏教育出版社1996年版,第7—9页。

要少。这是沛县话和徐州话、普通话语音上的主要差别之一。如“吃饭、老师、商场、审视”，这些词里的翘舌声母沛县老年人读作平舌，现在青年人由于受普通话的影响，有些字已读翘舌音。

徐州东南片部分语言现象与相邻的江淮官话一致，西北片在语言现象上体现出中原官话的特点。对口音敏感的人往往通过一两句话、两三个词就可以定位出说话者来自哪里。徐州东南县市的口音有一种特殊的韵味，不经意的一句“嘿个”（谁、哪一位）、“海了”（坏了）可能泄露邳州、睢宁人的身份。而“吃[tsʻɿ^{213}]饭”“喝水[fei^{35}]”一出口，马上会被猜到来自西北片汉高祖刘邦故里沛县、丰县。

三、徐州方言的语音特点

平翘舌方面。徐州人在说普通话时，感到平舌和翘舌声母的字不好区分，是因为古知庄章三组声母在徐州话和普通话中读音分合不一致。这三组声母，在北京话里大多合流为翘舌[tʂ]一组声母，徐州方言则分读为[ts][tʂ]两组声母①：今读开口呼的字中，古知组二等、庄组二三等、止摄章组字，读为[ts]组声母；其他情况下的知庄章三组字，即今读开口呼的字中，古知组三等、止摄之外的章组字和所有今读合口呼的知庄章三组字，读作[tʂ]组声母。如“生罩瘦衬山支师”等在徐州话里读平舌音的字，普通话里都读翘舌声母。

古入声字的韵母读音方面。宕摄（烙郝勺脚药钥）、江摄（剥雹角）等入声字，徐州话里韵母读[-ə]。曾摄一等（墨德勒克刻）、曾摄三等庄组（侧色啬）、梗摄二等（百白陌拆宅格客麦摘册隔）等入声字，在徐州话里韵母为[e]。通摄三等（肃宿俗、褥、轴）等入声字，徐州话里韵母分别为[y、ou、u]。以上这些古入声字在徐州话和普通话中的韵母读音不同。

四声的调值方面。徐州话有阴平、阳平、上声、去声四个调类，四声

① 参阅刘淑学、燕宪俊《论古知庄章三组声母在〈徐州十三韵〉中的读音分合》，《语文研究》2007年第4期，第43—49页。

的调值与普通话存在差异，又有着一定的对应规律。早在 20 世纪 30 年代，王守之就提出了徐州音和国语音声调对应的“三一律读法”（见后第四节）。

入声的调类归并方面。徐州话和普通话都没有入声，两者入声的调类归并有异同。古全浊声母入声字（熟直宅白活雹滑蝶），在徐州话和普通话中大多数都归为阳平。次浊声母入声字（物立浴额墨月骆拉叶），在徐州话中大多数归入阴平，普通话中大多数归入去声。古清声母入声字（屋国客德铁雪百搁握约接摄）在徐州话中大多数归入阴平，普通话中则分别归入阴平（屋约接）、阳平（国德搁）、上声（铁雪百）、去声（摄握客）。

上述四个方面是徐州方言语音上的特点，也是和普通话读音上的主要区别。如果掌握不好，说出来的普通话就不那么标准，带本地口音，被人戏称“徐普”。

徐州方言里存在文白异读现象。如“深浅、特殊、输钱”等词中的“深、殊、输”，文读声母为 sh，白读声母为 ch。“虹”，文读音［xuŋ^{55}］，白读［tɕiaŋ^{51}］，如“出虹了”。“讲”，文读［tɕiaŋ^{35}］，白读［kaŋ^{35}］。文读音接近普通话读音，白读音则与普通话差距较大。“白读在词汇中的使用范围大都不是任意的。白读音往往只保留在一部分俗语词中，这在一定程度上反映了词汇的时代层次。”①

少数姓氏、地名读音特殊。如，“时”（姓）读作［tsʻɿ^{55}］，“时”在《十三韵》中两读，作姓氏讲就收在“词”小韵。“裴”读作［pʻi^{55}］，“倪”读作［i^{55}］。而“郝”［xə^{213}］（姓），翟山（地名）、翟姓的“翟［tse^{55}］”与普通话读音不同，则是入声韵与阴声韵合流叠置轨迹不同。

《胡打算》中出现了表示不同地方口音的词“蛮子、侉子、學子”，徐州民间有“南蛮北侉东海學”的说法。“蛮”，《十三韵》释作“南方声音谓之蛮子”。“侉”，《十三韵》写作咵、奤。咵，释作“不蛮不枣曰咵子”“咵声”“南蛮北咵”“北咵子”。奤，释作“奤子，北方人”。可见清代之前就有“南蛮北咵”的说法。侉子，《徐州方言词典》释为：“指操徐州以北北

① 参见苏晓青、吕永卫《徐州方言的文白异读》，《徐州史志（试刊）》1986 年版，第 65—67 页。

方口音的人。南蛮子，北侉子，徐州是个炭砟子喻不蛮不侉‖也说‘老侉’。”徐州民间还流行着“南蛮北侉，徐州炼渣”“南蛮子，北侉子，徐州人是个楝喳子”的说法。三种说法哪种合理呢？蛮、侉都是指的口音，而“炭砟子”“炼渣”之说与口音特点无关。

徐州以东铜山大吴、张集一带称喜鹊为“楝喳子”，楝喳子常飞到楝树上喳喳喳地啄食楝果。说徐州人是楝喳子，是比喻徐州人说话速度快，叽叽喳喳，声音响亮。徐州人的口音多了些“刚、急、燥”，少了些“柔、缓、静”，“率刚厉少啴缓，质直不文”。江苏最北部的徐州话与最南端有着吴侬软语之称的苏州话，“话风”殊异。

四、徐州方言词汇和语法特征

徐州方言在词汇、语法及构词方式、特殊句式等方面都与普通话有差别。在词汇上，徐州方言与普通话相同者多，但不同处极有特色。徐州话中包含大量最能体现徐州地域特征的方言词，主要包括以下四类：

一是同实而异名。同一个意思，徐州话、普通话使用不同的词语来表达。例如“拳头”，徐州说“皮槌”，颇具形象色彩。“高兴”，徐州话称“恣儿，透恣儿”，说时会流露出相应的神情。母鸡“下蛋”，徐州说“嬔蛋”。方言在描摹事物时有更精准、细致、丰富的表达。徐州方言中这类词异常丰富，也最能体现徐州方言的地域特征。

二是同名而异实。徐州话与普通话用词相同，意思却有别。这类词语在徐州方言中数量很多。如“老太太”一词，徐州指曾祖母，普通话里用于对老年妇女的尊称。徐州对老妇尊称老奶奶，而不用老太太。“不管”，除了与普通话都有的“不问、不论”，徐州话里还有“不可以、不行”的意思，如“这活儿晚黑前干不完不管”，即“干不完不行”。

三是徐州方言里特有事物的称谓，普通话里没有对应的词语。例如，“烙馍”是徐州特有的一种面食，也称“烙馍馍”，“烙”要读作[luə^{213}]，才够徐州味儿；如果按普通话读成[lɑu^{51}]，则韵味尽失。由烙馍又衍生出水烙馍、爛烙馍，甚至烙馍菜盒子、烙馍卷馓子、烙馍卷烙馍。烙馍卷烙馍，即用烙馍卷炸得酥脆金黄的烙馍丝，是一种新奇的吃法。“馍馍”，用发面或死面蒸、熥或烙成的食品，所指范围比北京话里的“馒头”要广，馒头、菜馍、卷子、油饼、烙馍等均称馍馍。“喝饼子”，也是徐州的一种面食，徐州有系列地锅喝饼特色菜。徐州“饣它[ʂa⁵⁵]汤”是一种特色名小吃，来源于彭祖创制的雉羹。“饣它”字是徐州人自造的方言土字，是对汉语方言文化的丰富及贡献。此字至今还未收入字典。徐州的这些食品名称，普通话中没有与之对应的词语。这些特有的饮食文化词汇很能体现徐州方言的特征。

四是大量的俗语、惯用语，具有浓郁的徐州地方特色。有的是固定语句的俗语，如：“光说不带犟的”（指无可辩驳的、推翻不了的事）、“强一百帽头子”（极言强很多）、“能吃辣会当家”等。运用比喻的：“一头拾到南墙上”（比喻人认死理、太呆板）。运用谐音双关的：“拾起棒槌当针（真）纫”（讽刺人过于认真）。大量的惯用语，如：“愣头青”（指行为鲁莽的人）、“胡闹台”（胡来、胡闹）、“钻窟窿打洞”（想方设法）。还有不少谚语，如：“好话搁不住三遍重”“头伏饺子二伏面，三伏烙馍卷鸡蛋”。还有歇后语，如：“重阳节的螃蟹——肚里可有黄儿了”“胳娄拜子长草——荒（慌）了腿儿了”，胳娄拜子，即膝盖。①

构词方式上，为快速准确地传达信息，徐州方言中有把口语中的两个音节合成一个音节的合音词，如“咋”是疑问代词“怎么”的合音；“拥”，连词，是“因为”的合音。相反地，徐州方言中也有分音词，如“勃娄”是“拨”的意思，“勃娄开树叶”；“坷熥”是“坑”的分音词。这样的方言现象在中老年人之间流传广泛，在年轻人群中传播较少。

徐州方言里同义词丰富。如“差不离儿、大差不差、大差不离”，都是“差不多”的意思。“合黑儿，业黑儿，业不黑儿”，都表示“傍晚”。“业不黑儿”或为“挨[iɛ²¹³]傍黑儿”的讹读音变。

在重叠词和儿化音的使用上，徐州方言也有独特之处。重叠的形式可分为ABA、ABB、BBA、AAA。ABA式叠词中，AB成词，多用于副词，如“拢共拢”（总共）、“马上马”（立刻）、“稳打稳”（很有把握），重读音

① 参见李申《徐州方言志》，语文出版社1985年版，第88—103、278—347页；苏晓青、吕永卫编纂：《徐州方言词典》引论，江苏教育出版社1996年版，第16—19页。

节在第一个和最后一个音节上，发音拖长表示强调。ABB式，如“迷登登”（迷糊）、“小九九”（小计谋）。BBA式，如“般般高”（一般高）、“经经眼”（看一看）、“堆儿堆儿的”（满满的）。AAA式是徐州方言里比较特殊的重叠式，使用相当普遍，其中方位词、时间词和部分形容词每个音节都儿化，如“天天天”（每天）、“边儿边儿边儿”（最边缘处）、“跟儿跟儿跟儿”（最靠近处）。

附加词一般分为前加、中加和后加三种。如，前加“滚热、虚青”，中加“滴娄打挂、血不子酸”，后加“软乎、洋乎、溻的哄”。这些词语多为形容词，再加上用方言发音，更具体形象，滑稽有趣。

语气词较为丰富，很有地域特色，常用的有“唻”“喽”“啵”“吭”等，一般用于句末，表示对某种事物或情况的疑问、赞同或感叹等。如：“你姓什么唻？”“这一打扮可洋乎儿喽！”“辣汤多好喝啵！”“小吴怪够朋友吭！”

徐州话“很”用法特殊，可以作形容词用，可直接用在形容词谓语之后，充当补语，表示程度高，有“厉害”的意思：“天冷很了。”也可直接用在名词后，“很”作谓语：“今天来的人很了！”表示很多。两种用法都要用“了”煞尾。

五、徐州方言向普通话靠拢的趋势

方言是一个地区民众之间最重要的交际工具。在交流中，方言得以传播与发展。方言是地域文化的载体，与地域文化的形成及发展相互影响，相互促进。

徐州地区流行的戏曲，诸如梆子戏、柳琴戏（徐州当地俗称“拉魂腔”）、琴书、苏北大鼓、叮叮腔等，都是用徐州话来演唱的。例如，徐州琴书的经典曲目《王天宝下苏州》唱词中就有大量的徐州方言词。“穿双破毛窝，还是配单”，“毛窝”也称毛窝子、毛翰。“李海棠铺的盖体多暖和”，“盖体”即棉被，今丰县、沛县亦如此称呼。《喝面叶》《大燕与小燕》等柳琴剧目，亦是用徐州方言演唱的。徐州地方戏曲具有独特的区域特色和乡土气息，戏曲唱腔里流淌着方言的独特韵味，使方言魅力得到立体的体现。

与群众生活更为接近的民间歌谣等乡土文学，记录着民众的日常生活，从中可以窥见地域方言的面貌。徐州儿歌《小巴狗》中方言词有“盘缠、簸篮、老嬷、锅沿”等。“老嬷[ma^{213}]”即“老嬷嬷”，徐州指老年妇女，老年男子多用来称自己的妻子。

1956年，全国汉语方言普查全面展开，开始推广普通话。幼儿园、各级学校对普通话教学的重视与大力普及，徐州人习得徐州方言的环境被挤压冲淡，说方言的能力遂持续退化。

亲属称谓有长久的连续性而很少变化。20世纪70年代末改革开放发轫之始，徐州沛县西北乡下，新生儿开始对四种亲属称谓改称，父亲的称谓由达[ta^{55}]改称为爸爸，母亲由娘改称为妈妈，祖父由老爷改称爷爷，姑母由姑娘改称为姑姑。徐州市区则较早地完成了这些称谓的改变。称谓的改变是徐州方言受到普通话影响的一个明显标志。

随着广播、电视及网络的普及，特别是城市化进程中人口频繁流动，方言生存环境发生改变，方言所受普通话的影响冲击愈发加剧，徐州方言逐渐向普通话靠拢。

通过对丰县一家祖孙三代四口人的调查，从语音、词汇、语法等方面的差异来看语言变化。“同一个字在常用的方言口语词上读法相对保守，而在书面语色彩较浓的词语中则容易发生变化”，“方言词汇的变化速度要远远快于方言语音的变化速度”，如喝汤(吃晚饭)、草鸡(母鸡)、燕麻乎子(蝙蝠)、拥(因为)、拜(不要)等词语，青年人口中已不复存在，取而代之的是普通话说法。“从老年到中年再到青年，随时间的推移方言成分逐渐减损，普通话成分逐步增加并最后占主要地位。但语言的变化是多样的，会受多种因素的影响……方言向共同语靠拢的总趋势则是非常明显的。”①

语言的多样性是人类文化多样性的前提。方言是历史的沉淀，是文化的标记。方言正面临着前所未有的生存危机。失去乡音，乡愁将

---

① 参见苏晓青、佟秋妹《从一家祖孙三代的语言差异看语言变化》，《徐州师范大学学报(哲社科版)》2005年第3期，第60页。

何处安放？在方言日渐消亡的背景下，方言的活态传承成为当务之急，为孩子在青少年时期提供接触和使用方言的环境，是保护方言最有效的措施。

第三节　徐州方言韵书《十三韵》

《十三韵》是一部反映明末清初徐州方言的重要的地方韵书，编辑体例与《中原音韵》相似，其框架为以韵统调，即“韵统四声”：以十三个韵部为经，以阴、上、去、阳四声为纬；依上述四声及排序，每声择一代表字在前统领，下率若干小韵，各小韵之间用空心圆圈“○”隔开。“每空是一音”，小韵下排列同音字，字下释义。

罗常培把《十三韵》列为《中原音韵》《韵略易通》《五方元音》之后的北音系列韵书之一，体现了该韵书在北方话语音发展史上的重要价值地位。《十三韵》是“第一部徐州韵书”[①]，为我们研究徐州方言、徐州方言史、北方方言史提供了珍贵的资料，在文字、训诂、民俗等方面也具有重要的资料价值。

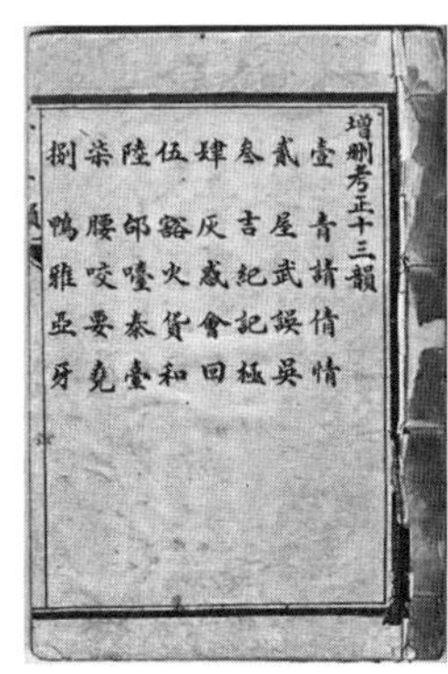

增刪考正十三韻

壹 青請倩情

貳 屋武娛英

叁 吉紀記極

肆 灰歲會回

伍 豁火貨和

柒 腰咬要堯

捌 鴨雅亞牙

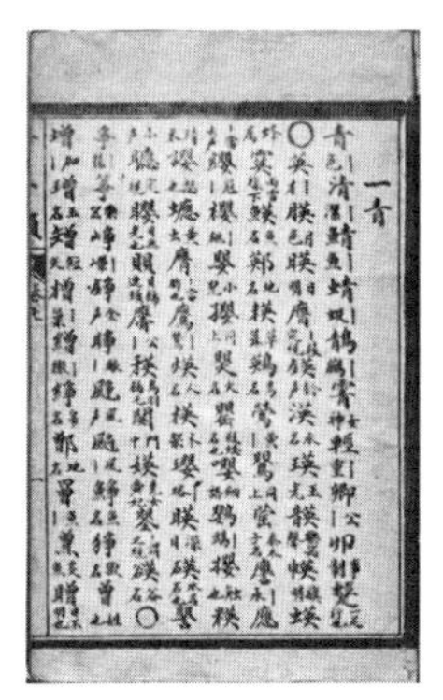

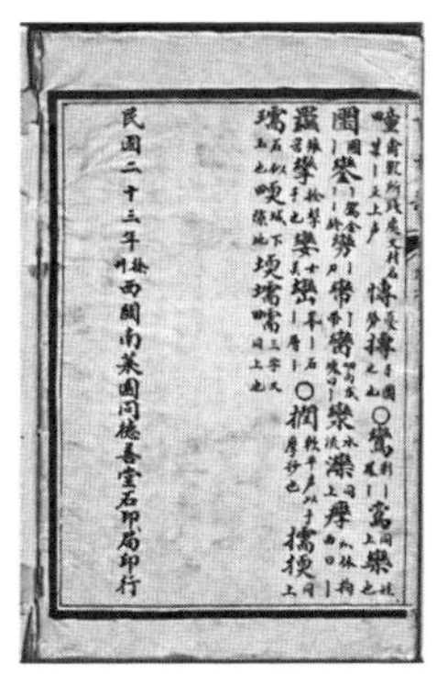

民國二十三年 西關南菜園同德善堂石印局印行

图 14－1　南菜园石印本《十三韵》书影(燕宪俊摄)

据《十三韵》祖本《字海直音序》这一直接确凿资料，我们推断《十三韵》最初成书时间应在 1615—1700 年之间，距今已有 300 多年的历史。

① 参见张喆生《徐州方言调查》，《徐州史志(试刊)》1986 年版，第 64 页。

根据韵书中清帝名号避讳字推测，《十三韵》在清乾隆戊戌年（四十三年，1778 年）最早刻板之后，嘉庆、道光、光绪时期皆可能再版重印。据称中华人民共和国成立前尚有木版刻本流传。

目前所能见到的《十三韵》石印本有四种，其中庆德本、南菜园本、文华斋本三种题名同为《增删考正十三韵》，另一种题名上有"考字奇本"四字，皆无序跋。南菜园本，分上下卷，民国二十三年（1934 年）徐州西关南菜园同德善堂石印局印行。全书 140 页，280 面，每面 9 行。据燕宪俊统计，该本共立有小韵 1219 个，收韵字 18847 个，注释约 63000 字。《十三韵》韵目字与庆德本、考字奇本完全相同，四声都是依阴、上、去、阳的次序排列。文华斋本，不分卷，贾汪文华斋石印局印。因书封残缺，印行年代暂无法确定，推断当为抗战之前民国时期。全书共 97 页，194 面，每面 12 行。据统计，该本共立小韵 1115 个，收韵字 10636 字，似简缩的节本。四种石印本中，要数南菜园本印制最为精良不苟，讹误相对较少。可谓前修未密，后出转精。

目前发现的《十三韵》抄本有乾隆本、嘉庆本、宿州本、乙卯本、曹文烜本、甲申本、李本、张本、高本、刘本、黄本、仁和堂本、范本、镜澄氏本、李世锦本、徐本等 16 种。其中乾隆本、曹文烜本、甲申本 3 个抄本有序言。

《十三韵》最初成书的作者已难考证，而周兆文是《十三韵》的主要编订者。周兆文，清乾隆时期彭城人，号白云轩主人，生平不详。周氏"序编"《字海直音》，对韵书做了大量增订，使得《十三韵》得以流传于后世。

《十三韵》是一部"日用之间书世事写俗情"的字汇，书中辑录了大量体现徐州生活习俗的方言词。如"饽"，考字奇本于吴韵勃小韵重出，一释作面饽；一释作饽饽，食名。"糜[ma^{213}]糊"，《徐州方言词典》释作："一种用面粉和青菜、粉丝、花生米、黄豆等调煮而成的半稠的粥。"百年前，徐州东南铜山六堡一带曾流传着一首有关糜糊汤的童谣："羊蹄子棵，馇菜末，大人小孩等着喝。""糜"，在《十三韵》中还写作"糢、粖"，释作"菜饭曰糜餬也"，这三字与"妈"收在同一小韵，读音相同。可见，糜糊这种徐州特有的菜粥至今已有数百年历史了。"蛇"，曹本既收入牙韵蛇小韵，释义为俗名长虫；又收在耶韵舌小韵，释为毒虫。现今徐州老人还称蛇为长虫，读作[ʂa^{55}]。动词举两例：爛，收在鸭韵他小韵，释作："煎爛，爛饼。"徐州爛[t'a^{213}]烙馍，是把两个烙馍合在一起，中间打上鸡蛋，撒上葱花、盐，在锅内或鏊子上放油熥烤至焦黄即可。擗[p'ε^{213}]，猛坐义。《十三韵》释作："派平声，一腚擗下去。"《十三韵》中一些土字、古字及老君碑字也很有研究价值。"虵，俗蛇字。""宲"，同實，古字。"軆，出亳州老君碑。"

目前，南菜园同德堂石印本《十三韵》被收入中华书局 2014 年版《徐州古方志丛书》，亦纳入江苏文脉整理与研究工程、国家古籍整理出版规划、国家社科基金重大项目整理及研究范围。

第四节　民国时期徐州方言研究

现代汉语方言学始于 20 世纪初的国语运动。现代徐州方言的研究，不晚于 20 世纪 30 年代。王守之运用方言调查的方法研究徐州语音，把方言调查研究与当时的国语推广结合起来，成为现代徐州方言研究的先驱。

王守之(1904—1968)，又名灵犀，徐州市人。1924 年毕业于省立第七师范学校(在徐州)。1938 年 2 月，在西北联合大学中国语言文学系学习，黎锦熙是其汉语老师。1946 年起，在徐州师范学校及扬州师院高邮分校、徐州师范学院中文系等高校任教。

王守之于七师毕业后，在徐州当小学教员时就参加了教授注音符号的国语运动中。1926 年 9 月，全国国语教育促进会成立，他积极推广国语，也促进了他对徐州方言的关注和研究。王守之 1932 年在东海师范学校、1942 年在重庆江北洛碛女子师范学校、1946 年在徐州师范学校任教时，皆教授学生学习注音字母和国语，把徐州方言和国语的声调对应规律教给学生，把语言研究与语文教学结合起来。

王守之研究成果丰硕，对徐州方言研究的重要贡献就是发现并提出"三一律"。1934—1937 年抗战前夕，王守之在南京兴中门小学任教时，出版了一套著作"国语小丛书"，这套丛书应该有《国语入声字汇》《国语入声字与徐海入声字变读比较》《生活的伴侣》三册。丛书之二为《国语入声字与徐海入声字变读比较》，"徐海"即徐海道，道署即驻徐州城。该书成书于1935年暑假，次年出版，是王守之为"国语运动年"捧出的礼物。书稿完成后，他曾数次与黎锦熙通信就教商榷，黎锦熙为其题写书名。他还曾亲捧书稿赴南京中央研究院历史语言研究所求教于赵元任。该书中比较了1084个古入声字在国语音和徐州话里归调的异同。在卷首例言里，王守之阐述了徐州音和国语音声调对应的"三一律"："所谓'三一律读法'即是凡徐海人读成直而平的字（即阳平字），都改读成高而扬；读成高而扬的字，就改读为弯而曲（即上声字）；读成弯而略曲的字，就改读为直而平（即阴平字）。""至说去声字，国（语）音和徐海（音）的读法，却是相同。"①他举例"三民主义"四个字，按普通话应分别读为第一、二、三、四声的调值，若按徐州话来读，大致分别对应普通话的第三、一、二、四声的调值。"三一律"是徐州话与普通话声调调类、调值对应规律上的一个重要发现，对徐州人学习普通话有着现实指导作用。不过这条定律，只适用于大多数汉字，古入声字却不符合这个规律，故他才写了《变读比较》这本书，教徐州人发好入声字的音。以个人之名出版研究丛书，在当时是绝无仅有的。这套国语丛书的出版，使得徐州方言的研究较早起步，走在了全国前列。如现代语言学泰斗赵元任的《钟祥方言记》出版于1939年，罗常培的《厦门音系》《临川音系》分别出版于1930年和1940年。

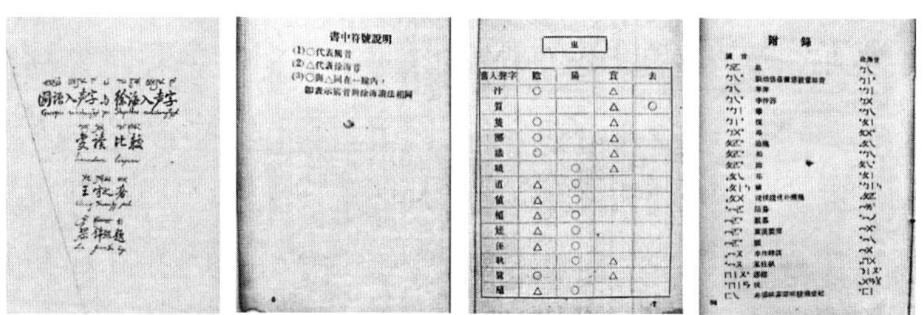

图14-2　王守之著《国语入声字与徐海入声字变读比较》(燕宪俊摄)

① 王守之：《国语入声字与徐海入声字变读比较》，南京共和新印书馆1936年版，第2—3页。

在南京任教期间，王守之还发表了《怎样教学国语注音字母》等文章，受到黎锦熙的赏识。1939 年 5 月 19 日，王守之写了《徐州方言集》序，接着开始搜集研究徐州方言，后来又撰写了《中国文学史译编》1—6 册手稿、《诸子群经韵读》若干册。从 1940 年起，王守之开始编排古韵谱，耗费 25 年的心血完成了《古韵谱三十部》这部音韵学大作。1956 年上半年，他写的《徐州人怎样说普通话》完稿。

幸而《变读比较》一书被张绍堂完好保存了下来，才保留住了徐州方言研究的这段历史。张绍堂（1911—2018），徐州人，1921 年他在徐州见到注音字母，对此留意，时为一位张姓老师所研习，尚未教授学生。1927 年寒假，他在徐州城东南沟上村一位私塾先生那里看到一本用毛边竹纸抄写的《十三韵》，遂对此书产生兴趣。1944 年，他从学兄张梦莘处借来《十三韵》抄本研读。在表姐夫语言学家李方桂的鼓励下，他对《十三韵》的研究兴趣更浓。后又借阅到徐君、刘君及李世锦等抄本，将诸本参照研究，进而整理归纳出“徐州十三韵音表”，按阴、阳、上、去顺序重新编排四声，按《汉语拼音方案》声母表顺序重新编排小韵，使其便于检索，完成《徐州十三韵校辑》书稿。张绍堂长期以来对《十三韵》做了大量的烦琐而又必不可少的校订工作，为徐州方言研究作出了贡献。

民国时期，《十三韵》曾引起罗常培、魏建功、李方桂等语言学大师的关注。魏建功 1933 年在《说辙儿》一文中称：“江苏铜山（旧徐州府）一带有一种《十三韵》，书面上题名是‘考字奇本’……徐州的语音也还是国语区域的系统，所流传的这种通俗韵书与十三道辙简直是相同的。”①并把北方民间一直流传的“十三辙”的韵目和《徐州十三韵》的韵目单独列表做了比较，揭示了《十三韵》同“十三辙”的密切关系。罗常培在为《北平音系十三辙》(1937)一书所作的代序言《中州韵和十三辙》中，把包括《徐州十三韵》在内的北系韵书的韵目列表对照比较。

方言是地方文化的“活化石”。徐州方言的语音、词汇、语法极有特

① 张洵如编著，魏建功校订：《北平音系十三辙》，中国大辞典编纂处出版 1937 年版，第 27—28 页。

色。徐州深厚的历史、文化底蕴，孕育出特有的徐州方言。徐州人自称口音不蛮不侉。早餐独有的饣它汤配水煎包、八股油条，或饔糊汤配肉盒子，开启了徐州人一天的生活日常。一句干脆利落的常用语“管”（行、可以），彰显出徐州人豪爽热情的性格。

保护文化的多样性，首要任务就是要保护语言文字的多样性。在普及普通话的过程中，应当给予地方方言足够的生存发展空间。但愿数百年后，那用纯正的徐州方言演唱的徐州梆子戏和拉魂腔，依然激荡在徐州的剧场、故黄河畔；但愿数百年后，《十三韵》中辑录的大量鲜活的徐州方言词依然鲜活在徐州百姓的口中。

第十五章　民俗文化

徐州民俗文化，是千百年来生活在这里的民间民众生活文化的统称，仍然绵延在民众的日常生活当中。民俗文化受地理环境制约，具有很强的地方性，体现出明显的地域文化特色。就徐州一地而言，徐州民俗文化既有与苏鲁豫皖接壤地区大同之处，又有境内从西到东的小异之别。民谚曰"一方水土养育一方人""五里不同俗，十里改规矩"，正是这一特性的真实反映。在民俗文化的流变过程中，又具有其自身的稳定性、传承性和变异性。

徐州作为古九州之一，地处华夏东部腰眼处，"要害藩捍南国，为必争之地"[①]。该地地理位置优越，交通便利，不仅是兵家必争之地，也是四面八方众生云集的商贸繁盛之所。人口结构复杂，文化交融频繁，形成了多元共生的民俗文化生态。表现在岁时节庆、衣食住行、人生礼俗、行业行规等生活细节上，既有中国传统民俗的共性，亦体现出明显的徐州文化特性。

第一节　岁时节庆

受传统农业社会生产方式和大一统政治传统的影响，中国的岁时

① 马暾编纂：明弘治《重修徐州志》卷一《风俗志》，明弘治七年（1494 年）刻本，第六页。

民俗多“普天同庆”，但在具体实现方式上又有或大或小的地域之别。徐州长期处于汉文化核心区，岁时节庆具有普遍的统一性。但是一些节令习俗具有地方特色，如数伏日喝伏羊汤、十一月十五的“月当头酒”就很典型。

一、春季

（一）立春

立春之日，俗称“打春”，也称“鞭春”，是一项劝勉农民备耕、祈求年丰的民俗活动。春牛用泥巴雕塑而成，仅为仪式之用。《大明会典》记载，立春时节，各地官府都要举行鞭打春牛仪式①。然而，徐州历史上曾长时间不举行打春活动，这并非有意违抗朝廷命令，而是有其特殊的风水禁忌和民俗观念。

自南宋以来，黄河夺淮入海，徐州地区饱受黄泛灾害，城东迎春门外曾铸铁牛以镇水。且徐州古城形似卧牛，被称之为“卧牛城”。人们认为鞭打土牛对城池和铁牛不利，会招来大水淹城的灭顶之灾，于是就有了“徐不鞭春”的独特地域民俗。

该习俗在明代以前已经形成。据现存最早徐州地方志书正统本《彭城志》记载：“本州不迎春，父老相传不一。或以州治之形若卧牛，或以城若犁然，击土牛，人或不安。或以为汴、泗二河善泛溢者，尝以铁牛镇之，打土牛，或恐惊其铁牛，今（铁牛）亦莫知其处。”②可见风俗由来已久，并非始于明代。此风俗后代一直流传，同治《徐州府志》亦载：“徐人不敢于立春日迎击土牛，相传为徐州不鞭春。”③

这种习俗在诗歌作品中也有书写。明弘治间进士王缜途经徐州

---

① 徐溥等撰，李东阳等重修：《明会典》卷七三《礼部三十二·有司鞭春仪》，永瑢、纪昀纂修：《（景印）文渊阁四库全书》第六一七册·史部三七五·政书类，（台北）商务印书馆1986年版，第706页。

② 宋骥修：明正统《彭城志》卷九《杂志》，明正统三年（1438年）抄本，第三页。

③ 吴世熊、朱忻主修，刘庠、方骏谟主纂：清同治《徐州府志》卷二四《志余》，清同治十三年（1874年）刻本，第二十一页。

时，作有《徐州春日野望》一诗，其序云：“徐俗不作土（即不举行鞭打土牛活动），询之故老云：徐州是卧牛城，打春则人不安。”[①]清代文人杜文澜还把徐州不打春的习俗编入《古谣谚》：“徐州不打春，邳州无东门。若使打春与开门，蝎子咬死人。”[②]意思是说，如果徐州打春，等于把水怪妖精放了出来，会挨家挨户伤人。蝎子在这里成了水怪妖精的化身。

这些记载体现了明显的趋吉避凶的思想，而具体途径则通过化煞来实现。面对水患，徐州百姓试图利用五行相克关系化解冲煞，以为牛配丑、丑属土，土能克水，又蛟龙畏铁，故而镇河有铁牛，徐州不鞭春。虽然掺杂迷信成分，但不失朴素的趋吉避凶思想，都是为了祈求风调雨顺和百姓安康，同时也形成了独特的地域民俗文化。直至民国初，徐州开始恢复古老的打春习俗[③]。

迎春日，饮春酒、吃春卷。老人吃青萝卜，俗称“咬春”；妇女在头上插戴绒花，俗称“迎春”；儿童臂膀上戴“春鸡”。东部农村立春有画壁习俗，用红土在墙上画上牛、马、镰、犁、耙等生产用具。

（二）春节

徐州习俗，腊月二十三祭灶后就开始“迎年”，家家办年货、“送财神”、送节礼，扫尘、沐浴之外，一律理发，不留“隔年头”。年三十贴春联、斗方、剪纸“挂帘”，大门贴门神，屋内张贴年画。定更（晚8时左右）前后，全家老少换新衣，祭神拜祖。之后，晚辈向长辈“磕辞岁头”，然后吃团圆饭，儿童先喝“得岁酒”。

宴后守岁，院内焚松柏籽驱邪，俗称“煴岁”，是汉代年前“驱傩”孑遗。

新旧年交替时要“迎神”，讲究在夜间12时。民国前后，徐州人多没有钟表，南门城楼上于子时特地鸣炮三声，居民闻炮响后，即将下锅煮好的扁食（饺子）端出，在神像、神龛、天地桌、灶前多供三小碗，并斟

① 中山大学中国古文献研究所编：《全粤诗》第6册，岭南美术出版社2009版，第123页。

② 杜文澜辑，吴顺东等点校：《古谣谚》卷五〇，中华书局1958年版，第626页。

③ 参阅戚云龙编《徐州民俗文化》，中国文化出版社2019年版，第164页。

酒三杯摆好叩拜，辞旧迎新①。

春节早晨，放鞭炮“送神”毕，小辈逐一向长辈磕头“拜年”，家长赠“压岁钱”。之后出门去至亲好友处拜年。有一定社会地位的人往往以“投刺(名片)”的方式拜年。年初二，已嫁出的闺女“走娘家”拜年。

年初五俗称“五忙”，放炮、摆供，迎财神下界。家家吃元宝状“菜角子”(大包子，“菜”谐音“财”，“角子”即钱币)。

(三) 元宵节

正月十五上元节，必吃元宵，晚上必赏灯，故又称元宵节、灯节。灯会从十三开始，以十五晚上最盛，民间以面灯、萝卜鱼灯、纸兔灯、花篮灯为地方特色。各色各样的小动物状面灯，蒸熟后在里面倒些豆油，以棉花作灯捻子，晚间点着后由小孩子捧手上游玩，犹如手托白莲花的善财童子。灯油耗尽后，面灯内侧已烤炙成焦黄色，吃起来酥脆可口，这时玩灯的孩子也大都跑饿了，正好把面灯当点心吃下去。

(四) 女儿节

正月十六，徐州俗称“女儿节”，因地点在黄楼缘故，又叫黄楼会，相传纪念为解徐州水患而捐躯的苏轼的女儿苏姑。会时有食品摊、花炮摊、玩具堆、香烛摊等。至期，家长偕女儿穿红衣来拜。回家后，聚集家中全部小孩，于午时坐门槛上，取上年端午用过的艾叶在脚上炙之，男左女右，边炙边祝愿：“正月十六炙脚尖，猫狗生病人撒欢。”院内各屋门槛上亦炙之。②

(五) 二月二，龙抬头

二月初二俗称“龙抬头”，打雷惊蛰先防害虫。徐州风俗，早上醒来用手拍床框念咒语三遍：“二月二，拍床框，我送香大姐(臭虫)上南乡。”将春节点剩的蜡烛点着后，先照床下并念诵三遍：“祭神的蜡烛照床下，

---

① 参见戚云龙《徐州民俗文化》，中国文化出版社2019年版，第171页。

② 参见董治祥、刘玉芝《鹤兮归来——苏东坡在徐州》，中国戏剧出版社2000年版，第38页。

十窝老鼠九窝瞎。”再照室内各墙角并念诵：“年时的蜡烛照粉墙，蝎子蚰蜒洞里藏。床底墙角都照遍，蝎子蚰蜒都不见。”

二月二炒糖豆、炸米花，与春雷相应。龙抬头日，给孩子剃头理发，寓意“望子成龙”。这天在院内圈折子，放点粮食做成若干“粮仓”。在堂屋正中，圈一个钱仓，里面放银两、铜钱若干，以示发财。

（六）清明节

清明门前插柳枝，俗谚云“清明不插柳，死了变个大黄狗”，有“招魂”的含义。清明祭祖是头等大事，俗称上陵（读音“林”），扫墓后野餐，吃春团子，合“寒食”之意。餐后，儿童采野花、放风筝、挖野菜，并随大人们踏青春游。

二、夏季

（一）立夏

立夏尝鲜，家宴多设时鲜蔬果。人人称体重，以备立秋日比较，看是否减膘。

（二）端午节

五月初五端午节，首先祛毒。儿童们起床后，一律穿杏黄色五毒衣（绣蝎子、蚰蜒、蛇、壁虎、癞蛤蟆像）、五毒鞋（或虎头鞋），另用五彩线绳系在手腕上，名为“百索”（节后逢大雨剪掉扔水中漂走，可除灾祸）。脖下系一个或一串香荷包，包内装有散发香味以驱毒虫的草药。另用五色彩线裹纸粽子、扎纸虎，红纸剪五毒葫芦（铁拐李葫芦）挂在门上。另在门旁插艾蒿、挂菖蒲，俗称“端午不插艾，死了变成老鳖盖”。端午这天，早晨吃粽子、煮熟的鸡蛋和大蒜。午餐多备些蔬菜，如蒲菜、茭白、茄子、黄瓜等时鲜，另辅以鳝鱼、仔鸡，全家共饮雄黄酒。饮酒前，用酒抹在儿童鼻孔、耳朵、肚脐、手心、脚心等处，以避邪祛病。

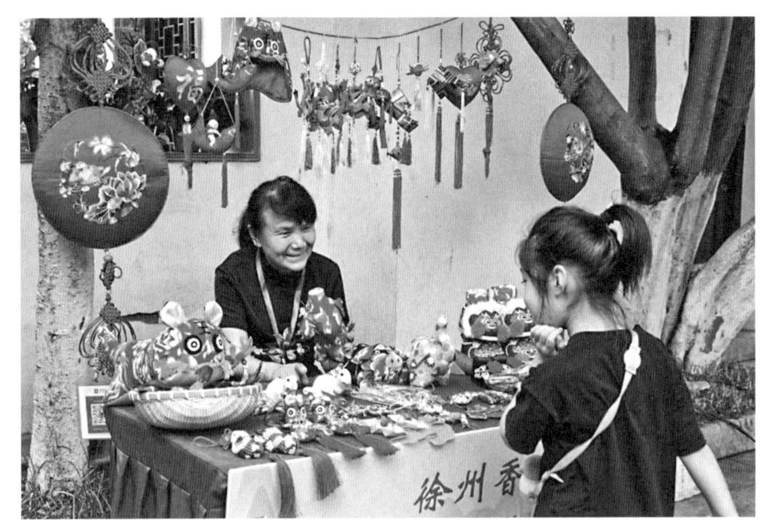

图 15-1　徐州香包

(三) 天贶节

六月初六天贶节，俗称“六月六，龙晒衣”，家家户户都要晒衣物、书籍。是日家家接闺女，俗称“六月六，接娘肉(指孩子是娘身上掉下的肉)。有娘接，无娘受。”这天又是为男童剃头的日子，俗称“六月六，剃贼头”①。

(四) 入伏

徐州人看重入伏，有两大活动：女子无论老幼，用鸡草子(即凤仙花)染红指甲，纪念美人虞姬；男子有入伏喝伏羊汤的习俗，俗信可以祛暑。自古以来，淮海地区就以羊肉名闻遐迩，民间有“伏羊一碗汤，不用神医开药方”的说法。伏天吃羊肉对身体是以热制热、排汗排毒，将冬春之毒、湿气祛除，是以食为疗的大创举。徐州伏羊食俗已列入第五批国家级非物质文化遗产代表性项目名录之民俗类项。

---

① 参阅戚云龙《徐州民俗文化》，中国文化出版社 2019 年版，第 171 页。

三、秋季

(一) 立秋

立秋日人人称重,看一夏天掉膘多少,中午家宴必有大肉,俗称"添秋膘"。

(二) 七夕

七月七又名"七夕"。神话传说,当晚牛郎、织女鹊桥相会。徐州习俗,七日夜五鼓时分,令童男、童女各一,坐在花棚下,凝神细听,以为可以听到牛郎、织女的悄悄话。如果这天下雨,当是二人即将洒泪而别。初八早晨听到各种鸟鸣叫,认为是搭鹊桥的鸟儿从天上飞回来了。

七夕晚上月亮升起后,亲邻之间的小姊妹们三五成群,环坐在月光下,比赛用红丝线纫绣花针,俗称"乞巧"。此日,戏园子里多演出《天河配》。

(三) 中元节

七月十五中元节,道教解释是地官为民间赦罪日,中元节必须祭祖。道教建醮祈祷,佛教则在这一天晚上举行盂兰盆会(天竺语"解民倒悬"之意)。这天,故黄河里放入数百盏荷花式河灯,照得满河通明。另有人乘小船巡逻护持,随时添换蜡烛,午夜方才结束。

(四) 中秋节

八月十五中秋节,俗称"八月节",家家送节礼,蒸月饼。徐州人蒸制的月饼种类较多,形制各异,最具特色的一种是"千层月饼"。这种月饼较大,如蒸笼般大小。所谓千层,只不过是多层的意思,一般视家庭(大家庭)中人数的多少而定,有多少人,做多少层,蒸好后全家人一起品尝,所以又叫"团圆月饼"。晚上明月升起后,在院内向东设供,香炉内插上"月姥娘祃",全家人在家长的带领下,依秩叩拜月姥娘。拜毕,院中设宴共饮团圆酒，大团圆月饼于拜月后切开分食，俗称“得月”“沾光”。夜深人静后，焚“月姥娘祃”。家宴后，雅兴高的人多外出与朋友一道散步赏月，俗称“步月”。

（五）重阳节

九月九重阳节，又名“老人节”，节前必送衣物、食物孝敬老人。徐州重阳登高聚饮，最迟始于东晋末。刘裕北伐时，九月九日曾登项羽戏马台宴集官兵，至今相承，以为故事。后世有关徐州的重阳题材古诗词中，多有项羽、刘裕的典故。延至民国，重九一早，全家老少或亲友相偕，持酒肴徒步登临云龙山、户部山，在山上午餐，吃重阳糕甜食，饮自制的菊花酒（延寿翁）或茱萸酒（避邪翁）。这天，手艺人饮酒必吃螃蟹，喻忙得“七手八脚”，寓意生意兴隆。

四、冬季

（一）寒衣节

“十月一，送寒衣”，又称“十月朝”“祭祖节”，人们在这一天祭扫烧献，纪念仙逝亲人，俗称给祖先“送寒衣”。

（二）月当头

十一月十五日，徐州俗称“月当头”，认为这天月至中天时，人物和地面成垂直状，几乎看不到人影子，彻夜欢聚饮酒赏月，俗称“月当头酒”①。喝酒时，在院中敞亮处竖一竹竿，边饮酒赏月，边观察竹竿的影子由长到短，直至完全消失。人们起身站在院中，也看不到自己的影子。所谓“月当头”，即是此意。这时，可去深井边看井里的月亮倒影，这在其他月份是看不到的。

① 梁白泉主编：《江苏省志·民俗志》，江苏人民出版社 2002 年版，第 357 页。

（三）冬至

徐州俗谚："立大冬，长一葱。"意即冬至后，白日渐长。冬至必测阳气，挖一深三尺的坑洞，于交节时辰，放入鸡毛，可见到鸡毛有被地下阳气吹动上浮之状，故习称"冬至一阳生"。这天，公婆要穿上儿媳制作的冬至鞋，全家吃"冻疙瘩"（形似猫头的水饺）。俗谚云："吃了冻疙瘩，不生冻疮疤。"这天，人们把春天泡好的樱桃酒取出，涂搽在手、耳、脚等易冻的部位，以为可防冻疮。

冬至开始数九，古人有制作"九九消寒图"的习惯，取大纸画一横竖皆为九格的大方格，每格内印一红圈，每天用墨填抹一个红圈，抹尽则九九尽。徐州人记天气法曰："上抹阴，下抹晴，左抹雨，右抹风，如是雪天点当中。"

（四）腊八节

徐州入"蜡祭"后，早晚都要上三炷香祭祖，祭天地神灵。至初八日称"腊八节"，上香后，各家各户必煮腊八粥。腊八粥分咸、甜两种，煮好后，先盛出供奉在祖先神龛、天地神案上。然后，再盛一些分送有小孩的邻居和亲友。徐州习俗，讲究让小孩多吃别人家送来的腊八粥，俗称"拉巴拉巴"（徐州方言，有扶助、提携等含义）。寺庵在这一天必用大锅煮腊八粥，广送施主以求布施。

（五）祭灶

腊月二十三日祭灶神。传说灶神于该日上天陈报人家善恶，正月初一五更时分返回。祭灶的时间，俗称"官三民四，王八二十五"。祭灶，贴灶王爷画像，另挂联曰："上天言好事，下界保平安。"横联："一家之主。"灶前摆供果，供壮馍、谷糖（俗称粘牙糖）、汤圆和干果。鸣鞭炮后，由家庭主妇燃烛上香，首先叩拜，其他妇女依次而行（男不祭灶）。拜毕，主祭取麦芽糖和汤圆往灶王爷嘴上抹一抹，边抹边念诵祭灶词："灶王灶王，请你吃糖。上天言好事，回宫降吉祥。"或念："灶老爷上天，多说方便，少说是非，全家平安。"至除夕晚，再燃烛上香一次，"迎灶还宫”。祭灶以后，开始迎年诸事。

第二节　衣食住行

一、饮食习俗

徐州饮食文化源远流长，“彭祖雉羹”见于屈原《天问》，其本人亦被奉为烹饪界始祖。徐州出土汉画像石中的烤肉串图，更被认为是“烤羊肉串”的滥觞。徐州菜点制作考究，风味独特，自成体系，且几乎每一道饭菜都有一个动人的传说。饮酒方面，则有“领酒”习俗，至今独步江苏，别树一帜。面食方面，尤善于烙饼，当地谓之“烙馍”，仍是当地主食之一。在封建社会，生产力较为落后，加之兵燹以及自然灾害，普通民众形成了非常节俭的习俗。

（一）面食

徐州以面食为主的传统，迄今已逾两千余年。至民国，上等人家吃白面，一般家庭主要是杂面，如绿豆面、秫秫面（高粱）、山芋干子面。青黄不接时，常食蒸菜，或煮成半干半稀状的菜饭，俗称“二抹子”。一般家庭的饮食习惯是早晨咕嘟汤（面疙瘩水），中午绿豆或小米稀饭（大米粥较稀罕），晚上咸汤配馍。主食品种大致有烙馍、发馍、龟打、蛙鱼儿、喝饼、馒头、窝头、花卷、面条、麦页（面皮）、面条、菜角子（大包子）等。其中烙馍为全国所独有。

（二）副食

习惯上早餐不炒菜，中午简单炒一两个菜，晚餐则尽可能做丰盛些。凉拌菜必不可缺，春季有香椿拌豆腐、糖醋小萝卜，夏秋季有黄瓜腊皮、麻汁豆角、凉拌烧茄子、凉拌烧辣椒、煮花生、煮毛豆，冬季有糖醋青萝卜丝、香菜拌萝卜丝等，风味独具。家庭自制小酱菜的习惯是春天

图 15－2　传统早点丸子汤

腌咸蛋，夏天晒面酱、西瓜酱，秋季晒盐豆子、拐辣椒酱，冬天腌萝卜干、雪里蕻等。

徐州食俗另有蒸菜，大约是旧时春荒歉年时所留下的传统，种类大致有灰灰菜、地枣苗、扫帚菜、老鸹嘴、洋槐花、藤花、榆钱子及芹菜叶。

徐州人家喝汤，春秋与冬季萝卜羹、菠菜汤最多，夏季番茄汤、青菜汤、丝瓜汤最为常见。天气炎热时，各家多“洗辣汤”。其法是将和好的面，醒透后放水盆中洗成面筋，另将鳝鱼丝煮熟加入面水，煮开后，持面筋在沸水上摆动，被冲成薄片融入汤中，再加入调料，就是家庭式辣汤（面筋汤）。

（三）地方名菜

徐州地方传统名菜颇多，如雉羹、羊方藏鱼、麋角鸡、霸王别姬（甲鱼炖鸡）、樊哙狗肉、龙门鱼（蒙童入学必食）、乐天鸭子、油淋鱼鳞鸡、回赠肉、独占鳌头、地锅鸡。因与徐州名人彭祖、刘邦、刘裕、白居易、苏轼、关盼盼、朱温、李蟠状元相关，这些菜肴被赋予深厚的文化内涵。近代以来创制的彭城鱼丸、糖醋四鼻孔鲤鱼，还有全家福烧杂拌等，亦颇具特色。

(四) 风味小吃

饣它(shā)汤,当地民众认为源自彭祖雉羹。据传说,清代,因乾隆皇帝口误,该汤被讹称“饣它”汤,其后经历年改进,在母鸡、麦仁为主料的基础上,辅料已达 10 余种,成品味道醇厚,鲜香爽口,富含营养,老少咸宜,是最受欢迎的民众早点之一。民国时,原城隍庙对面的刘三饣它汤、中枢街法院西侧的柴胖子饣它汤,最受欢迎。另,马市街饣它汤亦佳,喝汤配油煎包或泡烙馍。

辣汤,与河南、山东等地的羊杂胡辣汤截然不同,主料用鳝鱼丝加胡椒、桂皮等佐料,讲究鲜香。大巷口的姚家辣汤、三民街北头的高歪子辣汤,最负盛名。基督医院(现第二人民医院)门前另有素辣汤,用料为青菜粉丝、海带丝、豆皮丝、香干丝等,亦受素食者欢迎。

丸子汤,与辣汤、饣它汤并称为“徐州三汤”。其法是先以纯绿豆面拌萝卜丝等炸成丸子,将绿豆面馍切成小块放入碗中,浇上滚开的汤水,撒些芫荽花,再泼上一点辣椒油即可。城隍庙街五凤园、南关席行(háng)巷两家的丸子汤最佳。

与徐州“三汤”齐名的还有徐州羊肉汤。“一有钱,二有闲,泼了椒油好解馋。”徐州夏季的伏羊汤更是全国独步,入伏后羊肉馆食客常满。汤内分肥羊肉、瘦羊肉、天花(羊脑)、口条(羊舌)、羊肝、百叶等,任食客挑选,口味特殊,有药香味,食后觉口唇留香。羊肉汤泡壮馍,亦是徐州一绝。

其他如野玫瑰的馄饨,万华村的汤包,王瑶馒头、百叶饼、糖角,宋占伟烧饼,饶家热粥,一高的八股油条,太平街的馓子、麻花,传薪阁的油茶,朱大桥的炸糖糕、炸菜角,刘风来黏糕,永宁里的豆腐卷、杏仁茶,袁桥张秃子的豆腐脑,孙老二花生酥糖,益气补中的糖枣,润肺止燥的糖梨门鼻子糖,套三股的“门鼻子”麦芽糖、糖炒栗子、葑子烤白果等,都是从前的徐州知名小吃。

(五) 风味酒肴

摆酒待客,下酒菜必不可少。徐州冯天兴卤牛肉、熏鸡,麻老歪熟菜(卤猪头肉、猪下水),刘老和的野味,大坝头茶鸡子、油炸豆干,户东巷尹家松花蛋、变蛋,西关铁牛(即釜)煮牛肉丸子,彭城路的炸拳鱼(小虾)和小鲋鱼、炸麦鸡子,穿街走巷叫卖的粉蒸荷叶肉、椒子酱、卤鱼(炒小干鱼)、酱油豆干、油炸臭干、蝉蛹、蚕蛹、五香面蚕豆、花生米等,都是广为流传的美食。

(六) 特色点心

徐州南北糕点众多,纯属地方特色的有徐州羊角蜜,以其形状像羊角而出名,最奇特的是内有蜜汁,让人感到制作技艺的巧妙;另用麦芽糖熬制的"蜜三刀",外层全裹芝麻的麻片、寸金、金钱饼,向来为百姓所欢迎,也是孝敬老人、节日送礼中的必备点心。

(七) 宴会习俗

徐州历史悠久,宴会名目繁多,除婚宴、寿宴、丧宴、会亲宴、"汤饼宴"外,贺升迁、饯行与接风都设宴。买卖成交时摆"成交宴",久病新愈特设"起疴酒",安慰悲剧者摆"解恼酒",遇劫、遭盗后亲友为设"压惊酒",以及各式岁时宴,如"蟠桃酒""端阳酒",天贶节的新麦肉酒、入伏的伏羊汤酒等。

宴席上菜规矩,摆好凉菜即可喝酒,前三杯需同饮。第一道菜吃白斩鸡,大家伸筷子的同时,嘴中念着:"吉利吉利!"酒过三巡,开始进入正题。席间,凡初次见面者,必须同喝一杯,两人举杯互敬时,若杯子碰到一起,则必须再喝一杯,俗称"带响""俩好"。第一道热菜必上全家福(烧杂拌),最后一道热菜大件是整条的红烧鲤鱼,或大个糖醋鲤鱼(鱼头可免费加个鸡蛋汆汤),俗称"鸡打头,鱼扫尾",是谓"吉庆有余"。

二、服饰习俗

徐州地处苏鲁豫皖交界处,服饰习俗与鲁西南略同。民国初成为铁路枢纽后,富人时尚喜追上海,而一般民众多重津门。

（一）衣裙

民初时，富家女子的衣料以丝织品为多，样式多为中式斜大襟上衣、灯笼裤，旗袍较少；农村妇女均扎裤脚。男子均穿长袍马褂，也有穿长衫套坎肩的。1927 年北伐以后，徐州穿中山装和西服的渐多。贫苦人家夏天往往只有一套单衣，白天穿，夜间洗；棉衣则有袄无袍，俗称"撅腚小袄"。儿童衣裙多尚红绿鲜艳的服装，幼时夏天勒肚兜，穿牛腿裤；冬天上穿小袄，下衣为连脚蹬，3 岁以前穿开裆裤，五六岁时改穿收裆裤。

（二）帽子、头巾

徐州妇女原不戴帽，冬季为御寒均戴"勒子"。1927 年北伐以后，才开始戴帽子，老年妇女冬季多以布巾或丝织的"纱包头"裹在头上。辛亥革命后，男子剪掉长辫，帽子兴起。主要有"六块瓦""玄缎帽"，帽分为尖顶、圆顶、平顶、折叠式四种，老人戴瓜皮帽、毡帽、套头帽。北伐以后，戴礼帽者增多，天津盛锡福来徐州专营各式呢帽。夏季的遮阳帽有拿破仑帽、巴拿马式软草礼帽、马兰坡大草帽。农村人多戴"席夹子"（斗笠一种）。儿童帽有福巾、狗头帽、亮帽等。[①]

（三）鞋、袜

旧时妇女裹小脚，穿弓形绣花鞋、尖头尖口青色布鞋。民国后号召放脚，初兴双道脸，后兴方口、圆口等。另有木底鞋，每逢会客、拜客时穿上，有高跟鞋之妙用。男鞋时兴穿双道脸和极尖子（鞋前正中隆起鹰嘴形外翘）。后来，方口、圆口、尖口、小口等形式变化较多，一律青色。橡胶、雨鞋、皮靴出现之前，雨天一般穿钉靴、钉鞋，侧面均以桐油刷过几遍，使之不透水，但穿起来感觉很笨重。另有"鞋呱哒"，即在普通鞋下钉一木板。冬雪天穿毛翰，前后掌下各钉一厚约 2 寸的木块。至于袜子，旧时男女袜均用白绸或布缝制，袜底纳花蝶、梅花针等，经济条件

---

① 参见戚云龙《徐州民俗文化》，中国文化出版社 2019 年版，第 60 页。

好的妇女，往往备有薰香的软睡鞋防臭。儿童常穿虎头鞋、狗头鞋、兔头鞋、五毒鞋(鞋面上有五种毒虫形象)、绣花鞋及素面绿缎鞋。

(四) 发饰、首饰

旧时女子一律编辫子，未婚者将辫子垂于脑后，婚后则窝成纂，盘在后脑上，以包网包上系好，另戴些金银质或铅铜质的纂心花簪子、荷花针、纥针等装饰。

女孩三四岁时，即予之穿耳，在耳垂上穿进红线留孔备用。妙龄后，先戴耳坠子，手上戴银镯和花戒指。中年妇女戴耳圈子(耳环)，指戴铜顶针(有钱人家戴金戒指)。老年妇人戴耳钉。民国以前，男子留发，分三股编一条大辫子垂于脑后，下端用黑色或红色头绳束好，名为“松辫”。自民国后剪去辫子，老人留成“披散毛”，中年人多剃光头，青年人多留大分头、小分头。徐州男子少带饰物，老年人多在烟袋上系一玉饰或古钱币。

(五) 留胡子习俗

徐州习俗，男子满50岁开始留胡子。留胡子讲究在节庆日，二月二留胡子，俗称“龙抬头须”；三月三留胡子，俗称“蟠桃须”；四月十二(吕纯阳成道日)留胡子，俗称“纯阳须”；五月十三(关圣生日)留胡子，俗称“美髯须”。次日，亲朋好友设宴“贺胡子”。民国以后，青壮年开始流行蓄胡，以八字胡最多，另有一掐胡、三绺胡、闹(络)腮胡、山羊胡等。①

(六) 美容习俗

民国初年，妇女美容习俗较简单：洗脸后搽馒头粉(铅粉)。后来渐渐有鸭蛋粉、搽面粉等新粉出现。搽颊、点唇的脂粉，多用苏木制成，也有用桃红色纸做的，后渐有脂胭膏、口红等出售。梳头用刨花水，刨花水性黏，梳好头后发型轻易不乱。初时，在头发上少刷些棉油或菜籽油，使头发光亮；后生发油、发蜡、碧玉浆等渐次推广，不但看起来光泽，

① 参见戚云龙《徐州民俗文化》，中国文化出版社2019年版，第68页。

而且馥郁扑鼻。夏季街巷之中，有手托木盘叫卖白兰花的，多穿花成串戴在发髻上，后花露水渐兴，继而又有香水。因铁路运输之便，品种多以上海马首是瞻。

三、居住习俗

（一）选址建房

徐州规矩，凡准备建阳宅（住房），先敦请阴阳先生来相宅，选址后于黄道吉日开工建房。挖地基要酬谢石工喜钱，上梁时放鞭炮、贴吉联，内容为："姜太公择吉竖柱，公输子执柯上梁。"单幅则写"上梁大吉""吉星高照"等。

（二）迁新居、燎锅底

徐州习俗，迁入新居时，门上披红贴对联："但曰择仁里，岂敢谓乔迁。"横额："莺迁乔木。"锅灶上披红巾，搭上锡箔元宝后再迁入，设素供敬宅神，放鞭炮。迁居三天后，亲友持鸡鱼等鲜菜、糕点来贺，俗称为"燎锅底"。

（三）房屋格局

旧时徐州中产家庭多住四合房，主房正中供神像，两旁挂祝福对联，神像前置供柜。主房内八仙桌、太师椅、条几、春凳俱全，卧室内靠山墙处，并排立两大柜，柜上叠放皮箱各一，前墙窗下放梳头桌或梳妆台，衣架置于梳头桌之内端或房门后，后墙放床，床上悬帐，内具被褥，蓝布枕头，长几等齐。书房内设文房四宝。客厅里放置古玩，悬挂字画。

官贵人家的居住名称为公馆或大院，前面冠以姓氏称呼，如李公馆、徐家大院等，多为三进院落。有花园的人家，多将花园坐落在院后。三进院落中，头门如果用铁壳门楼，门口必设置石鼓（门当）、闸板；门楣上装饰伸出约一尺长的圆柱体户对，户对也可以是木雕或是砖雕。

四、行旅习俗

（一）启行

旧时凡有事外出，均翻检皇历，选择黄道吉日出行。出远门前，先到祖先神龛前叩拜，说明“不孝子（或孙）”外出原因及去向，祈请祖先神灵保佑。凡外出前一顿饭，包扁食称“送行的饺子”，弯弯的半月形，俗称“弯弯顺”。凡外做生意者，扁食多故意不捏严口，煮时扁食张开，便说：“挣了！全挣了！”寓大赚之意，以求吉利。凡出远门回来，家人以及亲友请客接风，接风宴主食是面，寓长长久久之意。“送行的饺子，接风的面”，已经流行多代。①

（二）行旅工具

旧时徐州人远途货运或带客，多走船运。元代京杭大运河开通后，船运更加方便快捷。明、清、民国时期，短途除马车外，还有土牛车、洪车两种人力推车，城内则用轿子居多。徐州轿子分小轿（二人抬）、中轿（四人抬）、大轿（即八抬大轿）。大轿为官府所用，巨族豪绅在婚娶时偶有用之。名医出诊，必乘轻便小轿。此外，婚嫁用轿为“四明轿”，丧葬用轿为“引魂轿”，妓女坐轿为“绿呢轿”，囚犯上刑场坐“无顶小轿”。普通民众用轿，可到老东门王家轿行、道衙门马家轿店去租，个别尼姑庵如广慈庵、大慈庵等，也有轿子出租。官宦世家、豪绅巨贾，家中多自备马车。驴作为代步的交通工具，在徐州曾时兴了很长时间。中老年人、妇女好骑乘毛驴，价格也便宜，远近路都很适宜。

民国以后，有西式人力胶皮车（俗称“东洋车”），商贾名流、戏子往往备包车自用，以显气派。1921 年前后，邮政局出现了徐州第一辆自行车，稍后有摩托车送邮件，1928 年前后才出现汽车②。1911 年、1916

① 参见戚云龙《徐州民俗文化》，中国文化出版社 2019 年版，第 76 页。

② 徐州市地方志办公室编：《徐州市志》，中华书局 1994 年版，第 837 页。

年,津浦、陇海铁路线先后建成通车,[①]从此跑买卖方便许多,乘船出行渐少。

第三节 人生礼俗

自《周礼》以来,千百年来民间衍化出许多不成文却自觉遵守的人生礼俗,尤以婚嫁、殡葬最重。徐州汉画像石中,如《喜结连理图》就包含大量的礼仪画面,成为研究徐州礼俗的重要资料。

一、婚姻礼俗

(一) 说媒、定亲

传统社会中,婚姻必须经过"父母之命,媒妁之言",二者缺一不可。媒人作为中介,"无媒不成婚"。婚姻大事,先由媒人说亲,双方同意后,将庚帖(生辰八字)交媒人拿去找卜人占算,俗称"合年命"。如属相相合,即可择吉日传启,俗称"过启柬"。男方用红纸写"敬求金诺",送给女方"求启"。女方写"谨遵台命",回送男方为"复启"。至期,设定亲酒,俗称"合亲"。宴罢,互换启柬,男方即以茶叶、米谷及"压启柬"所用的金银首饰 4 包或 8 包,交媒人送给女方,俗称"下聘礼"。此后,便可择定吉日迎娶。

婚期前一天"过嫁妆"。有"大八件"(富贵者可双倍、四倍),即一箱、一柜、一桌、一梳妆台,大马杌、小马杌各二;或者"小八件",即箱、柜、桌、大马杌各一,小马杌、盆圈各二;或者"大三件",即箱、柜、桌各一。贫穷家庭嫁女儿,陪嫁就是一个红包袱。赤贫或童养媳者,无任何陪赠,俗称"打原身"。

① 徐州市地方志办公室编:《徐州市志》,中华书局 1994 年版,第 789、791 页。

（二）迎娶、成亲

婚前三天，女方必饿嫁。迎娶的前一天晚上，男方要选派妇女数人，手里拿着红灯“照轿”，另请“全和人”（公婆、丈夫、子女俱存的妇女）帮助铺新床，多请几个男童在新床上“滚床”，寓意早生贵子、多子多福。

成婚日，男方发花轿去接新娘，请一男童坐在轿内，俗称“压轿”。吉时一到，媒人便督促上轿，俗称“催妆”。新娘须穿戴男方特送的红袄、红裙、首饰，告别娘家亲人，顶“蒙头红”哭着上轿。鼓乐再起，鞭炮轰鸣，开始“发嫁”。

也有“亲迎”习俗，即不用压轿童，由新郎亲往女家迎娶。迎娶时要带鹅、鸡各一对，也有带羊的。

花轿到男方家，此时关上大门，象征性地对新娘“局性”，然后开大门抬花轿进门，新娘走在红毯上，跨马鞍、火盒，旁边有专人大声赞唱喜词，高喊：“新娘跨马鞍，有个儿子做高官！”“新娘跨火盆，有个儿子做状元！”

之后，新郎与新娘分左右在供神桌前供桌上摆斗、秤等物，司仪指挥先向北三叩头，一拜天地，二拜高堂，最后夫妻对拜。这时，锣鼓十三帮、乐器、鞭炮齐鸣。拜天地时，忌见三种人：孕妇、寡妇、戴孝者。

（三）洞房闹喜

新娘来到前，男方选儿女俱全的少妇，取染红的栗子（立子）、红枣（早）、花生（生儿也生女）、白果、桂圆（富贵圆满）等吉祥干果，搭配着遍撒在新床上，谓之“撒帐”。撒帐时要说喜话，如：“一把撒在床里边，有个儿子做高官。一把撒在床外边，有个儿子做状元。一把撒在床中央，有个闺女当娘娘。一把栗子一把枣，大的跟着小的跑。撒了白果撒桂圆，小日子过得比蜜甜！”

新娘拜完天地后，入新房“坐帐”，稍停，由新郎上前，亲为新娘揭“蒙头红”。然后夫妇二人并坐床上，饮“交杯酒”，喝“子孙汤”（加了栗子、枣的糖水）。

午后在新房内设宴，谓之“新人饭”。饭后为新娘“薅脸”，即以红线把新娘脸上的汗毛绞净。绞毕，另取红鸡蛋在新娘的脸上滚擦一番，这时也要说喜话，如："薅脸要红线，滚脸要鸡蛋，今天吃喜酒，明年吃喜面。"

薅脸后，奏细乐把新娘请出洞房"分大小"。将贺喜的亲戚按辈分年龄次序介绍给新娘。被唱名者，须拿出些钱来送新娘作"见面礼"。"分大小"之后，喜宴开席。喜宴散后，亲友中与新郎平辈者大都留下来参加闹房。闹房时嬉戏多端，总之以新娘为主攻目标，直到鸡叫头遍，方送新人入"洞房"，送房时要唱"喜歌"。

新人入洞房后，要坐守窗前"长明灯"。屋外有人听房，如新人相对无语，俗称"哑洞房"，不吉利，须听房者在外有意逗引他们讲话；新人在屋内说了话，听房人才算"听房"了，完成任务而散。

（四）婚后习俗

婚后次日清晨，新娘去公婆房中请安。这一天，母家派新娘的兄弟辈来瞧看，俗称"瞧两天"。结婚第三天，新人祭祖。祭祖回来，新娘即下厨房烹鱼，合家吃"团圆饭"。婚后第三天，岳父母家派人来接女儿女婿"回门"。

二、生育习俗

（一）育前习俗

徐州习俗，孕妇待产前半月内，娘家必须派人送红糖、挂面、鸡蛋和炒米四包，俗称"催生糖"。旧时接生婆全凭经验，每遇难产如"站马生""卧马生""倒马生"之类，母子如过鬼门关。胎儿生下后，稳婆剪脐带、洗澡。旧时不懂卫生，导致小儿"七天脐风"，感染死亡的情况较多。

（二）育后习俗

妇女生育后，生男孩谓之"弄璋之喜"，为"大喜"；生女孩谓之"弄瓦之喜"，为"小喜"。然后烧喜纸，向祖先报喜。胎儿出生后第三日，稳婆再来探视，除送草头方为小儿母亲治疗月子里常见病外，还要再为小孩洗一次澡，俗称"洗三"。

新生儿三日后为之取名。俗话说:“三天不起名,小孩是个咕动虫。”有的家庭小孩少,存活不易,较娇贵,或取“贱名”,或者到道观或寺庙去“寄名”,以求神佛保佑孩子能够健康成长。

妇女生育十天后,亲友陆陆续续来送粥米。红糖、鸡蛋外,另可送些丝绸衣料、儿童服装、小被褥、小床帐、儿童玩具和小孩戴的金银饰。送粥米时,便餐招待,多食红糖泡馓子或泡炒米花。餐毕临走时,事主回送煮熟的红鸡蛋,一般生男 10 枚、生女 9 枚。

(三) 满月挪窝

新生儿弥月时,出红帖遍送亲友,写明时间、地点及新生儿名字,谓之“弥月之喜”,俗称“吃喜面”。之后,娘家接小儿母子回去住上三五天再送回,俗称“满月挪窝”。接小儿时,小儿眉心处抹一道红色,另须准备安息香和桃枝,谓在路上可避邪祟。轿子或人力车,视条件而定。住满后回去时,在小儿眉心中用粉抹个“钩”,俗称“红勾去,白勾来”,以为可以辟邪[①]。以后满百天,为之剃头。

三、寿诞习俗

(一) 抓周与过生

人生第一个周岁生日,徐州叫“抓生”(抓周)。讲究些的家庭,往往在桌上摆书、笔、算盘、尺子、钱币等物,要小孩任意去抓,依其首先抓到的物件来预卜其一生志向征兆。成年人过生日,无论设宴庆贺与否,必须吃长生面。生日这天,必须买些礼物送给母亲,以示孝敬,俗称“儿的生日老母苦”。

(二) 祝寿

年满 50 起,庆生名为“祝寿”,亲友多来送礼贺寿。届时富人家门

① 参阅戚云龙《徐州民俗文化》,中国文化出版社 2019 年版,第 19 页。

前置“寿”字高灯和纱灯、宫灯，扎松门（象征长寿）。各门贴寿联、寿字。大门内设鼓乐，院内搭彩棚、戏台和看台。厅堂、配房外遍悬寿联、喜幛。前一天晚上“暖寿”，室内外灯烛辉煌，院内锣鼓铿锵，按习俗首演《八百八年》（姜子牙遇文王的戏），然后请寿星点戏。看戏时，寿星坐看台正中，左右分坐女眷，男宾坐看台前下方，到午夜方散。

寿诞日又名“拜寿”“拜辰”。天刚亮，寿星便端坐在厅堂受拜，先从儿孙、家人开始，依次为近亲、远亲、世交晚辈。其余贺客拜寿时，多由寿星的子侄辈挡驾不拜，作揖即可。晚上大摆宴席，演戏庆贺，首演《赵颜求寿》，庆贺到午夜方散。徐州习俗，翁妪都在的，可以老翁的生日举行同庆，俗称“做双寿”。

（三）关口

徐州俗语：“七十三，八十四，阎王不叫自己去。”认为孔子活到七十三，孟子活到八十四，圣人过不去的，对普通人就是“关口”。已出嫁的女儿送红袄寿衣外，特别买鲤鱼、买肉送来吃，“七十三，吃个鲤鱼窜一窜”“八十四，吃块大肉才管事”，以利闯过关口之年。①

四、丧葬习俗

（一）停灵设祭

老人弥留之际便立即为之穿戴寿衣。逝者刚气绝时，即由其侄儿或外甥站到大门外，面朝西南方向大喊三声：“×××，明光大路向西南！”喊路后，才可以哭丧。男丧灵床停于正房，女丧灵床停于内室冲门或偏右处。灵前燃香烛和一盏小油灯，俗称“照尸灯”，另放置一个内装米饭的“阴饭瓶”。地上放一个瓦盆，盆底居中钻孔，死者几个儿子，就穿几个孔。此盆称“牢盆”，供烧箔用。

停灵后，家中大小围在灵床周围哭泣，并派人向亲友“传禀”，家人

---

① 参阅戚云龙《徐州民俗文化》，中国文化出版社2019年版，第24页。

遵礼服丧。丧服分“斩衰”“齐衰”“大功服”“小功服”“缌服”等五服。搭灵棚，以备吊客来时用。丧礼事大，丧主多请“照应”总提调，俗称“大老执”。制棺在院内，请大木作师前来制作。请乐工，除赤贫人家外，至少备高灯一对、鼓乐一堂。二门外摆“社火”，即纸制童男童女、金山银山、房屋车轿、金银库、开路鬼、显道神等。

人死后第二或第三天下午，吊客最多，均发给孝帽、孝巾，然后由高灯在前导引，鼓乐随后，家人、亲友列队前往土地祠“冥报”（向阴间报户口）。到晚上，再去土地祠为死者“送盘缠”（去阴间路上用）。殡前二天，举行家祭。家祭之后，吊客们行礼辞灵。傍晚开丧宴，丧宴俗称“跑马饭”（形容其快速）。至午夜，客人走后，便拆除灵堂，浇洒发酵后的面水，俗称“拔灵棚”。

（二）殡葬习俗

出殡日一大早，孝子叩头“请棺”，土工入棺室抬棺，此时家人大放哀声，由死者长孙持幡引导，抬出棺停在路中，摆桌行“路祭礼”。祭罢抬棺，孝子摔“牢盆”（摔时用力，唯恐摔不烂），以高灯、大幡为先导，后面是鼓乐、社火、五堂执事、顶马等，鸣锣开道送葬。棺下地后，焚燃社火，把幡插在坟顶上。这时，设坟祭，家人亲友奠毕即可结束。回家后，设宴招待参加送葬的亲友及题主、点主、顶马等人。宴毕，即可收拾所有的丧仪器物。

（三）殡后习俗

殡后第三天，全家人上茔“圆坟”；殡后第五天，孝子穿孝服去吊丧人家“谢吊”，同时高喊：“谢金子啦！”路太远者，则寄送谢柬。此后三年内，家庭中不得办婚嫁喜事，孝子百日内不剃头。凡富户，办丧事往往请僧人、道士诵经。出殡时，僧人、道士列队，奏法器送殡，第“三七”和“五七”日，诵经超度亡灵。贫困人家一切排场均不用，没有棺木的，用蒲席包尸，“三道箍、一根棍”（席外在死者肩、腰、腿弯处各用绳捆一道箍，另用一根棍穿在绳下，由二人抬出），随便葬在近郊义地，俗称“乱死岗子”。

第四节　工商行业习俗

行业习俗体现在参与手工业的生产过程、祖师崇拜、行业规矩以及拜师收徒等各个方面。商业服务的标志、贸易方法、数字暗码、劳务费、回扣、行业密语(暗话、黑话)等亦从属于此。徐州作为舟车交会的商品聚散地,有些行业与行俗明显带有南北交流的特色。

一、行业传承

(一) 祖师供奉

“三百六十行”,各行都讲究供奉祖师爷,礼仪多在逢年节、祖师爷生日、行业庙会、拜师收徒时举行。供奉时燃烛上香、叩头礼拜。徐州一带,各行业公认的祖师爷为烹饪业供奉彭祖,洪炉业供奉李老君,木工、瓦工行供奉鲁班,制笔业供奉蒙恬,修鞋业供奉孙膑,染纺业供奉葛仙翁,制药供奉华佗、孙仙人,烧窑业供奉女娲娘娘,饭馆茶楼业供奉灶君,典当行供奉赵公明,酿酒业供奉杜康。其他如干鲜果行为王母娘娘、戏曲行业为唐明皇(老郎爷)、曲艺行业为周庄王、相声行为东方朔、说唱道情为张果老、娼妓行为管仲、乞丐行为范丹、媒婆为月下老人、渔业祖师为姜太公等。徐州黑篷底小吃业供奉彭祖、秦忠(厨行又可称为“秦行”,外地“勤行”音同意不同)。

(二) 行业庙会

徐州中和街(今文油坊)稍南处,原有鲁班祠。正月十五为鲁班会日,七月二十一为鲁班生日,逢会时徐州木工、石工、瓦工等由同行中资历较高者主持上告、供礼、叩拜。

农历二月十五,相传为老君生日。云龙山西北坡下旧有老君庙会,五金业人员均前来赴会,行拜祖师礼。

农历六月十五,徐州北门瓮圈路东有彭祖庙会,徐州及周边各处厨师多来祭拜祖师。届时，练摊之众，俨然民间美食节。

七月十五日罗祖会，罗祖庙在云龙山东麓下一高台上，庙无山门，殿内有罗祖塑像。至期，理发业人员均来上香拜祖。

三月三、九月九为华祖庙会。除医药行人员来此拜祖外，善男信女也多前来顶礼膜拜。华佗一生在徐州游学、行医，其弟子樊阿即是徐州人。相传曹操将华佗杀害后，樊阿收华佗的头颅葬于徐州南郊。明永乐年间，徐州知州杨节仲修城南山川坛，挖地时掘出巨骷髅头一个，认为是华佗头骨，遂以土厚葬①。

（三）拜师收徒

以前学手艺，多有家长或本人托亲朋介绍，师父同意后举行，草拟“写纸”（拜师协议书），选定日期，举行拜师仪式。仪式由行业内有一定身份的人主持，并发给师徒二人“写纸”各一份。拜师后，须终身孝敬师父，俗称“三年为师，终身为父”。如无仪式，同行业便不予承认，称其为“秙的”（野的）。学徒期满出师后，要摆谢师宴，还要按照习俗及写纸规定，帮师一年或二年。

二、行规行俗

（一）同业行规

同行有行规行俗，内容一般为：同行不得贱价招徕或高价欺客，乱扒生意；禁篡行抢同行业的饭碗；不得挖墙脚扒别店师徒等。

（二）开业礼俗

凡商店新开业前，多用红纸书对联云：“先行交易，择吉开张。”嗣后，亲友、同业前来祝贺送礼。礼品多为牌匾、财神轴、香烛、贺对、瓷器等。店内布置一新，贴“开市大吉”大幅红条，放鞭炮，披红挂匾，送礼人排成一队，店主及股东、店员另排一队，向牌匾三揖到地。礼毕，至后房

① 参阅姚应龙纂修明万历《徐州志》卷二《古迹》，明万历刻本，第二十八页。

挂财神轴处。财神轴前依类斜放尺剪或斗秤(视营业品种而定)、账簿、算盘等物。店主先上前燃烛上香,行三叩头礼,次为店中人等,贺客们仅躬身一揖。当晚,店内设酒宴谢客。

(三)招牌与幌子

招牌或幌子悬挂本店门外,以便辨识和招徕顾客。招牌多为木制,白油漆铺底,绘有花边;幌子系纺织品制成。招牌及幌子上的字,除店名"×记"外,另写有经营项目。有的招牌或幌子上的词语,除标明经营项目外,又颇有广告意味,如茶楼多写"无扬子水,有蒙山茶",或"清蒸香茗""千丝肴馔";酒店多写"太白遗风"或"糟丘精华";药店多写"道地药材,遵古炮制";客栈多写"任官行台""安寓客商",另在门上端写"宾至如归";菜馆多写"包办筵席""随意小吃";粮行多写"汇集百谷""代客买卖"等。

(四)行业标识

除幌子和招牌外,店门口多悬挂某种物件,作为行业标识,使顾客易于识别。如油漆店挂猪尿泡(盛油漆用)一串、纸坊挂彩色纸穗一大束、做衣店挂衣服一件、香烛店挂大红蜡烛模型一个、帽店挂破毡帽一个、浴池挂灯一盏等。

(五)营业习俗

每年农历正月十五前后正式开业,直至年终。开业具体日期,一般由行会商会择定吉期,印刷在红笺上分送各店。开业前一天晚上,商店内贴对联、放鞭炮、敬财神,店主互相拜访祝贺发财,店员则聚赌或敲锣打鼓娱乐通宵。次日即正式开业。徐州的规俗,正式营业前,允许临时性营业。

(六)管理行俗

商业行俗,店主称"掌柜的",管理人叫"经理",财务叫"司账",店员叫"大伙友",学员为"小伙友"。其行规多强调服务热情周到。练习生入店第三年,成绩好的可提前提升为小伙友,更好的提为帮账,并按月发给少量月薪,俗称"起身钱"。至第四年方正式开月薪,年终按等级分红。

(七) 专业街与集市

旧时徐州各行业多集中经营，自成专业街。如丰储街一带的粮行街、统一南街的银市街，鼓楼街的“红炉街”、原英士街东段的铜器街、东坡墙一带的手工香烟一条街、席行巷的“苇席一条街”等。至于集市，不论在清代还是在民国时期，都是距城 20 里以外才有。如西北乡之敬安集、郑集，东北乡之汴塘、小塔山，北乡之利国驿，东乡之单集，南乡之宝光市、褚兰，东南之双沟镇，西乡之王门等。

逢集日期隔一日者为“小集”，隔二日者为“大集”。徐州城区 10 余里内无集有“市”，凡无店铺者，认摊兜售，相聚一处，相沿称之“小市”。徐州小市顾主多系河南、安徽贩运商，采购后再向内地转运，其营业额颇为惊人。直至抗战爆发后，因日机轰炸始罢。

旧时多有争行霸业现象，买卖“要谎”更习以为常，善于辞令的刁狡商人，在应付顾主时，他们有一套秘诀：“软、硬、刁、憨、钩、搂、奉、承、敬”，俗称“徐州府的买卖——拦腰砍”。后来，徐州天成百货商店开业，首创“一言堂”，悬牌挂出“言不二价”“童叟无欺”，跟风者始众。

三、其他行业习俗

(一) 船民习俗

徐州境内运河、骆马湖上船民禁忌较多，新船下水前和每年春节，都要宰杀红公鸡祭船，说是祭“大王”(龙王)。与使船人攀谈，忌说“沉”。吃鱼时，不可把鱼身翻过来，忌说“翻个”，因行船多风险，恐怕翻船。

(二) 矿工习俗

徐州煤矿云集，原称“江苏煤都”。民国及以前，多是小煤窑，矿工下井危险重重，故特别敬奉窑神殷郊(殷纣王之子)[①]。窑神庙以夏桥煤

① 梁白泉主编：《江苏省志·民俗志》，江苏人民出版社 2002 年版，第 79 页。

矿东大泉村的规模最大，大殿内塑有窑神像，手执钱串，黑脸，略显凶相以镇邪，东西两廊房塑有十八罗汉像。农历三月初三日，为窑神庙会。庙会这天，工人分早、中、晚三班排队去窑神庙烧香还愿。去时以吹鼓手为前导，抬着整猪整羊，一路吹吹打打，燃放鞭炮，烟雾弥漫，从夏桥煤矿门口一直燃放至窑神庙门口，以示矿工对窑神之虔诚，乞求保佑下井平安。

井下大巷的转盘被认为是香炉。新工人下井，要先在这里磕个头，乞求窑神爷保平安，才准许去干活。行俗禁忌：井口不许妇女靠近，连工人上班路遇妇女都认为不吉利。井下忌讳：灯灭了说“灯渍了”；坑木打滚说“翻个”；井口往下送车皮，不说推下去，说“搡下去”；窝子上掉落石头、矸子，叫“冒顶”；等等。

徐州民俗是先人生活事象的载体，饱含着深厚的传统文化和优秀的传统人文精神，体现了先人对身体康健、家庭和谐、生活幸福美满的向往，反映着敬畏自然、克己修身、规范经营的价值观念。这些优秀品质决定着徐州民俗文化具有持久的生机与活力，并将与时俱进，不断得到丰富和发展。当然，对于其中与时代需求脱节的某些陋习恶俗，也要自觉摒弃，积极进行移风易俗，以便更好地传承和充分发挥民俗文化的社会文化价值。

结 语

中国幅员辽阔，经过历史积淀，形成了多种区域文化。徐州文化作为其中之一，是中华文化的有机组成部分，但同时又显现出自身的独特价值，具有强大的生命活力。只有创造性转化、创新性发展，才能在新时期更好地保护和传承区域文化。

第一节 徐州历史文化的独特价值

汉文化无疑是徐州历史文化的高峰。徐州历史上的汉文化，是中华文化的一个以时代为标志的个体组成单位，而徐州人开创的汉朝文化以后成为中国文化的核心，对中华整体文化产生了极其巨大的影响。徐州是汉高祖刘邦及诸多丰沛元勋的家乡，以徐州为中心的苏北地区同时又是汉代重要封国所在地，是两汉时期行政区划重要的组成部分。在此基础上，具有地域特色的汉文化获得较大发展。从地域上分析，以徐州为发端的汉文化，是在本土东夷文化的基础上吸收河洛文化、齐鲁文化、楚越文化，并在三晋、三秦文化的影响下，结合自身发展逐渐形成的。可以认为，汉代统一之后，徐州历史文化和国家、民族文化一样开始走向整合，属于在汉代政治、经济、思想发展的基础上孕育而成的新文化。它是徐州区域文化的高峰，形成了徐州历史文化主体性的本质核心，世世代代作用于徐州历史文化的发展和演变，并时时刻刻在徐州上层建筑发挥着影响和作用。尽管这种特定时期特定地理单元的区域文化随着全民族文化的发展，从名义上有些淡化，但它的精神仍然是中国人文思想的瑰宝。

彭祖文化无疑是徐州历史文化的长效特色。提升徐州地域文化实力中最具有影响力的，一定是徐州文化中最能够“打动”世界的东西。这其中，彭祖文化是非常重要的一部分。习近平总书记说：“中医药学包含着中华民族几千年的健康养生理念及其实践经验，是中华文明的一个瑰宝，凝聚着中国人民和中华民族的博大智慧。”①中华人民共和国成立以来，我国中医药事业取得显著成就，为增进人民健康作出了重要贡献。以彭祖文化为契机，融合儒释道的医学、养生资源，将徐州打造成区域“养生之都”“健康之都”“医疗之都”，是徐州城市发展的重要增长极，也将推动徐州成为“健康中国”建设的重要示范城市。中国人在历史上追求度最高的首推福寿延年，健康是每个人成长和实现幸福生活的基础。徐州作为淮海经济区中心城市，要增加中心城市的作用强度，除了经济之外，社会发展水平和文化软实力也是重要的组成部分。而以彭祖文化享誉海内外的“彭城”，一定会有健康产业发展的好凭借和大平台。

军事文化无疑是徐州历史文化的显著亮点。《三国志·诸葛亮传》中说：“孟轲有云：‘以逸道使民，虽劳不怨；以生道杀人，虽死不忿。’信矣！”②诸葛亮赞成孟子的观点，以追求幸福的目的驱使人民，即使劳苦，人民也不抱怨；用追求生存解放的方向指挥百姓战斗，即使赴死，百姓也不会愤恨。楚汉战争以刘邦丰沛政治军事集团的胜利结束了东周至西楚以来的诸侯割据和纷争，一群误期待杀的罪犯揭竿而起，建立了大汉王朝，出现了人民安居乐业的文景之治。淮海战役打响，获得土地革命成果的农民冒严寒，忍饥饿，近百万人肩扛手推，踊跃支前，敲响了蒋家王朝的丧钟，预示着近代以来军阀混战行将结束，一个伟大的新时代

---

① 习近平：《对中医药工作作出重要指示》，新华社北京2019年10月2日电。

② 陈寿撰，裴松之注：《三国志》卷三五《蜀书·诸葛亮传》，中华书局1982年版，第931页。

即将到来。刘裕北伐、庞勋起义、芝麻李起义、捻军起义、中日徐州会战……求生和杀戮在徐州大地上互为交替，战争与和平在徐州大地上互为因果，演绎了大起大落、大喜大悲的历史活剧，使得徐州被历史注定为一个不平凡的热土。

徐州运河文化无疑是中国大运河文化中不可替代的一环。泗水是徐州的母亲河，与汴、菏、泡、丰、武、沂、沭等支流共同哺育了徐州大地。《尚书・禹贡》记载"浮于淮、泗，达于河"，泗水河道天然形成了水上运输网，使得徐州段成为最早的国家级运河主航道之一。春秋末年，徐州乘淮泗相通之势，北控齐鲁，南扼濠泗，东襟江淮，西通梁宋，成为兵家必争之地。两汉时期，长安(今陕西西安)和洛阳成为政治中心，汴泗交流的徐州则为江淮中原之间的水陆枢纽，江淮之物大多经此直达中原和关中，尤其是东汉王景治河，使徐州汴泗航道稳定了800余年。"汴水流，泗水流，流到瓜洲古渡头"，自幼生活在徐州的诗人白居易见证了徐州的运河胜景。元明清时期，徐州黄运交汇、舟楫四方，五省通衢、兼达西北，成为关乎王朝兴衰成败之命脉。然而，徐州又作为黄河之城，河患频发，洪灾严重，自1275年至1851年前后576年之间借黄行运的繁华背后，也留下数不尽的悲凉篇章。屯卫运河的移民、落荒逃灾的难民、南来北往的商民，大幅度改变了徐州的人口结构，也改变了这里的乡风民俗和价值取向。汴泗交流子房山，江淮河渭双手牵；西楚故都徐州府，北南共孕好人间。徐州是中国运河的一颗明珠，是中国运河史不可或缺的辉煌一页。

徐州有丰富的历史文化资源，宗教、民俗、文学、艺术、教育等亦有其不朽的光芒。徐州历史文化是富矿，是宝藏，从中学习历史智慧，有明了世事功过，推动地方建设的资治价值；有凝聚地方人心，培养热爱家国思想的整合价值；有传播地方文明，熏陶青年一代的教化价值；还有弘扬古贤品德，构建现代社会的示范价值；更有彰显地方特色，不断薪火相传的存史价值。

徐州历史文化与国家文化、民族文化以及其他区域文化有同质之处。然而，徐州历史文化在乡土化、个性化、本真化层面上更具有"人无我有，人有我优"的特异价值。在振兴中华民族优秀传统文化的旗帜下，将徐州个性异质文化与江苏、与国家的同质文化有机结合，形成历史穿透力、文化张扬力、生活智慧力和未来追求力，就一定能实现成倍增长的新价值。

第二节　徐州历史文化的保护与传承

徐州文化是生活在徐州土地上先人的心灵表白和行为实践，是物质财富和精神财富的总和，而每一个时代的这方人都应该义不容辞地担负起这一方文化保护与传承的责任。保护是为了更好地传承，而传承才是最好的保护。

文化保护与传承首先要做好调查与考证，摸清家底，建立资源库，理出文化财富账。徐州文化调查有历史表率和优良传统。早在西汉中期，司马迁就曾来到徐州地区进行考察。《史记·太史公自序》中，司马迁说自己“二十而南游江、淮，上会稽，探禹穴，窥九嶷，浮于沅、湘；北涉汶、泗，讲业齐、鲁之都，观孔子之遗风，乡射邹、峄；厄困鄱、薛、彭城，过梁、楚以归”①，又说：“吾适丰沛，问其遗老，观故萧、曹、樊哙、滕公之家，及其素，异哉所闻！”②司马迁比较明确地说到自己来过淮水、泗水，到了楚国、齐国、鲁国、梁国故地，还到了彭城，去刘邦的故乡丰沛访问。这是一次游历，更是一次楚汉遗迹的实地考察，其所见所闻为后来的《史记》提供了信实的第一手资料，成为不朽的文献和精神遗产。北魏年间，著名地理学家郦道元就到过徐州进行汉文化的调查，在其《水经注》中记载了楚王山汉墓、范增墓、桓魋石室的情况，还发现了在石头上刻的图像即汉画像石。隋唐至明清，文人墨客在徐州寻幽觅胜，访古探奇，不仅留下大量的文学作品，亦留下了许多文物和文献。1923年，著名书法家张伯英回徐期间，正值韩席筹创建云龙中学，施工中发现了汉砖，他将这些汉砖收集起来并传拓分赠给好友鉴赏，在《题云龙学校汉

① 司马迁撰：《史记》卷一三〇《太史公自序》，中华书局1959年版，第3293页。

② 司马迁撰：《史记》卷九五《樊郦滕灌列传》，中华书局1959年版，第2673页。

砖》一文中说:“彭城地接丰沛,两汉文物徐宜众盛。”他还和众多乡贤奔赴铜山、沛县、睢宁等地收集汉画像石,多有著述。

中华人民共和国建立后,在工农业生产建设中,大量埋藏在地下的文物破土而出,其中绝大部分都是汉代的,尤其是汉代画像石更是徐州汉文化的特色。20世纪50年代初,徐州成立了江苏省汉画像石保管组。60—70年代,徐州还成立了徐州市文物管理委员会和徐州博物馆。80年代初,我国的文化事业开始复苏,历史文化名城的申报推动了文物保护工作,对于徐州历史文化的研究主要集中在汉代遗产的调查与考证上。2007年,全国启动第三次文物普查,徐州地区对文物进行调查、勘察、汇总和数据库建设,主要是不可移动的文物。截至2011年底,全市共登记古遗址、古墓葬、古建筑、石窟寺及石刻、近现代重要史迹及代表性建筑1484处,其中不乏具有很高历史、科学、艺术价值,具有时代典型意义的代表场地①。2013年6月,徐州市全面实施了第一次全国可移动文物普查。这又是一次大规模、重要的文化遗产保护工程。5年来,通过大量卓有成效的工作,取得了丰硕成果。经专家最终认定,全市实际文物收藏单位24家,收藏可移动文物31555件(套),其中,12家非文博系统收藏可移动文物8913件(套)。在此基础上,还编辑出版了《揽珍——徐州市第一次全国可移动文物普查》一书②。此外,徐州民间收藏亦是十分丰富,数以万计的高等级藏品,提高了徐州“文物大市”的知名度。

非物质文化遗产是相对于有形的物质文明结晶而言的无形文化遗产。如果说文物、文献等物质文化遗产是民族文化的硬件,那么以历史记忆、道德情感、生活经验、劳动智慧、特艺绝技等为内容的非物质文化遗产可以说是民族文化的软件。自2005年以来,徐州市已建立健全四级非遗保护体系,收集非遗线索47000多条,列入普查4300多项。截至2021年底,徐州市有非物质文化遗产项目159项,其中包括人类非物质文化遗产代表作1项(徐州剪纸)、国家级10项、省级58项,而县

① 徐州市文物局编:《徐州市第三次文物普查新发现》,徐州市文物局2012年印,第2页。
② 韩峰主编:《徐州市第一次可移动文物普查总结报告》,徐州市文物普查办公室2016年印,第5页。

区级非物质文化遗产项目则多达447个。无形的活态的非物质文化遗产和有形的固态的物质文化遗产一样,都是徐州人民宝贵的财富,都是构成地方精神家园不可或缺的重要元素,徐州的子子孙孙理应世世代代地守护。

文化保护与传承紧接着要做好整理与研究,摸清规律,建立体系,量出文化丰厚度。徐州市在文献整理、文化研究、文化科普、文艺作品、方志年鉴、专题丛书等方面已经有了许多成果,从一定程度上总结了前人创造的文化业绩,探索了先贤实践的文化规律,评价了过去发生的文化现象,弥足珍贵地填补了时代需求的文化营养。然而,徐州缺少通史、通纪、通传、通志,缺少完整系统地研究徐州传统文化资源、提炼精神标识、观照古今、服务于当代社会建设和发展的力作。因而,努力汲取徐州传统文化养分,萃取思想精华,提炼文化基因,丰富研究内涵,浓墨重彩地研究重大史实、关键人物、重要时段,体现徐州文化主流精神特色,探讨地方文化、专题文化在江苏文化、国家文化发展中的独特价值,提出新发现、阐发新见解、构建新理论,使之成为今后的理论自觉、行动自觉,乃是光荣、艰巨而又不可推卸的历史使命。

文化保护与传承还必须做好规划和创新,认清形势,预判未来,绘出文化发展图。文化圈学说和经济区学说几乎是一样的。在空间概念上和心理概念上,因一定经济文化中心的辐射力和凝聚力而形成一定的地域范围,这就是有核心、有层次、有边缘的经济区和文化圈。例如,今天的淮海经济区和徐州文化圈,就跨出行政范围的影响,波及苏鲁豫皖四省接壤地区。鲁南、豫东、皖北的人们自发前来区域中心城市徐州,接受这里的医疗卫生、文化教育、时尚消费,甚至落户安居,融入这里的经济社会发展。因此,基于区划理论,我们初步认为,在我们今天这个时代,在淮海地区,确实存在着一个超越行政区划的以徐州为中心的经济活动区和文化圈,这是历史文化和地缘经济的造化。为了进一步继承优良文化传统,开拓文化新世界,新的历史时期必须做好文脉传承和文化发展规划。

其一,努力构建淮海经济区思想文化和道德风尚建设高地,增强中国特色社会主义道路自信、理论自信、制度自信、文化自信,进一步净化党风、政风、社风、民风，广泛认知并践行社会主义核心价值观，显著提高徐州文明城市和美好乡村建设水平，进一步增强徐州的文化凝聚力和引领力。

其二，努力打造淮海经济区文化服务中心，建设覆盖城乡、服务高效、群众满意的现代公共文化服务体系，建设重大功能性超强文化设施，生产优质文化产品和服务，扶持具有思想性、艺术性和观赏性的文化精品力作，文化消费业态进一步提升，文化消费环境不断优化，使徐州文化供给能力实现新突破、形成新格局。培养文化领军人物、引进高端文化人才、培训基层文化骨干，将中华民族优秀传统文化教育从娃娃抓起并贯穿全部学历教育，为地方充实文化人才储备。

其三，努力创设淮海经济区文化交流中心，加快优秀文化“走出去”步伐，促进文化贸易不断扩大，增强徐州汉文化特色品牌的影响力，完善文化交流合作机制，培育外向型文化企业和产业基地，鼓励正能量的文化节庆活动，借以形成多渠道、全方位、多层次、宽领域的对外文化交流格局，形成徐州文化整体健康发展、互利共赢的文化交流与合作新机制。

总之，文化的活化，保护是手段，传承是方式，发展是目的。徐州历史文化遗产虽然历经千年的时光磨砺，但相关文化信息仍能基本保存，大致历史环节亦基本完好。在它们身上，不仅承载着徐州先祖的历史背影，还寄托着今人对先贤的历史情感，这种隐藏于血脉之下的文化基因，正是我们与过往相连的通道。文化发展与文化超越的基础是建立文化自信和文化自觉。只要当代徐州人坚持守正创新，徐州文化就一定能够实现优质基因的代际传承、子代文明的改进升华，成为人类共有的精神财富。

徐州文化大事记

旧石器时期

距今1万年前，徐州地区就有古人类繁衍生息。在新沂市马陵山及北沟镇何山头等地发现的古人类文化遗迹，为苏北鲁南新石器文化起源奠定基础。

新石器时期

距今9000多年至4000多年前，徐州地区依次进入北辛文化、大汶口文化、龙山文化、岳石文化时期，现有邳州市刘林、大墩子、梁王城、新沂市花厅遗址等全国重点文物保护单位，成为江苏历史文化起源地之一。其中，下园墩遗址是徐州城市历史文化之源。

新沂市花厅遗址玉器的形制和纹饰具有良渚文化的风格，证明早在5000多年前徐州地区就已开始南北文化交流。

距今4000多年前，大彭氏国以大彭山（今徐州西郊义安山）为活动中心，是江苏境内最古老的部落方国。

夏代

夏启十五年（约前1964年），彭伯寿征讨西河（今安阳南），平定武观叛乱。这是徐州有史可查的最早战争记录。

商代

河亶甲三年（约前1532年），彭伯征讨邳国，克邳。

河亶甲五年(约前1530年),彭伯征讨姺国,姺降。

武丁四十三年(前1208年),殷商灭大彭。大彭氏国在徐州境内立国800余年,徐州成为彭祖文化的发源地。

西周

今徐州境内分属宋、徐、鲁、邳、偪阳、萧、钟吾等国,后期属楚。

周成王三年(前1040年),宋国封立,徐州境内彭城(今徐州)、萧(今安徽萧县)、留(今徐州北微山湖中)等邑属之。

周穆王十四年(前963年),命楚文王讨伐徐国。

春秋

宋桓公元年(前681年),萧国复建。

宋文公十四年(前597年),萧国灭亡。其在徐州境内立国1000余年,开发了古代徐州西部地区。

周简王十三年(前573年),晋、楚彭城争霸。彭城之名首次出现在《左传》中,距今已有2596年,是江苏境内最古老的城邑。

周灵王九年(前563年),晋国灭偪阳(今徐州东北)。晋宋联军偪阳之战是春秋时期规模较大的战争。

周景王二十一年(前524年),齐国伐徐国,攻占蒲隧(今睢宁县西南)。徐国依附齐国。

周敬王八年(前512年),吴国灭徐国、钟吾国。徐人一部分西行入楚,一部分南渡入吴,徐文化遍布长江以南。

战国

周敬王三十八年(前482年),吴王夫差经彭城北上黄池(今封丘南)会盟。

周元王四年(前473年),越王勾践经彭城北上徐州(今滕州南)会盟。

宋悼公元年(前403年),宋国迁都彭城。

宋悼公十九年(前385年),韩、宋交战。韩克彭城,俘宋悼公。

周显王八年(前361年),魏国开通汴水。彭城汴泗交流,成为齐鲁江淮通往中原秦晋的水陆枢纽。

周显王二十九年（前 340 年），邳迁于薛，为上邳，今睢宁古邳一带遂称下邳。邳国在徐州境内置都数百年，开发了古代徐州东部地区。

周赧王二十九年（前 286 年），宋国灭亡。宋都彭城百余年，徐州深受中原文化影响。

周赧王三十一年（前 284 年），彭城并入楚国。徐州深受楚文化影响，楚风浓厚。

楚考烈王七年（前 256 年），汉高祖刘邦生于丰邑中阳里（今丰县东北）。

秦王政二十四年（前 223 年），楚国灭亡。徐州全境属秦。

秦代

秦王政二十六年（前 221 年），秦统一六国。今徐州境内分属泗水郡、砀郡、东海郡等，置彭城、沛（今沛县东）、萧（今萧县西北）、下邑（今砀山东）、下邳、吕、留、司吾等县。

秦始皇二十八年（前 219 年），嬴政过彭城，在泗水打捞周鼎。

秦始皇二十九年（前 218 年），张良行刺嬴政失败，隐居下邳。成语“孺子可教”的典故源于下邳黄石公与张良的故事。

秦二世元年（前 209 年），陈胜、吴广在大泽乡（今徐州南安徽省宿州市）起义。徐州成为中国历史上第一次农民大起义的策源地。

秦二世三年（前 207 年），楚怀王熊心迁都彭城。彭城成为楚地政治中心和反秦战争军事指挥中心。

西汉

汉元年（前 206 年），项羽分封 18 路诸侯王，自立为西楚霸王，都彭城，王九郡，统领诸王。项羽在彭城南郊山上构筑高台，以观士卒操练赛马，后人称为“戏马台”。

二年（前 205 年），楚汉彭城大战。这是楚汉战争中规模最大的战役，也是我国历史上以少胜多的经典战例。

高帝五年（前 202 年），汉军占彭城，项羽乌江自刎。楚汉战争结束。

高帝六年（前 201 年），刘邦封其弟刘交为楚王，都彭城，领淮西 36

县,共传8代,享国125年。

高帝十二年(前195年),刘邦衣锦还乡,在沛地作《大风歌》,以丰、沛为汤沐邑。

景帝三年(前154年),楚王刘戊参加“七国之乱”,兵败自杀。

武帝元光三年(前132年),黄河首次夺泗入淮,由淮及海。这是黄河经行徐州的最早记录。

元封五年(前106年),设徐州刺史部,辖琅琊郡、东海郡、临淮郡和楚国、泗水国、广陵国共3郡3国132县,共1042190户,3663897人口。有今山东东部、南部和江苏长江以北地区。

太初四年(前101年),解忧公主(楚王刘戊孙女)和亲乌孙,加强了汉朝和西域的关系。

宣帝地节元年(前69年),楚王刘延寿谋反未遂,自杀。国除,改置彭城郡。

宣帝黄龙元年(前49年),复置楚国,封其子刘嚣为楚王,都彭城。共传4代,享国55年。

平帝元始二年(2年),楚国彭城、留、吕、梧(今徐州西南)、傅阳、甾丘(今徐州南)、武原(今邳州西北)7县,共有114738户,497804人口,其中彭城有40196户。这是清代以前徐州地区最高人口记录。

孺子婴初始元年(8年),王莽篡汉,楚国废除,改置和乐郡。

东汉

东汉设徐州州牧(治今郯城西南),辖东海郡、广陵郡和彭城国、下邳国、琅琊国共2郡3国62县。

光武帝建武二十八年(52年),封其子刘英为楚王,都彭城,领10县。楚王刘英是中国古代统治阶层里最早的佛教信徒,在彭城建立中国第一个佛教团体,并建造中国最早的佛寺——浮屠仁祠。

明帝永平十二年(69年),王景治河,使黄河900年无改道,徐州境内无大水灾。

永平十四年(71年),楚王刘英自杀,国除,改置楚郡。

永平十五年(72年),明帝东幸彭城,亲耕下邳,封其子刘衍为下邳王。

章帝章和元年(87年),东幸彭城。

同年,刘衍就国下邳。共传4代,享国134年。下邳国领下邳、睢陵(今睢宁)、司吾等17县,共136389户,611083人口。第三代下邳王刘意90岁而终,是中国古代仅次于南越王赵佗(百岁)的长寿诸侯王。

章和二年(88年),封其弟刘恭为彭城王,都彭城。共传5代,享国199年。彭城国领彭城、武原、傅阳、甾丘、广戚、吕、留、梧8县,共有86170户,493027人口。

献帝初平四年(193年),下邳相笮融斥巨资在下邳城南造浮屠寺,建九镜塔,这是中国历史上第一座佛教宝塔。

同年,笮融在下邳举办浴佛活动。此为中国历史上第一个浴佛活动。

同年,曹操东征陶谦,攻破彭城,杀戮甚众,泗水为之不流。这是徐州历史上的第一次屠城。

献帝兴平元年(194年),刘备为徐州牧。徐州治所由郯城迁至下邳。《三国演义》中"三让徐州"的故事即源于此。

献帝建安元年(196年),袁术刘备小沛之战。《三国演义》中"辕门射戟"的故事即源于此。

建安三年(198年),曹操东征吕布,攻破彭城,屠戮殆尽。这是徐州历史上第二次屠城,也是最严重的一次兵灾。旋围下邳,擒杀吕布于白门楼。《三国演义》中"白门楼吕布殒命"的故事即源于此。

建安五年(200年),曹操东征刘备,徐州不复为患。《三国演义》中"屯土山关公约三事"的故事便发生在此次东征。

三国

徐州治所几经更迭,在曹魏时期终定彭城。在彭城设徐州州牧,领下邳郡、东莞郡、广陵郡和彭城国、东海国、琅琊国共3郡3国50县。有今山东南部、安徽淮河以北、江苏长江以北地区。

魏明帝太和六年(232年),封环太妃(彭城人)之子曹据为彭城王,领彭城、留、吕、梧、傅阳、武原6县,共4600户。

徐州铜矿丰富,铜镜制作精湛。日本曾出土"铜出徐州"字样的青铜镜。

西晋

西晋设徐州牧，治彭城，领彭城国、下邳国、琅琊国和东海郡、广陵郡、东莞郡、临淮郡3国4郡61县，共81021户。

武帝泰始元年(265年)，封司马权为彭城王，领彭城、留、吕、梧、傅阳、武原、广戚(今沛县北)7县，共2900户。彭城国历9代，共155年。

同年，封司马景为沛王，都相(今濉溪西北)，领丰、沛、萧等9县。沛国历2代，共46年。

武帝太康元年(280年)，封司马晃为下邳王，领下邳、睢陵等7县，共5176户。下邳国历3代，共31年。

惠帝元康年间(291—299)，徐州牧迁治下邳。

惠帝永兴二年(305年)，琅邪王司马睿镇下邳，王导为司马，开启了“王与马共天下”的局面。

永兴三年(306年)，东海王司马越领徐州兵马屯驻萧县，西进中原，参与平定“八王之乱”。

怀帝永嘉五年(311年)，前赵攻下邳，杀刺史裴盾，晋失徐州。

愍帝建兴三年(315年)，彭城人仲令仪(291—361)由西域沙门智山法师剃度，受十戒，终成沙弥尼，法号净检，成为中国历史上第一个受戒的比丘尼。

东晋　十六国

东晋徐州辖彭城郡、兰陵郡、济阴郡、沛郡和和下邳国、淮陵国4郡2国。

元帝太兴元年(318年)，彭城内史周抚杀沛国内史周默，以彭城叛降石勒。次年二月，东晋、后赵彭城寒山(今徐州两山口)之战，后赵败走。

明帝太宁二年(324年)，后赵占领彭城，设置徐州刺史。晋将刘遐自彭城退保泗口。

成帝咸和九年(334年)，后赵徐州从事朱纵杀刺史郭祥，以彭城降晋。旋因后赵来攻，彭城得而复失。

穆帝永和五年(349年)，东晋褚裒北伐，七月再复彭城，八月又失。

永和七年(351年)，冉魏徐州刺史周成降晋，东晋再次收复彭城。

孝武帝太元四年(379 年),前秦苻坚占领彭城,以毛当为徐州刺史,镇彭城。

太元九年(384 年),东晋、前秦淝水之战后,谢玄收复彭城。

同年,谢玄组织 9 万人对彭城东南的吕梁洪进行大规模整治,以利给运。

安帝义熙七年(411 年),东晋在淮南侨立徐州(治今镇江),原徐州淮北部分称北徐州,治彭城。北徐州领彭城郡、沛郡、下邳郡等 11 郡。

义熙八年(412 年),法显在彭城建造龙华寺。这是中国第一座具有天竺风格的寺院。

义熙十二年(416 年),刘裕在彭城戏马台举办重阳诗会,谢灵运等 100 余人赴会。彭城重阳诗会是中国古代文学史上的盛会。

同年,刘裕大修彭城,以砖垒城。这是徐州砖砌城墙之始。又疏浚汴水,西通中原,彭城复为水陆要冲。刘裕在戏马台建所建的台头寺,是古代徐州八大寺之一。

义熙十三年(417 年),刘裕率军从彭城西进,克长安,灭后秦。

南北朝

刘宋徐州辖彭城、下邳、沛等 9 郡。彭城地处南北要冲,战事连绵。

宋武帝永初二年(421 年),改北徐州(治彭城)为徐州,领 12 郡。其中,彭城郡领彭城、留、吕、薛(今滕州南)、蕃(今滕州西北)5 县。

宋文帝元嘉二十七年(450 年),魏太武帝拓跋焘南侵至彭城,立毡屋于戏马台上,以望城中。后攻城不克,引兵南下。次年春,魏军自瓜步北还,再经彭城,夜宿安王陂。所过郡县,赤地无余。

宋明帝泰始二年(466 年),徐州刺史薛安都以彭城叛降北魏,宋军兵败吕梁,尽失淮北之地。次年,刘宋于钟离(今凤阳东北)侨置徐州。

北魏献文帝皇兴元年(467 年),置徐州,治彭城,领 7 郡,共 37812 户,108787 人口。

魏孝文帝太和五年(481 年),徐州刺史薛虎子在彭城积谷屯田,徐州地区农业逐渐发展。

太和十五年(491 年),薛虎子卒于彭城。其在任上审办了徐州历史上一次著名的反贪大案。

太和十九年(495年)之前,孝文帝元宏巡幸彭城白塔寺,求学《成实论》。

宣武帝正始三年(506年),梁将张惠绍进攻彭城,围高冢戍(亚父冢),旋失利退走,未能收复彭城。

孝明帝孝昌元年(525年),北魏置东徐州,治下邳。同年,徐州刺史元法僧以彭城叛入南朝。梁遣豫章王萧综入守彭城仅六月,萧综奔魏,魏复据有彭城。

孝昌三年(527年),梁将成景隽进攻彭城,欲堰泗水以灌城,为魏徐州行台崔孝芬所败。

北魏时期在彭城南郊石佛山(今徐州云龙山)开凿大石佛头像。

东魏孝静帝天平元年(534年),置徐州,治彭城,领5郡。

武定五年(547年),梁贞阳侯萧渊明进攻徐州,堰泗水于寒山,灌彭城以应侯景。魏将慕容绍宗率众驰援,梁师大败,萧渊明兵败北俘,史称“寒山失律”。

武定八年(550年),东魏置东徐州,治下邳。

北齐文宣帝天保元年(550年),置徐州,治彭城。又在彭城置东南道行台。

天保二年(551年),废沛郡,沛县始属彭城郡。彭城郡领彭城、丰、沛、萧、砀山5县。

齐后主武平六年(575年),陈将吴明彻大败齐军于吕梁南。两年后,齐为北周所灭。

北周武帝建德六年(577年),置徐州总管府,改东徐州为邳州。

宣政元年(578年),陈将吴明彻进围彭城,为周将王轨所破,吴明彻兵败被俘。此后南朝再无力北图中原。

隋代

隋置徐州总管府,治彭城,领彭城、下邳等郡。

炀帝大业元年(605年),开凿通济渠连接黄淮。徐州境内埇桥(今安徽省宿州市埇桥区)成为江淮漕运要道。

大业三年(607年),改州为郡。彭城郡领彭城、沛、留、丰、萧、滕、兰陵、符离、蕲(今宿州市南)、谷阳(今固镇西)、方与(今金乡东)11县,共有130232户。

大业九年(613年),下邳苗海潮起义,后并入江淮杜伏威部。

大业十年(614年),高僧靖嵩在彭城圆寂,年78岁。其喜诗颂,工篆隶,著有《摄论疏》6卷。

同年,彭城张大彪起义,为隋彭城留守董纯所破。

大业十一年(615年),彭城魏麒麟起义,为隋军所败。

大业十四年(618年),宇文化及立秦王杨浩为帝,拥兵至彭城,水路不通,夺民间车牛两千辆以行,民怨载道。

唐代

高祖武德四年(621年),置徐州总管府,辖徐州、邳州、泗州等地。

武德七年(624年),改徐州总管府为都督府,辖徐、邳、泗(今泗县)、仁(今泗县东)、鄫(今枣庄东)、沂(今临沂)6州。其中,徐州领彭城、萧、沛、丰、滕、符离、诸阳(今宿州西北)7县。

同年,唐将尉迟敬德在彭城治理徐州洪和吕梁洪。

太宗贞观元年(627年),徐州都督府隶属河南道。后十七年(643年),废罢徐州都督府。

贞观五年(631年),重修彭城,有内外城,规模不如刘裕时所筑。

高宗上元二年(675年),徐州隶属淮西节度使。

玄宗天宝元年(742年),改徐州为彭城郡,辖彭城、丰、沛、萧、滕、下邳、宿迁7县,共65170户,478676人口。

同年,在彭城设秋丘冶(今徐州利国),专事冶铁。

肃宗至德元年(756年),彭城隶属河南节度使。

肃宗乾元元年(758年),改彭城郡为徐州,领6县,共8162户,45537人口。

乾元二年(759年),复置河南节度使,治彭城,领徐、泗、亳、海(今连云港)、颍(今阜阳)5州。

代宗广德二年(764年),李光弼卒于彭城。李光弼坐镇彭城,徐州成为指挥平叛的军事重地。

德宗建中元年(780年),白季庚任彭城县令。其子白居易在徐州符离(今安徽省宿州市埇桥区)开始了25年的寓居生活,其诗句"离离原上草”即反映了符离景物。

建中二年(781 年),叛将李纳进攻徐州,宣武军节度使刘洽与神策将曲环等败之于七里沟,江淮粮道畅通。

建中三年(782 年),置徐海密沂都团练观察使,治徐州,徐州战略地位提升。

德宗贞元四年(788 年),置徐泗濠节度使,治彭城。徐州为军事重镇。

贞元十五年(799 年),韩愈至彭城寻亲(其乳母李氏是徐州人),留下“汴泗交流郡城角”诗句。徐州“汴泗交汇”之称由此而来。

宪宗元和二年(807 年),置武宁军节度使,治彭城,领徐、泗、濠(今凤阳)3 州,后增领宿州,共有 18 县。

元和十年(815 年),平卢节度使李师道进犯萧、沛,徐州武宁军节度使李愿击退之。

懿宗咸通三年(862 年),武宁军节度使王式诛杀银刀军,平定彭城兵乱。

同年,置徐州团练防御使(后改置徐泗团练观察处置使),治彭城。

咸通九年(868 年),庞勋起义军攻占彭城,截断江淮粮道。

咸通十年(869 年),唐军攻克彭城,尽屠桂州戍军家属。这是徐州历史上第三次屠城。

咸通十一年(870 年),置徐泗观察使,治彭城。十一月,赐号感化军节度。

僖宗文德元年(888 年),宣武军节度使朱温与感化军节度使时溥(彭城人)在彭城九里山大战,时溥大败。

景福二年(893 年),宣武军节度使朱温与泰宁军节度使朱瑾在彭城石佛山大战,朱瑾败退。

同年四月,朱温攻破彭城,时溥登燕子楼自焚而亡。朱温占领徐州。

五代

后梁、后唐、后晋、后汉、后周在徐州置武宁军节度使,治彭城。徐州领彭城、下邳、丰、沛、萧、宿迁 6 县。

后梁乾化四年(914年),后梁徐州武宁军节度使蒋殷叛吴。次年,后梁攻克彭城,蒋殷举族自焚而死。徐州复属后梁。

后晋天福二年(937年),徐州人李昪在江宁称帝,建立齐政权(后改称唐)。传3世,享国38年,是十国中版图最大的政权。

后晋开运四年(947年),李仁恕起义军攻彭城,与投降契丹的徐州武宁节度使符彦卿激战,不敌退去。

后汉乾祐二年(949年),后汉徐州巡检成德钦在宿迁司吾镇(今新沂市境)遭遇淮贼,破之。

乾祐三年(950年),后汉大将郭威遣人至彭城迎立刘赟为嗣。不久,郭威代汉立周,刘赟被杀。

后周广顺元年(951年),郭威遣新任武宁节度使王彦超攻克彭城,徐州尽属后周。

广顺二年(952年),后周南唐下邳大战。南唐败绩。

北宋

太祖乾德元年(963年),南平归附宋朝,高继冲受封武宁军节度,镇徐州十年,部内称治。

太宗太平兴国四年(979年),北汉灭亡。汉主刘继元入宋,改封彭城郡公。

同年,以炼铁利国之意,将彭城北面的秋丘改为利国,称利国监。

太平兴国七年(982年),置徐州,治彭城,领彭城、丰、沛、萧、滕5县和利国监。后增宝丰监(今徐州东)。

太宗端拱二年(989年),范仲淹生于彭城。皇祐四年(1052年),又卒于彭城。有《范文正公文集》传世。

太宗至道三年(997年),徐州隶属京东路。

神宗熙宁七年(1074年),徐州隶属京东东路。

熙宁十年(1077年),徐州知州苏轼在彭城率领军民抗洪,保全城池。

神宗元丰元年(1078年),为纪念抗洪胜利,苏轼在彭城东门之上建造黄楼,并亲书《黄楼赋》。后人将其在徐州所作诗词归入《黄楼集》。

同年,苏轼在彭城作《放鹤亭记》(今徐州云龙山放鹤亭)。

同年，苏轼派人在彭城西南白土镇找到石炭(煤)。徐州古代采煤历史由此开始。

元丰五年(1082 年)至元祐元年(1086 年)，贺铸任职徐州宝丰监期间，与徐州文人陈师仲、寇元弼等人成立了彭城诗社。这是徐州文化史上的重要组织。

哲宗元祐四年(1089 年)，开凿治理徐州洪和吕梁洪，修月河石堤，上下建闸，相机启用，舟船畅通。

徽宗崇宁年间(1102—1106)，徐州共有 64430 户，152237 人口。

金代

太宗天会六年(1128 年)，杜充掘堤黄河以阻金兵南侵，黄河主流夺泗入淮，发生重大改道，黄河正式经行徐州。

天会七年(1129 年)，金将粘罕攻陷彭城，知州王复殉国。州将徐州人赵立招募乡兵继续抗金，一度收复彭城。

熙宗皇统二年(1142 年)，金置武宁军节度使，治彭城，领彭城、丰、萧 3 县，隶属山东西路。

章宗明昌五年(1194 年)，黄河南支挟汴东下，在彭城夺泗入淮。从此黄河由汴水故道流经徐州长达 661 年。

宣宗贞祐三年(1215 年)，徐州武宁军节度使隶属河南路。

宣宗兴定三年(1219 年)，红袄军与金军战于彭城狄山(今徐州伊庄境内)。

元光元年(1222 年)，红袄军与金军战于彭城十八里寨(今徐州大彭境内)、古城(今徐州柳新境内)、桃园(今徐州刘集境内)，互有胜负。

哀宗正大元年(1224 年)，完颜仲德以垒石重修彭城，规模接近刘裕所筑彭城。

哀宗天兴三年(1234 年)，蒙古、金彭城之战，蒙古军占领彭城。徐州属蒙古帝国。

元代

太宗十年(1238 年)，蒙古守将张名以彭城降宋。蒙宋大战，蒙古复取彭城。

世祖至元二年(1265年),彭城县并入徐州。彭城作为城邑名称和县级建置的历史从此结束。徐州仅辖萧县,这是徐州历史上辖县最少的时期。

至元八年(1271年),徐州隶属归德府(今商丘)。

至元十三年(1276年),徐州设立铁冶提举司,专事采煤冶铁。

至元十六年(1279年),文天祥被押送大都(今北京)途中,路过徐州,登戏马台怀古。

至元二十年(1283年),大运河南北贯通,黄运交汇,徐州地处水运要冲。

至元二十六年(1289年),元廷遣人至徐州吕梁等地采石制磬。

至元二十七年(1290年),置河南行中书省,徐州属之。

英宗至治二年(1322年),意大利圣方济各会修士鄂多立克沿着运河经过徐州直抵大都。他在《东游录》中记述了徐州见闻。

顺帝后至元二年(1336年),萨都剌赴闽路过徐州,作《木兰花慢·彭城怀古》。现为徐州市市歌歌词。

顺帝至正八年(1348年),置徐州总管府(徐州路),领邳、宿、滕、峄(今枣庄南)4州。

同年,徐州洪和吕梁洪设置差官,监督漕运。

至正十一年(1351年),都漕运使贾鲁治河,使黄河重回徐州故道。

同年,芝麻李起义军攻占徐州,截断运河漕运。

至正十二年(1352年),元丞相脱脱率大军攻陷徐州,屠戮全城。这是徐州历史上第四次屠城。

至正十三年(1353年),降徐州为武安州,在徐州东南奎山重建州城。这是徐州历史上第一次迁城。

至正十五年(1355年),红巾军领袖刘福通从夹河(今砀山县)迎韩林儿至亳州称帝。徐州属红巾军政权管辖。十七年,元军复徐州。

至正二十年(1360年),张士诚起义军攻占徐州。

至正二十六年(1366年),徐州守将陆聚降吴王,徐州为朱元璋所有。

至正二十七年(1367年),朱元璋军队从徐州北伐。次年,占领大都(今北京),元亡。

明代

太祖洪武元年(1368年),徐州暂隶开封府。

洪武四年(1371年),徐州改隶中都临濠府(今凤阳东北),行政隶属开始“南向”。

洪武十四年(1381年),徐州直隶京师(今南京),后属南直隶(治今南京)。领丰、沛、萧、砀山4县。

洪武二十六年(1393年),徐州共有22683户,180821人口。

洪武三十一年(1398年),高僧胜吉在徐州云龙山建大殿,覆盖石佛。

洪武时期,重修徐州城,以砖石垒砌,周长9里,规模宏峻。

惠帝建文四年(1402年),燕王朱棣伏兵徐州九里山,大败徐州守军。自此燕军长驱江淮,直捣南京。

成祖永乐元年(1403年),巡按御史丁璿镇压徐州张晋祥起义。此次起义对山东唐赛儿起义起到推动作用。

永乐九年(1411年),疏浚黄河,畅通经徐州南下入淮运河航道。

永乐十三年(1415年),陈瑄疏浚徐州洪和吕梁洪,以便漕运。徐州设户部分司,建广运仓,专司漕运。徐州广运仓成为明代漕运四大转运仓之一。

同年,陈瑄主持开凿吕梁洪,建吕梁石闸以平复水势。设徐州洪工部分司和吕梁洪工部分司,负责监督漕运、治理航道。

同年,在徐州城东南设彭城驿,以其为中心向四周辐射,形成水路和陆路交织的驿站网。

宣宗宣德二年(1427年),在徐州敕建权谨牌坊。

宣德七年(1432年),徐州兴化寺住持僧文安扩建大殿,依崖而造,顺山而成,有“三砖殿覆三丈佛”之称。

英宗正统二年(1437年),宋骥纂修《彭城志》。这是徐州现存最早的志书。

代宗景泰元年(1450年),黄河决口,徐州平地水深1丈,民房尽毁,死伤枕藉。这是徐州被黄水淹城的首次记录。

同年,丰县重修龙雾桥,并立《重修丰县龙雾桥庙记》碑。

景泰五年(1454年),扩建徐州城。

宪宗成化十三年(1477年),承德郎户部主事冀绮撰写《徐州广运仓记》碑文,记述明代徐州漕运枢纽盛况。

孝宗弘治元年(1488年),朝鲜人崔溥在《漂海录》中记述徐州运河沿岸情况,是反映明代徐州政治、经济、文化、交通、习俗等方面的珍贵资料。

弘治四年(1491年),徐州共有34868户,354311人口。

弘治八年(1495年),截断黄河入海北支,使其专下徐州,由淮入海。

武宗正德六年(1511年),刘六起义军攻打徐州吕梁和房村驿,威胁漕运。

世宗嘉靖初年,工部主事冯世雍编撰徐州《吕梁洪志》。这是徐州历史上第一部水运专志。

嘉靖十四年(1535年),吕梁工部分司员外郎张镗在徐州吕梁洪畔塔山(今凤冠山)建孔子观道亭。

嘉靖十九年(1540年),日本朝贡使团由宁波沿运河北上抵达邳州直河驿,停留12天。这是明代日本使团第一次经停徐州。日本室町幕府后期临济宗高僧策彦周良在《入明记》中记述徐州运河沿岸城镇情况,是了解明代徐州社会经济、文化制度、人物风俗的珍贵资料。

同年,日本朝贡使团由北京南下抵沛县泗亭驿,停留11天。这是明代日本使团第二次经停徐州。

嘉靖二十三年(1544年),徐州都水主事陈洪范凿除徐州洪和吕梁洪怪石,从此二洪漕运如走坦途。

同年,立《疏凿吕梁洪记》碑。此碑由礼部侍郎徐阶撰文,刑部侍郎韩邦奇篆额,书法家文徵明亲书,号称“三绝碑”。

嘉靖二十二年(1543年),徐州兵备副使李天宠击退侵扰徐境的倭寇。

嘉靖二十八年(1549年),日本贡使再次由宁波沿运河北上抵邳州直河驿,停留14天。这是明代日本使团第三次、也是最后一次经停徐州。

嘉靖三十七年(1558年),徐州城南吴家集暴动,抢走漕粮,朝廷被迫蠲免赋税杂役。

嘉靖四十四年(1565年),河决沛县,运道俱废。次年,尚书朱衡在夏镇留城之间开凿新河道。这是徐州运河第一次大改道。

神宗万历六年(1578年),徐州共有37841户,345766人口,是徐淮区域的商业中心和重要城市。

万历十八年(1590年),河官潘季驯在徐州开凿奎河,以泄城中积水。奎河之名被载入《河防一览》。

万历二十八年(1600年),意大利耶稣会士利玛窦和庞迪我携带自鸣钟、西洋镜等贡品由运河北上途经徐州抵达北京。

万历三十二年(1604年),总河李化龙开凿疏通泇河运河(中运河前身)。漕船多行泇河运河,徐州运河渐趋衰落。

万历三十四年(1606年),徐州人万崇德建造奎山塔。奎山塔成为当时徐州城的标志建筑,也是运河转折点的航标和徐州广运仓的站标。

万历三十九年(1611年),河决狼矢沟(今徐州东),倒灌运河。漕船全部经行泇河运河,徐州运道渐废。

熹宗天启二年(1622年),徐鸿儒起义军至徐州,无船渡河,转战丰沛。

天启三年(1623年),徐州户部分司主事张璇疏浚云龙山饮鹤泉,并立碑纪念。

天启四年(1624年),河决徐州奎山堤,州城尽没,积水3年不退。这是徐州历史上最严重的黄患。兵备道杨廷槐选址城南二十里铺重建州城,后因运道不当、资金拮据等6个原因未果。

同年,徐州仓户部分司为避水患迁至戏马台办公,戏马台所在的南山始称"户部山"。

思宗崇祯元年(1628年),兵备道唐焕按照洪武城规模布局重建徐州城,以致形成"城上城""街上街""井上井"等城市奇观。

崇祯八年(1635年),张献忠起义军攻占徐州,斩知州陈桂栋。

崇祯十七年(1644年),李自成起义军攻占徐州房村,徐州通判(分署房村)凌濛初在房村呕血而亡。凌濛初著有《初刻拍案惊奇》《二刻拍案惊奇》。

清代

世祖顺治二年(1645年),徐州隶属江南布政使司,领丰、沛、萧、砀山4县。

圣祖康熙初年,罗马尼亚旅行家尼古拉·斯塔鲁·米列斯库来到徐州,在日记中把东门外弘济桥称为“活桥”(浮桥),使徐州文化在世界传播。

康熙三年(1664年),徐州隶属江北按察使司。

康熙四年(1665年),徐州隶属江南巡抚。

同年,裁撤共历251年之久的徐州仓户部分司。

康熙五年(1666年),徐州隶属江南右布政使司,划入江苏按察使辖区。

康熙六年(1667年),徐州隶属江苏布政使司,领4县。

康熙七年(1668年),徐州大震,州城尽毁,死伤无数。这是徐州历史上最严重的一次地震灾害。

康熙十一年(1672年),法籍耶稣会士汪儒望来到徐州传教。这是天主教第一次传播到徐州。

康熙十七年(1678年),徐州第一座天主教教堂建立。

康熙十九年(1680年),徐州张胆出资迁建文庙,大学士张玉书为作《迁建文庙碑记》。

康熙二十一年(1682年),徐州张胆捐资修建荆山桥。徐州荆山桥是清初全国最长的石桥。

康熙二十五年(1686年),沛县知县梁文炳重修歌风台。

康熙二十八年(1689年),睢宁云牌舞诞生。云牌舞是以舞蹈艺术形式对吉祥如意的祈愿。

康熙三十四年(1695年),徐州知州王黾承主持开凿云龙山北魏石佛的两臂和前胸。

康熙四十六年(1707年),天主教首次传入沛县。

康熙五十七年(1718年),徐州知州姜焯在云龙山修建大士岩(观音院），并作《云龙山新开大士岩记》。每年农历二月十九日是徐州云龙山庙会。

康熙六十年（1721年），徐州知州姜焯在徐州云龙山西坡置办义学。此为徐州云龙书院的前身。

世宗雍正二年（1724年），康熙年间因地震而毁的徐州城修葺完固。

雍正七年（1729年），徐州置淮徐道，专管河务。

雍正十一年（1733年），徐州升州为府，始置铜山县，为徐州府治。徐州府辖邳州、铜山、丰、沛、萧、砀山、睢宁、宿迁1州7县，共有237153人口。

雍正十三年（1735年），徐州知府李根云将云龙山义学改建为云龙书院。云龙书院成为徐州历史上成就最高的学府。

高宗乾隆五年（1740年），石杰、王峻修纂《徐州府志》。这是徐州设府以来的第一部府志。

乾隆十年（1745年），张弘运、田实发修纂《铜山县志》。这是铜山置县以来的第一部县志。

乾隆十一年（1746年），徐州石工水志改为志桩，以监河情。这是徐州设立水志之始。

乾隆二十二年（1757年），乾隆皇帝第一次到徐州视察河工。云龙山北麓建乾隆行宫。

乾隆二十五年（1760年），徐州府隶属江宁布政使司。

乾隆二十七年（1762年），乾隆皇帝第二次到徐州视察河务，决定在北门外黄河边设立水志，观察河情。

乾隆二十八年（1763年），徐州知府邵大业重修徐州苏堤，并作《重修苏堤记》。

乾隆三十年（1765年），乾隆皇帝第三次到徐州阅河。

乾隆四十三年（1778年），徐州知府永龄重建城南泰山显济庙，将其更名为碧霞宫，民间俗称“奶奶庙”。每年农历四月十五日是徐州泰山庙会。

乾隆四十九年（1784年），乾隆皇帝第四次到徐州视察河情，驻跸柳泉行宫。

乾隆五十三年(1788年),淮徐道康基田扩建云龙书院。云龙书院成为清代徐州地区规模最大的书院。

仁宗嘉庆二年(1797年),扩建徐州城。至嘉庆五年(1800年)扩建完工,规模超过明代洪武时期的徐州城。

嘉庆四年(1799年),在徐州北门外黄河南岸置放镇河铁牛一尊,祈望河宁。

嘉庆二十三年(1818年),南河总督黎世序在徐州北门外黄河之畔建“五省通衢”牌楼。

嘉庆二十四年(1819年),山东大鼓传入睢宁。经过张朝聘、张家诚两代人努力,终使山东大鼓演变为具有地方特色的睢宁苏北大鼓。

文宗咸丰元年(1851年),河决丰县蟠龙集,患及丰、沛、铜山、邳州、睢宁等地,灾害空前严重。

咸丰四年(1854年),太平军曾立昌部与清军在丰县激战,转战徐州和萧县,转入河南。

咸丰五年(1855年),黄河北徙,流经徐州长达750多年的黄河从此不再经过徐州。

穆宗同治五年(1866年),捻军张宗禹部与清军在徐州荆山桥激战。捻军撤退。

德宗光绪六年(1880年),贾家汪(今徐州贾汪)人周勉在当地采煤出售。近代徐州采煤业由此发端。

同年,天主教传入丰县。

光绪七年(1881年),基督教英国传教士祀思溥在徐州鼓楼南端开办医院(诊所)。这是西医传入徐州之始。

光绪八年(1882年),候选知府胡恩燮奉命在徐州创办利国矿务总局。近代徐州官督商办工业由此开始。

同年,法国耶稣会士艾赉沃来徐州考察。他是近代徐州天主教传播的开创人。

光绪九年(1883年),徐州知府曾广照在西南城垣上重建燕子楼,并作《重修燕子楼记》。燕子楼曾是古代徐州五大名楼之一。

光绪十年(1884 年),徐州科举士子把法国耶稣会士艾赉沃驱离出城。

光绪十三年(1887 年),韩志正、张伯英、王嘉诜、祁世倬等青年学子就读于徐州云龙书院。他们成为晚清民国时期徐州文化教育界的重要代表。

同年,英国浸礼会传教士仲均安首次来徐州传教。这是基督教在徐州传播之始。

光绪十五年(1889 年),徐州知府桂中行重修快哉亭,并作《重修快哉亭记》。

光绪十六年(1890 年),徐州知府桂中行主持编纂的《徐州诗徵》成稿,次年刊行。《徐州诗徵》是徐州历史上第一部诗歌总集。

同年,徐州萧县马井爆发反洋教斗争。历时 1 天,宣告失败。

光绪十七年(1891 年),徐州设立电报局,辖山东韩庄和台儿庄电报房。这是近代徐州电报业之始。

光绪十八年(1892 年),谭子春在徐州开办民信局(民营),专送商民信函。这是近代徐州邮政业的萌芽。

光绪二十二年(1896 年),徐州教案爆发。砀山大刀会攻打教堂,丰、沛、萧、铜山、宿迁等地响应。法国公使以此为由要挟清政府。

光绪二十六年(1900 年),美南长老会在徐州坤维医院内建立教堂。这是近代徐州的第一个基督教堂。

光绪二十七年(1901 年),徐州设立邮政局。这是近代徐州邮政之始。

光绪二十九年(1903 年),徐州云龙书院改为徐州中学堂,延续千年的古代书院制度在徐州终结。

光绪三十年(1904 年),徐州籍革命人士韩志正在徐州成立不缠足会,推动了徐州反封建的斗争。

光绪三十一年(1905 年),徐州开办劝工厂。徐州使用机器纺织毛巾的历史由此开始。

同年,美南长老会牧师葛马可在徐州创办培心书院。这是基督教会在徐州办学之始。

光绪三十二年(1906年),韩仲英(韩志正女)赴日留学。这是近代徐州女性留学之始。

同年,徐州道台袁大化和徐州府台桂中行创办徐州师范学堂。这是徐州一中的前身。

光绪三十四年(1908年),天主教法国传教士艾赉沃在徐州创办要理学。这是天主教会在徐州办学之始。

逊帝宣统元年(1909年),韩志正与韩仲英在徐州创办坤成女学堂。这是徐州历史上第一所女子学校。

宣统二年(1910年),徐州成立农务分会,设农事试验场。这是近代徐州最早的科研机构。

同年,徐州天主教耶稣圣心大教堂建成。

同年,萧县马井再次爆发反洋教斗争。

宣统三年(1911年),徐州光复,推翻清朝统治。

同年,铜山县(包括徐州城区)共有836080人口。

同年,沛县成立国术馆,宋氏少林拳传入沛县。

民国

民国元年(1912年),废府存县,徐州8县隶属江苏省。

同年,津浦铁路全线开通,徐州为重要车站。

同年,交通银行徐州分行成立,这是徐州历史上第一个银行。

民国二年(1913年),同盟会人士韩志正和高勉之在徐州创办《醒徐日报》。这是徐州历史上发行的第一份报纸。

同年,省立第七师范学校(在徐州)附属小学成立童子军。

同年,置徐海道,治铜山(徐州),辖铜山、丰、沛、萧、砀山、邳、睢宁、宿迁、东海、赣榆、灌云、沭阳12县。民国十六年(1927年)废。

民国三年(1914年),长江巡阅使张勋在徐州建电灯厂。近代徐州用电由此开始。

同年,基督教美南长老会开办的坤维女医院设有产房和手术室,这是徐州使用西方医术接生之始。

民国四年(1915年),陇海铁路汴徐段(开封至徐州)完工,津浦、陇海铁路在徐州交会,徐州成为铁路枢纽。

民国五年(1916年),张勋在徐州召开13省督军会议,徐州成为策划复辟活动的中心。

同年,吴继宏、吴继昌兄弟在徐州建造花园饭店,是当时设备最齐全的新式宾馆。

同年,徐州天主教震旦附中易名为昕昕中学。昕昕中学是天主教会在中国开办的重点中学,在中国近代教育史上占有重要地位。

民国六年(1917年),张勋率部从徐州直上北京,进行"丁巳复辟"。后,复辟失败。

民国八年(1919年),徐州坝子街出现了西式面包铺。徐州西餐业由此开始。

同年,毛泽东由京赴沪路过徐州,环绕城墙一周。这是毛泽东第一次来徐州。

同年,第一位加拿大籍神父抵达徐州。

民国九年(1920年),陈德荣、陈亚峰在省立第七师范学校(在徐州)秘密成立了马克思学说研究小组,开始传播马克思主义。

同年,徐州籍同盟会人士顾子扬在徐州创办了中国国民党党报——《民生日报》,使无政府主义思想在徐州传播开来。

同年,宁波人顾效伦在徐州创办天成百货公司。这是近代徐州首家百货公司。

同年,徐州云龙舞台建成,可容1200人。这是近代徐州第一个大型剧场。

民国十年(1921年),徐州马克思学说研究小组成立了公开组织——赤潮社,创办了《赤潮旬刊》,这是徐州历史上第一个公开宣传马克思主义的刊物,为创建徐州党组织奠定了思想基础。

同年,徐州爆发"八号门事件"。这是中国共产党成立初期领导的一次规模较大的罢工运动,标志着第一次工人运动高潮的到来。

同年,美国教育家杜威博士来徐州宣讲实用主义教育。

民国十一年(1922年),中共陇海铁路铜山站(今徐州北站)支部成立。这是江苏境内成立的第一个党支部。

民国十三年(1924年),徐州社会主义青年团成立大会在城南户部山召开。徐州成为江苏第二个建团的地方。

同年，基督教会创办的徐州正心中学爆发学潮，爱国师生民族意识空前高涨。

民国十四年(1925年)，中共徐州支部成立。这是苏鲁豫皖接壤地区成立最早的党支部。

同年，陇海铁路徐海段(徐州至连云港)开通。徐州成为华东重要的交通枢纽。

民国十五年(1926年)，刘仁航所著《东方大同学案》出版。该书宣扬佛教社会主义思想。

民国十六年(1927年)，北伐军攻占徐州。北洋军阀在徐州的统治宣告终结，徐州纳入南京国民政府版图。

民国十七年(1928年)，蒋介石在徐州发动二次北伐，攻占北京，使东北改旗易帜，从形式上完成全国统一。

同年，中共徐海蚌特委在徐州成立，领导苏北、皖北、鲁南、豫东地区的斗争工作，组建了中国工农红军第15军。

同年，商人武郎轩在徐州大同街开办万生园食品店。这是徐州首家生产西式饼干的食品店。

同年，国民党第一军驻防徐州，军长刘峙指使拆除城墙。

同年，武当拳、陈氏太极拳、张氏查拳传入徐州。

民国十八年(1929年)，铜山县公共体育场(今徐州云龙体育场)建成。这是近代徐州第一个公共体育场地。

民国十九年(1930年)，蒋介石坐镇徐州指挥中原大战。

同年，江苏省立徐州图书馆建成。这是近代徐州第一个公共图书馆。

民国二十年(1931年)，话剧传入徐州。

同年，徐州设立测候所。这是徐州第一个气象组织。

同年，徐州籍商人蒋诚道在徐州大马路开设西餐厅。这是徐州第一个西餐厅。

同年，徐州大同街钟楼建成。这是20世纪30年代徐州最高大的建筑。

民国二十一年(1932年),徐州基督教会培心中学与正心女子中学合并,各取原校首字,名曰培正中学。培正中学是徐州解放前夕学生人数最多的学校。

同年,成立省立徐州民众教育馆,开展平民主义教育运动。

民国二十二年(1933年),铜山县长王公屿整修大同街,铺设柏油马路。

民国二十三年(1934年),徐州坝子街民众开展反洋教斗争。

民国二十五年(1936年),徐州城人口增至13万以上,是苏鲁豫皖接壤地区最大的城市和农副产品集散中心。

民国二十六年(1937年),中共苏鲁豫皖边区特委根据河南省委的指示,将特委机关从鲁南山区迁至徐州,为当时淮海地区抗日民族统一战线的领导机关。

同年,上海抗敌救亡演剧队第二队洪琛、王莹、金山和音乐家冼星海等文化演艺界人士来到徐州开展抗日宣传工作。

同年,徐州举办国术运动会。

民国二十七年(1938年),中国军队在徐州会战中取得台儿庄大捷。这是抗战以来中国军队在正面战场上取得的第一次重大胜利。

同年,设置徐州市。徐州和铜山的政区从此分开。

民国二十八年(1939年),徐州陇海卷烟厂建立。这是近代徐州第一个机制卷烟厂。

民国二十九年(1940年),八路军115师运河支队成立。运河支队位于山东八路军和淮北新四军之间地区,是苏鲁边区重要的抗日武装力量。

同年,徐州建成自来水厂。徐州使用自来水的历史由此开始。

同年,中岛吉一把徐州竹林寺明代木雕贴金韦驮像盗走带回日本。2000年韦驮像回归徐州竹林寺。

民国三十三年(1944年),徐州昕昕中学爆发“砸玻璃事件”。这是徐州爱国师生反日伪当局奴化教育的重要活动。

同年,伪淮海省在徐州成立,辖22市县,面积5万平方千米,人口1300余万。

民国三十五年(1946年),周恩来、张治中、马歇尔组成国共军事调停三人小组来徐州协商停战。

同年,山东野战军和华中野战军在徐州东部地区发动宿北战役。宿北战役消灭国民党军2万余人,开创了人民解放军1次全歼国民党军1个整师的先例。

同年,江苏学院由扬州迁到徐州。直到中华人民共和国成立前夕解散为止,它都是徐州地区的最高学府。

民国三十六年(1947年),在徐州云龙山上建造津浦铁路抗战殉难员工纪念碑,以纪念抗战期间为国捐躯的徐州铁路员工。

民国三十七年(1948年),华东野战军和中原野战军在以徐州为中心的地区发动淮海战役。淮海战役消灭国民党军55万余人,解放了江、淮、河、汉广大地区。

同年,徐州解放。徐州、铜山、丰县、沛县、邳州、睢宁共有3726147人口。

1949年初,渡江战役总前委迁到徐州西郊北望村,研究和制定了京沪杭战役(即渡江战役)作战方案。

中华人民共和国建立后,徐州一度隶属山东省管辖。1952年回归江苏省,由省直辖。

主要参考文献

一、古籍文献

1. 周振甫译注:《诗经译注》,中华书局 2002 年版。

2. 伏胜撰,郑玄注,陈寿祺辑校:《尚书大传》,中华书局 1985 年版。

3. 阮元校刻:《十三经注疏》,中华书局 1980 年版。

4. 杨伯峻编著:《春秋左传注》,中华书局 1981 年版。

5. 曾振宇注说:《春秋繁露》,河南大学出版社 2009 年版。

6. 王念孙撰,钟宇讯点校:《广雅疏证》,中华书局 1983 年版。

7. 杨伯峻译注:《论语译注》,中华书局 1980 年版。

8. 朱彝尊:《经义考》,中华书局 1998 年版。

9. 司马迁撰,裴骃集解,司马贞索隐,张守节正义:《史记》,中华书局 1959 年版。

10. 班固撰,颜师古注:《汉书》,中华书局 1962 年版。

11. 范晔撰,李贤等注:《后汉书》,中华书局 1965 年版。

12. 陈寿撰,裴松之注:《三国志》,中华书局 1959 年版。

13. 房玄龄等撰:《晋书》,中华书局 1974 年版。

14. 沈约撰:《宋书》,中华书局 1974 年版。

15. 萧子显撰:《南齐书》,中华书局 1972 年版。

16. 姚思廉撰:《梁书》,中华书局 1973 年版。

17. 魏收撰:《魏书》,中华书局 1974 年版。

18. 李百药撰:《北齐书》,中华书局 1972 年版。

19. 魏徵等撰:《隋书》,中华书局 1973 年版。

20. 李延寿撰:《南史》,中华书局 1975 年版。

21. 刘昫等撰:《旧唐书》,中华书局 1975 年版。

22. 欧阳修、宋祁撰:《新唐书》,中华书局 1975 年版。

23. 脱脱等撰:《宋史》,中华书局 1977 年版。

24. 脱脱等撰:《金史》,中华书局 1975 年版。

25. 宋濂等撰:《元史》,中华书局 1976 年版。

26. 张廷玉等撰:《明史》,中华书局 1974 年版。

27. 赵尔巽等撰:《清史稿》,中华书局 1977 年版。

28. 司马光编著,胡三省音注:《资治通鉴》,中华书局 2013 年版。

29. 胡渭:《禹贡锥指》,永瑢、纪昀纂修:《(景印)文渊阁四库全书》第六七册·经部六一·书类,(台北)商务印书馆 1986 年版。

30. 郭璞注:《山海经》,中华书局 1985 年版。

31. 袁珂:《山海经校注》,巴蜀书社 1993 年版。

32. 尚学峰、夏德靠译注:《国语》,中华书局 2007 年版。

33. 沈约注,洪颐煊校:《竹书纪年》,商务印书馆 1937 年版。

34. 郦道元著,陈桥驿校证:《水经注校证》,中华书局 2007 年版。

35. 李吉甫撰,贺次君点校:《元和郡县图志》,中华书局 1983 年版。

36. 李昉等撰:《太平御览》,中华书局 1960 年版。

37. 乐史:《太平寰宇记》,永瑢、纪昀纂修:《(景印)文渊阁四库全书》第四六九册·史部二二七·地理类,(台北)商务印书馆 1986 年版。

38. 罗泌撰:《路史》,永瑢、纪昀纂修:《(景印)文渊阁四库全书》第三八三册·史部一四一·别史类,(台北)商务印书馆 1986 年版。

39. 高士奇:《左传纪事本末》,中华书局 1979 年版。

40. 李有棠:《金史纪事本末》,中华书局 1980 年版。

41. “中央研究院”历史语言研究所校:《明太宗实录》,(台北)“中央研究院”历史语言研究所 1983 年印。

42. “中央研究院”历史语言研究所校:《明神宗实录》,(台北)“中央研究院”历史语言研究所 1983 年印。

43. “中央研究院”历史语言研究所校:《明熹宗实录》,(台北)“中央研究院”历史语言研究所 1983 年印。

44. 徐溥等撰，李东阳等重修：《明会典》，永瑢、纪昀纂修：《（景印）文渊阁四库全书》第六一七册·史部三七五·政书类，（台北）商务印书馆1986年版。

45. 杨宏、谢纯撰，荀德麟、何振华点校：《漕运通志》，方志出版社2006年版。

46. 扬雄撰，郭璞注：《方言》，中华书局1985年版。

47. 钱绎撰集，李发舜、黄建中点校：《方言笺疏》，中华书局1991年版。

48. 许慎撰，段玉裁注，许惟贤整理：《说文解字注》，凤凰出版社2007年版。

49. 刘熙：《释名》，蒋志伟、任国祥主编：《国学经典丛刊》第1辑，天津古籍出版社2016年版。

50. 刘知几撰，黄寿成校点：《史通》，辽宁教育出版社1997年版。

51. 林宝著：《元和姓纂》，古歙洪氏嘉庆七年刊版，光绪六年金陵书局校刊。

52. 封演撰，赵贞信校注：《封氏闻见记校注》，中华书局2005年版。

53. 郑樵：《通志略》，上海古籍出版社1990年版。

54. 顾祖禹撰，贺次君、施和金点校：《读史方舆纪要》，中华书局2005年版。

55. 赵翼著，王树民校证：《廿二史札记校证》，中华书局1984年版。

56. 冯国超主编：《孔子家语》，吉林人民出版社2005年版。

57. 方勇译注：《庄子》，中华书局2010年版。

58. 荀况著，杨倞注，耿芸标校：《荀子》，上海古籍出版社2014年版。

59. 张湛注：《列子》卷二《黄帝》，上海书店1986年版。

60. 管仲著，戴望校正：《管子校正》，《诸子集成》第五册，中华书局1978年版。

61. 陈曦译注：《孙子兵法》，中华书局2011年版。

62. 王先慎撰，钟哲点校：《韩非子集解》，中华书局1998年版。

63. 吕不韦著，高诱注：《吕氏春秋》，《诸子集成》第六册，中华书局1954年版。

64. 王利器：《新语校注》，中华书局1986年版。

65. 刘向集，王逸注：《楚辞》，中华书局1957年版。

66. 朱熹撰，蒋立甫校点：《楚辞集注》，上海古籍出版社2001年版。

67. 何宁撰：《淮南子集释》，中华书局1998年版。

68. 扬雄著,张震泽校注:《扬雄集校注》,上海古籍出版社1993年版。

69. 刘向撰,程翔译注:《说苑译注》,北京大学出版社2009年版。

70. 刘向撰,卢元骏注释:《说苑今注今译》,(台北)商务印书馆1977年版。

71. 刘向编著,赵仲邑注:《新序详注》,中华书局2017年版。

72. 王充著,陈蒲清点校:《论衡》,岳麓书社1991年版。

73. 费振刚等:《全汉赋校注》,广东教育出版社2005年版。

74. 严可均辑:《全后汉文》,《全上古三代秦汉三国六朝文》第二册《后汉》,河北教育出版社1997年版。

75. 逯钦立辑校:《先秦汉魏晋南北朝诗》,中华书局1983年版。

76. 刘义庆著,刘孝标注,余嘉锡笺疏:《世说新语笺疏》,中华书局2007年版。

77. 金融鼎:《陶渊明集注新修》,华东理工大学出版社2017年版。

78. 谭正璧、纪馥华选注:《庾信诗赋选》,古典文学出版社1958年版。

79. 刘勰著,詹锳义证:《文心雕龙义证》,上海古籍出版社1989年版。

80. 王利器:《颜氏家训集解(增补本)》,中华书局1993年版。

81. 萧统编,李善注:《文选》,上海古籍出版社1986年版。

82. 虞世南撰,孔广陶校注:《北堂书钞》,中国书店1989年版。

83. 吕效祖编:《魏徵谏言选注》,陕西人民出版社1983年版。

84. 中华书局编辑部点校:《全唐诗(增订本)》,中华书局1999年版。

85. 段安节:《乐府杂录》,商务印书馆1936年版。

86. 郭茂倩:《乐府诗集》,中华书局1979年版。

87. 释道宣:《广弘明集》,上海古籍出版社1991年版。

88. 慧皎撰,汤用彤校注:《高僧传》,中华书局1992年版。

89. 傅璇琮主编:《唐才子传校笺》,中华书局1987年版。

90. 屈守元、常思春主编:《韩愈全集校注》,四川大学出版社1996年版。

91. 白居易著,顾学颉校点:《白居易集》,中华书局1979年版。

92. 刘学楷、余恕诚:《李义山诗歌集解(增订重排本)》,中华书局2004年版。

93. 王仲闻校订,陈书良、刘娟笺注:《南唐二主词笺注》,中华书局2013年版。

94. 李勇先、王蓉贵校点:《范仲淹全集》,四川大学出版社2002年版。

95. 张志烈、马德富、周裕锴主编:《苏轼全集校注》,河北人民出版社 2010 年版。

96. 苏轼著,冯应榴注,黄任轲、朱怀春校:《苏轼诗集合注》,上海古籍出版社 2001 年版。

97. 管仁福主编:《苏轼徐州诗文辑注》,中国矿业大学出版社 2014 年版。

98. 苏轼著,李之亮笺注:《苏轼文集编年笺注 诗词附》,巴蜀书社 2011 年版。

99. 苏辙:《苏辙集》,中华书局 1990 年版。

100. 陈师道撰,任渊注,冒广生补笺:《后山诗注补笺》,中华书局 1995 年版。

101. 秦观撰,徐培钧笺注:《淮海集笺注》,上海古籍出版社 1994 年版。

102. 贺铸著,王梦隐、张家顺校注:《庆湖遗老诗集校注》,河南大学出版社 2008 年版。

103. 李清照著,杨合林编注:《李清照集》,岳麓书社 1999 年版。

104. 辛弃疾著,王增斌、王丽解评:《辛弃疾集》,山西古籍出版社 2004 年版。

105. 王明清:《挥麈录》,上海书店出版社 2001 年版。

106. 陆游撰,李剑雄、刘德权点校:《老学庵笔记》,中华书局 1979 年版。

107. 北京大学古文献研究所编:《全宋诗》,北京大学出版社 1998 年版。

108. 元好问编,萧和陶点校:《中州集》,华东师范大学出版社 2014 年版。

109. 文天祥:《文山集》,永瑢、纪昀纂修:《(景印)文渊阁四库全书》第一一八四册·集部一二三·别集类,(台北)商务印书馆 1986 年版。

110. 萨都剌:《雁门集》,上海古籍出版社 1982 年版。

111. 徐永明、杨光辉整理:《陶宗仪集》,浙江人民出版社 2005 年版。

112. 张正常、张国祥编:《汉天师世家》,《道藏》第 34 册,文物出版社、上海书店、天津古籍出版社 1988 年版。

113. 陈铎撰,杨继长点校:《陈铎散曲》,上海古籍出版社 1989 年版。

114. 冯梦龙评纂:《太平广记钞》,团结出版社 1996 年版。

115. 阎尔梅著,张相文编订:《阎古古全集》,北京中国地学会 1922 年版。

116. 阎尔梅著,王汝涛、蔡生印编注:《白耷山人诗集编年注》,中国文联出版社 2002 年版。

117. 万寿祺撰,余平、王翼飞点校:《万寿祺集》,浙江联合出版集团、浙江人民美术出版社 2014 年版。

118. 桂中行辑，张伯英甄选，徐东侨编次，薛以伟点校：《徐州诗徵》《徐州续诗徵》，广陵书社 2014 年版。

119. 宋琬著，辛鸿义、赵家斌点校：《宋琬全集》，齐鲁书社 2003 年版。

120. 李晚芳：《读史管见》，商务印书馆 2016 年版。

121. 钟叔河整理：《全本曾国藩家书》，中央编译出版社 2015 年版。

122. 吴文治主编：《宋诗话全编》，凤凰出版社 1998 年版。

123. 赵翼著，霍松林、胡主佑校点：《瓯北诗话》，人民文学出版社 1963 年版。

124. 严羽著，郭绍虞校释：《沧浪诗话校释》，人民文学出版社 1983 年版。

125. 陈衍：《元诗纪事》，钱仲联编校：《陈衍诗论合集》，福建人民出版社 1999 年版。

126. 施耐庵：《水浒传》，人民文学出版社 1997 年版。

127. 罗贯中著，毛宗岗批评，齐烟校点：《毛宗岗批评三国演义》，齐鲁书社 2014 年版。

128. 曹雪芹、高鹗著，中国艺术研究院红楼梦研究所校注：《红楼梦》，人民文学出版社 1982 年版。

二、地方志书

129. 宋骥修：明正统《彭城志》，正统三年(1438 年)抄本。

130. 马暾编纂：明弘治《重修徐州志》，弘治七年(1494 年)刻本。

131. 冯世雍撰：明嘉靖《吕梁洪志》，明嘉靖吴郡袁氏嘉趣堂刻本。

132. 梅守德、任子龙纂修：明嘉靖《徐州志》，明嘉靖刻本。

133. 姚应龙纂修：明万历《徐州志》，明万历刻本。

134. 余志明主修，李向阳等纂：清顺治《徐州志》，清顺治十一年(1654 年)刻本。

135. 刘元勋、臧兴祖续编：清康熙《续徐州志》，清康熙二十二年(1683 年)抄本。

136. 姜焯修纂：清康熙《徐州志》，清康熙六十一年(1722 年)刻本。

137. 石杰主修，王峻主纂：清乾隆《徐州府志》，乾隆七年(1742 年)刻本。

138. 吴世熊、朱忻主修，刘庠、方骏谟主纂：清同治《徐州府志》，清同治十三年(1874 年)刻本。

139. 徐时栋辑:《徐偃王志》,张寿镛编:《四明丛刊》第八集,1948 年约园刻刊本。

140. 张弘运主修,田实发主纂:清乾隆《铜山县志》,乾隆十年(1745 年)刻本。

141. 崔志元主修,金左泉主纂:道光《铜山县志》,道光十年(1830 年)刻本。

142. 杨世祯主修:光绪《铜山县乡土志》,光绪三十年(1904 年)刻本。

143. 余家谟主修,王嘉诜等主纂:民国《铜山县志》,1919 年刻本。

144. 尹梓纂修:明隆庆《丰县志》,明隆庆三年(1569 年)刻本。

145. 阎珝主修,张逢宸主纂:清顺治《新修丰县志》,清顺治三年(1656 年)刻本。

146. 卢世昌纂修:清乾隆《丰县志》,清乾隆二十四年(1759 年)刻本。

147. 姚鸿杰纂修:清光绪《续修丰县志》,清光绪二十年(1894 年)刻本。

148. 王治主修,马伟主纂:明嘉靖《沛县志》,嘉靖二十二年(1543 年)刻本。

149. 罗世学主修,符令仪主纂:明万历《沛志》,明万历二十五年(1597 年)刻本。

150. 李棠主修,田实发主纂:清乾隆《沛县志》,清乾隆五年(1740 年)刻本。

151. 侯绍瀛纂修:清光绪《沛县志》,清光绪十六年(1890 年)刻本。

152. 于书云主修,赵锡蕃主纂:民国《沛县志》,商务印书馆 1920 年版。

153. 陈柏主修,杨辅主纂:明嘉靖《重修邳州志》,明嘉靖十六年(1537 年)刻本。

154. 孙居湜主修,孟安世主纂:清康熙《邳州志》,清康熙三十二年(1693 年)刻本。

155. 邬承显纂修:清乾隆《邳州志》,清乾隆十五年(1750 年)刻本。

156. 丁观堂主修,陈燮主纂:清嘉庆《邳州志》,清嘉庆十八年(1813 年)刻本。

157. 董用威、马秩群主修,鲁一同主纂:清咸丰《邳州志》,清咸丰元年(1851 年)刻本。

158. 赵明奇主编:《新千年整理全本徐州府志》,中华书局 2002 年版。

159. 江苏省地方志编纂委员会:《江苏建置志》,江苏人民出版社 2013

年版。

160.《徐州市志》编纂委员会:《徐州市志》,中华书局 1994 年版。

161. 徐州市史志办公室:《徐州年鉴·2021》,中国文史出版社 2021 年版。

162. 铜山县县志编纂委员会编:《铜山县志》,中国社会科学出版社 1993 年版。

163. 丰县志编纂委员会编:《丰县志》,中国社会科学出版社 1994 年版。

164. 沛县地方志编纂委员会编:《沛县志》,中华书局 1995 年版。

165. 睢宁县地方志编纂委员会编:《睢宁县志》,中国社会科学出版社 1994 年版。

166. 邳州市地方志编纂委员会编:《邳县志》,中华书局 1995 年版。

167. 新沂市地方志编纂委员会编纂:《新沂县志》,江苏科学技术出版社 1995 年版。

168. 徐州市贾汪区地方志编纂委员会编:《贾汪区志》,方志出版社 2002 年版。

169. 徐州市教育局教育志编写办主编:《徐州市教育志》,中国矿业大学出版社 1991 年版。

170. 李申:《徐州方言志》,语文出版社 1985 年版。

171. 徐州市体育局编:《徐州体育志(1949.10—2004.9)》,中国矿业大学出版社 2006 年版。

172. 黄殿墀主编:《徐州民族宗教志(1910—1985)》,徐州市民族宗教事务局 1991 年版。

173. 于道钦主编:《江苏戏曲志·江苏梆子戏志》,江苏文艺出版社 1999 年。

174. 陈晓棠主编:《江苏戏曲志·徐州卷》,江苏文艺出版社 2002 年版。

175. 杨宪东主编:《徐州五中志》,中国矿业大学出版社 2005 年版。

三、近代以来国内研究专著

176. 鲁迅:《鲁迅全集》,人民文学出版社 1982 年版。

177. 鲁迅:《汉文学史纲要》,人民文学出版社 1973 年版。

178. 陈寅恪著,万绳楠整理:《陈寅恪魏晋南北朝史演讲录》,黄山书社 1987 年版。

179. 顾颉刚:《古史辨自序》,商务印书馆 2011 年版。

180. 翦伯赞:《中国史纲》,商务印书馆 2010 年版。

181. 钱穆:《中国文化史导论》,三联书店 1988 年版。

182. 张国淦:《中国古方志考》,中华书局 1962 年版。

183. 王云度:《秦汉史编年》,凤凰出版社 2011 年版。

184. 张希清、毛佩琦、李世愉主编:《中国科举制度通史·辽金元卷》,上海人民出版社 2017 年版。

185. 周腊生:《辽金元状元奇谈 辽金元状元谱》,紫禁城出版社 2000 年版。

186. 姚继荣撰:《元明历史笔记论丛》,民族出版社 2015 年版。

187. 中国军事百科全书编审委员会编:《中国军事百科全书》,军事科学出版社 1990 年版。

188. 张光直:《中国青铜时代》,三联书店 1983 年版。

189. 何光岳:《炎黄源流史》,江西教育出版社 1992 年版。

190. 李玄伯:《中国古代社会新研》,上海文艺出版社 1988 年版。

191. 虞友谦、汤其领主编:《江苏通史·秦汉卷》,凤凰出版社 2012 年版。

192. 王勇:《楚文化与秦汉社会》,湖南大学出版社 2009 年版。

193. 蔡靖泉:《楚文学史》,湖北教育出版社 1996 年版。

194. 宿白:《中国石窟寺研究》,文物出版社 1996 年版。

195. 吴必虎:《历史时期苏北平原地理系统研究》,华东师范大学出版社 1996 年版。

196. 张闻捷:《楚国青铜礼器制度研究》,厦门大学出版社 2015 年版。

197. 王立人主编:《吴文化与和谐文化》,凤凰出版社 2008 年版。

198. 尚荣:《中国佛教艺术 100 讲》,百花文艺出版社 2010 年版。

199. 田余庆:《东晋门阀政治》,北京大学出版社 1989 年版。

200. 李葆嘉:《中国语言文化史》,江苏教育出版社 2003 年版。

201. 王决、汪景寿:《中国相声史》,百花文化出版社 2012 年版。

202. 倪锺之:《中国相声史》,武汉大学出版社 2015 年版。

203. 中国戏曲研究院编:《中国古典戏曲论著集成》,中国戏剧出版社 1959 年版。

204. 中国曲艺志全国编辑委员会编:《中国曲艺志·江苏卷》,中国 ISBN 中心 1996 年版。

205. 张乃格:《江苏民性研究》,江苏人民出版社 2004 年版。

206. 未小橘编著:《人文江苏》,广东旅游出版社 2013 年版。

207. 梁白泉主编:《江苏省志·民俗志》,江苏人民出版社 2002 年版。

208. 廖国亮主编:《江苏历代名人录·军事卷》,江苏人民出版社 2009 年版。

209. 张乃格、周先林、单明然:《徐文化研究》,江苏人民出版社 2007 年版。

210. 朱存明、安宇:《淮海文化研究》,西苑出版社 2000 年版。

211. 郭海林:《徐州历史文化溯源》,河海大学出版社 2016 年版。

212. 刘宗尧主编:《徐州两汉文化研究文集》,2019 年印。

213. 赵明奇:《徐州地方志通考》,中国文史出版社 1991 年版。

214. 赵明奇:《徐州自然灾害史》,气象出版社 1994 年版。

215. 刘秉果、赵明奇:《汉代武术》,文学艺术出版社 2018 年版。

216. 徐州博物馆编:《徐州考古资料集成》,江苏凤凰美术出版社 2018 年版。

217. 邓毓昆主编:《徐州胜迹》,上海人民出版社 1990 年版。

218. 李大坤主编:《徐州报业春秋》,中国矿业大学出版社 1988 年版。

219. 朱世平主编:《徐州市非物质文化遗产要览》,群言出版社 2015 年版。

220. 戚云龙编:《徐州民俗文化》,中国文化出版社 2019 年版。

221. 刘怀中:《古今征战在徐州》,解放军出版社 1988 年版。

222. 周文生编著:《徐州历代战事》,徐州地方志办公室 1987 年版。

223. 董尧:《徐州征战》,徐州市政协文化文史委员会统筹编:《徐州历史文化丛书》,中华书局 2005 年版。

224. 何晓环、傅继俊、石征先:《淮海战役史》,上海人民出版社 1983 年版。

225. 王建:《雄性的徐州》,华龄出版社 1996 年版。

226. 吴敢、孙厚兴:《徐州戏剧史》,中州古籍出版社 2018 年版。

227. 董治祥:《彭城史录》,现代出版社 2016 年版

228. 朱浩熙主编:《名城徐州》,作家出版社 1995 年版。

229. 朱浩熙:《彭祖》,作家出版社 1995 年版。

230. 王文正、王仁同:《彭城佛教》(上下册),中国文化出版社 2013 年版。

231. 刘玉芝:《户部山》,河海大学出版社 2016 年版。
232. 沛县汉文化研究会编:《沛县汉文化研究》,沛县报社印刷厂 1999 年印。
233. 徐州博物馆、沛县文化馆:《江苏沛县栖山汉画像石墓清理简报》,《考古学集刊》1982 年第 2 集。
234. 刘继德:《湖南刘氏源流史》,天津科学技术出版社 2010 年版。
235. 王国维:《宋元戏曲史》,上海古籍出版社 1998 年版。
236. 张孝若编:《张季子九录》,中华书局 1931 年版。
237. 闻一多撰,田兆元导读:《伏羲考》,上海古籍出版社 2006 年版。
238. 林语堂:《苏东坡传》,陕西师范大学出版社 2006 年版。
239. 王水照编:《历代文话》,复旦大学出版社 2007 年版。
240. 董治祥、刘玉芝:《鹤兮归来 苏东坡在徐州》,中国戏剧出版社 2000 年版。
241. 史念海:《河山集》四集,陕西师范大学出版社 1991 年版。
242. 王元化:《王元化集》,湖北教育出版社 2007 年版。
243. 刘志雄、杨静荣:《龙与中国文化》,人民出版社 1992 年版。
244. 刘辉编:《汉画新释》,河南大学出版社 2012 年版。
245. 曲玉维:《追随徐福东渡行》,中国海洋大学出版社 2007 年版。
246. 夏应元、夏琅:《策彦周良入明史迹考察记及研究》,中国社会科学出版社 2016 年版。
247. 王孙、熊融:《郁达夫抗战诗文抄》,福建人民出版社 1982 年版。
248. 盛巽昌:《毛泽东论中国历史人物——从轩辕黄帝到孙中山》,上海书店出版社 2018 年版。
249. 李家骥:《我做毛泽东卫士十三年》,中央文献出版社 1998 年版。
250. 徐悲鸿:《论李可染艺术》,吉林美术出版社 2007 年版。
251. 周振鹤、游汝杰:《方言与中国文化》,上海人民出版社 2019 年版。
252. 王守之:《国语入声字与徐海入声字变读比较》,南京共和新印书馆 1936 年版。
253. 无名氏:《增删考正十三韵》,民国二十三年徐州南菜园同德善堂石印局印行。
254. 张洵如编著,魏建功校订:《北平音系十三辙》,中国大辞典编纂处 1937 年版。

四、国外译著

255. [英]崔瑞德、[英]鲁惟一:《剑桥中国秦汉史》,中国社会科学出版社1992年版。

256. 冯承钧译:《马可·波罗行纪》,上海世纪出版集团、上海书店出版社2001年版。

257. 葛振家:《崔溥〈漂海录〉评注》,线装书局2002年版。

258. [意]利玛窦:《利玛窦中国札记》,中华书局1983年版。

259. [罗]尼古拉·斯帕塔鲁·米列斯库著,蒋本良、柳凤运译:《中国漫记》,中华书局1990年版。

260. 盛世音:《加拿大人在中国——加拿大耶稣会传教区徐州府概况》,加拿大蒙特利尔教会1930年版。

五、期刊、报纸

261. 竺可桢:《中国近五千年来气候变迁的初步研究》,《考古学报》1972年第1期。

262. 王子今:《秦汉时期气候变迁的历史学考察》,《历史研究》1995年第2期。

263. 南京博物院:《近十年来江苏考古的新成果》,《文物考古工作十年(1979—1989)》,文物出版社1991年版。

264. 南京博物院:《江苏邳县四户镇大墩子遗址探掘报告》,《考古学报》1964年第2期。

265. 南京博物院:《江苏邳县刘林新石器时代遗址第二次发掘》,《考古学报》1965年第2期。

266. 程东辉、张浩林:《小徐庄遗址抢救性发掘喜获成果》,《中国文物报》1999年8月22日。

267. 南京博物院编著:《花厅——新石器时代墓地发掘报告》,文物出版社2003年版。

268. 南京博物院花厅考古队:《江苏新沂花厅遗址1989年发掘纪要》,《东南文化》第1、2期。

269. 南京博物院等:《江苏邳州梁王城遗址大汶口文化遗存发掘简报》,《东南文化》2013年第4期。

270. 南京博物院、徐州市文化局、邳州市博物馆:《江苏邳州市九女墩二号墩发掘简报》,《考古》1999 年第 11 期。

271. 江苏省文物管理委员会:《徐州高皇庙遗址清理报告》,《考古学报》1958 年第 4 期。

272. 赵明奇、韩秋红:《论彭祖文化的形成、发展与历史地位》,《扬州大学烹饪学报》2008 年第 1 期。

273. 心健、家骥:《山东费县发现东周铜器》,《考古》1983 年第 2 期。

274. 曹锦炎:《绍兴坡塘出土徐器铭文及其相关问题》,《文物》1984 年第 1 期。

275. 孙元健:《夏代方国陶器文化的探索》,《中国陶瓷》2002 年第 5 期。

276. 刘辉:《武氏祠中"汉承尧运"的汉画像解读》,《徐州工程学院学报》2007 年第 7 期。

277. 刘辉:《秦始皇"泗水捞鼎"略说》,《光明日报》2013 年 4 月 11 日第 12 版。

278. 王子今:《论西楚霸王项羽"都彭城"》,《湖湘论坛》2010 年第 5 期。

279. 夏增民:《刘邦与其功臣集团关系论析》,《南都学坛(哲学社会科学版)》1998 年第 1 期。

280. 王健:《两汉徐州经学探论》,《徐州师范学院学报(哲学社会科学版)》1996 年第 2 期。

281. 左康华:《人事为本　天道为应——刘向灾异思想的礼学旨归》,《光明日报》2016 年 4 月 18 日。

282. 俞明:《细君、解忧公主和亲述论》,《江苏社会科学》2003 年第 5 期。

283. 黄文弼:《略述龟兹都城问题》,《文物》1962 年第 Z2 期。

284. 南京博物院、邳县文化馆:《东汉彭城相缪宇墓》,《文物》1984 年第 8 期。

285. 中国道教协会研究室:《中国道教史提纲》,《道协会刊》1980 年第 2 期。

286. 张俊之:《道家文化起源于徐州说》,《徐州教育学院学报(哲学社会科学版)》1998 年第 4 期。

287. 余明侠:《略论徐州汉代的宗教与文学》,《江苏社会科学》1997 年第 4 期。

288. 饶宗颐:《早期青州与佛教的因缘》,《中国史研究》2001 年第 3 期。

289. 韩文元、于盛庭:《法显建的徐州龙华寺到底在哪?》,《彭城周末》2016年11月18日。

290. 张焯:《徐州高僧与云冈石窟》,《中国文物报》2007年6月29日。

291. 丁开明:《兴化禅寺的唐宋摩崖石刻造像》,《彭城周末》2017年8月25日。

292. 蒋艳、李萧:《白居易徐州行迹考》,《徐州工程学院学报(社会科学版)》2012年第3期。

293. 薛以伟:《徐州唐代进士考》,《黑龙江史志》2010年第17期。

294. 胡梦飞:《近十年来国内明清运河及漕运史研究综述(2003—2012)》,《聊城大学学报(哲学社会科学版)》2012年第6期。

295. 吴敢:《张竹坡研究综述》,《河南大学学报(社科版)》2007年第6期。

296. 宋庆阳:《南社先烈周祥骏史迹钩沉》,《南京理工大学学报(社科版)》2019年第3期。

297. 李晟文:《1918—1955年加拿大法裔耶稣会士在徐州传教过程初探》,《海外汉学》2006年第14期。

298. 丁志刚:《毛泽东圈点过的〈彭城怀古〉》,《中国文物报》1993年5月2日第4版。

299. 朱炳坤:《浅谈徐州柳琴戏的发展历程》,《东京文学》2012年第4期。

300. 郭芳:《徐州小戏"叮叮腔"起源考》,《乐府新声》2014年第4期。

301. 于雅琳:《徐州琴书曲唱与民歌关系述略》,《淮阴师范学院学报(哲学社会科学版)》2019年第1期。

302. 王雪平、宋煜、吴云:《论睢宁大鼓的盛衰与传承》,《改革与开放》2013年第8期。

303. 燕宪俊:《〈胡打算〉方言词研究》,《文学教育》2021年第1期。

304. 刘淑学、燕宪俊:《论古知庄章三组声母在〈徐州十三韵〉中的读音分合》,《语文研究》2007年第4期。

305. 苏晓青、佟秋妹:《从一家祖孙三代的语言差异看语言变化》,《徐州师范大学学报(哲社科版)》2005年第3期。

306. 许松松:《丰县方言与当地文化研究》,《语文学刊》2015年18期。

六、档案、资料、丛书

307. 中国第二历史档案馆编:《中华民国史档案资料汇编·第五辑第一

编·军事(二)》,江苏古籍出版社 1994 年版。

308. 中国革命博物馆编:《北方地区工人运动资料选编(1921—1923)》,北京出版社 1981 年版。

309. 政协徐州文史委主编:《徐州文史资料》第 3 辑,政协徐州文史委 1983 年版。

310. 政协徐州文史委主编:《徐州文史资料》第 4 辑,政协徐州文史委 1985 年版。

311. 政协徐州文史委主编:《徐州文史资料》第 7 辑,政协徐州文史委 1986 年版。

312. 政协徐州文史委主编:《徐州文史资料》第 14 辑,政协徐州文史委 1994 年版。

313. 政协徐州文史委主编:《徐州文史资料》第 16 辑,政协徐州文史委 1996 年版。

314. 政协徐州文史委主编:《徐州文史资料》第 25 辑,政协徐州文史委 2005 年版。

315. 政协徐州文史委主编:《徐州文史资料》第 38 辑,政协徐州文史委 2019 年版。

316. 政协铜山文史委主编:《铜山文史资料》第 3 辑,政协徐州文史委 1984 年版。

317. 政协铜山文史委主编:《铜山文史资料》第 6 辑,政协徐州文史委 1986 年版。

318. 政协邳县文史委:《邳县文史资料》第 5 辑,政协邳县文史委 1987 年版。

319. 中国古都学会编:《中国古都研究》第十七辑,三秦出版社 2001 年版。

320. 四川大学中文系唐宋文学研究室:《苏轼资料汇编》,中华书局 1994 年版。

321. 李荣启主编:《徐州历史文化丛书》,中华书局 2005 年版。

322. 徐州市文物局编:《徐州市第三次文物普查新发现》,徐州市文物局 2012 年印。

323. 韩峰主编:《徐州市第一次可移动文物普查总结报告》,徐州市文物普查办公室 2016 年印。

324. 高伯华主编:《江苏省非物质文化遗产普查·邳州市资料汇编》,邳州市文化与体育局2009年印。

325. 殷召义主编,甘信昌、彭浩编著:《徐州民间文化集·故事传说》,中国文联出版社2004年版。

七、工具书

326. 谭其骧:《中国历史地图集》,中国地图出版社1982年版。

327. 方诗铭、方小芬编著:《中国史历日和中西历日对照表》,上海辞书出版社1987年版。

328. 王力:《古汉语常用字字典》,商务印书馆2005年版。

329. 崔林涛等主编:《中国历史文化名城大辞典》,人民日报出版社1998年版。

330. 马如森:《殷墟甲骨文实用字典》,上海大学出版社2014年版。

331. 苏晓青、吕永卫编纂:《徐州方言词典》,江苏教育出版社1996年版。

后　记

盛世修典，太平纂帙。2016年，江苏正式启动“江苏文脉整理与研究工程”，旨在展现江苏文脉资源，保存江苏集体记忆。《江苏地方文化史·徐州卷》是文脉工程研究编部分“江苏地方文化史”中的一卷，系统梳理了徐州地方文化发展变迁的脉络和规律，展现了徐州地域文化的鲜明特色、主要特征和历史贡献。

其中，上编强调文化的整体性、系统性特征，在历史脉络中分析文化历史分期演化和内在结构流变；下编聚焦地方文化专题的具体呈现，分析归纳徐州在历史演进过程中逐渐形成的具有鲜明区域特点的思想观念、价值取向、道德情操、生活方式、礼仪制度、风俗习惯、文学艺术等众多层面的传统文化特色单元。自2016年年底被列为江苏省社科基金重点委托项目以来，在中共江苏省委宣传部、省社科联和中共徐州市委宣传部、市社科联关心支持下，课题组成员勠力同心，七历寒暑，数易其稿，终于得以完成。

在编撰过程中，中共江苏省委宣传部、省社科联领导亲自带队来徐专题调研，省社科联多次召开江苏地方文化史编撰工作推进会，组织省内外专家参加的样稿审读会、集中审稿会、通讯审稿等活动多达22次。中共江苏省委宣传部主要领导王燕文、张爱军、周琪、赵金松和省文脉办负责同志高度重视丛书编撰工作，先后给予关心指导，赵金松副部长还亲自审校了二校样。省社科联成立丛书编审委员会，主任刘德海、张新科先后负责全面统筹，副主任徐之顺全过程质量把关，编撰办公室负责人刘西忠、李启旺对本卷提供了指导和保障，工作人员孙煜同志做了大量的具体工作。

文脉研究立足打造精品，既要坚持学术规范，又要提炼精髓，质量要求高。在《江苏地方文化史·徐州卷》的研究编撰修改过程中，得到了诸多专家的大力支持。省专家指导委员会程章灿教授、贺云翱教授、夏维中教授、陈书录教授、江庆柏教授、周群教授、樊和平教授等专家，徐州市社科联刘宗尧主席、于法顺主席、苗加清主席、丁龙虎副主席，在本卷编撰研讨会、工作推进会等场合发表了许多具有针对性的意见与建议，为本卷编撰工作的顺利开展创造了良好条件。尤其是夏维中教授在教学研究工作繁忙之际，对书稿精心校批，付出了大量的心血和辛劳。江苏人民出版社谢山青总编辑、责任编辑张凉主任为此书编辑出版提供了质量保障。本卷全稿完成后，著名学者王子今教授、辛德勇研究员、徐放鸣教授、朱浩熙先生、张进教授、李银德研究馆员和徐州市委宣传部冯仰琦副部长、市宗教局黄修建副局长、市党史办柳彦副主任审读了书稿，大家为本卷出谋划策，指谬纠偏，为提高书稿的学术品位贡献了智慧和学识。徐州市委副秘书长汪国强同志、徐州市社科联秘书长刘崇新同志始终参加本卷的编撰研讨与工作协调推进；江苏师范大学党委书记方忠教授、校长周汝光教授、副书记岑红教授、副校长钱进教授、娄峥嵘教授和人文社会科学研究院同志为本项目的管理以及相关的条件保障工作给予了积极支持。

地方文化史涉及文化研究的多学科、多领域，需要课题团队共同合作。承担本卷编撰任务的是徐州市高校及相关领域的专家学者，他们的出色工作是本卷质量的基本保证。本卷由赵明奇负责整体统筹与项目管理，彭校协助工作。具体分工如下：绪论　赵明奇；第一章　郭海林、赵明奇；第二章　赵明奇、郭海林；第三章　彭校；第四章　田秉锷、彭校；第五章　管仁福、周奎生；第六章　郭洪亮、彭校；第七章　翟石磊、郭洪亮；第八章　赵明奇、郭海林、彭校；第九章　刘照建、郭洪亮；第十章　彭校、郭洪亮；第十一章　周奎生；第十二章　武利华、薛以伟、马凯臻；第十三章　张政、田秉锷、翟石磊；第十四章　燕宪俊；第十

五章　戚云龙；结语　赵明奇；徐州文化大事记　彭校、郭洪亮；主要参考文献　彭校；插图　陈钊。全书由赵明奇统稿，裴伟、沙先一、胡政、张政先后统审，王立增、耿建军、乔秋颖、范春义、周苇风参与校订；彭校对格式进行规范调整。

地方文化史研究是一项重大的系统工程，由于纵向时间跨度大、横向内容覆盖面广，涉及文献资料繁多，需要研究的知识点众多，尽管本卷尚不能全面反映博大精深的徐州历史文化全貌，但毕竟完成了一次有益的探讨和初试，为今后进一步深入研究打下了基础。本卷付梓之际，谨向各位领导、专家和关心支持我们团队工作的同志们表示衷心感谢。限于编撰团队的学识和能力，书中难免存在不足和错漏之处，敬请读者批评指正。

编者
2023 年 2 月 28 日